LAS LEYES DEL ÉXITO
EN DIECISÉIS LECCIONES

NAPOLEON HILL

INDICE

Una declaración personal del autor	9
Agradecimientos	13
Contenidos de esta lección introductoria	117
Primera lección: LA MENTE MAESTRA	21
Segunda lección UN CLARO OBJETIVO PRINCIPAL	77
Tercera lección SEGURIDAD EN UNO MISMO	109
Cuarta lección EL HÁBITO DE AHORRAR	147
Quinta lección INICIATIVA Y LIDERAZGO	183
Sexta Lección IMAGINACIÓN	219
Séptima lección EL ENTUSIASMO	259
Octava lección EL AUTOCONTROL	295
Novena lección EL HÁBITO DE HACER MÁS DE AQUELLO PARA LO QUE TE PAGAN	331
Décima lección UNA PERSONALIDAD AGRADABLE	365

Undécima lección
EL PENSAMIENTO CORRECTO   395

Duodécima lección
LA CONCENTRACIÓN   437

Decimotercera lección
LA COOPERACIÓN   475

Decimocuarta lección
EL FRACASO   509

Decimoquinta lección
LA TOLERANCIA   535

Decimosexta lección
LA REGLA DE ORO   557

Una charla con el autor después de la lección
LA INDECISIÓN   589

NOTA DE LA PRESENTE EDICIÓN Napoleon Hill escribió este libro en la década de 1920. Aunque algunos ejemplos puedan parecer anticuados y los sueldos y los precios de las cosas hayan variado mucho desde entonces, los mantenemos en la forma original en que el autor los escribió, sin adaptarlos a la época en que vivimos, por el valor intrínseco de la información y por ser totalmente comprensible su sentido e intención.

Dedicado a ANDREW CARNEGIE, quien me sugirió que escribiera el curso; a HENRY FORD, cuyos asombrosos éxitos constituyen los cimientos de prácticamente la totalidad de las dieciséis lecciones del curso y a EDWIN C. BARNES, un socio de Thomas A. Edison en los negocios cuya estrecha amistad personal a lo largo de más de quince años ayudó al autor a "seguir adelante" a pesar de la gran variedad de adversidades y derrotas temporales que salieron a su encuentro mientras organizaba el curso.

¿Quién dijo que no podía hacerse? ¿Y qué grandes victorias se le reconocen a esa persona, que la capaciten para juzgar a otras correctamente?

Napoleon Hill

Una declaración personal del autor

A principios del siglo XX, un joven oficiante con el nombre de Gunsaulus informó en los periódicos de Chicago que el domingo siguiente por la mañana daría una charla titulada: "Lo que haría si tuviera un millón de dólares". El anuncio llamó la atención de Philip D. Armour, el millonario rey de las conservas cárnicas, el cual resolvió acudir a oír la charla. En su discurso, el doctor Gunsaulus supuso un gran instituto de tecnología en el que se podría instruir a jóvenes de ambos sexos a tener triunfo en la vida desplegando la capacidad de PENSAR en expresiones prácticas, más que teóricos, y donde se les enseñaría a "aprender haciendo". "Si yo poseyera un millón de dólares", dijo el joven predicador, "pondría en marcha una escuela así". Cuando la charla hubo finalizado, el señor caminó por la nave lateral hasta el estrado, se presentó y dijo: «Joven, creo que usted podría leer LAS LEYES DEL EXITO - VOLUMEN I, hacer todo lo que indicó que haría, y si se aproxima a mi oficina mañana por la mañana le daré el millón de dólares que precisa, Siempre hay un capital cuantioso para quienes fundan planes prácticos para utilizarlo. Ése fue el inicio del Armour lnstitute of Technology, una de las academias efectivamente prácticas del país. Esta academia nació en la imaginación de un joven del que nunca habrían escuchado hablar fuera de la comunidad en la que representaba, de no haber sido por su imaginación., completada por el capital de Philip D. Armour. Todos los grandes trenes, todas las fundaciones financieras destacables, todas las decisiones comerciales colosales y todos los grandes proyectos tuvieron su inicio en la imaginación de alguna persona. F. W. Woolworth fundó el plan de la tienda de cinco y diez centavos en su imaginación, antes de que éste se hiciera tangible, el cual lo transformó en multimillonario. Thomas A. Edison instauró la máquina sonora, la máquina de imágenes en movimiento, la bombilla resplandeciente y otros cuantiosos inventos, en su propia imaginación antes de que éstos se convirtieran en una realidad. Durante el incendio de Chicago (1871), muchos negociantes cuyas tiendas se tornaron en humo persistieron junto a los brasas ardientes del lugar donde habían estado sus negocios, llorando su pérdida. Varios de ellos resolvieron marcharse a otras ciudades y comenzar de nuevo. En ese tiempo se hallaba Marshall Field, que vio, en su propia imaginación la, tienda más colosal del mundo de venta al por menor utilizando el mismísimo lugar que había ocupado su tienda anterior, que en esos momentos era una masa de brasas humeantes. Y esto se convirtió en una realidad.

Feliz es el joven, o la joven, que se instruye pronto en la vida a utilizar su imaginación, y más aún en esta era de grandes ocasiones. La imaginación es una autoridad de la mente que puede ser laborada, desarrollada, vasta y ampliada a través de su uso. Si esto no fuera verdad, este curso de las QUINCE LEYES DEL ÉXITO nunca habría sido fundado, puesto que fue pensado por primera vez en la imaginación del autor a partir de la sola semilla de una idea que fue sembrada por un comentario casual de Andrew Carnegie.

Dondequiera que te halles, quienquiera que seas, cualquiera que sea tu trabajo actual, puedes convertirte en alguien más vigoroso y, por ende, más fructífero, a través del desarrollo y el uso de tu imaginación.

El éxito en este mundo es siempre una materia de esfuerzo individual, pero si crees que puedes tener éxito sin la colaboración de otras personas, te estás mintiendo. El éxito es una cosa de esfuerzo individual sólo en la medida en que cada persona debe resolver, en su propia mente, lo que desea, esto necesita el uso de la imaginación, A partir de ese instante, conseguir el éxito dependerá de persuadir a otras personas, con destreza y con tacto, para que cooperen. Para poder asegurarte la colaboración de otras personas; mejor dicho, para tener el derecho a solicitar o esperar su cooperación, primero debes mostrarte listo a cooperar con ellas. Por esta razón, deberías prestar una atención formal y meditada a la octava lección de este curso, el HÁBITO DE HACER MÁS QUE AQUELLO PARA LO QUE TE SOLVENTAN. La ley en la que se basa esta lección, por sí misma, fácilmente garantizaría el éxito a todo aquel que la aplique en cualquier cosa que haga. En las páginas que siguen a esta introducción verás una TABLA DE ANALISIS PERSONAL en la que diez hombres han sido analizados para que los estudies y confrontes entre sí. Observa esta tabla detenidamente y determínate en los puntos de peligro, que figuran el fracaso para aquellos que no tengan en cuenta estas señales. Ocho de los diez hombres analizados son acreditados por su éxito, mientras que dos de ellos podrían pensarse unos fracasados. Estudia contenidamente las razones por las que estos últimos fracasaron. Luego, estúdiate a ti mismo. En las dos columnas que se han dimitido en blanco para este propósito, al iniciar el curso haz una valoración de ti con respecto a las QUINCE LEYES DEL ÉXITO, y al final del curso redúndala y observa tus progresos.

El propósito del curso de las LEYES DEL ÉXITO es consentirte averiguar cómo puedes ser más poderoso en el área laboral que has elegido. Con este fin, serás examinado y todas tus cualidades serán clasificadas para que puedas constituirlas y sacar el máximo provecho de ellas. Es posible que no te agrade el trabajo que tienes actualmente. Son dos las formas de salir de él. Una es poner muy poco interés en lo que estás haciendo, con la finalidad de hacer justo lo suficiente. Hallarás una salida muy pronto, porque tus servicios ya no serán obligatorios. La otra forma, que es mejor, es convertirte en alguien tan fructífero y enérgico en lo que estás haciendo en este momento que atraerás la atención favorable de quienes tienen el poder de remontarte a un empleo de mayor responsabilidad y que sea más de tu gusto. Tienes el privilegio de preferir qué camino tomarás. Además, te recuerdo la importancia de la novena lección de este curso, con cuya ayuda podrías sumarte de esta mejor forma de desarrollo. Miles de personas caminaron sobre la gran mina de cobre de Calumet (Michigan) sin encontrarla. Únicamente un hombre solitario utilizó su "imaginación", cavó unos centímetros, indagó y reveló uno de los depósitos de cobre más ricos del mundo. Tú y todas las otras personas camináis, en un instante u otro, sobre vuestra mina de Calumet. Encontrarla es cuestión de investigación y de utilizar la "imaginación". Este curso sobre las QUINCE LEYES DEL ÉXITO podría llevarte hasta tu Calumet y, te sorprenderás cuando veas que estabas justo sobre de esa rica mina en el trabajo al que te dedicas actualmente. En su conferencia Acres of Diamonds.

Russell Conwell nos dice que no es preciso que busquemos la oportunidad en la distancia, que podemos hallarla ahí donde estamos! ¡ESTA ES UNA VERDAD DIGNA DE SER RECORDADA!

NAPOLEON HILL
Autor de Las leyes del éxito

Agradecimientos

Agradecimiento del autor por la ayuda recibida durante la redacción de este curso. Este curso es el efecto de un detenido estudio de la vida laboral de más de cien hombres y mujeres que han alcanzado un éxito extraño en sus respectivas carreras. Durante más de veinte años, el autor de este curso ha estado congregando, clasificando, experimentando y organizando las quince leyes en las que se basa el curso. Mientras efectuaba esta tarea, recibió la meritoria ayuda, en persona o mediante el estudio de la obra de su vida, de los siguientes hombres:

Henry Ford Edward Bok	George Eastman
Thomas A. Edison	E. M. Statler
H. K. Curtis	Andrew Carnegie
Hawey S. Firestone	John Wanamaker
George W. Perkins	Marshall Field
John D. Rockefeller	Wm. H. French
Henry L. Doherty	Juez Elbert H. Gary
Charles M. Schwab	William Howard Taft
George S. Parker	Doctor Elmer Gates
Woodrow Wilson	John W. Davis
Doctor C. O. Henry	Samuel Insul
Darwin P. Kingsley	F. W Woolworth
General Rush A. Ayers	Juez Daniel T. Wright (profesor de leyes del autor)
William. Wrigley, Jr.	Elbert Hubbard
A. D. Lasker	Luther Burbank
E. A. Filene	John Burroughs
James J. Hill	O. H. Harriman
Capitán George M. Alexander (de quien el autor fue asistente)	E. H. Harriman
Hugh Chalmen	Charles P. Steinmetz
Doctor E. W. Strickler	Frank Vanderlip
Edwin C. Barnes	Theodore Roosevelt
Robert L. Taylor	Doctor Alexander Graham Bell

De todos los hombres citados, quizá debería reconocer que Henry Ford y Andrew Carnegie son los que más han ayudado a la elaboración de este curso, y el porqué es que fue Andrew Carnegie quien me insinuó por primera vez que lo escribiera, y fue el trabajo de toda la vida de Henry Ford el que me suministró gran parte del material a partir del cual se desplegó el curso. El autor desea agradecer aquí a todas estas personas el servicio facilitado, sin el cual este curso nunca habría podido escribirse. El autor ha podido examinar de cerca a la mayoría de estos hombres. Con muchos de ellos disfruta, o disfrutó antes de su defunción, del privilegio de conservar una amistad personal, lo cual le permitió extraer de su filosofía una información a la que no habría poseído acceso en otras condiciones. El autor está agradecido por haber disfrutado del privilegio de contar con la ayuda de los hombres más enérgicos de la Tierra para la preparación de las LEYES DEL ÉXITO. Este privilegio ha sido bastante recompensa por el trabajo ejecutado, en el caso de que no recibiera ninguna otra.

Estos hombres han sido la piedra angular, los orígenes y el armazón de los negocios, las finanzas, la manufactura y el arte de gobernar en Estados Unidos. El curso de las LEYES DEL ÉXITO resume la filosofía y las reglas de manera que convirtieron a estos hombres en un gran poder en el espacio en el que pusieron su brío. La finalidad del autor ha sido presentar el curso en los términos más llanos y sencillos utilizables para que pueda ser dominado por jóvenes adolescentes de ambos sexos. Con la particularidad de la ley psicológica a la que se denomina la "Mente maestra" en la primera lección, el autor no asevera haber creado nada primordialmente nuevo en este curso. No obstante, lo que ha hecho es fundar viejas verdades y leyes conocidas DE UNA manera PRACTICA Y ÚTIL, para que puedan ser convenientemente descifradas y empleadas por la persona corriente cuyas necesidades exigen una filosofía de la sencillez.

Al comentar los méritos de las LEYES DEL ÉXITO, el juez Elbert H. Gas. Dijo: "Existen dos características destacables atañidas con su filosofía que son las que más me conmueven. Una es la sencillez con que ha sido mostrada y la otra es el hecho de que su firmeza es tan evidente para todos que será admitida de inmediato". Se propone al estudiante de este curso que no debe juzgarlo antes de haber leídas las dieciséis lecciones completas. Esto se emplea principalmente a esta introducción, en la cual ha sido preciso contener una breve referencia a temas de una naturaleza más o menos técnica y científica. El motivo de esto se hará indudable cuando el estudiante haya terminado de leer el curso. El o la estudiante que comience este libro con una mente abierta y se encargue de que siga estándolo hasta que llegue a la última página, será copiosamente recompensado con una visión más amplia y más precisa de la vida en su totalidad.

Contenidos de esta lección introductoria

1. El PODER: qué es y cómo crearlo y utilizarlo.
2. Cooperación psicológica del esfuerzo cooperativo y cómo utilizarlo de forma constructiva.
3. La "MENTE MAESTRA": cómo se crea a través de la armonía de propósito y esfuerzo de dos o más personas.
4. HENRY FORD, THOMAS A. EDISON Y HARVEY S. FIRESTONE el: secreto de su poder y su riqueza.
5. Los "SEIS GRANDES", cómo hicieron que la LEY DE LA "MENTE MAESTRA", les deparara unas ganancias de más de veinticinco millones de dólares anuales.
6. La IMAGINACIÓN cómo estimularla para que cree planes prácticos e ideas nuevas.
7. La TELEPATÍA: cómo pasa el pensamiento de una mente a otra a través del éter. Cada cerebro dispone tanto de una estación de emisión como de una estación receptora para el pensamiento.
8. Cómo LOS VENDEDORES Y LOS COMERCIANTES "perciben" los pensamientos de la gente a la que se dirigen, o "sintonizan" con ellos.
9. La VIBRACIÓN, descrita por el doctor Alexander Graham Bell, inventor del teléfono de larga distancia.
10. El AIRE y el ÉTER: cómo transportan vibraciones.
11. CÓMO y POR QUÉ las ideas "llegan" a la mente desde fuentes desconocidas.
12. La HISTORIA de la filosofía de las LEYES DEL ÉXITO, que abarca un período de más de veinticinco años de investigación y experimentación científica.
13. El JUEZ ELBERT H. CARY LEE, aprueba y sigue el curso de las LEYES DEL ÉXITO.
14. Andrew Carnegie, responsable del inicio del curso de las LEYES DEL ÉXITO.
15. El ENTRENAMIENTO DE LAS LEYES DEL ÉXITO: ayuda a un grupo de vendedores a ganar un millón de dólares.
16. El llamado ESPIRITUALISMO aplicado
17. El ESFUERZO ORGANIZADO, la fuente de todo poder.
18. COMO ANALIZARTE a ti mismo

19. CÓMO SE HIZO UNA PEQUEÑA FORTUNA con una granja vieja, pobre y sin valor (2).

20. HAY UNA MINA DE ORO en tu ocupación actual si sigues las indicaciones y la buscas.

21. HAY UN CAPITAL ABUNDANTE A TU DISPOSICIÓN para desarrollar cualquier idea práctica o plan que seas capaz de concebir.

22. ALGUNAS de las RAZONES por las que la gente fracasa.

23. POR QUÉ HENRY FORD llegó a ser tan poderoso, y cómo pueden otras personas utilizar los principios que le dieron poder.

24. POR QUÉ ALGUNAS PERSONAS provocan la enemistad de otras sin saberlo.

25. EL EFECTO del contacto sexual como estimulante de la mente y creador de salud.

26. QUE ocurre en la orgía religiosa llamada el "renacimiento".

27. QUE hemos aprendido de la "historia de la naturaleza"

28. La QUÍMICA de la mente; cómo te creará o te destruirá.

29. QUÉ quiere decir "momento psicológico" en el arte de vender.

30. La MENTE pierde vitalidad: cómo "recargarla".

31. EL VALOR y el significado de la armonía en todo esfuerzo cooperativo.

32. ¿CUÁLES son los valores positivos de Henry Ford? La respuesta.

33. ÉSTA ES LA ERA de las fusiones y del esfuerzo cooperativo sumamente organizado.

34. WOODROW WILSON tuvo presente la LEY DE LA "MENTE MAESTRA" en su plan para una Liga de Naciones.

35. El ÉXITO es una cuestión de negociación táctica con otras personas.

36. TODO SER HUMANO posee al menos dos personalidades claras: una destructiva y otra constructiva.

37. EDUCACIÓN: por lo general se cree equivocadamente que significa instrucción o memorización de reglas. En realidad significa desarrollo de la mente humana desde el interior, a través de su despliegue y utilización

38. DOS MÉTODOS para reunir conocimientos mediante la experiencia personal y asimilando el conocimiento obtenido por los demás a través de su experiencia.

39. ANÁLISIS PERSONAL de Henry Ford, Benjamin Franklin, George Washington, Abraham Lincoln, Theodore Roosevelt, Howard Taft, Woodrow Wilson, Napoleon Bonaparte, Calvin Coolidge y Jesse James.

40. Charla del autor "después de la lección".

El tiempo es un trabajador maestro que sana las heridas de la derrota temporal, equilibra las desigualdades y corrige los errores del mundo. Con el tiempo, nada es "imposible".

Primera lección
LA MENTE MAESTRA

"¡Puedes hacerlo si crees que puedes!"

Éste es un curso sobre los fundamentos del éxito. El éxito obedece, en gran medida, de que nos acomodemos a los escenarios siempre variables y versátiles de la vida con un espíritu de armonía y valor. La armonía se basa en la perspicacia de las fuerzas que acceden nuestro entorno; por lo tanto, este curso es, en realidad, un plan que puede perseguirse directamente hasta llegar al éxito, porque ayuda al estudiante a descifrar, comprender y sacar el máximo beneficio de estas fuerzas circunstanciales de la vida. Antes de comenzar a leer las lecciones de las LEY DEL ÉXITO, deberás saber un poco referente a la historia de este curso. Deberías saber puntualmente qué es lo que promete a las personas que lo sigan hasta haber equiparado las leyes y los principios en que se basa. Deberás estar al tanto de sus limitaciones, así como sus contingencias, para ayudarte en tu brío por tener un lugar en el mundo. Desde el punto de vista de la diversión, el curso de las LEYES DEL ÉXITO ocuparía un pobre segundo puesto entre la mayoría de las publicidades mensuales con "historias rápidas", que se pueden hallar en este momento en los quioscos de periódicos.

El curso ha sido elaborado para la persona seria que consagra al menos una parte de su tiempo al asunto de poseer éxito en la vida. El autor del curso de las LEYES DEL ÉXITO no ha tenido la finalidad de competir con aquellos que escriben meramente con el proyecto de entretener. El objetivo del autor, al preparar este curso, ha tenido una naturaleza doble: esto es, en primer lugar, ayudar al estudiante serio a indagar cuáles son SUS puntos débiles, y en segundo lugar ayudar a crear un PLAN DEFINIDO para superarlos. Los hombres y mujeres más triunfantes de la tierra han tenido que reprender ciertas debilidades en sus personalidades para poder comenzar a tener éxito. Las más destacables de estas debilidades que se intercalan entre los hombres y las mujeres y el éxito son la intransigencia, la codicia, la tacañería, los celos, la desconfianza, la venganza, el narcisismo, la vanidad, la tendencia a cosechar donde no han sembrado y el hábito de derrochar más de lo que ganan. Todos estos enemigos frecuentes de la humanidad, y muchos más que no se mencionan aquí, están tratados en el curso de las LEYES DEL ÉXITO de una forma que consiente que cualquier persona de una comprensión razonable pueda someterlos con pocos esfuerzos y molestias. Deberías saber, desde un principio, que el curso de las LEYES DEL ÉXITO ha pasado hace ya mucho tiempo por el estado de tentativa; que tiene el reconocimiento de un historial de éxitos plausible de seria circunspección y análisis. Además, ha sido inspeccionado y competente por algunas de las mentes más prácticas de su generación. Fue esgrimido primeramente a modo de conferencia, y su autor lo estuvo distribuyendo en prácticamente todas las ciudades y muchas de los lugares más pequeñas de Estados Unidos durante un espacio de más de siete años. Es posible que tú fueras una de los muchos cientos de miles de personas que concurrieron a dicha conferencia. Durante las conferencias, el autor instalaba a algunos de sus asistentes entre el público con el propósito de aclarar la reacción de la gente, y así sabía fielmente qué resultado tenía sobre el público. Como resultado de este estudio y análisis, efectuó varios cambios.

La primera gran victoria que obtuvo la filosofía de las LEYES DEL ÉXITO tuvo lugar cuando fue esgrimida por el autor como base para un curso en el que 3.000 hombres y mujeres fueron adiestrados como un ejército de ventas; la mayoría de aquellas personas no poseía ninguna práctica previa en el ámbito comercial. A través de este adiestramiento fueron capaces de a ganar más de un millón de dólares para ellas mismas y pagaron al autor 30.000 dólares por sus asistencias, los cuales envolvían un período de aproximadamente seis meses. Las personas y los pequeños grupos de mercaderes que han encontrado el éxito con la ayuda de este curso son demasiado numerosas para indicarlas en esta introducción, pero el número es grande y los beneficios que lograron del curso fueron definitivos. La filosofía de las LEYES DEL EXITO llamó la atención de Don R. MeIlet, antiguo director del Canton Daily News (Ohio), que se sindicó con el autor de este curso y se estaba arreglando para presentar la renuncia como director del Canton Daily News y asumir la gestión empresarial de los argumentos del autor cuando fue asesinado el 16 de julio de 1926. Antes de su fallecimiento, el señor Mellet hizo los planes con el juez Elbert H. Cary, que entonces era el presidente del Consejo de la United States Steel Corporation, para exhibir el curso de las LEYES DEL ÉXITO a todos los empleados de la compañía, con un coste total de alrededor de 150.000 dólares. Este plan se detuvo debido a la defunción del juez Cary, pero demuestra que el autor de las LEYES DEL ÉXITO ha desplegado un plan educativo de naturaleza perpetua. El juez Gary estaba especialmente preparado para juzgar su valor, y el hecho de que examinara la filosofía de las LEYES DEL ÉXITO y estuviera preparado a invertir la enorme suma de 150.000 dólares en él manifiesta la firmeza de todo lo que se dice en favor del curso. En esta introducción general verás algunos términos técnicos que quizá no percibas. No dejes que esto te preocupe ni trates entenderlos desde el principio. Te quedarán claros cuando hayas leído el resto del curso. Toda esta introducción está pensada más bien como un trasfondo para las otras quince lecciones del curso, y deberías leerla como tal. No se te inspeccionará sobre esta introducción, pero deberías leerla varias veces, ya que cada vez que lo hagas comprenderás algún pensamiento o alguna idea que no comprendiste en las lecturas anteriores. En esta introducción hallarás una descripción de la actualmente descubierta ley de psicología, que es la piedra angular de todo logro personal recalcado. El autor ha denominado "mente maestra" a esta ley, refiriéndose a una mente que se despliega a través de la colaboración armoniosa de dos o más personas que se acuerdan con el propósito de realizar cualquier tarea dada. Si estás en el negocio de las ventas, podrás advertir con esta Ley DE LA "MENTE MAESTRA" en tu trabajo cotidiano de una manera provechosa. Se ha abierto que un grupo mediano de vendedores es capaz de utilizar la ley con tanta eficacia que sus ventas pueden acrecentarse en proporciones increíbles. Se supone que un seguro de vida es lo más difícil de vender sobre la tierra. Esto no tendría por qué ser así, puesto que un seguro de vida es una necesidad, pero es cierto. A pesar de esto, un pequeño grupo de hombres que trabajaban para la Presidential Life lnsurance Company, cuyas comercializaciones son principalmente pequeñas pólizas, formó un reducido grupo amistoso con el intento de experimentar con la LEY DE LA MENTE MAESTRA, y el efecto fue que cada hombre del grupo logró vender más seguros durante los tres primeros meses del experimento que los que había vendido primeramente en todo un año. Lo que puede lograr, con ayuda de este principio, cualquier grupo pequeño de vendedores inteligentes de seguros de vida que haya aprendido a emplear la LEY DE LA "MENTE MAESTRA" admirará incluso a los más optimistas e inteligentes. Lo mismo puede decirse de otros grupos de vendedores que se consagran a vender mercaderías y otras formas de servicio más palpables que un seguro de vida. Ten esto en mente al leer esta introducción al curso de las LEYES DEL ÉXITO, y no sería poco sensato esperar que esta introducción, por sí sola, pudiera facilitarte una comprensión de la ley suficiente para cambiar por completo el limbo de tu vida.

Ningún hombre tiene la ocasión de complacerse de un éxito permanente hasta que comienza a buscar en el espejo de la verdadera raíz de todos sus errores.

Lo que establece el nivel de éxito que tendrá un negocio son las personalidades que están detrás de él. Cambia esas personalidades de manera que sean más encantadoras y atractivas para los patrones del negocio, y éste prosperará. En cualquier gran ciudad de Estados Unidos se pueden adquirir artículos de una naturaleza y unos precios equivalentes en buen número de tiendas pero, sin embargo, verás que siempre hay una tienda que recalca, que vende más que las otras, y el porqué es que detrás de ella hay una persona, o personas, que ha prestado atención a la personalidad de quienes están en relación con el público. La gente adquiere personalidades tanto como adquiere mercadería, y la pregunta es si no estarán más intervenidas por las personalidades con las que entran en contacto que por los artículos. El seguro de vida ha sido sometido a una base científica tal que su coste no vana ampliamente, autónomamente de la compañía a la que uno se lo compre; sin embargo, de los centenares de compañías aseguradoras que hay en el mercado, menos de una docena tienen la mayor parte del oficio en Estados Unidos. ¿Por qué? ¡Personalidades! El noventa y nueve por ciento de las personas que adquieren una póliza de vida olvida su contenido y, lo que es más extraordinario aún, no parece importarle. Lo que en realidad están adquiriendo es la agradable personalidad de algún hombre, o alguna mujer, que conoce el valor de cultivar una personalidad así. Tu tarea en la vida, o al menos la parte más trascendental de ella, es conseguir el éxito. El éxito, dentro del significado del término como lo expone este curso de las QUINCE LEYES DEL ÉXITO, es alcanzar tu claro propósito principal sin quebrantar los derechos de otras personas. Autónomamente de cuál sea tu fin principal en la vida, la alcanzarás con una dificultad mucho menor cuando hayas asimilado el delicado arte de aliarte con otras personas en una iniciativa, sin rivalidades. Uno de los mayores retos en la vida, o quizás el mayor, es el de aprender el arte de la contratación armoniosa con los demás. Este curso ha sido fundado con el plan de enseñar a la gente a prosperar por la vida negociando con armonía y serenidad, libre de los efectos destructivos de las disconformidades y las fricciones que cada año llevan a millones de personas a la desgracia, la pobreza y el fracaso.

Con esta afirmación del objetivo del curso, deberías ser capaz de acercarte a las lecciones con la sensación de que está a punto de tener lugar una innovación absoluta en tu personalidad.

No puedes disfrutar de un éxito destacable en la vida si no tienes poder, y nunca podrás disfrutar del poder si no tienes la bastante personalidad para intervenir en otras personas a fin de que cooperen contigo en un espíritu de armonía. Este curso te expondrá, paso a paso, cómo desplegar una personalidad así. La siguiente es una declaración de lo que puedes esperar recoger de Las QUINCE LEYES DEL ÉXITO lección a lección:

1. UN CLARO OBJETIVO PRINCIPAL te instruirá a ahorrar el esfuerzo que la mayoría de personas derrocha en el intento de hallar el trabajo de su vida. Esta lección te mostrará cómo terminar para siempre con la falta de intención y a fijar tu corazón y tus manos en alguna meta definida, bien imaginada, que será tu trabajo en la vida.

2. LA SEGURIDAD EN TI MISMO te ayudará a someter los seis temores básicos que conmueven a toda persona: el miedo a la escasez, el miedo a la mala salud,

el miedo a la ancianidad, el miedo a las críticas, el miedo a la pérdida del amor de alguien y el miedo al Fallecimiento. Te enseñará cuál es la oposición entre el egoísmo y la real seguridad en uno mismo, la cual se basa en unos discernimientos claros y útiles.

3. EL HÁBITO DE AHORRAR te enseñará a comerciar tus ingresos metódicamente para que un porcentaje determinado de ellos se vaya acumulando inacabadamente, y de este modo forme una de los más grandes orígenes de poder personal conocidas. Nadie puede obtener éxito en la vida sin ahorrar dinero. No hay ninguna alteración a esta regla, y nadie puede escapar a ella.

4. LA INICIATIVA Y EL LIDERAZGO te enseñarán a convertirte en un líder en lugar de ser un partidario en el campo en el que hayas preferido poner tus esfuerzos. Se desplegará en ti un instinto de liderazgo que hará que, sucesivamente, gravites hacia la cima en todas las actividades en las que participes.

5. LA IMAGINACIÓN incitará a tu mente para que puedas imaginar ideas nuevas y desarrollar nuevos planes que te ayudarán a alcanzar el objeto de tu claro objetivo principal. Esta lección te instruirá a establecer nuevas ideas a partir de nociones viejas y conocidas, y a dar nuevos usos a las viejas ideas. Esta lección, por sí sola, corresponde a un curso muy práctico de ventas, y sin duda manifestará ser una verdadera mina de oro de conocimientos para la persona solemnemente interesada.

6. EL ENTUSIASMO te permitirá "empapar" a todo aquel con quien entres en contacto de un beneficio por ti y por tus ideas. El frenesí es la base de una personalidad agradable, y debes poseer una personalidad así para influir en los demás con objeto de alcanzar su cooperación.

7. EL AUTOCONROL es la "media del equilibrio" con la cual vigilas tu exaltación y lo diriges hacia donde tú quieres. Esta lección te enseñará, de la forma más práctica, a convertirte en "el amo de tu destino, el capitán de tu alma"

8. EL HÁBITO DE HACER MÁS QUE AQUELLO PARA LO QUE TE PAGAN es una de las lecciones más trascendentales del curso de las LEYES DEL EXITO. Te enseñará a sacar provecho de la LEY DEL RENDIMIENTO CRECIENTE, la cual te afirmará una ganancia monetaria muy superior al servicio que prestas. Nadie puede llegar a ser un genuino líder en ningún espacio de la vida si no practica el hábito de trabajar más y hacer un trabajo mejor que aquel para el que se le paga.

9. UNA PERSONALIDAD AGRADABLE es el "fulero" en el que debes colocar la "palanca" de tus energías y, una vez instalada con inteligencia, te permitirá

excluir montañas de obstáculos. Esta lección, por sí sola, ha producido una gran cantidad de maestros. Ha desplegado líderes de la noche a la mañana. Te enseñará a convertir tu carácter para que puedas acomodarte a cualquier ambiente, o a cualquier otra personalidad, de manera tal que puedas vencer fácilmente.

10. EL PENSAMIENTO CORRECTO es una de las trascendentales piedras angulares de todo éxito duradero. Esta lección te enseña a apartar los hechos de la mera información. Te enseña a constituir los datos acreditados en dos categorías: los "importantes" y los "no importantes". Te enseña a resolver qué es un dato importante y, a edificar unos planes de trabajo determinados, sea cual fuere tu disposición, asentándote en la información.

11. La Concentración te enseña a centralizar tu atención en un tema a la vez hasta que hayas desplegado planes hábiles para dominarlo. Te enseñará a convenirte con otras personas de manera tal que puedas utilizar todos sus juicios para respaldarte en tus propios planes y objetivos. Te proporcionará un discernimiento laboral práctico de las fuerzas que te envuelven y te mostrará cómo rendir y usar esas fuerzas para dar promoción a tus propios intereses.

12. La COOPERACIÓN te enseñará el precio del trabajo en equipo en todo lo que hagas. En esta lección se te enseñará a emplear la LEY DE LA "MENTE MAESTRA" que se describe en esta introducción y en la segunda lección de este curso. Dicha lección te instruirá a regularizar tus propios esfuerzos con los de otras personas de forma tal que el roce, los celos, la disputa, las envidias y la codicia queden excluidos. Aprenderás a hacer uso de todo lo que otras personas han aprendido acerca del trabajo que estás ejecutando.

13. BENEFICIARTE DEL FRACASO te enseñará a convertir en escalones todos tus errores y frustraciones del pasado y del futuro. Te revelará cuál es la oposición entre "fracaso" y "derrota temporal", una diferencia muy grande y intensamente importante. Te enseñará a favorecerte de tus propios fracasos y de los de los demás.

14. LA TOLERANCIA te enseñará a sortear los desastrosos efectos de los prejuicios raciales y religiosos que simbolizan una derrota para millones de personas que se consienten enzarzarse en discusiones ilógicas sobre estos temas, contaminando así sus propias mentes y cerrando las puertas a la razón y la investigación. Esta lección es la hermana gemela de la que se relaciona con el pensamiento correcto, puesto que nadie se convierte en un pensador correcto si no ejerce la tolerancia. La intolerancia obstruye el Libro del Conocimiento y escribe sobre su portada: "¡fin!" ¡Lo he aprendido todo. La intolerancia

convierte en enemigos a aquellos que convendrían ser amigos. Demuele las oportunidades y llena la mente de dudas, suspicacia y prejuicios.

15. PRACTICAR LA REGLA DORADA te enseñará a hacer uso de esta gran ley universal de la gestión humana de manera tal que podrás obtener fácilmente la colaboración armoniosa de cualquier persona o grupo de personas. La falta de agudeza de la ley en que se basa la filosofía de la Regla Dorada es una de las principales fuentes de fracaso de millones de personas que persisten en la infelicidad, la pobreza y la carencia durante todas sus vidas. Esta lección no tiene definitivamente nada que ver con la religión bajo cualquier manera, ni tampoco con el sectarismo, y lo mismo se emplea a todas las demás lecciones de este curso de las LEYES DEL ÉXITO.

Si has de platicar mal de alguien, no lo hagas, pero escríbelo: escríbelo en la arena, cerca de la orilla del mar

Cuando hayas dominado estas QUINCE LEYES y las hayas hecho tuyas, cosa que es posible conseguir en un período de entre quince y treinta semanas, estarás competente para desplegar el poder personal suficiente para asegurarte la ejecución de tu claro objetivo principal. El objetivo de estas QUINCE LEYES es desarrollar o ayudarte a constituir todo el discernimiento que posees, y todo el que adquieras en el futuro, para que puedas convertirlo en tu poder. Deberías leer el curso de las LEYES DEL ÉXITO con un cuaderno a tu lado, pues verás que, mientras lees, llegan a tu mente "ráfagas" de, ideas sobre caracteres y medios para utilizar estas leyes en tu propio favor. También deberías comenzar a enseñar estas leyes a aquellas personas que más te conciernen, ya que es un hecho conocido que cuanto más intenta uno enseñar un argumento, más aprende sobre él. Un hombre que tenga una familia con niños y niñas, puede establecer indeleblemente estas QUINCE LEYES DEL ÉXITO en SUS mentes, hasta tal punto que estas enseñanzas cambiarán totalmente el camino de sus vidas. La persona en pareja debería interesar a su pareja para que estudie este curso a la par, por razones que serán indudables antes de que hayas acabado de leer esta introducción. El poder es uno de los tres objetos básicos de la actividad humana. Se hallan dos tipos de poder: el que se desarrolla a través de la coordinación de leyes físicas naturales y el que se despliega organizando y clasificando los conocimientos. El poder que procede de unos conocimientos organizados es el más importante, puesto que pone a práctica de la persona una herramienta con la cual puede convertir, redirigir y, hasta cierto punto, aprovechar y usar la otra forma de poder.

El objeto de la lectura de este curso es sellar la ruta por la cual el estudiante puede andar seguro mientras congrega la información que desea concentrar a su tejido de conocimientos.

Se hallan dos métodos importantes para congregar conocimientos; esto es, estudiando, clasificando y relacionando datos que han sido coordinados por otras personas, y a través de nuestro propio proceso de reunión, ordenación y clasificación de datos, habitualmente llamado "experiencia personal". Esta lección habla esencialmente sobre las maneras y los medios para experimentar los datos y la información reunidos y clasificados por otras personas. El estado de avance conocido como "civilización" no es más que la medida de comprensiones que la raza humana ha almacenado. Estos conocimientos son de dos tipos: mentales y físicos. Entre los conocimientos útiles coordinados por el ser humano, éste ha descubierto y relacionado los más de cien elementos químicos de los que están combinadas todas las formas materiales del universo.

A través del estudio, el análisis y unas disposiciones exactas, el ser humano ha descubierto la "grandeza" del semblante material del universo, tal como está expresado por los planetas, los soles y las estrellas, de algunos de los cuales se sabe que son más de diez millones de veces más grandes que el pequeño planeta en el que él habita. Por otro lado, el ser humano ha descubierto la "menudencias" de las formas físicas que componen el universo a través de la reducción de los poco más de cien elementos químicos a moléculas, átomos y, posteriormente, a la partícula más pequeña: el electrón. Un electrón no puede verse; es apenas un eje de fuerza positivo o negativo. El electrón es el umbral de todo aquello que tiene una naturaleza física.

Moléculas, átomos y electrones

Para entender tanto el detalle como la apariencia del proceso mediante el cual los conocimientos son reunidos, coordinados y clasificados, me parece esencial que el estudiante comience por las partículas más pequeñas

y meros de la materia, puesto que son el "abecé" con el que la naturaleza ha fundado la totalidad del marco de la parte física del universo. La molécula está constituida por átomos, de los cuales se dice que son pequeñas partículas invisibles que giran incesablemente a la velocidad del rayo, fundándose exactamente en el mismo principio que hace girar a la Tierra alrededor del Sol.

Se dice que estas pequeñas partículas de materia distinguidas como átomos, que giran en un circuito continuo en la molécula, están compuestas de electrones, que son las partículas más pequeñas. Como ya he explicado, el electrón no es otra cosa que dos representaciones de fuerza. El electrón es uniforme, y de una sola clase, tamaño y naturaleza; así pues, en un grano de arena o una gota de agua se representa el principio sobre cuya base maniobra todo el universo.

¡Qué maravilloso! ¡Qué estupendo! Puedes hacerte una leve idea de la dimensión de todo esto la próxima vez que ingieras una comida, conmemorando que cada alimento que comes, el plato del que comes, los utensilios y la propia mesa, en última instancia, no es más que una suma de electrones. En el mundo de la materia física, tanto si uno está observando la estrella más grande que flota por los cielos o el más microscópico grano de arena que pueda hallar en la tierra, el objeto observado no es sino una colección constituida de moléculas, átomos y electrones que giran unos alrededor de los otros a una velocidad sorprendente. Cada partícula de materia está en un perpetuo estado de movimiento sumamente convulsionado. Nada está nunca estático, aunque para el ojo físico casi toda la materia física parece estar inerte. No hay ninguna materia física "sólida". La pieza más dura de acero no es sino una masa establecida de moléculas, átomos y electrones que giran. Además, los electrones en un pedazo de acero son de la misma naturaleza y se mueven a la misma rapidez que los electrones que hay en el oro, la plata, el cobre o el peltre. Los poco más de cien elementos químicos parecen ser diferentes unos de otros, y lo son, porque están compuestos de diferentes combinaciones de átomos (aunque los electrones en ellos son siempre iguales, exceptuado que algunos de ellos son positivos y otros negativos, lo cual simboliza que llevan una carga de electrificación positiva mientras que otros llevan una carga negativa).

No tengas miedo de una pequeña barrera. Recuerda que la "cometa" del Triunfo suele encumbrarse contra el viento de la Desdicha, ¡no con él!

A través de la ciencia de la química, la materia se suele descomponer en átomos que, en sí mismos, son indestructibles. Los poco más de cien elementos son elaborados a través de, y a causa de, la combinación y transformación de las perspectivas de los átomos. Esto impone el modus operandi de la química a través de la cual se produce este cambio de posición atómica, en expresiones de la ciencia moderna:

Añada cuatro electrones (dos positivos y dos negativos) a un átomo de hidrógeno, y obtendrá el elemento litio; expulse del átomo de litio (compuesto de tres electrones positivos y tres negativos) un electrón positivo y uno negativo, y obtendrá un átomo de helio (compuesto de dos electrones positivos y dos negativos).

Así pues, puede observarse que los poco más de cien elementos químicos del universo rezagan unos de otros únicamente en el número de electrones que componen sus átomos, y en el número y la disposición de dichos átomos en las moléculas de cada elemento. Como formación, un átomo de mercurio contiene 80 cargas positivas (electrones) en su núcleo y 80 cargas negativas exteriores (electrones). Si el químico despidiera dos de sus electrones positivos ése átomo se convertiría, repentinamente, en el metal conocido como platino. Si el químico fuese más allá y extirpase un electrón negativo "planetario", el átomo de mercurio habría perdido entonces dos electrones positivos y uno negativo, es decir, una carga positiva en total. Por lo tanto, almacenaría 79 cargas positivas en el núcleo y 79 electrones exteriores negativos, con lo que se transformaría en oro, la fórmula a través de la cual este cambio electrónico podría originarse ha sido objeto de una búsqueda ágil por parte de los alquimistas a lo largo de los siglos, y por parte de los químicos modernos en la actualidad.

Es un hecho popular para todo químico que, puntualmente, decenas de miles de sustancias sintéticas pueden componerse a partir de solamente cuatro tipos de átomos, a saber: hidrógeno, oxígeno, nitrógeno y carbono.

Las incompatibilidades en el número de electrones en los átomos les otorgan diferencias cualitativas químicas, aunque todos los átomos de cualquier elemento son químicamente similares. Las diferencias en el número y en la repartición espacial de estos átomos (en tipos de moléculas) componen diferencias tanto físicas como químicas en las sustancias, es decir, en los compuestos. Se ocasionan sustancias bastante distintas a través de combinaciones de, justamente, el mismo tipo de átomos, pero en distintas proporciones. "Descarte un solo átomo de una molécula de unas determinadas sustancias y éstas podrán dejar de ser un compuesto preciso para la vida y se convertirán en un veneno mortal. El fósforo es un elemento y, por ende, sujeta sólo un tipo de átomos; pero hay un fósforo que es amarillo y otro que es rojo, el cual altera con la distribución espacial de los átomos en las moléculas que lo componen". Puede aseverarse, como una verdad literal, que el átomo es una partícula universal con la que la naturaleza erige todas las formas materiales, desde un grano de arena hasta la estrella más grande que flota por el espacio. El átomo es el "componente fundamental" a partir del cual ella despliega un roble o un pino, una roca de piedra arenisca o de granito, un ratón o un elefante. Algunos de los pensadores más diestros han razonado que la tierra en la que existimos, y cada partícula de materia que hay en ella, se inició con dos átomos que se conectaron el uno al otro y que, a lo largo de cientos de millones de años de vuelo a través del espacio, fueron contactando y almacenando otros átomos hasta que, paso a paso, se fue formando el planeta. Esto, señalan, declararía los numerosos y distintos estratos de las sustancias de la Tierra, como son las capas de carbono, los almacenes de mineral de hierro, de oro y plata, de cobre. etc.

Ellos replican que, a medida que la Tierra fue girando por el espacio, entró en contacto con diversos tipos de nebulosas de los que se adecuó con prontitud por la ley de la atracción magnética. En la constitución de la superficie de la Tierra se ven muchas cosas que apoyan esta teoría, aunque es posible que no haya ninguna experiencia positiva de su solidez. Estos datos concernientes a las partículas más pequeñas comprensibles de la materia han sido aludidos brevemente como un punto de partida desde el cual nos encargaremos de establecer cómo desarrollar y aplicar la ley del poder. Se ha señalado que toda materia está en un perpetuo estado de vibración o movimiento; que la molécula está constituida por partículas de movimiento veloz llamadas átomos, los cuales, a su vez, están compuestos de unas partículas que asimismo se agitan rápidamente, llamadas electrones.

El fluido vibrante de la materia

En cada partícula de materia existe un "fluido", fuerza invisible que hace que los átomos giren unos alrededor de otros a una velocidad sorprendente. Este fluido es una especie de energía que nunca ha sido analizada. Hasta el momento ha perturbado a toda la comunidad científica. Muchos científicos creen que es la misma energía que nombramos electricidad, otros prefieren llamarlo vibración. Algunos científicos creen que la rapidez con la que se mueve esta fuerza (llámala como quieras) establece en gran medida la naturaleza de la apariencia exterior perceptible de los objetos físicos del universo. Una velocidad de vibración de esta energía fluida, origina lo que se conoce como "sonido". El oído humano es capaz de descubrir exclusivamente el sonido producido por entre 32.000 y 38.000 vibraciones por segundo. A medida que la velocidad de las vibraciones por segundo aumenta por encima de aquello que llamamos sonido, éstas comienzan a mostrarse en forma de calor. El calor comienza con alrededor de un millón y medio de vibraciones por segundo. Todavía más arriba en la escala, las vibraciones comienzan a registrarse en forma de luz. Tres millones de vibraciones por segundo instituyen la luz violeta. Por encima de este número, las vibraciones formulan rayos ultravioleta (los cuales son invisibles para el ojo humano) y otras radiaciones invisibles.

Y todavía más arriba en la escala (hoy nadie sabe exactamente a qué altura) las vibraciones establecen la energía con la que el hombre piensa. El autor de este libro cree que la parte fluida de toda vibración, de la cual proceden todas las formas conocidas de energía, es de naturaleza universal; que la parte "fluida", del sonido es igual a la parte "fluida" de la luz, siendo la oposición efectiva entre sonido y luz exclusivamente una diferencia en la velocidad de la vibración, y también que la parte "fluida" del pensamiento es fielmente la misma que la del sonido, el calor y la luz, a excepción del número de vibraciones por segundo. Del mismo modo que sólo hay una representación de materia física, de la cual están compuestos la Tierra y todos los demás cuerpos celestes (soles y estrellas), que es el electrón, también hay solamente una representación de energía "fluida" que hace que toda la materia se conserve en un continuo estado de movimiento expedito.

Aire y éter

El extenso espacio entre los soles, las lunas, las estrellas y otros cuerpos celestes del universo está lleno de una representación de energía conocida como éter. El autor piensa que la energía "fluida", que mantiene en movimiento todas las partículas de la materia es la misma que el fluido universal conocido como éter, que colma todo el espacio del universo. Dentro de una cierta distancia desde la superficie de la Tierra, que algunos deducen que es de unos 80 kilómetros, existe eso que llamamos aire, que es una sustancia gaseosa combinada de oxígeno y nitrógeno. El aire es un conductor de vibraciones sonoras, pero un no conductor de luz y de las vibraciones más elevadas, las cuales son trasladadas por el éter El éter es conductor de todas las vibraciones, desde el sonido hasta el pensamiento. El aire es una sustancia ceñida que realiza, esencialmente, el servicio de alimentar a toda vida animal y vegetal con oxígeno y nitrógeno, sin los cuales ninguna de las dos formas de vida existiría. El nitrógeno es una de las trascendentales necesidades de la vida vegetal y el oxígeno es uno de los vitales soportes de la vida animal. Cerca de la cumbre de las montañas muy elevadas, el aire se vuelve muy leve porque contiene apenas un poco de nitrógeno, y éste es el porqué de que la vida vegetal no pueda existir ahí. Por otro lado, el aire "ligero" que hallamos a grandes alturas está compuesto especialmente de oxígeno, y ésta es la razón de que a los pacientes de tuberculosis se les envíe a zonas altas.

Suministra un servicio mayor del que te pagan por hacer, y al poco tiempo te pagarán por más de lo que realizas. La ley del Rendimiento Creciente se encarga de esto.

Pese a lo breve de esta muestra sobre las moléculas, los átomos, los electrones, el aire, el éter y cosas por el estilo, puede ser una lectura pesada para el estudiante, pero, como se verá en un momento, un papel fundamental como pedestal de esta lección. No te desmoralices si la descripción de esta base parece no tener ninguno de los efectos apasionantes de la ficción moderna. Estás seriamente dedicado a indagar cuáles son los poderes que tienes a tu disposición y cómo fundarlos y aplicarlos. Para completar este descubrimiento con éxito, debes concertar la determinación, la perseverancia y un DESEO bien definido de reunir y organizar conocimientos. El doctor Alexander Graham Bell, inventor del teléfono de larga distancia y una de las autoridades registradas en el tema de la vibración, se cita aquí para afirmar las teorías del autor sobre dicho tema: Suponga que posee el poder de hacer que una vara de hierro vibre a una frecuencia deseada en una habitación oscura. Al principio, al vibrar paulatinamente, su movimiento será percibido solamente por un sentido: el del tacto. En cuanto se incrementen las vibraciones, un sonido suave provendrá de ella y atraerá a dos sentidos. A unas 32.000 vibraciones por segundo, el sonido será fuerte y estrepitoso, pero a 40.000 vibraciones por segundo será silencioso y los movimientos de la vara no serán percibidos por el tacto. Sus movimientos no serán percibidos por ningún sentido humano. Desde este punto hasta alrededor de un millón y medio de vibraciones por segundo, no tenemos ningún sentido capaz de valorar ningún efecto de las vibraciones que se interponen. Después de alcanzar esta etapa, el movimiento está indicado primero por la sensación de la temperatura y luego, cuando la vara se toma caliente, por el sentido de la vista. A los tres millones de vibraciones, expone una luz violeta. Por encima de esto, emite rayos ultravioleta y otras radiaciones impalpables, algunas de las cuales pueden ser observadas por ciertos instrumentos y empleadas por nosotros. Ahora bien, se me ha ocurrido que debe de haber muchísimo que asimilar sobre el efecto de esas vibraciones en la gran brecha en la que los sentidos humanos comentes son ineptos de oír, ver o sentir el movimiento. El poder de remitir mensajes de radio por las vibraciones del éter se halla en esa brecha, pero ésta es tan grande que parece que tiene que haber mucho más. Uno debe tomar las máquinas de una manera práctica para proporcionar nuevos sentidos, como hacen los instrumentos de radio. (Se puede decir, pensando en esta gran brecha, que no hay muchas representaciones de vibraciones que puedan darnos efectos tan maravillosos, o incluso más maravillosos, que las ondas de radio).

A mi parecer, en esta brecha se hallan las vibraciones que damos por sentado que son formuladas por nuestros cerebros y células nerviosas cuando pensamos. Pero entonces, por otro lado, podrían estar más arriba en la escala, más allá de las vibraciones que originan los rayos ultravioleta. (Nota: La última frase sugiere la teoría sostenida por este autor.) (Precisamos un cable para transportar estas vibraciones) ¿No pasarán a través del éter sin un cable, como lo conciben las ondas de radio? ¿Cómo serán percibidas por quien las absorba? ¿Escuchará una serie de señales o descubrirá que los pensamientos de otro hombre han entrado en su cerebro?

Podríamos efectuar algunas reflexiones basadas en lo que sabemos sobre las ondas de radio, las cuales, como he dicho, son todo lo que podemos inspeccionar de una vasta serie de vibraciones que teóricamente deben existir. Si las ondas de pensamiento son afines a las ondas de radio, deben salir del cerebro y fluir perpetuamente por el mundo y por el universo. El cuerpo y el cráneo y otros impedimentos sólidos no simbolizarían ninguna obstrucción a su paso mientras se mueven por el éter que rodea a las moléculas de toda sustancia, sin interesar cuán sólida y densa sea ésta. ¿Se pregunta usted si no habría una persistente interferencia y desorden si los pensamientos de otras personas estuvieran fluyendo por nuestros cerebros y fundando en ellos pensamientos que no se originaron en nosotros? ¿Cómo sabe usted que los pensamientos de otros hombres no están entorpeciendo los suyos? Yo he notado una buena cantidad de fenómenos de interferencia en la mente que nunca he sido capaz de manifestar. Por ejemplo, está la inspiración, o el agobio, que siente una persona que habla ante un público. Yo los he vivido en muchas ocasiones en mi vida y nunca he podido precisar exactamente cuáles son sus causas físicas. En mi opinión, muchos hallazgos científicos recientes apuntan a un día, quizá no muy lejano, en el que los hombres se leerán el pensamiento unos a otros, en que los pensamientos serán transferidos directamente de cerebro a cerebro sin la interposición del habla, la escritura o cualquier otro método de comunicación que se conozca actualmente.

No es ilógico esperar que llegue un momento en el que podamos ver sin los ojos, oír sin los oídos y hablar sin la lengua. En resumen, la teoría de que la mente puede comunicarse solamente con otra mente se apoya en la hipótesis de que el pensamiento, o la fuerza vital, es una forma de interrupción eléctrica, que puede ser recogido por incitación y transferido a distancia, ya sea por medio de un cable o simplemente a través del éter, como es el caso de las ondas del telégrafo. Se hallan muchas analogías que sugieren que el pensamiento es de la naturaleza de una interferencia eléctrica. Un nervio, que está hecho de la misma sustancia que el cerebro, es un buen conductor de corriente eléctrica. La primera vez que transferimos una corriente eléctrica a través de los nervios de un hombre muerto, nos chocó y asombró ver que se sentaba y se movía. Los nervios electrificados originaron la contracción de los músculos de una forma muy parecida a como lo hace la vida. Los nervios parecen actuar sobre los músculos de una manera muy similar a la forma en que procede la corriente eléctrica sobre un electroimán. La corriente magnetiza una barra de hierro colocada en ángulo recto con respecto a ella, y los nervios causan, a través de la corriente impalpable de fuerza vital que fluye por ellos, la contracción de las fibras musculares que están ubicadas en ángulos rectos con respecto a ellos. Sería imposible citar las cuantiosas razones por las que el pensamiento y la fuerza vital pueden ser estimados de la misma naturaleza que la electricidad. La corriente eléctrica es imaginada como un movimiento en ondas del éter, la sustancia hipotética que llena todo espacio y que se desarrolla por todas las sustancias. Nosotros creemos que debe de haber éter porque, sin él, la corriente eléctrica no desfilaría a través del vacío, ni la luz solar a través del espacio. Es sensato creer que solamente un movimiento de ondas de un carácter similar puede producir los fenómenos del pensamiento y la fuerza vital. Sabemos por sentado que las células del cerebro proceden como una batería y que la comente producida fluye por los nervios. Pero, ¿acaba ahí? ¿Acaso no surge del cuerpo en ondas que fluyen por el mundo entero sin ser descubiertas por nuestros sentidos, del mismo modo que las ondas electromagnéticas pasaban inadvertidas antes de que Hertz y otros revelaran su existencia?

Toda mente es una estación transmisora y una estación receptora

Este autor ha señalado, en muchas ocasiones para ser enumeradas, al menos para su propia dicha, que todo cerebro humano es tanto una estación transmisora como una estación receptora de vibraciones de la frecuencia del pensamiento.

Todo desengaño es una bendición disfrazada, siempre que instruya alguna lección necesaria que uno no podría haber asimilado sin él. La mayoría de los llamados "fracasos" sólo son fracasos temporales.

Si esta teoría implicara ser un hecho y se pudieran establecer métodos de control sensato, imagina el papel que tendría en la reunión, simbolización y ordenación de conocimientos. La posibilidad, incluso la posibilidad, de una realidad así, ¡aflige a la mente humana! Thomas Paine fue una de las grandes mentes del período rebelde norteamericano. A él, quizá más que a cualquier otra persona, le debemos tanto el inicio como el final feliz de la Revolución, pues fue su mente perspicaz la que ayudó a escribir la Declaración de Independencia y a persuadir a los firmantes de dicho documento de que fuese transcrita a términos de realidad. Al hablar de la fuente de su gran almacén de conocimientos, Paine la describió así:

Cualquier persona que haya experimentado observaciones sobre el estado de desarrollo de la mente humana a través de la observación de su propia mente, sólo puede haber comprobado que hay dos tipos definidos de eso que citamos pensamientos: los que producimos en nosotros mismos a través de la deliberación y el acto de pensar, y los que llegan a la mente de manera espontánea. Siempre he seguido la regla de tratar a estos visitantes voluntarios con educación, cuidando de examinar, de la mejor manera posible, si valía la pena alojarlos; y de ellos he adquirido fácilmente todos los conocimientos que tengo. En cuanto al aprendizaje que cualquier persona logra de la educación escolar, éste sirve solamente como un pequeño capital, para orientarla a que inicie un aprendizaje por sí misma posteriormente. Toda persona erudita es, finalmente, su propia maestra, y la razón de esto es que los inicios no pueden grabarse en la memoria; su lugar de morada mental es la comprensión, y nunca son tan duraderos como cuando se empiezan por concepción.

En las palabras precedentes, Paine, el gran patriota y filósofo norteamericano, narraba una experiencia que en un momento u otro tiene toda persona. ¿Quién es tan infeliz como para no haber recibido pruebas positivas de que se hallan pensamientos, e incluso ideas completas, que "aparecen" en las mentes provenientes de fuentes externas? ¿Qué medios de traspaso hay para tales visitantes, si no es el éter? El éter llena el espacio ilimitado del universo. Es el medio de traspaso de todas las formas de vibración conocidas, como el sonido, la luz y el calor. ¿Por qué no habría de ser, también, el medio de traspaso de la vibración del pensamiento?

Toda mente o todo cerebro están derechamente conectados con todos los demás cerebros por medio del éter. Todo pensamiento expresado por cualquier cerebro puede ser captado súbitamente e interpretado por todos aquellos que estén "en buena correlación" con "el cerebro emisor".

Este autor está tan seguro de esto como de que la fórmula H2O producirá agua. Supone, si puedes, el papel que rescata este principio en todos los ámbitos de la vida. Tampoco es la posibilidad de que el éter sea el transmisor del pensamiento de una mente a otra la más pasmosa de sus actuaciones. Este autor es de la declaración de que toda vibración de pensamiento expresada por cualquier cerebro es recogida por el éter y mantenida en movimiento en ondas de longitud evasivas que se corresponden en longitud con la intensidad de la energía esgrimida para su emisión; que estas vibraciones se mantienen eternamente en movimiento; que son una de las dos fuentes de las cuales proceden los pensamientos que "aparecen" en la mente de una persona, siendo la otra un contacto seguido e inmediato a través del éter con el cerebro que emite la vibración del pensamiento.

Así pues, se verá que, si esta teoría es verdadera, el espacio infinito de todo el universo es, y continuará siendo, textualmente una biblioteca mental en la cual se pueden hallar todos los pensamientos emitidos por la humanidad.

El autor está sentando aquí las bases de una de las teorías más importantes enumeradas en la lección titulada "Seguridad en uno mismo", un hecho que el estudiante debería tener en cuenta al acercarse a ella. Esta es una lección sobre los CONOCIMIENTOS ORGANIZADOS. La mayoría de los juicios útiles que la raza humana ha heredado han sido resguardados y registrados con exactitud en la Biblia de la naturaleza. Al repasar las páginas de esta Biblia inalterable, el ser humano ha leído la historia de la gran lucha a partir de la cual se ha desarrollado la presente civilización. Las páginas de esta Biblia están hechas de los elementos físicos de los que se forma esta Tierra y los demás planetas, y del éter que colma todo el espacio.

Al repasar las páginas escritas en piedra y cubiertas cerca de la superficie de esta tierra en la que vive, el ser humano ha aprendido los huesos, los esqueletos, las huellas y otras pruebas indiscutibles de la historia de la vida animal, instaladas ahí para iluminarlo y guiarlo de la mano de la madre naturaleza a través de unos períodos de tiempo increíbles.

Las pruebas son simples e inequívocas. Las colosales páginas de piedra de la Biblia de la naturaleza que se hallan en esta tierra y las permanentes páginas de dicha Biblia representada por el éter en la que todos los pensamientos humanos del pasado han sido tallados, forman una auténtica fuente de comunicación entre Dios y el ser humano. Esta Biblia se formó antes de que el hombre hubiera llegado a la etapa del pensamiento; de hecho, fue antes de que consiguiera el estado de adelanto de la ameba (animal unicelular). Esta Biblia está por encima y más allá del poder de transformación humana. Además, no relata su historia en unas lenguas muertas antiguas, ni en jeroglíficos de razas semisalvajes, sino en un lenguaje global que puede leer todo aquel que tenga ojos. La Biblia de la naturaleza, de la que se emanan todos los juicios dignos de tenerse, no puede ser cambiada o estropeada en modo alguno por el hombre.

El hallazgo más maravilloso del ser humano hasta el momento es el del principio de la radio, que funciona con la ayuda del éter, el cual es una parte substancial de la Biblia de la naturaleza. Imagina al éter acumulando la extraordinaria vibración del sonido y convirtiendo la audiofrecuencia en una radiofrecuencia, transportándola a una estación receptora fielmente sintonizada y volviéndola a transformar ahí en su representación original de audiofrecuencia, y todo esto en un segundo. No debería asombrar a nadie que una fuerza así pueda acopiar la vibración del pensamiento y mantener esa vibración perpetuamente en movimiento. El hecho determinado y conocido de la transferencia instantánea de sonido a través del éter por medio del moderno aparato de radio, hace que la teoría de la transferencia de la vibración del pensamiento de mente a mente deje de ser una contingencia y se transforme en una probabilidad.

La "mente maestra"

Ahora llegamos al subsiguiente paso en la representación de las maneras y los medios con los que uno puede reunir, catalogar y organizar conocimientos útiles, a través de la alianza armoniosa de dos o más mentes, a partir de las cuales se despliega una "mente maestra".

El término "mente maestra" es genérico y no tiene equivalente en el ámbito de la realidad conocida, excepto para un pequeño número de personas que han ejecutado un estudio detallado del efecto de una mente sobre otras. Este autor ha indagado en vano en todos los libros de texto y ensayos disponibles sobre el tema de la mente humana, pero no ha hallado en ninguno de ellos ni siquiera la mínima reseña al principio que aquí se relata como la "mente maestra". El término llamó la atención del autor por primera vez en una entrevista con Andrew Carnegie, tal como se narra en la segunda lección.

La química de la mente

Este autor piensa que la mente está hecha de la misma energía "fluida" universal que la del éter que llena el universo. Tanto el lego como el investigador científico saben que algunas mentes chocan al entrar en contacto, mientras que otras exponen una afinidad natural entre ellas. Entre los dos extremos de la oposición natural y la afinidad natural que surgen en este encuentro o contacto, hay un amplio matiz de posibilidades de distintas reacciones de una mente sobre otra. Algunas mentes se acomodan unas a otras de una forma tan natural que el "amor primera vista" es el efecto inevitable del contacto. ¿Quién no ha tenido una experiencia así? En otros casos, son tan incompatibles que ya en el primer encuentro surge una violenta aversión mutua. Estos efectos se dan sin que medie palabra y sin la menor señal de que alguna de las causas usuales del amor y el odio estén actuando como estímulo. Es bastante factible que la "mente" esté combinada de un fluido, o sustancia, o energía -llámala como quiera- similar al éter (en el caso de que no sea la misma sustancia). Cuando dos mentes se aproximan lo suficiente para instituir contacto, la combinación de las unidades de esta "sustancia mental" (llamémosla los electrones del éter) causa una reacción química e instruye unas vibraciones que conmueven a los dos individuos de una forma gustosa o desagradable, según el caso.

El efecto del encuentro entre dos mentes es indudable incluso para el observador más impensado. ¡Todo efecto ha de tener una causa! ¿Qué podría ser más sensato que desconfiar de la causa del cambio en la actitud mental entre dos mentes que acaban de entrar en contacto no es otra que la interrupción de los electrones o unidades de cada una de ellas en el proceso de reorganizarse en el nuevo campo creado por dicho contacto? Creer en lo heroico origina héroes

Con el intento de sentar unas bases sólidas para esta lección, hemos recorrido un largo pasaje hacia el éxito aceptando que el encuentro entre dos mentes, o el hecho de que entren en contacto, producen en cada una de ellas un resultado o estado de ánimo visible, bastante distinto al que existía inmediatamente antes de dicho contacto. Aunque sería ansiado, no es fundamental conocer la "causa" de esta reacción de mente sobre mente. Que esta reacción tiene lugar en todos los casos es un hecho distinguido que nos proporciona un punto de partida desde el cual podemos exponer lo que simboliza el término "mente maestra".

Una "mente maestra" puede establecerse al juntar o fusionar, con un espíritu de perfecta armonía, dos o más mentes. De esta fundición armoniosa, la química de la mente crea una tercera mente de la que se pueden apropiar y que pueden esgrimir todas las mentes particulares, o una de ellas. La "mente maestra" seguirá siendo asequible mientras exista la alianza amistosa y armoniosa entre las mentes individuales. En el momento en que esta alianza se rasgue, se descompondrá, y toda evidencia de su anterior existencia desaparecerá.

Este principio de la química de la mente es la base y la causa de fácilmente todos los llamados casos de "almas gemelas" y "triángulos eternos", muchos de los cuales, desgraciadamente, terminan en divorcios y son ridiculizados por gente ignorante e inculta que crea tosquedad y batahol as a partir de una de las más grandes leyes de la naturaleza.

Todo el mundo educado sabe que los dos o tres primeros años de relación después de las nupcias suelen estar manifiestos por muchos desacuerdos, de una naturaleza más o menos intrascendente. Éstos son los años de ajuste. Si el matrimonio subsiste a ellos, estará más que apto para convertirse en una alianza permanente. Ninguna persona casada, con experiencia, negará estos hechos. Una vez más, vemos el efecto sin entender la causa.

Aunque hay otras causas que ayudan a ello, mayormente, la falta de armonía durante estos primeros años de matrimonio se debe a la lentitud de la química de las mentes para acoplarse armoniosamente. Dicho de otro modo, los electrones o unidades de energía designados "la mente" no suelen ser considerablemente amistosos ni antagónicos en su primer contacto; pero, a través de la relación constante se acomodan gradualmente en armonía, exceptuado en las raras ocasiones en que la relación tiene el efecto opuesto y confluye, tarde o temprano, en una incompatibilidad abierta entre estas unidades.

Es un hecho conocido que cuando un hombre y una mujer llevan entre diez y quince años de relación, se vuelven particularmente imprescindibles el uno para el otro, aunque es posible que no haya ni la menor evidencia del estado mental llamado amor. Asimismo, sexualmente, esta compañía y relación no sólo desarrolla una analogía natural entre las dos mentes, sino que, de hecho, hace que las dos personas adquieran una expresión facial similar y se parezcan destacadamente en muchos otros aspectos. Cualquier analista sabio de la naturaleza humana puede encontrarse dentro de una multitud y encontrar a la esposa de un hombre después de que éste le haya sido presentado. La expresión de los ojos, el contorno del rostro y el tono de voz de las personas que han estado unidas en casamiento durante mucho tiempo, llegan a igualarse marcadamente. Tan marcado es el efecto de la química de la mente humana que cualquier charlista experimentado puede interpretar rápidamente la manera en que sus declaraciones son admitidas por el público. El antagonismo en la mente de una sola persona en una audiencia de mil personas puede ser ágilmente detectado por el orador que ha aprendido a "sentir" y registrar los efectos del antagonismo. Asimismo, el orador puede hacer estas definiciones sin observar las expresiones de los rostros de la gente, o sin que ésta le influya en modo alguno. Por este motivo, el público puede conseguir que un charlista alcance grandes alturas de oratoria, o bien hacerlo salir mal, sin emitir ni un sonido ni mostrar una sola expresión de satisfacción o desazón en su rostro.

Todo maestro vendedor sabe cuándo ha llegado el minuto del "cierre psicológico"; no por lo que el posible cliente le dice, sino por el efecto de la química de su mente, según es descifrada o "sentida" por el vendedor. A menudo, las palabras refutan las intenciones de quien las articula, pero una correcta interpretación de la química de la mente no deja ninguna huida a dicha posibilidad. Todo vendedor capaz sabe que la mayoría de compradores tiene el hábito de simular una actitud negativa prácticamente hasta el punto prominente de una venta. Todo abogado capaz ha desplegado un sexto sentido que le permite, sentir cómo debe abrirse camino a través de las palabras sagazmente preferidas del testigo que está mintiendo, e interpretar correctamente aquello que está pensando, a través de la química mental. Muchos abogados han desarrollado esta destreza sin conocer su fuente real; poseen la técnica pero no perciben el concepto científico en que se basa; muchos vendedores han hecho lo mismo. Quien tenga un don en el arte de descifrar correctamente la química de las mentes de los demás puede, en sentido retórico, entrar por la puerta de la mansión de cualquier mente y examinar todo el edificio, fijándose en todos los detalles, y volver a salir obteniendo una imagen completa del interior de la casa, sin que el dueño se entere de que ha recibido una visita. En la lección sobre el pensamiento correcto veremos que se puede dar un uso muy hábil a este principio (que tiene que ver con el principio de la química de la mente). Aquí se menciona solamente como una aproximación a los puntos más significativos de esta lección. Ya se ha dicho bastante como introducción al principio de la química de la mente y para señalar, con ayuda de experiencias cotidianas y exámenes al azar del propio estudiante, que en cuantas dos mentes se acercan se produce un cambio mental, que algunas veces se reconoce como antagonismo y otras como simpatía. Cada mente tiene lo que se podría designar un campo eléctrico. La naturaleza de dicho campo varía dependiendo del estado de ánimo de la mente individual que está detrás, y de la naturaleza de la química mental establecida por el "campo".

Este autor piensa que el estado normal o natural de la química de cualquier mente particular es el efecto de su herencia física, sumada a la naturaleza de los pensamientos que han avasallado a dicha mente, y que toda mente está cambiando de continuo, en la medida en que la filosofía y los hábitos generales de la persona modifican la química de su mente. El autor opina que estos principios son ciertos. Es un hecho acreditado que cualquier persona puede cambiar facultativamente la química de su mente, haciendo que atraiga o impugne a todos aquellos con los que entre en contacto. Dicho de otro modo, cualquier persona puede acoger una actitud mental que atraerá y agradará a los demás, o que los repelerá e incitará una enemistad con ellos, y esto sin la ayuda de palabras, expresiones faciales o cualquier otra manera de movimiento corporal o gesto.

Ahora vuelve a la enunciación de la mente maestra, (una mente que se despliega a partir de la combinación y combinación de dos o más mentes, en un espíritu de perfecta armonía) y captarás el significado total de la palabra armonía tal como se utiliza aquí. Dos mentes no se combinarán ni podrán regularizarse a menos que esté presente el elemento de la perfecta armonía, que es donde mora el secreto del éxito o del fracaso en usualmente todos los negocios y las asociaciones sociales. Todo director de ventas, todo superior del ejército y todo líder en cualquier ámbito de la vida percibe la necesidad de un espíritu de cuerpos, un espíritu de entendimiento y colaboración comunes, para alcanzar el éxito. Este espíritu común de armonía de propósito se obtiene a través de la disciplina, voluntaria u obligada, de una naturaleza tal que las mentes individuales se ajusten constituyendo una "mente maestra", con lo cual se quiere decir que la química de las mentes individuales se cambia de manera tal que éstas se combinan y marchan como si fuesen una sola. Los métodos a través de los cuales tiene lugar este proceso de unión son tan numerosos como las personas envueltas en las distintas formas de liderazgo.

Cada líder tiene su propio método para regularizar las mentes de sus seguidores. Uno utilizará la fuerza; otro la sugestión. Uno jugará con el temor a las penalidades, mientras que otro jugará con las recompensas, con la finalidad de someter las mentes individuales de un determinado grupo de personas a un punto en que puedan concertarse y formen una mente común. El estudiante no tendrá que buscar intensamente en la historia de los gobiernos, la política, los negocios o las finanzas para revelar la técnica utilizada por los líderes en estos ámbitos en el proceso de combinar las mentes de las personas para constituir una mente común. Sin embargo, los líderes realmente grandes del mundo han sido dotados por la naturaleza de una composición de química mental favorable como núcleo de atracción para otras mentes. Napoleón fue un patrón notable de un hombre que tenía una mente magnética con una marcada tendencia a atraer a todas las mentes con las que entraba en contacto. Los soldados lo seguían a una muerte segura sin titubear gracias a la naturaleza estimulante o atractiva de su personalidad, y ese carácter no era ni más ni menos que la química de su mente.

Si no crees en la colaboración, mira lo que pasa cuando un vagón pierde una rueda.

Ningún grupo de mentes puede concertarse para formar una "mente maestra", si uno de los sujetos que lo componen tiene una mente considerablemente negativa y repelente. Las mentes negativas y positivas no se combinarán en el sentido que aquí se describe como una mente maestra. La falta de comprensión de este hecho ha llevado a la derrota a muchas personas que, de lo contrario, habrían sido líderes idóneos. Cualquier líder capaz que entienda este principio de la química de la mente puede concertar de modo temporal las mentes de casi cualquier montón de personas, de tal forma que simbolice una mente común, pero la constitución se descompondrá prácticamente en el preciso instante en que la presencia del líder se descarte. Las más triunfantes organizaciones de ventas de seguros de vida y otro tipo de personal de ventas se congregan una vez por semana, o más a menudo, con el propósito de... ¿de qué?

Con el propósito de adherir las mentes individuales para crear una "mente maestra" que, durante un número limitado de días, servirá como incitación para las mentes individuales.

Puede pasar, y generalmente pasa, que los líderes de estos grupos no entiendan lo que en realidad tiene lugar en estas reuniones, que suelen citarse como reuniones de impulsor. La rutina de estas reuniones suele dedicarse a charlas del líder y otros miembros del grupo y, casualmente, de alguien que no pertenece a él, mientras las mentes de las personas fundan contacto y se recargan unas a otras. El cerebro de un ser humano puede contrastarse con la batería eléctrica, en el sentido de que se puede terminar o descargar, haciendo que su dueño se sienta abatido, desmoralizado y carente de impulso. ¿Quién es tan agraciado que no ha sentido esto jamás? El cerebro humano, cuando se halla en un estado de agotamiento, debe ser recargado, y la manera en que esto se hace es a través del contacto con una o más mentes vitales. Los grandes líderes entienden la necesidad de este proceso de "recargar", además, saben cómo obtener ese resultado.

¡Este conocimiento es la principal característica que diferencia a un líder de un seguidor!

Dichosa es la persona que entiende este principio lo bastante bien como para conservar su cerebro vitalizado o "recargado" poniéndolo habitualmente en contacto con una mente más vital. El contacto sexual es uno de los estímulos más eficaces con los cuales la mente puede recargarse, siempre y cuando el contacto se ejecute con vivacidad, entre un hombre y una mujer que sientan un cariño mutuo genuino. Cualquier otro tipo de relación sexual resta vitalidad a la mente. Cualquier practicante adecuado de la psicoterapia puede "recargar" un cerebro en pocos minutos. Antes de dejar atrás esta breve reseña al contacto sexual como medio para revitalizar una mente agotada, me parece adecuado llamar la atención sobre el hecho de que todos los grandes líderes, en cualquier terreno de la vida en el que hayan surgido, han sido y son personas de naturaleza crecidamente sexual. (La palabra "sexo" no es una palabra indecente. Puedes hallarla en todos los diccionarios.) Existe una firme tendencia entre los médicos mejor informados y otros profesionales de la salud, a admitir la teoría de que todas las enfermedades se forman cuando el cerebro humano se encuentra en un estado de enflaquecimiento o debilidad. Dicho de otro modo, es un hecho conocido que una persona con un cerebro cabalmente vitalizado es prácticamente, o totalmente, exento a cualquier tipo de enfermedad.

Todo médico perspicaz, de cualquier escuela o de cualquier tipo, sabe que en todos los casos en los que se origina una curación, es la naturaleza, o la mente la que cura la enfermedad. Las medicinas, la fe, la imposición de manos, la quiropráctica, la osteopatía y todas las otras representaciones de estímulo externo no son más que una ayuda artificial a la naturaleza o, para formularlo cabalmente, meros métodos para poner en marcha la química de la mente con la finalidad de que ésta ajuste las células y los tejidos del cuerpo, revitalice el cerebro y, por lo demás, haga que la máquina humana marche con normalidad. Hasta el médico más ortodoxo reconocerá la verdad de esta aseveración. ¿Cuáles pueden ser, entonces, las contingencias de los futuros avances en el campo de la química de la mente? A través del principio de la combinación armoniosa de mentes se puede gozar de una salud perfecta. Con la asistencia de este mismo principio, se puede desplegar el poder suficiente para solucionar el problema de la presión económica que afecta interminablemente a todas las personas. Podemos juzgar las posibilidades futuras de la química mental realizando inventario de sus logros en el pasado, teniendo en cuenta el hecho de que éstos han sido, en gran medida, el efecto de un descubrimiento accidental y de la reunión ocasional de unas mentes. Nos estamos acercando a una época en la que el profesorado de las universidades enseñará la química de la mente del mismo modo que hoy por hoy se enseñan otras asignaturas. Entretanto, el estudio y la prueba en relación con este tema abren aspectos de posibilidades para el estudiante individual.

La química de la mente y el poder económico

Es un hecho justificable que la química de la mente puede ser aplicada apropiadamente a los asuntos cotidianos del mundo económico y comercial. A través de la composición de dos o más mentes, en un espíritu de perfecta armonía, el principio de la química de la mente puede desenvolver el poder suficiente para consentir a las personas cuyas mentes han sido así concertadas realizar hazañas supuestamente sobrehumanas. El poder es la fuerza con la que el ser humano logra el éxito en cualquier empresa. El poder, en cantidades ilimitadas, puede ser disfrutado por cualquier grupo de hombres y mujeres que tengan la sabiduría para sumergir sus propias personalidades y sus propios intereses particulares inmediatos, a través de la unión de sus mentes en un espíritu de perfecta armonía.

Observa, con interés, la frecuencia con que aparece la palabra armonía en esta introducción No puede darse el progreso de una mente maestra, ahí donde no exista el elemento de una perfecta armonía. Las unidades individuales de la mente no se concertarán con las unidades individuales de otra mente hasta que un espíritu de perfecta armonía de propósito haya incitado y dado calor a ambas. En el momento en que dos mentes comiencen a tomar caminos de interés divergentes, las unidades individuales de cada una de ellas se apartarán y el tercer elemento, conocido como la mente maestra, el cual provino de la alianza amistosa o armoniosa, se descompondrá.

Llegamos, ahora, al estudio de algunos de los hombres famosos que han acopiado un gran poder (y también grandes fortunas) a través de la aplicación de la química de la mente. Comencemos nuestro estudio con tres hombres de los que se sabe que se regocijaron de un gran éxito en sus respectivos ámbitos de decisión económica, de negocios y profesionales. Sus nombres son Henry Ford, Thomas A. Edison y Harvey S. Firestone. De los tres, Henry Ford es, con mucho, el más significativo, pues tiene relación con el poder económico y financiero. El señor Ford fue apreciado, en su época, como el hombre más poderoso del mundo. Muchas personas que lo han estudiado piensan que es el hombre más poderoso que ha existido jamás. Por lo que se sabe, el señor Ford es el único hombre vivo que ha existido jamás con el poder dispuesto para superar a la administración monetaria de Estados Unidos. El señor Ford reúne millones de dólares con la misma habilidad con que un niño llena su cubo de arena mientras juega en la playa. Quienes estaban en perspectiva de saberlo, han dicho que, si lo requiriera, el señor Ford podría recabar dinero, juntar mil millones de dólares y disponer de ellos en una semana. Nadie que conozca los logros de Ford duda de esto. Quienes lo conocen bien saben que podría hacerlo sin más brío que el que pone un hombre promedio en reunir el dinero para pagar el arriendo mensual de su casa. Si le hiciera falta, Ford podría haber logrado este dinero mediante la aplicación inteligente de los principios en los que se basa este curso. Mientras el nuevo automóvil del señor Ford estaba en proceso de desarrollo, en 1927, se dice que recibió pedidos por adelantado, pagados al contado, para más de 375.000 coches. A un precio aproximado de seiscientos dólares por automóvil, esto sumaría 225 millones de dólares los cuales recibió antes de que un solo coche fuese traspasado. Tal es el poder de la confidencia en la capacidad de Ford.

La valentía es el ejército durable del alma, que la resguarda de la conquista, el pillaje y la esclavitud.

HENRY VAN DYKE

El señor Edison, como todo el mundo conoce, es filósofo, científico e inventor. Fue, seguramente, el estudiante de la Biblia más entusiasta de la tierra; pero un estudiante de la Biblia de la naturaleza, y no de las socavadas de biblias escritas por el hombre. El señor Edison tenía una agudeza tan penetrante de la Biblia de la madre naturaleza, que cultivó y combinó, para el bien de la humanidad, más leyes naturales que cualquier persona que haya vivido jamás. Fue él quien ensambló la punta de una aguja y una pieza de cera giratoria de manera tal que la vibración de la voz humana pudiera ser inspeccionada y reproducida a través de la moderna máquina sonora.

(Y podría ser Edison el que posteriormente permitiera que el ser humano recoja e interprete correctamente las vibraciones del pensamiento que ahora están reconocidas en el universo infinito del éter, del mismo modo que le ha consentido registrar y reproducir la palabra hablada). Fue Edison quien produjo por primera vez el rayo e hizo que sirviera como una luz para usanza humana con la ayuda de la bombilla eléctrica resplandeciente. Fue él quien le dio al mundo el moderno cinetoscopio. Éstos son apenas algunos de sus provechos destacables. Estos "milagros" modernos que él ha efectuado (no con trucos, bajo la falsa demanda de un poder sobrehumano, sino a la luz radiante de la ciencia) superan todos los llamados milagros que se narran en los libros de ficción hasta ahora escritos.

El señor Firestone es el espíritu motor de la gran industria Firestone de Akron, Ohio. Sus éxitos fabriles son tan conocidos allí donde haya automóviles, que no es preciso añadir ningún comentario especial. Estos tres hombres comenzaron sus carreras comerciales y profesionales sin tener ningún capital y con una formación escasa del tipo que corrientemente llamamos "educación". Los tres tienen ahora una buena alineación; los tres son ricos; los tres son poderosos. Ahora, averigüemos cuál fue la fuente de su riqueza y su poder. Hasta el momento hemos estado tratando solamente con el efecto, pero el auténtico filósofo desea entender la causa de un efecto dado. Es de discernimiento público que el señor Ford, el señor Edison y el señor Firestone son amigos inseparables y desde hace muchos años, y que en el pasado acostumbraban a pasar una temporada en el bosque una vez al año para reposar, meditar y recuperarse. Pero, por lo general, no se sabe (y es una duda crucial si estos tres hombres lo saben) que entre ellos se halla un vínculo de armonía que ha hecho que sus mentes se ajusten y hayan formando una mente maestra, que es la verdadera fuente de poder para cada uno de ellos. Esta mente común, que proviene de la coordinación de las mentes particulares de Ford, Edison y Firestone, les ha dejado sintonizar con fuerzas (y fuentes de conocimiento) con las que la mayoría de las personas no están habituadas en absoluto.

Si el estudiante duda, ya sea del principio o de los efectos aquí explicados, debe recordar que más de la mitad de las teorías enunciadas en este libro son un hecho conocido. Por ejemplo, se sabe que estos tres hombres tienen un gran poder. Se sabe que son ricos. Que comenzaron sin tener un capital y con una corta educación. Que establecen contactos periódicos entre sus mentes. Que estos contactos son armoniosos y amistosos. Se conoce, en fin, que sus logros son tan destacados como para que resulte improbable compararlos con los de otras personas en sus concernientes campos de actividad. Todos estos efectos son conocidos para casi todos los escolares del mundo civilizado y, por lo tanto, no puede haber ninguna duda en lo que atañe a los efectos.

Podemos estar seguros de un hecho afín con la causa de los logros de Edison, Ford y Firestone, y es que sus éxitos no se basaron, en modo alguno, ni en trucos, ni en engaños, ni en lo asombroso., ni en las llamadas "revelaciones" ni, en ninguna otra forma de ley que no sea natural. Estos hombres no tienen una provisión de trapaza. Trabajan con las leyes naturales; leyes que, en su generalidad, son conocidas por todos los economistas y líderes en el campo de la ciencia, con la posible singularidad de la ley en que se basa la química de la mente. Y, sin embargo, la química de la mente no está lo bastante desenvuelta para ser clasificada por los científicos en su catálogo de leyes conocidas. Una "mente maestra" puede ser creada por cualquier grupo de personas que regularicen sus mentes en un espíritu de perfecta armonía. El grupo puede estar constituido por cualquier número de personas, a partir de dos. Los mejores efectos surgirán si se combinan entre seis y siete mentes.

Cuando dos o más personas armonizan sus mentes y causan el efecto conocido como la "mente maestra", cada miembro del grupo logra el poder de contactar con los discernimientos y de reunirlos a través de las mentes "subconscientes" de todos los demás. Este poder es inminentemente perceptible, pues tiene el efecto de estimular la mente y enaltecer su velocidad de vibración y, por otra parte, se manifiesta en la forma de una imaginación más real y la conciencia de lo que parece ser un sexto sentido. A través de este sexto sentido las nuevas ideas llegan a la mente. Estas ideas obtienen la naturaleza y la forma del tema que domina la mente de la persona. Si el grupo entero se ha congregado con el propósito de discutir un tema dado, las ideas sobre él alcanzarán a las mentes de todos los presentes, como si una influencia externa las estuviera imponiendo.

Las mentes de quienes participan en la "mente maestra" se parecen a los imanes, al atraer ideas y estímulos de pensamiento de una naturaleza crecidamente organizada y práctica, provenientes de... (Nadie sabe dónde) El proceso de composición de mentes que se describe aquí como mente maestra, podría compararse con el acto de alguien que conecta muchas baterías eléctricas a un único cable de traspaso, con lo que acrecienta la fuerza que fluye por dicha línea. Cada batería añadida incrementa la potencia que pasa por la línea por la cantidad de energía que traslada la batería. Exactamente eso es lo que ocurre en el caso de la composición de mentes para formar una mente maestra, Cada mente, por el principio de la química mental, incita a las restantes del grupo, hasta que la energía de la mente crece tanto que penetra en la energía universal conocida como éter, y se vincula con ella, y ésta, a su vez, entra en contacto con todos los átomos del universo. El moderno aparato de radio manifiesta en gran medida la teoría aquí expuesta. Se deben elevar poderosas estaciones de emisión o traspaso para que la vibración del sonido sea acrecentada antes de que pueda ser recogida por la energía vibratoria más elevada del éter y trasladada en todas direcciones. Una "mente maestra" formada por varias mentes individuales combinadas para provocar una fuente de energía vibratoria, constituye prácticamente un equivalente exacto de la estación transmisora de radio.

Todo charlista ha sentido la preponderancia de la química de la mente, pues es un hecho conocido que cuando las mentes particulares del público están de acuerdo con el orador (sintonizadas con la velocidad de vibración de la mente de la persona que habla), hay un entusiasmo apreciable en la mente de éste, el cual hace que se enaltezca hasta unas alturas de oratoria que sorprenden a todos, incluido él mismo. Los primeros cinco a diez minutos del discurso promedio están consagrados a lo que se conoce como calentamiento. Esto hace reseña al proceso a través del cual las mentes del charlista y su público se conciertan en un espíritu de perfecta armonía.

Los hombres dejan de concernirnos al descubrir sus limitaciones. El único pecado es la restricción. Basta con que topes una vez con las limitaciones de un hombre, y todo habrá terminado con él.

EMERSON

Todo orador sabe lo que sucede cuando este estado de .perfecta armonía, no se plasma en una parte del público. Los fenómenos supuestamente sobrenaturales que tienen lugar en las reuniones espiritistas son el efecto de la reacción de unas mentes del grupo sobre otras. Estos fenómenos rara vez se comienzan a manifestar antes de entre diez y veinte minutos una vez formado, porque ése es, aproximadamente, el tiempo necesario para que las mentes del grupo se armonicen y se unan. Los mensajes recibidos por los miembros de un grupo espiritista seguramente proceden de una de dos fuentes, o de ambas, y éstas son:

1. El extenso almacén de la mente subconsciente de algún miembro del grupo.

2. El almacén universal del éter, en el cual, muy posiblemente, se guardan todas las vibraciones del pensamiento.

No existe ninguna ley natural conocida ni ninguna razón humana que apoye la teoría de la comunicación con personas que han muerto. Es un hecho conocido que cualquiera puede investigar el almacén de conocimientos de otra mente a través de este principio de la química mental, y parece sensato suponer que este poder puede desarrollarse para contener el contacto con cualquier vibración que esté disponible en el éter, si es que la hay.

La teoría de que todas las vibraciones superiores y más purificadas, como aquellas que emanan del pensamiento, son guardadas en el éter proviene del hecho de que tanto la materia como la energía (los dos elementos conocidos del universo) no pueden ser creadas. Es sensato presumir que todas las vibraciones que han sido "aumentadas" lo suficiente para ser recogidas y cautivadas por el éter, seguirán existiendo perpetuamente. Las vibraciones inferiores, que no se combinan con el éter ni tampoco entran en contacto con él de otras maneras, viablemente viven una vida natural y desaparecen. Todos los llamados genios posiblemente se ganaron su reputación porque, por mera casualidad o de algún otro modo, constituyeron alianzas con otras mentes, lo cual les permitió acrecentar sus propias vibraciones mentales hasta el punto en que pudieron entrar en contacto con el extenso Templo del Conocimiento que esta grabado y archivado en el éter del universo. Todos los grandes genios, según la investigación que este autor ha podido realizar, eran personas crecidamente sexuales. El hecho de que el contacto sexual sea el mayor estimulante mental conocido aporta color a la teoría aquí descrita. Investigando más a fondo la fuente del poder económico, tal como se manifiesta en los logros del hombre en el ámbito de los negocios, asimilemos el caso del grupo de Chicago conocido como los Seis Grandes que está formado por Wrigley, Jr., dueño del negocio de chicles que lleva su nombre y cuyos ingresos propios, según dicen, son superiores a los quince millones de dólares al año; John R. Thompson, que dirige la cadena de restaurantes que lleva su nombre; el señor Lasker, dueño de la agencia de publicidad Lord sr Thomas; el señor McCullough, propietario de la Parmalee Express Company, el negocio de traspasos más grande de Estados Unidos; y los señores Ritchie y Hertz, propietarios del negocio de taxis Yellow Taxicab.

Una compañía fiel de información financiera ha estimado que los ingresos periódicos de estos seis hombres son superiores a los veinticinco millones de dólares, o un promedio de más de cuatro millones de dólares al año cada uno. El análisis de este grupo cabal de seis hombres revela el hecho de que ninguno de ellos tuvo ninguna superioridad educativa especial; que todos comenzaron sin un capital ni un gran préstamo; que sus logros financieros se han debido a sus propios procedimientos individuales y no a un giro bienaventurado de la meda del azar.

Hace muchos años, estos seis hombres constituían una alianza amistosa y se reunían durante unas temporadas fundadas con el propósito de ayudarse unos a otros con ideas y sugerencias en sus diversas y variadas líneas de decisión empresarial.

Con la excepción de Hertz y Ritchie, ninguno de los seis estaba relacionado en modo alguno con ninguna sociedad legal. Estas tertulias servían precisamente al propósito de cooperar en la base de intercambio para ayudarse unos a otros con ideas y consejos y, ocasionalmente, endosando vales y otras fianzas para concurrir a algún miembro del grupo que tuviera alguna emergencia que hacía precisa dicha ayuda. Se dice que cada una de las personas que corresponden a este grupo de los Seis Grandes, es varias veces millonaria. Como regla general, no hay nada que merezca un comentario especial en favor de alguien que no hace otra cosa que amontonar unos cuantos millones de dólares. No obstante, hay algo afín con el éxito económico de este grupo de hombres en particular que bien vale un comentario, un estudio, un estudio e incluso una emulación, y ese es el hecho de que han aprendido a regularizar sus mentes individuales, concertándolas en un espíritu de perfecta armonía y han creado así una mente maestra, que abre, para cada miembro del grupo, unas puertas que están tapadas para la mayor parte del género humano. La United States Steel Corporation es una de las ordenaciones industriales más fuertes y poderosas del mundo. La idea a partir de la cual salió este gran gigante industrial en la mente de Elbert H. Gary, un abogado como cualquier otro que brotó y se crió en un pueblo de Illinois, cerca de Chicago. El señor Gary se rodeó de un grupo de hombres cuyas mentes concertó con éxito en un espíritu de perfecta armonía, y creó así el espíritu motor de la gran United States Steel Corporation.

Allí donde investigues, dondequiera que encuentres un éxito destacado en los negocios, las finanzas, la industria o en cualquier profesión, puedes estar seguro de que, detrás de él, hay una persona que ha empleado el principio de la química de la mente, a partir del cual se ha creado una mente maestra. Estos éxitos destacados suelen dar la impresión de ser obra de una sola persona, pero busca contenidamente y podrás encontrar a otros individuos cuyas mentes han estado regularizadas con la suya. Recuerda que dos o más personas pueden poner en marcha el principio de la química de la mente para crear una mente maestra.

El poder (el potencial humano) son conocimientos coordinados, expresados a través de esfuerzos agudeza. No se puede decir que ningún esfuerzo esté organizado a menos que las personas envueltas en él coordinen sus discernimientos y su energía con un espíritu de perfecta armonía. La falta de esta coordinación armoniosa de los esfuerzos es la causa principal de fácilmente todos los fracasos en los negocios. Este autor ha realizado un interesante ensayo en colaboración con los alumnos de un instituto muy acreditado. Se le pidió a cada estudiante que escribiera un trabajo sobre "Cómo y por qué se hizo rico Henry Ford".

Cada alumno o alumna, debía describir, como parte de este, cuál creía que era la naturaleza de los verdaderos activos de Ford y detallar en qué residían. La mayoría de los alumnos congregó informes financieros e inventario de los activos de Ford y los esgrimió como base para calcular su riqueza. Entre las "fuentes de la riqueza de Ford" se contenían cosas como el efectivo que tenía en los bancos, las existencias de materias primas y productos terminados, los bienes raíces y edificios, y el fondo de comercio, calculado cerca de un diez a un veinticinco por ciento del valor de los activos materiales.

No puedes lograr ser un poder en tu comunidad, ni conseguir un éxito duradero en ninguna decisión valiosa, si antes no tienes la grandeza suficiente para hacerte responsable de tus propios deslices y derrotas.

Sólo un alumno, de un grupo de cientos, indicó lo siguiente: Los activos de Henry Ford consisten, principalmente, en dos elementos:

1) un capital de utilización, unas materias primas y productos terminados

2) los conocimientos del propio Henry Ford, adquiridos con la experiencia, y la colaboración de una organización bien preparada que comprende cómo emplear dichos conocimientos para el mayor provecho desde el punto de vista de Ford. Es absurdo calcular, de una forma que se aproxime a lo correcto, el valor existente en

dólares y centavos de cualquiera de estos dos grupos de activos pero, en mi sentir, los valores relativos son:

- Los conocimientos organizados de la Organización Ford . . . . 75 %

- El valor de los activos en efectivo y físicos de cualquier naturaleza, encerrando materias primas y productos terminados... . . . . 25 %

Este autor es de la resolución de que esta información no pudo ser congregada por el joven que la firmaba sin la ayuda de una o más mentes intensamente analíticas y experimentadas. Indudablemente, el mayor activo que posee Henry Ford es su propio cerebro. A continuación, aparecerían los cerebros de su círculo inmediato de discípulos, pues ha sido mediante la coordinación de éstos como se han amontonado los activos físicos que él controla. Destruye cada planta que posee la Ford Motor Company: cada máquina, cada átomo de materias primas o terminadas, cada automóvil acabado y cada dólar acumulado en cualquier banco, y Ford seguiría siendo el hombre más poderoso, económicamente, sobre la Tierra. Los cerebros que han cimentado el negocio de Ford podrían volver a reproducirlo en poco tiempo. Siempre hay capital utilizable, en cantidades ilimitadas, para cerebros como el de Ford. Según lo que este autor ha podido indagar por sus propios medios, Ford es el hombre más poderoso del mundo (económicamente) porque tiene el concepto más agudo y experto del principio de los conocimientos organizados de todos los seres humanos del planeta. A pesar del gran poder y éxito económico de Ford, es posible que habitualmente haya cometido errores en la aplicación de los principios a través de los cuales ha acopiado dicho poder. Poca duda cabe de que, a menudo, sus métodos de combinación mental han sido toscos; deben de haberlo sido al principio de esta experiencia, antes de que obtuviese la sabiduría de aplicación que, probablemente, llegaría con la madurez de los años. Tampoco cabe mucha duda de que la diligencia de Ford del principio de la química de la mente fue, al menos en sus iniciaciones, el resultado de una alianza casual con otras mentes, en particular con la de Edison. Es más que posible que la excepcional comprensión de las leyes de la naturaleza por parte del señor Ford inicialmente fuera el efecto de su alianza amistosa con su propia esposa mucho antes de haber conocido a Edison o a Firestone. Hay muchos hombres que nunca llegan a conocer que la verdadera fuente de su éxito la crean sus esposas a través de la aplicación del principio de la mente maestra. La señora Ford es una mujer excepcionalmente inteligente, y este autor tiene motivaciones para creer que fue su mente, concertada con la de su marido, la que proporcionó al señor Ford su primer paso real hacia el poder.

Se puede insinuar, sin restar al señor Ford ningún honor o gloria, que en los inicios de su práctica tuvo que combatir a los poderosos enemigos de la incultura y la ignorancia en mayor mesura que Edison o Firestone, los cuales, por legado natural, estaban dotados de la más afortunada capacidad para adquirir y aplicar conocimientos. Ford tuvo que extirpar su talento del enmaderado basto y tosco de su herencia. En un período de tiempo extraordinariamente breve, Ford ha dominado a tres de los enemigos más obstinados de la humanidad y los ha convertido en unos activos que constituyen los cimientos mismos de su éxito. Estos enemigos son: la ignorancia, la incultura ¡y la miseria!

Cualquier hombre capaz de hacer frente a estas tres fuerzas salvajes y, además, cultivarlas y utilizarlas para un buen fin, bien se merece un estudio a fondo por parte de las personas menos venturosas.

Estamos coexistiendo en una era de poder industrial, la fuente de todo este poder es el esfuerzo organizado. La dirección de las empresas industriales no sólo tiene a unos trabajadores particulares eficazmente organizados, sino que además, en muchos casos, se han realizado fusiones de industrias de tal forma y a fin de que estas uniones (como en el caso de la United States Steel Corporation, por ejemplo) amontonen un poder prácticamente ilimitado. Dificultosamente podemos ver las noticias de los acontecimientos de un día sin que haya algún reportaje sobre una fusión de negocios, industrial o económica, que ponga grandes recursos en manos de una empresa y cree así un gran poder. Un día se trata de un grupo de bancos, otro día es una cadena de ferrocarriles, al día siguiente es una mezcla de plantas de acero, todos uniéndose con el propósito de generar poder a través de un esfuerzo intensamente organizado y coordinado. El conocimiento, de naturaleza general y no fundado, no es poder; es únicamente potencial de poder: el material a partir del cual se puede desplegar el auténtico poder. Cualquier biblioteca moderna contiene un registro no constituido de todos los conocimientos de valor de los que es heredera la actual etapa de la civilización, pero estos juicios no representan el poder, puesto que no están organizados. Para subsistir, todas las representaciones de energía y todas las especies de la vida animal y vegetal deben estar organizadas. Los animales gigantescos cuyos huesos han llenado el cementerio de huesos de la naturaleza a través de la decadencia han dejado una prueba muda, pero apta de que la falta de ordenación significa aniquilación.

Desde el electrón (la partícula de materia más pequeña) hasta la estrella más grande del universo: éstas y todas las cosas materiales que hay entre esos dos extremos brindan una prueba positiva de que una de las primeras leyes de la naturaleza es la de la organización. Cuando es el individuo que registra la importancia de esta ley y se ocupa de habituarse con las diversas formas en que ésta puede emplearse beneficiosamente. El empresario astuto no sólo ha reconocido la importancia de la LEY DEL ESFUERZO ORGANIZADO, sino que ha hecho de esta ley la maniobra y la trama del PODER. Sin tener definitivamente ningún conocimiento del principio de la química de la mente, o de la presencia de dicho principio, muchos hombres han acopiado un gran poder solamente a través de la organización de los conocimientos que tenían. La mayoría de todos cuantos han descubierto el principio de la química de la mente y lo han desplegado convirtiéndolo en una mente maestra, han chocado con este conocimiento por pura eventualidad, a menudo sin llegar a reconocer la verdadera naturaleza de su hallazgo, o a comprender la fuente de su poder.

Este autor es de la opinión de que las personas vivas que hoy por hoy estén haciendo uso sensatamente del principio de la química de la mente para desplegar el poder a través de la combinación de mentes, pueden contarse con los dedos de las manos, dejando, quizás, algunos dedos libres. Si esta apreciación es al menos ligeramente cierta, el estudiante verá avivadamente que apenas hay un ligero peligro de que el campo de la práctica de la química de la mente esté superpoblado. Es un hecho sabido que una de las tareas más dificultosas que puede realizar cualquier hombre de negocios es la de incitar a quienes están asociados con él a regularizar esfuerzos en un espíritu de armonía. Fomentar una cooperación continúa entre un grupo de trabajadores, en cualquier iniciativa, es casi imposible. Únicamente los líderes más eficaces pueden lograr este objetivo tan deseado, pero, de vez en cuando, un líder así aparece en el horizonte en el campo de la industria, negocios o finanzas, y entonces el mundo escucha hablar de un Henry Ford, un Thomas A. Edison, un John D. Rockefeller, un E. H. Animan o un James J. Hill. Poder y éxito, ¡son fácilmente sinónimos! Uno procede del otro; por lo tanto, cualquier persona que tenga los conocimientos y la cabida de desarrollar el poder a través del principio de la combinación armoniosa de esfuerzos entre mentes individuales, o de cualquier otra manera, puede tener éxito en cualquier iniciativa razonable que pueda tener un término beneficioso. Jamás, en la historia del mundo, ha habido tanta abundancia de coyunturas como la que hay en este momento para quien esté dispuesta a servir antes de intentar cobrar. No se debe dar por sentado que una "mente maestra" brotará inmediatamente, como las setas, de todos los grupos de mentes que procuren coordinarse en un espíritu de armonía. La armonía, en el sentido real de la palabra, es muy poco habitual en los grupos de personas.

La armonía es el núcleo a cuyo alrededor se debe desplegar el estado de la mente conocido como "mente maestra". Sin este elemento no puede haber una mente maestra, una verdad que nunca se repetirá lo bastante. En su proposición para establecer una Sociedad de las Naciones, Woodrow Wilson tenía en mente el perfeccionamiento de una "mente maestra" compuesta de grupos de mentes que representasen a las naciones civilizadas del mundo. El concepto de Wilson es la idea humanitaria de mayor trascendencia que la mente humana ha creado jamás, porque trataba sobre un principio que contiene el poder suficiente para instituir una verdadera hermandad del hombre sobre la Tierra. La Sociedad de las Naciones, o una composición similar de mentes internacionales, en un espíritu de armonía, sin duda terminará siendo una realidad.

El momento en que tal unidad de mentes tenga lugar obedecerá en gran medida del tiempo requerido para que las grandes universidades y las instituciones educativas no sectarias suplan la ignorancia y la superstición con comprensión y sabiduría. Este momento se acerca a pasos descomunales.

El autor ayudó a dirigir una escuela de ventas para Harrison Parker, fundador de la Sociedad Cooperativa de Chicago, y a través del uso del principio de la química de la mente, convirtió de tal manera la naturaleza de un grupo de 3.000 hombres y mujeres (ninguno de los cuales tenía experiencia en ventas), que ejecutaron ventas por un valor superior a los diez millones de dólares en seguros en menos de nueve meses, y ganaron más de un millón de dólares para sí mismos. Se descubrió que la persona promedio que se inscribía en esta escuela llegaba a su punto máximo de poder de ventas en el lapso de una semana, al cabo de la cual era preciso revitalizar su cerebro a través de una reunión de ventas del grupo.

Llámalo psicología, química de la mente o como tú quieras (todo se basa en el mismo principio), pero no hay nada más indudable que el hecho de que dondequiera que un grupo de mentes entra en contacto en un espíritu de perfecta armonía, cada una de las mentes del grupo es inminentemente complementada y reforzada por una energía perceptible denominada la mente maestra.

El cerebro humano y el sistema nervioso componen una compleja maquinaria que pocos comprenden, quizá nadie. Cuando es controlada y dirigida apropiadamente, se puede hacer que esta maquinaria realice maravillosas proezas, y si no es controlada, hará maravillas de naturaleza fantástica y fantasmagórica, como puede verse al sondear a los inquilinos de cualquier residencia para enfermos mentales.

El cerebro humano tiene una unión directa con un continuo influjo de energía de la cual el hombre deriva su poder para pensar. El cerebro toma esta energía, la mezcla con la energía producida por los alimentos ingeridos y la distribuye a cada parte del cuerpo con ayuda de la sangre y el sistema nervioso. De esta manera, se convierte en eso que llamamos vida.

Nadie parece saber de qué fuente procede esta energía exterior; lo único que sabemos es que precisamos tenerla o, de lo contrario, moriremos. Parece prudente suponer que esta energía no es otra que aquella que llamamos éter, y que fluye al cuerpo junto con el oxígeno del aire mientras respiramos. Todo cuerpo humano normal tiene un laboratorio químico de primera y una provisión de químicos suficiente para realizar la tarea de descomponer, asimilar, combinar y componer los alimentos que metemos en el cuerpo, para luego distribuirlos ahí donde sean precisos para el desarrollo de éste. Se han realizado pruebas extensas, tanto en humanos como en animales, para exponer que la energía conocida como la mente realiza un papel significativo en esta operación química de mezclar y transformar los alimentos en las sustancias requeridas para desplegar y mantener el cuerpo en buen estado. Es sabido que la inquietud, la excitación o el miedo estorban con el proceso digestivo, y que en casos extremos detienen por completo este proceso, con el efecto de enfermedad o muerte. Por lo tanto, es indudable que la mente interviene en la química de la digestión y la distribución de los alimentos.

Muchas autoridades ilustres creen que, aunque nunca se haya demostrado científicamente, la energía conocida como mente o pensamiento puede ser contagiada por unidades negativas o antisociales hasta el punto de que todo el sistema nervioso trastorne su funcionamiento, haya interrupciones en la digestión y se manifiesten diversas y variadas formas de enfermedad. Las dificultades económicas y los amores no correspondidos están a la cabeza de la lista de orígenes de estos problemas de la mente. Un entorno negativo, como el que existe ahí donde algún miembro de la familia está incesablemente «regañando» a una persona, interferirá con la química de su mente, hasta el punto de que perderá la avidez y se sumirá progresivamente en el olvido. Por esto, el antiguo dicho de que la esposa de un hombre puede "edificarlo" o "destrozarlo", es, literalmente, cierto. En una lección ulterior se dedica todo un capítulo sobre este tema a las mujeres casadas.

Todo estudiante de la escuela secundaria sabe que ciertas mezclas de alimentos, si son engullidas, producirán empacho, dolor agudo e incluso muerte. Una buena salud depende, en parte, de una mezcla de alimentos que "armonice". Pero la armonía de las combinaciones de alimentos no es suficiente para asegurar una buena salud, también debe haber armonía entre las unidades de energía conocidas como la mente.

Un hombre ya está medio rendido desde el instante en que empieza a sentir lástima de sí mismo, o a tramar una coartada con la que poder explicar sus defectos.

La "armonía" parece ser una de las leyes de la naturaleza, sin la cual no podría existir una ENERGÍA ORGANIZADA, ni definitivamente ninguna forma de vida. La salud del cuerpo, así como la de la mente, se constituye literalmente en torno, a partir de y asentándose en el principio de la armonía. Cuando los órganos del cuerpo dejan de trabajar en armonía, esa energía que conocemos como vida se comienza a descomponer y la muerte se acerca.

En el momento en que la armonía acaba en la fuente de cualquier forma de energía organizada (poder), las unidades de dicha energía son lanzadas a un estado caótico de desorden y el poder se toma neutral o pasivo. La armonía es también el núcleo a cuyo alrededor despliega el poder, el principio de la química de la mente conocido como mente maestra.

Destruye esta armonía y destruirás el poder que procede del esfuerzo regularizado de un grupo de mentes individuales. Esta verdad ha sido afirmada, reafirmada y mostrada de todas las formas que este autor ha sido capaz de concebir, sin una eterna repetición, porque esta lección será inútil a menos que el estudiante entienda este principio y aprenda a aplicarlo. El éxito en la vida, con autonomía de a qué llame uno éxito, es mayormente una cuestión de acomodo al entorno de manera que haya armonía entre la persona y su contexto. El palacio de un rey se convierte en la casucha de un campesino si la armonía no rebosa entre sus paredes.

Expresado a la inversa, la choza de un campesino puede tener más felicidad que la mansión de un hombre rico, si se crea armonía en la primera y no en la última. Sin la ley de la armonía, una bellota podría desarrollarse para convertirse en un árbol heterogéneo compuesto de madera de roble, álamo, arce y de cualquier otra cosa. Sin la ley de la armonía, la sangre podría situar los alimentos que hacen crecer a las uñas en el cuero cabelludo, donde se supone que debería crecer el pelo, y así establecer un crecimiento córneo que los supersticiosos podrían embrollar fácilmente con una señal de la relación del hombre con cierto caballero con cuernos imaginario, mencionado a menudo por los más primitivos. Sin la ley de la armonía, no puede existir la organización de conocimientos, porque uno se podría preguntar: ¿qué son los conocimientos organizados, sino la armonía de hechos, verdades y leyes naturales? En el instante en que la discordia comienza a entrar por la puerta principal, la armonía empieza a salir por la puerta trasera, por así mencionarlo, tanto si esto se emplea a una asociación comercial como al movimiento ordenado de los planetas en el cielo.

Si el estudiante tiene la impresión de que el autor está poniendo un acento injusto en la importancia de la ARMONÍA, debe recordar que la falta de ella es la primera, y a menudo la última y única, causa del DESENGAÑO. No puede haber poesía, ni música, ni retórica, digna de ser tenida en cuenta sin la representación de la armonía. La buena arquitectura es, en gran medida, una cuestión de armonía. Sin armonía, una casa no es más que una masa de material de cimentación, más o menos monstruosa. La administración reflexiva de los negocios cimenta las bases mismas de su existencia en la armonía. Todo hombre bien vestido, o toda mujer bien vestida, es una efigie viva de la armonía y un ejemplo de ella en movimiento.

Con todas estas ilustraciones diarias del importante papel que desempeña la armonía en los asuntos del mundo -mejor dicho, en el ejercicio del universo ¿cómo podría cualquier persona perspicaz dejar la armonía fuera de su META DEFINIDA en la vida? No tendrá una meta definida si prescindiera de la armonía como la piedra principal de sus cimientos.

El cuerpo humano es una formación compleja de órganos, glándulas, vasos sanguíneos, nervios, células cerebrales, músculos, etc. La energía mental que incita la acción y coordina los efectos de las partes que componen el cuerpo es también una diversidad de energías siempre variable y cambiante. Desde el nacimiento hasta la muerte, hay una lucha continua, que a menudo acoge el carácter de combate abierto, entre las fuerzas de la mente. Por ejemplo, la lucha de por vida entre las fuerzas motivadoras y las ambiciones de la mente humana, que tiene lugar entre los impulsos del bien y del mal, es conocida por todos.

Todo ser humano posee al menos dos claros poderes mentales o personalidades, y se han llegado a revelar hasta seis personalidades distintas en una persona. Una de las tareas más delicadas del hombre es la de armonizar estas fuerzas mentales para que puedan ser constituidas y dirigidas hacia la consecución ordenada de un objetivo dado. Sin este elemento de armonía, ninguna persona puede tornarse en un pensador atinado.

No es de extrañar que los líderes en los negocios y empresas industriales, así como los de la política y otros ámbitos, crean tan difícil organizar grupos de personas para que marchen con vistas a la consecución de un objetivo dado sin roces. Cada ser humano individual tiene en su interior fuerzas que son difíciles de armonizar, inclusive cuando se lo sitúa en el ambiente más próspero para la armonía. Si la química de la mente de la persona es tal que las unidades de la misma no consiguen ser armonizadas fácilmente, piensa cuánto más difícil debe ser armonizar un grupo de mentes para que marchen como una, de una manera ordenada, a través de lo que se conoce como una mente maestra.

El líder que despliega y dirige con éxito las energías de una mente maestra, debe tener tacto, entereza, perseverancia, seguridad en sí mismo, una comprensión íntima de la química de la mente y la capacidad de adaptarse (en un estado de perfecta serenidad y armonía) a las circunstancias ágilmente cambiantes, sin exponer ni la menor señal de contrariedad.

¿Cuántas personas hay que puedan estar a la altura de este requerimiento? El líder de éxito debe tener la habilidad de cambiar el color de su mente, como un camaleón, para acomodarse a todas las circunstancias que broten en relación con el objeto de su liderazgo. Además, debe tener la habilidad para cambiar de un estado de ánimo a otro sin exponer ningún indicio de enfado o falta de autocontrol. El líder de éxito debe entender las QUINCE LEYES DEL ÉXITO y ser capaz de poner en práctica cualquier composición de éstas siempre que la situación lo exija. Sin esta habilidad, ningún líder puede ser poderoso y, sin poder, ningún líder puede aguantar mucho tiempo.

El significado de la educación

Durante mucho tiempo, ha habido una idea general equivocada acerca del significado de la palabra educar. Los diccionarios no han ayudado a descartar este malentendido, porque han determinado la palabra educar como el acto de ofrecer conocimientos.

La palabra educar contiene sus raíces en la palabra latina educo, que simboliza desarrollar desde dentro; educar; extraer; desarrollar a través de la ley del uso. La naturaleza abomina la ociosidad en todas sus formas. Ella da vida incesablemente sólo a aquellos elementos que están en uso. Amarra un brazo, o cualquier otra parte del cuerpo, dejando de esgrimirla, y esa parte ociosa pronto se atrofiará y perderá vida. Altera el orden: dale a un brazo un uso superior que el normal, como el que le da el herrero que se pasa el día sujetando un pesado martillo, y ese brazo (desarrollado desde dentro) se hará más fuerte. El poder procede de los conocimientos organizados pero, cuidado, emana de ellos a través de su diligencia y uso.

Un hombre puede convertirse en una enciclopedia andante de conocimientos sin tener ningún poder de valor. Estos conocimientos se tornan en poder solamente en la medida en que están organizados, clasificados y puestos en acción. Algunas de las personas más cultas que el mundo ha conocido tenían muchos menos conocimientos generales que otras a las que se conocía como tontas, siendo la diferencia entre las dos que las primeras dieron un uso a cuantos conocimientos tenían, mientras que las segundas no hicieron dicha aplicación.

Busca el consejo de aquellos que te dirán la verdad sobre ti mismo, aunque te duela oírla. El solo elogio no producirá esa mejora que requieres.

Una persona con una buena formación es alguien que sabe cómo lograr todo lo que requiere para la realización de su propósito principal en la vida, sin quebrantar los derechos de los demás. Podría ser una sorpresa para muchos de los llamados eruditos, saber que no se acercan siquiera a la apreciación de hombres cultos, también podría ser una gran sorpresa para muchos de los que creen sufrir una falta de cultura, saber que tienen una buena "educación".

El abogado de éxito no es forzosamente el que memoriza el mayor número de principios legales. Por el contrario, el abogado de conquista es aquel que sabe dónde hallar un principio legal, además de una variedad de opiniones que apoyan dicho principio y que se ajustan en las necesidades inmediatas de un determinado caso.

En otras palabras, el abogado de éxito es aquel que sabe dónde hallar la ley que desea cuando la necesita. Este principio se emplea, con igual fuerza, a los asuntos de la industria y los negocios. Henry Ford recibió apenas una pobre educación escolar primaria, pero es uno de los hombres con mejor educación del mundo, porque logró una habilidad tal para combinar las leyes naturales y económicas, por no hablar de las mentes de las personas, que tuvo el poder de obtener cualquier cosa material que deseara.

Hace unos años, durante la guerra mundial, el señor Ford entabló una demanda contra el Chicago Tribune, culpando a dicho periódico de la publicación difamatoria de unas confesiones acerca de él, según las cuales Ford era un ignorante, un pacifista iletrado, etc. Cuando la demanda llegó a juicio, los abogados del Tribune se comprometieron a manifestar, con el propio Ford, que su declaración era verdad, que el era un ignorante, y con este objetivo en mente lo instruyeron e interrogaron severamente sobre todo tipo de temas. Una de las preguntas que le realizaron fue: ¿Cuántos soldados mandaron los británicos para coartar la rebelión en las colonias en 1776?

Con una sonrisa seca en el rostro, Ford replicó con mesura:

"No sé exactamente cuántos, pero he oído decir que fueron muchos más de los que volvieron".

Su respuesta causó una sonora carcajada del tribunal, el jurado y los espectadores que se encontraban en la sala, e inclusive del frustrado abogado que había hecho la pregunta. Esta línea de interrogatorio siguió durante una hora o más, mientras Ford mantenía una perfecta calma. Pero al final, después de consentir que los pedantes abogados jugaran con él hasta cansarlo, y en respuesta a una pregunta que fue especialmente desagradable e insultante, Ford se incorporó, señaló con el dedo al abogado interrogador y respondió:

"Si realmente quisiera contestar a la pregunta ridícula que me acaba de hacer, o a cualquiera de las otras que me ha estado realizando, permítame que le recuerde que tengo una serie de botones eléctricos sobre mi mesa y con sólo presionar el botón adecuado podría llamar a los hombres que podrían proporcionarme la respuesta correcta a todas las preguntas que me ha hecho, y a muchas otras que usted no tiene la inteligencia requerida para formular ni para responder. Ahora bien, ¿tendría la cortesía de decirme por qué habría de molestarme en colmar mi mente con un montón de detalles inservibles para responder a todas las preguntas ilógicas que cualquiera me puede hacer, cuando estoy rodeado de hombres que pueden suministrarme toda la información que necesito cuando la requiero?"

Esta respuesta está citada de memoria, pero fundamentalmente relata la respuesta de Ford. Se hizo el silencio en la sala de justicia. El abogado que efectuaba el interrogatorio dejó caer la mandíbula y sus ojos se abrieron de par en par; el juez se ladeó hacia delante desde el tribunal y miró en dirección al señor Ford. Muchos de los miembros del jurado se movieron y miraron a su alrededor como si hubiesen oído una explosión (en realidad la habían oído).

En el lenguaje de la época, la respuesta de Ford dejó frío al examinador. Hasta el minuto de esa respuesta, el abogado había estado gozando considerablemente de la recreación que él creía estar generando a expensas de Ford, al exhibir adecuadamente sus propios conocimientos generales y comparándolos con lo que él deducía que era la ignorancia de Ford acerca de muchos aspectos. Pero esa respuesta deterioró la diversión del abogado. Además manifestó, de nuevo (a todos los que tuvieran la inteligencia precisa para aceptar las pruebas), que la verdadera educación involucra desarrollar la mente, no sólo reunir y archivar conocimientos. Probablemente, Ford no habría podido designar las capitales de todos los estados de Estados Unidos, pero podría haber reunido el capital con el que hace girar las ruedas en cada estado de la Unión, y de hecho lo logró.

La educación, no lo olvidemos, se compone del poder para obtener todo lo que uno requiere cuando lo necesita, sin vulnerar los derechos de otras personas. Ford se ajusta bien con esta definición, y por el motivo que este autor ha pretendido dejar claro aquí, mediante el relato del suceso anterior relacionado con la sencilla filosofía de Ford.

Muchos hombres fácilmente podrían tender una trampa a Ford con un laberinto de preguntas que él no podría contestar por sí solo. Pero Ford podría contestar y librar una batalla en la industria o las finanzas que aniquilarían a esos mismos hombres, con todos sus conocimientos y toda su sabiduría. Ford no podría ingresar en su laboratorio químico y descomponer el agua en los átomos de hidrógeno y oxígeno que la componen, y luego volver a combinarlos en su orden anterior, pero sabría cómo rodearse de químicos que lo hicieran para él, si tal fuera su deseo. El hombre que puede usar inteligentemente los conocimientos poseídos por otra persona es tanto o más sabio que la persona que meramente posee los conocimientos, pero no sabe qué hacer con ellos. El rector de una conocida universidad adquirió una gran extensión de unas tierras muy pobres. Estas tierras no poseían árboles de valor comercial, ni minerales, ni otros dispositivos valiosos y, por lo tanto, no era más que una fuente de gastos para él, pues tenía que pagar impuestos. El estado construyó una carretera que cruzaba las tierras. Un hombre inculto que desfilaba por dicha carretera con su automóvil observó que esta tierra pobre se hallaba en lo alto de una montaña que poseía una vista maravillosa de varios kilómetros en todas direcciones. Él (el ignorante) miró también que la tierra estaba cubierta con una vegetación de pequeños pinos y otros matorrales. El hombre compró dos hectáreas de tierra a 250 dólares la hectárea y edificó una casa de madera única cerca de la carretera pública, a la que agregó un gran comedor. Cerca de la casa instaló una gasolinera y construyó una docena de cabañas de madera de una sola habitación a lo largo de la carretera, las cuales arrendaba a los turistas a tres dólares la noche, cada una. El comedor, la gasolinera y las cabañas le proveyeron unas ganancias netas de 15.000 dólares el primer año.

Al año siguiente, el hombre aumentó su plan añadiendo 50 cabañas más, cada una de ellas de tres habitaciones, las cuales arrienda ahora como casas de campo para el verano a gente de la ciudad más cercana, a un precio de 150 dólares por temporada.

El material de construcción no le costó nada, pues crecía en sus tierras a granel (esas mismas tierras que el rector universitario creyó sin valor). Además, la apariencia única e inusual de los bungalós hechos de troncos servía a efectos propagandísticos, mientras que muchos habrían considerado una calamidad tener que construir con un material tan rústico.

A menos de ocho kilómetros del lugar donde se hallaban estas cabañas, este mismo hombre adquirió una vieja granja inservible de seis hectáreas, a 625 dólares la hectárea, un precio que el vendedor creyó sumamente elevado.

Construyendo un dique de 30 metros de longitud, el comprador de esta vieja granja convirtió un arroyo en un lago que cubría algo más de media hectárea de tierra, lo colmó de peces y luego vendió la granja en forma de solares de construcción a personas que buscaban un lugar para veranear junto al lago. Las ganancias totales obtenidas de esta simple transacción fueron de más de 25.000 dólares, y el tiempo requerido para su consumación fue de un verano. Sin embargo, este hombre de visión e imaginación no había sido educado en el sentido ortodoxo del término.

Cuando pierdas el sentido del humor, obtén un trabajo de ascensorista porque, de todos modos, tu vida estará llena de subidas y bajadas.

Hemos de tener en cuenta el hecho de que, a través de estas simples ilustraciones del uso de los conocimientos coordinados, uno puede educarse y llegar a ser poderoso. Al hablar de la transacción que aquí se cuenta, el rector universitario que había vendido dos hectáreas de tierras inservibles por 500 dólares, dijo: "Piense en ello. Ese hombre, al que la mayoría de nosotros llamaría inculto, mezcló su ignorancia con dos hectáreas de tierras deterioradas e hizo que la combinación produjera anualmente más de lo que yo gano en cinco años de aplicación de mi supuesta educación".

En cada estado de Estados Unidos se halla una oportunidad, o decenas de ellas, para usar la idea aquí descrita. A partir de ahora, proponte estudiar la disposición de todos los terrenos que veas semejantes al que se narra en esta lección y es posible que encuentres un lugar adecuado que admita desarrollar una iniciativa similar para hacer dinero. La idea es especialmente adaptable a localidades donde haya pocas playas, ya que a la gente naturalmente le gustan estos bienestares. El automóvil ha incitado la construcción de un gran sistema de carreteras públicas en Estados Unidos. En casi todas ellas hay un lugar adecuado para edificar una ciudad de cabañas, para turistas que una persona con la imaginación y seguridad en sí misma precisas puede convertir en una mina de oro. Estás rodeado de coyunturas para hacer dinero. Este curso fue diseñado para ayudarte a verlas y para avisarte de cómo sacar el máximo provecho de ellas cuando las hayas descubierto.

¿Quién puede beneficiarse de la filosofía de las LEYES DEL ÉXITO?

- Directores ferroviarios que quieran optimizar el espíritu de cooperación entre sus empleados y el público al que sirven.

- Personas pagadas que deseen aumentar su poder adquisitivo y brindar SUS servicios para obtener más beneficios.

- Vendedores que quieran ser maestros en el campo que han escogido. La filosofía de las LEYES DEL ÉXITO comprende todas las leyes de ventas populares e incluye muchos elementos que no aparecen en ningún otro curso.

- Directores de plantas industriales que perciben la importancia de que haya una mayor armonía entre sus empleados.

- Empleados ferroviarios que quieran establecer récords de eficacia que los llevarán a puestos de mayor responsabilidad, con una mejor paga.

- Comerciantes que quieran aumentar sus negocios añadiendo más clientes. La filosofía de las LEYES DEL ÉXITO ayudará a cualquier comerciante a desarrollar su negocio, pues le enseñará a hacer una publicidad ambulante para cada cliente que entre en su tienda.

- Representantes automovilísticos que quieran desarrollar la capacidad de venta de sus comerciales. Una gran parte del curso de las LEYES DEL ÉXITO fue desplegada a partir del trabajo y la experiencia del mayor vendedor de automóviles vivo y, por lo tanto, es exclusivamente útil para el jefe de ventas que esté dirigiendo los bríos de los vendedores de coches.

- Agentes de seguros que quieran conseguir más asegurados y desarrollar los seguros de los que ya los tienen. Un vendedor de seguros de vida en Ohio vendió una póliza de 50.000 dólares a uno de los dirigentes de la Central Steel Company como secuela de una sola lectura de la lección sobre beneficiarse de los fracasos. Este mismo vendedor se ha convertido en uno de los hombres estrella del personal de la New York Life lnsurance Company como resultado de su entrenamiento en las QUINCE LEYES DEL ÉXITO.

- Maestros de escuela que quieran alcanzar la cima en su ocupación actual, o que estén buscando una oportunidad para ingresar en el ámbito de los negocios, que es más lucrativo, como trabajo para toda la vida.

- Estudiantes que estén preocupados respecto al ámbito al que desean dedicar su vida profesional. El curso de las LEYES DEL ÉXITO tiene un servicio completo de ANÁLISIS PERSONAL que ayuda al estudiante, o la estudiante, de esta filosofía a resolver cuál es el trabajo más adecuado.

- Banqueros que quieran aumentar su negocio mediante métodos mejores y más delicados para servir a sus clientes.

- Empleados bancarios que sean ambiciosos, para que se preparen con vistas a puestos ejecutivos en el ámbito de la banca, o en algún campo operativo o industrial.

- Médicos y dentistas que quieran extender su práctica sin violar la ética de su profesión a través de una publicidad directa. Un distinguido médico ha dicho que el curso de las LEVES DEL ÉXITO bien vale mil dólares para cualquier hombre o mujer cuya ética profesional le imposibilite anunciarse de una forma directa.

- Promotores que deseen desarrollar composiciones nuevas y hasta ahora no explotadas en los negocios o en la industria. Dicen que el principio que se narra en esta lección introductoria supuso una pequeña riqueza para un hombre que la usó como base para una promoción inmobiliaria.

- Vendedores inmobiliarios que deseen descubrir nuevos métodos para acrecentar las ventas. Esta lección introductoria tiene una descripción de un plan inmobiliario totalmente nuevo que sin duda producirá fortunas para muchos de los que lo pongan en práctica. Este plan podría ponerse en marcha en prácticamente cualquier estado. Además, puede ser utilizado por personas que nunca han promovido una empresa.

- Agricultores que quieran descubrir nuevos métodos para comercializar sus productos con la finalidad de que produzcan mayores beneficios netos, y los propietarios de tierras apropiadas para la promoción de subdivisión bajo el plan al que se hace reseña al final de esta lección introductoria. Miles de agricultores tienen minas de oros en las tierras de su propiedad o competentes para el cultivo, las cuales podrían esgrimirse para fines recreativos y de descanso, con beneficios muy grandes.

- Taquígrafos y contables que rebuscan un plan práctico para ascender a puestos más altos y mejor pagados. Se dice que el curso de las LEYES DEL ÉXITO es el mejor curso que se ha escrito jamás sobre el tema de traspasar servicios personales.

- Impresores que deseen acrecentar el volumen de su negocio y una producción más fuerte como consecuencia de una mayor colaboración entre sus propios empleados.

- Obreros que tengan la avidez de progresar hacia puestos de mayor responsabilidad en un trabajo que conjeture más responsabilidades y, en consecuencia, ofrezca un salario mejor.

- Abogados que quieran ampliar su clientela mediante métodos serios y éticos, que cautiven la atención, de una forma favorable, de un mayor número de personas que requieran servicios legales.

- Ejecutivos que deseen ampliar su actual negocio o deseen manejar el volumen actual con un gasto menor, como consecuencia de una mayor colaboración entre sus empleados.

- Propietarios de lavanderías que deseen ampliar su negocio enseñando a sus empleados a servir de una forma más amable y eficaz.

- Directivos de aseguradoras que quieran una organización de ventas mayor y más eficaz.

- Directores de cadenas de tiendas que deseen un mayor volumen de negocio como resultado de unos esfuerzos individuales más eficaces en las ventas.

- Personas casadas que sean infelices y, por ello, no tengan éxito, debido a una falta de armonía y colaboración en el hogar.

A todos los que se refieren en la clasificación precedente, la filosofía de las LEYES DEL ÉXITO les ofrece una ayuda concreta y rápida.

La única riqueza que vale la pena encontrar es un proyecto en la vida; y no lo encontrarás en tierras extrañas, sino en tu propio corazón.

ROBERT LOUIS STEVENSON

Resumen de la lección introductoria

El objetivo de este resumen es ayudar al estudiante a dominar la idea central en torno a la cual se ha desplegado esta lección. Esta idea está simbolizada por el término .mente maestra, el cual ha sido descrito en gran detalle a lo largo de la lección. Todas las ideas nuevas, y fundamentalmente las de naturaleza abstracta, sólo encuentran cabida en la mente humana luego de mucha repetición. Ésta es una verdad conocida que explica el significado, en este resumen, en el principio conocido como mente maestra. Una "mente maestra" puede ser desplegada a través de una alianza amistosa, en un espíritu de armonía de intención, entre dos o más mentes. Éste es el lugar apropiado para explicar que, a partir de toda alianza de mentes, tanto si hay un espíritu de armonía como si no, se desenvuelve otra mente que afecta a todos lo que participan. Jamás se han hallado dos o más mentes sin crear otra mente a partir del contacto, pero esta instauración invisible no es siempre una "mente maestra". A partir del encuentro de dos o más mentes se puede desenvolver (y ocurre con demasiada periodicidad) un poder negativo que es justamente lo opuesto a una "mente maestra".

Ciertas mentes, como ya se ha asegurado a lo largo de esta lección, no pueden acoplarse en un espíritu de armonía. Este principio tiene una semejanza comparable en la química, cuya consulta puede ayudar al estudiante a captar con mayor claridad el principio al que aquí se hace reseña. La fórmula química del H_2O (que representa la combinación de dos átomos de hidrógeno con uno de oxígeno), por ejemplo, convierte estos dos elementos en agua. Un átomo de hidrógeno y un átomo de oxígeno no originarán agua; además, ¡no pueden asociarse en armonía! Hay muchos elementos conocidos que, cuando se combinan, se convierten inmediatamente: dejan de ser serenos y se convierten en sustancias venenosas mortales. Dicho de otro modo, muchos elementos venenosos conocidos se contrarrestan y se tornan inofensivos cuando se combinan con decretados elementos. Del mismo modo que la combinación de ciertos elementos cambia toda su naturaleza, la mezcla de ciertas mentes cambia sus naturalezas y produce un cierto grado de lo que se llama una .mente maestra, o su opuesto, que es altamente destructivo.

Cualquier hombre que haya descubierto que es inconciliable con su suegra ha experimentado la diligencia negativa de este principio conocido como la "mente maestra". Por alguna razón todavía ignorada para los investigadores en el campo del proceder de la mente, la mayoría de estas suegras parecen afectar a los maridos de sus hijas de una manera altamente negativa, pues el golpe de sus mentes con las de sus yernos crea una autoridad sumamente antagónica, en lugar de crear una mente maestra. Este hecho es muy conocido como una verdad, de modo que no es preciso realizar un comentario extenso. Algunas mentes no armonizarán y no pueden unirse para formar una mente maestra. Es compromiso del líder agrupar a su gente de manera tal que quienes hayan sido situados en los puntos más importantes de la organización sean personas cuyas mentes puedan combinar y así lo hagan en un espíritu de afecto y armonía.

La habilidad para congregar a la gente de esta forma es la principal característica preponderante del liderazgo. En la segunda lección de este curso, el estudiante descubrirá que esta destreza fue la primera fuente del poder y la fortuna almacenada por Andrew Carnegie. Sin saber definitivamente nada acerca del aspecto técnico del negocio del acero, Carnegie concertó y agrupó de tal manera a los hombres que componían su .mente maestra, que creó la industria siderúrgica más famosa que se conoció en el mundo en su época. El gigantesco éxito de Henry Ford se ocasiona en la eficiente concentración de este mismo principio. Aun teniendo toda la seguridad personal que un hombre puede tener, Ford no dependió de sí mismo a la hora de adquirir los conocimientos precisos para un desarrollo exitoso de sus industrias. Al igual que Carnegie, se rodeó de personas que le suministraron los conocimientos que él no poseía, ni podía tener. Las alianzas más fuertes, cuya consecuencia ha sido la creación del principio conocido como mente maestra, han sido aquellas desenvueltas a partir de la mezcla de las mentes de hombres y mujeres. La razón de esto es el hecho de que las mentes de hombres y mujeres se unen más expeditamente en armonía que las mentes exclusivamente masculinas. Además, el apremio añadido del contacto sexual suele ayudar en el desarrollo de una "mente maestra" entre un hombre y una mujer. Es un hecho conocido que el hombre de la especie está más apasionado y más alerta para la caza, sea cual fuere la final o el objeto de la caza, cuando está inspirado y preciado por una mujer. Esta característica humana comienza a manifestarse en el hombre en la edad de la pubertad, y continúa haciéndolo a lo largo de su vida. La primera prueba de ella puede percibirse en el deporte, cuando los chicos juegan ante un público femenino. Aísla a las mujeres del público y el juego conocido como fútbol pronto se convertirá en un asunto intensamente insípido. Un chico se lanzará a un partido de fútbol casi con un empuje sobrehumano si sabe que la chica que le gusta lo está mirando desde la tribuna. Y ese mismo muchacho se arrojará al juego de acumular dinero con el mismo entusiasmo si es inspirado y animado por la mujer que le gusta, principalmente si ella sabe cómo estimular su mente.

Por otro lado, esa misma mujer, con una aplicación negativa de la LEY DE LA MENTE MAESTRA, amonestaciones, celos, egoísmo, codicia, engreimiento, ¡podría empujar a este hombre a una derrota segura! Elbert Hubbard entendía tan bien el principio aquí descrito que, cuando descubrió que la discrepancia entre su primera esposa y él lo estaba empujando hacia una derrota segura, se enfrentó a la opinión pública divorciándose de ella y casándose con la mujer que, según dicen, fue su gran fuente de inspiración.

No cualquier hombre tendría el valor de hacer frente a la opinión pública como lo hizo Hubbard, ¿pero quién es lo bastante ilustrado para decir que su acto no fue para el mayor beneficio de todos los implicados?

¡La principal labor de un hombre en la vida es triunfar! El camino al triunfo puede estar, y por lo general lo está, obstruido por muchas autoridades que deben ser eliminadas para que se pueda alcanzar el objetivo. Uno de los impedimentos más nocivos es el de una alianza desafortunada con mentes que no armonizan. En tales casos, se debe rasgar la alianza o, de lo contrario, el final será sin duda la derrota y el fracaso. La persona que domine los seis temores básicos, uno de los cuales es el miedo a las críticas, no titubeará en realizar lo que a una mente más convencional le parecería una acción drástica cuando se encuentre coartado y atado por alianzas opuestas, sin importar de qué naturaleza sean o de quién se trate. Es un millón de veces mejor hallarse con las críticas y enfrentarse a ellas que ser arrastrado al fracaso y el olvido a causa de unas alianzas que no son armoniosas, al margen de que éstas sean de negocios o sociales. Para ser absolutamente sincero, el autor está explicando aquí el divorcio cuando las circunstancias que rodean al matrimonio son tales que la armonía no puede prevalecer. No es mi propósito transmitir la creencia de que la falta de armonía no pueda ser descartada a través de otros métodos que no sean el divorcio, pues hay casos en que la causa de la oposición puede ser eliminada y la armonía establecida sin que se dé el paso excesivo del divorcio. Aunque es cierto que algunas mentes no se combinan en un espíritu de armonía, y que no pueden ser obligadas o inducidas a hacerlo debido a la naturaleza química de los cerebros de las personas, no te aceleres a hacer que el otro miembro de tu alianza cargue con toda el compromiso por la falta de armonía.

> Recuerda: ¡el problema podrá ser de tu propio cerebro!

Recuerda, también, que una mente que no logra armonizar con una o más personas, y no lo hará, puede hacerlo afinadamente con otro tipo de mentes. El hallazgo de esta verdad ha producido cambios radicales en los métodos para contratar al personal. Ya no se suele despedir a alguien porque no encaja en el puesto para el que se lo contrató en un principio. El jefe con sensatez coloca a la persona que no encaja ahí en algún otro puesto, en el cual, según se ha manifestado más de una ocasión, puede convertirse alguien valioso.

Si no puedes realizar grandes cosas, recuerda que puedes hacer pequeñas cosas con grandeza.

El estudiante de este curso debería cerciorarse de que entiende plenamente el principio descrito aquí como la mente maestra antes de seguir con el resto de lecciones de este curso. La razón de ello es que casi todo el curso está rígidamente relacionado con esta ley del funcionamiento de la mente.

Si no estás seguro de comprenderla, comunícate con el autor del curso y consigue una mayor explicación haciendo las preguntas que quieras respecto a los puntos sobre los que crees necesitar más información. El tiempo que dediques a pensar dignamente en la LEY DE LA "MENTE MAESTRA" y a reflexionarla nunca será demasiado, pues cuando la hayas dominado y hayas aprendido a emplearla, se abrirán nuevos mundos de oportunidades ante ti. Esta lección introductoria, aunque no fue imaginada como una lección aparte del curso de las LEYES DEL ÉXITO, sujeta la información suficiente para dejar que el estudiante con aptitudes para las ventas se convierta en un maestro vendedor. Cualquier distribución de ventas puede hacer un uso eficaz de la LEY DE LA MENTE MAESTRA, a través de la organización de los vendedores en grupos de dos o más personas que se pacten en un espíritu de colaboración amistosa y apliquen esta ley tal como en esta lección se sugiere.

Un representante de una conocida marca de automóviles, que contrataba a doce vendedores, dividió su organización en seis grupos de dos hombres cada uno, con el objeto de aplicar la LEY DE LA "MENTE MAESTRA" con el efecto de que todos los vendedores instituyeron unos nuevos récords de ventas muy elevados. Esta misma organización ha elaborado lo que denomina el "Club de uno por semana", lo cual significa que cada miembro ha vendido una media de un coche por semana desde que se fundó el club. ¡Los resultados de este esfuerzo han sido una maravilla para todos! A cada miembro del club se le concedió una lista de cien probables compradores de automóviles. Cada vendedor despacha una postal a la semana a cada uno de sus cien probables clientes y realiza llamadas personales al menos a diez de ellos cada día. Cada postal está limitada a la descripción de sólo una superioridad del automóvil que el vendedor está ofreciendo, y en ella se pide una entrevista personal. Las entrevistas han aumentado ágilmente, al igual que las ventas. El representante que contrata a estos hombres ha ofrecido una ganancia adicional en efectivo a cada vendedor que se gane el derecho de corresponder al "Club de uno por semana" a través de una venta media semanal de un coche. Este plan ha infundido una nueva vitalidad a toda la organización. Además, los efectos del plan aparecen en el registro semanal de ventas de cada comercial.

Las empresas aseguradoras podrían acoger un plan similar con una gran seguridad. A través de la aplicación de este plan, cualquier director general con decisión podría doblar o incluso triplicar fácilmente el volumen de su negocio con el mismo número de vendedores. Casi no habría que hacer ningún canje en el método de uso del plan. El club podría llamarse el "Club de una póliza por semana", lo cual querría decir que cada miembro se plantearía vender cada semana al menos una póliza de un monto mínimo acordado. El estudiante de este curso que haya dominado la segunda lección y comprenda cómo emplear lo esencial de ella (Un claro objetivo principal) podrá hacer un uso mucho más fuerte del plan aquí descrito. No pretendo que cualquier estudiante se ponga a aplicar los principios de esta lección introductoria, antes de haber dominado al menos las próximas cinco lecciones del curso de las LEYES DEL ÉXITO.

El objetivo principal de esta lección introductoria es establecer algunos de los principios sobre los cuales se funda este curso. En las lecciones individuales del curso se narran estos principios con mayor detalle y en ellas se enseñan al alumno, de una manera muy clara, cómo aplicarlos. La organización de venta de automóviles aludida en este resumen se reúne una vez por semana a la hora de la comida y brinda una hora y media a discutir las formas y los medios de aplicación de los principios de este curso. Esto suministra a cada persona la oportunidad de favorecerse de las ideas de todos los demás miembros de la organización.

Para la comida, se ponen dos mesas. En una de ellas se sientan todos aquellos que se han ganado el derecho a ser miembros del "Club de uno por semana". En la otra, en la que se usan platos de metal en lugar de porcelana, se sientan todos aquellos que no se han ganado tal derecho de pertenencia. Cabe decir que estos últimos son amonestados afablemente por los miembros más afortunados que se hallan sentados en la otra mesa. Es posible hacer una variedad prácticamente infinita de adaptaciones de este plan, tanto en este ámbito de ventas como en otros la explicación para su puesta en práctica es que da resultados. No sólo se ve premiado el jefe o director de la organización, sino también cada uno de los miembros del personal de ventas. Este plan ha sido explicado brevemente con el objetivo de mostrar al estudiante de este curso cómo realizar una aplicación práctica de los principios aquí explicados. La prueba final de cualquier hipótesis, regla o principio, es que verdaderamente funcione La LEY DE LA MENTE MAESTRA, ha manifestado su solidez porque funciona.

Si entiendes esta ley, ya estás dispuesto para pasar a la segunda lección, en la cual serás iniciado más extensa e intensamente en la aplicación de los principios explicados en esta lección introductoria.

Un ganador nunca renuncia, ¡y quien renuncia nunca gana!

AVISO: Estudia contenidamente esta tabla y compara la puntuación de estos diez hombres antes de puntuarte en las dos columnas de la derecha. Los diez hombres que han sido examinados en este cuadro son muy conocidos en el mundo entero. Ocho de ellos son conocidos como hombres de éxito. Mientras que dos de ellos se creen generalmente como que han fracasado. Los fracasados son: Jessie James, y Napoleón Bonaparte. Han sido examinados por comparación. Mira detalladamente donde han alcanzado una puntuación de cero y verás porque fracasaron. Una puntuación de cero de cualquiera de LAS LEYES DEL ÉXITO es bastante como para provocar un fracaso, aunque todas las otras sean altas.

Observa que todos los hombres de éxito tienen una puntuación de 100% en un claro objetivo principal. Éste es un requisito para el triunfo en todos los casos, sin excepción. Si deseas hacer un experimento interesante, suple los diez nombres que surgen en la tabla con los nombres de diez personas que conozcas, cinco de ellas con éxito y cinco que hayan fracasado, y señala a cada una de ellas. Cuando hayas acabado, márcate A TI MISMO, y procura darte cuenta de si realmente sabes cuáles son tus puntos débiles.

TUS SEIS ENEMIGOS MÁS PELIGROSOS
Una charla con el autor después de la lección

Las seis sombras son: el miedo a la escasez, el miedo a la muerte, el miedo a la mala salud, el miedo a perder el amor, el miedo a la ancianidad y el miedo a las críticas.

Toda persona en la tierra le tiene miedo a algo, y la mayoría de los miedos son adquiridos. En este ensayo puedes estudiar los seis miedos básicos que más daño hacen. Tus temores deben ser subyugados para que puedas tener éxito en cualquier compañía que valga la pena en la vida. Averigua cuántos de los seis miedos te están afectando, pero lo más importante es que, además, resuelvas cómo vas a derrotarlos. En esta imagen tienes la oportunidad de estudiar a tus seis peores enemigos. No son unos enemigos hermosos, pero el artista que hizo esta ilustración no dibujó a los seis personajes tan feos como son en realidad. De haberlo hecho, nadie le habría creído. Mientras vayas leyendo sobre estos personajes tan funestos, analízate y averigua cuáles te hacen más daño.

El objetivo de este ensayo es ayudar a los lectores del curso a deshacerse de estos mortíferos enemigos. Fíjate que los seis personajes van detrás de ti, donde no puedas verlos favorablemente. Todo ser humano en esta tierra está ligado, en alguna medida, por estos MIEDOS invisibles. El primer paso preciso para eliminar a estos enemigos es indagar dónde y cómo los adquiriste. Los miedos se encargaron de ti a través de dos formas de herencia. Una es acreditada como la herencia física, a la que Darwin dedicó tantos estudios. La otra es conocida como la herencia social, a través de la cual los miedos, las cábalas y las creencias de las personas que vivieron durante las edades bárbaras han pasado de generación en generación. Aprendamos, primero, el papel que ha tenido la herencia física en la creación de estos seis MIEDOS BÁSICOS. Comenzamos desde el principio, revelaremos que la naturaleza ha sido una creadora cruel. Desde la forma de vida más antigua hasta la más elevada, la naturaleza ha permitido que las formas de vida más enérgicas se alimenten de las más débiles. Los peces tragan a los gusanos y los insectos, comiéndoselos enteros. Los peces son presa de las aves. Las aves son perseguidas por las formas de vida animal más elevadas, y así continuamente, hasta llegar al hombre. Y el hombre caza a todas las otras formas inferiores de vida animal, ¡y al propio hombre! Toda la historia del avance es una cadena ininterrumpida de manifestaciones de crueldad y catástrofe de los más débiles por parte de los más fuertes. No es de extrañar que las formas más débiles de vida animal hayan aprendido a TEMER a las más fuertes. La cognición del miedo surge en todo animal vivo. Hasta aquí lo que nos llegó por herencia física. Ahora inspeccionemos la herencia social y manifestemos qué papel ha representado en nuestra configuración. El dicho "herencia social" hace referencia a todo lo que nos han enseñado, a todo lo que aprendemos o recogemos a partir de la observación y la práctica con otros seres vivos. Deja de lado cualquier prejuicio y resolución fija que puedas haberte formado, al menos transitoriamente, y conocerás la verdad acerca de tus seis peores enemigos:

1. EL MIEDO A LA POBREZA: Se requiere valor para decir la verdad sobre la historia de este enemigo de la humanidad, y más valor todavía para escuchar la verdad cuando te la cuentan. El miedo a la pobreza sale del hábito del hombre de valerse económicamente de los demás. Los animales que tienen instinto, pero no la capacidad de pensar, se embisten unos a otros físicamente. El hombre, con su sentido de la visión superior, y teniendo la poderosa arma del pensamiento, no traga a otros físicamente, pues obtiene más placer tragándolos económicamente. En este sentido, el ser humano es un provocador tan grande, que prácticamente todos los estados y naciones se han visto forzados a crear leyes, y en gran número, para proteger a los débiles de los fuertes. Todas las leyes que fueron hechas para impedir las estafas son una prueba irrefutable de la tendencia natural del hombre a aprovecharse económicamente de su hermano más débil.

2. EL MIEDO A LA VEJEZ: Este miedo sale de dos causas principales. En primer lugar, del pensamiento de que la vejez puede traer consigo la pobreza. En segundo lugar, de las falsas y feroces enseñanzas sectarias, que se han mezclado tan bien con los fuegos del infierno, que todos los seres humanos aprendieron a temer a la vejez porque representaba acercarse a otro mundo, quizá más terrible que éste.

3. EL MIEDO A LA MALA SALUD: Este miedo nace tanto de la herencia física como de la herencia social. Desde el nacimiento hasta la muerte, se libra una eterna lucha dentro de todo cuerpo físico: una batalla entre grupos de células, uno de ellos conocido como los arquitectos amigables del cuerpo y los otros como los destructores o gérmenes de enfermedades. Para comenzar, la semilla del miedo brota en el cuerpo físico como efecto del cruel plan de la naturaleza de permitir que las formas más fuertes de vida celular acometan a las más débiles. La herencia social ha personificado su papel a través de la falta de higiene y conocimientos sanitarios, y también por medio de la inteligente maniobra de la ley de la sugestión por parte de aquellas personas que se favorecen de la MALA SALUD.

4. EL MIEDO A LA PÉRDIDA DEL AMOR DE ALGUIEN: Este miedo llena los hospitales psiquiátricos con personas enfermizamente celosas, pues los celos no son sino otra manera de enfermedad. También colma los tribunales de divorcios y provoca muertes y otras representaciones crueles de castigo. Es algo que proviene

del pasado y ha sido transferido de generación en generación, a través de la herencia social, desde la edad de piedra, cuando un hombre atacaba a otro para robarle la pareja a través de la fuerza física. Actualmente el método ha cambiado en cierta medida, pero la práctica no ha se ha olvidado. En lugar de utilizar la fuerza física, ahora el hombre le roba la pareja a otro con bonitos lazos de colores, automóviles rápidos, whisky de contrabando, piedras brillantes y mansiones aristocráticas. El hombre va mejorando: ahora seduce donde antes atacaban.

5. EL MIEDO A LAS CRÍTICAS: Resulta difícil determinar puntualmente cómo y dónde adquirió el hombre este miedo, aunque no cabe duda de que lo tiene. Pero no pierde el pelo por este temor. La calvicie es fruto de los sombreros demasiado ajustados que cortan la circulación en la raíz del cabello. Las mujeres rara vez se quedan calvas, porque llevan los sombreros más desajustados. Pero, por miedo a las críticas, el hombre dejaría de lado su sombrero y conservaría su cabello. Los empresarios de ropa no han tardado en acaudalar este miedo básico de la humanidad. Cada temporada cambian los estilos, porque saben que pocas personas tienen el valor de ponerse ropa de la época anterior a "lo que lleva todo el mundo". Si dudáis de esto (vosotros, caballeros), pasead por la calle llevando puesto el sombrero de paja de ala estrecha que estaba de moda el año pasado, cuando el género de este año exige un ala ancha. O vosotras (damas), dad un paseo por la calle en una mañana de Pascua con el sombrero que se llevaba el año pasado. Observad cuán incómodas os sentís, gracias a vuestro enemigo incorpóreo, el MIEDO A LAS CRÍTICAS.

6. ¡EL MIEDO A LA MUERTE! Durante decenas de miles de años el hombre ha estado forjando las preguntas que siguen sin hallar respuesta: "¿de dónde venimos?"; "¿a dónde vamos?". Los más astutos en esta carrera no han tardado en brindar una respuesta a esta perpetua pregunta; "¿De dónde vengo y a dónde iré después de morir?". Entra en mi tienda, dice un líder, y podrás partir al cielo cuando mueras. Entonces el cielo era conjeturado como una ciudad maravillosa cuyas calles estaban cubiertas de oro y acicaladas con piedras preciosas. "Quédate fuera de mi tienda y podrás ir directamente al infierno." Entonces percibían el infierno como un horno ardiente donde la pobre víctima podría tener la desdicha de arder eternamente en el azufre. ¡NO me extraña que la humanidad tema a la muerte! Echa otra mirada a la imagen que aparece al principio de este apartado y determina, si puedes, cuál de los seis miedos básicos te está haciendo más daño. Un enemigo desenmascarado es un enemigo casi derrotado. Gracias a las escuelas y las universidades, el hombre está descubriendo paulatinamente a estos seis enemigos. La herramienta más segura para luchar contra ellos es la de los discernimientos organizados. La ignorancia y el miedo son hermanos mellizos, por lo general, se los hallan juntos.

De no ser por la ignorancia y la superstición, los seis miedos básicos se esfumarían de la naturaleza humana en una generación. En toda biblioteca pública se puede hallar el remedio a estos seis enemigos de la humanidad, siempre que uno sepa qué libros debe elegir. Comienza por leer The Science of Power (La ciencia del poder) de Benjamin Kidd y te habrás redimido de la mayoría de tus seis miedos básicos. A continuación, lee el ensayo de Emerson sobre la indemnización. Luego elige algún buen libro sobre la sugestión e infórmate sobre el principio a través del cual tus creencias de hoy se tornan en las realidades de mañana. Mind In the Making (La evolución de la mente y del pensamiento

Humano) de Robinson, te suministrará un buen comienzo hacia la perspicacia de tu propia mente. La ignorancia y la superstición de las edades salvajes te han sido transferidas por el principio de la herencia social. Pero tú vives en una era moderna. En cada mano puedes observar pruebas de que todo efecto tiene una causa natural. Comienza ahora a estudiar los efectos a través de sus causas, y no tardarás en despachar a tu mente de la carga de los seis miedos básicos. Comienza informándote acerca de las personas que han acopiado una gran riqueza y busca la causa de estos logros. Henry Ford es un buen caso para empezar. En el breve período de veinticinco años ha acabado con la pobreza y se ha transformado en el hombre más poderoso sobre la Tierra. Su éxito no se debió a la suerte, ni a la eventualidad, ni a un accidente. Fue secuela de su cuidadosa observación de ciertos principios que están a tu disposición, como lo estuvieron para él. Que no te quepa ninguna duda: Henry Ford no está ligado por los seis miedos básicos. Si sientes que estás demasiado lejos de Ford para poder estudiarlo con exactitud, empieza eligiendo a dos personas que conozcas de cerca; una de ellas debe simbolizar tu idea del fracaso y la otra debe atañerse con tu idea del éxito. Averigua qué hizo que una fuera un fracaso y la otra un éxito. Logra datos reales. En el proceso de reunir esta información, te habrás dado una gran lección sobre causa y efecto.

Las cosas jamás pasan simplemente. Todo, desde la forma animal más inferior que se arrastra por el suelo o que nada en el mar, hasta el hombre, es el EFECTO del proceso progresivo del ser humano. La evolución es cambios ordenados. No hay milagros conectados con este cambio ordenado.

No sólo las formas físicas y los colores de los animales advierten una transformación lenta y ordenada, sino que también la mente humana está experimentando cambios incesablemente. Aquí es donde reside tu esperanza de perfeccionar. Tienes el poder de exigir a tu mente a pasar por un proceso de cambio bastante veloz. En un solo mes de sugestión adecuadamente dirigida, puedes someter cada uno de tus seis miedos básicos. En doce meses de esfuerzo perseverante, puedes llevarlos a todos hacia un rincón donde nunca más podrán hacerte ningún daño serio. Mañana te parecerás a los pensamientos imperiosos que mantienes vivos en tu imaginación hoy. Siembra en tu mente la semilla de la osadía de derrotar a tus seis miedos básicos y en ese preciso momento ya tendrás media lucha ganada. Mantén esta intención en tu mente y, poco a poco, irá despidiendo a tus seis peores enemigos hasta que estarán fuera de tu vista, ya que sólo viven en tu propia mente.

El poder duradero nunca sale del miedo. Cualquier poder que esté construido a partir del miedo se derrumbará y se descompondrá. Si entiendes esta gran verdad, nunca serás tan desdichado como para tratar llegar al poder a través de los miedos de personas que puedan deberte una fidelidad temporal. El hombre está hecho de cuerpo y alma para actos de objetivo elevado; para volar incansable sobre las alas más intrépidas de la fantasía, para convertir valerosamente los dolores más agudos en sosiego, y saborear las alegrías que produce la mezcla de los sentidos y el espíritu; O está hecho de vileza y aflicción, para obligarse en el estercolero de sus miedos, para arrugarse ante cada sonido, para apagar las llamas del amor natural en el sensualismo, para conocer esa hora bendita en la que sobre sus días inútiles la helada mano de la muerte pondrá su estampilla, pero teme la cura, aunque odia la enfermedad.

Uno es el hombre que será en el futuro; el otro, el hombre en que el vicio lo ha transformado ahora.

La falsedad es uno de los males más destructivos. Rompe corazones humanos y devasta reputaciones con una crueldad desconocida en relación con todos los otros males.

Después de todo, el mejor rosal no es el que tiene menos espinas, sino el que da las mejores rosas.

HENRY VAN DYKE

Segunda lección
UN CLARO OBJETIVO PRINCIPAL

"¡Puedes hacerlo si crees que puedes!"

Estás comenzando un curso de filosofía que, por primera vez en la historia del mundo, ha sido constituido a partir de los factores que se sabe que han sido usados, y siempre deberán serlo, por las personas que han triunfado.

El modo literario ha estado completamente subordinado a la definición de los principios y leyes incluidos en este curso, para que puedan ser relacionados fácilmente por personas de todos los ámbitos de la vida. Algunos de los principios que en él se narran son conocidos por todos los lectores, otros se explican aquí por primera vez. Desde la primera hasta la última lección, debería tener en cuenta que el precio de la filosofía reside enteramente en las tentaciones de los pensamientos que se originan en la mente del estudiante, y no simplemente en las propias lecciones. Dicho de otro modo, este curso está pensado como un apremiante de la mente que hará que el alumno, o la alumna, organice y dirija las fuerzas de su mente hacia un fin claro, aprovechando así el ostentoso poder que la mayoría de la gente derrocha en pensamientos intermitentes, carentes de propósito.

Para tener éxito es fundamental una gran determinación, con independencia de cuál sea la idea que uno tenga de la enunciación de éxito. Sin embargo, la osadía es una cualidad que puede exigir que pensemos en muchos temas conectados, y por lo general suele ser así. Este autor hizo un largo viaje para ver a Jack Dempsey adiestrarse para una lucha que estaba próxima. Observé que no se apoyaba totalmente en un tipo de ejercicio, sino que recurría a varias formas. El saco de arena lo ayudaba a desplegar un grupo de músculos, y también adiestraba sus ojos para que fuesen rápidos. Las pesas entrenaban otro grupo de músculos. Correr desplegaba los músculos de sus piernas y sus caderas. Una ración de alimentos equilibrados le suministraba las sustancias necesarias para desarrollar musculatura sin grasa. Las horas de sueño adecuadas, la relajación y las rutinas de descanso favorecían otras cualidades que Dempsey debía poseer para ganar. El estudiante de este curso está consagrado a la tarea de entrenarse para el triunfo en la batalla de la vida, o debería estarlo. Para ganar se debe prestar atención a muchos agentes. Una mente bien fundada, atenta y enérgica, es el resultado de diversos estímulos, y todos ellos se describen claramente en estas lecciones. Sin embargo, hay que recordar que, para su desarrollo, la mente demanda una variedad de ejercicios, al igual que el cuerpo físico precisa muchas formas de ejercicio sistemático. Los adiestradores educan ciertos pasos a los caballos, haciéndolos pasar por encima de obstáculos que los obligan a desplegar aquéllos mediante el hábito y la repetición. La mente humana debe ser adiestrada de una manera equivalente, a través de diversos estímulos que inspiren pensamientos. Antes de haber ahondado mucho en esta filosofía, observarás que la lectura de estas lecciones incita también un fluir de pensamientos que abarcan una amplia escala de temas. Por esta razón, el estudiante debería leer el curso teniendo a mano un cuaderno y un lápiz, y seguir la práctica de poner por escrito esos pensamientos o "ideas" a medida que van surgiendo en su mente. Si hace caso de esta sugerencia, cuando haya leído el curso una o dos veces, tendrá una recopilación de ideas suficiente para convertir todo su plan. Al seguir esta práctica, pronto notará que la mente se ha convertido en una especie de imán, en el sentido de que atraerá ideas útiles "de la nada", como dice un significativo científico que ha experimentado con este principio durante muchísimos años.

No te harás ningún favor si persigues este curso teniendo siquiera la ligera sensación de que no requieres adquirir más conocimientos de los que ahora tienes. En verdad, ningún hombre sabe lo bastante sobre

ningún tema digno de conocerse como para creer que tiene la última palabra al respecto. En la larga y dificultosa tarea de tratar de eliminar algo de mi propia ignorancia y hacer sitio para algunas de las verdades prácticas de la vida, a menudo he visto en mi quimera al Gran Hacedor, que se encuentra en el pórtico de entrada a la vida y escribe pobre tonto en la frente de aquellos que creen ser cultos y "pobre pecador" en la de aquellos que se creen santos. Lo cual, convertido al lenguaje de cada día, quiere decir que ninguno de nosotros sabe gran cosa y que la propia naturaleza de nuestro ser nunca puede saber todo lo que precisamos saber para vivir con cordura y disfrutar de la vida mientras estamos aquí. (La humildad es la precursora del éxito) Hasta que no seamos sumisos en nuestros propios corazones, no seremos aptos para beneficiarnos grandemente de las experiencias y los pensamientos de los demás. ¿Esto te parece un sermón sobre la moralidad? Bueno, ¿y qué, si lo es? Incluso los sermones por muy secos y faltos de interés que se vean, pueden resultar provechosos si sirven para reflejar la sombra de nuestro verdadero ser, para que podamos tener una idea acercada de nuestra insignificancia y superficialidad. ¡El éxito en la vida se basa en gran medida en nuestro conocimiento del ser humano! El mejor lugar para examinar al hombre-animal es tu propia mente, llevando a cabo un inventario lo más fiel posible de TÍ MISMO. Cuando te conozcas a fondo (si alguna vez llegas a hacerlo), también sabrás mucho sobre los demás.

Para estar al tanto de los demás, no por lo que aparentan ser, sino tal como son en verdad, estúdialos a través de:

La actitud corporal y su forma de caminar.

El tono de su voz, su modo, su entonación, su volumen.

Los ojos: si la mirada es oculta o directa.

El uso de las palabras, su tendencia, naturaleza y cualidad.

A través de estas ventanas abiertas puedes, literalmente, adentrarte en el alma de una personan y echar una mirada a la persona real. Avanzando un paso más, si quieres conocer a una persona, obsérvala cuando:

Esté enojada

Esté enamorada

Haya dinero de por medio

Esté comiendo (sola, y crea que nadie la observa)

Esté escribiendo

Tenga problemas

Esté contento y triunfante

Esté desanimada y derrotada

Se enfrente a una catástrofe de naturaleza peligrosa

Intente dar una "buena opinión" a los demás

Le comuniquen de la desgracia de otra persona

Le comuniquen de la buena fortuna de otra persona

Pierda en cualquier tipo de deporte

Gane en los deportes

Esté sola, en una actitud contemplativa

Para poder conocer a alguien tal como es, debes mirarlo en todos los estados de ánimo mencionados, y quizá más, lo cual casi equivale a decir que no tienes derecho a calificar a los demás con una mirada. Las apariencias cuentan, no cabe duda de ello, pero también suelen ser falaces. Este curso ha sido esbozado de manera tal que el estudiante que lo domine pueda inspeccionarse a sí mismo y a los demás a través de métodos que no sean de juicio instantáneos. El alumno que domine mesta filosofía podrá mirar a través de la capa exterior de adornos personales, ropa, conocimiento y cosas por el estilo, y entrar directamente en el corazón de todo aquello que lo rodea. ¡Esta es una promesa muy extensa! No la habría hecho si, como autor de esta filosofía, no supiera, por mis años de experiencia y análisis, que esta promesa puede ejecutarse.

Algunas personas que han examinado los manuscritos de este curso me han inquirido por qué no lo he llamado Curso de maestría en el arte de vender. La respuesta es que el término arte de vender suele sindicarse con la mercantilización de productos o servicios y, por lo tanto, esto sometería y limitaría su verdadera naturaleza. Es cierto que éste es un curso sobre el arte de vender, siempre y cuando uno tenga una perspectiva más profunda que la media sobre el significado de este arte. Esta filosofía está premeditada para dejar que quienes la dominen se abran camino por la vida con éxito, "vendiendo" con la mínima cantidad de obstinación y fricción. De modo que, un curso así debe ayudar al estudiante a constituir y hacer uso de muchas verdades que no son tenidas en cuenta por la mayoría de la gente que pasa por la vida siendo ordinario.

Ninguna persona ha recogido una "educación" si no conoce al menos "de oídas" la "ley de la compensación", tal como la relató Emerson "Toda acción lleva en sí su recompensa".

No todas las personas poseen deseos de conocer la verdad sobre todos los contenidos que afectan de una manera fundamental a la vida. Una de las mayores sorpresas que se ha llevado el autor de este libro, en relación con SUS actividades de investigación, es ver que muy poca gente esté dispuesta a escuchar la verdad cuando ésta le muestra sus propias debilidades. Elegimos la ilusión a la realidad. Las nuevas verdades, si son aceptadas, son tomadas con el singular grano de sal. Algunos de nosotros requerimos más que una pizca de sal; exigimos la suficiente para salar tanto las nuevas ideas que terminen siendo inservibles. Por estos motivos, tanto la lección introductoria del curso como esta lección tratan contenidos que pretenden allanar el camino para las nuevas ideas de manera que no simbolicen una revolución tan severa para la mente del estudiante.

El pensamiento que el autor quiere "transmitir" ha sido descrito claramente por el director de la American Magazine en un editorial que apareció en un número nuevo, con las siguientes palabras: Últimamente, en una noche lluviosa, Carl Lomen, el rey de los renos de Alaska, me narró una historia real. Desde entonces, la he tenido en mente. Y ahora la voy a traspasar. Hace unos años, cierto esquimal de Groenlandia –cuenta Lomen- fue llevado a una de las excursiones norteamericanas al Polo Norte. Más adelante, como recompensa por sus devotos servicios, lo llevaron a la ciudad de Nueva York para una visita corta. Ante todos los milagros de la vista y el sonido, se quedó totalmente maravillado. Cuando volvió a su aldea natal contó historias de edificios que se elevaban hasta la propia faz del cielo, de tranvías que contó como casas que se movían a lo largo de un sendero y en los que la gente vivía mientras éstos avanzaban, de puentes gigantescos, luces artificiales, y de todos los otros increíbles encantos de la metrópolis. Los habitantes de su pueblo se lo quedaron mirando con alejamiento y luego lo dejaron. Y a partir de ese instante, en todo el pueblo lo apodaron "Sagdluk", que quiere decir "el mentiroso", nombre que arrastró con vergüenza hasta su sepulcro. Mucho antes de su muerte, su nombre original había sido olvidado por completo. Cuando Knud Rasmussen viajó de Groenlandia a Alaska, estuvo acompañado de un esquimal groenlandés llamado Mitek (pato de flojel). Mitek visitó Copenhague y Nueva York, donde vio muchas cosas por primera vez y quedó sumamente conmovido. Luego, al regresar a Groenlandia, recordó la desdicha de Sagdluk y decidió que no era conveniente contar la verdad. En lugar de eso, narraría historias que su pueblo pudiera entender, y así salvaría su reputación. De modo que les contó que él y el doctor Rasmussen guardaban un kayak en las orillas de un gran río, el Hudson, y que cada mañana se iban en él a cazar. Había patos, gansos y focas a granel, y gozaron enormemente de la visita.

A los ojos de sus compatriotas, Mitek es un hombre muy honorable. Sus vecinos lo tratan con un respeto poco usual. El camino de quien dice la verdad siempre ha sido abrupto. Sócrates tuvo que tomar la pócima, Esteban lapidado, Bruno carbonizado en la hoguera, Galileo aterrorizado hasta desdecirse de sus .verdades estelares, y uno podría continuar eternamente ese rastro cruel por las páginas de la historia.

Hay algo en la naturaleza que hace que nos sintamos resentidos por el impacto de las ideas nuevas.

Odiamos que se alteren las creencias y prejuicios que hemos heredado junto con los muebles de la familia. En la madurez, muchos de nosotros hibernamos y vivimos de los viejos ídolos. Si una idea nueva irrumpe nuestra madriguera, nos levantamos de nuestro sueño invernal gruñendo. Los esquimales, al menos, tenían alguna justificación. No eran capaces de visualizar las maravillosas imágenes que dibujaba Sagdluk. Sus sencillas vidas habían estado ajustadas durante demasiado tiempo a la triste noche del Ártico. Pero no hay ningún porqué correcto para que la persona media cierre su mente a desconocidos puntos de vista sobre la vida. Sin embargo lo hace, de todos modos. No hay nada mis funesto (o más comente) que la inercia mental. Por cada diez personas físicamente holgazanas, se hallan diez mil con las mentes estancadas. Y las mentes estancadas son los lugares donde se fecundan los miedos. Un viejo granjero en Vennont solía terminar siempre sus plegarias con este ruego: "Oh, Dios, ¡dame una mente abierta!" Si más personas siguieran su ejemplo podrían impedir estar paralizadas por los prejuicios. Y qué lugar tan encantador para vivir sería el mundo. Todas las personas deberían proponerse reunir ideas nuevas de fuentes diferentes del entorno donde viven y trabajan. Si la mente no busca nuevas ideas, se envejece, se detiene, se estrecha y se cierra. El agricultor debería visitar la ciudad con frecuencia y caminar entre rostros raros y edificios altos. Entonces volvería a su granja con la mente renovada, con más valor y frenesí. El hombre de la ciudad debería ir al campo de vez en cuando y renovar su mente con vistas nuevas y diferentes de aquellas asociadas a sus labores diarias. Todo el mundo precisa un cambio de ambiente mental a intervalos regulares, del mismo modo que en la alimentación son fundamentales el cambio y la variedad. La mente se vuelve más alerta, más elástica y está más preparada para trabajar con rapidez y exactitud después de haberse dado un baño de ideas nuevas, fuera de su propio recinto de trabajo cotidiano. Como estudiante de este curso, dejarás de lado transitoriamente el conjunto de ideas con que ejecutas tus tareas diarias y entrarás en un campo de ideas totalmente nuevas (y, en algunos casos, desconocidas hasta el momento) ¡espléndido! Al final de este curso, te encontrarás con un nuevo surtido de ideas que te harán más eficaz, más entusiasta y más valiente, sin importar qué tipo de trabajo tengas. ¡No temas a las ideas nuevas! Pueden simbolizar para ti la diferencia entre el éxito y el fracaso. Algunas de las ideas mostradas en este curso no requerirán más explicaciones o pruebas de su solidez porque son conocidas para casi en todo el mundo. Otras son nuevas y, por esa misma razón, es posible que muchos de los estudiantes de esta filosofía titubeen de si deben aceptarlas como ideas prudentes. Cada uno de los principios descritos en este curso ha sido probado aplicadamente por el autor, y la mayoría de los principios incluidos han sido probados por decenas de científicos y por personas bastante capaces de diferenciar entre lo meramente teórico y lo práctico.

Por ello, sabemos que todos los principios aquí congregados son practicables exactamente del modo en que se afirma que lo son. No obstante, a ningún alumno o alumna de este curso se le solicita que acepte nada de lo que se asevere en estas lecciones sin antes haber comprobado, a través de pruebas, experimentos y análisis, que dicha afirmación es sólida.

El principal mal que el estudiante debe impedir es el de constituirse opiniones sin basarse en DATOS claros, lo cual me recuerda la famosa amonestación de Herbert Spencer: Hay un principio que es un impedimento para cualquier información, que es una prueba contra cualquier demostración y que deja al hombre en la más absoluta ignorancia. Este principio es el de descartar antes de examinar. Sería bueno que tuvieras presente este principio cuando estudies la LEY DE LA

MENTE MAESTRA que se cuenta en las lecciones. Esta ley simboliza un principio enteramente nuevo del funcionamiento de la mente y, sólo por este motivo, a muchos estudiantes les resultará dificultoso aceptarla como prudente antes de haber experimentado con ella.

Por lo general, no existe eso de "Conseguir algo a cambio de nada". A la larga, uno logra exactamente aquello por lo que ha pagado, tanto si está comprando un coche como una barra de pan.

Sin embargo, cuando uno recapacita acerca de la consideración de la LEY DE LA "MENTE MAESTRA" como verdadera base de la mayoría de los triunfos de los llamados genios, esta ley logra un aspecto que exige algo más que elementales opiniones de "juicio instantáneo". Muchos de los científicos que han declarado su opinión sobre el tema al autor de esta filosofía creen que la LEY DE LA "MENTE MAESTRA" es la base de prácticamente todos los beneficios más importantes resultantes del estreno grupal o cooperativo. Según Alexander Graham Bell, la LEY DE LA MENTE MAESTRA, tal como se narra en esta filosofía, no sólo era razonable, sino que todas las instituciones educativas superiores deberían estar enseñándola como pieza de sus cursos de psicología.

Charles P. Steinmetz dijo que él había experimentado con esta ley y había llegado a la misma solución que la que se afirma en estas lecciones, mucho antes de haber hablado del tema con el autor de la filosofía de las LEYES DEL ÉXITO.

iLuther Burbank y John Burroughs realizaron declaraciones similares, Edison nunca fue interrogado sobre el tema, pero otras declaraciones suyas muestran que aprobaría la ley como una eventualidad, o como una realidad. El doctor Elmer Gates dio su asentimiento a esta ley en una conversación con el autor hace más de quince años. El doctor Gates es un científico del más alto nivel, de la altura de Steinmetz, Edison y Graham Bell.

El autor de esta filosofía ha hablado con decenas de hombres de negocios perspicaces que, aunque no eran científicos, afirmaron creer en la estabilidad de la LEY DE LA MENTE MAESTRA es, por tanto, difícilmente disculpable que personas con menos capacidad de juzgar tales asuntos se establezcan opiniones sobre esta ley, sin una investigación seria y metódica. Permíteme mostrarte una breve descripción de lo que es esta lección ¡y lo que se cree que va a hacer por ti!

Habiéndome dispuesto para la práctica de la ley, ofreced esta presentación como un planteamiento de mi caso. Las pruebas que lo respaldan serán exhibidas en las dieciséis lecciones que componen el curso. Los datos a partir de los cuales se ha dispuesto este curso han sido reunidos durante más de veinticinco años de negocios y experiencia profesional, y mi única definición de la puesta en práctica bastante libre que hago a lo largo del curso es que escribo a partir de mi experiencia de primera mano. Antes de que se divulgara este curso sobre las LEYES DEL ÉXITO, los manuscritos fueron propuestos a dos importantes universidades con la petitoria de que fuesen leídos por profesores adecuados con el objeto de eliminar o corregir cualquier afirmación que pareciera poco prudente desde el punto de vista económico. Ellos consintieron a esta petición y los manuscritos fueron examinados aplicadamente, con el efecto de que no se realizó ni un solo cambio, con excepción de una o dos ligeras reformas en la redacción.

Uno de los profesores que inspeccionó el manuscrito se expresó, en parte, de la siguiente manera: "Es una desdicha que no se enseñe a cada chico y chica que entra en la escuela secundaria los quince capítulos principales de su curso sobre las LEYES DEL ÉXITO. Es una lástima que ni la gran universidad con la que estoy relacionado ni todas las demás contengan SU curso como parte de sus planes de estudios". Puesto que este curso está pensado como un mapa o anteproyecto que te regirá para que alcances esa codiciada meta llamada "Éxito", ¿acaso no estaría bien precisar aquí el éxito?

El éxito para el desarrollo del poder con el que uno logra cualquier cosa que desea m la vida sin estorbar los derechos de los demás.

Quisiera poner especial acento en la palabra "poder", ya que está atañida indisolublemente con el éxito. Vivimos en un mundo y una época de aguda competencia, y la ley de la supervivencia del más apto es visible en todas partes. Debido a esto, todo aquel que desee disfrutar de un éxito perdurable debe conseguirlo a través del uso del poder. Y ¿qué es el poder? El poder es energía constituida o esfuerzo organizado. El objetivo de que este curso se llame, apropiadamente, las LEYES DEL ÉXITO, es que enseña cómo constituir los datos, los conocimientos y las facultades de nuestra propia mente en una unidad de poder. Este curso te brinda una clara promesa:

A través de su dominio y aplicación podrás obtener cualquier cosa que desees, haciendo sólo un matiz: "dentro de lo sensato".

Esta reseña tiene en cuenta tu educación, tu conocimiento o la falta de ella, tu resistencia física, tu temperamento y todas las demás formas aludidas en las dieciséis lecciones de este curso, como los factores más fundamentales para la consecución del éxito. Sin ninguna excepción, quienes han alcanzado un éxito fuera de lo común lo han hecho, consciente o inconscientemente, auxiliándose de los quince agentes principales en que se basa este curso, o en buena parte de ellos. Si dudas de esta aseveración, entonces avasalla estas lecciones para que puedas efectuar un análisis con una precisión razonable y estudiar a personas como Carnegie, Rockefeller, Hill, Arriman, Ford y otras parecidas que han amontonado grandes fortunas, y verás que comprendían y aplicaban el principio del esfuerzo organizado que sale a lo largo de este curso.

A principios de siglo entrevisté al señor Carnegie con el objetivo de escribir una historia sobre él. Durante la entrevista le pregunté a qué atribuía su éxito. Con un resplandor alegre en los ojos, dijo: "Jovencito antes de responder a su pregunta, le solicitaré por favor que defina el término "éxito".. Quedó a la espera, pero al darse cuenta de que me sentía incómodo ante su pregunta, continuó: «Cuando habla de "éxito" se está refiriendo a mi dinero, ¿no es así? Le afirmé que el dinero era el índice con el que la mayoría de la gente calculaba el éxito, y entonces él respondió: "Ah, bien, si lo que quiere es saber cómo conseguí mi dinero, si eso es lo que usted llama "éxito", responderé a su pregunta expresándole que aquí, en nuestro negocio, tenemos una "mente maestra", y dicha mente está constituida por más de una veintena de personas que atienden mi plantilla personal de supervisores, directores, contables, químicos y otros profesionales precisos.

Ninguna persona en este grupo es la "mente maestra" de la que le hablo, pero la suma total de las mentes del grupo, sistematizadas, organizadas y dirigidas a un fin claro, en un espíritu de colaboración armoniosa, forman el poder que me hizo ganar dinero. No hay dos mentes en el grupo puntualmente iguales, pero cada uno de sus miembros hace lo que se espera que haga y lo hace mejor de lo que podría realizarlo cualquier otra persona en el mundo.

Ahí, en ese momento, quedó sembrada en mi mente la semilla a partir de la cual se desenvolvió este curso, pero no echó raíces ni germinó hasta más adelante. Esta entrevista marcó el principio de años de investigación que desembocaron, finalmente, en el hallazgo del principio de psicología descrito en la lección introductoria como la mente maestra. Oí todo lo que dijo el señor Carnegie, pero fueron ineludibles los conocimientos obtenidos en varios años de contacto posterior con el mundo de los negocios para poder relacionar lo que él me había dicho y captar y entender claramente el principio que estaba detrás, que no era otro que el principio del esfuerzo organizado en el que se funda este curso de las LEYES DEL ÉXITO.

El grupo de empleados de Carnegie formaba una "mente maestra", y dicha mente estaba tan bien constituida y coordinada, era tan poderosa, que podría haber almacenado millones de dólares para su jefe en prácticamente cualquier prototipo de empresa de naturaleza comercial o industrial. El negocio siderúrgico al que dicha mente estaba consagrada era sólo un accidente en relación con la acumulación de riqueza de Carnegie. Esa misma riqueza podría haberse congregado si la "mente maestra" hubiese estado orientada al negocio del carbón, de la banca o de la alimentación, obligatoriamente porque detrás de la mente, estaba el poder: el tipo de poder que tú lograrás cuando fundes las facultades de tu propia mente y te alíes con otras mentes bien organizadas para la ganancia de un claro objetivo principal en la vida.

Si eres capaz de perder en una carrera sin acusar a otra persona, tienes muchas posibilidades de tener éxito más adelante en el camino de la vida.

Una investigación absoluta con varios de los antiguos socios del señor Carnegie en los negocios, que se hizo una vez iniciado este curso, demuestra de modo indiscutible, no sólo que la ley que denominamos la mente maestra existe, sino que además ha sido el principal germen del éxito del señor Carnegie. Es posible que, de entre los socios de Carnegie, ninguno lo haya conocido tan bien como el señor C. M. Schwab. En las siguientes palabras, el señor Schwab ha explicado con gran precisión ese "algo" sutil en la personalidad del señor Carnegie, que le dejó ascender hasta alturas tan asombrosas. "Nunca he conocido a un hombre con tanta quimera, inteligencia vivaz y agudeza instintiva. Percibías que él inquiría tus pensamientos y evaluaba todo lo que habías hecho o podrías realizar alguna vez. Parecía saber cuál iba a ser tu próxima palabra antes de que la dijeras. El juego de su mente era deslumbrante y su hábito de la observación escrupulosa le suministraba una reserva de conocimientos sobre incontables asuntos".

Peros su forma sobresaliente, entre una dotación tan rica, era el poder de infundir a otros hombres. Irradiaba confianza. Podías titubear respecto a algo y discutir el tema con el señor Carnegie. En un momento, él te hacía ver que estaba bien y luego conseguía que lo creyeras totalmente, o podía resolver tus dudas señalando sus puntos débiles. Esta cualidad de encantar a los demás y luego estimularlos surgía de su propia fuerza. Los resultados de su liderazgo fueron sublimes. Creo que nunca antes en la historia de la industria había habido un hombre que, sin comprender los detalles del ejercicio de su negocio y sin ninguna intención de exhibir conocimientos técnicos sobre el acero o acerca de ingeniería, fuese capaz de edificar una empresa así.

La habilidad del señor Carnegie para inculcar a las personas se apoyaba en algo más profundo que una capacidad de juicio.

En esta última frase, el señor Schwab enuncia un pensamiento que corrobora la hipótesis de la mente maestra a la que el autor de este curso atribuye la trascendental fuente del poder de Carnegie. Además, el señor Schwab ha demostrado la afirmación de que Carnegie podría haber tenido tanto éxito en cualquier otro negocio como el que tuvo en el del acero. Es obvio que su éxito se debió a la perspicacia de su propia mente y de las mentes de otros hombres, y no puramente a sus conocimientos en concreto del negocio siderúrgico. Este pensamiento es intensamente reconfortante para quienes todavía no han logrado un éxito tan destacado, pues manifiesta que el éxito es únicamente una cuestión de aplicar de forma correcta las leyes y los principios que están al alcance de todo el mundo, y no debemos olvidar que dichas leyes están explicadas plenamente en las dieciséis lecciones de este curso. El señor Carnegie aprendió a aplicar la LEY DE LA "MENTE MAESTRA". Esto le admitió organizar las facultades de su propia mente y las de otras mentes, y amarlas todas en pos de un claro objetivo principal. Todo táctico, ya sea en los negocios, en la guerra, en la industria o en otros ámbitos, entiende el valor del esfuerzo organizado, coordinado. Todo estratega militar conoce el valor de sembrar semillas de discrepancia en las fuerzas enemigas, porque esto fisura el poder de coordinación que está detrás de la barrera. Durante la Primera Guerra Mundial, se escucharon muchas cosas sobre los efectos de la propaganda, y me parece exagerado decir que las fuerzas desorganizadoras de la propaganda fueron mucho más destructoras que todas las armas y explosivos usados en la guerra. Uno de los puntos concluyentes más importantes de la Primera Guerra Mundial llegó cuando los ejércitos aliados fueron situados al mando del general francés, Foch. Militares bien informados aseveran que ésta fue la jugada que significó la represión de los ejércitos enemigos. Cualquier puente ferroviario moderno es un excelente ejemplo del valor del esfuerzo organizado porque manifiesta con claridad y simplicidad, que miles de toneladas de peso pueden ser aguantadas por un grupo comparativamente pequeño de barras y travesaños de acero preparados de manera tal que el peso se dosifica por todo el conjunto.

Había un hombre que tenía siete hijos que casi siempre estaban a la greña. Un día, los reunió y les dijo que deseaba señalarles lo que significaba exactamente su falta de esfuerzo cooperativo. Había preparado un haz de siete ramas que ató esmeradamente. Uno a uno, fue pidiendo a sus hijos que tomaran el haz y lo rompieran. Todos lo ansiaron, pero fue en vano. Entonces el hombre cortó las cuerdas y le entregó una rama a cada uno de sus hijos, solicitándole que la rompiera sobre su rodilla. Cuando todas las ramas estuvieron rotas, el hombre dijo a sus hijos con calma:

"Cuando vosotros, muchachos, trabajáis juntos con espíritu de armonía, os parecéis a ese haz de ramas, y nadie puede venceros, pero cuando os peleáis unos con otros, cualquiera venceros, uno por uno".

En esta historia del hombre y sus siete hijos belicosos hay una lección digna de tenerse en cuenta y que podría emplearse a las personas de una comunidad, a los jefes y los empleados de un lugar de trabajo, o al estado y la patria en que vivimos. El esfuerzo organizado puede convertirse en un poder, pero también puede ser un poder peligroso, a menos que sea encaminado con inteligencia, y ésta es la razón principal de que las dieciséis lecciones de este curso estén consagradas en gran parte a describir cómo dirigir el poder para que nos lleve al éxito; a ese tipo de éxito que se funda en la verdad, la justicia y la equidad que transportan a la felicidad máxima.

Una de las tragedias destacables de esta era de lucha y locura por el dinero es el hecho de que muy pocas personas están consagradas a la tarea que más aman. Uno de los fines de este curso es ayudar a cada estudiante a expresar su lugar particular de dedicación profesional en el mundo, donde pueda hallar tanto prosperidad material como felicidad en abundancia. Con este objetivo, una tabla de análisis del carácter acompaña a la decimosexta lección. Esta tabla está trazada para ayudar al estudiante a examinarse a sí mismo y a manifestar qué habilidades latentes o fuerzas ocultas se hallan dormidas en su interior. Todo este curso está pensado como un apremio que te permita verte a ti mismo, o a ti misma, tal como eres, y ver tus fuerzas escondidas tal como son, y para mover en ti la ambición, la visión y la determinación que te harán prosperar y reclamar lo que es genuinamente tuyo. Hace menos de treinta años, había un hombre que trabajaba en la misma tienda que Henry Ford, haciendo casi el mismo tipo de trabajo que él. Se ha dicho que aquel hombre en realidad era un trabajador más adecuado que Ford, en ese empleo en particular. Actualmente, ese hombre sigue consagrándose al mismo tipo de trabajo, con un salario menor a los cien dólares semanales, mientras que Ford es el hombre más rico del mundo.

¿Cuál es la contradicción destacable entre estos dos hombres, que ha creado una distancia tan grande entre ellos en términos de fortuna material? Simplemente ésta: Ford entendió y aplicó el principio del esfuerzo organizado, mientras que el otro hombre no lo hizo. Mientras escribo estas líneas, en la pequeña ciudad de Shelby, Ohio, se está empleando por primera vez en la historia del mundo este principio del esfuerzo organizado con el objetivo de originar una alianza más estrecha entre las iglesias y las empresas de una comunidad. Los clérigos y los hombres de negocios han constituido una alianza, con el resultado de que prácticamente cada iglesia de la ciudad respalda totalmente a cada hombre de negocios, y cada hombre de negocios respalda de lleno a cada iglesia. El resultado ha sido el fortalecimiento de las iglesias y de las empresas, hasta tal punto que se ha dicho que sería prácticamente improbable que cualquier miembro de ninguno de los dos sectores perdiera en su profesión; los demás miembros de la alianza no lo consentirían.

He aquí un ejemplo de lo que puede ocurrir cuando grupos de personas constituyen una alianza con el objetivo de aunar el poder combinado del grupo detrás de cada unidad individual. La alianza ha supuesto para la ciudad de Shelby mejorías materiales y morales como las que disfrutan muy pocas ciudades de esas superficies en Estados Unidos. El plan ha funcionado de una manera tan eficaz y tan grata que ahora se está originando un movimiento para ampliarlo a otras ciudades norteamericanas. Para tener una visión más especifica de cómo este principio del esfuerzo organizado puede llegar a ser tan poderoso, contente un momento y deja que tu imaginación trace una imagen de cuál sería el probable resultado si cada iglesia, cada periódico, cada club de benévolos, cada asociación de caridad, cada club de publicidad, cada corporación de mujeres y cada una de las demás organizaciones cívicas de naturaleza similar de tu ciudad, o de cualquier otra, constituyeran una alianza con el objetivo de aunar su poder y usarlo en beneficio de todos los miembros de estas organizaciones. ¡LOS efectos que podrían lograrse fácilmente con una alianza de este tipo prevalecen a la imaginación!

Una buena enciclopedia tiene la mayoría de datos conocidos del mundo, pero si éstos no son coordinados y expresados en términos de acción, resultan tan inservibles como las dunas.

En el mundo del esfuerzo organizado son tres los poderes destacables: las iglesias, las escuelas y la prensa. Piensa en lo que podría pasar fácilmente si estos tres grandes poderes y moldeadores de la opinión pública se aliaran con el objetivo de producir cualquier cambio que fuera preciso en la conducta humana. En una sola generación, podrían cambiar las actuales reglas de ética en los negocios, por ejemplo, de tal forma que sería prácticamente un suicidio económico para cualquiera tratar de realizar la mínima transacción de negocios bajo cualquier regla que no fuera la Regla de Oro. Una alianza así podría tener la bastante influencia para cambiar, en una sola generación, las propensiones en los negocios, en la sociedad y en la moral de todo el mundo civilizado. Una alianza de este prototipo tendría el suficiente poder para meter en las mentes de las próximas generaciones cualquier ideal deseado. El poder es esfuerzo organizado !como ya se ha dicho! ¡Y el éxito se basa en el poder!

Para que tengas un conocimiento claro de lo que significa el término esfuerzo organizado... he usado los ejemplos anteriores, y para destacarlo aún más repetiré la afirmación de que la acumulación de una gran riqueza y la obtención de cualquier perspectiva elevada en la vida como las que constituyen aquello que comúnmente llamamos éxito, se basan en tener la visión precisa para entender y la capacidad de asimilar y aplicar los importantes principios de las dieciséis lecciones de este curso. El curso está en total armonía con los principios de economía y los de psicología aplicada. Observarás que, en aquellas lecciones que dependen para su aplicación práctica, de unos discernimientos de psicología, se ha incluido una definición suficiente de los principios psicológicos involucrados para que puedan comprenderse fácilmente. Antes de entregar al editor los manuscritos de este curso, fueron propuestos a algunos de los más trascendentales banqueros y hombres de negocios de Estados Unidos para que fuesen examinados, desarrollados y criticados por las mentes más prácticas. Uno de los banqueros más conocidos de Nueva York restituyó los manuscritos con el siguiente comentario: Tengo un máster de la universidad de Yale, pero estaría dispuesto a comercializar todo lo que ese título me ha dado con lo que me habría aportado su curso de las LEYES DEL ÉXITO si hubiese tenido el privilegio de que se incluyeran en mi formación cuando estaba en Yale. Mi esposa y mi hija también han leído los manuscritos, y mi mujer ha citado a su curso como "el teclado maestro de la vida", porque cree que todos aquellos que entiendan cómo emplearlo podrán descifrar una sinfonía perfecta en sus respectivas profesiones, igual que un pianista es capaz de tocar cualquier melodía cuando domina el teclado del piano y los cimientos de la música.

No hay dos personas sobre la tierra totalmente iguales y, por esta razón, no se espera que dos personas obtengan de este curso el mismo resultado. Cada estudiante debería leerlo, comprenderlo y luego apropiarse de aquella parte de su contenido que requiera para desarrollar una personalidad bien formada.

Para que esta apropiación pueda realizarse apropiadamente, será necesario que el estudiante realice un autoanálisis, a través del uso del cuestionario que viene en la decimosexta lección del curso, con el objetivo de averiguar cuáles podrían ser sus deficiencias. Este cuestionario no debería llenarse antes de que el alumno, o la alumna, domine completamente los contenidos de todo el curso, pues sólo entonces estaría en situación de responder a las preguntas con una mayor exactitud y comprensión respecto a sí mismo. Con la ayuda de este cuestionario, un analista del carácter con experiencia puede llevar a cabo un catálogo de las propias facultades con la misma facilidad y precisión con que un vendedor puede hacer inventario de las mercancías que hay en sus anaqueles.

Este curso ha sido recogido con el propósito de ayudar a cada alumno a revelar cuáles son sus talentos naturales, y también con la meta de que pueda organizar, coordinar y poner en uso los conocimientos derivados de la experiencia. Durante más de veinte años he estado reuniendo, archivando y organizando el material que forma parte de este curso. Durante los últimos catorce años he detallado más de dieciséis mil hombres y mujeres, y todos los datos importantes congregados en estos análisis han sido cuidadosamente coordinados e introducidos aquí. Estos análisis produjeron muchos datos atractivos que me han ayudado a lograr que este curso sea práctico y aplicable. Por ejemplo, descubrí que el 95 % de todas las personas analizadas era un desengaño y que sólo el 5 % era un éxito. (Cuando utilizo el término desengaño quiero decir que no hallaron la felicidad y que satisfacían las carencias normales de la vida con unos esfuerzos casi intolerables). Quizás esta sea aproximadamente la compensación de éxitos y fracasos que podría hallarse si toda la gente del mundo fuese analizada con precisión. La lucha por la sola existencia es terrible para las personas que no han aprendido a organizar y regir sus talentos naturales, mientras que para quienes han logrado el dominio del principio del esfuerzo organizado, cubrir esas necesidades, así como obtener muchos lujos, es algo comparativamente sencillo.

Uno de los datos más maravillosos que salieron a la luz en esos análisis fue el descubrimiento de que el 95 % de los que fueron encasillados como desengaños se hallaban dentro de ese grupo porque no tenían un claro objetivo principal en la vida, mientras que el 5 % que constituía el grupo de éxito no sólo tenían propósitos claros, sino también planes definidos para la obtención de sus objetivos.

Otro dato significativo que revelaron estos análisis fue que el 95 % que conformaba el grupo de fracasados se consagraba a un trabajo que no le gustaba, mientras que el 5 % formado por las personas de éxito hacía lo que más le gustaba. Dudo que una persona pueda ser un fracaso si se dedica a lo que mis le gusta. Otro dato trascendental que mostraron los análisis fue que todas las personas que componían el 5 % que tenía éxito se habían formado el hábito de ahorrar dinero metódicamente, mientras que el 95 % que era un fracaso no ahorraba nada. Este punto se merece una seña consideración.

Ninguna perspectiva en la vida puede ser segura, y ningún logro puede ser indestructible, a menos que se hayan cimentado sobre la base de la verdad y la justicia.

Uno de los importantes objetivos de este curso es ayudar al estudiante a realizar el trabajo que ha optado de una manera que le proporcione los mayores beneficios posibles, tanto en dinero como en felicidad.

Un claro objetivo principal

La clave de toda esta lección podría encontrarse en la palabra "claro". Es temible saber que la mayor parte de habitantes del mundo van por la vida a la deriva, sin un designio, sin tener ni la mínima idea de para qué trabajo están más habilitadas y sin conocer siquiera la necesidad de tener un objetivo claro por el que luchar.

Hay una razón, psicológica y económica a la vez, para elegir un claro objetivo principal en la vida. Consagremos nuestra atención en primer lugar al aspecto psicológico de la cuestión. Hay un principio de psicología bien determinado que dice que los actos de una persona siempre están en armonía con los pensamientos imperiosos de su mente. Cualquiera que sea el claro objetivo principal que se fije de manera intencionada en la mente y se conserve ahí, con la determinación de realizarla, terminará impregnando toda la mente subconsciente hasta que intervendrá automáticamente en la acción física del cuerpo en dirección a la consecución de ese designio.

Tu claro objetivo principal en la vida debería ser escogido con alto cuidado y, una vez seleccionado, deberías escribirlo en un papel y instalarlo en un lugar donde lo veas al menos una vez al día. El efecto psicológico de este gesto es grabar tu objetivo en la mente subconsciente con tanta fuerza que ésta lo acepte como un patrón o anteproyecto que terminará dominando tus actividades en la vida y te llevará, paso a paso, hasta el logro del objetivo que está detrás de dicho propósito.

El principio psicológico a través del cual puedes grabar tu claro objetivo principal en tu subconsciente se denomina "autosugestión", o sugestión que uno se hace repetidamente a uno mismo. Este es un grado de auto hipnosis, pero no debes tener miedo en este sentido, pues este principio es el mismo que ayudó a Napoleón a salir de un escenario de pobreza en Córcega y llegar a la dictadura de Francia. Fue con la ayuda de este mismo principio como Thomas A. Edison remontó desde sus sencillos inicios como vendedor de periódicos hasta una posición en la que es reconocido como uno de los principales inventores del mundo. Fue a través de la ayuda de este mismo principio como Lincoln prevaleció el poderoso abismo existente entre sus simples orígenes en una cabaña de madera en las montañas de Kentucky y la presidencia de la nación más fuerte del mundo. Fue con la ayuda de este mismo principio como Theodore Roosevelt se convirtió en uno de los líderes más provocadores que haya llegado jamás a la presidencia de Estados Unidos.

No es preciso tenerle ningún miedo al principio de la autosugestión, siempre y cuando te asegures de estar combatiendo por un objetivo que te suministrará una felicidad duradera. Asegúrate de que tu propósito claro sea provechoso, de que su realización no producirá problemas o infelicidad a nadie, de que te contribuirá paz y prosperidad, y luego aplica el principio de autosugestión, en la medida de tu agudeza, para alcanzar rápidamente tu objetivo.

En la calle, en la esquina que está justo frente a la habitación en la que me encuentro escribiendo, veo a un hombre que se pasa ahí todo el día, vendiendo maníes. Siempre está ocupado. Cuando no está ejecutando una venta, está tostando y empaquetando los maníes en unas bolsitas. Él pertenece al gran ejército que compone el 95 % que no tiene un propósito claro en la vida. Vende maníes, no porque le guste más que cualquier otra cosa que podría estar concibiendo, sino porque nunca se ha sentado a pensar en un intento claro que podría aportarle más beneficios por su trabajo. Vende maníes porque va a la deriva en el mar de la vida, y una de las desdichas de su trabajo es el hecho de que esa misma cantidad de esfuerzo que está invirtiendo en él, si lo dirigiera por otras vías, le contribuiría unos beneficios mucho más grandes.

Otra de las tragedias del trabajo de este hombre es el hecho de que está esgrimiendo inconscientemente el principio de la autosugestión, pero lo hace para su propio perjuicio. Sin duda, si se pudiera recrear una imagen de sus pensamientos, no habría nada en ella, excepto un tostador de maníes, unas bolsitas de papel y un grupo de personas comprándole. Este hombre podría salir del negocio de venta de maníes si tuviera, en primer lugar, la visión y la ambición para suponerse a sí mismo en una profesión más rentable, y luego la constancia para mantener esa imagen en su mente hasta que lo intervenga para dar los pasos necesarios a fin de ingresar en dicha profesión. El esfuerzo que él pone en su trabajo le reportaría unos beneficios importantes si lo dirigiera hacia la realización de un propósito claro que le ofreciera mayores ganancias.

Uno de mis amigos más cercanos es uno de los escritores y conferenciantes más conocidos de este país. Hace alrededor de diez años, captó las posibilidades de este principio de autosugestión e inminentemente comenzó a esgrimirlo y a ponerlo en funcionamiento. Diseñó un procedimiento para su aplicación que resultó ser intensamente eficaz. En esa época, no era ni escritor ni conferenciante. Cada noche, justo antes de irse a dormir, cerraba los ojos y veía, en su imaginación, una larga mesa de juntas en la que instalaba (en su imaginación) a ciertos hombres conocidos cuyas características él quería que penetraran en su propia personalidad. Al final de la mesa sentaba a Lincoln y, en el otro extremo, ubicaba a Napoleón, a Washington, a Emerson y a Elbert Hubbard. Luego procedía a conversar con esas figuras imaginarias que había sentado a su imaginaria mesa de juntas, de una manera similar a la siguiente:

Señor Lincoln, quiero construir en mi propio carácter esas cualidades de rectitud y paciencia con toda la humanidad y el agudo sentido del humor que fueron sus características más recalcadas. Necesito esas cualidades y no estaré satisfecho hasta haberlas desplegado. Señor Washington, deseo construir en mi propio carácter esas cualidades de fidelidad y auto sacrificio y liderazgo que fueron sus características más destacadas. Señor Emerson, quiero construir en mi propio carácter esas cualidades de visión y capacidad de descifrar las leyes de la naturaleza tal como están escritas en las rocas de los muros de la prisión y en los árboles que se desarrollan y en los arroyos que fluyen y en las flores y en los semblantes de los niños, que eran sus características más destacadas. Napoleón, quiero construir en mi propio carácter esas cualidades de independencia y capacidad estratégica de superar dificultades y beneficiarse de los errores, y de sacar fuerzas de los fracasos, las cuales eran sus características más destacadas. Señor Hubbard, quiero desarrollar la capacidad de igualar, e incluso resaltar, la habilidad que usted tenía para expresarse con un lenguaje claro, breve y vigoroso. Noche tras noche, durante varios meses, advirtió a esos hombres sentados alrededor de esa mesa de juntas imaginaria, hasta que posteriormente había grabado sus características más destacables en su propia mente subconsciente con tanta claridad que comenzó a desarrollar una personalidad que era un combinado de todas aquéllas que admiraba.

La mente subconsciente se puede confrontar con un imán, y cuando se la ha cargado y llenado totalmente con cualquier propósito claro, tiene una marcada propensión a atraer todo lo que sea necesario para la realización del mismo. Los iguales se atraen, y se puede ver la prueba de esta ley en cada filamento de hierba y en cada árbol que crece. La bellota atrae de la tierra y el aire las sustancias precisas para convertirse en un roble. Jamás origina un árbol que es en parte roble y en parte álamo. Cada grano de trigo que es sembrado en la tierra atrae las sustancias precisas para que crezca un tallo de trigo. Nunca ejecuta un error, haciendo que crezcan avena y trigo del mismo tallo. Y los seres humanos también están sujetos a la ley de la atracción. Entra en cualquier pensión barata de barrio y verás que las personas que tienen la misma tendencia mental general se relacionan entre ellas. Por otro lado, si entras en cualquier comunidad floreciente, ahí encontrarás personas de la misma tendencia general que se relacionan entre ellas. La gente que tiene éxito siempre busca la compañía de otras personas de éxito, mientras que las que se hallan en el lado mísero de la vida siempre buscan la compañía de quienes están en circunstancias similares:

"la desdicha le encanta tener compañía".

No le "digas" al mundo lo que eres capaz de hacer:

El agua busca su nivel con una seguridad que no es mayor que aquella con la que el hombre busca la compañía de otros que estén en su mismo nivel general, económico y mental. Un profesor de la Universidad de Yale y un vagabundo analfabeto no tienen nada en común. Serían muy desdichados si se los obligara a estar juntos durante mucho tiempo. El agua y el aceite están tan preparados a mezclarse como las personas que no tiene nada en común. Todo ello nos lleva hasta la siguiente afirmación: atraerás a personas que armonicen con tu propia filosofía de vida, tanto si lo anhelas como si no. Siendo esto cierto, ¿acaso no ves la importancia de robustecer tu mente con un claro objetivo principal que atraerá hacia ti a personas que serán una ayuda y no un impedimento? Supón que tu claro objetivo principal está muy por encima del lugar que ocupas en este momento en la vida. ¿Y qué? Es tu privilegio o, mejor dicho, tu DEBER, anhelar a lo más alto en la vida. Te debes a ti mismo y a tu comunidad poner el listón muy alto para ti. Existen muchas certezas que justifican la creencia de que no hay nada, dentro de lo razonable, que no pueda obtener la persona cuyo claro objetivo principal esté bien desenvuelto. Hace unos años, Louis Victor Eytinge fue sentenciado a cadena perpetua en la prisión de Arizona. En la época de su reclusión, era un hombre "malo" en todos los sentidos, según examinaba él mismo. Además, se creía que le quedaba un año de vida, debido a la tuberculosis. Si alguien tenía motivaciones para sentirse desanimado, ése era Eytinge. La antipatía popular contra él era intensa, y no tenía un solo amigo en el mundo que pudiera darle corajes o ayudarlo. Entonces ocurrió algo en su propia mente que le restituyó la salud, acabó con la temida "plaga blanca" y, posteriormente, abrió las puertas de la prisión y le devolvió la libertad. ¿Qué fue ese "algo"? Sencillamente esto: Eytinge se decidió a acabar con la plaga blanca y recobrar la salud. Ése fue un objetivo principal muy claro. Había pasado menos de un año desde el momento en que tomó la decisión, y ya había ganado. Entonces amplió ese claro objetivo principal resolviéndose a obtener la libertad. Al poco tiempo, los muros de la prisión dejaron de rodearlo. Ningún ambiente indeseable es lo bastante fuerte para estancar a un hombre o una mujer que sabe cómo aplicar el principio de autosugestión en la creación de un claro objetivo principal. Tal persona puede redimirse de las cadenas de la pobreza, destruir los gérmenes de la enfermedad más mortal, elevarse desde una baja perspectiva social en la vida para obtener poder y abundancia. Todos los grandes líderes asientan su liderazgo en un claro objetivo principal. Los seguidores persiguen de buena gana a un líder cuando saben que éste es una persona con un claro objetivo principal que tiene el valor de proteger ese propósito con la acción. Inclusive un mal caballo sabe cuando un conductor con un claro objetivo principal toma las riendas, y se somete a él. Cuando un hombre con un claro objetivo principal se abre paso entre una multitud, todo el mundo se hace a un lado y le deja pasar, pero si un hombre titubea y muestra con sus actos que no está seguro de qué camino quiere seguir, la multitud le pisará los pies y se negará a moverse ni un centímetro. En ningún lugar es tan patente o más perjudicial la falta de un claro objetivo principal que en la relación entre un padre o una madre y su hijo o hija. Los niños distinguen con mucha rapidez la actitud vacilante de sus padres y se valen de ella con bastante facilidad. Lo mismo pasa en todos los ámbitos de la vida: las personas con un claro objetivo principal inspiran respeto y llaman la atención en todo momento. Hasta aquí lo que atañe al punto de vista psicológico de un propósito claro. Veamos ahora el aspecto económico de la cuestión. Si un navío a vapor perdiera su timón en medio del océano y comenzara a dar vueltas en círculos, pronto agotaría su gasolina sin llegar a la costa, a pesar de que gastaría la energía suficiente como para ir y venir varias veces allí. El hombre que trabaja sin un clara objetivo principal protegido por un plan definido para su consecución, se asemeja al buque que ha perdido el timón. El trabajo duro y las buenas finalidades no son suficientes para trasladar a una persona al éxito, pues ¿Cómo puede alguien estar seguro de que ha alcanzado el éxito, a menos que haya determinado en su mente el objetivo claro que desea?

Toda casa bien construida comenzó siendo un propósito claro, además de un plan determinado en la manera de una serie de anteproyectos. Imagina qué ocurriría si uno intentara edificar una casa de cualquier modo, sin planos. Los trabajadores se fastidiarían unos a otros, el material de construcción se amontonaría por todo el terreno antes de que los cimientos estuvieran terminados y todos los que estuvieran trabajando ahí tendrían una idea distinta de cómo se debería construir la casa. El resultado: caos y malentendidos, y un coste exorbitante.

Sin embargo, ¿alguna vez te has parado a pensar que la mayoría de la gente termina el colegio, acepta un empleo o entra en un negocio o en una profesión sin tener ni la más mínima idea de nada que se parezca, siquiera vagamente, a un propósito claro o un plan definido? En vista del hecho de que la ciencia nos ha suministrado maneras y medios razonablemente precisos para examinar el carácter y determinar para qué trabajo son más aptas las personas, no os parece que es una desdicha moderna que el noventa y cinco por ciento de la población adulta del mundo esté compuesta por hombres y mujeres que son un fracaso porque no han hallado su lugar adecuado en el mundo laboral. Si el éxito depende del poder, y si el poder es ESFUERZO ORGANIZADO, y si el primer paso hacia la distribución es tener un propósito claro, entonces se puede ver fácilmente por qué dicho objetivo es esencial. Hasta que una persona elige un objetivo claro en la vida, desperdicia sus energías y esparce sus pensamientos por tantos temas y en tantas direcciones diferentes, que no lo llevan al poder, sino a la indecisión y la debilidad. Con la ayuda de una pequeña lupa puedes darte una gran lección sobre el valor del ESFUERZO ORGANIZADO. Puedes usarla para concentrar los rayos del sol en un punto definido con tanta fuerza que carbonizarán un tablón y harán un agujero en él. Retira la lupa (que representa el propósito claro) y los mismos rayos de sol caerán sobre el mismo tablón por un millón de años sin quemarlo.

Mil pilas, si son organizadas apropiadamente y conectadas unas a otras con cables, originarán la energía suficiente para hacer andar una máquina de un buen tamaño durante vanas horas, pero toma cada una de esas pilas por separado y ni una sola de ellas provocaría la energía suficiente para encenderla. Las autoridades de tu mente podrían ser comparadas pertinentemente con esas pilas. Cuando las organizas de acuerdo con el plan que se expone en las dieciséis lecciones de este curso de las LEYES DEL ÉXITO, y las diriges hacia la obtención de un propósito claro en tu vida, entonces estás aprovechando el principio cooperativo o acumulativo a partir del cual se desarrolla el poder, al que llamamos ESFUERZO ORGANIZADO. El recordatorio de Andrew Carnegie fue el siguiente: Instala todos tus huevos en una canasta y luego patrulla la canasta para asegurarte de que nadie le proporcione una patada. Con esto quería decir, por supuesto, que no deberíamos desperdiciar nuestras energías tomando vías secundarias. Carnegie era un economista reflexivo y sabía que la mayoría de personas tendrían éxito si cultivaran y dirigieran sus energías para hacer una sola cosa bien. Cuando el plan que está detrás de este curso nació, recuerdo que le di el primer manuscrito a un profesor de la Universidad de Texas y, con espíritu apasionado, le sugerí que había descubierto un principio que me resultaría muy ventajoso en todos los discursos que emitiera en público a partir de ese momento, porque estaría mejor preparado para organizar y establecer mis pensamientos. Él miró el resumen de los quince puntos durante unos minutos, luego se volvió hacia mí y me dijo: Sí, tu hallazgo te ayudará a hacer mejores discursos, pero eso no será lo único que haga. Te ayudará también a ser un escritor más seguro, pues en tus escritos anteriores he percibido una propensión a dispersar tus pensamientos. Por ejemplo, si comenzabas a describir una bella montaña en la distancia, podías aislarte de la descripción, llevando la atención hacia un hermoso macizo de flores silvestres, a un riachuelo o a un pájaro que canta, derivándote aquí y ahí, en zigzag, antes de llegar, posteriormente, al verdadero punto desde el cual se veía la montaña. En el futuro, tendrás menos dificultades para relatar un objeto, tanto hablando como escribiendo, porque tus quince puntos representan las bases mismas de la organización.

La mejor indemnización por hacer las cosas es la capacidad de hacer más.

En una época, un hombre que no tenía piernas conoció a otro que era ciego. Para demostrar irrebatiblemente que el hombre lisiado era un hombre de visión, le planteó al ciego formar una alianza que sería sumamente provechosa para ambos. "Déjeme que me trepe a su espalda, le dijo al ciego, y entonces yo utilizaré sus piernas y usted podrá emplear mis ojos. Entre los dos nos las arreglaremos con mayor rapidez." Del esfuerzo incorporado nace un poder más grande. Ésta es una característica que logra ser repetida varias veces, porque compone una de las partes más importantes de los cimientos de este curso. Las grandes riquezas del mundo han sido amontonadas mediante el uso de este principio de los esfuerzos conjuntos. Aquello que un hombre puede hacer con una sola mano, durante toda una vida, es, en el mejor de los casos, pequeño, por muy organizado que sea, pero lo que puede alcanzar con el principio de alianza con otras personas es prácticamente ilimitado.

Esa "mente maestra" a la que se reseñó Carnegie durante mi entrevista con él estaba formada por más de una veintena de mentes. En dicho grupo había personas de casi todos los temperamentos y tendencias. Cada una de ellas estaba ahí para representar un establecido papel, y no hacía otra cosa. Había entre estas personas una agudeza y un trabajo en equipo perfectos. La tarea de Carnegie residía en mantener la armonía entre ellas, y lo hacía maravillosamente bien. Si estás habituado con el fútbol americano, sin duda sabrás que el equipo ganador es el que regulariza mejor los esfuerzos de sus jugadores. El trabajo en equipo es el que gana; lo mismo ocurre en el gran juego de la vida. En tu esfuerzo por conseguir el éxito, deberías tener siempre en mente la necesidad de saber lo que quieres -saber puntualmente cuál es tu propósito claro y el valor del principio del esfuerzo organizado para la ejecución de aquello que compone tu propósito claro.

De una forma un tanto vaga, casi todo el mundo tiene un propósito claro, es decir, ¡el anhelo de tener dinero! Pero ése no es un propósito claro dentro del significado del término tal como se usa en esta lección. Para que tu propósito se pueda suponer claro, aunque éste sea la acumulación de dinero, tendrías que resolver cual será el método preciso con el que intentas ganar ese dinero. Sería insuficiente que dijeras que harás dinero ingresando en algún tipo de negocio. Tendrías que decidir exactamente dónde te instalarás. Además, tendrías que decidir bajo qué reglas administrativas dirigirás tu negocio. Al responder a la pregunta: ¿Cuál es tu propósito claro en la vida?, incluida en el sondeo que he utilizado para examinar a más de dieciséis mil personas, muchos respondieron lo siguiente: "Mi propósito claro en la vida es ser tan útil al mundo como me sea posible y ganarme bien la vida". Esta respuesta es casi tan clara como exacto es el concepto que tiene una rana del tamaño del universo.

El objetivo de esta lección no es comunicarte de cuál debería ser el trabajo de tu vida, pues sin duda esto sólo podría hacerse después de un examen completo de tu persona, sino que pretende ser un medio para grabar en tu mente un consistente concepto del valor de tener un propósito claro de alguna naturaleza, y de la calidad de comprender el principio del esfuerzo organizado como un medio que te admita adquirir el poder preciso para materializar tu propósito claro. Una observación contenida de la filosofía de los negocios de más de cien hombres y mujeres que han tenido un éxito recalcado en sus respectivas profesiones reveló el hecho de que cada una de ellos era una persona de medida rápida y clara. La costumbre de trabajar con un claro objetivo principal desplegará en ti el uso de tomar decisiones con rapidez, y esto te ayudará en todo lo que comiences. Además, el hábito de trabajar con un claro objetivo principal te ayudará a reunir toda tu atención en cualquier tarea dada hasta que la hayas dominado. La concentración de esfuerzos y el hábito de trabajar con un claro objetivo principal son dos de los agentes fundamentales para el éxito que siempre van unidos. Uno lleva al otro. Los hombres de negocios de éxito más populares eran todos hombres de decisión rápida que siempre trabajaban con un propósito principal destacado como su meta primera. He aquí algunos ejemplos destacables:

- Woolworth optó como su claro objetivo principal instituir en Estados Unidos una cadena de tiendas de Todo a cinco y diez centavos… y centralizó su mente en esta única tarea hasta que la realizó, y ella lo realizó a él.

- Wrigley centralizó su mente en la producción y venta de paquetes de chicles a cinco centavos y convirtió esta única idea en millones de dólares.

- Edison se concentró en la tarea de armonizar las leyes naturales y logró con sus esfuerzos promover más inventos útiles que ninguna otra persona hasta entonces.

- Henry L. Doherty se concentró en la edificación y el funcionamiento de plantas de servicio público y se hizo multimillonario.

- Ingersoll se concentró en un reloj de un dólar, llenó la tierra de tic-tacs y, esta idea le consiguió una fortuna.

- Statler se centralizó en un servicio de hotel hogareño, y se hizo rico, y útil, para los millones de personas que recurren a su servicio.

- Edwin C. Barnes se centralizó en la venta de Edison Dictating Machines y se retiró siendo todavía joven, con más dinero del que precisaba.

- Woodrow Wilson concentró su mente en la Casa Blanca durante veinte años y se convirtió en su ocupante principal gracias a sus conocimientos sobre el valor de guiarse a un claro objetivo principal.

- Lincoln centralizó su mente en liberar a los esclavos y, mientras lo hacía, se convirtió en el más grande presidente norteamericano.

- Martin W. Littleton oyó un discurso que le indujo el deseo de convertirse en un gran abogado. Concentró su mente en este único objetivo y se convirtió en un abogado de gran éxito en Estados Unidos, que recaudaba cuantiosos honorarios por sus casos.

- Rockefeller se centralizó en el petróleo y se convirtió en el hombre más rico de su generación.

- Ford se centralizó en los automóviles y se convirtió en el hombre más rico y poderoso que había existido jamás.

- Carnegie se concentró en el acero y sus esfuerzos le proveyeron una gran fortuna y plasmaron su nombre en las bibliotecas públicas de toda Norteamérica.

- Gillette se centralizó en una hoja de afeitar, le suministró al mundo entero un afeitado perfecto, y se hizo multimillonario.

- George Eastman se centralizó en Kodak y esta idea le suministró una fortuna, al tiempo que hacía felices a millones de personas.

- Russell Conwell se centralizó en una simple conferencia, Acres Diamonds, y la idea le hizo ganar muchísimo dinero.

- Hearst se centralizó en los diarios sensacionalistas e hizo que la idea tuviera un valor de millones de dólares.

- Helen Keller se centralizó en aprender a hablar y, a pesar de ser sorda, muda y ciega, ejecutó su claro objetivo principal.

- John H. Patterson se centralizó en las cajas registradoras y se hizo rico, y logró que los demás fuesen más "cuidadosos".

- El Kaiser Guillermo II de Alemania se centralizó en la guerra y consiguió una buena dosis de ella, ¡no lo olvidemos!

- Fleischmann se centralizó en el dócil bizcochito de levadura e hizo que las cosas crecieran en todo el mundo.

- Marshall Field se centralizó en los grandes almacenes de venta al por menor y se hicieron realidad ante sus ojos.

- Philip Armour se centralizó en el negocio de la carnicería y fundó una gran industria, así como una gran fortuna.

- Millones de personas se centralizan a diario en la POBREZA y el FRACASO y obtienen ambas cosas en abundancia.

- Los hermanos Wright se centralizaron en el avión y dominaron los aires.

- Pullman se centralizó en el coche-cama y la idea lo hizo rico, y millones de personas pudieron viajar plácidamente.

- La liga anti vicio se centralizó en la ley seca y (para bien o para mal) la hizo realidad.

Cualquiera puede "empezar", ¡pero sólo los esforzados "acabarán"!

Así, podemos ver que todo aquel que posee éxito trabaja con algún propósito claro y destacado como objeto de sus esfuerzos. Hay alguna cosa que puedes hacer mejor que cualquiera otra persona en el mundo. Busca hasta que investigues cuál es la profesión para ti y conviértela en tu claro objetivo principal, y luego constituye todas tus fuerzas y ataca con la ideología de que ganarás. En tu búsqueda del trabajo para el que estás más apto, o apta, sería bueno que tengas presente el hecho de que seguramente tendrás un mayor éxito si averiguas cuál es el trabajo que más te gusta, pues es conocido que, por lo general, se tiene éxito en la profesión en la que se puede colocar todo el corazón y toda el alma. Por el bien de la claridad y el acento, volvamos a los principios psicológicos en los que se basa esta lección, porque si no lograras comprender la verdadera razón para instituir un claro objetivo principal en tu mente, ello simbolizaría un desaprovechamiento que no te puedes permitir.

Estos principios son los siguientes:

1. Todo movimiento voluntario del cuerpo humano es incitado, controlado y dirigido por el pensamiento, a través del ejercicio de la mente.

2. La representación de cualquier pensamiento o idea en tu consciencia tiende a causar un sentimiento asociado y a inducirte a transformar ese sentimiento en una acción muscular ajustada que esté en perfecta armonía con la naturaleza del sentimiento. Por ejemplo, si piensas en guiñar el ojo y no hay en ese momento ninguna autoridad o pensamiento contradictorio en tu mente que detenga la acción, el nervio motor transportará ese pensamiento desde el centro de gobierno, en tu cerebro, e inminentemente tendrá lugar la acción muscular apropiada o correspondiente. Expondré este principio desde otro ángulo: Por ejemplo, prefieres un propósito claro como el trabajo de tu vida y te decides a llevarlo a cabo. Desde el preciso momento en que haces esta elección, este propósito a torna en el pensamiento dominante en tu conciencia, y estás interminablemente alerta, en busca de antecedentes, información y conocimientos que te admitan alcanzar dicho objetivo. Desde el momento en que siembras en tu mente un propósito claro, ésta empieza a reunir y acumular, consciente e inconscientemente, el material con el que ejecutarás ese propósito.

El deseo es el factor que establece cuál será tu propósito claro en la vida. Nadie puede elegir tu deseo dominante por ti, pero una vez que lo has escogido, se convierte en tu claro objetivo principal y conquista el lugar central en tu mente hasta que es satisfecho cuando lo conviertes en una realidad, a menos que tú dejes que los deseos enfrentados lo retiren. Para enfatizar el principio que estoy pretendiendo explicar, creo que no es poco razonable sugerir que, para asegurar una ejecución exitosa, tu claro objetivo principal debería venir protegido por un ardiente deseo de conseguirlo. He notado que los chicos y chicas que entran en la universidad y se pagan los estudios trabajando parecen sacarles más provecho que aquellos a quienes se los pagan. El secreto de esto podría residir en que quienes están dispuestos a trabajar para poder estudiar son felices al tener un ardiente deseo de recibir una educación, y casi seguro dicho deseo se realizará, siempre y cuando su objetivo esté dentro de lo sensato.

La ciencia ha determinado, más allá de toda duda, que por el principio de la autosugestión, cualquier deseo hondamente arraigado satura todo el cuerpo y la mente con la naturaleza del deseo y, fielmente, convierte la mente en un poderoso imán que atraerá a su objeto, si está dentro de lo razonable. Para el discernimiento de aquellos que quizá no han interpretado cabalmente el significado de esta afirmación, pretenderé explicar este principio de otra forma. Por ejemplo, el solo hecho de desear un automóvil no hará que éste llegue rodando, pero si hay un ardiente deseo de tenerlo, te llevará a la acción adecuada, a través de la cual podrás costearlo.

El solo hecho de desear la libertad nunca redimiría a un hombre que ha sido encarcelado si no es lo bastante fuerte como para inducirlo a hacer algo que le haga merecedor de aquella. Éstos son los pasos que van desde el deseo hasta la realización: Primero, el deseo ardiente, luego la concreción de dicho deseo en un propósito claro y, a continuación, la acción apropiada suficiente para conseguir dicho propósito. Recuerda que estos tres pasos siempre son precisos para asegurarte el éxito. Una vez conocí a una chica muy pobre que tenía un ardiente deseo de hallar un marido rico, y finalmente lo consiguió, pero no sin antes haber convertido dicho deseo en el desarrollo de una personalidad muy atrayente, la cual, a su vez, atrajo al marido anhelado.

Yo solía tener el deseo ardiente de poder examinar el carácter apropiadamente, y dicho deseo era tan perseverante y estaba tan hondamente arraigado que prácticamente me indujo a dedicar diez años a la investigación y el estudio de hombres y mujeres.

George S. Parker fabrica una de las plumas estilográficas más selectas del mundo y, a pesar de que su negocio está encaminado desde la pequeña ciudad de Janesville, Wisconsin, ha desarrollado su producto por todo el planeta y su pluma se vende en todos los países civilizados del mundo. Hace más de veinte años, el señor Parker instituyó en su mente su propósito claro, y éste era el de promover la mejor pluma estilográfica que se pudiera comprar. Defendió dicho propósito con un deseo ardiente de su realización; por cierto, si tienes una pluma estilográfica, es muy probable que seas poseedor de una prueba de que le ha suministrado un gran éxito.

Tú eres un empresario y un constructor y, al igual que los hombres que edifican casas a partir de madera, ladrillos y acero, tú debes trazar una serie de planos a partir de los cuales darás carácter a tu edificio del éxito. Estás viviendo en una era maravillosa, en la que los materiales precisos para el éxito son cuantiosos y baratos. Tienes a tu disposición, en los archivos de las bibliotecas públicas, los resultados detalladamente resumidos de miles de años de investigación que envuelven prácticamente todas las especialidades a las que uno podría querer consagrarse. Si te quieres convertir en un instructor, tienes a mano toda la historia de lo que han asimilado los hombres que te han antecedido en este campo. Si deseas ser mecánico, tienes a mano toda la historia de los inventos de máquinas y el hallazgo y el uso de metales y objetos de material metálico. Si quieres ser abogado, tienes a tu alcance toda la historia de las formas legales. A través del Departamento de Agricultura, en Washington, tienes a tu disposición todo lo que se ha aprendido sobre siembras y agricultura, y lo puedes utilizar si deseas hallar el trabajo de tu vida en este campo. El mundo nunca ha estado tan radiante de oportunidades como hoy. En todas partes hay una demanda cada vez mayor de los servicios del hombre o la mujer que haga mejor una ratonera, o brinde un mejor servicio de taquigrafía, o dé una mejor charla, o cave una mejor zanja, o dirija un banco más amable.

Esta lección no habrá acabado hasta que tú hayas resuelto cuál será tu claro objetivo principal en la vida y luego hayas puesto por escrito una descripción de dicho objetivo y lo hayas situado en un lugar donde puedas verlo cada mañana al levantarte y cada noche cuando te vayas a dormir. La pereza es…pero, ¿por qué platicar de ella? Sabes que tú eres quien corta tu propia madera y quien escudriña tu propia agua y quien da forma a tu propio claro objetivo principal en la vida; por lo tanto, ¿para qué insistir en aquello que ya conoces?

Un claro objetivo principal es algo que debes fundar para ti. Ninguna otra persona lo fundará en tu lugar ni tampoco se fundará por sí solo. ¿Qué vas a hacer al respecto? ¿Y cuándo? ¿Y cómo?

Comienza ahora mismo a analizar tus deseos y busca qué es lo que quieres, y luego decídete a conseguirlo. La tercera lección te mostrará el próximo paso a dar y te expondrá cómo debes proceder. Nada se deja al azar en este curso. Cada paso está patentemente señalado. Tu papel consiste en seguir las premisas hasta llegar a tu destino, que está representado por tu claro objetivo principal. Ten claro ese objetivo y defiéndelo con una persistencia que no reconozca la palabra "imposible". Cuando llegues a preferir tu claro objetivo principal, ten en cuenta que no puedes apuntar demasiado alto. Ten en mente también la inalterable verdad de que no llegarás a ninguna parte si comienzas en ninguna parte. Si tu objetivo en la vida es vago, tus logros también lo serán, y podríamos agregar, también, que serán intensamente exiguos. Debes saber qué quieres, cuándo lo quieres por qué lo quieres y COMO pretendes obtenerlo. Esto es lo que los profesores y los estudiantes de psicología conocen como la fórmula QCPC: "qué cuándo, por qué y cómo".

Cada frase que un hombre escribe, cada acto que ejecuta, y cada palabra que emite, sirven como prueba indiscutible de la naturaleza de aquello que está en lo más profundo de su corazón, una confidencia que no puede negar.

Lee esta lección cuatro veces, a pausas semanales entre una y otra. La cuarta vez que la leas absorberás muchas cosas que no viste la primera vez. El que consigas dominar este curso y hacer que te traiga el éxito dependerá, en gran medida, si no por completo, de lo escrupulosamente que sigas TODAS las instrucciones que contiene.

No instituyas tus propias reglas de estudio. Sigue las reglas que se fundan en este curso, pues son el resultado de muchos años de reflexión y prueba. Si deseas experimentar, espera a haber dominado este curso de la manera en que sugiere este autor. Por el momento, satisfazte con ser el estudiante. Esperemos que te conviertas en el maestro, así como el estudiante, cuando hayas seguido el curso hasta haberlo dominado.

Si sigues las instrucciones brindadas en este curso para la orientación de sus estudiantes, no puedes fallar, de la misma manera que el agua no puede correr montaña arriba por arriba del nivel de su fuente.

Instrucciones para aplicar los principios de esta lección

A lo largo de la lección introductoria de este curso te adaptaste al principio de psicología conocido como la mente maestra. Ahora estás preparado para comenzar a utilizar este principio como un medio para convertir tu claro objetivo principal en una realidad. Quizás hayas premeditado que de nada sirve tener un claro objetivo principal a menos que uno tenga, también, un plan muy preciso y práctico para hacerlo realidad. Tu primer paso reside en decidir cuál será tu meta primordial en la vida. Tu siguiente paso será escribir una afirmación clara y breve de dicho objetivo. Ésta debería ir seguida de una definición, por escrito, del plan o planes a través de los cuales pretendes conseguir el objeto de tu aspiración.

El propósito de esta alianza amistosa es utilizar la ley de la mente maestra, como soporte a tus planes. Deberías instituir una alianza entre tú y quienes tienen presente lo que es mejor para ti. Si estás casado, tu pareja debería ser uno de los miembros de esta alianza, siempre y cuando entre ustedes haya una realidad normal de confianza y conocimiento.

Los otros miembros de esta alianza podrían ser tu madre, tu padre, tus hermanos o hermanas, o algunos amigos íntimos. Si eres una persona soltera, tu pareja, si la tienes, debería ser un miembro de tu alianza. Esto no es ninguna broma: ahora estás aprendiendo una de las leyes más poderosas de la mente humana y te harás un gran favor si sigues con mesura y de todo corazón las reglas expuestas en esta lección, aunque no sepas a ciencia cierta a dónde te llevarán.

Aquellos que se unan a ti en la formación de una alianza amistosa con el objetivo de ayudarte en la creación de una mente maestra deberían firmar, contigo, la afirmación de tu claro objetivo principal. Cada miembro de tu alianza debe estar completamente familiarizado con la naturaleza de tu objetivo para constituirla. Además, cada uno de ellos debe estar francamente de acuerdo con este objetivo y apoyarte completamente. Cada miembro de tu alianza debe tener una copia por escrito de tu declaración de tu claro objetivo principal. Con esta excepción, sin embargo, te indico manifiestamente que debes guardar en secreto tu objetivo principal. El mundo está lleno de personas incrédulas que dudan y no sería nada bueno para tu causa que esas personas con mentes desconfiadas se burlarán de ti y de tus ambiciones. Recuerda: lo que requieres son ánimos amigables y ayuda, no burlas y dudas.

A continuación, viene una de las reglas más fundamentales que debes seguir. Haz que uno o todos los miembros de tu alianza amistosa te digan, en los términos más auténticos y claros que conozcan, que saben que puedes realizar tu claro objetivo principal y que lo harás. Esta aseveración o declaración deberían hacértela al menos una vez al día, o con mayor periodicidad, si es posible. Estos pasos deben seguirse de modo persistente, con la convicción absoluta de que te llevarán a donde tú quieres ir. No alcanzará con llevar a cabo estos planes durante unos pocos días o unas pocas semanas y luego interrumpirlos. Debes seguir el procedimiento descrito basta que alcances tu claro objetivo principal, sin importar el tiempo que se necesite.

De vez en cuando, quizá sea preciso que cambies los planes que has acogido para la realización de tu claro objetivo principal. Realiza estos cambios sin titubear. Ningún ser humano tiene la conjetura suficiente para crear planes que no requieran ninguna reforma o cambio. Si cualquier miembro de tu alianza amistosa pierde la fe en la ley conocida como la mente maestra retira prontamente a esa persona y reemplázala con otra.

Sí, tuvo éxito, ¡pero estuvo a punto de hundirse! Esto les pasó también a Robert Fulton y a Abraham Lincoln y a prácticamente todas las demás personas a las que llamamos vencedoras. Nadie ha alcanzado nunca un éxito que valga la pena sin haberse hallado alguna vez con, al menos, un pie al borde del fracaso. Andrew Carnegie le dijo al autor de este curso que había encontrado ineludible sustituir a algunos de los miembros de su "mente maestra". De hecho, aseveró que, con el tiempo, prácticamente todos los miembros originales de su alianza habían sido descartados y reemplazados con alguna otra persona capaz de acomodarse con mayor lealtad y entusiasmo al espíritu y el objetivo de la alianza. No puedes tener éxito si estás rodeado de socios desleales y poco amigables, sea cual sea tu claro objetivo principal. El éxito se construye sobre unas bases de lealtad, fe, franqueza, cooperación y otras fuerzas positivas con las que uno debe fortificar su entorno. Muchos de los estudiantes de este curso querrán constituir alianzas amistosas con aquellas personas con las que están asociados profesionalmente o en los negocios, con el objeto de conseguir el éxito en estos ámbitos. En tales casos, se deben seguir las mismas reglas de actuación que se han explicado aquí. El objeto de tu claro objetivo principal podría ser uno que te favorezca individualmente, o bien uno que beneficie al negocio o profesión con la que estás relacionado. La ley de la MENTE MAESTRA, andará de la misma manera en cualquiera de los casos. Si fracasas en la aplicación de esta ley, ya sea de manera temporal o permanente, el motivo será que algún otro miembro de tu alianza no entró en el espíritu de la confianza, lealtad y sinceridad del propósito. !Vale la pena leer esta última frase una segunda vez!

El objeto de tu claro objetivo principal debería transformarse en tu hobby. Deberías ejercerlo continuamente; deberías dormir con él, comer con él, jugar con él, trabajar con él, vivir con él y PENSAR con él. Puedes lograr cualquier cosa que desees si lo deseas con suficiente ímpetu, y sigues deseándolo, siempre y cuando el objetivo querido esté dentro de lo razonable, ¡Y REALMENTE CREAS QUE LO CONSEGUIRÁS! No obstante, hay una diferencia entre únicamente desear algo y REALMENTE CREER que lo lograrás. No entender esta diferencia ha significado el fracaso para millones de personas. Los hacedores son los creyentes en todos los espacios de la vida. Quienes creen que pueden obtener el objeto de su claro objetivo principal no reconocen la palabra imposible Tampoco reconocen la derrota temporal. Saben que van a obtener éxito, y si un plan falla, lo suplen rápidamente con otro. Todo logro digno de mención ha tenido algún tipo de adversidad temporal antes de que llegara el éxito. Edison hizo más de diez mil experimentos antes de lograr que la primera máquina sonora grabara las palabras "María tenía un corderito".

Si hay una palabra que debería recalcar en tu mente en relación con esta lección, ésa es la palabra "perseverancia". Ahora tienes en tu poder la señal para el éxito. Sólo tienes que abrir la puerta del Templo del Conocimiento e ingresar en él. Pero debes ir al Templo; él no vendrá a ti. Si estas leyes son nuevas para ti, al principio no te resultará fácil. Te estrellarás varias veces, ¡pero sigue avanzando! Pronto llegarás a la cumbre de la montaña que has estado trepando y verás, en los valles a tus pies, el rico estado del conocimiento que será tu recompensa por tu fe y tus esfuerzos. Todo tiene un precio. No existe la posibilidad de "recibir algo a cambio de nada". En tus ensayos con la LEY DE LA MENTE MAESTRA estás maniobrando con la naturaleza en su manera más noble y elevada. La naturaleza no puede ser falseada, ni se le pueden hacer trampas. Ella te concederá el objeto de tus esfuerzos cando hayas pagado su precio, que es: ¡un esfuerzo continuo, severo y perseverante!

¿Qué más se podría decir sobre este punto? Te he mostrado qué hacer cuándo hacerlo, cómo hacerlo y por qué deberías hacerlo. Si logras avasallar la siguiente lección, que versa sobre la seguridad en uno mismo, entonces tendrás la fe suficiente que te permitirá seguir las indicaciones que se brindan como guía en esta lección. ¡Soy el amo de los destinos humanos! La fama, el amor y la riqueza están a mi gracia. Por ciudades y campos camino; penetro en desiertos y mares lejanos, y al pasar junto a chozas y mercados y palacios, tarde o temprano, llamo, francamente, la cada puerta una vez. Si están durmiendo, despiertan, si están de fiesta, se levantan antes de que yo me aísle. Es la hora del destino, y quienes me siguen logran todos los estados que los mortales desean, y conquistan a todo enemigo, excepto a la muerte; pero aquellos que titubean o vacilan, condenados al fracaso, la penuria y el desamparo, me buscan en vano e imploran inútilmente. Yo no respondo, ¡y jamás regreso!

INCALLS

Por no ocuparse de extender su visión, muchos hombres se pasan la vida forjando una sola cosa.

Entre todos los misterios que nos rodean, nada es más innegable que el hecho de que estamos en presencia de una Energía Infinita y Eterna de la cual provienen todas las cosas.

Herbett Spencer

Tercera lección
SEGURIDAD EN UNO MISMO

¡Puedes hacerlo si crees que puedes!

Antes de aproximarnos a los principios esenciales en los que se basa esta lección, sería bueno que tuvieras en cuenta que es práctica, que te ofrece los hallazgos de más de veinticinco años de investigación y que tiene la aquiescencia de los científicos más importantes del mundo, hombres y mujeres, que han probado cada uno de los principios implicados. El recelo es un enemigo mortal del progreso y el desarrollo personal. Si vas a encauzar esta lección con la sensación de que fue escrita algún teórico de tres al cuatro que nunca ha justificado los principios en los que se basa, ya puedes dejar este libro y pararte aquí mismo. Ciertamente, éstos no son tiempos para el desconfiado, porque ésta es una era en la que se han descubierto y usado más leyes de la naturaleza que en toda la historia de la humanidad. En tres décadas hemos sido testigos del dominio de los aires, hemos examinado el océano, prácticamente hemos eliminado las distancias en la Tierra, hemos aprovechado el rayo y hecho que haga girar las medidas de la industria, hemos logrado que crezcan seis briznas de hierba ahí donde antes sólo crecía una y tenemos una declaración instantánea entre las naciones del mundo. Verdaderamente, ésta es una era de iluminación y perfeccionamiento, pero apenas hemos comenzado a arañar la superficie del conocimiento. No obstante, cuando hayamos abierto la puerta que conduce al poder secreto que mora en nuestro interior, este nos facilitará los conocimientos que harán que todos los descubrimientos anteriores, por comparación, caigan en el abandono. El pensamiento es la forma de energía más constituida que el hombre conoce, y ésta es una era de experimentación e investigación que, sin duda, nos contribuirá una mayor comprensión de esa fuerza misteriosa llamada pensamiento que se tiende en nuestro interior. Ya hemos investigado lo suficiente sobre la mente humana como para saber que una persona puede desglosarse de los efectos acumulados de miles de generaciones de miedo, con la ayuda del principio de la autosugestión. Hemos descubierto que la persona que domina el miedo puede progresar hacia el éxito en prácticamente cualquier iniciativa, a pesar de todos los bríos que se hagan por derrotarla.

El desarrollo de la seguridad en uno mismo empieza con la eliminación de ese demonio llamado miedo, que se sienta sobre el hombro de la pena y le murmura al oído: "No puedes hacerlo; tienes miedo de intentarlo; tima miedo de la opinión pública, tienes miedo de fracasar; tienes miedo de no tener la capacidad de hacerlo".

Este demonio del miedo está siendo menospreciado. La ciencia ha hallado un arma letal con la que podemos eliminarlo, y esta lección sobre la seguridad en uno mismo la ha traído para ti, para que la utilices en tu cruzada contra el enemigo número uno del progreso: el miedo.

Los seis miedos básicos de la humanidad

Toda persona hereda la influencia de los seis miedos básicos. Dentro de estos seis miedos, se pueden englobar los miedos menores. Aquí se relatan los seis miedos básicos o principales y se narran las fuentes de las que se cree que emanan. Los seis miedos básicos son:

1. El miedo a la pobreza

2. El miedo a la vejez.

3. El miedo a las críticas.

4. El miedo a la pérdida del amor de alguien

5. El miedo a la mala salud.

6. El miedo a la muerte.

Estudia la lista, haz un repertorio de tus propios miedos y establece bajo cuál de los seis encabezados los puedes catalogar. Todo ser humano que ha alcanzado la edad del intelecto está atado, en alguna medida, al menos a uno de estos seis miedos básicos. Como un primer paso para la exclusión de estos seis males, examinemos las fuentes de las que los hemos heredado.

Herencia física y social

Todo lo que el ser humano es, tanto física como mentalmente, lo obtuvo a través de dos formas de herencia, una de ellas se conoce como herencia física y la otra como herencia social.

A través de la ley de la herencia física, el hombre ha desarrollado desde la ameba (una forma animal unicelular), pasando por las etapas de desarrollo convenientes a todas las formas animales que hay sobre la Tierra, conteniendo aquellas de las que se sabe que existieron pero que hoy por hoy están extintas.

Cada generación por la que el hombre ha pasado ha acrecentado a su naturaleza algo de las características, los usos y la apariencia física de dicha generación.

La herencia física del hombre, por lo tanto, es una colección múltiple de muchos hábitos y formas físicas. Parece haber poca duda, o ninguna, de que aunque los seis miedos básicos del hombre no podrían haber sido adquiridos por herencia física (pues son estados mentales y, por lo tanto, improbables de transferir a través de la herencia física), es indudable que, a través de la herencia física, se ha suministrado un lugar de alojamiento de lo más favorable para ellos. Es un hecho conocido, por ejemplo, que todo el proceso de la prosperidad física se basa en la muerte, la catástrofe, el dolor y la crueldad; que el transporte de los elementos de la tierra, en su elevación por la evolución, se basa en la muerte de una representación de vida para que otra forma superior pueda permanecer. Toda vegetación vive comiendo los elementos de la superficie y del aire. Todas las formas de vida animal viven comiendo alguna otra forma más débil, o alguna forma de vegetación.

Las células de toda vegetación tienen un nivel de inteligencia fuertemente elevado, al igual que las de toda forma de vida animal. Innegablemente, las células animales de un pez han asimilado, a través de la amarga experiencia, que el grupo de células animales conocido como depredador marino ha de ser muy temido.

Por el hecho de que muchas representaciones animales (incluida la mayoría de seres humanos) vivan alimentándose de animales más pequeños y frágiles, la "inteligencia celular" de estos animales que penetra en el hombre y se vuelve parte de él, lleva consigo el MIEDO que es la secuela de la experiencia de haber sido comidos vivos.

Esta teoría podría parecer absurda y, de hecho, podría no ser cierta, pero al menos es una teoría lógica, como mínimo. El autor no pone ningún acento particular en ella, ni tampoco insiste en que explique ninguno de los seis miedos básicos. Hay otra explicación mucho mejor de la fuente de estos miedos, la cual procederemos a inspeccionar, comenzando con una representación de la herencia social.

Con mucho, la parte más trascendental de la constitución del hombre llega a él a través de la ley de la herencia social, y este término hace reseña a los métodos a través de los cuales una generación impone en las mentes de la generación siguiente su control inmediato de las supersticiones, dogmas, leyendas e ideas que ella, a su vez, heredó de la generación anterior.

Se debería entender que el término "herencia social" se refiere a cualquiera de las fuentes a través de las cuales una persona logra conocimientos, como son la educación religiosa y la de cualquier otra naturaleza, la lectura, las pláticas, la narración de cuentos y todo tipo de iluminación de pensamientos que provenga de lo que suele comprenderse como experiencias personales.

A través del ejercicio de la ley de la herencia social, cualquiera que tenga el control de la mente de un niño puede sembrar en ella, a través de una enseñanza aguda, cualquier idea, sea verdadera o falsa, de manera tal que el niño la consentirá como cierta y ésta pasará a formar parte de su personalidad, al igual que cualquier célula u órgano de su cuerpo físico (e igualmente dificultoso de cambiar en su naturaleza).

RECUERDA que cuando te entrevistas con otra persona te adjudicas la responsabilidad de la puntualidad, y que no tienes derecho a demorarte ni un solo minuto.

La mente de un niño que no ha llegado a la edad del intelecto general, durante un período promedio, supongamos, de los dos primeros años de su vida, es plástica, está ingenua, limpia y libre. Cualquier idea

que siembre en una mente así alguien en quien el niño confíe, echará raíces y crecerá, por así decirlo, de modo tal que nunca podrá ser eliminada o eliminada, sin importar cuán opuesta a la lógica o a la razón sea. Muchos fanáticos de la religión afirman que pueden establecer los dogmas de su religión tan hondamente en la mente de un niño, que no puede haber en ella lugar para ninguna otra religión, ni en forma total ni parcial. Estas aseveraciones no son totalmente exageradas.

Mediante esta definición de cómo opera la ley de la herencia social, el estudiante estará preparado para examinar las fuentes de las que el ser humano hereda los seis miedos básicos. Además, cualquier estudiante (excepto aquellos que todavía no hayan crecido lo bastante para examinar la verdad que pasa por los rincones favoritos de sus propias supersticiones) puede evidenciar la solidez del principio de la herencia social tal como se aplica aquí a los seis miedos básicos, sin salirse de sus propias prácticas personales.

Por suerte, casi todas las pruebas que se brindan en esta lección son de una naturaleza tal que todo aquel que busque sinceramente la verdad podrá establecer por sí solo si son razonables o no. Al menos por el momento, deja de lado tus preocupaciones y tus ideas preconcebidas (claro que siempre podrás volver atrás y recobrarlos) mientras estudiamos el principio y la naturaleza de los seis peores enemigos del hombre, los seis miedos básicos, comenzando por:

El miedo a la pobreza:

Hace falta valentía para decir la verdad sobre el origen de este miedo, y más valentía todavía, quizá, para admitirla una vez que se ha dicho. El miedo a la pobreza salió de la tendencia hereditaria del ser humano a valerse económicamente de los demás. Casi todas las formas animales menores poseen instinto, pero en aspecto no tienen la capacidad de razonar y pensar; por ende, se atacan unos a otros físicamente. El hombre, con su sentido superior de la percepción, el pensamiento y la razón, no devora a otros hombres físicamente, ¡pero obtiene una mayor complacencia devorándolos económicamente! De todas las eras del mundo de las que sabemos algo, la era en que vivimos parece ser la del amor al dinero. Una persona se considera menos que el polvo de la tierra si no puede ostentar una importante cuenta bancaria. Nada induce tanto sufrimiento y degradación en el hombre como la pobreza. No es de extrañar que le tenga miedo. A través de una larga lista de experiencias heredadas con el hombre-animal, el ser humano ha aprendido que no siempre puede fiarse en dicho animal cuando se trata de cuestiones de dinero u otras muestras de posesiones terrenales.

Muchos matrimonios tienen su principio (y a menudo también su final) únicamente sobre la base de la riqueza acumulada por una de las partes implicadas, o de ambas. ¡No es de extrañar que los juzgados de divorcio estén tan atareados!

La palabra sociedad bien podría escribirse "$ociedad", porque está inherentemente asociada al dinero. Tan ansioso está el hombre por tener riqueza, que la obtendrá de cualquier forma posible: si puede, lo hará con métodos legales y, si no, lo hará con otros métodos. El miedo a la pobreza es algo espantoso. Una persona es capaz de asesinar, asaltar, violar físicamente o cometer otro tipo de violación sobre los derechos de los demás y, aun así, seguir estando bien considerada por otras personas, SIEMPRE que no malgaste su riqueza. La pobreza, por ende, es un crimen; una especie de pecado injustificable. ¡No es de extrañar que el hombre le tema!

Todo código de leyes en el mundo es una tentativa de que el miedo a la pobreza es uno de los seis miedos básicos de la humanidad, pues en todo libro de leyes se pueden hallar diversas y variadas normas pensadas para resguardar a los débiles de los más fuertes. Invertir tiempo intentando manifestar que el miedo a la pobreza es uno de los temores heredados del ser humano, o que este miedo se ocasiona en la naturaleza humana de mentir a otras personas, sería como querer demostrar que tres por dos es seis. Obviamente, ningún hombre le temería jamás a la pobreza si tuviera alguna base para fiarse en los demás, pues hay todo tipo de alimentos, albergue, ropa y lujos suficientes para cubrir las necesidades de todos los seres humanos que poblan la Tierra, y todas estas fortunas las podrían disfrutar todas las personas, si no fuera por el ruin hábito del hombre de intentar expulsar a todos los demás del canal, incluso cuando ya tiene todo lo que precisa, y más.

El miedo a la vejez:

Este temor brota, principalmente, de dos fuentes. En primer lugar, del pensamiento de que la vejez puede traer consigo la POBREZA. En segundo lugar (siendo, de lejos, la fuente más comente de su origen), de las instrucciones falsas y fanáticas que han sido mezcladas tan bien con el "infierno" y con los purgatorios y otras pesadillas. Los seres humanos han aprendido a temer a la vejez porque ésta simbolizaba la proximidad a otro mundo, potencialmente mucho más HORRIBLE que éste, el cual ya se cree bastante malo. En el miedo básico a la vejez, el ser humano tiene dos razones muy reflexivas para mostrar esa desconfianza: una que surge de la desconfianza de los demás, los cuales podrían quitarle los bienes terrenales con que cuenta, y otra que procede de las terribles imágenes del mundo que vendrá, las cuales fueron sembradas de manera profunda en su mente a través de la ley de la herencia social, mucho antes de que él llegara a tener dicha mente. ¿Acaso habría de sorprender que el hombre tema a la inmediación de la vejez?

El miedo a las críticas:

Podría resultar difícil, acaso imposible, establecer claramente cómo obtuvo el hombre este miedo básico, pero una cosa es segura: que está muy desarrollado en él. Algunos creen que este temor hizo su aparición en la mente del hombre en el período en que surgió la política. Otros creen que su fuente puede hallarse no mucho antes de la primera reunión de una organización femenina conocida como club de mujeres. Otra escuela de humoristas imputa su origen a los contenidos de la Biblia, en cuyas páginas rebosan unas formas de crítica intensamente mordaces y violentas. Si esta última aseveración es correcta, y si quienes creen literalmente en todo lo que hallan en la Biblia no se equivocan, entonces Dios es el responsable del miedo inherente del ser humano a las críticas, puesto que Él hizo que la Biblia se escribiera. Este autor, dado que no es humorista ni profeta, sino una persona normal, se inclina a imputar el miedo básico a las críticas a esa parte de la naturaleza heredada del hombre que lo induce, no sólo a arrebatar a los de su misma especie sus bienes y mercancías, sino también a evidenciar sus actos a través de la censura al carácter de los demás. El miedo a las críticas acoge muchas formas distintas, la mayoría de las cuales son de naturaleza superficial y trivial, incluso hasta el punto de acabar siendo infantiles.

En toda alma se ha almacenado la semilla de un gran futuro, pero dicha semilla jamás podrá germinar, ni mucho menos crecer hasta la madurez, si no es prestando un servicio útil

Examinemos ahora la conducta humana bajo este temor cuando tiene que ver con asuntos más trascendentales que afectan a las relaciones humanas. Tomemos, como ejemplo, a casi cualquier persona que haya alcanzado la edad de madurez mental (entre treinta y cinco y cuarenta años de edad, como promedio usual), si uno pudiera leer su mente, expresaría en ella una incredulidad muy marcada acerca de la mayoría de historias que se transfieren de carácter religioso, y una actitud de rebeldía hacia ellas. ¡Fuerte y poderoso es el miedo a las críticas! Hubo una época, y no muy distante, en la que la palabra .descreído significaba la mina para aquel a quien se empleara. Por lo tanto, es patente que no faltan motivaciones para que el ser humano tema a las críticas.

El miedo a la pérdida del amor de alguien

La fuente en la que se produce este miedo necesita poca descripción, pues es indudable que surgió de la inclinación humana de robarle la pareja al otro; o, al menos, de tomarse libertades con ella, sin que su legítimo "amo" y señor lo supiera. Por naturaleza, todos los hombres son polígamos, pero la aseveración de esta verdad es negada, por supuesto, por quienes o son demasiado viejos para actuar sexualmente con normalidad, o bien, por una u otra razón, han perdido el contenido de algunas glándulas responsables de la tendencia del varón hacia la diversidad del otro sexo.

No puede haber muchas dudas de que los celos y todas las otras formas parecidas de esquizofrenia, en mayor o menor grado, salieron del temor heredado del hombre a la pérdida del amor de alguien. De todos los locos recuerdos ensayados por este autor, el representado por un hombre que está celoso de alguna mujer, o por una mujer que está celosa de algún hombre, es el más inaudito y extraño. Favorablemente, el autor sólo ha tenido una experiencia personal de este tipo de locura, pero de ella aprendió lo bastante para afirmar que el miedo a la pérdida del amor de alguien es uno de los más tristes, si no el más triste, de los seis miedos básicos. Y me parece sensato agregar que este temor hace más estragos en la mente humana que cualquiera de los demás, y a menudo ha convergido en formas más violentas de locura permanente.

El miedo a la mala salud

Este temor tiene su comienzo, en gran medida, en las mismas fuentes de las que derivan el miedo a la pobreza y a la vejez. El miedo a la mala salud debe estar estrictamente asociado a la pobreza y la vejez porque también confluye en la frontera de los "mundos temibles", que el ser humano olvida, pero de los que ha oído algunas historias alarmantes. Este autor tiene serias sospechas de que, quienes se consagran al negocio de vender métodos para conservar la buena salud, han tenido mucho que ver con que el miedo a la enfermedad se conserve vivo en la mente humana. Por más tiempo del que la raza humana es capaz de registrar, el mundo ha conocido múltiples y diversos tipos de terapias y distribuidores de salud. Si una persona se gana la vida conservando sana a la gente, me parece natural que utilice todos los medios a su alcance para convencerla de que requiere sus servicios. Por ende, es posible que, con el tiempo, esas personas transfieran por herencia el miedo a la mala salud.

El miedo a la muerte:

Para muchos, éste es el peor de los seis miedos básicos, y la razón es indudable, incluso para el estudiante principal de psicología. Las terribles punzadas del miedo asociado a la muerte pueden imputarse directamente al fanatismo religioso. Esta fuente es más responsable de este temor que la combinación de todas las demás.

Durante cientos de millones de años, el hombre se ha estado haciendo las preguntas, aún sin responder (quizá porque no se puedan contestar): ¿de dónde? y ¿adónde?: ¿De donde vengo y a dónde iré después de la muerte? Los miembros de la raza humana más sagaces e ingeniosos, así como los honestos pero confiados, no han tardado en ofrecer respuestas a estas preguntas. De hecho, responder a estas preguntas se ha transformado en una de las llamadas profesiones "benditas" a, pesar de que se necesita muy poca educación para ingresar en ellas. Observa, ahora, cuál es la mayor fuente del principio del miedo a la MUERTE. "Entra en mi tienda, abraza mi fe, acepta mis creencias (y paga mi salario) y yo te daré un billete que te admitirá entrar directamente en el cielo cuando mueras", dice el líder de una forma de sectarismo. "Quédate fuera de mi tienda, dice el mismo líder, e irás derechamente al infierno, donde arderás durante toda la eternidad".

Aunque es posible que en realidad el autodenominado líder no sea capaz de suministrar un salvoconducto al cielo ni, por falta de dicho suministro, de hacer que el desafortunado buscador de la verdad baje a los infiernos, la posibilidad de lo segundo parece tan espantoso que se apodera de la mente y crea el miedo de los miedos: (el miedo a la muerte) En realidad, ninguna persona sabe, y ninguna persona ha sabido jamás, cómo es el cielo o el infierno, o si dichos lugares existen, y esta falta de un discernimiento claro abre la puerta de la mente humana para dejar que el charlatán entre y controle dicha mente con su provisión de ilusión y toda clase de trucos, engaños y estafas. La verdad es, ni más ni menos, ésta: que nadie sabe y nadie ha sabido jamás de dónde venimos al nacer y adónde vamos al morir. Cualquier persona que asevere lo contrario, o se está engañando a sí misma, o es una embaucadora consciente que hace un negocio de vivir sin ofrecer un servicio de valor sirviéndose de la credulidad humana.

No obstante, he de decir en defensa de estas personas que la mayoría de quienes se dedican a vender entradas al cielo, en realidad no sólo creen que saben dónde está el cielo, sino también que sus creencias y fórmulas ofrecen un pasaje seguro a todo aquel que los siga. Esta creencia puede compendiarse en una palabra: CREDULIDAD.

Los líderes religiosos generalmente hacen la afirmación general y tajante de que la actual civilización debe su existencia al trabajo realizado por los templos. Este autor, en lo que le respecta, está dispuesto a aceptar que estas aseveraciones son correctas si, al mismo tiempo, se le permite añadir que, incluso si lo que afirman es verdad, los dogmáticos no pueden jactarse de gran cosa. Pero no es cierto (no puede serlo) que la civilización se haya desenvuelto debido a los esfuerzos de los templos organizadas y los credos, si con el término civilización nos estamos reseñando al descubrimiento de las leyes naturales y a los diferentes inventos de los cuales el mundo es el actual heredero.

La opinión de este autor es que, si los dogmáticos desean demandar esa parte de la civilización que tiene que ver con la conducta del ser humano con los demás, son irreprochablemente libres de hacerlo, pero si, por otro lado, pretenden atribuirse el mérito por todos los hallazgos científicos de la humanidad, se me permita protestar potentemente. Difícilmente basta con certificar que la herencia social es el método a través del cual el ser humano reúne todos los conocimientos que llegan a él mediante los cinco sentidos. Es más acertado mostrar COMO funciona la herencia social, en todas las aplicaciones distintas que sean precisas para darle al estudiante una amplia agudeza de dicha ley. Empecemos con las formas inferiores de vida animal y analicemos el modo en que son afectadas por la ley de la herencia social. Hace poco más de treinta años, poco después de comenzar a examinar las principales fuentes de las que el ser humano reúne los juicios que lo convierten en lo que es, este autor descubrió el nido de un urogallo encrespado. El nido estaba puesto de tal manera que el ave madre podía verse desde una distancia enorme cuando se encontraba en él.

Con la ayuda de un par de binoculares, observé de cerca al ave hasta que los polluelos salieron del huevo. Dio la casualidad de que la observación diaria se efectuó sólo unas horas después de que los jóvenes pájaros salieran del cascarón, de modo que, deseoso de saber qué ocurriría, este autor se acercó al nido. La madre de los polluelos se quedó cerca hasta que el intruso se encontraba a unos tres metros de donde estaba ella, y entonces encrespó las plumas, alargó un ala por encima de una de sus patas y se alejó cojeando, aparentando estar lisiada. Al estar un tanto familiarizado con los trucos de las aves madre, el autor no la persiguió, sino que, en lugar de eso, se acercó al nido a echar un vistazo a los pequeños. Sin mostrar la menor señal de miedo, éstos lo miraron, moviendo sus cabecitas hacia un lado y hacia el otro. El autor estiró la mano y cogió a uno de ellos. Sin mostrar ningún miedo, el polluelo permaneció en la palma de su mano. Volví a dejar al pajarito en su nido y me alejé a una distancia sensata para dar a la madre la oportunidad de regresar. La espera fue corta. Al cabo de poco rato empezó a acercarse al nido con reserva, hasta encontrarse a pocos centímetros de éste, y entonces abrió las alas y corrió tan rápido como pudo, formulando una serie de sonidos similares a los de una gallina cuando ha hallado algún bocado de alimento y desea llamar a su nidada para que participe de él.

La madre reunió a los pajaritos y continuó sacudiéndose de una forma sumamente excitada, agitando las alas y encrespando las plumas. Uno casi podía comprenderla mientras daba a sus polluelos su primera lección de defensa personal, a través de la ley de la herencia social:

¡Criaturas tontas! ¿Es que no sabéis que los hombres son vuestros enemigos? Qué vergüenza que hayáis dejado que os toque con sus manos. Es un milagro que no se os haya llevado y os haya consumido vivos. La próxima vez que veáis a un hombre acercarse, no os dejéis ver. Tendeos en el suelo, corred bajo las hojas, id a cualquier lugar para ocultaros y no os dejéis ver hasta que el enemigo esté muy lejos. Los pajarillos escucharon el sermón con un agudo interés. Cuando la madre se quedó en silencio, el autor empezó a aproximarse una vez más al nido. Cuando estaba a unos dos metros de distancia de la reservada familia, la madre pájaro comenzó a arrastrar el ala y a cojear como si estuviera lisiada con la finalidad de llevarlo hacia otra orientación. Este autor observó el nido, pero su mirada fue en vano. Los pequeños polluelos se habían esfumado. Habían aprendido rápidamente a eludir a su enemigo natural, gracias a su instinto.

Una vez más, el autor se retiró, esperó a que la madre ave hubiera reunido a su familia, y luego salió para visitarlos, con resultados parecidos. Cuando se acercó al lugar donde había visto a la madre por última vez, no había ni el menor huella de los pequeños. Cuando era un niño, este autor aprisionó a un pequeño cuervo y lo transformó en su mascota. El pájaro llegó a estar bastante satisfecho con su ambiente doméstico y aprendió a realizar varios trucos que demandaban una inteligencia considerable. Cuando el pájaro ya era lo bastante mayor como para volar, se le admitía ir a donde quisiera. En ocasiones, huía durante varias horas, pero siempre volvía a casa antes del anochecer. Un día, unos cuervos salvajes se incitaron en una pelea con un búho en un campo cercano a la casa donde vivía el cuervo domesticado. En cuanto éste oyó el cau ,cau, cau, de sus familiares salvajes, voló a techo de la casa y, dando muestras de una gran conmoción, empezó a caminar de un extremo a otro de la casa. Posteriormente, abrió las alas y voló hacia la pelea. El autor lo persiguió para ver qué ocurría. En pocos minutos, halló a su cuervo. Estaba posado en las ramas inferiores de un árbol y en una rama, justo encima de él, había dos cuervos salvajes picoteando y caminando de un lado para otro, actuando de una forma muy parecida a como se portan los padres enfadados al castigar a sus hijos. Cuando el autor se acercó, los dos cuervos salvajes salieron volando. Uno de ellos dio algunas vueltas en círculo alrededor del árbol, al tiempo que dejaba escapar un terrible manantial de lenguaje ofensivo, el cual, sin duda, estaba encaminado a su inconsciente pariente que no había tenido la cordura de volar mientras podía.

Llamé a mi cuervo, pero no me prestó ninguna atención. Aquella noche volvió, pero no quiso ni acercarse a la casa. Se posó en una rama elevada de un manzano y platicó en la lengua de los cuervos durante unos diez minutos, notificando, sin lugar a dudas, que había decidido regresar a la vida salvaje de sus camaradas. Luego se alejó volando y no volvió hasta dos días más tarde, cuando regresó y habló un poco más en su "lengua" pero conservándose a una distancia prudente. Después de esto, se fue y nunca más volvió.

¡La herencia social le había robado al autor un bello animal doméstico! El único desahogo que recibió por la pérdida de su cuervo era pensar que había manifestado una gran deportividad al regresar para informarlo de su objetivo de partir. Muchos labradores habían dejado la granja sin tomarse la molestia de esta formalidad. Es un hecho conocido que el zorro devora todo tipo de aves y animales pequeños, excepto a la mofeta. No es obligatorio explicar la razón por la cual la mofeta goza de esta inmunidad. Un zorro puede atacar a una mofeta una vez, ¡pero nunca dos! Por este porqué, el pellejo de una mofeta clavado a un gallinero conservará a todos los zorros a una distancia prudente, exceptuado a los muy jóvenes e inexpertos. El olor de una mofeta, una vez que se advierte, ya nunca se olvida. Ningún otro olor se le parece ni lejanamente. No está registrado que ninguna zorra madre haya enseñado jamás a sus cachorros a descubrir el olor familiar de una mofeta y mantenerse alejados de él, aunque todos los que conocen la personalidad de los zorros saben que éstos y las mofetas nunca buscan abrigo en la misma cueva.

Pero una lección es suficiente para enseñar al zorro todo lo que precisa saber sobre las mofetas. Mediante la ley de la herencia social, que maniobra a través del sentido del olfato, una lección sirve para toda una vida. Se puede cazar una rana toro con un anzuelo de pesca fijándole un pequeño trozo de tela roja, o cualquier otro cuerpo de dicho color, y meciéndolo delante de sus narices. Es decir, se puede cazar a la rana de esta manera, siempre y cuando se quede enganchada la primera vez que muerda la trampa, pero si no se queda bien paralizada y consigue escapar, o si siente la punta del anzuelo al morder pero no queda atrapada, jamás volverá a realizar el mismo error. Este autor pasó varias horas intentando silenciosamente enganchar a un espécimen especialmente deseable que había querido morder el anzuelo pero había fallado, antes de saber que una sola lección de herencia social basta para enseñar a un humilde batracio que no debe meterse con los pedacitos de franela roja. Hace tiempo, este autor tenía un precioso perro de raza Airedale que le provocaba una infinita rabia por su costumbre de venir a casa con un pollito en la boca. Cada vez que lo hacía, se le quitaba el pollo y se le daba un castigo, pero sin resultado; a él le seguían gustando las aves de corral.

Con el propósito de salvar al perro, si era posible, y como un examen con la herencia social, el animal fue llevado a la granja de un vecino que tenía una gallina y algunos pollitos recién salidos del cascarón. A continuación, ubicaron a la gallina en el granero y encerraron al perro con ella. En cuanto todos habían desaparecido de su vista, el perro se acercó paulatinamente a la gallina, olfateó el aire en su dirección una o dos veces (para asegurarse de que era el tipo de carne que estaba buscando) y luego dio un salto hacia ella. Mientras tanto, la gallina había estado haciendo su propia "investigación", pues salió al encuentro del perro. Es más, se opuso a él con un revuelo de alas y patas que él nunca antes había ejercitado. El primer asalto lo ganó claramente la gallina. Pero un bonito pájaro gordo no iba a corrérsele de las patas con tanta facilidad, pensó el perro. Entonces, se volvió una distancia corta y luego volvió a la carga. Esta vez, la gallina se subió a su espalda, le clavó las garras en la piel le hizo buen uso de su afilado pico. El perro se aisló a su esquina, buscando a todo el mundo, como si estuviera esperando oír a alguien hacer sonar la campana y anunciar la interrupción de la contienda hasta que él recuperase la orientación, pero la gallina no quería tiempo para reflexionar: hizo que su adversario saliera corriendo y señaló que conocía el valor de la ofensiva manteniéndolo lejos.

¿No es insólito que lo que más tememos es aquello que nunca pasa? ¿Que destruyamos nuestra decisión por miedo al fracaso, cuando en realidad el fracaso es un "tónico" de lo más útil y debería ser admitido como tal?

Uno casi podía comprenderla mientras perseguía al pobre Airedale de un rincón a otro, produciendo una serie de sonidos rápidos que realmente se igualaban a las protestas de una madre enfurecida llamada a defender a sus hijos de los ataques de unos muchachos mayores. ¡El Airedale era un pobre soldado! Después de arrancar por el granero de una esquina a otra durante unos dos minutos, se echó al suelo, lo más plano que podía, e hizo lo posible por resguardarse los ojos con las patas; la gallina parecía estar haciendo un ensayo especial por picoteárselos. Entonces, el dueño de la gallina entró en el granero y la recuperó (o, para ser más puntuales, recuperó al perro), lo cual no pareció contar con el reproche del can. Al día siguiente, instalaron a la gallina en el sótano donde dormía el perro. En cuanto éste la vio, embutió la cola entre las patas ¡y corrió hacia un rincón! Nunca más trató atrapar a una gallina. Bastó con una lección de herencia social, a través del sentido del tacto, para enseñarle que, aunque hostigar gallinas podía ofrecer cierta diversión, también contenía muchos riesgos. Todos estos ejemplos, con excepción del primero, describen el proceso de reunir discernimientos mediante la experiencia directa. Observa la marcada diferencia entre los conocimientos reunidos a través de la experiencia directa y aquellos que se consiguen mediante la formación de los jóvenes por parte de los mayores, como en el caso del urogallo encrespado y sus polluelos.

Las lecciones más sorprendentes son aquellas que aprenden los jóvenes de los mayores, a través de métodos de enseñanza sumamente coloridos o cargados de agitación. Cuando la madre urogallo extendió sus alas, encrespó las plumas, sacudiéndose como un hombre sufriendo de perlesía y se dirigió a sus crías de una manera sumamente excitada, sembró en sus corazones el temor al hombre de manera tal que nunca lo olvidaran.

El término herencia social, tal como se usa en lo que atañe a esta lección, se refiere particularmente a todos los métodos a través de los cuales los padres, o quienes tengan autoridad sobre el niño, le enseñan una idea, un dogma, un credo, una religión o un sistema de diligencia ética antes de que llegue a una edad en la que pueda razonar y recapacitar por sí solo sobre tales enseñanzas (evaluando la edad de dicho poder de razonamiento, digamos, entre los siete y doce años). Existen multitudes de formas de miedo, pero ninguna es más devastadora que el miedo a la pobreza y a la vejez. Llevamos nuestros cuerpos como si fuesen prisioneros, porque tenemos tanto miedo a la pobreza que deseamos acumular dinero para… ¡la vejez! Esta forma normal de miedo tiene tanto efecto sobre nosotros que hacemos trabajar en exceso a nuestros cuerpos y incitamos precisamente aquello que nos esforzamos por evitar. Qué desdicha ver a un hombre obligándose a trabajar duro cuando comienza a llegar al poste de los cuarenta años en la carretera de la vida, esa edad en la que apenas está empezando a madurar mentalmente.

A los cuarenta una persona justo está ingresando en la edad en la que es capaz de ver, comprender y relacionar la escritura de la naturaleza, tal como aparece en los bosques, en los arroyos que fluyen y en los rostros de las personas y de los niños, pero este miedo endemoniado la impulsa de tal forma que se ciega y se pierde en el laberinto de los deseos en conflicto. Pierde de vista el principio del esfuerzo organizado y, en lugar de cogerse de las fuerzas de la naturaleza que son visibles a su alrededor y dejar que éstas la lleven a las cimas del éxito, las desafía, y éstas se convierten en fuerzas de destrucción.

Quizá ninguna de estas grandes fuerzas de la naturaleza sea más favorable para el desarrollo del ser humano que el principio de la autosugestión, pero la inexperiencia de esta fuerza está llevando a la mayoría de la raza humana a emplearla de manera tal que actúa como un impedimento, y no como una ayuda. Contemos aquí los datos que nos muestran cómo tiene lugar la diligencia errónea de una gran fuerza de la naturaleza:

He aquí un hombre que se encuentra con alguna desilusión: un amigo resulta ser falso, o un vecino parece indiferente. Sin demora decide (mediante la autosugestión) que no se puede fiar de ningún hombre y que todos los vecinos son ingratos. Estos pensamientos se instalan tan hondamente en la mente subconsciente que tiñe toda su actitud hacia los demás. Ahora, vuelve a lo que se dijo en la segunda lección acerca de que los pensamientos dominantes de una persona conquistan a la gente que tiene pensamientos similares.

Aplica la ley de la atracción y pronto entenderás con claridad por qué el desconfiado atrae a otros desconfiados. Invierte el principio: tenemos a un hombre que sólo ve lo mejor en todas las personas con las que entra en contacto. Si sus vecinos parecen insensibles, no se fija en esto, pues se ocupa de llenar su mente con pensamientos dominantes de optimismo, buen humor y fe en los demás. Si la gente le habla de mala forma, él responde con suavidad. Mediante el trabajo de esta eterna ley de la atracción, atrae hacia sí mismo la atención de personas cuyos pensamientos dominantes y actitud hacia la vida armonizan con los suyos.

Sigamos este principio un paso más allá: aquí tenemos un hombre que ha tenido una buena educación y cuenta con la capacidad de prestar al mundo algún servicio preciso. En algún lugar, en algún momento, ha oído decir que la reserva es una gran virtud y que empujarse a sí mismo al frente del escenario en el juego de la vida huele a trifulca.

Entra sigilosamente por la puerta trasera y se sienta atrás, mientras que otros partícipes en el juego de la vida avanzan audazmente hacia la parte delantera. Él se queda en la última fila porque teme lo que ellos puedan decir. La opinión pública, o aquello que él cree que es tal cosa, lo ha estimulado hasta la parte posterior, y el mundo apenas se entera de que existe. Su educación no vale de nada porque él teme que el mundo se entere de que la ha recibido. Está sugestionándose interminablemente (utilizando, así, la gran fuerza de la autosugestión en su propio detrimento) pensando que debe pasar inadvertido para no ser criticado, como si las críticas pudieran hacerle algún menoscabo o vencer a su propósito. Tenemos a otro hombre que ha nacido en un hogar pobre. Desde el primer día que se acuerda, ha visto signos de pobreza. Ha oído hablar de pobreza. Ha sentido la fría mano de la pobreza sobre sus hombros, y ésta le ha conmovido de tal forma que la ha fijado en su mente como una maldición que debe soportar. De una forma bastante inconsciente, es víctima de la creencia de que "si naces pobre, siempre serás pobre", hasta que dicha creencia se transforma en el pensamiento dominante en su mente. Se parece a un caballo al que le ponen guarniciones y lo maltratan hasta que olvida que tiene el poder potencial para desasirse de ellas. La autosugestión lo está relegando a la parte posterior del escenario de la vida. Al final, acaba convirtiéndose en alguien que siempre abandona. Su ambición ha muerto. Las oportunidades ya no se cruzan en su camino o, si lo hacen, él no es capaz de advertirlas. ¡Ha aceptado su DESTINO! Es un hecho sabido que las soberanías de la mente, al igual que los miembros del cuerpo, menguan y se extinguen si no se utilizan.

La seguridad en uno mismo no es una excepción. Se despliega cuando es utilizada, pero, de lo contrario, desaparece. Una de las principales desventajas de la riqueza heredada es el hecho de que, con demasiada frecuencia, lleva a la apatía y a la pérdida de la seguridad en uno mismo. Hace algunos años, la señora E. B. McLean dio a luz a un niño en la ciudad de Washington. Se decía que su herencia estaba en torno a los cien millones de dólares. Cuando sacaban a pasear a este bebé en su cochecito, iba rodeado de niñeras, ayudantes de niñeras, detectives y otros sirvientes cuya tarea trataba en asegurarse de que no le pasara nada malo. Durante el transcurso de los años, esta vigilancia se mantuvo. El niño no tenía que vestirse solo, tenía sirvientes que lo vestían. Éstos lo rondaban mientras dormía y mientras jugaba. No se le permitía hacer nada que algún asistente pudiera hacer por él. El niño creció y llegó a la edad de diez años. Un día, estaba jugando en el jardín y vio que habían dejado abierta la reja de la parte trasera. En toda su vida, nunca había salido solo por esa reja y, por supuesto, eso era exactamente lo que quería hacer. En un descuido, cuando los sirvientes no estaban mirando, salió corriendo por esa reja y, antes de llegar al medio de la calle, fue arrollado por un automóvil y murió. Había utilizado los ojos de sus sirvientes hasta el punto que los suyos ya no le valieron como lo habrían hecho si él hubiese aprendido a utilizarlos.

Tu trabajo y el mío son especialmente similares: Yo estoy ayudando a las leyes de la naturaleza a crear especies de vegetación más perfectas, mientras que tú, con la filosofía de las LEYES DEL ÉXITO, estás usando esas mismas leyes para crear especies más perfectas de pensadores.

LUTHER BURBANK

Hace veinte años, el hombre para el que yo trabajaba como secretario mandó a sus dos hijos a estudiar fuera. Uno de ellos fue a la Universidad de Virginia y el otro a un instituto en Nueva York. Parte de mi tarea era enviar mensualmente un cheque de cien dólares para cada uno de ellos. Éste era su dinero para gastos menores, y podían manipularlo como quisieran. Recuerdo cuánto envidiaba a aquellos chicos cuando enviaba esos cheques cada mes. A menudo me preguntaba por qué la mano del destino me había llevado a un mundo de pobreza. Podía mirar al futuro y ver que esos muchachos llegarían a conquistar posiciones elevadas en la vida, mientras que yo seguiría siendo un sencillo oficinista.

A su debido tiempo, los chicos volvieron a casa con sus títulos. Su padre era un hombre rico que tenía bancos, ferrocarriles, minas de carbón y otras posesiones de gran valor. A los muchachos les esperaban unos buenos puestos como empleados de su padre.

Pero veinte años de tiempo pueden hacer malas pasadas de una forma cruel a aquellos que nunca han tenido que pelear. Quizá la mejor forma de expresar esta verdad sería diciendo que el tiempo ofrece, a quienes nunca han tenido que trabajar, la chance de hacerse malas pasadas a sí mismos. En cualquier caso, estos dos muchachos trajeron a casa otras cosas, aparte de sus títulos. Regresaron con una cabida muy desarrollada para beber grandes cantidades de alcohol, capacidad que desplegaron gracias a los cien dólares que cada uno de ellos recibía todos los meses y que hacían que no tuvieran la necesidad de esforzarse.

Su historia es larga y triste, y sus detalles no te concernirán, pero te interesará conocer su final. Mientras escribo esta lección, tengo sobre mi mesa un ejemplar del periódico que se propaga en la ciudad donde viven estos muchachos. Su padre está empobrecido y su lujosa mansión, donde nacieron sus hijos, ha sido puesta a la venta. Uno de los chicos murió de delirium twims y el otro está en una vivienda para enfermos mentales.

No todos los hijos de los ricos acaban de una manera tan desafortunada, pero, no obstante, aún es una realidad que la inactividad lleva a la atrofia y ésta, a su vez, provoca una pérdida de la ambición y de la confianza en uno mismo, y sin estas cualidades fundamentales, una persona irá por la vida sobre las alas de la vacilación, del mismo modo que una hoja puede ser llevada de aquí para allá en el seno de vientos sin rumbo fijo. Lejos de ser una desventaja, tener que esforzarse es decididamente una ventaja, pues despliega esas cualidades que, de lo contrario, permanecerían perpetuamente inactivas. Muchas personas han encontrado su lugar en el mundo por haberse visto exigidas a luchar para subsistir desde una edad muy temprana en la vida. La falta de conocimiento de las ventajas de tener que pelear ha impulsado a más de un padre a decir: Yo tuve que trabajar fuerte cuando era joven, ¡pero me pude ocupar de que mis hijos lo tengan más fácil! Pobres criaturas inconscientes. Tenerlo "fácil" suele resultar ser la mayor desventaja que un hombre o una mujer pueda apreciar.

Hay peores cosas en este mundo que verse obligado a ponerse a trabajar precozmente en la vida: la ociosidad obligada es mucho peor que el trabajo forzoso. Verte obligado a trabajar, y a hacerlo lo mejor que puedas, sembrará en ti la mesura, el autocontrol, la fuerza de voluntad, la satisfacción y tantas otras virtudes que el holgazán nunca conocerá.

No tener necesidad de pelear no sólo produce la debilitación de la ambición y de la fuerza de voluntad, sino que, además, sitúa en la mente de la persona un estado de sopor que lleva a la pérdida de la seguridad en sí misma, lo cual es aún más peligroso. La persona que deja de pelear porque el esfuerzo ya no es preciso está aplicando, literalmente, el principio de autosugestión para minar el poder de su propia seguridad en sí misma.

Al final terminará cayendo en un estado mental en el que realmente verá con mayor o menor ofensa a la persona que está obligada a seguir adelante. La mente humana, si me perdonáis la insistencia, puede confrontarse a una batería eléctrica: puede ser positiva o negativa. La seguridad en uno mismo es la forma con la que la mente se recarga y se vuelve positiva.

Apliquemos esta línea de razonamiento al arte de vender y veremos cuál es el papel que redime la seguridad en uno mismo en este gran campo de acción. Uno de los más grandes vendedores que este país ha conocido nunca había trabajado anteriormente en la redacción de un periódico. Valdrá la pena que analices el método mediante el cual se ganó el título de "el principal vendedor del mundos".

Este hombre era un joven retraído con una naturaleza algo reservada. Era una de esas personas que cree que es mejor entrar reservadamente por la puerta trasera y sentarse en la parte de atrás en el escenario de la vida. Una noche, concurrió a una conferencia sobre el tema de esta lección, la seguridad en uno mismo, y quedó tan conmovido que abandonó de la sala de conferencias con la firme audacia de salir de la rutina a la que se había dejado arrastrar. Fue a ver al director comercial del periódico, pidió un puesto como representante publicitario y comenzó a trabajar a comisión. Todos en la oficina esperaban verlo fracasar, pues este tipo de ventas necesita de un tipo de habilidades fuertemente positivas. Él se retiró a su despacho y elaboró una lista de un determinado tipo de comerciantes a los que tenía intención de llamar. Se podría pensar que, probablemente, haría una lista de los nombres de las personas a las que creía que les podría vender con el mínimo esfuerzo, pero no hizo nada de eso. Puso en su lista solamente nombres de comerciantes a los que otros representantes habían llamado sin poder obtener ni una venta. Antes de hacer la primera llamada, se fue a un parque, sacó su lista de doce nombres, la leyó unas cien veces, indicándose lo siguiente mientras leía: "Me comprarás un espacio publicitario antes de fin de mes".

A continuación, comenzó a hacer sus llamadas. El primer día cerró tratos con tres de los doce "imposibles". Durante el resto de la semana realizó ventas con dos más. Al final del mes había abierto cuentas publicitarias con todos, con excepción de uno de los comerciantes que tenía en la lista. El mes siguiente no hizo ninguna venta, porque no hizo ninguna llamada, excepto a aquel comerciante porfiado. Cada mañana, cuando abría la tienda, él estaba ahí para entrevistarse con dicho comerciante y cada mañana el hombre le contestaba "No". El comerciante sabía que no iba a adquirir un espacio publicitario, pero el joven hacía oídos sordos. Cuando el comerciante le decía que no, él no lo oía, sino que seguía yendo a verlo. El último día del mes, después de haberle dicho a este tenaz joven que no en treinta ocasiones consecutivas, tuvo lugar este diálogo entre ambos:

-Mire, jovencito, usted ha derrochado todo un mes tratando de hacerme una venta, ahora bien, lo que yo quisiera saber es ¿por qué ha perdido su tiempo?

-No he perdido mi tiempo en absoluto -respondió él-He estado concurriendo a la escuela y usted ha sido mi maestro. Ahora sé todos los argumentos que un comerciante puede plantear para no tener que comprar y, además de eso, he estado adiestrándome en la autoconfianza.

Entonces el comerciante dijo:

-Le manifestaré algo. Yo también he estado yendo a la escuela y usted ha sido mi maestro. Me ha enseñado una lección de persistencia que vale mucho dinero para mí, y para revelarle mi aprecio le voy a pagar sus honorarios como profesor haciéndole una solicitud de un espacio publicitario. Y así fue como logró la mejor cuenta publicitaria del Filadelfa North American. Asimismo, esto marcó el principio de una reputación que transformó al joven en millonario. Nadie puede convertirse en un gran líder de la humanidad, a menos que haya piedad en su propio corazón y dirija con sugerencias y cortesía, en lugar de hacerlo por la fuerza.

Tuvo éxito porque vigorizó deliberadamente su propia mente con la suficiente seguridad en sí mismo para convertirla en una fuerza indomable. Cuando se sentó para confeccionar esa lista de doce nombres hizo algo que el noventa y nueve por ciento de la gente no habría hecho: eligió los nombres de las personas a las que creía que sería dificultoso hacerles una venta, porque entendió que, de la resistencia que hallaría al intentar venderles, obtendría fuerza y seguridad en sí mismo. Fue uno de los pocos que comprendieron que todos los ríos y algunos hombres no son justos porque siguen el camino de la menor resistencia.

Voy a desviarme y a romper aquí la línea de pensamiento por unos momentos para anotar unos consejos para las esposas de los hombres. Recuérdalo: estas líneas están dirigidas solamente a las esposas y no se espera que los maridos lean lo que se dice aquí.

Habiendo examinado a más de dieciséis mil personas, la mayoría de las cuales eran hombres casados, he aprendido algo que puede ser de valor para las esposas. Consentidme que exprese mis pensamientos en estas palabras:

Tienes en tu interior el poder para despedirte cada día de tu marido cuando se va a su compromiso, a su negocio o a ejercer su profesión, transmitiéndole un sentimiento de seguridad en sí mismo que le hará prosperar con éxito por los instantes difíciles del día y hará que por la noche vuelva a casa sonriente y feliz. Un conocido mío del pasado se casó con una mujer que tenía una dentadura postiza. Un día, a su esposa se le cayó la dentadura y la placa se destrozó. El marido amontonó los pedazos y empezó a inspeccionarlos. Mostró tanto interés en ellos, que su mujer le dijo: Podrías fabricar una dentadura como ésa si te decidieras a hacerlo.

Este hombre era un granjero cuyos anhelos nunca lo habían llevado más allá de las fronteras de su pequeña granja, hasta que su esposa hizo aquella advertencia. Ella se acercó a él, apoyó su mano sobre el hombro de su marido y lo alentó a que intentara dedicarse a la odontología. Finalmente lo persuadió para que empezara la formación y se transformó en uno de los dentistas más importantes y exitosos del estado de Virginia. Lo conozco bien, ¡porque es mi padre!

Nadie puede predecir las posibilidades de éxito que le esperan a un hombre que es resguardado por su esposa y animado a tener iniciativas cada vez más grandes y mejores, pues es sabido que una mujer es capaz de provocar a un hombre de tal manera que éste hará hazañas casi sobrehumanas. Es tu derecho y tu deber animar a tu marido e instarlo a ir adelante en empresas que valgan la pena, hasta que halle su lugar en el mundo. Tú, más que cualquier otra persona en el mundo, puedes incitarlo a realizar un mayor esfuerzo. Hazle creer que nada, dentro de lo razonable, está fuera del alcance de su capacidad de realización y le habrás hecho un favor que tendrá un gran alcance para ayudarlo a ganar en la cruzada de la vida.

Uno de los hombres más exitosos en su particularidad en Norteamérica atribuye todo su éxito a su esposa. Cuando estaban recién casados, ella escribió un dogma que él firmó y colocó sobre su escritorio. He aquí una copia del dogma: Creo en mí mismo. Creo en quienes trabajan conmigo. Creo en mi patrón. Creo en mis amigos. Creo en mi familia. Creo que Dios me proporcionará todo lo que preciso para tener éxito si me esfuerzo por ganármelo a través de un servicio constante y honesto. Creo en la oración y nunca cerraré los ojos para dormir sin haber rezado para recibir disposición divina con el propósito de ser paciente con los demás y tolerante con quienes no creen como yo. Creo que el éxito es el resultado del esfuerzo inteligente y que no depende de la suerte ni de prácticas sagaces, ni de traicionar a los amigos, a otras personas o a mi jefe. Creo que obtendré de la vida exactamente lo que invierta en ella y, por lo tanto, tendré cuidado de sobrellevarme con los demás como me gustaría que ellos se condujeran conmigo. No hablaré mal de las personas que no me gustan. No desatenderé mi trabajo, sin importar lo que vea hacer a los demás. Brindaré el mejor servicio del que soy capaz porque me he comprometido a tener éxito en la vida y sé que el éxito siempre es el efecto de un esfuerzo consciente y eficaz. Por último, perdonaré a quienes me ofendan porque soy consciente de que en ocasiones yo también ofenderé a otras personas y necesitaré su perdón.

Firmado . . . .

La mujer que escribió este dogma era una psicóloga práctica de primera categoría. Con la autoridad y la orientación de una mujer así como compañera, cualquier hombre puede alcanzar un éxito destacable. Analiza este dogma y notarás con qué libertad se usa el pronombre personal. Comienza con una afirmación de seguridad en uno mismo, lo cual es afinadamente adecuado. Ninguna persona podría hacer suyo este credo sin desplegar una actitud positiva que atraiga hacia ella a personas que la ayudarán en su batalla por el éxito.

Éste sería un dogma noble para ser adoptado por todos los vendedores. Adoptarlo no le vendría nada mal a tus oportunidades para el éxito. Debes ejercerlo. Léelo una y otra vez hasta que te lo sepas de memoria. Luego repítelo al menos una vez al día hasta que lo hayas transformado, literalmente, en tu estructura mental.

Ten una copia del texto ante de ti como un recordatorio diario de tu responsabilidad de practicarlo. Con ese gesto, estarás haciendo un uso eficiente del principio de la autosugestión como un medio para desenvolver la seguridad en ti mismo. No importa lo que otros logren decir sobre tu medio. Sólo recuerda que tener éxito es materia tuya y que este dogma, si lo dominas y lo empleas, será de gran ayuda para ti. En la segunda lección aprendiste que cualquier idea que establezcas con firmeza en tu mente subconsciente mediante la repetición de una afirmación se transforma automáticamente en un plan o anteproyecto que usa un poder invisible para regir tus esfuerzos hacia la obtención del objetivo mencionado en el plan.

También has aprendido que el principio a través del cual puedes establecer en tu mente cualquier idea que elijas se designa "autosugestión", lo cual quiere decir, simplemente, una sugestión que le das a tu propia mente. Este era el principio de autosugestión en el que Emerson estaba pensando cuando escribió: Nada puede suministrarte la paz, excepto tú mismo.

Sería bueno que también recordaras que nada puede facilitarte el éxito, excepto tú mismo. Ciertamente, requerirás la cooperación de otras personas si deseas conseguir un éxito de gran alcance, pero nunca lograrás esa cooperación a menos que vitalices tu mente con la actitud positiva de la seguridad en ti mismo.

Quizá te hayas preguntado por qué unas pocas personas remontan a puestos bien pagados mientras que otros individuos de su entorno, con la misma formación y que supuestamente trabajan tanto como ellas, no avanzan. Elige a dos personas cualesquiera, de estos dos tipos, y asimílalas, y verás que la razón por la que una avanza y la otra permanece inactivo te resultará bastante evidente: descubrirás que la que prospera cree en sí misma. Descubrirás que respalda esta creencia con una acción tan dinámica y decidida que hace saber a los demás que cree en sí misma. También observarás que esta seguridad en sí misma es contagiosa, impulsora, concluyente y que atrae a los demás.

También encontrarás que la persona que no avanza muestra patentemente; con la expresión de su rostro, la actitud de su cuerpo, su falta de energía en su caminar, la inseguridad con la que se expresa, que carece de seguridad en sí misma.

Nadie prestará mucha atención a una persona que no tiene seguridad en sí misma. No atrae a los demás porque su mente es una fuerza negativa que repele, en lugar de atraer. Si quieres que una cosa se haga bien, llama a una persona muy ocupada para que la haga. Las personas muy ocupadas suelen ser las más esforzadas y escrupulosas en todo lo que hacen. En ningún otro ámbito es tan significativa la seguridad en uno mismo, o la falta de ella, como en el ámbito de las ventas, y no hace falta ser un cronista del carácter para determinar, en cuanto ves a un vendedor, si tiene la cualidad de la seguridad en sí mismo. Si la tiene, las señales de su influencia estarán suscritas en todo su ser. Te inculcará confianza en él y en el producto que está vendiendo mientras habla. Ahora llegamos al punto en el que estás preparado para aprehender el principio de la autosugestión y hacer un uso inmediato de él a fin de desarrollarte y transformarte en una persona positiva, dinámica y segura de ti misma. Debes copiar cuidadosamente la siguiente fórmula, firmarla y encomendarla a tu memoria:

Fórmula de la seguridad en mí mismo

1. Sé que tengo la capacidad de conseguir el objeto de mi claro propósito. Por lo tanto, me reclamo una acción persistente, decidida y continua para su ejecución.

2. Me doy cuenta de que los pensamientos dominantes de mi mente terminan representándose en la acción corporal exterior y que se transforman progresivamente en una realidad física; por lo tanto, me concentraré mentalmente durante treinta minutos diarios en la tarea de pensar en la persona que quiero ser, creando una imagen mental de ella y luego transformando esa imagen en una realidad a través del servicio práctico.

3. Sé que, por el principio de la autosugestión, cualquier deseo que mantenga con permanencia en mi mente acabará indagando su expresión por algún medio práctico para ejecutarlo y, por lo tanto, dedicaré diez minutos al día a exigirme desarrollar los factores que se aluden en las dieciséis lecciones de este curso de las LEYES DEL ÉXITO.

4. He trazado claramente y puesto por escrito una representación de mi claro propósito en la vida para los próximos cinco años. He puesto un precio a mis servicios para cada uno de estos cinco años: un precio que intento ganar, a través de la estricta aplicación del principio del servicio eficiente y satisfactorio que suministraré por adelantado.

5. Soy completamente consciente de que ninguna riqueza o posición puede durar mucho tiempo a menos que esté construida sobre las bases de la verdad y la justicia. Por lo tanto, no participaré en ninguna transacción que no beneficia todos los empleados. Tendré éxito atrayendo hacia mí las fuerzas que quiero utilizar y la colaboración de otras personas. Induciré a otros a servirme porque yo los serviré primero a ellos. Excluiré el odio, la envidia, los celos, el egoísmo y el cinismo mediante el perfeccionamiento del amor por toda la humanidad, porque sé que una actitud negativa hacia los demás nunca me dará el éxito. Haré que los demás crean m mí porque yo creeré en ellos y en mí.

Firmaré esta receta con mi nombre, la guardaré en mi memoria y la repetiré en voz alta una vez al día con incondicional fe en que intervendrá gradualmente en toda mi vida para que yo pueda llegar a ser un trabajador de éxito y feliz en el espacio profesional que he elegido.

Firmado..

Antes de firmar esta receta con tu nombre, asegúrate de que tienes intención de seguir sus instrucciones. Detrás de esta fórmula hay una ley que ninguna persona puede explicar. Los psicólogos la llaman "autosugestión" y no van más allá, pero deberías tener en cuenta un punto sobre el que no se halla ninguna incertidumbre, y es que, sea lo que sea, esta ley no funciona. Otro punto trascendental es el hecho de que, del mismo modo que la electricidad hace girar las medas de la industria y sirve a la humanidad de incontables maneras, o puede extinguir la vida si se aplica equívocamente, este principio de la autosugestión también te hará remontar por la ladera de la paz y la prosperidad, o descender por el valle de la desdicha y la pobreza, según la aplicación que le des. Si llenas tu mente de dudas y desconfianza acerca de tu capacidad de tener éxito, entonces el principio de la autosugestión tomará este espíritu de desconfianza y lo colocará en tu mente subconsciente como pensamiento dominante y, de una manera lenta pero segura, te llevará hasta el remolino del fracaso.

Pero, si llenas tu mente de una reluciente seguridad en ti mismo, o en ti misma, el principio de la autosugestión tomará esta creencia y la instituirá como tu pensamiento dominante y te ayudará a superar los impedimentos que halles en el camino, hasta que llegues a la cima de la montaña del éxito.

El poder del hábito.

Habiendo experimentado yo mismo todas las dificultades que se hallan en el camino de quienes no tienen los conocimientos para hacer una concentración práctica de este gran principio de la autosugestión, permíteme que te presente el principio del hábito, con cuya ayuda podrás aplicar expeditamente el principio de la autosugestión en cualquier dirección y con cualquier proyecto.

El hábito brota del entorno, de hacer lo mismo, de pensar lo mismo, o bien de repetir las mismas palabras una y otra vez. Un hábito podría confrontarse con la ranura en un disco de fonógrafo, mientras que la mente humana podría confrontarse con la aguja que encaja en dicha ranura. Cuando un hábito se ha formado bien a través de la repetición del pensamiento o la acción, la mente tiende a soldarse a él y a seguir su curso de una forma tan cercana como la aguja del fonógrafo sigue la ranura en el disco.

El hábito se crea al dirigir repetidamente uno de los cinco sentidos de la vista, el oído, el olfato, el tacto y el gusto, o más de uno, en una trayectoria dada. Es mediante este principio de la repetición como se forma el dañino hábito de las droga; es a través de este mismo principio como el deseo de tomar bebidas emborrachadoras se convierte en un hábito. Cuando un hábito está bien determinado, automáticamente controlará y dirigirá nuestra actividad corporal, y ahí podemos hallar un pensamiento capaz de transformarse en un poderoso factor en el desarrollo de la seguridad m uno mismo. Ese pensamiento es el siguiente: voluntariamente y, si es preciso, obligándote, dirige tus esfuerzos y tus pensamientos m una dirección anhelada basta haber desarrollado el hábito que será tuyo, y continúa dirigiendo voluntariamente tus esfuerzos en esa misma dirección.

El objetivo de escribir y repetir la fórmula de la seguridad en ti mismo es establecer el hábito de hacer que creer en ti mismo sea el pensamiento dominante en tu mente hasta que radique en tu subconsciente por el principio del hábito.

Aprendiste a escribir dirigiendo repetidamente los músculos de tu brazo y de tu mano sobre ciertos perímetros conocidos como letras, hasta que finalmente te formaste el hábito de trazarlos. Ahora escribes con facilidad y premura, sin tener que trazar cada letra lentamente: escribir se ha convertido en un hábito para ti.

El principio del hábito se fijará a las facultades de tu mente del mismo modo en que influirá en los músculos físicos de tu cuerpo, como podrás comprobar expeditamente dominando y aplicando esta lección sobre la seguridad en uno mismo. Cualquier aseveración que repitas con frecuencia, o cualquier deseo que siembres profundamente en tu mente a través de la repetición de una afirmación, acabarán indagando expresión a través de tus esfuerzos corporales, físicos, externos. Este principio del hábito es la base sobre la que está edificada esta lección acerca de la seguridad en uno mismo, y si entiendes y sigues las indicaciones que se dan en ella, pronto sabrás más sobre la LEY DEL HÁBITO que lo que te podrían enseñar mil lecciones como ésta, y teniendo un conocimiento de primera calidad.

Ahora sólo tienes una vaga idea de las contingencias que están dormidas en tu interior, esperando a que la mano de la visión te reanime, y esa idea no crecerá a menos que despliegues la suficiente seguridad en ti mismo como para elevarte por encima de las influencias dúctiles de tu entorno actual. Eres afortunado si has aprendido a diversificar la derrota temporal del fracaso, y más afortunado aún si conoces la verdad de que la semilla del éxito está latente en cada fracaso que experimentas.

La mente humana es una maquinaria maravillosa y misteriosa, y esto es algo que recordé hace unos meses cuando releí uno de los ensayos de Emerson que trata sobre las leyes espirituales. Me pasó algo extraño: encontré en ese ensayo, que había leído anteriormente en varias ocasiones, muchas cosas en las que nunca antes había reparado. Vi más cosas que en lecturas anteriores, porque el perfeccionamiento de mi mente desde la última lectura me había preparado para una definición más amplia. La mente humana se despliega continuamente, como los pétalos de una flor, hasta que logra el máximo de su desarrollo. Cuál es ese máximo, dónde termina, o si acaba o no, son preguntas que no se pueden contestar, pero el grado de perfeccionamiento parece variar según la naturaleza de la persona y la medida en que hace trabajar su mente. Al parecer, una mente a la que se obliga o se pide que tenga pensamientos analíticos todos los días sigue desplegando y desarrollando mayores poderes de interpretación.

En Louisville, Kentucky, vive el señor Leo Cook, un hombre que casi no tiene piernas y debe desplazarse en una carretilla. A pesar de esa minusvalía es de nacimiento, es el dueño de una gran industria y es millonario por su propio esfuerzo. Ha demostrado que una persona puede arreglárselas muy bien sin piernas si tiene una seguridad en sí misma muy desenvuelta. En la ciudad de Nueva York se puede ver a un joven fuerte, vigoroso e inteligente, sin piernas, que se desplaza por la Quinta Avenida, todas las tardes, gorra en mano, mendigando para ganarse la vida. Su cabeza es, seguramente, tan sensata y tan capaz de pensar como la media.

Este joven podría intentar lo que el señor Cook, de Louisville, ha hecho, si se pensara a sí mismo como el señor Cook se considera a sí mismo. Henry Ford tiene más millones de dólares de los que jamás precisará o utilizará. No muchos años antes, trabajaba como empleado de una tienda de máquinas, con una educación escasa y ningún capital. Decenas de otras personas, algunas de ellas con cerebros mejor coordinados que el suyo, trabajaban cerca de él. Ford se desprendió de la conciencia de pobreza, desenvolvió la seguridad en sí mismo, pensó en el éxito y lo consiguió.

A las personas que trabajaban con él les podría haber ido igual de bien si hubiesen pensado como él. Hace unos años, a Milo C. Jones, de Wisconsin, le arremetió una parálisis. Tan grave fue la apoplejía, que no podía darse la vuelta en la cama, ni mover ningún músculo del cuerpo. Su cuerpo físico estaba abatido, pero a su cerebro no le ocurría nada malo, de modo que comenzó a funcionar en serio, posiblemente por primera vez en su vida. Acostado boca arriba en la cama, el señor Jones hizo que su cerebro crease un propósito claro. Dicho objetivo era de una naturaleza prosaica y humilde, pero era claro y era un objetivo, algo que este hombre nunca antes había conocido.

Su propósito claro era el de fabricar salchichas de cerdo. Reunió a su familia a su alrededor, les relató sus planes y empezó a dirigirlos para que llevaran sus planes a la acción. Sin tener ninguna ayuda, exceptuada una mente sensata y una gran seguridad en sí mismo, Milo C. Jones difundió el nombre y la reputación de Little Pig Sausages por todo Estados Unidos y, además, recolectó una fortuna. Todo esto lo logró después de que la parálisis le imposibilitara trabajar con las manos. Ahí donde reina el pensamiento, se puede hallar poder.

Henry Ford ha hecho millones de dólares y sigue haciéndolos cada año, porque creía en Henry Ford y convirtió esa creencia en un propósito claro, el cual protegió con un plan definido. Los otros operarios que trabajaban con Ford durante los primeros años de su carrera, no visualizaban nada, excepto un sobre con el sueldo semanal, y eso fue lo único que lograron. No exigían nada fuera de lo normal de sí mismos. Si quieres obtener más, cerciórate de exigirte más a ti mismo. Fíjate que esta exigencia ¡debe hacerse en ti mismo!

Me viene a la mente un famoso poema cuyo autor decía una gran verdad psicológica:

Si crees que estás vencido, lo estás;
Si crees que no te aventurarás, no lo harás;
Si te gustaría ganar, pero crees que no puedes,
Es casi seguro que no ganarás.

Si crees que perderás, has perdido,
Pues en el mundo descubrimos
Que el éxito comienza en la voluntad de una persona:
Todo depende del estado de ánimo.
Si crees que eres superior, lo eres:
Debes tener pensamientos enaltecidos para ascender.
Tienes que estar seguro de ti mismo
Para poder ganar algún premio.
Las batallas de la vida no siempre las gana
El hombre más fuerte o el más rápido;
Pero, tarde o temprano, el hombre que gana
Es aquel que cree que puede hacerlo.

No te hará ningún daño memorizar este poema y utilizarlo como un utensilio de trabajo en el desarrollo de la seguridad en ti mismo. En algún lugar de tu naturaleza hay algo sutil, que, si fuese avivado por la influencia exterior adecuada, te llevaría a unas alturas de éxito que jamás habrías adelantado. Del mismo modo que un talentoso puede coger un violín y hacer que emita los compases musicales mis bellos y seductores, también existe una influencia externa que puede apoderase de tu mente y hacerte prosperar en el campo profesional que has elegido e interpretar una célebre sinfonía de éxito. Ninguna perrona sabe qué fuerzas ocultas están escondidas dentro de ti. Tú, tú mismo, no notes tu capacidad de éxito, y nunca la conocerás hasta que entres en contacto con ese apremio particular que te despierta a una mayor acción y amplía tu visión, despliega la seguridad en ti mismo y te lleva a un deseo más profundo de éxito.

El único hombre que no comete errores es aquel que nunca realiza nada.

No temas a los errores, pero nunca cometas el mismo error dos veces. No es poco razonable esperar que alguna aseveración, idea o palabra estimulante de este curso sobre las LEYES DEL ÉXITO te sirva como la iniciativa necesaria que dará una nueva forma a tu destino y redirigirá tus pensamientos y energías transportándolos por un camino que, al final, te conducirá hasta tu ambicionada meta en la vida. Aunque resulta raro es cierto que, a menudo, los cambios decisivos en la vida llegan en los momentos más insospechados y de la manera más inesperada. Me viene a la mente el típico ejemplo de cómo algunas experiencias de la vida supuestamente insignificantes resultan ser las más importantes, y estoy contando este caso porque también muestra lo que una persona puede lograr cuando despierta a una comprensión total del valor de la seguridad en uno mismo. El incidente al que me refiero pasó en la ciudad de Chicago, cuando yo estaba dedicado al trabajo del análisis del carácter. Un día, un mendigo se presentó en mi oficina y me solicitó una entrevista. Mientras trabajaba, levanté la mirada y lo saludé, y él dijo: "He venido a ver al hombre que escribió este librito", al tiempo que sacaba de su bolsillo un ejemplar de un libro titulado La seguridad en uno mismo", que yo había escrito muchos años atrás. «Debe de haber sido la mano del destino, continuó, la que ubicó este librito en mi bolsillo ayer por la tarde, porque yo ya estaba dispuesto para lanzarme al lago Michigan. Prácticamente había llegado a la conclusión de que todo y todos, incluido Dios, estaban en mi contra, hasta que leí este libro, y me facilitó un nuevo punto de vista, y el valor y la esperanza que me ayudaron a aguantar durante la noche. Decidí que si podía ver al hombre que lo había escrito, él me podría ayudar a levantarme una vez más. Ahora estoy aquí y quisiera saber qué puede hacer usted por alguien como yo".

Yo lo había estado estudiando de pies a cabeza mientras él conversaba y, para ser sincero, debo asentir que, en lo más profundo de mi corazón, no creía que pudiera hacer nada por él, pero no se lo quise decir. La mirada húmeda de sus ojos, las marcas de desmoralización en su rostro, la postura del cuerpo, la barba de diez días, el ademán nervioso de este hombre, todo ello me traspasaba la sensación de que no tenía esperanzas, pero no tuve el valor de decírselo, de modo que le pedí que se sentara y me contara toda su historia. Le pedí que fuese totalmente franco y me dijera, con la mayor exactitud posible, lo que le había llevado al extremo mísero de la vida. Le prometí que, después de oír toda la historia, le diría si lograba ayudarlo o no; él procedió al relato. Su historia era, en resumen, la siguiente: Había invertido toda su fortuna en un pequeño negocio manufacturero. Cuando se inició la Guerra Mundial en 1914, le resultó imposible conseguir la materia prima precisa para el funcionamiento de su fábrica y, en resultado, fracasó. La pérdida económica le rompió el corazón y alteró su mente de tal forma que dejó a su mujer y a sus hijos y se convirtió en un mendigo. Había estado meditando tristemente sobre su ruina, hasta que llegó al punto en que estaba meditando el suicidio. Cuando acabó su historia, le dije: "Lo he escuchado con mucho interés y me gustaría que hubiera algo que yo pudiera hacer para ayudarlo, pero no hay absolutamente nada que yo pueda hacer".

Se puso tan empalidecido como si estuviera muerto en su ataúd. Se hundió en la silla, dejó caer el mentón sobre su pecho y apenas alcanzó a decir: "No hay nada más que hablar". Esperé unos segundos, y luego le dije: "Aunque no hay nada que yo pueda hacer por usted, hay un hombre en este edificio que le puedo presentar, si usted quiere, que puede ayudarlo a recobrar la fortuna que ha perdido y hacer que se vuelva a levantar".

Estas palabras apenas habían salido de mis labios cuando él se puso de pie de un brinco, me tomó de las manos y dijo: "Por el amor de Dios, lléveme hasta ese hombre."

Me alentó ver que me lo pedía "por el amor de Dios". Esto mostraba que todavía había un brillo de esperanza en su pecho, de modo que lo agarré del brazo y lo llevé hasta el laboratorio en el que se ejecutaban mis pruebas psicológicas para el análisis del carácter y me detuve con él delante de lo que parecía ser una colgadura sobre una puerta. Abrí la cortina y descubrí un largo espejo en el que el hombre se vio reflejado de la cabeza a los pies. Señalando al espejo, le dije:

"He ahí el hombre que le prometí que le presentaría. Ése es el único hombre en este mundo que puede hacer que usted se vuelva a levantar y, si usted no se sienta y se habitúa a él, conociéndolo como nunca antes lo había conocido, ya puede marcharse y lanzarse al lago Michigan, porque no será de ningún valor para usted mismo, ni para el mundo, hasta que conozca mejor a este hombre."

Dió un paso adelante, aproximándose al espejo. Se frotó el rostro barbudo con las manos, se estudió de cuerpo entero durante unos minutos, luego retrocedió un paso, dejó caer la cabeza hacia adelante y empezó a llorar. Yo sabía que la lección había llegado a su destino, de modo que lo escolté hasta el ascensor y me despedí de él. Nunca esperé volver a verlo, y dudaba que esa lección hubiese bastado para ayudarlo a recobrar su lugar en el mundo, porque parecía haber llegado demasiado lejos para ser salvado. No sólo parecía estar bajo, sino también prácticamente fuera.

Unos días más tarde, me encontré con este hombre en la calle. Su metamorfosis había sido tan absoluta, que apenas lo reconocí. Caminaba enérgicamente, con la cabeza echada hacia atrás. La vieja postura escondida y nerviosa de su cuerpo había desaparecido. Iba vestido todo él con ropa nueva. Tenía un aspecto floreciente y se sentía próspero. Me detuvo y me contó lo que había ocurrido para que tuviera lugar una transformación tan rápida de un estado de temible pena a uno de esperanza y promesa.

Justamente se dirigía a su oficina, explicó, para darle la buena noticia. El mismo día que estuve en su despacho, salí como un pobre mendigo y, a pesar de mi semblante, me vendí al precio de un salario de tres mil dólares anuales. Piense en ello. Amigo ¡tres mil dólares al año! Y mi patrón me adelantó el dinero suficiente para conseguirme ropa nueva, como puede ver usted mismo. También me adelantó algo de dinero para que se lo mandara a mi familia y ahora vuelvo a estar en el camino hacia el éxito.

Cuando pienso que hace sólo unos días había perdido toda esperanza, fe y valor, y que estaba pensando en suicidarme, me parece como un sueño. Iba a decirle que uno de estos días, cuando menos se lo espere, le haré otra visita y, cuando lo haga, seré un hombre de éxito. Traeré conmigo un cheque, firmado en blanco y remunerable a su nombre, y usted podrá rellenarlo con la cantidad que desee, porque me ha salvado de mí mismo al presentarme a mí mismo: a ese yo al que nunca conocí, hasta que usted me ubicó frente al espejo y señaló a mi verdadero yo.

Cuando ese hombre se dio media vuelta y se alejó entre la muchedumbre en las calles de Chicago, vi, por primera vez en mi vida, cuánta fuerza, cuánto poder y cuántas contingencias hay ocultas en la mente de la persona que nunca ha descubierto el valor de la confianza en uno mismo. Ahí y en ese momento, decidí que yo también me pondría delante del mismo espejo y me señalaría con un dedo denunciante por no haber descubierto la elección que yo había ayudado a otra persona a aprender. Efectivamente, me instalé delante del mismo espejo y, al hacerlo, en ese preciso momento, fijé en mi mente, como mi propósito claro en la vida, la osadía de ayudar a hombres y mujeres a descubrir las fuerzas que están dormidas en su interior. El libro que tienes en tus manos es una prueba de que mi propósito claro ha sido llevado a cabo. El hombre cuya historia he narrado llegó a convertirse en presidente de una de las empresas más grandes y de más éxito en su ámbito en Estados Unidos, con un negocio que se desarrolla de costa a costa, y desde Canadá hasta México.

Poco después del incidente que acabo de relatar, una mujer vino a mi oficina para que le hiciera un análisis personal; entonces era profesora en la escuela pública de Chicago. Le entregué un cuadro de análisis y le pedí que lo completara. Cuando sólo llevaba unos minutos trabajando en ello, regresó a mi despacho, me otorgó el cuadro y me dijo: .No creo que vaya a rellenar esto. Le pregunté por qué había decidido no rellenarlo, y ella respondió: Para ser absolutamente franca con usted, una de las preguntas de este cuadro me ha hecho pensar y ahora sé lo que me pasa.

Por lo tanto, me parece innecesario pagarle a usted para que me analicen. Dicho esto, la mujer se fue, y no volví a saber de ella hasta dos años más tarde. Se fue a la ciudad de Nueva York, se transformó en escritora publicitaria para una de las agencias más importantes del país y su salario, en la época en que me escribió, era de 10.000 dólares anuales.

Esta mujer me mandó un cheque para cubrir el coste de mi análisis, porque sentía que yo me había ganado esa paga, a pesar de que no le absolví el servicio que suelo ofrecer a mis clientes. Es imposible adivinar que un incidente supuestamente insignificante pueda llevar a una importante coyuntura decisiva en la carrera de una persona, pero no se puede negar el hecho de que, quienes tienen una clara seguridad en sí mismos, pueden registrar más rápidamente estas "coyunturas decisivas". El amor, la belleza, la alegría y la adoración están eternamente construyendo, echando abajo y reconstruyendo los orígenes del alma de cada ser humano.

Una de las pérdidas irremediables para la raza humana reside en la falta de conocimiento de que existe un método definido a través del cual cualquier persona con una inteligencia media puede desenvolver la seguridad en sí misma. Es una pérdida ilimitada para la civilización que a los hombres y mujeres jóvenes no se les enseñe este método conocido para desarrollar la seguridad en sí mismos antes de que cumplan su educación, pues alguien que no tenga fe en sí mismo no está verdaderamente educado en el justo sentido del término.

Cuánta gloria y complacencia recibiría el hombre o la mujer que pudiera desmontar la cortina del miedo que cuelga sobre la raza humana y no deja ingresar el sol del entendimiento que proporciona la seguridad en uno mismo, dondequiera que sea indudable.

Ahí donde el miedo tiene el control, el éxito notable se transforma en una dificultad, y esto me trae a la mente la enunciación de miedo que expresó un gran filósofo: El miedo es la mazmorra de la mente hacia la que corre, donde se esconde y retira. El miedo trae la superstición y la superstición es el puñal con el que la hipocresía mata al alma. Delante de la máquina de escribir con la que estoy redactando el manuscrito de este curso cuelga un cartel con la siguiente frase, en grandes letras:

"Cada día tengo más éxito en todos los sentidos".

Un desconfiado que leyó este cartel me preguntó si realmente creía en "esas cosas", y yo contesté: Por supuesto que no. Lo único que han hecho por mí es ayudarme a salir de las minas de carbón, donde comencé trabajando como obrero, y hallar un lugar en el mundo en el que estoy ayudando a más de cien mil personas, en cuyas mentes estoy plantando ese mismo pensamiento positivo que muestra ese cartel. Por lo tanto, ¿por qué habría de creer en ello? Cuando este hombre se disponía a marcharse, dijo: "Bueno tal vez después de todo haya algo en este tipo de filosofía, porque yo siempre he tenido miedo de ser un fiasco, y hasta el momento, mis temores se han cumplido totalmente. Tus pensamientos te están castigando hacia la pobreza, la infelicidad y el fracaso, o te están llevando hacia las alturas de un gran éxito. Si tú te demandas el éxito y respaldas esta exigencia con una acción inteligente, ganarás con toda seguridad. Pero ten en cuenta que hay una diferencia entre demandar el éxito y limitarse a desearlo. Deberías averiguar cuál es la diferencia y sacar provecho de ella.

Dedícate a la tarea de desenvolver la seguridad en ti mismo al menos con esa cantidad de fe, o más. No te preocupes por lo que opinarán los demás, porque ellos te serán de muy poca ayuda en tu subida por la ladera de la montaña de la vida hacia el objeto de tu proyecto claro. Tienes en tu interior todo el poder que requieres para conseguir cualquier cosa que desees o necesites en este mundo, y una de las mejores maneras de hacerte con este poder está en ti. Cree en ti, pero no le digas al mundo lo que eres capaz de hacer: ¡DEMUÉSTRALO!

Conócete ti mismo, conócete a ti mismo... Ésta ha sido la encomienda de todos los filósofos en todas las épocas. Cuando realmente te conozcas a ti mismo, sabrás que no es ninguna necedad colgar un cartel delante de ti que diga: "Cada día tengo más éxito en todos los sentidos" con el debido respeto por la persona que difundió este lema. No tengo miedo de instalar este tipo de sugestión delante de mi escritorio y, lo que es más, no tengo miedo de creer que me persuadirá de tal manera que me convertiré en un ser humano más positivo y decidido.

Hace más de veinticinco años, aprendí mi primera lección sobre la cimentación de la seguridad en mí mismo. Una noche, estaba sentado delante de una chimenea escuchando una conversación entre dos hombres mayores sobre el tema del capital y el trabajo. Sin ser participante, me uní a la charla y dije algo acerca de que los patrones y los empleados deberían remediar sus diferencias sobre la base de la Regla de Oro. Mis comentarios atrajeron la atención de uno de los hombres, el cual se volvió hacia mí, con una expresión de sorpresa en el semblante y dijo: "Caramba, eres un muchacho muy listo, y si pudieras salir ahí fuera y recibir una educación dejarías tu vestigio en el mundo". Aquella observación cayó sobre oídos "fértiles", aunque era la primera vez que alguien me decía que yo era listo, o que podría hacer algo de valor en la vida. Ese comentario me hizo pensar y, cuanto más dejaba que mi mente persistiera en ese pensamiento, más seguro estaba que detrás de esas palabras había una eventualidad. Podría decirse francamente que, sea cual fuere el servicio que estoy ofreciendo al mundo y el bien que pueda hacer, debería imputarle el mérito a ese comentario casual.

Las sugestiones como ésta suelen ser muy eficaces, sobre todo cuando son reflexionadas y expresadas por uno mismo. Regresa ahora a la fórmula de la seguridad en uno mismo y domínala, pues te conducirá a la "central eléctrica" de tu propia mente, donde accederá a una fuerza capaz de transportarte hasta la misma cima de la Escalera del Éxito.

Debo pedirte, sin embargo, que aprendas cuál es la diferencia entre la seguridad en uno mismo, que se basa en un conocimiento sensato de lo que sabes y lo que puedes hacer, y el egotismo, que sólo se base en lo que querrías saber o poder realizar. Aprende la diferencia entre estos dos términos o, de lo contrario, te transformarás en alguien aburrido, ridículo e irritante para las personas cultas y perspicaces. La seguridad en uno mismo es algo que nunca debería publicarse o anunciarse, si no es a través de la realización inteligente de actos constructivos.

Si eres seguro de ti mismo, la gente de tu entorno reconocerá esta realidad. Deja que sean ellos quienes forjen este descubrimiento. Se sentirán orgullosos de su agudeza al haberlo hecho, y tú estarás libre de toda sospecha de egocentrismo. La persona que tiene un nivel de egocentrismo muy elevado nunca es perseguida por las oportunidades, sino por las críticas y los comentarios ásperos. Las oportunidades hacen amistad mucho más fácil y rápidamente con la seguridad en uno mismo, que con el egocentrismo. El auto engrandecimiento nunca es una medida correcta de la propia seguridad. Ten esto en mente y deja que tu seguridad en ti mismo hable a través del servicio constructivo ofrecido sin ademanes o agitación.

La seguridad en uno mismo es fruto del conocimiento. Conócete a ti mismo, averigua cuánto sabes (y lo poco que sabes), por qué lo sabes y cómo vas a usarlo. Los mentirosos terminan mal, así que no finjas saber más de lo que realmente sabes. La suntuosidad no tiene sentido, porque cualquier persona culta te medirá con bastante precisión después de haberte oído hablar durante tres minutos. Lo que realmente eres hablará con tanta fuerza que lo que afirmaste no será escuchado.

Si haces caso de esta advertencia, las cuatro últimas páginas de esta lección pueden sellar uno de los puntos decisivos más importantes de tu vida. Ahora estás preparado para la cuarta lección, que te llevará un paso más arriba en la Escalera del Éxito.

Una charla con el autor después de la lección El marcador está en la puerta de entrada a la vida y escribe "pobre tonto" en la frente del hombre sabio y "pobre pecador" en la frente del santo.

¡El gran misterio del universo es la vida! Venimos aquí sin nuestra aprobación, ¡sin saber de dónde! Nos vamos sin nuestra aprobación, ¡sin saber adónde!

Estamos tratando eternamente solucionar este gran enigma de la "VIDA" y, ¿con qué objetivo y con qué fin? Ningún pensador puede tener ninguna duda de que somos puestos en esta Tierra por una clara razón. ¿Acaso no es posible que el poder que nos puso aquí sepa qué hará con nosotros cuando dejemos de existir? ¿No sería un buen plan atribuirle al Creador, que nos puso aquí en la tierra, el derecho de tener la suficiente inteligencia para saber qué hacer con nosotros cuando hayamos muerto? O deberíamos hacernos con la inteligencia y la capacidad de intervenir la vida futura a nuestra manera?¿Acaso no es posible que podamos cooperar con el Creador de una forma inteligente ocupando el control de nuestra conducta en esta tierra con la finalidad de ser decentes unos con otros y hacer todo el bien que podamos de todas las maneras posibles durante esta vida, dejando el más allá en manos de alguien que probablemente sabe mejor que nosotros qué es lo que más nos conviene?

En la ilustración de la página anterior, el artista nos cuenta una historia muy poderosa. Desde el nacimiento hasta la muerte, la mente siempre está investigando aquello que no posee.

El niño pequeño que juega con sus juguetes en el suelo ve a otro niño con un juguete diferente e, inmediatamente, intenta quedarse con él. La niña (que ya ha crecido) cree que la ropa de otra mujer es más favorecedora que la suya y se dedica a copiarla.

El niño (que ya ha crecido) ve a otro hombre con una colección mejor de ferrocarriles o bancos o comercios y se dice: ¡Qué afortunado! ¡Qué afortunado! ¿Cómo puedo separarlo de sus posesiones?. F. W. Woolworth, el rey de la tienda de "Todo a cinco y diez centavos" se detuvo en la Quinta Avenida en Nueva York, observó el elevado edificio Metropolitan y dijo: "¡Qué maravilla! ¡Edificaré uno mucho más alto!. El éxito que concluyó su vida tenía la medida del edificio Woolworth. Dicho edificio se erige como un símbolo temporal de la naturaleza humana de superar la obra de otras personas. UN MONUMENTO A LA PEDANTERÍA DEL HOMBRE, ¡CON POCA COSA MÁS PARA JUSTIFICAR SU EXISITENCIA!

El muchachito harapiento que reparte diarios en los puestos callejeros, con la boca bien abierta, envidia al hombre de negocios que se baja de su auto y se va a la oficina. "Qué feliz sería yo, se dice el chico, si poseyera un Lizzie". Y el hombre de negocios, sentado tras su mesa en su oficina, piensa en qué feliz sería si pudiera añadir otro millón de dólares a su ya acrecentada cuenta corriente.

La hierba siempre es más dulce al otro lado de la cerca, dice el burro, mientras estira el cuello pretendiendo llegar ahí. Lleva a un grupo de chicos a un manzanar y pasarán junto a las bellas manzanas maduras caídas en el suelo. Las rojas y jugosas que cuelgan expuestamente de las ramas altas tienen un aspecto mucho más seductor, y los muchachos treparán para cogerlas.

El hombre casado observa con timidez a las mujeres delicadamente vestidas que pasan por la calle y piensa en lo afortunado que sería si su esposa fuese tan linda como ellas. Es posible que ella sea mucho más linda, pero a él se le escapa su belleza porque, bueno, porque la hierba siempre es más verde al otro lado de la cercan. La mayoría de los casos de divorcio se deben a esta predisposición del hombre a saltar al otro lado de la cerca, a los prados de otra persona.

La felicidad siempre está a la vuelta de la esquina; siempre a la vista, pero fuera de nuestro alcance. La vida nunca está completa, no importa lo que tengamos o cuánto de ello poseamos. Una cosa requiere alguna otra cosa para que la acompañe. Una dama se compra un bonito sombrero. Precisa un traje que haga juego con él. Esto exige a su vez unos zapatos nuevos, un bolso y unos guantes, y otros anexos que acaban en una gran cuenta que quizá no se pueda permitir.

El hombre desea tener un hogar: sólo una simple casita junto al bosque. La construye, pero no está completa, porque debe tener arbustos, flores y un diseño de jardines que la acompañe; aún así, no está completa. Quiere que tenga una linda cerca que la rodee, con una entrada de coches de gravilla. Eso exige que haya un automóvil y un garaje para guardarlo. Se han agregado todos estos pequeños toques, ¡pero es inútil! Ahora el lugar es muy pequeño. El hombre necesita una casa con más piezas. El Ford Coupé debe ser sustituido por un Cadillac Sedán, para que haya lugar para más personas en las excursiones a campo traviesa. Y así, la historia prosigue, ad infinitum

El hombre joven recibe un salario bastante para que él y su familia puedan vivir acomodadamente. Entonces llega un ascenso y un aumento de sueldo de mil dólares anuales. ¿Pone él esos mil dólares adicionales en una cuenta de ahorros y sigue viviendo como antes? No hace nada de eso. Seguidamente, debe cambiar su viejo coche por uno nuevo; debe agregar un nuevo porche a la casa. Su esposa necesita ropa nueva. La mesa debe ponerse con mejor y más comida. (Pobre estómago acongojado.) Al final del año, ha mejorado su situación con ese aumento? ¡En absoluto!

Cuanto más gana, más quiere, y esta regla se emplea tanto a la persona que tiene millones como a la que tiene unos pocos miles. Un joven elige a una muchacha que le gusta, convencido de que no puede vivir sin ella. Cuando la ha conquistado, ya no está seguro de poder seguir conviviendo. Si un hombre sigue soltero, se pregunta por qué es tan estúpido de despojarse de las alegrías de la vida de casado. Si se casa, se pregunta de qué modo su mujer lo atrapó lo bastante desprevenido como para "pescarlo".

Y el dios del Destino exclama: "¡Ay, tontos, tontos! Estáis condenados si LO HACÉIS y estáis condenados si No Lo HACEIS."

En todas las articulaciones de la vida, los diablillos del descontento están al fondo en las sombras, con una sonrisa burlona en sus rostros, gritando:

¡Toma el camino que prefieras! ¡Al final te agarraremos! Al final, el hombre se decepciona y empieza a aprender que la felicidad y la satisfacción no son de este mundo. Comienza la búsqueda de la contraseña que le abrirá las puertas de algún otro mundo que él desconoce. Sin duda, debe de haber felicidad al otro lado de la gran separación. Exasperado, su corazón cansado y agobiado recurre a la religión en busca de consuelo y ánimos. Pero sus problemas no han acabado. ¡Apenas acaban de empezar!

"Entre a nuestra tienda y acepta nuestro dogma, dice una secta, y podrás ir directamente al cielo después de morir". El pobre hombre duda, observa y oye. Entonces escucha la llamada de otro tipo de religión cuyo líder dice:

"Apártate del otro campo, o irás directamente al infierno. Ellos sólo rociarán un poco de agua sobre tu cabeza, pero nosotros te estimularemos durante todo el camino, asegurando así un paso seguro a la tierra prometida". En medio de estas creencias sectarias, el pobre hombre titubea. Al no saber si tomar una dirección u otra, se pregunta qué religión le ofrece el camino más convincente, hasta que la esperanza se desvanece. YO mismo, cuando era joven, frecuentaba a doctores y santos, y escuchaba grandes discusiones acerca de esto y aquello, pero siempre salía por la misma puerta por la que había entrado.

Siempre buscando, pero sin hallar jamás: así podría describirse la lucha del hombre por la felicidad y la complacencia. Va probando una religión tras otra. Su mente se transforma en un eterno signo de interrogación que busca aquí y allá una respuesta a las preguntas: ¿De dónde venimos? ¿Hacia dónde vamos?

La esperanza frívola que los hombres ponen en sus corazones se transforma en cenizas o prospera, y al poco tiempo, como nieve que cae sobre el semblante polvoriento del desierto iluminando una o dos horas, ha desaparecido. ¡La vida es un eterno signo de interrogación! Lo que más deseamos siempre está a la distancia primitiva del futuro. Nuestro ideal para adquirir siempre está, alrededor de una década por detrás de nuestro poder de DESEAR. Y si alcanzamos eso que deseamos, ¡ya no lo deseamos!

Afortunada es la muchacha que aprende esta gran verdad y mantiene a su amante siempre presumiendo, siempre protegiéndose para no perderla. Nuestro autor favorito es un héroe y un genio hasta que lo conocemos en persona y nos enteramos de la doliente verdad de que, después de todo, es sólo un hombre. ¿Cuántas veces debemos aprender esta lección? Los hombres dejan de concernirnos cuando descubrimos sus limitaciones. El único pecado es la limitación. En cuanto te tropiezas con las limitaciones de un hombre, todo ha acabado con él. (Emerson). Qué linda es la montaña a la distancia; pero, en cuanto nos acercamos a ella, descubrimos que no es más que una pobre colección de rocas, tierra y árboles.

La belleza, la felicidad y la complacencia son estados de la mente. Nunca se puede disfrutar de ellos, excepto a través de la visión desde la distancia. La pintura más hermosa de Rembrandt se transforma en una simple mancha de pintura si nos acercamos demasiado. Arruina la esperanza de los sueños no cumplidos en el corazón de una persona y habrás terminado con ella. En cuanto alguien deja de alojar la visión de un logro futuro, está acabado. La naturaleza ha creado al hombre de manera tal que su mayor felicidad y la única que es duradera es aquella que siente al perseguir algún objetivo aún no alcanzado. La anticipación es más dulce que la ejecución. Aquello que está a la mano no satisface. La única satisfacción perpetua es aquella que proviene de la persona que mantiene viva en su corazón la ESPERANZA de un logro futuro. Cuando dicha esperanza muere, puedes trazar FIN en el corazón del hombre.

La mayor inconsistencia de la vida es el hecho de que la mayoría de las cosas que creemos no es cierta. Russell Conwell escribió la conferencia más popular que se ha dado jamás en lengua inglesa y la tituló Acres of Diamonds. La idea central de la conferencia era la aseveración de que uno no precisa buscar las oportunidades en la distancia, que las oportunidades pueden hallarse en la cercanía de tu propio nacimiento. ¡Quizá! Pero, ¿cuántos lo creen? Las oportunidades pueden hallarse dondequiera que uno las busque, ¡y en ningún otro lugar! Para la mayoría de la gente, la cosecha tiene mejor semblante al otro lado de la cerca. Qué trivial instar a alguien a intentar buscar su suerte en su pequeño pueblo natal, cuando está en la naturaleza humana buscar oportunidades en cualquier otro lugar.

No te preocupes de que la hierba parezca más dulce al otro lado de la cerca. La naturaleza ha querido que así sea. De este modo nos cautiva y nos prepara para la tarea de crecer a través de la disputa, la cual dura toda la vida. El pacto más elevado que podemos hacer con otra persona es: que siempre haya verdad entre nosotros dos.

EMERSON

Cuarta lección
EL HÁBITO DE AHORRAR

"El hombre es una mezcla de carne, huesos, sangre, pelo y células cerebrales. Éstos son los materiales de edificación con los que da forma, a través de la ley del hábito, a su propia personalidad". Sugerir a alguien que ahorre dinero sin contarle cómo hacerlo sería como dibujar un caballo y escribir debajo de él: "Esto es un caballo". Es indudable para todos que ahorrar dinero es uno de los elementos precisos para el éxito, pero la gran pregunta que predomina en las mentes de la mayoría de las personas que no ahorran es: ¿Cómo puedo hacerlo?

Ahorrar dinero es exclusivamente una cuestión de hábito. Por esa razón, esta lección empieza con un breve análisis de la LEY DEL HÁBITO. Es literalmente cierto que el ser humano da forma a su personalidad a través de la LEY DEL HÁBITO. A través de la repetición, cualquier acto que se ejecute unas cuantas veces se transforma en un hábito, y la mente parece no ser más que una masa de fuerzas motivadoras que proceden de nuestros hábitos diarios. Cuando un hábito ha sido fijado en la mente, nos impulsa voluntariamente a la acción. Por ejemplo, si sigues diariamente una ruta dada para llegar a tu trabajo o a algún otro lugar que visites con periodicidad, pronto se habrá formado el hábito, y tu mente te conducirá por dicha ruta sin que haya ningún pensamiento por tu parte. Además, si sales con la finalidad de ir en otra dirección, sin pensar continuamente en dicho cambio, te hallarás siguiendo la misma vieja ruta.

Los conferenciantes han descubierto que contar una y otra vez la misma historia, que puede estar basada en pura ficción, hace que entre en juego la LEY DEL HÁBITO y, al cabo de poco tiempo, ya no saben si la historia es verdadera o no.

Muros de limitación que se construyen a través del hábito.

Millones de personas pasan por la vida en la pobreza y la escasez porque han hecho un uso destructor de la LEY DEL HÁBITO. Al no entender ni esta ley, ni la ley de la atracción a través de la cual dos iguales se atraen, quienes persisten en la pobreza rara vez se dan cuenta de que están ahí como secuela de sus propios actos.

El único favor duradero que un padre puede hacerle a su hijo es ayudar al niño a ayudarse a sí mismo. Establece en tu mente el pensamiento de que tu habilidad se limita a una establecida capacidad de ganar dinero y nunca ganarás más que eso, porque la LEY DEL HÁBITO establecerá una clara limitación de la cantidad que eres capaz de ganar, tu mente inconsciente aceptará dicha limitación y pronto sentirás que "decaes" hasta que, posteriormente, estarás tan atrapado por el miedo a la pobreza (uno de los seis miedos básicos) que las oportunidades ya no llamarán a tu puerta; tu condena estará sellada y tu destino establecido. La formación del HÁBITO DE AHORRAR no significa que debas limitar tu capacidad de ganar dinero, sino exactamente lo contrario: que aplicarás esta ley no sólo para que guarde lo que ganas de manera sistemática, sino para que te instale en el camino de las grandes oportunidades y te suministre la visión, la seguridad m ti mismo. La imaginación, el entusiasmo, la iniciativa y el liderazgo precisos de modo que realmente acreciente tu capacidad de ganar dinero.

Para explicar esta gran ley de otro modo, digamos que cuando realmente entiendes la LEY DEL HÁBITO puedes asegurarte el triunfo en el gran juego de hacer dinero haciendo que los dos extremos de dicho juego vayan hacia el centro. Ésta es la forma de proceder: A través la LEY DEL CLARO OBJETIVO PRINCIPAL, fundas en tu mente una descripción clara y precisa de lo que quieres, incluyendo la cantidad de dinero que pretendes ganar. Tu mente subconsciente se apropia de esta imagen que has elaborado y la utiliza como un anteproyecto, gráfico o plano según el cual moldeará tus pensamientos y tus actos transformándolos en planes prácticos para alcanzar la meta de tu objetivo principal, o propósito. A través de la LEY DEL HÁBITO conservas el objeto de tu claro objetivo principal fijo en tu mente (de la manera que se describe en la segunda lección) hasta que queda intactamente implantado en ella. Esta práctica destruirá la conciencia de pobreza y colocará en su lugar una consciencia de bonanza. Empezarás a EXIGIR prosperidad, comenzarás a esperarla, comenzarás a prepararte para recibirla y utilizarla con sabiduría, pavimentando así el camino o preparando el escenario para el desarrollo del HÁBITO DE AHORRAR. Habiendo aumentado así tu capacidad de ganar dinero, harás otro uso de la LEY DEL HÁBITO instituyendo en tu declaración escrita de tu claro objetivo principal, el ahorro de una proporción dada de todo el dinero que ganes. Así, a medida que tus ingresos acrecienten, tus ahorros también lo harán en proporción. Si, por un lado, te alientas continuamente y te exiges una capacidad cada vez mayor de ganar dinero y, por otro lado, separas metódicamente una cantidad delimitada de todos tus ingresos, pronto llegarás a un punto en el que habrás eliminado todas las limitaciones imaginarias de tu propia mente y entonces habrás comenzado el camino hacia la independencia económica. ¡No hay nada más práctico o que pueda hacerse más fácilmente que esto! altera el funcionamiento de la LEY DEL HÁBITO estableciendo en tu mente el miedo a la pobreza y pronto temerás reducir tu capacidad de ganar dinero, hasta que apenas serás capaz de ganar el dinero suficiente para atender a tus reales necesidades. Los editores de diarios podrán crear el pánico en una semana si llenaran sus columnas con noticias sobre verdaderos fracasos de negocios en el país, a pesar de que, en comparación con el número total de negocios existentes, muy pocos realmente fracasan. Las llamadas "olas de delincuencia" son, en gran medida, fruto del periodismo sensacionalista. Un solo caso de asesinato, si es explotado por los periódicos del país con titulares escalofriantes, es bastante para iniciar una verdadera "ola" de crímenes relacionados en diversas localidades. Después de la repetición en los periódicos de la historia del asesinato de Hickman, comenzaron a ocurrir casos similares en otras partes del país.

Todos somos víctimas de nuestros hábitos, no importa quién seamos o cuál sea nuestra vocación. Cualquier idea que se establezca de forma deliberada en la mente o que uno deja que se instale en ella, como consecuencia de la sugestión, el ambiente, la influencia de los otros, etcétera, la duda nos impulsará a efectuar actos que están de acuerdo con la naturaleza de dicha idea.

Desarrolla el hábito de pensar y hablar de prosperidad y abundancia, y muy pronto comenzarán a manifestarse pruebas materiales en forma de oportunidades más extensas, nuevas e inesperadas. ¡Los iguales se atraen! Si te dedicas a los negocios y has desplegado el hábito de hablar y pensar que los negocios van mal, los negocios irán mal. Un pesimista, si se le permite seguir con su influencia destructiva durante el tiempo suficiente, puede destruir el trabajo de media docena de personas competentes, y lo hará situando en las mentes de sus colegas pensamientos de pobreza y fracaso. No te relaciones con este tipo de hombre o mujer.

Uno de los banqueros de más éxito del estado de Illinois tiene este cartel colgado en su despacho privado: "aquí sólo hablamos y pensamos en la abundancia. Si usted tiene una historia de desgracia, por favor, guárdesela, pues no la queremos."

En 1927, el joven Edward Hickman secuestró y asesinó a una niña de doce años Fue capturado poco después. Se lo juzgó y penó a muerte. Murió en 1928. Ninguna empresa quiere los servicios de un pesimista, y quienes comprenden las leyes de la atracción y el hábito no tolerarán a un pesimista, del mismo modo que no aprobarían a un ladrón rondar por su lugar de trabajo, porque dicha persona arruinará la utilidad de quienes lo rodean. Eres un imán humano y estás atrayendo incesablemente a personas cuyas características armonizan con las tuyas. En decenas de miles de hogares, el tema general de conversación es la pobreza y la carencia, y eso es exactamente lo que están obteniendo.

Piensan en la pobreza, hablan de pobreza, aceptan la pobreza como lo que les ha tocado en la vida. Su lógica es que, si sus antepasados fueron pobres antes que ellos, ellos también deben seguir siéndolo. La conciencia de pobreza se forma como consecuencia del hábito de pensar en ella y de temerla. "Aquello que temía me ha pasado."

La esclavitud de la deuda es un amo despiadado, un fatal enemigo del HÁBITO DE AHORRAR. La pobreza, por sí sola, es bastante para destruir toda ambición, la seguridad en uno mismo y la esperanza, pero agrégale la carga de una deuda y todas las personas que son víctimas de estos dos amos crueles y duros estarán prácticamente condenadas al fracaso.

Nadie puede ejecutar su mejor trabajo, ni expresarse en términos que atribuyan respeto, ni crear o llevar a cabo un propósito claro en la vida, si tiene una pesada deuda que pende sobre su cabeza. La persona que está ligada a la esclavitud de la deuda es tan infructuosa como el esclavo que está atado por la ignorancia, o por verdaderas cadenas. Este autor tiene un amigo íntimo cuyos ingresos son de mil dólares al mes. A su esposa le encanta la "sociedad" y trata de simular unos ingresos de 20.000 dólares anuales, cuando en realidad son 12.000, con el resultado de que este pobre hombre suele tener una deuda de alrededor de ocho mil dólares. Todos los miembros de su familia tienen el hábito de gastar, que obtuvieron de SU madre. Los hijos, dos chicas y un chico, ahora están en una edad en la que piensan en ir a la universidad, pero esto es imposible a causa de las deudas de su padre. El resultado es la disconformidad entre él y sus hijos, lo cual hace que toda la familia esté infeliz y decaída.

Es terrible incluso pensar en pasar por la vida como un prisionero encadenado, atado y siendo "propiedad" de otra persona a causa de las deudas. La acumulación de deudas es un hábito. Al principio es algo pequeño y empieza a alcanzar enormes proporciones lentamente, paso a paso, hasta que finalmente se apodera de tu propia alma.

Miles de jóvenes comienzan su vida de casados con deudas innecesarias amenazándolos y nunca consiguen quitarse ese peso de encima. Cuando la novedad del matrimonio se comienza a desvanecer (como suele pasar), la pareja comienza a sentir la vergüenza de la escasez, y este sentimiento crece hasta que a menudo confluye en un abierto descontento mutuo y, finalmente, en el divorcio.

Una persona que está atada por la esclavitud de la deuda no tiene el tiempo ni la disposición mental para instituir o desarrollar ideales, con el resultado de que, con el tiempo, acaba yendo a la deriva, hasta que termina poniendo limitaciones a su propia mente, y con ellas se interna tras los muros de la prisión del MIEDO y la duda, de la que no escapa jamás. Ningún sacrificio es demasiado grande para impedir la infelicidad de la deuda "Piensa en lo que te debes a ti mismo y a quienes dependen de ti, y decídete a no comprometerle nada a nadie", es el consejo de un hombre de mucho éxito cuyas primeras oportunidades fueron arruinadas por las deudas. Este hombre tomó conciencia lo bastante pronto como para despegarse del hábito de comprar aquello que no necesitaba y, finalmente, pudo salir de la esclavitud. La mayoría de las personas que desenvuelven el hábito de la deuda no tendrán la suerte de tomar conciencia a tiempo para salvarse, porque la deuda es como las arenas movedizas, en tanto que tiende a hundir a su víctima cada vez más hondamente en el fango.

El miedo a la pobreza es uno de los más destructores de los seis miedos básicos que se narran en la tercera lección. La persona que se endeuda excesivamente es atrapada por el miedo a la pobreza, su ambición y la seguridad en sí misma se detienen, y cae gradualmente en el olvido. Se hallan dos tipos de deudas, y son tan diferentes en su naturaleza que merecen ser explicados aquí, como sigue: Hay deudas que se obtienen por darse lujos que acaban declinando en una calamidad. Hay deudas que se obtienen en el curso de una transacción profesional o de negocios, que simbolizan un servicio o mercancías que pueden ser reconvertidos en activos.

El primer tipo de deudas es el que se debe evitar; el segundo tipo puede lograrse, siempre que la persona que adquiere estas deudas use el buen juicio y no sobrepase los límites razonables. En el momento en que uno compra algo que está más allá de sus limitaciones, ingresa en el terreno de la especulación, y la especulación devora más personas de las que enriquece. Casi todas las personas que viven por encima de sus medios se sienten tentadas a especular con la esperanza de que puedan recobrar, con un solo giro de la rueda de la fortuna, por así decirlo, todo lo que adeudan. La meda suele pararse en el lugar equivocado y estas personas, lejos de deshacerse de la deuda, entran en la especulación y terminan más atadas y esclavizadas aún. El miedo a la pobreza arruina la fuerza de voluntad de sus víctimas, y éstas son incapaces de recuperar sus fortunas perdidas y, lo que es más triste aún, derrochan la ambición de librarse de la esclavitud de la deuda.

Difícilmente pasa un día sin leer al menos una noticia en los periódicos sobre algún suicidio como secuela de la preocupación por las deudas. La esclavitud de la deuda incita más suicidios cada año que todas las demás causas combinadas, lo cual tan solo es una muestra de lo cruel que es el miedo a la pobreza.

Durante la guerra, millones de hombres se introdujeron en las trincheras sin retroceder, sabiendo que la muerte podía surgirles en cualquier momento. Esos mismos hombres, cuando se afrontan al miedo a la pobreza, suelen encogerse y suicidarse, por la pura desesperación, que paraliza su razonamiento.

La persona que está libre de deudas puede eliminar la pobreza y alcanzar un éxito económico recalcado, pero, si está atada por las deudas, tal logro es sólo una posibilidad remota, y nunca algo accesible. El miedo a la pobreza es un estado mental negativo y demoledor. Además, el estado mental negativo tiende a atraer otros estados mentales parecidos. Por ejemplo, el miedo a la pobreza puede atraer el miedo a la mala salud, y estos dos temores pueden atraer el Miedo a la Vejez, de manera que la víctima se verá pobre, con mala salud y envejeciendo mucho antes del momento en que debería comenzar a mostrar signos de vejez.

¡Millones de sepulcros prematuros, anónimos, se han llenado por este cruel estado mental conocido como el miedo a la pobreza! Hacia 1916, un hombre joven ocupaba un puesto de responsabilidad en el City National Bank, de la ciudad de Nueva York. Dado que vivía por encima de sus ingresos, obtuvo una gran cantidad de deudas, las cuales le trajeron inquietudes, hasta que su hábito destructivo comenzó a revelarse en su trabajo y fue despedido del banco.

Este hombre obtuvo otro puesto, ganando menos dinero, pero sus prestamistas lo avergonzaron de tal forma que decidió renunciar y marcharse a otra ciudad, donde esperaba escapar de ellos hasta haber recolectado el dinero suficiente para pagar sus deudas. Los acreedores saben cómo hallar a sus deudores, de modo que muy pronto estaban pisándole los talones a este joven, cuyo jefe se enteró de su endeudamiento y lo despidió de su trabajo. Entonces, el joven buscó un trabajo en vano durante dos meses. Una noche fría, subió a la terraza de uno de los edificios más altos de Broadway y se arrojó al vacío: la deuda tenía una víctima más. ¿Quién te dijo que no podía hacerse? ¿Y qué gran logro puede adjudicarse esa persona que la autorice a usar la palabra "imposible" con tanta libertad? ¿Cómo dominar el miedo a la pobreza? Para alejar el miedo a la pobreza se deben dar dos pasos muy claros, siempre que uno esté en deuda. En primer lugar, acaba con el hábito de adquirir a crédito y, a continuación, paga progresivamente las deudas que ya has adquirido. Estando libre de la ansiedad del endeudamiento, estás preparado para renovar los hábitos de tu mente y redirigir su curso hacia la felicidad. Adopta, como parte de tu claro objetivo principal, el HÁBITO DE AHORRAR una proporción firme de tus ingresos, aunque no sea más que una moneda al día. Muy pronto, este hábito comenzará a apoderarse de tu mente y realmente gozarás ahorrando.

Cualquier hábito puede ser obstaculizado creando en su lugar algún otro hábito más deseable. Todos aquellos que logran la independencia económica deben sustituir el hábito de "gastar" por el de "ahorrar". Limitarse a impedir un hábito indeseable no basta, pues tales hábitos tienden a retornar, a menos que el lugar que solían ocupar en la mente sea llenado con algún otro hábito de distinta naturaleza.

La interrupción de un hábito deja un espacio en la mente, y éste debe ser llenado con alguna otra forma de hábito o, de lo contrario, el viejo hábito volverá y reclamará su lugar.

A lo largo de este curso se han explicado muchas formulas psicológicas que se ha pedido al estudiante que memorice y practique. Hallarás una fórmula así en la tercera lección, cuyo objeto es desarrollar la seguridad en uno mismo (págs. 168- 169). Estas fórmulas pueden ser adquiridas, para que formen parte de tu maquinaria mental, a través de la LEY DEL HÁBITO, siempre que sigas las instrucciones de uso que las conducen. Doy por sentado que estás esforzándote por lograr una independencia económica. La acumulación de dinero no es difícil cuando has dominado el miedo a la pobreza y desarrollado en su lugar el HÁBITOD DE AHORRAR. El autor de este curso se sentiría muy decepcionado al saber que cualquier persona que lo está estudiando, leyendo ésta o cualquiera de las otras lecciones, haya tenido la impresión de que el éxito se calcula sólo por el dinero.

No obstante, es cierto que el dinero simboliza un factor importante en el éxito, y se le debe dar el valor apropiado en cualquier filosofía que pretenda ayudar a la gente a llegar a ser útil, feliz y próspera.

La fría, cruel y feroz verdad es que, en esta era de materialismo, el ser humano no es más que unos granos de arena que pueden ser arrastrados despreocupadamente por todos los vientos de las circunstancias, a menos que esté acorazado detrás del poder del dinero.

La genialidad puede ofrecer muchas distinciones a quienes la posean, pero la realidad sigue siendo que, sin el dinero preciso para darle expresión, no es más que un honor vacío, como un armazón. ¡La persona que no tiene dinero está a merced de la que sí lo tiene! Y esto pasa independientemente de las habilidades que pueda tener, la educación que haya recibido o la inteligencia innata con que haya sido dotada por la naturaleza.

No se puede negar el hecho de que las personas te tasarán en gran medida a la luz de los balances bancarios, autónomamente de quién seas o lo que puedas hacer La primera pregunta que brota en las mentes de la mayoría de las personas, cuando conocen a un extraño es: "¿Cuánto dinero tiene?". Si tiene dinero, se le abren las puertas de los hogares y las oportunidades de negocios que surgen en su camino; se le realizan todo tipo de atenciones. Es un "príncipe" y, como tal, le pertenece lo mejor del mundo. Pero si las suelas de sus zapatos están gastadas, su ropa no está planchada, su cuello está sucio y muestra patentemente signos de una economía empobrecida, la desdicha será su suerte, pues la muchedumbre que pase a su lado le pisará los pies y echará a su rostro el humo de la falta de respeto. Estas afirmaciones no son atrayentes, pero tienen una virtud: ¡son verdaderas! La mencionada propensión a juzgar a la gente por el dinero que tiene, o por su poder para inspeccionarlo, no se limita a un tipo de personas. Todos la tenemos en cierta medida, tanto si lo reconocemos como si no. Thomas A. Edison es uno de los más famosos y respetables inventores del mundo, pero no sería equivocado decir que hubiese continuado siendo prácticamente un personaje inédito y oscuro, de no haber tenido el hábito de resguardar sus recursos y la capacidad de ahorrar dinero. Henry Ford nunca habría llegado a la primera base con su "coche sin caballos", si no hubiera desplegado muy pronto en la vida el HABITO DE AHORRAR. Además, si el señor Ford no hubiese presentado sus recursos y no se hubiese protegido detrás de su poder, habría sido "devorador" por sus contendientes o por aquellos que deseaban codiciosamente quitarle su negocio desde muchísimos años atrás.

Muchas personas han recorrido un largo camino hacia el éxito, y han terminado tropezando y cayendo para no volver a levantarse, por no disponer de dinero en instantes de emergencia. La tasa de mortalidad de los negocios cada año debido a la falta de un dinero de reserva para emergencias es impresionante. A esta única causa se deben más fracasos de negocios, ¡que a todas las demás causas juntas! Los fondos de reserva son fundamentales para el funcionamiento exitoso de un negocio. Asimismo, las cuentas de ahorros son principales para el éxito de muchas personas. Sin unos ahorros, la persona sufre de dos formas: en primer lugar, por la inhabilidad de aprovechar las oportunidades que sólo se le presentan a la persona con dinero disponible y, en segundo lugar, por la vergüenza de tener que hacer una llamada de emergencia imprevista para obtener dinero. También se podría decir que, al no haber desarrollado el HÁBITO DE AHORRAR, la persona sufre en un tercer aspecto, debido a la falta de ciertas maneras esenciales para el éxito que derivan de practicar aquél. Las monedas de uno, cinco y diez centavos que la persona promedio deja que se le escapen de las manos, si fuesen ahorradas metódicamente y se las hiciera trabajar del forma adecuada, terminarían produciendo independencia económica. Por cortesía de la destacada Asociación de Construcción y Préstamos, se ha elaborado la siguiente tabla, que muestra lo que sumaría el ahorro mensual de cinco, diez, veinticinco o cincuenta dólares al cabo de diez años. Estas cifras son sorprendentes cuando se trata de considerar el hecho de que la persona promedio gasta entre cinco y cincuenta dólares mensuales en compras inservibles o en el llamado "entretenimiento". Cada fracaso, cada adversidad, cada pena, pueden ser una bendición disimulada, siempre que suavice la parte animal de nuestra naturaleza.

LA SORPRENDENTE FORMA EN QUE EL DINERO CRECE

AHORRO DE U$5 AL MES (sólo 17 centavos al día)				
	Monto ahorrado	Ganancia	ahorros + ganancias	Valor retirado
1º año	$ 60.00	$ 4.30	$ 64.30	$ 61.30
2º año	$ 120.00	$ 16.55	$ 163.55	$ 125.00
3º año	$ 180.00	$ 36.30	$ 216.30	$ 191.55
4º año	$ 240.00	$ 64.40	$ 304.00	$ 260.20
5º año	$ 300.00	$ 101.00	$ 401.00	$ 338.13
6º año	$ 360.00	$ 140.00	$ 500.00	$ 414.75
7º año	$ 420.00	$ 197.10	$ 617.10	$ 495.43
8º año	$ 480.00	$ 257.05	$ 737.05	$ 578.32
9º año	$ 540.00	$ 324.95	$ 864.95	$ 687.15
10º año	$ 600.00	$ 400.00	$ 1.000.00	$ 1.000.00

AHORRO DE U$10 AL MES (sólo 33 centavos al día)				
	Monto ahorrado	Ganancia	ahorros + ganancias	Valor retirado
1º año	$ 120.00	$ 8.60	$ 128.60	$ 122.60
2º año	$ 240.00	$ 33.11	$ 273.11	$ 250.00
3º año	$ 360.00	$ 72.60	$ 432.60	$ 383.10
4º año	$ 480.00	$ 128.00	$ 608.00	$ 520.40
5º año	$ 600.00	$ 202.00	$ 802.00	$ 676.25
6º año	$ 720.00	$ 280.00	$ 1.000.00	$ 829.50
7º año	$ 840.00	$ 394.20	$ 1234.20	$ 990.85
8º año	$ 960.00	$ 514.10	$ 1.474.10	$ 1.156.64
9º año	$ 1.080.00	$ 649.90	$ 1.729.90	$ 1.374.30
10º año	$ 1.200.00	$ 800.00	$ 2.000.00	$ 2.000.00

AHORRO DE U$25 AL MES (sólo 83 centavos al día)								
	Monto ahorrado		Ganancia		ahorros + ganancias		Valor retirado	
1° año	$	300.00	$	21.50	$	321.50	$	306.50
2° año	$	600.00	$	82.75	$	682.75	$	625.00
3° año	$	900.00	$	181.50	$	1.081.50	$	957.75
4° año	$	1.200.00	$	320.00	$	1.520.00	$	1.301.00
5° año	$	1.500.00	$	505.00	$	2.005.00	$	1.690.63
6° año	$	1.800.00	$	700.00	$	2.500.00	$	2.073.75
7° año	$	2.100.00	$	985.50	$	3.085.50	$	2.477.13
8° año	$	2.400.00	$	1.285.25	$	3.685.25	$	2.891.60
9° año	$	2.700.00	$	1.624.75	$	4.324.75	$	3.435.75
10° año	$	3.000.00	$	2.000.00	$	5.000.00	$	5.000.00

AHORRO DE U$10 AL MES (sólo 1.66 al día)								
	Monto ahorrado		Ganancia		ahorros + ganancias		Valor retirado	
1° año	$	600.00	$	43.00	$	643.00	$	613.00
2° año	$	1.200.00	$	165.50	$	1.365.50	$	1.250.00
3° año	$	1.800.00	$	363.00	$	2.163.00	$	1.915.50
4° año	$	2.400.00	$	640.00	$	3.040.00	$	2.602.00
5° año	$	3.000.00	$	1.010.00	$	4.010.00	$	3.381.25
6° año	$	3.600.00	$	1.400.00	$	5.000.00	$	4.147.50
7° año	$	4.200.00	$	1.971.00	$	6.171.00	$	4.954.25
8° año	$	4.800.00	$	2.570.50	$	7.370.50	$	5.783.20
9° año	$	5.400.00	$	3.249.50	$	8.649.50	$	6.871.50
10° año	$	6.000.00	$	4.000.00	$	10.000.00	$	10.000.00

Hacer y ahorrar dinero es una ciencia, pero las reglas para almacenar dinero son tan fáciles que cualquiera las puede seguir. El principal requerimiento es la voluntad de someter el presente al futuro, eliminando los gastos innecesarios en darse caprichos. Un joven que estaba ganando 20 dólares semanales como chófer de un importante banquero neoyorquino, fue persuadido por su patrón para que llevara la cuenta exacta de cada centavo que gastaba durante una semana. La siguiente es una lista detallada de sus gastos:

Tabaco	$ .75
Chicles	.03
Cafetería	1.80
Cigarros para asociados.	1.50
Cine	1.00
Barbería, incluidas propinas	1.60
Periódico, a diario y los domingos	.22
Limpiabotas	.30
TOTAL	**$ 7.47**
Cama y comida	$ 12.00
Calderilla	.53
TOTAL	**$ 20.00**

Estas cifras cuentan una trágica historia que podría emplearse a miles de personas, no sólo al joven que llevó esta cuenta. De los 20 dólares que ganaba, sólo ahorró 53 céntimos. Gastó 7,47 dólares en artículos que podrían haberse dominado enormemente y la mayoría de los cuales podrían haberse eliminado del todo. De hecho, afeitándose él mismo y puliendo sus propios zapatos, podía haber ahorrado todos los centavos de los 7,47 dólares. Ahora vuelve a la tabla elaborada por la Asociación de Construcción y Préstamos y mira a cuánto ascendería el ahorro de 7,47 dólares semanales. Cupón que este joven hubiera guardado solamente la cantidad de 25 dólares mensuales. Dicha cifra habría acrecentado hasta la suma de cinco mil dólares al cabo de los primeros diez años.

El joven en cuestión tenía veintiún años cuando llevó esta cuenta de sus gastos.

De haber ahorrado 25 dólares mensuales, al llegar a los treinta y un años podría haber tenido una cantidad importante de dinero en el banco. y estos ahorros le habrían suministrado muchas oportunidades que lo habrían llevado directamente a la independencia económica. A algunas personas cortas de mira les gusta señalar el hecho de que nadie puede hacerse rico por el simple hecho de ahorrar unos pocos dólares semanales. Esto puede ser cierto, en lo que respecta al raciocinio, pero el otro lado de la historia es que incluso el ahorro de una pequeña suma de dinero lo instala a uno en una posición en la que, a menudo, esa pequeña cantidad puede consentirle aprovechar unas oportunidades de negocio que le proporcionarán, de un modo directo y bastante rápido, la independencia económica. Deberías copiar y pegar en un espejo la tabla, que revelaba a cuánto asciende el ahorro de cinco dólares semanales al cabo de diez años, para que te mire a la cara cada mañana cuando te levantes y cada noche cuando te vayas, si todavía no has adquirido el hábito del ahorro sistemático. Esta tabla debería ser copiada en letras y números de dos centímetros de altura y puesta en las paredes de todas las escuelas públicas del país, donde pudiera servir de recordatorio constante para todos los escolares del valor del HÁBITO DE AHORRAR.

Hace unos años, antes de pensar seriamente en el valor del HÁBITO DEL AHORRO, este autor hizo una cuenta del dinero que se le había corrido de las manos. La cantidad era tan impresionante, que tuvo como consecuencia que escribiera esta lección e incluyera el HÁBITO DE AHORRAR dentro de las QUINCE LEYES DEL ÉXITO. A continuación brindo una descripción detallada de dicha cuenta:

4.000 dólares heredados, utilizados en un negocio automovilístico con un amigo que perdió todo el dinero en un año.

3.600 dólares de dinero ganado con algunos escritos para revistas y periódicos, gastado infructuosamente.

30000 dólares ganador del entrenamiento de 3.000 vendedores con la ayuda de la filosofía de las LEYES DEL ÉXITO, invertidos en una revista que no tuvo éxito porque no había una reserva de dinero que la protegiera.

3.400 dólares ganadas con conferencias públicas, seminarios, que se fueron gastando a medida que entraron.

6.000 dólares es la cantidad aproximada que podría haber ahorrado durante un curso de diez años, de un dinero ganado regularmente, a un ritmo de de sólo 50 dólares mensuales.

47.000 dólares es la cantidad total.

Este dinero, si hubiese sido ahorrado e invertido a medida que era recogido, en asociaciones de construcción y ahorro, o en algún otro sector que diera un interés combinado, habría crecido hasta alcanzar la suma de 94.000 dólares en el instante en que estoy escribiendo este artículo. Este autor no es víctima de ninguno de los hábitos corrientes de desperdicio, como el juego, la bebida o la diversión excesiva. Resulta casi extraordinario que un hombre cuyos hábitos de vida son razonablemente moderados pueda gastar 47.000 dólares en poco más de diez años, sin tener nada que mostrar a cambio del dinero, ¡pero qué le vamos a hacer!

Una reserva de capital de 94.000 dólares, trabajando a interés compuesto, es bastante para dar a cualquier persona toda la libertad económica que requiere.

Me viene a la memoria una ocasión en la que el presidente de una gran empresa me mandó un cheque de 500 dólares por un discurso que yo había pronunciado en un banquete para sus empleados, y recuerdo con claridad lo que pasó por mi mente cuando rompí la carta y vi el cheque. YO deseaba un automóvil nuevo y ese cheque remontaba exactamente a la cantidad requerida para el primer pago. Antes de que hubiera estado treinta segundos en mis manos, ya lo había gastado.

Posiblemente ésta sea la experiencia de la mayor parte de la gente. Piensan más en cómo van a gastar lo que tienen, que en la manera y los medios para ahorrarlo. La idea de ahorrar, y el autocontrol y el sacrificio personal que deben ir con ella, siempre van conducidos de pensamientos poco placenteros, pero, ay, qué apasionante es pensar en gastar. Hay un motivo para esto, y es el hecho de que casi todos nosotros hemos desenvuelto el hábito de gastar, al tiempo que hemos perdido el HÁBITO DE AHORRAR, y cualquier idea que visite la mente humana en raras ocasiones no es tan bienvenida como aquella que la visita con periodicidad.

En realidad, el HÁBITO DE AHORRAR puede transformarse en algo tan fascinante como el hábito de gastar, pero antes debe convertirse en un hábito regular, bien adaptado y sistemático. Nos gusta hacer aquello que se repite con asiduidad, lo cual es sólo otra manera de afirmar lo que los científicos ya han descubierto: que somos víctimas de nuestros hábitos. El hábito de ahorrar dinero necesita más fuerza de carácter del que la mayoría de la gente ha desarrollado, porque ahorrar significa la carencia y el sacrificio de diversiones y placeres de muchos tipos. Precisamente por esta razón, quien desarrolla el hábito de ahorrar logra, al mismo tiempo, muchos otros hábitos precisos para alcanzar el éxito: fundamentalmente el autocontrol, la seguridad en uno mismo, la valentía, la serenidad y la ausencia de temor.

¿Cuánto debería uno ahorrar?

La primera pregunta que surge es: ¿Cuánto debería uno ahorrar? La contestación no puede ofrecerse en pocas palabras, pues la cantidad que uno debería ahorrar obedece a muchos factores, algunos de los cuales pueden caer bajo tu control, pero otros podrían no estarlo. Hablando en palabras generales, una persona que gana un sueldo debería comerciar sus ingresos aproximadamente de la siguiente manera

Cuenta de ahorros	20 %
Vivir: ropa, comida y vivienda	50 %
Educación	10 %
Recreación	10 %
Seguro de vida	10 %

No obstante, a continuación mostramos la distribución aproximada que la persona promedio hace de sus ingresos:

Cuenta de ahorros	Nada
Vivir: ropa, comida y vivienda	60 %
Educación	0 %
Recreación	35 %
Seguro de vida	5 %

Bajo el epígrafe "Recreación" se encierran, por supuesto, muchos gastos que en realidad no "recrean", como bebidas alcohólicas, conmemoraciones y otras cosas similares, que en realidad pueden servir para socavar la propia salud y destruir el carácter.

Un analista del ser humano con experiencia aseveró que, examinando el presupuesto mensual de una persona, podía adivinar con gran exactitud qué tipo de vida llevaba, también dijo que obtenía la mayor parte de su información del epígrafe "Recreación" De manera que éste es un epígrafe que debe observarse con el mismo cuidado con que el empleado de un invernadero patrulla el termómetro que controla la vida y la muerte de sus plantas. Quienes llevan un control de su presupuesto suelen encerrar un apartado llamado «diversión», el cual, en la mayoría de los casos, resulta ser dañino, pues reduce extraordinariamente los fondos y, llevada al extremo, acaba también con nuestra salud.

Ahora mismo, estamos viviendo en una era en la que el apartado de "diversión" es demasiado alto en nuestros presupuestos. Decenas de miles de personas que no ganan más de cincuenta dólares semanales están gastando una tercera parte de sus afiliaciones en lo que ellas llaman "diversión", que viene en una botella con una etiqueta cuestionable, que cuesta entre seis y doce dólares el litro. Estas personas precipitadas no sólo están gastando un dinero que debería ir a una cuenta de ahorros, sino que además están demoliendo su carácter y su salud, lo cual es mucho más peligroso. Un cuidadoso análisis de 78 hombres conocidos por sus éxitos reveló que todos ellos habían fracasado varias veces antes de lograrlo. Esta lección no intenta ser un sermón sobre moral, ni sobre ningún otro tema. Aquí estamos tratando unos datos fríos que, en gran medida, forman el material de construcción con el que se puede crear el éxito. No obstante, éste es un lugar adecuado para expresar una realidad que tiene tanto que ver con el tema de conseguir el éxito que no puede ser prescindida sin que se debilite todo el curso en general y esta lección en particular.

El autor de este curso ¡no es un reformista! Tampoco es un predicador sobre la moral, pues este campo tan útil ya está bien cubierto por otras personas muy facultadas. Lo que se afirma aquí, por lo tanto, pretende ser una parte precisa de un curso de filosofía cuyo objetivo es señalar un camino seguro por el que uno puede viajar en dirección al logro honorable.

Durante el año 1926, este autor estuvo asociado con Don R. Mellett, que en esa época era el editor del Canton (Ohio) Daily News. El señor Mellett estaba interesado en la filosofía de las LEYES DEL ÉXITO porque, según él, brindaba consejos equilibrados para los hombres y mujeres jóvenes que realmente quieren prosperar en la vida. En las páginas del Daily News, estaba llevando a cabo una cruel batalla contra las fuerzas del hampa de Canton. Con ayuda de policías e investigadores, algunos de los cuales fueron proporcionados por el gobernador de Ohio, el señor Mellett y este autor congregaron una información precisa sobre cómo estaba viviendo la mayoría de la gente de Canton.

En julio de 1926, el señor Mellett fue asesinado en una estratagema; actualmente, cuatro hombres, uno de ellos antiguo miembro de la policía de Canton, están cumpliendo una condena de cadena perpetua en la cárcel estatal de Ohio por dicho crimen. Durante la investigación de las circunstancias de la delincuencia en Canton, todos los informes llegaban al despacho de este autor y, por lo tanto, los datos aquí explicados son absolutamente exactos. Uno de los directivos de una gran planta industrial, cuyo sueldo era de 6.000 dólares anuales, le pagaba a un contrabandista de bebidas de Canton unos trescientos dólares mensuales por las bebidas alcohólicas (si a eso. se le puede llamar así) que usaba para su esparcimiento. Su esposa participaba de esta diversión, que tenía lugar en su propia casa.

Un cajero de banco, cuyo sueldo era de 150 dólares mensuales, gastaba un promedio de 75 dólares al mes en bebidas alcohólicas y, además de este injustificable gasto de dinero de un salario no demasiado alto, frecuentaba unas compañías que más adelante simbolizarían su mina. El inspector de una gran planta fabricadora, cuyo salario era de 5.000 dólares anuales, y que debería haber estado ahorrando al menos 125 dólares al mes, en realidad no ahorraba nada. La cuenta de su contrabandista ascendía a 150 dólares al mes.

Un policía cuyos ingresos eran de 60 dólares mensuales estaba gastando más de cuatrocientos al mes en festejos en un motel cercano.

Dónde conseguía la diferencia entre sus ingresos estatales y sus gastos reales es una pregunta de la cual no salía muy brillante. Un empleado bancario cuyos ingresos, según puede calcularse de sus declaraciones de impuestos de años anteriores, eran de aproximadamente ocho mil dólares anuales, tenía una cuenta mensual de más de quinientos dólares con un traficante durante los tres meses en los que sus actividades fueron investigadas por los detectives de Mellet.

Un joven que trabajaba en unos almacenes por un sueldo de 20 dólares semanales estaba gastando un promedio de 35 dólares por semana con un traficante de alcohol. Se da por sentado que le estaba robando la diferencia a su jefe. Los problemas estaban esperando a este joven a la vuelta de la esquina, aunque este autor no sabe si ya se han encontrado.

Un vendedor que trabajaba para una compañía de seguros, cuyos ingresos se desconocen porque iba a comisión, estaba gastando un promedio de 200 dólares mensuales con un traficante. No se halló ningún registro de ninguna cuenta de ahorros y se dio por hecho que no la tenía.

Esta suposición fue corroborada más tarde cuando la compañía para la que el joven trabajaba lo hizo arrestar por irregularidad de sus fondos. Sin duda, estaba gastando el dinero que debería haber entregado a la compañía. Terminó cumpliendo una larga condena en la penitenciaría estatal de Ohio. Un muchacho que iba a la escuela secundaria gastaba grandes sumas de dinero en bebidas alcohólicas. No se pudo investigar el monto exacto porque pagaba en efectivo en cuanto las obtenía y, por lo tanto, en los registros del contrabandista no figuraba la cantidad exacta. Más adelante, los padres de este chico lo hicieron encerrar para salvarlo de sí mismo. Se reveló que estaba robando dinero de unos ahorros que su madre almacenaba en algún lugar de la casa. Había robado y gastado más de trescientos dólares de este dinero cuando lo descubrieron.

Este autor dirigió un Departamento de Conferencias en cuarenta y una escuelas secundarias, donde pronunciaba una conferencia al mes durante toda la temporada escolar Los directores de estas escuelas aseveraban que menos de un 2 % de los alumnos mostraba una propensión a ahorrar dinero, y un estudio realizado con la ayuda de un cuestionario preparado a tal objetivo reveló que sólo un 5 % de los estudiantes, de un total de 11.000 adolescentes, creía que el hábito de ahorrar era uno de los elementos esenciales para el éxito. ¡NO me extraña que los ricos se estén haciendo cada vez más ricos y los pobres cada vez más pobres!

Puedes decir que ésta es una aseveración socialista, si quieres, pero los datos corroboran su exactitud. En un país de gastadores como éste, en el que millones de personas gastan cada moneda que llega a sus manos, no es difícil que cualquiera se haga rico.

Hace muchos años, antes de la actual ola de consumismo que se ha desarrollado por todo el país, F. W. Woolworth inventó un método muy sencillo para atraer las monedas de cinco y diez centavos que millones de personas tiran a la basura, y su sistema le facilitó más de cien millones de dólares en pocos años. Woolworth ya ha muerto, pero su sistema para ahorrar monedas de cinco y diez centavos sigue marchando, y su fortuna sigue en aumento. Las tiendas de "Todo a cinco y diez centavos" suelen tener la parte delantera coloreada de rojo vivo. Éste es un color apropiado, pues el rojo simboliza el peligro. Cada una de estas tiendas es un asombroso monumento que demuestra con exactitud que uno de los principales defectos de esta generación es el hábito de gastar. ¡Todos somos víctimas del hábito! Todo vendedor haría bien en acordarse que nadie quiere algo de lo que alguien está tratando de deshacerse.

Infelizmente para la mayoría de nosotros, somos criados por unos padres que no tienen ni idea de lo que es la psicología del hábito y, sin ser conscientes de su falta, la mayoría de ellos ayudan y animan a sus hijos a desplegar la costumbre de gastar, al consentir en exceso el gasto de dinero y porque escasean de una formación en el HÁBITO DE AHORRAR. Los hábitos adquiridos en la más temprana infancia se conectan a nosotros para toda la vida. Ciertamente, es afortunado el niño, o la niña, cuyos padres entienden el valor del HÁBITO DE AHORRAR en la formación del carácter, y lo infunden en las mentes de sus hijos. Esta es una formación que produce muchas satisfacciones.

Dale a cualquier persona cien dólares que no esperaba recibir y, ¿qué hará? Pues comenzará a imaginar en su propia mente cómo puede gastar ese dinero. Docenas de cosas que precisa, o que cree precisar, pasarán por su mente, pero podemos apostar con mucha seguridad que nunca se le ocurrirá abrir una cuenta de ahorros con esa cantidad (a menos que ya haya adquirido el HÁBITO DE AHO-

RRAR). Antes de que llegue la noche los habrá gastado, o al menos habrá resuelto cómo los va a gastar, agregando así más leña al ya avivado fuego del hábito de gastar. ¡Estamos regidos por nuestros hábitos! Hace falta fuerza de carácter, osadía y el poder de una firme decisión para abrir una cuenta de ahorros y luego irle agregando una porción regular, aunque sea pequeña, de todos los ingresos subsiguientes.

Existe una regla con la que uno puede establecer, con mucho adelanto, si alguna vez disfrutará de la libertad y la independencia económicas universalmente queridas por todo ser humano, y esta regla no tiene absolutamente nada que ver con el volumen de sus ingresos. La regla es que, si una persona tiene el hábito metódico de ahorrar una proporción concretada de todo el dinero que gana o recibe por otras vías, es prácticamente seguro que se ubicará en una posición de independencia económica. Si no ahorra nada, es totalmente seguro que nunca será independiente, sin importar cuáles sean sus ingresos.

La única excepción a esta regla es que una persona que no ahorre virtualmente pueda heredar una suma de dinero tan grande que le sería insostenible gastarla, o que pueda heredarla bajo un fideicomiso que la proteja para él, pero estas contingencias son bastante remotas; tanto que, de hecho, TÚ no puedes confiar en que te pase ese milagro. Este autor tiene el gusto de conocer bastante de cerca a cientos de personas de todos los puntos de Estados Unidos y de algunos países del extranjero.

Durante cerca de veinticinco años ha estado observando a muchas de ellas y, por ello, puede certificar, de primera mano, cómo viven, por qué algunas de ellas han fracasado mientras que otras han tenido éxito, y los motivos tanto del éxito como del desengaño.

Esta lista de conocidos incluye a hombres que controlan cientos de millones de dólares y que son dueños de muchos millones que han adquirido, y también a hombres que han tenido millones de dólares que se les escaparon de las manos, y que ahora no cuentan con nada. Con el objetivo de mostrar al estudiante de esta filosofía exactamente de qué modo la LEY DEL HÁBITO se transforma en una especie de eje en torno al cual giran el éxito o el fracaso, y puntualmente por qué ningún hombre puede llegar a ser económicamente independiente si no despliega el hábito del AHORRO SISTEMÁTICO, narraré los hábitos de vida de algunos de estos conocidos. Comenzaremos con la historia completa, narrada con sus propias palabras, de un hombre que ha hecho un millón de dólares en el campo de la publicidad, pero que ahora no tiene nada como ejemplar de sus esfuerzos.

Esta historia apareció por primera vez en la revista American Magazine, y se reproduce aquí por cortesía de los directores de dicha publicación. La historia es verdadera, y ha sido incluida como parte de esta lección porque su autor, el señor

W C. Freeman, está deseoso de hacer públicos sus errores, con la ilusión de que otras personas puedan evitarlos.

"HICE UN MILLÓN DE DOLARES, PERO AHORA YA NO TENGO NI UN CENTAVO"

Aunque es embarazoso y degradante, confesar públicamente un error importante que ha hecho que hoy por hoy mi vida sea bastante desastrosa, he decidido consumar esta declaración por el bien que pueda hacer. Voy a explicar patentemente cómo dejé que escapara de mis manos todo el dinero que he ganado hasta ahora en mi vida, que se aproxima al millón de dólares. Esta suma la gané con mi trabajo en el campo de la publicidad, exceptuado unos miles de dólares que reuní de los veinticinco años enseñando en escuelas campestres y escribiendo artículos para algunos semanarios y periódicos. Quizás un solo millón no parece mucho dinero en estos tiempos en que se hacen muchos más inclusive miles de millones, pero sigue siendo una gran suma de dinero. Si hay alguien que piense lo contrario, que cuente hasta un millón. La otra noche traté de imaginar cuánto se demoraría en hacerlo.

Descubrí que podía contar hasta cien en un minuto. Empezando de esta base, tardaría veinte jornadas de ocho horas, mis seis horas y cuarenta minutos adicionales para hacer mesta proeza. Dudo mucho que, si a usted o a mí nos establecieran la tarea de contar un millón de billetes de un dólar, con la promesa de que todos ellos serían nuestros al terminar, pudiéramos hacerlo. Posiblemente nos volveríamos locos, y entonces, no nos serviría de mucho ese dinero, ¿verdad? Consiéntanme decir al iniciar mi historia, que no me arrepiento, ni por un minuto, de haber derrochado el noventa por ciento del dinero que gané. Querer recuperar ese noventa por ciento a estas alturas me haría sentir que le habría negado mucha alegría a mi familia y a tantos otros.

De lo único que me arrepiento es de haber derrochado todo mi dinero, y más. Si hoy tuviera ese diez por ciento que podría haber ahorrado sencillamente, tendría cien mil dólares bien invertidos y ninguna dificultad. Si tuviera ese dinero, real y realmente me sentiría rico, y sólo quiero decir esto, pues nunca he tenido el deseo de amontonar el dinero por el dinero.

Mi época como maestro de escuela y representante de periódicos conllevaba algunas preocupaciones y compromisos, pero me enfrentaba a ellas con optimismo.

Me casé a los veintiún anos, con el absoluto consentimiento de nuestros padres, quienes creían intensamente en la doctrina predicada por Henry Ward Beecher, de que los matrimonios tempranos son matrimonios íntegros. Exactamente un mes y un día después de mi matrimonio, mi padre tuvo una muerte fatal. Murió asfixiado por el gas del carbón. Habiendo sido un educador durante toda su vida (y uno de los mejores) no había almacenado ningún dinero.

Cuando él se fue de nuestro círculo familiar, estuvo en nuestras manos el superponernos y salir adelante, lo cual hicimos. Aparte del vacío que dejó en nuestro hogar la muerte de mi padre (mi mujer, mi madre, mi única hermana y yo vivíamos juntos), teníamos una vida feliz, a pesar de que nos resultaba dificultoso llegar a fin de mes.

Mi madre, que era una mujer totalmente talentosa y llena de recursos (había sido maestra de escuela con mi padre hasta que yo nací), decidió abrir las puertas de nuestra casa a un matrimonio, viejos amigos de la familia. Vinieron a vivir con nosotros y lo que nos pagaban por el hospedaje nos ayudaba a cubrir los gastos. Mi madre era famosa en todas partes por los asombrosos platos que preparaba. Más adelante, dos mujeres bien acomodadas, amigas de la familia, vinieron a vivir con nosotros, con lo que nuestros ingresos crecieron.

Mi hermana ayudaba por su parte dando clases a niños de cinco a seis años en el gran salón de nuestra casa; mi esposa ayudaba con lo suyo encargándose de la costura y el remendado.

Eran días felices. Ninguno de los habitantes de la casa era raro, ni tenía ninguna tendencia de esta clase, excepto yo, quizá, pues siempre he tenido la tendencia a ser muy pródigo con el dinero. Me gustaba hacer regalos a la familia e invitar a los amigos. Cuando nuestro primer bebé, un niño, llegó a nuestro hogar, todos creímos que el cielo nos había abierto las puertas. Los padres de mi esposa, que tenían el más agudo y profundo interés por nuestros asuntos, y que siempre estaban preparados para echar una mano, estaban igual de felices con la llegada de su primer nieto. Mi cuñado, que era mucho mayor que mi mujer, y soltero, al principio no comprendía la alegría que sentíamos todos, pero al poco tiempo inclusive él comenzó a presumirse. ¡Qué diferencia hace un bebe en una casa!

Estoy relatando estos detalles, puramente para mostrar cómo viví la primera parte de mi vida. No tenía la oportunidad de gastar mucho dinero y, sin embargo, nunca he sido tan feliz como en esas estaciones.

Lo raro de todo esto es que la experiencia de aquella época no me enseñó el valor del dinero. Si alguien recibió alguna vez una lección práctica para guiarse en el futuro, ciertamente ése fui yo. Pero accédanme que les cuente cómo me afectó esta experiencia temprana. El nacimiento de mi hijo me infundió a hacer algo para ganar más dinero del que obtenía enseñando en la escuela y escribiendo artículos para los diarios. Yo no quería que mi esposa, mi madre y mi hermana creyeran que tendrían que continuar colaborando interminablemente en la manutención de la familia. ¿Por qué había de contentarse un tipo grande, fuerte y sano como siempre había sido yo, y con una habilidad sensata, con seguir siendo un rayo en la rueda? ¿Por qué no podía ser toda la rueda, en lo que se refería a mantener a la familia? Siguiendo mi anhelo de hacer más dinero, comencé a vender libros, además de enseñar y escribir para los diarios. Esto me hizo ganar un poco de dinero adicional. Finalmente dejé la enseñanza y me concentré en la venta de libros y en escribir para los periódicos. Mi actividad como vendedor de libros me llevó a Bridgeton, Nueva Jersey. Fue ahí donde realmente comencé a hacer dinero. Para hacer este Trabajo tenía que pasar mucho tiempo fuera de casa, pero verdaderamente valía la pena. En unas pocas semanas gané más dinero para mandar a casa del que había aportado a la familia en un año siendo maestro de escuela y corresponsal de prensa. Después de peinar todo el territorio en la zona de Bridgeton, me interesé por un diario de dicha ciudad, el Morning Star Me dio la impresión de que el director y editor de este periódico requería un ayudante, de modo que lo llamé y se lo dije.

"Cielo santo, joven, ¿cómo puedo hacer para concertarlo? ¡NO gano el dinero suficiente ni para mantenerme a mí mismo! "A eso me refiero", dije. "Creo que juntos podemos hacer que el Star sea un éxito. Le diré lo que haré: trabajaré para usted durante una semana cobrando un dólar al día. Al final de la semana, si lo he hecho bien, esperaré que me pague tres dólares al día durante la segunda semana, y luego, si sigo realizándolo bien, esperaré que me pague seis dólares diarios durante la tercera semana, y a partir de entonces seguiré hasta que el diario gane lo bastante como para que usted me pague 50 dólares semanales".

El dueño estuvo de acuerdo con mi proposición. Al cabo de dos meses me estaba pagando 50 dólares semanales, cantidad que en aquella época se creía un gran sueldo. Comencé a sentir que estaba bien encaminado para hacer dinero, aunque, para lo único que lo quería era para que mi familia estuviera más cómoda. Cincuenta dólares semanales eran cuatro veces más de lo que ganaba como profesor de escuela.

Mi trabajo en el Star incluía escribir editoriales (no muy brillantes), ser periodista (uno corriente), escribir y vender publicidad (bastante exitosa), corregir, cobrar facturas... Llevaba un ritmo delirante durante seis días a la semana, pero podía aguantarlo, porque estaba fuerte y sano y, además, el trabajo era muy interesante. También colaboraba con el New York Sun y el Filadelfia Record, lo cual me suministraba una media de 150 dólares mensuales, pues éste era un buen territorio noticiable. En el Star aprendí una lección que terminó dando forma al curso de mi vida. Descubrí que se puede ganar mucho más dinero vendiendo publicidad para los diarios que escribiendo para ellos: la publicidad saca agua de las piedras.

Hice una artimaña publicitaria en el Star (un reportaje de la industria de las ostras del sur de Jersey, pagado por los productores de ostras) por el que logramos 3.000 dólares en efectivo, que el director dividió al cincuenta por ciento conmigo. Nunca había visto tanto dinero junto en toda mi vida. ¡Piense en ello! Mil quinientos dólares: veinticinco por ciento más de lo que había ganado en dos años como profesor de escuela y en tareas sueltas. ¿Ahorré ese dinero, o una parte de él? No lo hice. ¿Qué objetivo tenía? Con él podía hacer tantas cosas para hacer feliz a mi esposa, mi hijo, mi madre y mi hermana, que tardé menos en dejarlo escapar que en ganarlo. Pero, ¿no habría sido una buena cosa almacenar este dinero para alguna emergencia? Mi trabajo en Bridgeton atrajo la curiosidad de Sam Hudson, corresponsal en Nueva Jersey del Filadelfia Record, quien era un ejemplo radiante de ese tipo de periodista cuyo mayor goce en la vida es hacer cosas por los demás. Sam me dijo que ya era hora de que me situara en una gran ciudad. Él creía que el triunfo estaba en mí.

Dijo que me conseguiría un trabajo en Filadelfia y lo hizo, de modo que me mudé con mi mujer y mi bebé a Germantown. Me pusieron a cargo del departamento publicitario en Gemantown Gazette, una publicación semanal. Al principio no hice tanto dinero como el que había ganado en Bridgeton, porque tuve que desistir a mi corresponsalía. Las noticias para esa sección eran cubiertas por otros periodistas. Pero, al poco tiempo, estaba haciendo un veinticinco por ciento más de dinero. El Gazette acrecentó su tamaño tres veces para poder contener la publicidad y cada vez yo recibía un importante aumento de sueldo.

Además de esto, conseguí el empleo de reunir noticias sociales para la edición dominical del Filadelfia Press. Bradford Merrill, director general de dicho periódico, que ahora es un ejecutivo muy importante en un periódico de Nueva York, me asignó una gran zona para cubrir. Esto me mantenía ocupado todas las noches de la semana, exceptuado la de los sábados. Me pagaban a cinco dólares la columna, pero yo escribía una media de siete columnas cada domingo, con lo que ganaba 35 dólares semanales extras. Era más dinero del que podía gastar, y lo gastaba. No sabía nada sobre la gestión de mis gastos. Simplemente dejaba que el dinero se fuera tal como llegaba. No tenía tiempo, o creía que no lo tenía, para cuidar mis gastos. Un año más tarde fui invitado a formar parte del personal de publicidad del Filadelfia Press, una gran ocasión para un hombre joven, pues recibí una asombrosa instrucción bajo la dirección de William L. McLean, actual propietario del Filadelfia Evening Bulletin. Todavía tenía mi trabajo como compilador de noticias sociales, de modo que mis ingresos eran aproximadamente los mismos que en Germantown. Pero, al cabo de poco tiempo, mi trabajo atrajo la atención de James Elverson, padre, editor del antiguo Saturday Night y del Golden Days, que acababa de adquirir el Filadelfia Inquirer. Me brindó la dirección de publicidad de dicho diario, y accedí.

Esto significó una gran extensión de mis ingresos. Poco después llegó un importante aumento de mi familia, con el nacimiento de una hija. Entonces pude hacer lo que había deseado desde que nació mi hijo. Congregué a la familia bajo un mismo techo: mi mujer, mis dos bebés, mi madre y mi hermana. Por fin podía redimir a mi madre de cualquier preocupación o responsabilidad y, mientras vivió, jamás volvió a tener ninguna de las dos cosas. Murió a los ochenta y un años, veinticinco años después de la muerte de mi padre. Nunca olvidaré las últimas palabras que me dijo: "Will, desde el día que naciste, jamás me has dado ni un minuto de intranquilidad, y si hubiese sido la reina de Inglaterra no habría tenido más cosas de las que tú me has dados.

En esa época, yo estaba ganando cuatro veces más dinero del que había ganado mi padre como administrador de escuelas públicas en la ciudad de Phillipsburg, Nueva Jersey. Sin embargo, todo el dinero salía de mis bolsillos con la misma facilidad con que el agua fluye por un drenaje. Con cada aumento de mis ingresos, los gastos crecían, lo cual presumo, es el hábito de la mayoría de la gente. Pero no había ninguna razón cuerda para permitir que mis gastos fueran superiores a mis ingresos, y yo lo hacía. Comencé a amontonar deudas y, a partir de ese momento, nunca dejé de estar endeudado.

Sin embargo, no me preocupaba por mis deudas, pues creía que podría pagarlas en cualquier momento. Jamás se me ocurrió (hasta veinticinco años más tarde) que, al final, las deudas no sólo me acarrearían una gran ansiedad y desdicha, sino que, además, perdería amigos y credibilidad. Pero debo felicitarme por una cosa: aunque daba rienda suelta a mi gran desperfecto (gastar dinero con la misma rapidez con que lo ganaba, y a menudo con mayor rapidez), nunca desatendí mi trabajo. Siempre estaba tratando de hallar más cosas que hacer y siempre las encontraba.

Pasaba muy poco tiempo con mi familia. Llegaba a casa cada noche a la hora de cenar y jugaba con los bebés hasta que era hora de acostarlos, y luego volvía a la oficina y a menudo trabajaba. Así pasaron los años. Llegó otra hija. Más adelante quise que mis hijas poseyeran un pony y un carro, y que mi hijo tuviera un caballo para montar Entonces pensé que precisaba unos caballos para ir de un sitio a otro con la familia, llevándonos en un cupé cerrado o un carruaje, conseguí todo eso. Pero, en lugar de un caballo y un carruaje, o quizá un par de caballos, lo cual hubiese sido bastante para nuestras necesidades, y era algo que nos podíamos permitir, yo quería tener un establo, con todo lo que conlleva. Esto me supuso casi una cuarta parte de mis ingresos anuales. Luego empecé a jugar al golf. Entonces tenía cuarenta y un años. Me metí en el juego como me introducía en el trabajo: ponía en él todo mi corazón. Aprendí a jugar bastante bien. Mi hijo y mi hija mayor jugaban conmigo, y ellos también se desplegaban bien. Era preciso que mi hija menor pasara el invierno en el sur y el verano en los Adirondacks; pero, en lugar de que su madre fuera sola con ella, pensé que estaría bien que mis otros dos hijos las condujeran.

Este régimen se llevó a cabo. Todos los inviernos iban a Pinehurst, en Carolina del Norte, y en verano a lugares de veraneo caros en Adirondacks o en New Hampshire. Este tren de vida requería una gran cantidad de dinero. Mis dos hijos mayores eran unos fanáticos del golf y gastaban muchísimo dinero en él; yo también desembolsaba bastante dinero en cursos de golf en Nueva York. Entre los tres ganamos 80 premios, la mayoría de los cuales están ahora en depósito.

Un día me senté y calculé lo que me habían costado estos premios. Descubrí que cada trofeo me había costado 250 dólares, o un total de 45.000 dólares en un período de quince años, un promedio de 3.000 dólares anuales. Desorbitado, ¿no es verdad? Solía invitar ostentosamente en mi casa. La gente de Montclair me creía millonario. Con frecuencia, invitaba a grupos de hombres de negocios a pasar un día jugando al golf en el club y luego a cenar conmigo por la noche. Se hubieran quedado orgullosos con una sencilla cena en casa, pero no, yo tenía que brindarles algo elaborado. Estas cenas nunca me costaban menos de diez dólares el cubierto, lo cual no contenía el dinero que gastaba en la música que se tocaba mientras cenábamos, pues yo hacía venir a mi casa a un cuarteto de música negra. Nuestro comedor tenía capacidad para amparar cómodamente a veinte personas sentadas, y lo llené en varias ocasiones. Todo era muy seductor y me gustaba ser su anfitrión. De hecho, me hacía muy feliz. Nunca me paré a pensar con cuánta rapidez estaba amontonando deudas. Llegó un día en el que comenzaron a molestarme sobremanera. Había invitado a tanta gente al club de golf en un mes, pagando las comidas, los puros y las cuotas, mi cuenta remontó a 450 dólares. Esto llamó la atención de los directores del club, todos buenos amigos míos y muy interesados en mi bienestar.

Se confiaron de decirme que estaba gastando demasiado dinero y que, por mi bien, me invitaban a controlar mis gastos. Este acontecimiento me asustó. Me hizo pensar seriamente, durante mucho tiempo, en deshacerme de mis caballos y mis coches, lo cual, positivamente, era un gran sacrificio. Renuncié a nuestra casa y nos mudamos otra vez a la ciudad, pero no dejé ninguna factura sin pagar en Montclair, pues había pedido un préstamo para pagarlas. Siempre me resultaba fácil obtener todo el dinero que deseaba, a pesar de mis conocidos defectos económicos.

He aquí dos detalles anecdóticos sobre mi experiencia de gastar dinero tontamente y, quizá, audazmente, lo prestaba con la misma negligencia. Al limpiar mi escritorio en casa antes de mudarnos a la ciudad, hallé un paquete de facturas de deudas que sumaban un total de 40.000 dólares. Era un dinero que le había facilitado a prácticamente cualquiera que me lo pidiera. Las rompí todas, pero me di cuenta de que, si hubiese tenido ese dinero en la mano, no habría debido ni un dólar. Uno de los aventajados hombres de negocios al que había invitado en varias ocasiones y que, a su vez, me había invitado a mí, me dijo: "Billy tengo que dejar de salir contigo. Gastas demasiado dinero para mí. No puedo seguir tu ritmo". Piensen que esta frase venía de un hombre que estaba ganando más dinero que yo. Esto debería haberme hecho reaccionar, pero no fue así. Seguí gastando de la misma forma y creyendo sosamente que me lo estaba pasando bien, sin pensar en el futuro. Ese hombre es ahora uno de los vicepresidentes de una de las fundaciones financieras más importantes de Nueva York y se dice que vale millones de dólares. Debí haber hecho caso de su reparo. En otoño de 1908, después de mi funesta experiencia de seis meses en otra rama de los negocios luego de mi renuncia a la organización de Hearst, retomé el trabajo periodístico como director de publicidad del New York Evening Mail. Había conocido a Henry L. Stoddard en mi época en Filadelfia, cuando él era periodista de política para el Press.

A pesar de estar exhausto por las deudas, hice el mejor trabajo de mi vida en el Evening Mail y, durante los cinco años que estuve asociado con ellos, gané más dinero del que había ganado nunca. Además, el señor Stoddard me otorgó el privilegio de editar unas charlas sobre publicidad, las cuales salieron en el periódico durante mil días sucesivos de publicación y con las que gané más

de cincuenta y cinco mil dólares. El señor Stoddard era un hombre muy generoso de muchas otras formas y a menudo me pagaba sumas de dinero exclusivas por hacer lo que él creía cosas insólitas en la manera de desarrollar el negocio.

Durante este período, yo estaba tan endeudado que, para que las cosas marcharan lo mejor posible, pero sin reducir mis gastos en absoluto, le pedía prestado dinero a Pedro para pagarle a Pablo, y a Pablo para pagarle a Pedro. Esos 55.000 dólares obtenidos de las charlas de publicidad habrían pagado de sobras todas mis deudas y además me habrían dado un "regalito". Pero lo gastaba todo con una destreza absoluta, como si no tuviera ni una preocupación en el mundo. En 1915 inicié mi propio negocio de publicidad. Desde ese momento hasta la primavera de 1922, mis honorarios alcanzaron unas cifras muy altas. Yo seguía haciendo más dinero que nunca y gastándolo con la misma rapidez con que lo ganaba, hasta que finalmente mis amigos se fastidiaron de hacerme préstamos.

Si yo hubiese mostrado la mínima tendencia a frenar mis gastos sólo en un diez por ciento, esos hombres maravillosos habrían estado dispuestos a ir al cincuenta por ciento conmigo, consintiéndome que les pagara un cinco por ciento y ahorrara el otro cinco. A ellos no les preocupaba tanto recobrar el dinero que me habían prestado, como ver que yo me calmara. El colapso de mis negocios llegó hace cinco años. Dos amigos que me habían apoyado lealmente se inquietaron y me dijeron que, francamente, yo necesitaba una lección drástica. Y me la dieron. Fui obligado a expresarme en bancarrota, lo cual casi me rompe el corazón. Sentí que todas las personas que conocía me señalaban con el dedo y se burlaban de mí. Era absurdo. Aunque hubo comentarios, no eran en absoluto desagradables. Eran la expresión de una profunda lástima por el hecho de que un hombre que había logrado tanto crédito en su profesión había ganado tanto dinero, se hubiera permitido tener problemas económicos. Orgulloso y sentimental hasta la médula, sentí la desgracia de la bancarrota de una forma tan penetrante que decidí marcharme a Florida, donde en una ocasión había hecho un trabajo especial para un cliente. Me pareció que era la llegada de El Dorado. Imaginé que, quizás, en pocos años podría ganar el dinero suficiente para saldar completamente todas mis deudas. Durante un tiempo, pareció que iba a cumplir este sueño, pero me quedé atrapado en el gran síncope del sector inmobiliario. De modo que aquí estoy, de vuelta en la vieja ciudad donde primeramente tenía una gran capacidad económica y cientos de amigos y partidarios. Ha sido una experiencia extraña. Pero una cosa es segura: definitivamente he aprendido la lección. Estoy seguro de que se me volverán a presentar oportunidades para salir adelante, y que recobraré mi capacidad de ganar dinero. Y cuando llegue ese momento, sé que seré capaz de vivir mejor que nunca con el cuarenta por ciento de mis ingresos. Luego dividiré el sesenta por ciento restantes en dos partes, quitando un treinta por ciento para pagar a mis acreedores y un treinta por ciento para seguros y reservas.

Si me permitiera hundirme por mi pasado o llenar mi mente de preocupaciones, no sería capaz de seguir peleando para salir adelante. Además, sería ingrato con Dios, que me ha dado una salud estupenda durante toda mi vida. ¿Acaso hay mayor bendición? Sería desagradecido con la memoria de mis padres, cuya generosa formación me ha mantenido bastante acomodado en los valores morales. Finalmente, soltarse las amarras morales es incomparablemente más grave que alejarse de las reglas económicas. No estaría apreciando el ánimo y el apoyo que he recibido, en cantidades generosas, de cientos de hombres de negocios y demasiados buenos amigos que me han ayudado a erigir una buena reputación en mi profesión.

Estas memorias son la luz del sol en mi vida. Y los usaré para pavimentar el camino hacia mi éxito futuro.

Con abundancia de salud, una fe inalterable, una energía inagotable, un optimismo perpetuo y una infinita confianza en que uno puede ganar la batalla, aunque comience tarde en la vida a darse cuenta del tipo de lucha que debe librar ¿hay algo, excepto la muerte, que lo pueda detener? La historia del Señor Freeman representa la experiencia de otras miles de personas y de su relación con el dinero, además de exponernos cómo trabaja la mente de un consumidor a la hora de gastar sus ingresos y quedarse sin ahorros. La compilación de estadísticas sobre los ingresos y los gastos familiares de más de dieciséis mil familias de los hombres que han sido desarrollados por este autor revelan algunos datos que serán muy útiles a la persona que quiera presupuestar sus ingresos y desembolsos sobre una base de trabajo práctica, razonable y económica. Los ingresos promedio están entre los 100 y los 300 dólares mensuales. El presupuesto, cubriendo los ingresos entre estas dos cifras, debería ser como sigue:

Reproducido por cortesía de The American Magazine. Copyright: The Crawell Publishing Company, 1927.

Una familia constituida por dos personas, cuyos ingresos sean de 100 dólares mensuales, debería arreglárselas para retirar al menos entre 10 y 12 dólares cada mes para la cuenta de ahorros. El coste de viviendo, o arriendo, no debería superar los 25 o 30 dólares mensuales. Los gastos de alimentos debería ser de una media de entre 25 y 30 dólares. La ropa debería conservarse dentro de un gasto de entre 15 y 20 dólares mensuales. La recreación y los imprevistos deberían mantenerse entre los 8 y los 10 dólares mensuales.

Recapacita bien antes de hablar, porque tus palabras pueden sembrar la semilla del éxito o del fracaso en la mente de alguna otra persona. Una familia cuyos ingresos sean de 100 dólares mensuales, en el caso de que éstos acrecentaran a 125 dólares, debería ahorrar al menos 20 dólares cada mes. Una familia de dos personas, cuyos ingresos sean de 150 dólares mensuales, debería presupuestar su capital de la siguiente manera:

Ahorros, 25 dólares. Alojamiento o alquiler, entre 35 y 40 dólares.

Comida, entre 35 y 40 dólares. Ropa, entre 20 y 30 dólares.

Recreación, entre 15 y 20 dólares.

Una familia de dos, con un sueldo o unos ingresos de 300 dólares mensuales, debería dividirlos aproximadamente como sigue:

Ahorros, entre 55 y 65 dólares.

Alojamiento o alquiler, entre 40 y 60 dólares.

Comida, entre 45 y 60 dólares. Ropa, entre 35 y 45 dólares.

Recreación y educación, entre 50 y 75 dólares.

Algunos replicarían que una familia de dos, con un salario de 300 dólares mensuales, podría vivir como tan poco dinero como la que gana sólo 100 o 125 dólares. No obstante, esto no es del todo verdad, pues alguien que tiene la capacidad de ganar 300 dólares mensuales, por lo general, debe relacionarse con un tipo de personas que obligan a tener una mejor figura y aumentar los gastos de ocio.

Un hombre soltero que gane 100, 150 o 300 dólares mensuales debería ahorrar cuantiosamente más de lo que podría ahorrar, ganando lo mismo, un hombre con familia. Como pauta general, un soltero que no tiene a nadie que dependa de él y que no está endeudado, debería vivir con un presupuesto de 50 dólares al mes para alojamiento y comida, y no excederse de los 30 dólares mensuales para ropa y quizá 10 para ocio. Estas cantidades deberían agrandarse ligeramente si se gana entre 150 y 300 dólares mensuales. Un muchacho que viva lejos de su casa y cuyos ingresos semanales sean de solamente 20 dólares debería ahorrar 5 dólares de esa cantidad; el resto debería cubrir los gastos de alimentación, alojamiento y vestido. Una muchacha que viva lejos de su casa, con los mismos ingresos, demandaría una cantidad ligeramente superior para ropa, pues la ropa femenina suelen ser más caras que las masculinas y, por lo general, para las mujeres es más trascendental cuidar su apariencia personal que para los hombres.

Doy gracias por haber nacido pobre, por no haber llegado a este mundo cargando con los caprichos de unos padres ricos, con una bolsa de oro colgando del cuello. Una familia de tres podrá ahorrar una cantidad ampliamente menor que una familia de dos. No obstante, con raras alteraciones, como los casos en que la familia tiene una deuda que debe pagarse con dinero de los ingresos mensuales, cualquier familia puede ahorrar al menos un cinco por ciento del total de los ingresos. Hoy por hoy, es una práctica comente que las familias adquieran automóviles a cuotas mensuales que implican un gasto excesivamente elevado confrontado con sus ingresos; un hombre cuyos ingresos le permitan comprarse un Ford, no tiene por qué comprarse un Studebaker. Debería contener sus deseos y contentarse con un Ford. Muchos solteros se gastan todo lo que ganan, y a menudo también se endeudan, porque tienen automóviles que no guardan equilibrio con sus ingresos. Esta práctica tan habitual es terrible para el éxito, pues la independencia económica forma una parte de él en muchísimos casos. El sistema de pago a plazos se ha tornado en algo tan corriente, y es tan fácil comprar casi cualquier cosa que uno desee, que la tendencia a gastar excesivamente con respecto a nuestros ingresos está aumentando mucho. La persona que se ha decidido a tener una independencia económica debe contener este impulso. Cualquiera que lo intente puede conseguirlo.

Otro mal, que es al mismo tiempo una maldición y una bendición, es el hecho de que este país es tan aventajado que el dinero llega fácilmente y, si no se vigila, también se va expeditamente. Durante la Primera Guerra Mundial, hubo una demanda invariable de prácticamente todo lo que se fabricaba en Estados Unidos, y esta situación de bienestar ha hecho que la gente comience a gastar de una forma descuidada e injustificada.

No hay ninguna virtud en mantener el ritmo que sellan los demás, cuando ello envuelve sacrificar el hábito de ahorrar una cantidad fija de nuestros ingresos. A la larga, es mucho mejor que la gente piense que estamos un poco por detrás de los tiempos, que pasar por la juventud, la madurez y finalmente la vejez sin haber desplegado el hábito del ahorro sistemático.

Es mejor sacrificarnos durante la juventud, que vernos obligados a hacerlo en la madurez, como tendrán que hacerlo todos aquellos que no hayan desarrollado el hábito de ahorrar.

No hay nada tan degradante, que conlleve tanto dolor y sufrimiento, como la pobreza en la vejez, cuando los servicios personales ya no son negociables y uno debe depender de los familiares o de fundaciones de caridad para subsistir.

Todas las personas deberían amparar un sistema de presupuestos, tanto si están casadas como si son solteras, pero ninguno de ellos marchará si la persona que trata mantenerlo no tiene el valor de reducir gastos en cuestiones como la diversión y el ocio. Si sientes que tienes tan poca fuerza de voluntad que consideras preciso seguir el ritmo de la gente con la que te relacionas socialmente, y cuyos ingresos son superiores a los tuyos, o que gasta todo su dinero atolondradamente, entonces ningún sistema presupuestario puede ser de utilidad para ti.

Estoy agradecido por las adversidades que se han atravesado en mi camino, porque me han enseñado tolerancia, agudeza, autocontrol, perseverancia y otras virtudes que quizá nunca hubiera conocido. Adquirir el HÁBITO DE AHORRAR involucra que, al menos hasta cierto punto, debes alejarte de todos, excepto de un grupo de amigos bien elegido que goce de tu compañía sin que tengas que ofrecerle un entretenimiento elaborado.

Aceptar que te falta el valor para recortar tus gastos con la finalidad de poder ahorrar dinero, incluso una pequeña cantidad, corresponde a reconocer, al mismo tiempo, que careces del carácter preciso para alcanzar el éxito. Se ha demostrado, en demasiadas ocasiones para poder relatarlas, que las personas que han adquirido el HÁBITO DE AHORRAR siempre tienen preferencia en los puestos de responsabilidad; por lo tanto, ahorrar no sólo agrega ventajas a la naturaleza del empleo preferido y una cuenta bancaria más considerable, sino que, además, aumenta la capacidad de ganar dinero. Cualquier empresario preferirá contratar a una persona que ahorra con disciplina, no por el solo hecho de que lo haga, sino por las características que posee, que la hacen más eficiente. Muchas firmas no contratarían a un hombre o una mujer que no fuese capaz de ahorrar.

Debería ser una práctica normal que todas las empresas pidan a sus empleados que ahorren dinero. Esto sería una bendición para miles de personas que, de otro modo, no tendrían la fuerza de voluntad para tener ese hábito. Henry Ford se ha esforzado mucho, quizá tanto como sea oportuno, en incitar a sus empleados no sólo a ahorrar, sino también a gastar con inteligencia y a vivir de una manera sensata y económica. La persona que anima a sus empleados a adquirir el hábito de ahorrar es un filántropo práctico.

Las oportunidades que se presentan a quienes han ahorrado.

Hace unos años, un hombre joven llegó a Filadelfia, proveniente del distrito agrícola de Pensilvania, y entró a trabajar en una imprenta. Uno de sus compañeros de trabajo tenía acciones en la Compañía de Construcción y Préstamos, y había adquirido el HÁBITO DE AHORRAR cinco dólares semanales, a través de esta sociedad. Este joven fue persuadido por un compañero para que abriera una cuenta con la Compañía de Construcción y Préstamos. Al cabo de tres años había ahorrado 900 dólares. La imprenta para la que trabajaba tenía problemas financieros y estaba a punto de cerrar. Él asistió en su rescate con el dinero que había ahorrado en pequeñas cantidades y, a cambio, recibió una participación del 50 % en el negocio.

Afortunada es la persona que ha aprendido que la forma más segura de "recibir" es "dar" primero, ofreciendo algún tipo de ayuda útil. Inaugurando un sistema de economía estricta, ayudó a la empresa a pagar sus deudas y en este momento está obteniendo, con la mitad de los beneficios, algo más de veinticinco mil dólares anuales. Si este joven no hubiese adquirido el HÁBITO DE AHORRAR, esta oportunidad jamás se le habría propuesto, o, de haberlo hecho, él no habría estado preparado para cultivarla. Cuando el automóvil Ford fue perfeccionado, durante sus primeros días de existencia, Henry Ford requirió un capital para impulsar la fabricación y la venta de su producto, y reunió a unos amigos que habían ahorrado unos cuantos miles de dólares, entre los que se hallaba el senador Couzens. Estos amigos acudieron en su ayuda, contribuyeron unos miles de dólares y, más adelante, recibieron millones de dólares como beneficios. Cuando Woolworth puso en marcha su plan de las tiendas de "Todo a cinco y diez centavos", no tenía capital, pero acudió a unos amigos que habían ahorrado unos miles de dólares a través de una economía de lo más estricta y un gran sacrificio. Estos amigos lo apoyaron y, más adelante, recibieron cientos de miles de dólares en concepto de beneficios.

Van Heusen (que tenía fama de usar cuellos blandos) imaginó la idea de producir cuellos semi blandos para hombres. Su idea era cuerda, pero no tenía ni un centavo para abrirla. Recurrió a unos amigos que tenía sólo unos centenares de dólares, los cuales lo ayudaron a empezar, y "dos cuellos" los hicieron millonarios a todos.

Los hombres que empezaron el negocio de "El Producto Cigars" sólo tenían un pequeño capital, pero lo que sí tenían era un dinero que habían ahorrado de sus ganancias como fabricantes de puros. Se les ocurrió una buena idea y sabían cómo hacer un buen puro, pero de no haber poseído algo de dinero ahorrado, dicha idea hubiera muerto al nacer.

Con sus pequeños ahorros, lanzaron el puro y, unos años más tarde, vendieron el negocio a la American Tobacco Company por ocho millones de dólares. Detrás de casi todas las grandes fortunas, uno puede encontrar, en sus inicios, un HÁBITO DE AHORRAR muy desarrollado. John D. Rockefeller era un contable normal, y pensó la idea de desarrollar el negocio del petróleo cuando ni siquiera éste era calificado un negocio. Necesitaba un capital y, puesto que había desarrollado el HÁBITO DE AHORRAR y así había demostrado que podía guardar el capital de otras personas, no tuvo dificultad en conseguir que le facilitaran el dinero que necesitaba. Se puede afirmar con certeza que la base real de la fortuna de Rockefeller es el HÁBITO DE AHORRAR dinero desarrollado cuando trabajaba como contador, con un sueldo de 40 dólares mensuales. James J. Hill era un pobre joven que trabajaba como telegrafista con un sueldo de 30 dólares mensuales. Él concibió la idea del Gran Sistema Ferroviario del Norte, pero su idea no guardaba proporción con su capacidad económica. No obstante, había adquirido el hábito de ahorrar dinero y, con su insuficiente sueldo, había ahorrado lo suficiente para pagar los gastos de un viaje a Chicago, donde despertó el interés de unos capitalistas para costear su plan. El hecho de que él hubiera ahorrado dinero con un pequeño salario fue considerado una buena prueba de que era un hombre al que se podía confiar el dinero de otras personas.

La mayoría de los empresarios no encomiendan su dinero a otra persona, a menos que haya demostrado su capacidad de cuidar de su propio dinero y de usarlo sabiamente. Esta prueba, aunque suele ser embarazosa para quienes no han adquirido el HÁBITO DE AHORRAR, es muy práctica. Un hombre joven que trabajaba en una imprenta en la ciudad de Chicago quería abrir un pequeño taller de impresión. Fue a ver al director de una casa de suministro para imprentas y le hizo saber cuál era su deseo, declarando que quería un crédito para comprar una prensa, algunos tipos y otros artículos pequeños. La primera pregunta que le trazó el director fue: "¿Ha ahorrado algún dinero?". ¡Lo había hecho! De su sueldo de 30 dólares semanales, había ahorrado 15 dólares por semana con disciplina durante casi cuatro años. Consiguió el crédito que quería. Más adelante, consiguió un crédito mayor, y en la actualidad tiene una de las imprentas más exitosas de la ciudad de Chicago. Su nombre es George B. Williams, y el autor de este curso lo conoce muy bien, y puede dar fe de todos los datos que aquí se mencionan. Muchos años después de este suceso, el autor de este curso conoció al señor Williams y, al final de la guerra, en 1918, fue a verlo para pedirle un préstamo de varios miles de dólares con el propósito de publicar la revista Golden Rule Magazine. La primera pregunta que me hizo fue:¿Ha adquirido el hábito de ahorrar dinero?

A pesar de que yo había perdido en la guerra todo el dinero que había ahorrado, el solo hecho de haber adquirido el HÁBITO DE AHORRAR fue la base real por la que obtuve un préstamo de más de treinta mil dólares. En cada esquina hay una oportunidad, pero sólo están para quienes tienen dinero a mano, o pueden disponer de él porque han adquirido el HÁBITO DE AHORRAR y han desenvuelto las otras características que acompañan a la creación de este hábito, que se comprenden bajo el término general de "carácter".

J. P. Morgan dijo en una ocasión que preferiría facilitar un millón de dólares a una persona con un carácter estable, que hubiera adquirido el HABITO DE AHORRAR, que mil dólares a alguien sin carácter, que fuera un malgastador. Hablando en términos generales, ésta es la actitud que tiene el mundo hacia las personas que son ahorradoras. Pasa a menudo que una pequeña cuenta de ahorros de no más de doscientos o trescientos dólares es bastante para adentrarse en la autopista que lleva a la independencia económica. El Amor y la Justicia son los verdaderos árbitros de las disputas. Dales una oportunidad y ya no querrás derrotar a un hermano que permanece al borde de la carretera de la vida.

Hace unos años, un joven inventor creó un artículo para el hogar que era insuperable y práctico pero, como muchos inventores, estaba en desventaja por no disponer de dinero para comerciar su invento. Además, al no haber adquirido el HÁBITO DE AHORRAR, le resultó insostenible conseguir que los bancos le prestaran dinero. Su compañero de piso, un joven mecánico que había ahorrado 200 dólares, acudió en su ayuda con esta pequeña suma de dinero. De este modo tuvieron bastantes artículos fabricados para comenzar. Salieron y vendieron la primera despensa, de casa en casa. Luego volvieron, mandaron fabricar una segunda despensa y así sucesivamente, hasta haber acumulado (gracias a la economía y los ahorros del compañero de piso) un capital de mil dólares. Con esto, además de algún crédito que lograron, compraron las herramientas para fabricar su propio producto. Seis años más tarde, el joven mecánico vendió su participación del 50 % del negocio por 250.000 dólares. De no haber sido por el HÁBITO DE AHORRAR, que le admitió acudir al rescate de su amigo inventor, jamás hubiera manejado tanto dinero, en toda su vida. Este caso podría multiplicarse mil veces, con apenas una ligera diferenciación de los detalles, pues describe bastante bien los comienzos de muchas de las grandes riquezas que se han hecho o se están haciendo en Estados Unidos. Podría parecer una realidad triste y brutal, pero no deja de ser una realidad que, si no tienes dinero y no has desarrollado el HÁBITO DE AHORRAR, no tendrás suerte en lo que respecta a cultivar la oportunidad de hacer dinero.

No hace ningún daño redundar hecho, debería redundarse una y otra vez, que el verdadero inicio de casi todas las riquezas, grandes o pequeñas, ¡es la formación del HÁBITO DE AHORRAR dinero! Establece sólidamente este principio básico en tu mente y estarás bien adentrado en el camino que conduce a la independencia económica. Es triste ver a un hombre maduro que se ha sentenciado a la penosa rutina del trabajo duro todos los años de su vida porque ha abandonado la formación del HÁBITO DE AHORRAR, pero, sin embargo, actualmente, sólo en Estados Unidos hay millones de personas viviendo así. ¡Lo más grande en la vida es la LIBERTAD! Y no puede haber una verdadera libertad sin un grado sensato de independencia económica. Es terrible estar ligado a un determinado lugar, a una determinada tarea (quizá una que nos apesadumbra) por un determinado número de horas, todos los días laborables de la semana, durante toda la vida. En cierto sentido, es como estar en la cárcel, puesto que nuestra libertad de acción está siempre limitada. Efectivamente, no es mejor que estar en la cárcel con el privilegio de un "recluso de confianza" y, en cierto sentido incluso es peor, porque el hombre que es prisionero ha escapado al compromiso de conseguir un lugar donde dormir, algo que comer y ropa. La única esperanza de escapar de este trabajo de por vida que limita la libertad es adquiriendo el HÁBITO DE AHORRAR dinero y luego mantenerlo, por mucho sacrificio que nos signifique. No hay otra salida para millones de personas; a menos que seas una de esas raras excepciones, esta lección y todos estos datos propuestos están destinados a ti, ¡y están dirigidos a ti!

No pidas prestado, ni prestes, pues a menudo se derrochan tanto el préstamo como el amigo, y pedir prestado desafila el filo de la prudente administración. Esto por encima de todo: sé leal a tu propio ser, y resultará que, como la noche sigue a día, no podrás ser falso con ningún hombre.

WILLIAM SHAKESPEARE

Todo pasa a la par, estacionalmente; sólo la verdad sigue siendo permanente

Quinta lección
INICIATIVA Y LIDERAZGO

"¡Puedes hacerlo si crees que puedes!"

Antes de que procedas al dominio de esta lección, dirige tu ojo al hecho de que, a lo largo de este curso, se produce una perfecta combinación de pensamientos. Observarás que las dieciséis lecciones concuerdan y se combinan unas con otras para crear una cadena perfecta que ha sido erigida, eslabón a eslabón, con los factores que entran en el desarrollo del poder a través del esfuerzo organizado.

Observarás, también, que los principios esenciales de psicología aplicada forman las bases de todas estas lecciones, aunque en cada una de ellas se lleve a cabo una diligencia distinta.

Esta lección, que versa sobre la decisión y el liderazgo, sigue a la lección sobre la seguridad en uno mismo, porque nadie podría transformarse en un líder enérgico ni tomar la iniciativa en ninguna gran tarea si no cree en sí mismo. Iniciativa y Liderazgo son términos que se relacionan en esta lección porque el Liderazgo es fundamental para alcanzar el Éxito, y la Iniciativa es la base misma sobre la que se construye esta cualidad del liderazgo, tan imperiosa. La iniciativa es tan fundamental para el éxito como lo es el eje para la meda de un vagón.

Y, ¿qué es la iniciativa? Es esa cualidad tan poco normal que mueve –mejor dicho, impulsa- a una persona a hacer lo que debe hacerse sin que se le diga que lo haga. Elbert Hubbard se expresó en estos términos sobre el tema de la iniciativa:

El mundo da sus grandes premios, tanto en dinero como en honores, por una cosa, y es la iniciativa. ¿Qué es la iniciativa? Te lo diré: Es hacer lo debes hacer sin que te indiquen que lo hagas. Pero, después de hacer lo que debes sin que te lo indiquen, viene el hacerlo cuando te lo dicen una vez. Es decir: "Llévele este mensaje a García". Aquellos que son capaces de transferir un mensaje consiguen grandes honores, pero su sueldo no siempre está en proporción.

Luego están esas personas que hacen lo que deben hacer solamente cuando la necesidad les da una patada en el trasero, y éstas logran indiferencia en lugar de honores, y una paga miserable. Este tipo de individuos pasa la mayor parte del tiempo sacando brillo a un banco con una historia de mala suerte. Luego, más abajo aún en la escala, tenemos al tipo que no realizará lo que debe, ni siquiera cuando alguien se toma la molestia de enseñarle cómo hacerlo y se queda para observar que lo haga; él siempre pierde los trabajos y recibe el ultraje que se merece, a menos que tenga un papá rico, en cuyo caso el destino lo espera pacientemente a la vuelta de la esquina con una porra. ¿A qué grupo perteneces tú?

Puesto que se esperará que realices inventario de ti mismo y determines cuál de los quince factores de este curso precisas más, después de haber acabado la última lección, podrías comenzar a prepararte para este análisis contestando a la pregunta que ha formulado Elbert Hubbard: ¿A qué grupo perteneces?

Una de las singularidades del liderazgo es el hecho de que nunca se halla en aquellas personas que no han adquirido el hábito de tomar la iniciativa. El liderazgo es algo a lo que debes invitarte a entrar; nunca se arrojará sobre ti.

Si examinas a fondo a todos los líderes que conoces, verás que no sólo instruyeron la iniciativa, sino que realizaron su trabajo con un objetivo claro en la mente. También verás que tenían esa cualidad que se describe en la tercera lección de este curso: seguridad en sí mismos.

Estos hechos se indican en esta lección porque te favorecerá observar que las personas de éxito usan todos los factores que se tratan en las dieciséis lecciones de este curso, y por la razón, más trascendental, de que te beneficiará entender a fondo el principio del esfuerzo organizado que este curso pretende instituir en tu mente.

Este parece ser el lugar apropiado para afirmar que este curso no pretende ser un atajo hacia el éxito, ni tampoco una técnica mecánica que puedes utilizar para obtener un éxito notable sin esfuerzo por tu parte. Su verdadero valor reside en el uso que le des, y no en el curso en sí mismo. Su propósito principal es ayudarte a desplegar en ti las quince cualidades tratadas en sus dieciséis lecciones, y una de las cualidades más trascendentales es la iniciativa, que es el tema de esta lección. Cuando no sepas qué hacer o qué camino tomar, sonríe.

Así aflojarás la mente y dejarás que el sol de la felicidad entre en tu alma. Ahora provendremos a aplicar el principio en que se funda esta lección, describiendo en detalle cómo sirvió con éxito para perfeccionar una transacción de negocios que la mayoría de personas creería difícil. En 1916 yo necesitaba 25.000 dólares para crear una fundación educativa, pero ni tenía esta suma ni la bastante garantía subsidiaria para pedirlos prestados por las vías bancarias normales. ¿Me quejé de mi suerte o creí que podría lograrlo si algún pariente rico o un buen samaritano acudía en mi rescate facilitándome el capital necesario? ¡Nada de eso! Simplemente hice lo que te sugeriré que hagas a lo largo de este curso. En primer lugar, hice que la obtención de este capital fuese mi claro objetivo principal. En segundo lugar, tracé un procedimiento completo para transformar este objetivo en una realidad. Respaldado por la suficiente seguridad en mí mismo y estimulado por la iniciativa, procedía a llevar mi plan a la acción. Pero, antes de llegar a la etapa de acción del plan, más de seis semanas de estudios, bríos y pensamientos constantes y constantes le fueron dedicadas. Si un plan ha de ser sólido, debe estar construido con un material escrupulosamente seleccionado. Observarás aquí la aplicación del principio del ESFUERZO ORGANIZADO, a través de la operación con la que es posible acoplar o asociar varios intereses de tal manera que cada uno de ellos sea reforzado sobremanera y cada uno de ellos apoye a todos los demás, igual que un eslabón en una cadena mantiene a todos los demás.

Yo deseaba estos 25.000 dólares en capital con el propósito de crear una escuela de publicidad y ventas. Precisaba dos cosas para la organización de esta escuela: una eran los 25.000 dólares de capital, los cuales no tenía, y la otra era el curso de formación apropiado, que sí tenía. Mi problema era aliarme con algún grupo de personas que requirieran aquello que yo tenía y que me pudieran suministrar ese capital. Esta alianza tenía que hacerse a través de un plan que beneficiaría a todos los implicados.

Cuando hube completado mi plan y me sentí satisfecho de que fuese neutral y sensato, se lo presenté al dueño de una escuela de negocios muy conocida y respetada que, justo en ese instante, se estaba enfrentando a una competencia bastante intensa y necesitaba exasperadamente un plan para enfrentarse a ella. Mi plan fue presentado, aproximadamente, en estos términos: Imaginando que usted posee una de las escuelas de negocios más veneradas de la ciudad y considerando que necesita un plan con el que afrontarse a la dura competencia en su campo y considerando que su buena popularidad le ha proporcionado el honor que necesita y considerando que yo tengo el plan que lo ayudará a enfrentarse con éxito a esta competencia, acordemos aliarnos a través de un plan que le suministrará a usted aquello que necesita y, al mismo tiempo, me abastecerá a mí de algo que me hace falta. Luego procedía a desplegar mi plan con estas palabras:

He escrito un curso sumamente práctico de publicidad y ventas. Habiendo cimentado este curso a partir de mi propia experiencia real formando y dirigiendo a vendedores y a partir de mi experiencia planeando y dirigiendo muchas campañas publicitarias exitosas, tengo el apoyo de abundantes pruebas de su solidez.

Si usted usa su crédito para ayudar a comercializar este curso, yo lo ubicaré en su escuela de negocios como uno de los departamentos existentes de su plan de estudios y me haré cargo por completo de este departamento recién elaborado.

Ninguna otra escuela de negocios de la ciudad podrá rivalizar con usted, porque no existe ninguna escuela que tenga un curso como éste. La publicidad que haga para promocionar este curso servirá, además, para incitar la demanda de su curso de negocios habitual. Puede cobrar a mi departamento la suma íntegra de lo que gaste en esta publicidad, y esta factura será pagada por él, cosa que le facilitará la ventaja acumulativa que revertirá en sus otros departamentos sin coste alguno para usted. Ahora bien, supongo que usted querrá saber en qué me beneficio yo con esta solución, y se lo diré. Quiero que usted haga un contrato conmigo en el cual se acuerde que, cuando los ingresos de mi departamento equiparen la suma que usted ha pagado o se ha comprometido a pagar por la publicidad, mi departamento y mi curso de publicidad y ventas comenzarán a ser míos y que tendré el privilegio de separar este departamento de su escuela y regirlo bajo mi propio nombre. El plan fue aceptado y se cerró el contrato. (Por favor, ten en cuenta que mi objetivo claro era conseguir 25.000 dólares, para los cuales yo no tenía ninguna seguridad que ofrecer.) El espacio que ocupas y la atribución que ejercitas se pueden medir con precisión matemática por el servicio que ofreces.

En poco menos de un año, el Colegio de Negocios había pagado una cifra levemente superior a la que yo pedía para la publicidad y el lanzamiento de mi curso y los otros gastos que lleva el funcionamiento de este departamento recién organizado, mientras que el departamento había reunido y devuelto a la escuela, en cuotas de instrucción, una suma semejante a la que ésta había gastado. De modo que comencé a hacerme cargo de la dirección del departamento, como un negocio perfeccionado y autosuficiente, de acuerdo con los términos de mi contrato.

De hecho, este departamento recién cimentado no sólo sirvió para atraer a los alumnos de otros departamentos de la escuela, sino que, al mismo tiempo, las cuotas de instrucción reunidas a través de este nuevo departamento alcanzaron para que fuese autosuficiente antes del final del primer año. Ahora puedes ver que, aunque la escuela no me facilitó ni un centavo de capital real, no obstante me proveyó del crédito que sirvió exactamente para el mismo fin.

Dije que mi plan estaba fundado en la ecuanimidad; que observaba un beneficio para todas las partes implicadas. El beneficio que yo obtuve fue el uso de los 25.000 dólares, que dieron como secuela un negocio fuerte y autosuficiente hacia el final del primer año. El beneficio que logró la escuela fueron los alumnos perfectos para su curso habitual de comercio y negocios como consecuencia del dinero gastado en publicidad para mi departamento, pues toda la publicidad se efectuó bajo el nombre de la escuela. Actualmente, dicha escuela de negocios es una de las más exitosas de su ejemplar, y destaca como un monumento de la sólida certeza que demuestra el valor del esfuerzo conjunto. Este incidente ha sido descrito, no sólo porque muestra el valor de la iniciativa y el liderazgo, sino porque lleva al tema tratado en la próxima lección de este curso sobre las LEYES DEL ÉXITO, que es la imaginación. Por lo general, son varios los planes a través de los cuales se puede lograr un objetivo deseado, y a menudo resulta ser cierto que los procedimientos obvios y habituales no son los mejores. En el caso relatado, el método usual habría sido pedir prestado el dinero a un banco.

Se puede distinguir que, en este caso, dicho método no era realizable debido a que no había una garantía suplementaria disponible. Un gran filósofo dijo en una ocasión: "La iniciativa es la llave maestra que abre la puerta de la oportunidad".

No recuerdo de qué filósofo se trataba, pero sé que era grande por la sensatez de su afirmación.

Ahora procederemos a diseñar el procedimiento exacto que debes seguir si quieres transformarte en una persona de iniciativa y liderazgo. Debes dominar el hábito de la demora y eliminarlo de tu carácter. Este hábito de dejar para mañana lo que deberías haber hecho la semana pasado o el año pasado o hace veinte años está carcomiendo las partes vitales de tu ser, y no podrás lograr nada hasta que te hayas redimido de él. El método a través del cual eliminas la dilación se basa en un principio de psicología muy conocido y científicamente manifestado al cual, en las dos lecciones precedentes, nos hemos reseñado como autosugestión. Copia la siguiente fórmula y instálala visiblemente en tu habitación en un lugar donde puedas verla al retirarte a dormir por la noche y al levantarte por la mañana:

Iniciativa y liderazgo

Habiendo elegido un claro objetivo principal como mi trabajo para esta vida, ahora comprendo que es mi deber transformar este objetivo en una realidad. Por lo tanto, adquirir el hábito de realizar alguna acción concreta cada día que me acercará un paso más a la obtención de mi claro objetivo principal. Sé que la dilación es un enemigo mortal de todos aquellos que desean transformarse en líderes en cualquier empresa, y excluir este hábito de mi carácter de la siguiente forma:

a. Haciendo cada día algo preciso que tenga que hacerse, sin que nadie me diga que lo haga.

b. Observando a mi alrededor hasta hallar al menos una cosa que pueda hacer cada día, algo que no haya estado acostumbrado a hacer y que será de valor para otras personas, sin la perspectiva de una paga.

c. Hablándole a al menos una persona nueva, cada día, sobre el valor de ejercer este hábito de hacer algo que debe hacerse sin que te digan que lo hagas.

d. Puedo ver que los músculos del cuerpo se hacen más fuertes en compensación a cómo son esgrimidos, por lo tanto comprendo que el hábito de la iniciativa también se fija conformemente a la medida en que es practicado.

e. Me doy cuenta de que donde debo comenzar a desarrollar el hábito de la iniciativa es en las cosas pequeñas, corrientes, atañidas con mi trabajo diario y, por lo tanto, acudiré a mi trabajo cada día como si lo estuviera haciendo únicamente con el objetivo de desarrollar este necesario hábito de la iniciativa.

f. Entiendo que practicando este hábito de tomar la iniciativa en relación con mi trabajo diario, no sólo lo estaré desplegando, sino que, además, atraeré la atención de personas que apreciarán más mis servicios como resultado de esta práctica.

Sea cual fuere la dedicación que tienes ahora, cada día te ubica frente a la oportunidad de ofrecer algún servicio, fuera del curso de tus deberes habituales, que será de valor para otras personas. Al dar este servicio adicional, por tu propia iniciativa, ciertamente entiendes que no lo estás haciendo con el objetivo de recibir un estímulo económico. Lo estás dando porque te suministra formas y medios para ejercitar, desarrollar y fortalecer el espíritu agresivo de la iniciativa que debes tener para poder convertirte en una figura recalcada en el campo que has elegido como tu trabajo para esta vida. Quienes trabajan solamente por el dinero y que sólo reciben dinero como paga, siempre están mal pagados, no importa cuánto reciban. El dinero es preciso, pero los grandes premios de la vida no pueden medirse en billetes y monedas.

Ninguna cantidad de dinero podría irrumpir el lugar de la felicidad, la dicha y el orgullo que le conciernen a la persona que cava la mejor zanja, o construye el mejor gallinero, o deja el suelo más limpio al limpiarlo, o prepara la mejor comida; a toda persona normal le encanta establecer algo que sea mejor que el promedio. El gozo de crear una obra de arte es tal que no puede ser suplida por el dinero ni por ninguna otra forma de posesión material.

Tengo a mi servicio a una joven que abre, selecciona y contesta gran parte de mi correspondencia personal. Comenzó a trabajar para mí hace más de tres años y su tarea en aquella época residía en tomar los dictados cuando se le pedía. Su sueldo era aproximadamente el mismo que reciben otras personas por un servicio similar. Un día, le dicté el siguiente lema y le solicité que lo pasara a máquina para mí:

"Recuerda que tu única limitación es aquella que estableces en tu propia mente".

Mientras me confería la hoja escrita a máquina, me dijo: "Su lema me ha dado una idea que va a ser muy apreciable tanto para usted como para mí". Le dije que me alegraba de haberle sido útil. Este acontecimiento no tuvo ningún efecto particular en mi mente, pero a partir de aquel día pude ver que había tenido un efecto grande en la mente de la chica. Comenzó a regresar a la oficina después de cenar y realizaba un servicio para el que no se le pagaba ni se esperaba que realizase. Sin decirle que lo hiciera, comenzó a traer a mi despacho cartas que había respondido por mí. Había aprendido mi estilo y estas cartas estaban hechas tan bien como podría haberlas hecho yo, y en algunos asuntos mucho mejor.

Ella mantuvo esta costumbre hasta que mi secretaria personal renunció. Cuando comencé a buscar a alguien para que ocupara su puesto, qué podía ser más natural que recurrir a esta joven para ocuparlo. Antes de que tuviera tiempo de brindarle el puesto, ella ya lo había ocupado por propia iniciativa. Mi correspondencia personal comenzó a llegar a mi mesa con el nombre de una nueva secretaria añadido, y esa secretaria era ella. En su tiempo libre, en horas extra, sin una paga adicional, ella se había instruido para el mejor puesto entre mis empleados.

Pero eso no es todo, esta muchacha se volvió tan atrayentemente eficiente que empezó a atraer la atención de otras personas que le ofrecieron puestos seductores. Le he subido el sueldo varias veces y ahora recibe un salario cuatro veces mayor que el que ganaba cuando comenzó a trabajar para mí como una taquígrafa corriente y, a decir verdad, estoy a su merced en este asunto, porque se ha vuelto tan valiosa para mí que no puedo disponérmelas sin ella.

Eso a iniciativa convertida en términos prácticos, comprensibles. Estaría desatendiendo mis deberes si no dirigiera tu atención hacia una ventaja que la iniciativa le ha aportado a esta joven, aparte de un sueldo mucho mayor. Ha desplegado en ella un espíritu de alegría que le suministra una felicidad que la mayoría de taquígrafos no llegan a conocer jamás. Su trabajo no es trabajo: es un juego interesante al que se dedica. Aunque llega a la oficina antes que los taquígrafos normales y se queda hasta mucho después de que ellos han visto el reloj marcar las cinco en punto y la hora de marcharse, sus horas son, de lejos, mucho más cortas que las de esos otros empleados. Las horas laborables no se hacen permanentes para quienes son felices en su trabajo. Esto nos lleva al siguiente paso en nuestra representación del procedimiento exacto que debes seguir para desarrollar la iniciativa y el liderazgo.

Ciertamente, comprenderás que la única manera de tener felicidad es brindándola a los demás, esto mismo se aplica al desarrollo de la iniciativa. La mejor manera de desarrollar esta cualidad esencial en ti es encargándote de interesar a quienes te rodean para que hagan lo mismo. Es sabido que una persona aprende mejor aquello que se esfuerza por enseñar a los demás. Si concierne a algún credo o a alguna fe religiosa, lo primero que hará será salir e intentar vendérsela a los demás. En compensación exacta a la medida en que impresione a los demás, se impresionará a sí misma.

En el campo de las ventas, es un hecho conocido que ningún vendedor tiene éxito vendiendo hasta que venza el arte de venderse a sí mismo. Dicho contrariamente, ningún vendedor puede esforzarse por vender algo a otras personas sin venderse a sí mismo, tarde o temprano, aquello que está tratando de vender a los demás. Cualquier frase que una persona repita una y otra vez con el objetivo de inducir a otras a creerla, ella también llegará a creerla, y esto se emplea tanto si la base es verdadera como si es falsa.

Ahora puedes ver la ventaja de ocuparte de hablar de la iniciativa, pensar en la iniciativa, comer la iniciativa, dormir la iniciativa y practicar la iniciativa. Al hacerlo, estarás transformándote en una persona de iniciativa y liderazgo, pues es un hecho sabido que la gente seguirá expeditamente, de buena gana y voluntariamente a aquel que muestre con SUS actos que es una persona de iniciativa.

En el lugar en que trabajas o la comunidad en la que vives, entra en contacto con otras personas. Ocúpate de importar, a cada una de las que te escuchen, en el desarrollo de la iniciativa. No será preciso que expreses tus razones para hacerlo, ni tampoco que anuncies que lo estás haciendo. Sencillamente hazlo. En tu mente comprenderás, sin duda, que lo estás haciendo porque esta práctica te ayudará y, al menos, no hará ningún daño a quienes estés interviniendo con la misma práctica.

Si quieres probar un experimento que será interesante y provechoso para ti, elige a una persona que conozcas y que sepas que nunca hace nada que no se espere que haga, y comienza a venderle tu idea de la iniciativa. No te detengas después de haber hablado del tema sólo una vez; interprétalo siempre que se presente una oportunidad conveniente. Enfoca el tema desde un ángulo diferente en cada ocasión. Si realizas este experimento con tacto y de una forma enérgica, pronto observarás un cambio en la persona con la que has estado experimentándolo.

Y observarás otra cosa que es más importante aún: ¡Verás un cambio en ti! No dejes de probar este experimento. No puedes hablar de iniciativa con los demás sin haber desplegado el deseo de practicarla tú mismo. A través del funcionamiento del principio de la autosugestión, cada afirmación que dirijas a los demás deja su rastro en tu propia mente subconsciente, y esto se aplica tanto si tus aseveraciones son verdaderas como si son falsas. A menudo has oído el dicho: "El que a hierro mata a hierro muere". Cabalmente interpretado, esto significa simplemente que estamos atrayendo continuamente hacia nosotros y agregando en nuestro propio carácter y personalidad aquellas cualidades que nuestra influencia está ayudando a crear en los demás. Si ayudamos a otros a desarrollar el hábito de la iniciativa, nosotros, a su vez, desarrollamos el mismo hábito. Si diseminamos las semillas del odio, la envidia y el desánimo en los demás, nosotros, a su vez, desarrollaremos esas cualidades en nosotros mismos. Este principio a través del cual el ser humano termina pareciéndose en su propia naturaleza a aquellos a quienes admira está expresado plenamente en la historia de Hawthorne, The Great Stone Face (El gran rostro de piedra), una historia que todo padre debería hacer leer a sus hijos.

Ahora llegamos al siguiente paso en nuestra descripción del procedimiento exacto que debes perseguir para desarrollar la iniciativa y el liderazgo.

Antes de seguir, me propongo que se entienda lo que se quiere decir con el término "liderazgo" tal como se utiliza en relación con este majo de las LEYES DEL ÉXITO. Existen dos tipos de liderazgo, y uno de ellos es tan destructor y destructivo como el otro es útil y constructivo. El tipo devastador, que no lleva al éxito, sino a un absoluto fracaso, es el que adoptan los seudolíderes que imponen su liderazgo en sus evasivos seguidores. No será preciso describir aquí a este tipo ni señalar los campos en los que se practica, con excepción del campo de la guerra, y en él aludiremos a un ejemplo notable: el de Napoleón.

Napoleón era un líder; no cabe duda de eso, pero llevó a sus seguidores y a sí mismo a la destrucción. Los detalles están reconocidos en la historia de Francia y de su pueblo, donde puedes estudiarlos si lo deseas.

El tipo de liderazgo que se pide en este curso no es el de Napoleón, aunque debo admitir que él poseía todos los elementos fundamentales necesarios para un gran liderazgo, a excepción de uno: le faltaba como objetivo tener el espíritu de ser de ayuda a los demás.

Su ambición de obtener el poder que llega con el liderazgo se basaba únicamente en el auto engrandecimiento. Su anhelo de liderazgo se construyó sobre la base de la ambición personal, y no sobre el deseo de enaltecer al pueblo francés a un nivel más alto y más noble en los asuntos de las naciones.

El tipo de liderazgo que se recomienda en este curso de formación es el que lleva a la autodeterminación, la libertad, el desarrollo de uno mismo, la iluminación y la justicia; es del tipo que subsiste. Por ejemplo, y en contraste con el tipo de liderazgo por el que Napoleón llegó a destacar, pensemos nuestro propio plebeyo norteamericano, Lincoln. El objeto de su liderazgo era llevar la verdad, la justicia y la comprensión al pueblo de Estados Unidos. Aunque murió como un venerado de su creencia en este tipo de liderazgo, su nombre ha quedado grabado en el corazón del mundo por su piedad amorosa, que sólo puede traer cosas buenas. Halaga tus visiones y tus sueños, pues son los hijos de tu alma; los anteproyectos de tus logros esenciales.

Tanto Lincoln como Napoleón rigieron ejércitos en la guerra, pero los objetivos de su Liderazgo fueron tan distintos como la noche al día. Para ayudarte a comprender los principios en los que se basa este curso, podría citar fácilmente ejemplos de liderazgo de la actualidad del tipo que utilizó Napoleón o del que Lincoln utilizó como base de su trabajo en la vida, pero no es fundamental; tu propia capacidad para investigar y analizar a las personas que son protagonistas en todos los campos bastará para que puedas hallar a aquellas que pertenecen a un tipo u otro.

Tu propio discernimiento te ayudará a resolver aquel al que prefieres emular. No puede haber ninguna duda en tu mente en cuanto al tipo de liderazgo que se encarga en este curso, y no debería haber ningún interrogante respecto a cuál de los dos tipos descritos adoptarás como tuyo. Sin embargo, no damos ningún consejo sobre este tema, porque este curso ha sido dispuesto como un medio de presentar a los estudiantes los principios esenciales a partir de los que se desarrolla el poder, y no como un sermón sobre conducta ética. Presentamos tanto las posibilidades constructivas como las posibilidades destructivas de los principios aquí diseñados, para que puedas familiarizarte con ambas, pero dejamos enteramente a tu moderación la elección y la aplicación de los mismos, persuadidos de que tu inteligencia te ayudará a hacer una elección sabia.

El castigo del liderazgo.

En todos los campos de actividad humana, quien ocupe el primer puesto debe vivir eternamente bajo la luz blanca luz de la publicidad. Tanto si el liderazgo es de una persona como de un producto fabricado, la emulación y la envidia siempre estarán presentes. En el arte, la literatura, la música y la industria, la distinción y el castigo siempre son los mismos. La recompensa es un reconocimiento extenso, el castigo, un rechazo y una detracción feroces.

Cuando el trabajo de una persona se transforma en un modelo para el mundo entero, también se convierte en blanco de las flechas de unos pocos envidiosos. Si su obra es puramente mediocre la dejarán tranquila; pero si llega a ser una obra maestra, un millón de lenguas se pondrán en movimiento. Los celos no enseñan su lengua venenosa al artista que produce una pintura corriente. Cualquier cosa que escribas, pintes, interpretes musicalmente, cantes o erijas, nadie se esforzará por superarte o calumniarte a menos que tu obra lleve el sello de un genio. Muchísimo tiempo después de que una gran obra, o una buena obra, haya sido realizada, las personas que se sienten desilusionadas o envidiosas continúan exclamando que eso no se puede hacer. Voces fieras se alzaron contra el autor de las LEYES DEL ÉXITO antes de que la tinta de su primer libro hubiese secado. Plumas contaminadas fueron lanzadas tanto contra el autor como contra su filosofía en cuanto estuvo impresa la primera edición del año.

Pequeñas voces malignas del ámbito del arte se levantaron contra nuestro propio Whistler como un payaso, mucho antes de que el mundo entero lo aclamara por su gran genio artístico. Multitudes acudían a Beyreuth a rezar en el santuario musical de Wagner, mientras que el pequeño grupo de los que había reemplazado y desplazado argumentaban furiosamente que él no era un verdadero músico.

El mundo cerrado continuaba protestando que Fulton nunca podría edificar un buque de vapor, mientras que el mundo más abierto acudió en masa a las orillas del río para verlo pasar. Las voces pequeñas gritaban que Henry Ford no duraría un año más, pero por encima del estruendo de ese parloteo infantil, Ford continuó con sus asuntos en silencio y se transformó en el hombre más rico y poderoso del planeta.

El líder es atacado por ser un líder, y el brío por igualarlo es una prueba más de su liderazgo. Al no poder igualarlo o superarlo, el seguidor trata de despreciarlo y destruirlo, lo cual no hace sino ratificar la superioridad de la persona a la que intenta reemplazar; no hay nada nuevo en esto. Es tan viejo como el mundo y tan viejo como las pasiones humanas: la envidia, el miedo, la avidez, la ambición y el deseo de eclipsar. Y todo esto no sirve de nada. Si el líder verdaderamente lidera, ¡sigue siendo el LIDER!

El maestro poeta, el maestro pintor, el maestro obrero: cada uno de ellos es embestido y cada uno conserva sus laureles a través de los siglos. Aquello que es bueno o admirable se da a conocer, no importa cuán fuerte sea el clamor de la negación. Un verdadero líder no puede ser desautorizado o dañado por las mentiras de los envidiosos, porque todos esos intentos sólo sirven para destacar su capacidad, y la verdadera capacidad siempre encuentra un seguimiento espléndido. Los intentos de destruir el verdadero liderazgo son un trabajo perdido, porque aquello que merece vivir, ¡vive!

Ahora volveremos al comentario del tercer paso del procedimiento que debes seguir para desarrollar la iniciativa y el liderazgo. Este tercer paso hace que volvamos a retocar el principio del esfuerzo organizado, tal como se describe en las lecciones anteriores de este curso.

Ahora ya sabes que ninguna persona puede obtener resultados duraderos de largo alcance sin la ayuda y la colaboración de otras. Ya sabes que, cuando dos o más personas se alían en una iniciativa, con un espíritu de armonía y comprensión, cada una de ellas multiplica así su propia capacidad de tener éxito. En ningún lugar es más cierto esto que en la industria o el negocio en el que hay un perfecto trabajo de equipo entre el jefe y sus empleados. Dondequiera que halles ese trabajo en equipo, encontrarás prosperidad y buena voluntad por ambas partes. Se dice que "cooperación" es la palabra más substancial de la lengua.

Tiene un papel primordial en los asuntos del hogar, en la relación entre marido y mujer, y entre padres e hijos. Tiene un papel importante en los argumentos de estado. Tan importante es este principio de contribución, que ningún líder puede llegar a ser poderoso, ni durar mucho tiempo, si no lo entiende y lo emplea en su liderazgo.

La falta de cooperación ha destruido más negocios que todas las otras causas concertadas. En mis veinticinco años de experiencia y observación activa en los negocios, he sido espectador de la destrucción de todo tipo de negocios por culpa de la discrepancia y la falta de aplicación del principio de cooperación. En la práctica del derecho, he observado la destrucción de hogares y casos de divorcio sin fin como resultado de la falta de cooperación entre marido y mujer. En el estudio de la historia de las naciones es indudable de un modo alarmante que la falta de esfuerzos cooperativos ha sido una condenación para la raza humana en todas las épocas.

Tú estás pagando, y tus hijos y los hijos de tus hijos continuarán pagando, el precio de la guerra más cara y destructiva que el mundo ha conocido jamás, porque las naciones todavía no han aprendido que una parte del mundo no puede aguantar sin que el mundo entero sea dañado y sufra. Servicio, sacrificio y autocontrol son tres palabras que debe comprender muy bien la persona que logre hacer algo que sea útil para el mundo. Esta misma regla se emplea, con un efecto eficaz, en la conducta del negocio y la industria modernos. Cuando un negocio se altera y se viene abajo por las huelgas y otro tipo de desacuerdos, tanto los jefes como los empleados sobrellevan una pérdida irreparable. Pero el daño no acaba ahí: esta pérdida se transforma en una carga para el público y adopta la forma de precios más enaltecidos y escasez de artículos de primera necesidad.

Las personas que, en Estados Unidos, arriendan sus casas están sintiendo la carga, en este preciso momento, de la falta de cooperación entre empresarios, constructores y trabajadores. Tan dudosa se ha vuelto la relación entre los contratistas y sus jefes que los primeros no quieren hacerse cargo de un edificio sin agregar al coste una suma arbitraria suficiente para resguardarlos en caso de que haya problemas laborales. Este coste adicional aumenta el precio de los alquileres y coloca unas cargas innecesarias sobre las espaldas de millones de personas. En este caso, la falta de cooperación entre unos pocos hombres ubica cargas muy pesadas y casi inaguantables sobre millones de personas.

El mismo mal existe en el funcionamiento de nuestros ferrocarriles. La falta de armonía y colaboración entre los directivos y los trabajadores ha hecho que sea preciso que los ferrocarriles aumenten las tarifas de mercancías y pasajeros y, esto, a su vez, ha desarrollado el coste de los artículos de primera necesidad en proporciones casi intolerables. Aquí, una vez más, la falta de colaboración entre unos pocos produce privación para millones de personas. Estos hechos son citados sin el afán o el deseo de responsabilizar a nadie de esta falta de colaboración, pues el objeto de este curso es ayudar a los alumnos a obtener información.

Se puede aseverar en puridad que el elevado coste de la vivienda que en este momento se manifiesta en todas partes ha crecido debido a la falta de aplicación del principio de liderazgo cooperativo. Quienes quieran desacreditar los actuales sistemas de gobierno y de dirección empresarial pueden hacerlo, pero en el análisis final es indudable para todos, excepto para quienes no están investigando la verdad, que los males del gobierno y de la industria han salido por la falta de cooperación.

Para que puedas absorber mejor el principio fundamental del esfuerzo cooperativo, te animo a que acudas a la biblioteca pública y leas "The Science Of Power" (La ciencia del poder) de Benjamín Kidd. De las decenas de volúmenes de algunos de los pensadores más admirables del mundo que he leído en los últimos quince años, ningún libro me ha dado una comprensión tan incondicional de las posibilidades del esfuerzo cooperativo como éste. Al confiarte que lo leas, no es mi intención revalidar el libro en su totalidad, pues expone algunas teorías con las que no estoy de acuerdo. Si lo lees, hazlo con una mente abierta y toma de él sólo aquello que sientas que puedes utilizar en tu beneficio para conseguir el que es tu claro objetivo principal. El libro incitará el pensamiento, y ése es el mayor servicio que un libro puede prestar. De hecho, el objetivo principal de este curso sobre las LEYES DEL ÉXITO es estimular el pensamiento premeditado: particularmente el tipo de pensamiento que está libre de propensiones y prejuicios y buscar la verdad, sin importar dónde, cómo o cuándo se la pueda encontrar. Durante la Primera Guerra Mundial, tuve la suerte de escuchar el análisis de un gran soldado sobre cómo ser un líder. Este análisis fue entregado a los que estudiaban para ser oficiales en el segundo campo de entrenamiento de Fort Sheridan por el mayor C. A. Bach, un oficial del ejército tranquilo y modesto que ejercía de profesor. He guardado una copia de este discurso porque creo que es una de las mejores lecciones sobre liderazgo que se han registrado jamás. La sabiduría del discurso del mayor Bach es tan significativo para la persona de negocios que aspira al liderazgo, o para el jefe de sección, o para el taquígrafo, o para el encargado de una botica, o para el presidente de una fábrica, que lo he conservado como parte de este curso. Con la expectación de que, por medio de él, esta excelente disertación sobre el liderazgo llegue a manos de todos los jefes y todos los trabajadores y todas las personas ansiosas que aspiren a él en cualquier ámbito de la vida.

Los principios en los que se basa este discurso son tan adaptables al liderazgo en los negocios, en la industria y en las finanzas como lo son a una gestión eficaz en la guerra. El mayor Bach habló así:

En breve, cada uno de vosotros intervendrá las vidas de cierto número de hombres.

Tendréis a vuestro cargo a unos ciudadanos leales pero sin adiestramiento, que buscarán en vosotros educación y orientación. Vuestra palabra será su ley. Vuestro comentario más casual será conmemorado. Vuestros gestos serán imitados. Vuestra vestimenta, vuestros andares, vuestro vocabulario, vuestra forma de ordenar, serán copiados.

Cuando os unáis a vuestra organización encontraréis ahí a un grupo de hombres serviciales que no os solicitarán más que las cualidades que les inspirarán respeto, lealtad y obediencia. Estarán perfectamente dispuestos y ansiosos por seguiros. Siempre y cuando vosotros los podáis persuadir de que tenéis esas cualidades. Cuando llegue el momento en que consideren que no las tenéis, ya podéis despediros. Vuestra utilidad en dicha organización habrá llegado a su fin. (Qué cierto es esto en todo tipo de liderazgo).

Desde el punto de vista de la sociedad, el mundo podría fragmentarse en líderes y seguidores. Las profesiones tienen sus líderes, el mundo financiero tiene sus líderes. En todo este liderazgo es dificultoso, o quizás imposible, separar del elemento del puro liderazgo ese elemento egoísta de beneficio o superioridad personal para el individuo, sin el que cualquier liderazgo perdería su valor.

Es únicamente en el servicio militar donde los hombres sacrifican libremente sus vidas por una fe, donde están preparados a sufrir y a morir por el bien o para impedir un mal, donde podemos esperar realizar el liderazgo en su sentido más exaltado y generoso. Por lo tanto, cuando digo liderazgo me estoy refiriendo al liderazgo militar. Dentro de POCOS días la gran mayoría de vosotros recibirá la graduación de oficial. Estas graduaciones no os transformarán en líderes; os convertirán solamente en oficiales. Os ubicarán en una posición en la que podréis convertiros en líderes si poseéis los atributos adecuados. Pero debéis producir bien, no tanto con vuestros superiores, como con los hombres que están a vuestro cargo.

Los hombres deben seguir a oficiales de batalla que no son líderes, y lo harán, pero la fuerza que promueve a estos hombres no es el entusiasmo, sino la disciplina. Prosperan vacilantes y temblorosos, planteándose la pregunta que callan: ¿Qué hará a continuación?. Estos hombres obedecen las palabras de sus órdenes, pero nada más. Desconocen totalmente la devoción a su comandante, el entusiasmo fanático que desdeña el riesgo personal, el auto sacrificio para aseverar su seguridad personal. Sus piernas los hacen avanzar porque el cerebro y el entrenamiento les dicen que debe hacerlo. Su espíritu no los acompaña.

Los soldados fríos, indiferentes, insensibles no logran grandes resultados. No llegan muy lejos y se detienen en cuanto pueden.

El liderazgo no sólo exige, sino que también recibe, la subordinación voluntaria, resuelta., decidida y la lealtad de los hombres; y una devoción que les hará seguir. Cuando llegue el instante, a su rey no coronado hasta el infierno y regresar a 4, si es preciso.

Os preguntáis: "Entonces, ¿en qué radica el liderazgo? ¿Qué debo hacer para transformarme en un líder? ¿Cuáles son los atributos del liderazgo, y cómo puedo cultivarlos?"

El liderazgo es un agregado de una serie de cualidades. (Del mismo modo que el éxito es un compuesto de los quince con los que se construyó este curso.) Entre las más importantes, nombraría la seguridad en uno mismo, la autoridad moral, el auto sacrificio, el paternalismo, la justicia, la iniciativa, la decisión, la decencia y el valor.

La seguridad en uno mismo proviene, en primer lugar, del discernimiento exacto; en segundo lugar, de la capacidad de compartir ese conocimiento, y, en tercer lugar, del sentimiento de supremacía que es su consecuencia natural. Todas estas cosas le dan mesura a un oficial. Para dirigir, ¡debes saber! Puedes falsear a todos tus hombres durante un tiempo, pero no puedes hacerlo todo el tiempo. Los hombres no tendrán seguridad en un oficial a menos que éste sepa lo que hace, y debe saberlo desde abajo.

El oficial debería saber más sobre el aspecto teórico que su primer sargento y el oficinista de sus compañías juntas, debería saber más sobre el comedor que el sargento delegado de él; debería saber más sobre las enfermedades del caballo que el herrador de su tropa. Debería ser al menos tan buen tirador como cualquier hombre de su compañía.

Si el oficial no sabe y manifiesta el hecho de no saber, es enteramente humano que el soldado se diga: "Al diablo con él. No sabe tanto como yo sobre este tema, y que haga caso omiso, tranquilamente, de las advertencias recibidas. ¡Nada sustituye al conocimiento preciso! Debéis estar tan bien enterados que los hombres os indaguen para haceros preguntas; que vuestros colegas oficiales se digan unos a otros: "Pregúntale a Smith. Él sabe". Y cada oficial, no sólo debería saber a fondo los deberes de su propio rango, sino que debería estudiar los de los dos rangos superiores a él. Esto otorga un beneficio doble. Así, se prepara para los deberes que pueden caerle en suerte en cualquier instante durante la batalla y, además, adquiere un punto de vista más amplio que le admite apreciar la necesidad de dar órdenes y aplicarse más inteligentemente a su realización.

El oficial, no sólo debe tener conocimientos. Sino que debe ser capaz de crear lo que sabe en un lenguaje correcto, seductor y enérgico. Debe aprender a hacer lo que tenga que hacer y hablar sin tener temor.

Me han dicho que en los campos de adiestramiento británicos a los que estudian para ser oficiales se les pide que den charlas de diez minutos sobre cualquier tema que prefieran. Esta es una práctica excelente, porque para hablar con claridad uno debe pensar con claridad, y el pensamiento claro y lógico se formula en órdenes claras y positivas. Aunque la seguridad en uno mismo es el resultado de saber más que tus hombres. La soberanía moral sobre ellos se basa en tu convencimiento de que eres un hombre mejor. Para obtener y mantener esta autoridad debes tener autocontrol, firmeza y vitalidad física, y fuerza moral.

Debes tener tanto autocontrol que, aunque en la batalla estés muerto de miedo, nunca lo manifiestes. Porque, si con un movimiento presuroso o unas manos temblorosas, o un cambio de expresión, o una orden acelerada que es revocada inmediatamente, indicas tu estado mental, éste se irradiará en tus hombres en un grado mucho mayor. En guarnición o en el campo, surgirán muchos contextos que pondrán a prueba vuestro mal genio y destruirán la dulzura de vuestra disposición.

Si en esos momentos perdéis los estribos, no os merecéis estar a cargo de los hombres. Porque los hombres frenéticos dicen y hacen cosas de las que después, casi infaliblemente, se arrepienten. Un oficial nunca debería pedir perdón a sus hombres. Además, un oficial nunca debería ser culpable de un acto por el cual su sentido de la justicia le diga que debería disculparse. Otro elemento preciso para obtener autoridad moral reside en la posesión de la bastante vitalidad y resistencia físicas para soportar las pruebas por las que vosotros y vuestros hombres tendréis que pasar, y un espíritu valeroso que os permita, no sólo aceptarlas con alegría, sino también menguar su magnitud. Tomaos vuestros problemas con buen humor, otorgad poca importancia a vuestras pruebas y ayudaréis esencialmente a crear en vuestra organización un espíritu cuyo valor en los momentos de tensión es excepcional.

La fuerza moral es el tercer elemento para adquirir una autoridad moral. Para ejercer una fuerza moral tenéis que vivir aseadamente; debéis tener el suficiente poder mental para ver lo correcto y desear hacer lo correcto. ¡Sed un ejemplo para vuestros hombres!

Un oficial puede ser un poder para el bien o un poder para el mal. No les deis un regaño: eso sería más que inútil. Vivid el tipo de vida que os gustaría que ellos llevaran, y os sorprenderá ver cuántos os copian. Un capitán gritón y profano que es descuidado en su apariencia personal tendrá una compañía gritona, deshonrada y sucia. Recuerda lo que te digo: ¡Tu compañía será el reflejo de ti mismo! Si tienes una compañía podrida, será porque eres un capitán podrido.

El auto sacrificio es esencial para el liderazgo. Darás y darás, todo el tiempo. Darás de ti físicamente, pues las horas más largas, el trabajo más duro y los mayores compromisos le tocan al capitán. Él es el primero en levantarse por la mañana y el último en dormirse por la noche. Trabaja mientras otros duermen. Darás de ti mentalmente, entendiendo y valorando los problemas de los hombres que estén a tu cargo. La madre de éste ha muerto y aquel otro ha perdido todos sus ahorros con la quiebra de un banco. Es posible que necesiten ayuda, pero, más que nada, desean comprensión. No cometas el error de rebatir a estos hombres discutiendo que tienes tus propios problemas, pues cada vez que lo hagas estarás arrojando fuera una piedra de los cimientos de tu casa.

Tus hombres son tus cimientos, y tu casa de liderazgo se derribará a menos que descansen seguros sobre ellos. Por último, darás de tus propios escasos recursos económicos. Con asiduidad, gastarás tu propio dinero para conservar la salud y el bienestar de tus hombres o para ayudarlos cuando tengan algún problema. Por lo general, lo recobrarás. Con mucha frecuencia, deberás sacarlo de tu cuenta de ganancias y pérdidas. A pesar de eso, el precio vale la pena.

Cuando digo que el paternalismo es esencial para el liderazgo, estoy usando el término en su mejor sentido. No me estoy refiriendo a esa forma de paternalismo que quita a los hombres la iniciativa, la confianza en sí mismos y el respeto a sí mismos. Me refiero al paternalismo que se expone en un interés vigilante para con el consuelo y bienestar de quienes están a vuestro cargo. Los soldados son un poco como niños. Uno tiene que ocuparse de que tengan hospedaje, comida y ropa, dándoles lo mejor que sus esfuerzos puedan ofrecer. Uno debe ocuparse de que tengan algo que comer antes de pensar en su propia comida, que cada uno de ellos tenga la mejor cama que se le pueda facilitar, antes de pensar en dónde va a dormir uno. Uno debe estar mucho más preocupado por la prosperidad de sus hombres que por la de uno mismo y debe cuidar la salud de estos. Uno debe conservar sus fuerzas atendiéndose de no exigirles un esfuerzo innecesario o un trabajo inútil. Y, al hacer todas estas cosas, estaréis comunicando vida a algo que, de lo contrario, será una mera máquina. Estaréis creando un alma en vuestra organización que hará que la masa reconozca a vosotros como un solo hombre. Y eso es espíritu. Y cuando tu organización tenga este espíritu, despertarás una mañana y descubrirás que la situación se ha cambiado: que en lugar de que tú veles acérrimamente por ellos, ellos, sin que te dieras cuenta, han asumido la tarea de velar por ti. Descubrirás que siempre alguien tiene el detalle de ocuparse de que tu tienda, si la tienes, sea armada con prisa; de que te traigan la mejor y más limpia ropa de cama; de que dos huevos hayan sido agregados a tu cena, cuando nadie más los tiene, que un hombre adicional esté ayudando a tus hombres a darle un buen almohaza miento a tu caballo; que tus deseos sean pronosticados; que todos los hombres se ofrezcan a ayudar. Y, entonces, ¡lo habrás conseguido!

¡No podéis tratar a todos los hombres igual! Un escarmiento que un hombre despreciaría encogiéndose de hombros es una angustia mental para otro. Un comandante de una compañía que, por una injuria dada, tiene una norma de castigo que se aplica a todos, o es apático o es demasiado estúpido para hacerse cargo de la personalidad de sus hombres. En su caso, la justicia es, concluyentemente, ciega.

Estudiad a vuestros hombres con el mismo cuidado que pone un cirujano en estudiar un caso difícil. Y, cuando estéis seguros de vuestro juicio, aplicad el remedio. Y recordad que lo aplicáis para verificar una curación, no meramente para ver sufrir a la víctima. Quizá sea preciso profundizar, pero, cuando estéis satisfechos con vuestro diagnóstico, no os alejéis de vuestro objetivo por una falsa simpatía hacia el paciente.

La justicia al dar un castigo va de la mano con la justicia del reconocimiento. Todo el mundo odia a un cerdo humano. Cuando uno de vuestros hombres haya hecho un trabajo especialmente estimable, encomendaos de que reciba la distinción adecuada. Moved cielo y tema afín de obtenerla para él. No pretendáis quitársela y quedárosla vosotros. Podéis hacerlo y salir airosos, pero habíais perdido el respeto y la lealtad de vuestros hombres. Tarde o temprano, los demás oficiales, vuestros hermanos, se enterarán de ello y os soslayarán como a un leproso. En la guerra hay suficiente gloria para todos. Dadle al hombre que está bajo vuestro mando lo que se merece.

Hay otro tipo de justicia: aquella que imposibilitará que un oficial abuse de los indultos de su rango. Cuando exijáis respeto de los soldados, aseguraos de tratarlos con el mismo respeto. Desplegad su hombría y su respeto por sí mismos. No intentéis destruirla.

Que un oficial sea imperioso e insultante en el trato hacia los reclutas es un acto cobarde. Ata al hombre a un árbol con las sogas de la disciplina y luego lo golpea en la cara sabiendo bien que él no podrá restituirle el golpe. La consideración, la educación y el respeto de los oficiales hacia los reclutas no son incompatibles con la disciplina. Forman parte de nuestra disciplina. Sin iniciativa y decisión. Ningún hombre puede esperar dirigir. En las maniobras veréis con periodicidad que, cuando surge una emergencia, ciertos hombres dan al instante y aplazadamente unas órdenes, más tarde, al analizarlas, se verá que, aun no siendo lo más adecuado, se le acercan mucho. Veréis que, en una emergencia, otros hombres se ponen muy nerviosos; sus cerebros se niegan a marchar, o dan una orden apresurada y luego la revocan; dan otra orden y también la revocan. En pocas palabras, dan todas las señales indiscutibles de estar muertos de miedo. Del primer hombre se puede decir: -Ese hombre es un genio. No ha tenido tiempo de inferir. Actúa intuitivamente, ¡Ni hablar! El genio es puramente la capacidad de esmerarse infinitamente. El hombre que está preparado es el hombre que se ha preparado. Ha estudiado de antemano las realidades posibles que se pueden presentar, y ha elaborado planes temporales para cubrir dichas situaciones. Cuando se enfrenta a una emergencia, está dispuesto para hacerle frente. Debe tener la suficiente viveza mental para valorar el problema al que se afronta y el poder para razonar rápidamente, con la finalidad de establecer qué cambios son necesarios en su plan ya formulado. Además, debe tener la decisión para ordenar la ejecución y conservarse firme en sus órdenes. Cualquier orden prudente en una emergencia es mejor que ninguna. La situación está ahí enfréntate ella. Es mejor hacer algo y errar el tiro que dudar. Ir preguntando por ahí qué es lo más apropiado y luego acabar no haciendo nada. Y una vez decidida una línea de acción, conservaos en ella. No vaciléis. Los hombres no tienen ninguna confianza en un oficial que no time las cosas claras.

Ocasionalmente, seréis llamados a afrontaros a una situación que ningún ser humano razonable podría pronosticar. Si te has preparado para enfrentarte a otras emergencias que sí podrías prever, el ejercicio mental que habrás obtenido de esta forma te permitirá actuar ágilmente y con calma.

Con frecuencia, deberás proceder sin recibir órdenes de una autoridad superior. El tiempo no te accederá esperar a recibirlas. Aquí interviene, una vez más, la importancia de estudiar el trabajo de los oficiales que están por encima de ti. Si entiendes ampliamente toda la situación y puedes constituirte una idea del plan general de tus superiores, esto, junto con tu preparativo previo para las emergencias, te permitirá determinar que la responsabilidad es tuya y dar las órdenes precisas sin demora.

El elemento de la dignidad personal es importante en el liderazgo militar. Sé amigo de tus hombres, pero no un amigo íntimo. Tus hombres deberían respetarte, ¡no temerte! Si tus hombres se consienten una cierta familiaridad, es tu culpa, no la suya. Y, por encima de todo, no te humilles buscando su amistad o tratando de congraciarte con ellos. Te desecharán por ello. Si eres digno de su lealtad, respeto y devoción, sin duda te darán todas estas cosas sin que las pidas. Si no lo eres, nada de lo que hagas logrará que te las ganes. Es intensamente difícil que un oficial sea dignificado si lleva un uniforme sucio, manchado y una barba de seis días. Un hombre así escasea de respeto por sí mismo, y el respeto por uno mismo es un factor indispensable para la dignidad.

Es posible que haya muchas ocasiones en las que tu trabajo acarree ropa sucia y un rostro sin afeitar. Todos tus hombres tendrán el mismo semblante. En esas ocasiones, hay una amplia justificación para tu apariencia. De hecho, sería un error tener un aspecto demasiado limpio, pues ellos pensarían que no estás haciendo tu parte. Pero, en cuanto esta época poco habitual haya pasado, sé un ejemplo de pulcritud personal.

Y luego mencionaría el valor. Precisaréis el valor moral tanto como el valor mental: ese tipo de valor moral que te consiente seguir sin vacilar un determinado curso de acción que tu discernimiento te ha indicado como el más apropiado para avalar los resultados deseados. En muchas ocasiones, principalmente en la acción, descubrirás que, después de haber dado tus órdenes para que se haga una determinada cosa, te hostigarán los recelos y las dudas; verás, o creerás ver, otros medios mejores para obtener el objetivo buscado. Te sentirás fuertemente tentado a cambiar tus órdenes. No lo hagas hasta que quede claramente notorio que tus primeras órdenes eran fundamentalmente erróneas. Porque, si lo haces, volverás a preocuparte por dudar de la energía de tus segundas órdenes. Cada vez que cambias tus órdenes sin una razón evidente, amortiguas tu autoridad y la confianza de tus hombres. Ten el valor moral para conservarte firme en tu orden y llévala a cabo.

El valor moral exige, además, que asumas la responsabilidad de tus propios actos. Si tus soldados han llevado a cabo tus órdenes lealmente y el movimiento que has dirigido es un fracaso, el fracaso es tuyo, no de ellos. Tuyo habría sido el honor, en caso de que hubiese sido un triunfo. Asume la culpa si resulta ser una catástrofe; no intentes pasárselo a un subordinado para transformarlo en el chivo expiatorio. Ése sería un acto cobarde. Además, necesitarás valor moral para establecer el destino de quienes están a tus órdenes. Con frecuencia, serás examinado para recomendaciones para promociones o humillaciones de oficiales y suboficiales bajo tu mando inmediato.

Ten claramente presentes en tu mente tu integridad personal y tu deber hacia tu país. No permitas que los sentimientos de amistad personal te despisten de un estricto sentido de la justicia. Si tu propio hermano es tu alférez y encuentras que no es idóneo para su graduación, apártalo. Si no lo haces, tu falta de valor moral podría tener como resultado la pérdida de vidas valiosas.

Por otro lado, si se te pide una recomendación respecto a un hombre que, por razones personales, te fastidia enormemente, no dejes de hacerle plena justicia.

Recuerda que tu objetivo es el bien general, no la complacencia de un rencor personal. Estoy dando por sentado que tenéis valor físico.

a. El valor es más que la valentía. La valentía es no tener miedo, es ausencia de miedo. El más imbécil puede ser valiente, porque escasea de la mentalidad para apreciar el peligro; no sabe lo bastante como para tener miedo.

Sin embargo, el valor es esa estabilidad de espíritu, ese temple moral que, a pesar de que reconoce completamente el peligro implicado, no obstante continúa con la empresa. La valentía es física; el valor es mental y moral. Puedes tener frío en todo el cuerpo; tus manos pueden temblar; tus piernas pueden aflojar; tus rodillas pueden estar listas para ceder: ése es el miedo. Si, no obstante, sigues adelante; si a pesar de esa deserción física continúas rigiendo a tus hombres contra el enemigo, entonces tienes valor. Las manifestaciones físicas del miedo pasarán. Es posible que las experimentéis sólo una vez. Son la fiebre del cazador que trata de matar a su primer venado. No debes ceder a ellas. Hace varios años, mientras concurría a un curso sobre demoliciones, la clase de la que yo era miembro estaba manejando dinamita. El instructor dijo respecto a esta manipulación: "Debo advertirles, caballeros, de que sean escrupulosos en el uso de estos explosivos. Un hombre sólo tiene un accidente. Y yo os advierto lo mismo. Si cedéis al miedo, sin duda os perseguirá en vuestra primera acción; si mostráis cobardía, si dejáis que vuestros hombres avancen mientras vosotros buscáis el cráter de una granada, nunca volveréis a tener la oportunidad de regirlos."

Utiliza tu criterio para demandar a tus hombres muestras de valor o valentía física. No le pidas a ningún hombre que vaya a donde tú no irías. Si tu sentido común te dice que el lugar es demasiado peligroso para que tú te arriesgues en él, entonces también es demasiado peligroso para ese hombre. Sabes que su vida es tan valiosa para él como la tuya lo es para ti.

Ocasionalmente, algunos de vuestros hombres deberán presentarse a un peligro que vosotros no podréis compartir. Se debe enviar un mensaje pasando por una zona barrida por el fuego. Pedís voluntarios. Si vuestros hombres os conocen, nunca os faltarán voluntarios, porque sabrán que vuestro corazón está en el trabajo, que estáis dando lo mejor de vosotros a vuestro país, que llamaríais de buena gana el mensaje vosotros mismos si pudierais. Vuestro ejemplo y entusiasmo los habrán sugestionado. Y, por último, si aspiráis al liderazgo, os encomendaría que estudiarais a los hombres. Poneos en su piel y averiguad que hay dentro.

Algunos hombres son bastante distintos a lo que aparentan en la superficie.

Determinad el funcionamiento de su mente. Gran parte del éxito del general Robert E. Lee como líder podría imputarse a su habilidad como psicólogo.

Conocía a la mayoría de sus enemigos de la época de West Point; conocía el ejercicio de sus mentes y estaba convencido de que harían determinadas cosas en determinadas circunstancias. Fácilmente en todos los casos fue capaz de anticipar sus movimientos y bloquear la ejecución. No podéis conocer a vuestro enemigo en esta guerra de la misma forma. Pero podéis conocer a vuestros propios hombres. Podéis estudiar a cada uno de ellos para establecer dónde reside su fuerza y dónde su debilidad; en qué hombre se puede confiar hasta el último aliento y en cuál no.

¡Conoce a tus hombres, conoce tus asuntos, conócete a ti mismo! En toda la literatura no hallarás una descripción del liderazgo mejor que esta. Aplícala a ti mismo, a tu negocio, a tu profesión, o a tu lugar de trabajo, y verás lo mucho que te sirve como guía. Pon excusas a los veredictos de los demás, si lo deseas, pero, si quieres conseguir el liderazgo en cualquier empresa, asume una exacta responsabilidad por tus actos. El discurso del mayor Bach bien podría ser entregado a cada chico y cada chica que se gradúan de la escuela secundaria. Bien podría concederse a cada universitario. Bien podría convertirse en el libro de reglas para cada persona que esté en una posición de liderazgo sobre otras, sin importar de qué vocación, negocio o carrera se trate.

En la segunda lección aprendiste cuál es el valor de un claro objetivo principal. Quiero destacar aquí que tu objetivo debe ser activo y no pasivo. Un objetivo claro nunca será más que un solo deseo, a menos que te conviertas en una persona de iniciativa y lo persigas de una forma agresiva y perseverante hasta que se haya ejecutado.

Nunca llegarás a ninguna parte sin constancia, y esto es algo que no me cansaré de repetir. La diferencia entre la perseverancia y la falta de ella es la misma que la oposición entre desear algo y decidir positivamente que lo lograrás.

Nadie que piense adecuadamente juzgará a otra persona por lo que sus enemigos digan de ella. Para transformarte en una persona de iniciativa debes formarte el hábito de seguir el contenido de un claro objetivo principal de una manera agresiva y perseverante hasta que lo hayas adquirido, tanto si esto te toma un año como si te toma veinte. Más vale no tener ningún claro objetivo principal antes que tener uno sin el esfuerzo continuado para conseguirlo. Si no das algún paso cada día que te aproxime a la realización de tu claro objetivo principal, entonces no estás sacando el máximo beneficio de este curso. No te engañes ni te equivoques creyendo que el fin de tu claro objetivo principal se materializará si te limitas a esperar. La realización llegará a través de tu propia determinación, protegida por tus propios planes cuidadosamente establecidos y tu propia iniciativa para llevarlos a la acción, o no llegará en absoluto.

Uno de los primordiales requisitos para el liderazgo es el poder de tomar una decisión firme y rápida. El análisis de más de 16.000 personas reveló el hecho de que los líderes siempre son personas de decisión rápida, inclusive en asuntos de poca importancia, mientras que el seguidor nunca es una persona de decisión vertiginosa. ¡Esto es algo que vale la pena recordar! El seguidor, en cualquier espacio de la vida en que lo encuentres, es una persona que rara vez sabe lo que desea. Vacila, se anda con demoras y en realidad se niega a tomar una decisión, incluso en los asuntos de menor importancia, a menos que un líder lo incite a hacerlo.

Saber que la mayoría de la gente no es capaz de tomar decisiones ágilmente y no lo hace, cuando las llega a tomar, es de gran ayuda para el líder que sabe lo que quiere y tiene un plan para lograrlo. Se observará cuán rígidamente relacionadas están las dos leyes que se tratan en la segunda lección y en esta. El líder no sólo trabaja con un claro objetivo principal, sino que tiene un plan muy determinado para alcanzarlo. Se verá también que la LEY DE LA SEGURIDAD EN UNO MISMO se trasforma en una parte importante del equipo de trabajo del líder.

La razón principal por la que un seguidor no llega a tomar decisiones es que carece de la seguridad en sí mismo para hacerlo. Todo líder hace uso de la LEY DE UN PROPÓSITO CLARO, la LEY DE LA SEGURIDAD EN UNO MISMO y la LEY DE LA INICIATIVA Y EL LIDERAZGO. Y si es un líder recalcado y exitoso, hará uso también de las leyes de la imaginación, el entusiasmo, el autocontrol, la personalidad atrayente, el pensamiento correcto,

la concentración y la paciencia. Sin el uso combinado de todas estas leyes, nadie puede convertirse en un verdadero gran líder. La desatención de una sola de estas leyes disminuye el poder del líder conformemente. Algo va mal en el hombre cuya esposa e hijos no lo reciben cariñosamente cuando llega a casa.

Un vendedor para la Lasalle Extension University fue a ver a un agente inmobiliario en un pueblo del oeste con el objetivo de intentar venderle un curso sobre el arte de la venta y dirección de empresas. Cuando el vendedor llegó a la oficina del posible alumno, halló al caballero escribiendo una carta con una máquina de escribir anticuada con el "método de los dos dedos". El vendedor se presentó, luego resultó a explicar sus asuntos y a describir el curso que había venido a vender.

El agente inmobiliario lo escuchó con supuesto interés. Cuando la charla para vender había finalizado, el vendedor vaciló, esperando alguna señal de "sí o no" de SU potencial cliente. Creyendo que quizá su charla no había sido lo suficientemente contundente, explicó rápidamente, por segunda vez, los méritos del curso que estaba vendiendo.

Entonces el vendedor hizo la pregunta directa: "Usted quiere este curso, ¿no es así?". Con una manera de hablar lenta y pesada, el agente inmobiliario contestó: "Bueno, la verdad es que no sé si lo quiero o no". Sin duda, estaba diciendo la verdad, porque era uno de los millones de hombres a los que les cuesta tomar decisiones. Ningún hombre puede pensar correctamente hasta que aprenda a alejar la realidad de las solas habladurías y la información. Siendo un hábil juez de la naturaleza humana, el vendedor se levantó, se puso el sombrero, volvió a instalar el material en su maletín y se dispuso a irse. Entonces recurrió a unas tácticas un tanto drásticas, y pescó al agente inmobiliario con esta asombrosa declaración:

"Voy a correr el riesgo de decirle algo que no le va a gustar, pero que podría ayudarlo".

"Eche un vistazo a la oficina en la que trabaja" El piso está sucio, las paredes llenas de polvo, la máquina de escribir que usa parece como si fuera la que utilizó Noé en el Arca durante la gran inundación, sus pantalones forman bolsas en las rodillas, el cuello de su camisa está sucio, su cara está sin rasurar y la mirada en sus ojos me dice que está derrotado. Por favor, enfádese, porque eso es esencialmente lo que quiero que haga, porque es posible que eso logre que usted haga algo que lo ayude y ayude a quienes dependen de usted. Puedo advertir en mi imaginación la casa en la que vive. Varios niños pequeños, ninguno muy bien vestido, y quizá ninguno demasiado bien nutrido, una madre cuyo vestido está tres temporadas pasado de moda, cuyos ojos tienen la misma mirada de fracaso que los suyos. Esta mujercita ha permanecido a su lado, pero a usted no le ha ido tan bien en la vida como ella esperaba que le fuera cuando se casaron. Por favor, recuerde que ahora no estoy hablando con un potencial estudiante, porque yo no le vendería este curso en este momento en particular aunque se ofreciera a pagarlo en efectivo y por adelantado, porque, si lo hiciera, usted no tendría la iniciativa para acabarlo, y no queremos tener fracasos en nuestra lista de estudiantes. Lo que le estoy expresando ahora quizás haga que me resulte imposible venderle algo en el futuro, pero hará algo por usted que nunca antes había experimentado, siempre y cuando lo incite a pensar. Ahora bien, le diré en pocas palabras exactamente por qué está rendido, por qué está escribiendo cartas con una máquina de escribir vieja, en un despacho viejo y sucio, en un pueblo: ¡porque no tiene la fuerza para tomar una decisión!

Durante toda su vida, usted se ha ido creando el hábito de evadir la responsabilidad de tomar decisiones y ahora ha llegado a un punto en el que le resulta improbable hacerlo. Si me hubiese dicho que quería el curso, o que no lo quería, yo podría haber sentido cariño por usted, porque habría sabido que lo que le hacía dudar era la falta de dinero.

Pero, ¿qué dijo usted? Pues aceptó que no sabía si lo quería o no. Si piensa en lo que le he dicho, estoy seguro de que reconocerá que ha adquirido el hábito de eludir la responsabilidad de tomar decisiones firmes en fácilmente todos los asuntos que le incumben".

El agente inmobiliario se quedó adherido a su silla, con la boca abierta, los ojos saliéndose de sus órbitas por el asombro, pero no hizo ningún intento de contestar a la severa crítica. El vendedor se despidió y se dirigió a la puerta. Cuando la hubo cerrado detrás de sí, la volvió a abrir, ingresó otra vez en la oficina con una sonrisa en el rostro, tomó asiento delante del atónito agente inmobiliario, y explicó su conducta de esta manera:

"No lo culpo en absoluto por sentirse herido debido a mis comentarios. De hecho, en cierto modo espero que se haya sentido incomodado, pero ahora déjeme que le diga una cosa, de hombre a hombre. Creo que usted es perspicaz y estoy seguro de que es hábil, pero ha caído en un hábito que lo ha azotado. Ningún hombre está derrotado hasta que está bajo tierra. Es posible que esté hundido transitoriamente, pero puede volver a levantarse, y yo soy lo bastante buena persona como para tenderle mi mano y brindarle mi ayuda, si acepta mis disculpas por lo que le he dicho. Usted no pertenece a este pueblo. Se moriría de hambre en el negocio inmobiliario en este lugar, inclusive aunque fuese un líder en su campo. Cómprese ropa nueva, no importa si tiene que pedir dinero prestado para forjarlo, y luego vaya a Saint Louis conmigo, y yo le presentaré a un hombre del negocio inmobiliario que le dará la circunstancia de ganar algún dinero y, al mismo tiempo, le enseñará algunas cosas importantes sobre este trabajo que podrá acumular más adelante. Si no tiene el crédito suficiente para comprarse la ropa que precisa, yo correré con los gastos en una tienda en Saint Louis donde tengo una cuenta abierta. Estoy hablando con la mayor formalidad y mi oferta de ayuda se basa en la estimulación más elevada por la que puede actuar un ser humano. Tengo éxito en mi propio campo, pero no siempre ha sido así. Yo he pasado textualmente por lo que usted está pasando ahora, pero lo importante es que lo pasé y lo superé, igual que va a hacer usted si sigue mis consejos. ¿Vendrá conmigo?

El agente inmobiliario comenzó a ponerse de pie, pero sus piernas se aflojaron y volvió a hundirse en su silla. A pesar de que era un tipo grande y robusto, el típico "machote", SUS emociones lo paralizaron y rompió a llorar. Hizo un segundo intento y se puso de pie, le dio la mano al vendedor, le retribuyó su amabilidad y le dijo que seguiría sus consejos, pero que lo haría a su manera. Le pidió una hoja de inscripción, se anotó al curso del arte de vender y administración de empresas, realizó el primer pago con monedas y le dijo al vendedor que volvería a saber de él.

Tres años más tarde, este agente inmobiliario contaba con una organización de sesenta vendedores y uno de los negocios inmobiliarios más florecientes de la ciudad de Saint Louis. El autor de este curso (que era director publicitario en la Lasalle Extension University en la época de este incidente) ha estado en la oficina de este agente inmobiliario en muchas ocasiones y lo ha seguido durante un período de más de quince años. Es un hombre totalmente distinto de la persona entrevistada por el vendedor de Lasalle aquél día, y lo que lo hizo cambiar es lo mismo que te hará cambiar A TI: es el poder de decisión que tan fundamental resulta para el liderazgo.

Este agente inmobiliario es ahora un líder en el campo de los bienes raíces. Está administrando los esfuerzos de otros vendedores y ayudándolos a ser más eficientes. Este cambio en su filosofía ha convertido la derrota temporal en éxito. Cada nuevo vendedor que va a trabajar para este hombre es llamado a su despacho privado antes de ser contratado y éste le cuenta la historia de su propia evolución, palabra por palabra, tal como ocurrió cuando el vendedor de Lasalle tuvo su primer encuentro con él en su pequeña y pobrísima oficina inmobiliaria.

Hace unos dieciocho años, el autor de este curso hizo su primer viaje al pueblo de Lumberport, en el oeste de Virginia. En aquella época, el único medio de transporte que iba de Clarksburg, el centro cercano más grande, hasta Lumberport, era el tren Baltimore 81 Ohio y una línea eléctrica interurbana que viajaba cinco kilómetros del pueblo, pero uno podía hacer los tres kilómetros a pie, si quería. Al llegar a Clarksburg descubrí que el único tren que iba a Lumberport por la mañana ya había salido y, puesto que no quería esperar al tren de la tarde, hice el viaje en tranvía, con la intención de caminar los tres kilómetros. Durante el camino empezó a llover, y esa distancia tuvo que ser navegada a pie, a través de un hondo barro amarillento.

Cuando llegué a Lumberport mis zapatos y mis pantalones estaban llenos de barro y mi disposición para la experiencia no era la mejor. El dominio de las QUINCE LEYES DEL ÉXITO es el símil de una póliza de seguros contra el fracaso.

La primera persona con la que me encontré fue con V. L. Hornor, quien entonces era cajero del Banco de Lumberport. En un tono de voz bastante alto, le pregunté: ¿Por qué no hacen que se extienda la línea del tranvía desde el cruce hasta

Lumberport, para que sus amigos puedan ingresar y salir del pueblo sin ahogarse en el barro. ¿Vio usted un río con costas elevadas en la frontera del pueblo, al entrar?.. Respondí que lo había visto. Bueno continuó, ésa es la razón por la que los tranvías no ingresan en el pueblo. El coste de un puente sería de alrededor de cien mil dólares, y eso es más de lo que la compañía propietaria de la línea del tranvía está dispuesta a invertir.

Llevamos diez años tratando de conseguir que construyan una línea que entre en el pueblo. Estallé. "¿Con cuánto empeño lo han intentado?" "Les hemos brindado todos los incentivos que podíamos permitirnos, como un derecho de paso gratis desde el cruce hasta el pueblo, y el libre uso de las calles, pero ese puente es el obstáculo. Simplemente no quieren correr con el gasto. Refutan que no pueden permitírselo debido a los insuficientes beneficios que recibirían de una extensión de cinco kilómetros.

En ese momento, la filosofía de las LEYES DEL ÉXITO comenzó a venir en mi ayuda. Le pregunté al señor Hornor si sería tan cordial de dar conmigo un paseo junto al río, para que pudiéramos ver el lugar que estaba produciendo tantas inconveniencias. Respondió que lo haría encantado. Cuando llegamos al río, comencé a hacer inventario de todo lo que tenía a la vista. Observé que las vías del ferrocarril de Baltimore & Ohio iban a lo largo de las orillas del río, a ambos lados, que el camino vecinal cruzaba el río sobre un desvencijado puente de madera, y que las dos entradas a él estaban sobre varias ramificaciones de la vía del ferrocarril, pues la compañía ferroviaria tenía su patio de maniobras en ese punto. Mientras nos hallábamos ahí, un tren de mercancías bloqueó el paso al puente y varios grupos de personas se detuvieron a ambos lados del tren, esperando la oportunidad para pasar. El tren mantuvo el camino asediado durante aproximadamente veinte minutos. Teniendo en mente esta combinación de circunstancias, hacía falta poca imaginación para ver que había tres grupos diferentes que estaban, o podían estar, interesados en la edificación de un puente como el que se precisaba para aguantar el peso de un tranvía.

Era evidente que la compañía ferroviaria Baltimore a Ohio estaría interesada en tal puente, ya que eso aislaría el camino vecinal de su patio de maniobras y la resguardaría de un posible accidente en el cruce, por no hablar de la pérdida de tiempo y los gastos derivados de cortar los trenes para admitir el paso de la gente.

Además, era indudable que los comisarios del condado estarían interesados en el puente, ya que elevaría el nivel del camino vecinal y lo haría más aprovechable para el público. Y la compañía propietaria del tranvía estaba interesada en el puente, pero no quería cargar con todo el gasto. Todos estos datos pasaron por mi mente mientras estuve ahí y vi cómo el tren de mercancías era cortado para permitir el paso del tráfico. Un claro objetivo principal ocupó mi mente, además de un plan determinado para su realización. Al día siguiente reuní a un comité de la gente del pueblo formado por el alcalde, los miembros del consejo y algunos ciudadanos significativos, y visitamos al superintendente de sección de la Compañía Ferroviaria de Baltimore a Ohio en Grafton.

Lo convencimos de que sacar el camino vecinal de sus vías ferroviarias valía un tercio del coste del puente. A continuación fuimos a ver a los comisarios del condado y revelamos que se mostraban bastante entusiastas con la posibilidad de tener un puente nuevo pagando sólo un tercio de su coste. Prometieron hacerse cargo de ese tercio siempre y cuando nosotros consiguiéramos los otros dos.

Luego fuimos a ver al presidente de la Compañía de Tracción, propietaria de la línea del tranvía, en Fairmont, y le hicimos una oferta de conceder todos los derechos de paso y pagar dos tercios del coste del puente con la condición de que él comenzara a construir una línea que entrara en el pueblo en breve. También lo localizamos receptivo. Tres semanas más tarde se había firmado un contrato entre la compañía ferroviaria de Baltimore & Ohio, la Compañía de Tracción del Valle de Monongahela y los comisarios del lugar de Harrison County, el cual garantizaba la construcción del puente, adjudicando cada uno de ellos un tercio de su coste.

Al cabo de dos meses, el derecho de paso estaba siendo evaluado y el puente estaba en marcha, y tres meses más tarde los tranvías estaban ingresando en Lumberport con regularidad. Este incidente significó mucho para el pueblo de Lumberport, porque lo abasteció de transporte, cosa que permitió que la gente entrara y saliera de la ciudad sin un brío innecesario. También significó mucho para mí, porque me sirvió para presentarme como alguien que "lograba que las cosas se hicieran". De esta transacción surgieron dos ventajas muy claras. El principal abogado de la Compañía de Tracción me brindó un puesto como su asistente, y más adelante fue una manera de presentación que derivó en mi contratación como jefe de publicidad de la Lasalle Extension University.

En aquella época, Lumberport era un pueblo; Chicago, en cambio, ya era una gran ciudad y además estaba situada a una considerable distancia de él, pero la noticia de la iniciativa y el liderazgo siempre halla la manera de desarrollar alas y viajar. En la transacción explicada, se combinaron cuatro de las QUINCE LEYES DEL ÉXITO. Éstas son:

- Un claro objetivo principal
- Seguridad en uno mismo

- Imaginación e iniciativa

- Liderazgo

La ley de hacer más que aquello para lo que te pagan también entró, de alguna forma, en la transacción, porque nadie me ofreció nada y en realidad no esperaba que me pagaran por lo que hice. Para ser absolutamente sincero, me presenté al trabajo de lograr que se construyera el puente mis que nada como un desafío a aquellos que decían que no podía hacerse, y no con la esperanza de que se me pagara por ello, pero con mi actitud convencí al señor Homor de que podía lograr que se hiciera el trabajo, y él no tardó en lanzarse y ponerme a prueba.

Podría ser útil hacer notar aquí el papel que tuvo la imaginación en esta transacción. Durante diez años, los habitantes de Lumberport habían estado tratando de conseguir que el tranvía entrara en el pueblo. No debe concluirse que dicho pueblo escaseara de hombres hábiles, porque eso sería inexacto. De hecho, había muchos hombres capaces en el pueblo, pero habían estado cometiendo el error que con tanta asiduidad cometemos todos: intentar resolver el problema a través de una única fuente, mientras que en realidad tenían tres fuentes de solución.

Cien mil dólares era demasiado dinero para que lo asumiera una sola empresa en la construcción de un puente, pero cuando el coste se vendió entre tres grupos interesados, la cantidad que debía aportar cada uno era más razonable.

Debemos plantear la pregunta: ¿Por qué ningún habitante del pueblo especuló en esta solución de tres vías?. En primer lugar, estaban tan cerca de su problema que no lograban tener perspectiva, una visión a distancia que les habría sugerido la solución. Éste también es un error común, y uno que siempre es evitado por los grandes líderes. En segundo lugar, los lugareños nunca antes habían regularizado sus esfuerzos, ni habían trabajado como un grupo organizado, con el único objetivo en mente de conseguir que una línea del tranvía entrara en el pueblo. Este también es un error normal que cometen personas de todos los ámbitos de la vida: el de no trabajar al unísono, con un extenso espíritu de cooperación.

Al no formar parte de esta comunidad, tuve menos dificultades para lograr una acción cooperativa que las que hubiera tenido alguien de su propio grupo. Con demasiada frecuencia, en las pequeñas comunidades hay un espíritu de egoísmo que induce a cada individuo a creer que sus ideas deben prevalecer una parte importante de la responsabilidad de un líder es incitar a las personas a subordinar sus propias ideas e intereses al bien de la totalidad, y esto se emplea a asuntos de naturaleza cívica, comercial, social, política, económica o industrial.

El éxito -no importa cuál sea la significación que se tenga del término- casi siempre es cuestión de la capacidad que uno tenga para lograr que los demás subordinen sus propias individualidades y sigan a un líder. El líder que cuenta con la personalidad y la imaginación para persuadir a sus seguidores de que acepten sus planes y los lleven a cabo puntualmente, siempre es un líder capaz.

El tiempo es la mano poderosa que mece la cuna eterna del progreso y cuida de la humanidad luchadora durante ese período en que el hombre precisa ser protegido de su propia ignorancia.

La próxima lección, que trata sobre la IMAGINACIÓN, te llevará un paso más allá hacia el arte de un LIDERAZGO prudente. De hecho, el liderazgo y la imaginación están aliados de una manera tan estrecha y fundamental para el éxito, que no puede aplicarse beneficiosamente uno sin el otro. La iniciativa es la fuerza motriz que empuja al líder hacia delante, pero la Imaginación es el espíritu consejero que le dice por dónde ir.

La imaginación permitió al autor de este curso examinar el problema del puente de Lumberport, descomponerlo en las tres partes que lo formaban y reunirlas en un plan práctico de trabajo. Prácticamente todos los problemas pueden descomponerse en partes que son más adaptables, como tales, de lo que lo son cuando están unidas formando un todo. Quizá una de las ventajas más importantes de la imaginación sea que consiente que uno divida todos los problemas en las partes que los componen y luego los monte en mezclas más favorables.

Se ha dicho que las batallas en una guerra no se ganan o se pierden en la línea de fuego, una vez iniciada aquella, sino detrás de ella, a través de la maniobra sensata, o la falta de ella, utilizada por los generales que las planifican. Lo que es seguro en la guerra se aplica también a los negocios y a la mayoría de problemas a los que nos afrontamos a lo largo de la vida. Ganamos o perdemos, dependiendo de la naturaleza de los planes que trazamos y llevamos a cabo, un hecho que sirve para destacar el valor de las LEYES DE LA INICIATIVA Y EL LIDERAZGO, LA IMAGINACIÓN, LA SEGURIDAD EN UNO MISMO y el CLARO OBJETIVO PRINCIPAL. Con un uso inteligente de estas cuatro leyes, uno puede trazar planes para cualquier objetivo, los cuales no podrán ser vencidos por ninguna persona o grupo de personas que no empleen o entiendan estas leyes. ¡NO se puede escapar de la verdad que aquí se asevera!

El esfuerzo organizado es un esfuerzo que está dirigido según un plan que ha sido pensado con ayuda de la imaginación, guiado por un claro objetivo principal, y al que se da impulso con la iniciativa y la seguridad en uno mismo. Estas cuatro leyes se combinan formando una y se transforman en poder en manos de un líder. Sin su ayuda, el liderazgo poderoso resulta imposible.

Ahora estás dispuesto para la lección sobre la imaginación. Léela teniendo en mente todo lo que se ha afirmado aquí y así alcanzará para ti un significado más profundo.

Intolerancia

La vida no es una copa que hay que vaciar; es una medida que se debe llenar.

Una charla con el autor después de la lección Si debes dar expresión a los prejuicios, el odio y la obstinación, no lo digas hablando: escríbelo.

Cuando el amanecer de la inteligencia se desarrolle por el horizonte oriental del progreso humano, y la ignorancia y la superstición hayan dejado sus últimas huellas en las arenas del tiempo, quedará reconocido en el último capítulo del libro de los crímenes del hombre que su pecado más grave es el de la intolerancia.

La intolerancia más abatida proviene de los prejuicios religiosos, raciales y económicos y las diferencias de opinión. ¿Cuándo, Dios mío, entenderemos los pobres mortales la locura de intentar destruirnos unos a otros porque tenemos creencias religiosas y tendencias raciales distintas? El tiempo que nos ha sido otorgado en esta Tierra no es más que un momento fugaz. Al igual que una vela, se nos prende, brillamos durante un instante y luego nos extinguimos. ¿Por qué no podemos aprender, durante esta corta visita terrestre, a vivir de manera tal que cuando la gran caravana llamada Muerte se aproxime y anuncie que la visita ha llegado a su fin estemos preparados para plisar nuestras tiendas y seguirla quedamente hasta el gran misterio, sin miedo y sin temblar?

Cuando cruce al otro lado, espero no hallar judíos, ni gentiles, ni católicos, ni protestantes, ni alemanes, ingleses o franceses. Espero hallar tan sólo almas humanas, que todos sean hermanos y hermanas, y no estén marcados por la raza, el credo o el color, pues quiero terminar con la intolerancia, para poder descansar en paz durante toda la perpetuidad. En la página anterior verás una imagen que describe la incompetencia del combate. Los dos venados machos están peleando hasta el final, cada uno de ellos opinando que será el ganador. A un lado, la hembra aguarda al ganador, sin saber que mañana los huesos de ambos combatientes estarán blanqueándose al sol.

"Pobres animales tontos", dirá alguien. Quizá, pero no muy diferentes de la familia humana. El hombre se enfrenta a sus hermanos en un campeonato mortal debido a la competencia. Las tres principales formas de competencia son de naturaleza sexual, económica y religiosa.

Hace veinte años, una gran institución educativa era un negocio próspero y prestaba un gran servicio a miles de estudiantes. Los dos propietarios de la escuela se casaron correspondientemente con dos hermosas y talentosas mujeres especialmente hábiles en el arte de tocar el piano. Las dos esposas se incitaron en una discusión sobre quién era más diestra en este arte. El desacuerdo llegó a envolver a los dos maridos y se convirtieron en amargos enemigos. Ahora los huesos de esa escuela que un día fuera floreciente se están blanqueando al sol».

Los dos machos que salen en la ilustración de la página anterior se enfrentan por la atención de la hembra. Los dos machos humanos se enfrentaron por el mismo arrastre.

En una de las grandes plantas industriales, dos jóvenes ayudantes se enfrentaron porque uno recibió un adelanto que el otro creía que él debería haber tenido. Durante más de cinco años, la sosegada resaca del odio y la intolerancia se hizo evidente. Los hombres que estaban bajo las órdenes de cada uno de los capataces se infectaron del espíritu de enemistad que veían aflorar en sus superiores. Paulatinamente, el espíritu de venganza se comenzó a extender por toda la planta. Los hombres se dividieron en pequeñas pandillas. La producción empezó a bajar. Luego llegaron las dificultades económicas y, posteriormente, la quiebra para la compañía.

Ahora los huesos de un negocio que solía ser floreciente están blanqueándose al sol, y los dos capataces y varios miles de personas se han visto obligados a comenzar de nuevo en otro campo.

En las montañas del oeste de Virginia vivían dos tranquilas familias de montañero los Hatfield y los McCoy. Habían sido vecinos amistosos durante tres generaciones. Un día, un cerdo que correspondía a la familia McCoy se coló por la cerca y entró en el campo de maíz de la familia Hatfield. Los Hatfield soltaron a su perro para que embistiera al cerdo. Los McCoy se vengaron matando al perro. Entonces se inició una enemistad que ha durado tres generaciones y ha costado muchas vidas de Hatfield y Mc Coy. En un elegante barrio de Filadelfia, han edificado sus casas algunos caballeros ricos. En cada casa está escrita la palabra INTOLERANCIA. Un hombre construye una alta cerca de acero delante de su casa. El vecino de al lado, para no quedarse atrás, edifica una cerca el doble de alta. Otro se compra un coche nuevo y su vecino lo supera comprándose dos. Uno remodela su vivienda agregando un porche de estilo colonial; el vecino de al lado construye un porche nuevo y un garaje al estilo español por complemento. La gran mansión en la cima de la colina da una recepción que trae una larga fila de automóviles llenos de personas que no tienen nada en común con el dueño. A esta le siguen una serie de "recepciones" en toda la costa dorada, cada una de ellas tratando de superar a las demás.

El "míster" (aunque no lo llaman así en los barrios distinguidos) acude a su empresa en el asiento trasero de un Rolls Royce llevado por un chófer y un criado. ¿Por qué va a trabajar? Para ganar dinero, por supuesto! ¿Para qué quiere más dinero si ya posee millones de dólares? Para poder seguir superando a sus ricos vecinos.

La pobreza tiene algunas superioridades: nunca impulsa a los pobres a enfrentarse en un intento de superar a sus vecinos. Dondequiera que uno vea a unos hombres enfrentados en un problema, puede averiguar la causa del enfrentamiento y hallará una de las tres causas de intolerancia: las diferencias de opinión religiosa, la competencia económica o la competencia sexual.

La próxima vez que veas a dos hombres enzarzados en cualquier tipo de hostilidad mutua, cierra los ojos y piensa durante un instante y podrás verlos, en su naturaleza convertida, pareciéndose mucho a los ciervos machos de la ilustración. A un lado podrás ver el objeto del combate: un cúmulo de oro, un emblema religioso o una hembra (o hembras).

Recuerda, el objetivo de este ensayo es exponer algunas de las verdades sobre la naturaleza humana, con el propósito de hacer que los lectores piensen. El escritor no busca la gloria ni el elogio, y posiblemente no reciba ninguna de las dos cosas en relación con este tema en particular.

Andrew Carnegie y Henry C. Frick hicieron más que cualquiera por establecer la industria siderúrgica; los dos ganaron millones de dólares para sí mismos. Pero llegó el día en que la intolerancia económica brotó entre ellos. Para mostrar su desprecio por Frick, Carnegie construyó un elevado rascacielos y lo llamó el "edificio Carnegie". Frick se vengó alzando un edificio mucho más alto, junto al de Carnegie, y llamándolo el "edificio Frick". Estos dos caballeros se enfrentaron en una pelea hasta el final. Por lo que se sabe, Carnegie perdió la sensatez y quizá más. Lo que perdió Frick, sólo lo saben él y el guardián de los grandes registros. En su recuerdo, sus huesos "se están blanqueando bajo el sol" de la posteridad.

Los empresarios siderúrgicos en la actualidad están llevando los asuntos de otra forma. En lugar de enfrentarse, ahora "entretejen juntas directivas", con el resultado de que cada uno de ellos es una unidad sólida y fuerte de la integridad de la industria. Los empresarios siderúrgicos de hoy en día comprenden la diferencia entre el significado de las palabras competencia y cooperación; una divergencia que el resto de nosotros también haría bien en entender.

En Inglaterra, los hombres que son dueños de minas y aquellos que dirigen los sindicatos de trabajadores, se enfrentaron. De no haber sido por las cabezas más frías que remediaron el conflicto, los huesos del imperio británico (incluyendo a los propietarios de la industria y a los sindicatos) pronto habrían yacido blanqueándose al sol. U n año de combate abierto entre los sindicatos y los dueños de la industria en Gran Bretaña habría significado la destrucción del imperio británico.

Las otras naciones del mundo se habrían apropiado de toda la maquinaria económica que hoy por hoy controla este país. Que los líderes de la industria norteamericana y el sindicalismo no lo olviden.

Quince factores entran en juego en la obtención del éxito. Uno de ellos es la tolerancia. Los otros catorce se mencionan en varias ocasiones en esta serie de lecciones. La intolerancia retiene las piernas del hombre con los grilletes de la ignorancia y tapa sus ojos con las costras del miedo y la superstición. La intolerancia cierra el libro del conocimiento y escribe en su tapa: "No vuelvan a abrir este libro. La última palabra ha sido escrita en él". No es tu deber ser tolerante, ¡es tu privilegio!

Al leer este artículo, recuerda que enterrar la semilla de la intolerancia es la única y exclusiva ocupación de algunos hombres. Todas las guerras, todas las huelgas y todas las demás maneras de sufrimiento humano producen beneficios para algunos. Si esto no fuera verdad, no habría guerras, ni huelgas, ni otras formas similares de hostilidad. En la actualidad, en Estados Unidos, hay un sistema de propaganda bien constituido cuyo objetivo es incitar a la contienda y la hostilidad entre los dueños de empresas y las personas que trabajan en ellas. Echa otra mirada a la ilustración al principio de este artículo y podrás ver lo que pasa a quienes se enfrentan en conflictos laborales, y recuerda que siempre son los huesos de los trabajadores (y no los de los líderes sindicales o de las empresas) los que se tienden blanqueándose al sol cuando la contienda ha llegado a su fin.

Cuando sientas que te estás preparando para afrontarte a alguien, recuerda que será más provechoso que, en lugar de eso, un apretón de manos cálido y sentido no deja ningún hueso blanqueándose al sol.

El amor es el único lazo en la oscura nube de la vida. Es el Lucero del Alba y de la Noche. Resplandece sobre la cuna del bebé y derrama su brillo sobre la tumba silenciosa. Es la madre del Arte, el que conquista al poeta, al patriota y al filósofo. Es el aire y la luz de cada corazón, el arquitecto de cada hogar, el que aviva el fuego en cada corazón. Fue el primero en soñar con la inmortalidad. Colma el mundo con su melodía, pues la Música es la voz del Amor. El Amor es el mago, el encantador que transforma las cosas sin valor en Alegría y hace reyes y reinas con arcilla normal. Es el perfume de la flor maravillosa -el corazón- y sin esa pasión sagrada, ese desvanecimiento divino, somos menos que bestias; pero con él, la Tierra es el Cielo y nosotros somos dioses.

INCERSOLL

Siembra el amor por el otro y ya no querrás enfrentarte a él en un combate fútil. El amor hace de cada hombre el vigilante de su hermano. El amor es, efectivamente, luz celestial; una chispa de ese fuego inmortal compartido con los ángeles, para que nuestros bajos deseos, desde la Tierra, sean enaltecidos.

La fe eleva a la mente, pero el propio Cielo desciende en el amor; un sentimiento de la hermosura capturado para alejar de uno todo pensamiento sórdido; un rayo de Aquel que todo lo ha creado; una gloria que rodea al alma.

BYRON

¿Nadie te ha proporcionado nunca una oportunidad? ¿Se te ha ocurrido alguna vez fundar oportunidades para ti? Llamo flojo al hombre que podría estar mejor empleado.

Sócrates

Sexta Lección
IMAGINACIÓN

"¡Puedes hacerlo si crees que puedes!"

La imaginación es el laboratorio de la mente humana, en el que las viejas ideas y los hechos determinados pueden ser reorganizados en nuevas combinaciones y tener nuevos usos. Un diccionario moderno define imaginación de la siguiente forma:

"El acto del intelecto constructivo de congregar los materiales del conocimiento o el pensamiento en sistemas nuevos, originales y racionales; la facultad provechosa o creativa; tener una imaginación poética, artística, filosófica, científica y ética". El poder de la mente de imaginar; la formación de imágenes, ilustraciones o formas mentales de objetos o ideas, particularmente de objetos de apreciación sensorial ¡y de razonamiento matemático!

También, la reproducción y composición, normalmente con una modificación más o menos irracional o anormal, de imágenes o ideas de la memoria o hechos de la experiencia que uno recuerda.

Se ha dicho que la imaginación es el poder creador del alma, pero esto es un tanto impreciso y profundiza en el significado más de lo que es preciso para el estudiante de este curso, que sólo quiere utilizarla como un medio para obtener ventajas materiales o crematísticas en la vida.

Si has dominado y entendido a fondo las lecciones anteriores, sabrás que los materiales con los que construiste tu claro objetivo principal fueron congregados y combinados en tu imaginación. También sabrás que la seguridad en ti mismo, la iniciativa y el liderazgo deben fundarse en tu imaginación para que puedan transformarse en una realidad, pues es en el taller de tu imaginación donde pondrás en marcha el principio de la autosugestión para crear esas cualidades tan necesarias. Esta lección sobre la imaginación podría creerse el «eje» de este curso, pues todas sus lecciones nos traen hasta aquí y hacen uso del principio en el que se basa, de la misma manera que todos los cables del teléfono llegan hasta la oficina de intercambio para llegar a su fuente de transferencia. Nunca tendrás un objetivo claro en la vida, nunca tendrás seguridad en ti mismo, nunca tendrás iniciativa y liderazgo, a menos que crees primero estas condiciones en tu imaginación y te veas en posesión de ellas.

Del mismo modo que el roble se despliega a partir del germen que se encuentra en la bellota y el pájaro se desarrolla a partir del germen que persiste durmiente en el huevo, así también tus logros materiales se desarrollarán a partir de los planes organizados que crees en tu imaginación.

Primero está el pensamiento, luego la ordenación de dicho pensamiento en ideas y planes y, a continuación, la evolución de esos planes en una realidad. El comienzo, como observarás, está en tu imaginación.

La imaginación tiene una naturaleza explicativa y creativa. Puede examinar hechos, conceptos e ideas, y crear nuevas combinaciones y planes a partir de ellos. Por SU capacidad de descifrar, la imaginación tiene un poder que no se le suele imputar; es decir, el poder de registrar vibraciones y ondas de pensamiento que se ponen en movimiento desde fuentes exteriores, del mismo modo que el aparato receptor de radio atrae las vibraciones del sonido. El principio a través del cual funciona esta capacidad de interpretación de la imaginación se denomina telepatía: la comunicación de pensamientos de una mente a otra, en distancias largas o cortas, sin la ayuda de instrumentos mecánicos o físicos, tal como se expone en la lección introductoria de este curso.

La telepatía es un factor significativo para el estudiante que se está preparando para hacer un uso enérgico de la imaginación, ya que esta capacidad telepática capta continuamente ondas de pensamiento y vibraciones de todo tipo. Los llamados "discernimiento instantáneo", y a corazonadas que inducen a la persona a formarse una opinión o a decidir un curso de acción que no está en armonía con la lógica y la razón suelen ser el efecto de ondas de pensamiento a la deriva que han sido reconocidas en la imaginación.

El aparato de radio nos ha permitido entender que los elementos del éter son tan sensibles y están tan vivos que hay todo tipo de ondas de sonido volando continuamente de un lado a otro a la velocidad del rayo. Sólo hay que comprender la radio moderna para entender también el principio de la telepatía. Este principio se ha determinado tan bien, a través de las investigaciones psicológicas, que tenemos una abundancia de pruebas de que dos mentes que están apropiadamente sintonizadas y en armonía la una con la otra pueden mandar y recibir pensamientos a grandes distancias sin la ayuda de aparatos mecánicos de ningún tipo. Rara vez se han armonizado tan bien dos mentes que las cadenas del pensamiento pudieran ser reconocidas de esta forma, pero hay pruebas suficientes para instituir el hecho de que partes del pensamiento organizado han sido captadas.

Para que puedas entender cuán estrechamente entrelazados están los quince factores en los que se basa este curso, considera, por ejemplo, lo que pasa cuando un vendedor que carece de seguridad en sí mismo y en sus productos, va a ver a un posible cliente. Tanto si el posible cliente es consciente de ello, como si no lo es, su imaginación percibe inminentemente la falta de seguridad en la mente del vendedor. De hecho, los propios pensamientos del vendedor están socavando sus esfuerzos.

Esto explicará, desde otro ángulo, por qué la seguridad m uno mismo es uno de los factores más significativos en la gran lucha por el éxito. El principio de la telepatía y la ley de la atracción, a través de la cual los iguales se atraen, exponen muchos fracasos. Si la mente tiene la tendencia a atraer del éter aquellas vibraciones de pensamiento que armonizan con los pensamientos dominantes de una mente dada, puedes comprender fácilmente por qué una mente negativa que se recrea en el fracaso y escasea de la fuerza energética de la seguridad en uno mismo no atraería a una mente positiva dominada por pensamientos de hito.

Es posible que estas explicaciones sean un tanto indeterminadas para el estudiante que no ha realizado ningún estudio en particular de los procesos de trabajo de la mente, pero considero necesario introducirlas para ayudarlo a entender el tema de esta lección y hacer un uso práctico de ella. Con demasiada frecuencia, la imaginación es creída meramente como algo indefinido, inasible, indescriptible, que no hace otra cosa que establecer ficción. Es este desprecio popular de los poderes de la imaginación lo que ha hecho precisas estas referencias mis o menos abstractas a uno de los conceptos más importantes de este curso. El tema de la imaginación no sólo es un factor substancial en sí mismo, sino que es uno de los más interesantes, como podrás observar cuando empieces a ver cómo perturba a todo lo que haces para alcanzar tu claro objetivo principal. Verás cuán importante es el tema de la imaginación cuando te detengas para darte cuenta de que es la única cosa en el mundo sobre la que tienes un control absoluto. Otras personas te pueden privar de tu riqueza material y engañarte de mil maneras, pero nadie te puede despojar del control y el uso de la imaginación. La gente te puede tratar odiosamente, como suele hacerlo; puede privarte de tu libertad, pero no puede quitarte el privilegio de usar tu imaginación como tú quieras.

El poema más estimulante de toda la literatura fue escrito por Leigh Hunt cuando era un prisionero pobre en una prisión inglesa en la que había sido ilícitamente encerrado debido a su visión avanzada de la política. Este poema está titulado Abou Ben Adhem, y está reeditado aquí como recordatorio de que una de las cosas más grandes que puede hacer un ser humano, en su imaginación, es absolver a quienes lo han tratado injustamente:

Abou Ben Adhem (Dios quiera que su tribu crezca)

Una noche, de un recóndito sueño de paz despertó, y a la luz de luna que ingresaba en ni habitación, embelleciéndola como un lino en flor, vio a un ángel escribiendo en un libro de oro. La paz extrema había hecho a Ben Adhem osado, y a la presencia en la habitación inquirió: ¿Qué escribes? La visión levantó la cabeza, y, con una mirada totalmente dulce, respondió: "los nombres de quienes aman al Señor". "¿Y está el mío entre ellos?" dijo Abou. "No, no lo está", respondió el ángel. Abou habló más quedo, pero jovialmente todavía, y dijo: "Te pido, entonces, que me escribas como alguien que ama a sus similares". El ángel escribió y desapareció. A la noche siguiente se apareció otra vez, con una gran luz radiante, y le mostró los nombres bendecidos por el amor de Dios, y, he aquí que ¡el nombre de Ben Adhem antecedía a todos los demás! El hombre que habla mal de su prójimo inconscientemente manifiesta la verdadera naturaleza de su yo interior. La civilización misma debe su presencia a hombres como Leigh Hunt, en cuyas fructíferas imaginaciones se retratan los valores más elevados y más nobles de las relaciones humanas. Abou Ben Adhem es un poema que nunca sucumbirá, gracias a este hombre que vio en su imaginación la esperanza de un ideal que es constructivo.

El problema principal hoy por hoy con este mundo reside en nuestra falta de comprensión del poder de la imaginación, porque si comprendiéramos su gran potencial podríamos utilizarlo como un arma para acabar con la pobreza, la infelicidad, la injusticia y la persecución, y esto podría hacerse en una sola generación. Ésta es una afirmación bastante amplia, y nadie comprende mejor que el autor de este curso cuán inútil sería si el principio en el que se funda no fuera descrito en términos de una naturaleza más práctica, diaria. Por lo tanto, procedamos a narrar lo que queremos decir.

Para que esta representación sea perceptible debemos aceptar el principio de la telepatía como una realidad, a través de cuya operación cada pensamiento que liberamos se registra en las mentes de otras personas. No necesitamos dedicar ningún tiempo a demostrar que la telepatía es una realidad, puesto que esta lección sobre la imaginación no puede tener en absoluto valor para el estudiante que no se ha enterado lo bastante de modo que entienda y acepte la telepatía como un principio establecido. Daremos por sentado que eres alguien que acepta y entiende este principio.

A menudo habrás oído hablar de la psicología de masas, que no es otra cosa que alguna idea fuerte, dominante, que ha sido fundada en la mente de uno o más individuos y se registra en las mentes de otras personas por el principio de la telepatía. Tan fuerte es el poder de la psicología de masas que, a menudo, dos hombres que se están peleando en la calle pueden empezar una disputa al que se una la gente que pasa por ahí sin saber siquiera por qué está peleando, o con quién.

En el día del armisticio, en 1918, tuvimos pruebas abundantes que manifestaban la realidad del principio de la telepatía a una escala que el mundo no había visto nunca antes. Recuerdo patentemente la impresión en mi mente de ese aventurado día. Tan fuerte fue, que me despertó a eso de las tres de la madrugada, tan enérgicamente como si alguien me hubiese levantado mediante la fuerza física. Al sentarme en la cama supe que algo fuera de lo normal había pasado, y tan intenso y inspirador fue el efecto de esta experiencia, que me levanté, me vestí y salí a las calles de Chicago, donde me encontré con miles de personas que habían sentido el toque de la misma influencia. Todo el mundo preguntaba: "Qué había ocurrido". Lo que había ocurrido era lo siguiente:

Millones de hombres habían recogido instrucciones de dejar de pelear, y su alegría combinada puso en movimiento una onda de pensamiento que barrió el mundo completo y se hizo sentir en cada mente normal que fue capaz de registrarla. Es posible que jamás, en la historia del mundo, tantos millones de personas hayan pensado en lo mismo, de la misma manera, en el mismo instante. Por una vez en la historia del mundo, todos sentimos algo en común, y el efecto de este pensamiento armonizado fue la psicología de masas, que vemos en el día del armisticio. En relación con esta aseveración, sería útil que recordaras lo que se dijo en la lección introductoria de este curso acerca del método de establecer una mente maestra, mediante la armonía de pensamiento de dos o más personas.

Facilitaremos un poco más la aplicación de este principio mostrando cómo puede usarse para crear o romper las relaciones de trabajo armoniosas en un negocio o en una empresa. Quizá no te hayas persuadido de que fuera la armonía de pensamiento de millones de soldados lo que se registró en las mentes de las personas del mundo y incitó la situación psicológica de masas, que se hizo notoria por doquier el día del armisticio, pero no requerirás ninguna prueba de que una persona malhumorada siempre trastorna a todos aquellos con los que entra en contacto. Es sabido que, en un lugar de trabajo, alguien así perturba toda la organización. Está por llegar el tiempo en que ni los trabajadores, ni los jefes, soportarán al típico "gruñón" dentro del lugar de trabajo, porque su estado mental se registra en las mentes de quienes están a su alrededor y provoca duda, desconfianza y falta de armonía. Está cerca el tiempo en que los trabajadores no aguantarán a alguien de su misma categoría y en sus mismas filas que sea el típico gruñón más de lo que aguantarían a una serpiente venenosa.

Aplica este principio de otra manera: instala entre un grupo de trabajadores a una persona cuyo talante sea positivo y optimista, y que se ocupe de diseminar semillas de armonía en el lugar de trabajo, y su influencia se irradiará en cada persona que trabaje con ella. Si, como afirmó Emerson, cada negocio es la sombra extendida de un hombre, entonces le corresponde a cada persona reflejar una sombra de confianza, buen humor, tranquilidad y armonía, para que dichas cualidades puedan reflejarse, a su vez, en todas aquellas personas que estén atañidas al negocio.

Al pasar al próximo paso en nuestra aplicación del poder de la imaginación para la consecución del éxito, citaremos algunos de los ejemplos más nuevos y modernos de su uso en la recolección de riqueza material y el perfeccionamiento de algunos de los principales inventos del mundo. Al aproximarnos a este próximo paso, debería tenerse en cuenta que "no hay nada nuevo bajo el sol". La vida en la Tierra podría contrastarse con un gran calidoscopio ante el cual las escenas, los hechos y las sustancias materiales están cambiando y transformándose interminablemente, y lo único que cualquier persona puede hacer es tomar esos hechos y esas sustancias y reorganizarlos en nuevas mezclas. El proceso a través del cual se hace esto se denomina imaginación.

Hemos afirmado que la imaginación es de naturaleza interpretativa y creativa. Puede recibir impresiones o ideas y, a partir de ellas, formar nuevas combinaciones. Como primera ilustración del poder de la imaginación en el éxito actual en los negocios, tomaremos el caso de Clarence Saunders, quien organizó el sistema Piggly-Wiggly de autoservicio en tiendas de alimentación. Saunders era vendedor de alimentos en una pequeña tienda sureña. Un día, se hallaba en una cafetería haciendo cola con su bandeja de latón, esperando su turno para servirse la comida. Hasta ese minuto, nunca había ganado más de veinte dólares semanales, y nadie había descubierto en él nada que indicara una habilidad especial, pero, mientras estaba en esa cola, pasó algo en su mente que puso en funcionamiento su imaginación. Con ayuda de ésta, extrajo de la cafetería la idea del "autoservicio" (sin crear nada nuevo, sino solamente trasladando una vieja idea a un nuevo uso) y la llevó a una tienda de comestibles.

En un momento, había creado el plan de la cadena de tiendas Piggly-Wiggly, y Clarence Saunders, el modesto dependiente, se transformó rápidamente en un millonario con una cadena de tiendas de ultramarinos. Hará una gran diferencia para ti que seas una persona con un mensaje o que seas una persona con una queja ¿Dónde ves, en esa decisión, el menor indicio de una actuación que no reproducirías? Examínala y evalúala de acuerdo con las lecciones anteriores de este curso y verás que Clarence Saunders creó un objetivo muy claro y lo respaldó con la suficiente seguridad en sí mismo como para tomar la iniciativa que consintiera hacerlo realidad. Su imaginación fue el taller en el que estos tres factores, el objetivo claro, la seguridad en uno mismo y la iniciativa, fueron reunidos y produjeron el impulso para el primer paso en la organización del plan del Piggly-Wiggly. Así es como las grandes ideas se transforman en realidades.

Cuando Thomas A. Edison inventó la bombilla eléctrica incandescente, sencillamente reunió dos viejos y conocidos principios y los asoció en una nueva combinación. El señor Edison, y prácticamente todos los demás que estaban informados sobre el tema de la electricidad, sabían que se podía producir una luz calentando un pequeño cable con electricidad, pero el problema arduo era hacerlo sin quemar el cable partiéndolo en dos. En sus investigaciones empíricas, el señor Edison probó todos los tipos de cable comprensibles, con la esperanza de encontrar alguna sustancia que soportara el tremendo calor al que debía ser sujeto para que pudiera producirse la luz. Su invento estaba a medio terminar, pero no tenía ningún valor práctico hasta que pudiera hallar lo que le faltaba para completar la otra mitad. Al cabo de miles de pruebas y de ajustar incesantemente viejas ideas en su imaginación, Edison finalmente encontró lo que le faltaba. En su estudio de la física, había aprendido, al igual que cualquier estudiante de esta asignatura, que no puede haber combustión sin la presencia de oxígeno. Positivamente, él sabía que la dificultad con su aparato eléctrico era la falta de un método para controlar el calor.

Cuando se le ocurrió que no podía haber ninguna combustión ahí donde no hubiera oxígeno, ubicó el pequeño cable de su aparato de luz eléctrica dentro de un globo de vidrio, dejó fuera todo el oxígeno, y he aquí que la poderosa luz resplandeciente fue una realidad. Cuando el sol se ponga esta noche, te aproximarás a la pared, presionarás un interruptor -algo que hubiera dejado perpleja a la gente de unas cuantas generaciones atrás- y, sin embargo, no hay ningún misterio detrás de tu acto. Gracias al uso de la imaginación de Edison, sencillamente has unido dos principios que existían desde el principio de los tiempos.

Nadie que lo conociera profundamente dijo jamás que Andrew Carnegie tuviera una habilidad especial, ni el poder del genio, exceptuado en un aspecto, y ése era el de su habilidad para seleccionar hombres que podían y querían asistir en un espíritu de armonía que permitiera llevar a cabo SUS deseos. Pero, ¿qué habilidad adicional necesitaba para la recolección de sus millones de dólares?

Cualquier persona que entienda el principio del esfuerzo organizado como lo comprendía Carnegie y que conozca lo bastante al ser humano como para seleccionar el tipo de personas precisas en la realización de una tarea dada, podría duplicar todo lo que él consiguió.

Carnegie era un hombre con imaginación. Primero creó un objetivo claro y luego se rodeó de personas que tenían la formación, la visión y la capacidad precisas para transformar ese propósito en realidad. Carnegie no siempre creaba sus propios planes para la consecución de su propósito claro. Él se encargaba de saber lo que quería, luego encontraba a las personas que podían crear planes a fin de gestionarlo. Y eso no era sólo imaginación; era genio del primer orden.

Pero debería quedar claro que los hombres como Carnegie no son los únicos que pueden hacer un uso beneficioso de la imaginación. Este gran poder es tan accesible para quien se inicia en los negocios como lo es para la persona que ya ha "llegado"

Una mañana, el coche privado de Charles M. Schwab ingresó en el apartadero de su planta de Bethlehem Steel. Mientras bajaba de él, se le acercó un joven taquígrafo que le anunció que había venido a aseverarse de que cualquier carta o telegrama que el señor Schwab quisiera escribir la tendría inmediatamente. Nadie le había dicho a este joven que estuviera disponible, pero él había tenido la imaginación bastante para ver que el hecho de estar ahí no haría ningún daño a sus posibilidades de avanzar. A partir de ese día, este joven fue "destacado" para una promoción. El señor Schwab lo señaló para ello porque había hecho lo que podrían haber hecho, pero no hicieron, cualquiera de los otros taquígrafos que trabajaban en la Bethlehem Steel Company. Hoy por hoy, ese hombre es presidente de una de las mayores empresas farmacéuticas del mundo y tiene todos los bienes y mercancías que quiere y mucho más de lo que precisa.

Hace unos años, recibí una carta de un joven que acababa de salir de una escuela de negocios y que quería asegurarse un empleo en mi oficina. Junto con su carta, envió un estropeado billete de diez dólares que nunca había sido plegado. La carta decía lo siguiente:

Acabo de concluir un curso comercial en una escuela de negocios de primera y quisiera un puesto en su oficina porque me doy cuenta del gran valor que tendría para un hombre joven, que está comenzando en su carrera empresarial, tener el privilegio de trabajar bajo la dirección de un hombre como usted.

Si el billete de diez dólares que le adjunto es suficiente para pagar por el tiempo que pasaría proporcionándome instrucciones durante la primera semana, quiero que lo acepte. Trabajaré el primer mes sin recibir ninguna paga y usted podrá decidir mi sueldo después, según lo que yo demuestre merecer.

Deseo este trabajo más de lo que he querido tener cualquier otra cosa en mi vida y estoy dispuesto a hacer cualquier sacrificio razonable para conseguirlo.

Muy amablemente Este joven consiguió su oportunidad en mi oficina. Su imaginación le facilitó la oportunidad que deseaba, y antes de que su primer mes hubiera concluido, el presidente de una compañía de seguros que había oído hablar de este incidente le brindó una secretada privada con un salario considerable. Actualmente tiene un cargo de responsabilidad en una de las mayores compañías de seguros del mundo. Hace unos años, un hombre joven le escribió a Thomas A. Edison solicitándole un puesto. Por alguna razón, Edison no le respondió. Sin desanimarse en absoluto por esto, decidió que no sólo recibiría una respuesta, sino que, lo que era más significativo aún, conseguiría el puesto que buscaba. Este joven vivía a una gran distancia de West Orange, Nueva Jersey, donde las industrias Edison estaban ubicadas, y no tenía el dinero suficiente para pagarse el billete de tren, pero tenía imaginación. Fue a West Orange en un vagón de mercancías, logró la entrevista, le relató su historia en persona y obtuvo lo que quería. Actualmente, este mismo hombre vive en Brandentown, Florida. Se ha retirado de la actividad empresarial, pues ya tiene todo el dinero que precisa. Su nombre, en caso que desees confirmar mi historia, es Edwin C. Bames.

Usando su imaginación, el señor Barnes vio la ventaja de relacionarse estrechamente con un hombre como Thomas A. Edison. Vio que dicha relación le suministraría la oportunidad de estudiarlo y que, en algún momento, le pondría en contacto con los amigos de Edison, que era unas de las personas más respetadas del mundo. Éstos son sólo unos pocos casos en los que he podido observar personalmente cómo unos hombres han llegado a un lugar elevado en el mundo y han acumulado fortuna en abundancia haciendo un uso práctico de su imaginación. Theodore Roosevelt grabó su nombre en las tablas del tiempo con un solo acto mientras conquistó el cargo de presidente de Estados

Unidos, y cuando todo lo demás que hizo mientras lo ocupaba haya sido olvidado, esta única transacción lo registrará en la historia como un hombre con imaginación. Él hizo que las palas mecánicas de vapor comenzarán a trabajar en el canal de Panamá. Todos los presidentes, desde Washington hasta Roosevelt, podrían haber comenzado el canal y se habría completado, pero parecía ser una empresa tan colosal que no sólo requería imaginación, sino también una valentía audaz. Roosevelt tenía ambas cosas, y ahora el pueblo de Estados Unidos tiene el canal.

A la edad de cuarenta años (la edad en que el hombre promedio comienza a pensar que es demasiado mayor para empezar algo nuevo), James J. Hill seguía sentado ante el manipulador del telégrafo, con un sueldo de 30 dólares mensuales. No tenía ningún capital. La razón por la que a la mayoría de las personas no les gusta escuchar la historia de tus problemas es porque ellas ya tienen su propio montón.

No tenía amigos influyentes con capital, pero disponía de algo mucho más poderoso que cualquiera de esas cosas: imaginación. En su mente vio un gran sistema ferroviario que comprendía en el subdesarrollado noroeste y unía los océanos Atlántico y Pacífico. Tan vívida era su imaginación, que consiguió que otras personas vieran las ventajas de un sistema ferroviario así, y a partir de ese momento la historia es conocida por cualquier escolar. Yo subrayaría la parte de la historia que la mayoría de la gente no indica jamás: que el sistema del Great Northern Railway de Hill se hizo realidad primero en su propia imaginación. El ferrocarril fue construido con rieles de acero y traviesas de madera, como las demás vías férreas, pero si quieres oír la verdadera historia del éxito de James J. Hill, debes remontarte a esa pequeña estación ferroviaria en la que trabajaba por 30 dólares al mes y recoger ahí los pequeños hilos que tejió para transformarlos en un poderoso ferrocarril, con materiales no más visibles que los pensamientos que organizó en su imaginación. Qué gran poder es la imaginación, el taller del alma en el que los pensamientos se entrelazan para convertirse en ferrocarriles y rascacielos, en molinos y fábricas, y en todo tipo de riqueza material. Considero una verdad que los pensamientos son cosas; que están concedidos de cuerpos y aliento y alas; y que los formulamos para que llenen el mundo con buenos o malos resultados.

Aquello que llamamos nuestro pensamiento secreto es proyectado a gran velocidad hacia el punto más lejano de la Tierra, y deja atrás sus bendiciones o sus desgracias, como un rastro al pasar. Erigimos nuestro futuro, pensamiento a pensamiento, para bien o para mal, aunque no lo sabemos, pero así lo ha inventado el universo. Pensamiento es otra forma de llamar al destino; elige, entonces, tu destino y espera, pues el amor acarrea amor y el odio conduce odio. Si tu imaginación es el espejo del alma, entonces tienes todo el derecho de ubicarte ante ese espejo y verte como deseas ser. Tienes derecho a ver reflejados en ese espejo mágico la mansión que tienes intención de tener, la fábrica que intentas dirigir, el banco que estás dispuesto a presidir, la posición de la vida que quieres ocupar. ¡Tu imaginación te pertenece! ¡Úsala! Cuanto más la uses, más eficazmente te servirá.

En el extremo oriental del gran puente de Brooklyn, en la ciudad de Nueva York, un anciano trabaja como zapatero menestral. Cuando los ingenieros comenzaron a instalar postes y a marcar el lugar para los cimientos de la gran estructura de acero, este hombre movió la cabeza negativamente y dijo: "¡Eso no se puede realizar!".

Ahora lo observa desde su pequeño y pobre local de reparación de calzado, mueve la cabeza negativamente y se pregunta: ¿Cómo lo hicieron?. Observó crecer el puente delante de sus ojos y todavía carece de la imaginación precisa para analizar aquello que vio. El ingeniero que planificó el puente lo vio como una realidad mucho antes de que se comenzara a retirar la tierra para poner los cimientos. El puente se transformó en una realidad en su imaginación porque él la había entrenado para crear nuevas combinaciones a partir de viejas ideas.

En los experimentos nuevos en el departamento de electricidad, una de nuestras grandes instituciones educativas estadounidenses ha descubierto cómo hacer dormir a las flores y luego despertarlas con luz solar, eléctrica. Este hallazgo posibilita el crecimiento de vegetales y frutas sin la ayuda de los rayos del sol. Dentro de unos años, el procedente de la ciudad estará sembrando verduras en su porche trasero con la ayuda de unas cuantas cajas de tierra y unas luces eléctricas, y cada mes del año tendrá algún nuevo vegetal madurando.

Si a este nuevo descubrimiento le agregamos un poco de imaginación y los descubrimientos de Luther Burbank en el campo de la horticultura, el habitante de la ciudad no sólo sembrará hortalizas durante todo el año, sino que éstas serán más grandes que las que cualquier jardinero moderno consigue al aire libre bajo la luz del sol.

En una ciudad de la costa de California se desarrollaron y se pusieron en condiciones todos los terrenos aprovechables como solares de construcción. En un lado de la ciudad había unas colinas escarpadas en las que no se podía construir y en el otro lado el terreno no era apto para la edificación porque era demasiado bajo, y el agua de un brazo de río la cubría una vez al día. Un hombre con imaginación llegó a esta ciudad. Los hombres con imaginación suelen tener mentes sagaces, y éste no era una excepción. El primer día, nada más llegar, vio las posibilidades para hacer dinero con los bienes raíces. Se aseguró una opción de adquisición en aquellas colinas que no eran aptas para la construcción debido a lo escarpado del terreno. Además, se aseguró una opción de compra sobre el terreno que no podía ser aprovechado debido al agua que lo cubría a diario.

Se aseguró estas opciones a un precio muy bajo porque, aparentemente, el suelo no tenía un valor sustancial. Con el uso de unas pocas toneladas de explosivos, transformó esas colinas escarpadas en tierra suelta. Con la ayuda de unos tractores y unas niveladoras, niveló el suelo y lo convirtió en unos bonitos solares de edificación, y con unas pocas mulas y unos carros arrojó la tierra sobrante en los terrenos bajos, alzándolos por encima del nivel del agua y convirtiéndolos, de ese modo, en unos hermosos solares de construcción. Hizo una fortuna considerable. A cambio de sacar un poco de tierra de donde no se necesitaba y llevarla ahí donde era preciso. De mezclar una tierra inservible con la imaginación.

Los habitantes de esa pequeña ciudad reconocieron a este hombre como un genio; y lo era: el mismo tipo de genio que podría haber sido cualquiera de ellos, de haber usado la imaginación del modo que la usó. En el campo de la química es posible combinar dos o más ingredientes químicos en unas proporciones tales que el mero acto de mezclarlos aporta a cada uno de los ingredientes una gran cantidad de energía que antes no poseía. También es posible combinar ciertos ingredientes químicos en unas proporciones tales que todos los ingredientes de la combinación adquieren una naturaleza completamente distinta, como en el caso del H_2O, que es la composición de dos partes de hidrógeno y una de oxígeno, la cual crea el agua. La química no es el único campo en el que una combinación de varios materiales físicos puede hacerse de tal manera que cada uno de ellos adquiere un valor mayor, o el resultado es un producto totalmente ajeno en su naturaleza al de las partes que lo componen. El hombre que hizo volar esas colinas inútiles de tierra y piedras y retiró lo excesivo de ahí donde no era necesaria, llevándola a los terrenos bajos, donde sí se necesitaba, impulsó a la tierra y a las piedras de un valor que antes no tenían.

Una tonelada de hierro en lingotes vale muy poco, pero si le añades carbono, silicio, manganeso, azufre y fósforo en las proporciones correctas, incluida una mano de obra experta, esa misma tonelada de hierro se convertirá en resortes para relojes que valen una pequeña fortuna.

Pero en todos estos procesos de transformación, el ingrediente más valioso es uno que no tiene representación material: ¡la imaginación! Aquí tenemos grandes montones de ladrillos sueltos, madera, clavos y vidrio. En su forma actual no sirven para nada, pues son un una contrariedad y desagradables a la vista. Pero si los mezclamos con la imaginación de un arquitecto y con una mano de obra experta, se transforman en una hermosa mansión que vale el rescate de un rey.

En una de las grandes autopistas entre Nueva York y Filadelfia había una vieja granja desordenada y deteriorada por el tiempo, que valía menos de cincuenta dólares. Con ayuda de un poco de madera y algo de cemento, además de imaginación, esta vieja granja se ha transformado en un bonito local de abastecimientos para automóviles con el que el hombre con imaginación gana una fortuna.

Delante de mi oficina, al otro lado de la calle, hay un pequeño taller de impresión con el que el dueño y su ayudante ganan lo justo para pagarse el café y el pan, pero no más. A menos de doce manzanas de distancia se halla una de las imprentas más modernas del mundo, cuyo dueño pasa la mayor parte del tiempo viajando y tiene una fortuna mucho mayor de la que podrá manipular jamás. Hace veintidós años, estos dos impresores tenían un negocio junto. Sé que estoy aquí. Sé que no tuve nada que ver con mi llegada, y que tendré poco, o nada, que ver con mi despedida. Por lo tanto, no me preocuparé, pues las preocupaciones son inservibles.

El que es dueño de la gran imprenta, tuvo el buen juicio de aliarse con un hombre que combinó la imaginación con el oficio. El hombre con imaginación es un escritor de anuncios publicitarios y provee a la imprenta con la que está asociado más trabajo del que puede realizar, examinando los negocios de sus clientes, creando atractivos artículos publicitarios y facilitando el material impreso preciso para que éstos sirvan. Esta planta recibe premios de primerísima categoría porque su imaginación combinada con esa impresión da como resultado un producto que la mayoría de imprentas no pueden ofrecer. En la ciudad de Chicago, el nivel de cierto bulevar fue elevado, lo cual maltrató una serie de hermosas residencias porque la elevación llegaba hasta la altura de las ventanas del segundo piso. Mientras los dueños se quejaban de su mala suerte, llegó un hombre con imaginación, adquirió las propiedades por una "ganga", convirtió los segundos pisos en posesiones de comercio, y ahora goza de unos bonitos ingresos de sus rentas.

Mientras lees estas líneas, ten presente todo lo que se dijo al principio de esta lección, especialmente el hecho de que lo más grande y más beneficioso que puedes hacer con tu imaginación es el acto de reorganizar viejas ideas en nuevas combinaciones. Si usas tu imaginación adecuadamente, ésta te ayudará a transformar tus fracasos y tus errores en ventajas de incalculable valor, te llevará al descubrimiento de una verdad conocida exclusivamente por quienes usan su imaginación: es decir, que a menudo los grandes reveses e infortunios de la vida abren la puerta a unas oportunidades de oro. Uno de los mejores y mejor pagados grabadores de Estados Unidos había trabajado inicialmente de cartero. Un día tuvo la suerte de encontrarse en un tranvía que tuvo un accidente, y tuvieron que amputarle una pierna. La compañía ferroviaria le pagó 5.000 dólares de indemnización. Con ese dinero, el hombre se pagó sus estudios y se transformó en grabador. El producto de sus manos, además de su imaginación, vale mucho más de lo que podía ganar con su pierna siendo cartero. Cuando tuvo que redirigir sus energías como consecuencia del accidente del tranvía, descubrió que tenía imaginación. Tú nunca sabrás cuál es tu capacidad para el éxito hasta que aprendas a concertar tus esfuerzos con la imaginación. Los productos de tus manos, sin imaginación, te darán un beneficio muy pequeño, pero esas mismas manos, si son regidas apropiadamente por la imaginación, pueden hacerte ganar toda la riqueza material que puedes usar.

Hay dos formas de beneficiarse de la imaginación. Puedes desarrollar esta facultad en tu propia mente, o puedes comprometerte con quienes ya la han desarrollado. Andrew Carnegie hizo ambas cosas. No sólo hizo uso de su propia imaginación fértil, sino que congregó en torno a su persona a otros hombres que también tenían esta cualidad esencial, pues su propósito claro en la vida requería de expertos cuya imaginación fuera en varias direcciones. En ese grupo de hombres que formaron la mente maestra de Carnegie, se hallaban aquellos cuya imaginación se reducía al campo de la química. Había otros cuya imaginación se sometía a las finanzas. Y había otros más cuya imaginación se reducía al arte de vender, entre los cuales se hallaba Charles M. Schwab, de quien se dice que ha sido el vendedor más capaz entre los empleados de Carnegie. Si sientes que tu propia imaginación es impropia, deberías establecer una alianza con alguien cuya imaginación esté lo bastante desarrollada como para compensar tus carencias. Existen diversas formas de alianza.

Por ejemplo, está la alianza del matrimonio, la alianza de una sociedad comercial, la alianza de la amistad y la alianza de patrón y empleado. No todos los hombres tienen la capacidad de servir a sus propios intereses como jefes, y quienes no la tienen pueden favorecerse aliándose con personas de imaginación que sí la tengan.

Se dice que Carnegie hizo más millonarios entre sus empleados que cualquier otro patrón en el negocio siderúrgico. Entre ellos se encontraba Charles M. Schwab, quien dio muestras de la más sólida de las imaginaciones por su buen juicio al aliarse con Carnegie. No es ninguna desdicha servir en la condición de empleado. Por el contrario, a menudo resulta ser el lado más beneficioso de una alianza, ya que no todas las personas son competentes para asumir la responsabilidad de dirigir a otras. Quizá no haya campo en el que la imaginación profese un papel tan importante como lo hace en el arte de vender.

El vendedor experto ve los valores de los productos que vende, o el servicio que presta, en su propia imaginación y, si no lo hace, no realizará la venta. Hace unos años, se realizó una venta que, según dicen, fue la de mayor consecuencia y la más importante que se ha hecho jamás. El objeto de la venta no era una mercadería, sino la libertad de un hombre que estaba sentenciado a la prisión de Ohio y el desarrollo de un sistema de reforma penitenciaria que promete un cambio revolucionario en el procedimiento para tratar a los desafortunados hombres y mujeres que han quedado atrapados en las redes de la ley.

Para que puedas observar cómo la imaginación simboliza el papel principal en el arte de vender, examinaré esta venta para ti, con las debidas disculpas por las referencias personales, que no pueden ser evitadas sin arruinar gran parte del valor del ejemplo.

Hace unos años, fui invitado a hablar delante de los presidiarios de la prisión de Ohio. Cuando subí al escenario, vi en el público que tenía adelante a un hombre a quien yo había conocido como un empresario de éxito más de diez años atrás. Aquel hombre era B., cuyo perdón gestioné más tarde, y la historia de su liberación se ha desarrollado por las primeras páginas de prácticamente todos los periódicos de Estados Unidos. Quizá la recuerdes. Después de haber cumplido con mi discurso, me entrevisté con el señor B. y averigüé que había sido condenado por falsificación a un período de veinte años. Cuando terminó de narrarme su historia, le dije: "Le sacaré de aquí en menos de sesenta días" Con una sonrisa forzada, respondió: "Lo admiro por su ánimo, pero cuestiono su buen juicio. ¿Sabía que al menos veinte hombres prestigiosos han intentado por todos los medios a su alcance obtener mi excarcelación, sin éxito? ¡No se puede concebir!".

Supongo que ese último comentario (No re puede concebir) fue lo que me desafió a demostrarle que sí se podía hacer. Regresé a Nueva York y le pedí a mi esposa que hiciera las maletas y se dispusiera para una estancia indefinida en Columbus, donde estaba ubicada la prisión de Ohio. ¡YO tenía en mente un propósito claro! Ese propósito era sacar a B. de la cárcel de Ohio. No sólo tenía en mente obtener su excarcelación, sino que tenía intención de hacerlo de tal manera que quedara demostrado que se cometió un error, se borrara la palabra presidiario, y, al mismo tiempo, se reconociera el valor de todas las personas que habían ayudado a excarcelarlo.

No dudé ni una sola vez de que lograría que lo soltaran, pues ningún vendedor puede hacer una venta si duda de que la haga. Mi esposa y yo retornamos a Columbus y nos instalamos ahí de manera permanente.

Al día siguiente, visité al gobernador de Ohio y declaré el objeto de mi visita con estas palabras: Gobernador: He venido a solicitarle que deje libre a B., que se halla en la prisión de Ohio. Tengo sólidas razones para solicitar su excarcelación y espero que le dé su libertad con urgencia, pero he venido preparado para quedarme hasta que sea excarcelado, sin importar cuánto tiempo pase.

Durante su encarcelamiento, B. ha abierto un sistema de formación por correspondencia en la prisión de Ohio, como usted sin duda sabe. Ha influido en 1.729 de los 2.51 8 prisioneros de la prisión para que tomen cursos de formación. Ha logrado pedir los suficientes libros de texto y material de clase para mantener a estos hombres atareados con sus lecciones y lo ha hecho sin un centavo de gasto para el estado de Ohio. El director y el guardia de la prisión me han dicho que ha observado las reglas de la cárcel. Sin duda, un hombre que puede influir en 1.729 hombres para que pongan todos sus bríos en mejorarse a sí mismos no debe de ser una persona muy mala. He venido a pedirle que deje libre a B. porque quiero que lo coloque a la cabeza de una escuela penitenciaria que ofrezca a los 160.000 reclusos de las otras prisiones de Estados Unidos la oportunidad de favorecerse de su influencia. Estoy preparado para asumir la plena responsabilidad de su conducta después de su excarcelación.

Éste es mi demostración, pero, antes de que me dé su respuesta, quiero que sepa que no ignoro el hecho de que sus enemigos posiblemente lo criticarán si lo deja libre. De hecho, excarcelarlo podría costarle muchos votos si vuelve a presentarse como aspirante al puesto de gobernador. Con el puño apretado y su amplia mandíbula mostrando seguridad, el Gobernador de Ohio, Vic Donahey, dijo: Si eso es lo que usted quiere de B., lo liberaré aunque me cueste cinco mil votos. No obstante, antes de firmar la amnistía, quiero que vaya a ver al Consejo de Clemencia y consiga su recomendación favorable. También quiero que logre la recomendación favorable del director y el guardia de la prisión de Ohio. Como usted sabe, un gobernador está sometido al Tribunal de la opinión pública, y estos caballeros son delegados de dicho tribunal. ¡La venta se había hecho! Y toda la transacción había necesitado menos de cinco minutos.

Al día siguiente retorné a la oficina del gobernador, acompañado del capellán de la prisión de Ohio, y le notifiqué que el Consejo de Clemencia, el director y el capellán se habían unido para recomendar la excarcelación. Tres días más tarde, la absolución era firmada y B. salió caminando por las grandes puertas de acero como un hombre libre. He relatado los detalles para mostrarte que no hubo ningún problema en la transacción. El trabajo anterior para la excarcelación había sido preparado antes de que yo ingresara en escena. B. lo había hecho, mediante su buena conducta y el servicio que había prestado a esos 1.729 prisioneros. Cuando creó el primer sistema de estudios por correspondencia en una prisión en el mundo, estableció la llave que le abrió las puertas de salida de la cárcel. ¿Por qué, entonces, no habían logrado su liberación las otras personas que lo habían intentado? ¡Se hundieron porque no usaron la imaginación! Si has sido juicioso y has tenido éxito, te felicito; a menos que seas incapaz de olvidar cuánto éxito has poseído. Entonces sencillamente te tendría lástima. Quizá le pidieran al gobernador la excarcelación de B. basándose en que era alguien con estudios universitarios y no era una mala persona. Pero no le dieron al gobernador de Ohio los impulsos suficientes para justificar la autorización de un indulto, pues, de lo contrario, sin duda habría liberado a B. mucho antes de que yo ingresara en escena y se lo pidiera. Antes de ir a ver al gobernador, repasé todos los datos y, en mi propia imaginación, me vi en su lugar y fundé en mi mente el tipo de presentación que más me cautivaría si yo estuviera realmente ocupándolo.

Cuando le solicité la excarcelación de B., lo hice en nombre de los 160.000 desafortunados hombres y mujeres que viven en las prisiones de Estados Unidos y que gozarían de los bienes del sistema educativo por correspondencia que él había elaborado. No dije nada de sus importantes progenitores. No dije nada de mi amistad con él en años anteriores. No dije nada de que él fuera un tipo loable. Todos esos temas podrían haber sido utilizados como motivaciones razonables para su excarcelación, pero parecían insignificantes contrapuestos con el motivo más grande y más sólido de que su liberación ayudaría a otras 160.000 personas que sentirían la influencia de su sistema de educación por correspondencia cuando él saliera libre. Cuando el gobernador de Ohio tomó una decisión, no dudo de que B. tuviera una calidad secundaria en relación con ella. El gobernador, sin duda, vio un posible beneficio, no sólo para B., sino para los otros 160.000 hombres y mujeres que precisaban la influencia que él podía ejercer si era liberado. ¡Y eso era imaginación! ¡Y también era el arte de vender! Al hablar de este suceso cuando hubo acabado, uno de los hombres que habían trabajado rápidamente durante más de un año en un intento de conseguir la libertad de B., me preguntó: "¿Cómo lo hizo?" Y yo respondí: "Ha sido la tarea más fácil que he ejecutado jamás, porque la mayor parte del trabajo ya estaba dispuesto antes de que yo me hiciera cargo de ella. De hecho, no lo hice yo. Lo hizo el propio B". El hombre me miró indeciso. No veía lo que estoy pretendiendo dejar claro: esto es, que prácticamente todas las tareas difíciles se efectúan con facilidad si uno las enfoca desde el ángulo correcto. En la excarcelación de B. ingresaron en juego dos factores trascendentales.

El primero fue el hecho de que él me había facilitado el material para un buen argumento antes de que yo me hiciera cargo; y el segundo era que, antes de visitar al gobernador de Ohio, yo estaba tan decididamente convencido de que tenía derecho a solicitar que fuera liberado, que no me costó nada presentar mis argumentos con eficacia.

Vuelve a lo que se afirmó al principio de esta lección sobre el tema de la telepatía y empléalo a este caso. El gobernador podría decir, mucho antes de que yo hubiese señalado mi misión, que yo sabía que tenía un buen argumento. Si mi cerebro no envió ese pensamiento a su cerebro, entonces la expresión de seguridad en mí mismo en mis ojos y el acento positivo de mi voz evidenciaron mi creencia en los méritos de mi argumento. Una vez más, pido disculpas por estas reseñas personales, con la explicación de que las he usado únicamente porque el país entero conocía el caso de B. que he contado. Niego todo el mérito por el pequeño papel que encarné en él, pues no hice otra cosa que utilizar mi imaginación como una sala de reuniones para reunir los factores con los que se hizo la venta. No hice nada, excepto lo que podría haber hecho cualquier vendedor con imaginación.

Se requiere un valor considerable para verse impulsado a usar el pronombre personal con la libertad con que se ha usado para relatar los hechos relacionados con este caso, pero la justificación vive en el valor de la aplicación del principio de la imaginación en un caso que habitualmente todo el mundo conoce.

No puedo recordar un incidente en toda mi vida en el que la resistencia de los quince factores que entran en juego en este curso se manifestara con tanta claridad como en la obtención de la libertad de B. Este no es más que otro eslabón en la larga cadena de pruebas que demuestran, para mi absoluta complacencia, el poder de la imaginación como un factor en el arte de vender. Existen infinitos millones de acercamientos a cada problema, pero sólo hay una que es la mejor. Hállala y tu problema se solucionará fácilmente. No importa cuánto mérito tengan tus productos, hay millones de formas de ofrecerlos. Tu imaginación te ayudará a localizar la correcta. En tu búsqueda de la forma correcta de ofrecer tu mercancía o tus servicios, recuerda este característico rasgo de la humanidad:

La gente te otorgará los favores que pidas para beneficiar a una tercera persona, pero no te los concedería si los pidieras para tu propio bien. Compara esta afirmación con el hecho de que yo le pidiera al gobernador de Ohio que otorgara la libertad a B., no como un favor para mí, y no como un favor para B., sino para el beneficio de los 160.000 desafortunados reclusos de las prisiones de Estados Unidos.

Los vendedores con imaginación siempre prometen sus mercancías en una terminología tal que las ventajas de éstas son indudables para el potencial comprador. Rara vez, alguien hace una compra de un producto, o hace un favor a otra persona, sólo para consentir al vendedor. Es un rasgo destacado de la naturaleza humana que nos impulsa a todos a hacer aquello que ayuda a nuestros propios intereses. Éste es un hecho objetivo e irrefutable, aunque el idealista declare lo contrario. Para ser absolutamente directos, los hombres son egoístas. Comprender la verdad es entender cómo presentar tus argumentos, tanto si estás pidiendo que un hombre sea excarcelado como si estás brindando algún producto para vender. En tu imaginación planifica la presentación de tus argumentos de manera tal que al comprador le queden claras las ventajas más significativas y más atractivas. ¡Eso es imaginación!

Siempre que veo a una persona tratando de revelar los pecados de otra me pregunto si no llevará alguna marca de deshonra que la habría empobrecido si la justicia la hubiese descubierto.

Un granjero se mudó a la ciudad llevándose con él a su perro pastor bien entrenado. Pronto descubrí que el perro estaba fuera de lugar en la ciudad, de modo que decidió "deshacerse de él". (Fíjate en las palabras entre comillas.) Llevándose consigo al perro, fue al campo y llamó a la puerta de una quinta. Un hombre con muletas se aproximó a abrir la puerta cojeando. El propietario del perro lo saludó con estas palabras: "Usted no querrá adquirir a un buen perro pastor del que me quiero deshacer, ¿verdad?" "¡No!" respondió el hombre con muletas y cerró la puerta.

El dueño del perro llamó a la puerta de otra media docena de ranchos, haciendo la misma pregunta, y recibió la misma respuesta. Llegó a la determinación de que nadie quería al perro y volvió a la ciudad. Esa misma noche, le narró su desgracia a un hombre con imaginación. Éste escuchó cómo el dueño del perro había tratado en vano de "deshacerse de él". "Permítame que yo me encomiende de vender al perro", dijo el hombre con imaginación. El dueño estuvo de acuerdo. A la mañana siguiente, el hombre con imaginación llevó al animal al campo, y se detuvo ante la primera granja en la que el dueño del perro había llamado a la puerta el día anterior. El mismo hombre con muletas salió cojeando y contestó a la llamada. El hombre con imaginación lo saludó de esta manera: "Veo que está imposibilitado por el reumatismo. Lo que usted precisa es un buen perro que le haga los mandados. Tengo aquí a un perro que ha sido adiestrado para traer a casa a las vacas, alejar a los animales salvajes, llevar a las ovejas y realizar otros servicios útiles. Puede quedarse con él por cien dólares" "muy bien" dijo el hombre lisiado. "¡Me lo quedo!"

Eso, también, fue imaginación. Nadie quiere a un perro del que alguien se quiere "deshacer", pero casi cualquiera querrá tener a un perro capaz de llevar a un rebaño, traer a casa a las vacas y realizar otros servicios útiles. El perro era el mismo que el comprador lisiado había rechazado el día anterior, pero el hombre que se lo vendió no era el mismo que el que había tratado de "deshacerse de él". Si usas tu imaginación, sabrás que nadie quiere algo de lo que otra persona se está tratando de "deshacer". Recuerda lo que dijimos sobre la ley de la atracción a través de cuya operación "los iguales se atraen". Si simulas ser un fracaso y actúas como si lo fueras, no atraerás más que fracasos. Cualquiera que sea el trabajo al que te dediques, necesita del uso de la imaginación.

Las cataratas del Niágara no eran mis que una gran masa de agua hasta que un hombre con imaginación las aprovechó y transformó la energía desperdiciada en una corriente eléctrica que ahora mueve las medas de la industria. Antes de que ese hombre de imaginación llegara, millones de personas habían visto y escuchado esas cataratas, pero carecían de la imaginación precisa para aprovecharlas.

El primer Club de Rotarios del mundo nació en la fértil imaginación de Paul Harris, de Chicago, quien vio en este hijo de su cerebro un medio fuerte para cultivar posibles clientes y la extensión de su práctica como abogado. La ética del derecho prohíbe hacer publicidad de la manera habitual, pero la imaginación de

Paul Harris halló la manera de ampliar su práctica de la abogacía sin anunciarla de la manera estándar.

Si los vientos de la Fortuna están soplando transitoriamente en tu contra, recuerda que puedes aprovecharlos y hacer que te lleven hacia tu propósito claro a través del uso de tu imaginación. La cometa sube contra el viento, ¡no con él!.

El doctor Frank Crane era un maestro "de baja categoría", con dificultades económicas hasta que los sueldos miserables lo obligaron a usar su imaginación. Ahora gana más de cien mil dólares al año trabajando una hora al día, escribiendo ensayos.

Bud Fisher solía trabajar por una sola limosna, pero ahora gana 75.000 dólares al año haciendo sonreír a la gente con su tira cómica de Mutt y Jeff. En sus dibujos no hay ningún arte, de modo que debe de estar vendiendo su imaginación.

Woolworth era un subordinado mal pagado de una tienda (quizá porque todavía no había averiguado que tenía imaginación). Antes de morir, erigió el edificio de oficinas más alto del mundo y llenó el país de tiendas de "Todo a cinco y diez centavos", con el uso de su imaginación. Al analizar estos ejemplos, verás que el estudio a fondo de la naturaleza humana desempeñó un papel importante en los logros aludidos. Para hacer un uso provechoso de tu imaginación, debes lograr que te muestre los motivos que explican que el hombre haga, o deje de hacer, un decretado acto. Si tu imaginación te lleva a entender con cuánta rapidez te otorga la gente lo que pides cuando tus requerimientos apelan a su propio interés, puedes tener fácilmente cualquier cosa que persigas.

No hace mucho, vi como mi mujer efectuaba una venta muy inteligente a nuestro bebé. El bebé estaba golpeando la parte superior de nuestra estantería de caoba con una cuchara. Cuando mi mujer intentó impedírselo, él se negó a dársela, pero, puesto que es una mujer con imaginación, ella le prometió una bonita barrita de caramelo rojo. El bebé soltó la cuchara seguidamente y centró su atención en el objeto más deseable. ¡ESO es imaginación! También es el arte de vender. Ella logró lo que quería sin usar la fuerza. Un día, viajaba en el coche de un amigo que estaba conduciendo a una velocidad mayor que la permitida. Un policía se acercó con su moto y le dijo a mi amigo que quedaba arrestado por exceso de velocidad. Este sonrió gustosamente al agente y le dijo: "Siento haberle hecho salir con esta lluvia, pero quería llegar al tren de las diez con el amigo que me acompaña y estaba conduciendo a más de cincuenta kilómetros por hora". "No, iba usted a sólo cuarenta y cinco kilómetros por hora", respondió el policía. "Y, puesto que usted ha reaccionado tan bien, lo dejaré ir esta vez, pero vaya con cuidado a partir de ahora".

Y eso, también, ¡fue imaginación! Inclusive un policía de tráfico entrará en razón si uno se dirige a él de la forma correcta, pero, ay del motorista que trata de engañarlo haciéndole creer que su velocímetro no estaba funcionando correctamente. Hay una manera de imaginación de la que te voy a prevenir. Se trata de aquella que induce a la gente a imaginar que puede conseguir algo a cambio de nada, o que puede abrirse paso en el mundo a la fuerza, sin observar los derechos de los demás. En las instituciones penitenciarias de Estados Unidos hay más de 160.000 reclusos, y fácilmente todos ellos están ahí porque imaginaron que podían jugar al juego de la vida sin respetar los derechos de sus similares. Hay un hombre en la prisión de Ohio que ha cumplido con más de treinta y cinco años de condena por falsificación, y la mayor cantidad que llegó a conseguir por una mala aplicación de la imaginación fueron doce dólares.

Hay algunas personas que rigen su imaginación en el vano intento de encontrar una manera de mostrar lo que ocurre cuando "un cuerpo fijo entra en contacto con una fuerza irresistible", pero ese tipo de gente debería estar en los hospitales psiquiátricos.

También hay otra forma de imaginación mal empleada; a saber, la del niño o la niña que sabe más sobre la vida que su papá. Pero esta forma suele cambiarse con el tiempo. Mis propios hijos me han enseñado muchas cosas que mi papá trató de enseñarme, en vano, cuando yo tenía su edad. El tiempo y la imaginación (que a menudo es sólo producto del tiempo) nos enseñan muchas cosas, pero nada más trascendental que ésta: Que todos los hombres se asemejan mucho de muchas maneras.

Señor vendedor: si quieres saber lo que tu cliente está pensando, estúdiate a ti mismo e investiga lo que tú estarías pensando si estuvieras en su lugar. Estúdiate a ti mismo, averigua cuáles son los motivos que te inducen a realizar ciertos actos, y llegarás lejos perfeccionándote en el uso apropiado de la imaginación. La cualidad más valiosa de un detective es la imaginación. La primera pregunta que se plantea cuando se le pide que solucione un crimen es: "¿Cuál fue el motivo?" Si es capaz de investigarlo, normalmente podrá hallar al culpable.

Un hombre que había perdido un caballo ofreció una prima de cinco dólares a quien se lo devolviera. Varios días más tarde, un chico, que supuestamente era un "necio" llegó con el animal y la solicitó. El propietario sintió curiosidad por saber cómo había hallado al caballo. "¿Cómo supiste dónde buscarlo?", preguntó, a lo que el chico replicó: "Bueno, sencillamente pensé a dónde habría ido yo si fuera un caballo. Fui ahí, y ahí estaba". No está nada mal para un "necio". Algunas personas a las que no se las acusa de serlo van por la vida sin dar tantas muestras de imaginación como las que dio este chico. A todos nos gustan los enaltecimientos, pero es una cuestión discutible si abandonarse a esas tendencias despliega el carácter, la fortaleza y la individualidad. Si quieres saber lo que hará la otra persona, usa tu imaginación, ponte en su lugar y averigua lo que habrías hecho tú; eso es imaginación. Todas las personas deberían ser un poco soñadoras. Todo negocio precisa a un soñador. Pero el soñador debe ser también un hacedor, o debe aliarse con alguien que pueda transponer los sueños a la realidad, y que lo haga. Una nación tan grande como la nuestra fue imaginada, nació y fue cuidada durante los primeros días de su infancia, ¡como resultado de la imaginación de las mentes de los hombres que combinaron los sueños con la acción!

Tu mente es capaz de establecer muchas combinaciones nuevas y útiles de viejas ideas, pero lo más substancial que puede crear es un claro objetivo principal que te suministrará aquello que más deseas. Tu claro objetivo principal puede convertirse rápidamente en realidad una vez que le has dado forma en la cuna de tu imaginación. Si has seguido fielmente las instrucciones dadas para situarte en la segunda lección, ahora te hallas en el camino hacia el éxito, porque sabes lo que quieres y tienes un plan para lograrlo.

La batalla para conseguir el éxito está medio ganada cuando uno sabe claramente lo que quiere. Cuando uno sabe lo que quiere y ha decidido que lo logrará a cualquier precio, entonces la batalla ha terminado, a excepción de los "gritos". La elección de un claro objetivo principal necesita el uso tanto de la imaginación como de la decisión. El poder de decisión progresa con el uso. La decisión rápida, al obligar a la imaginación a crear un claro objetivo principal, hace que la capacidad de tomar decisiones en otros asuntos sea más eficaz.

Las desgracias y las derrotas temporales suelen ser bendiciones disfrazadas, puesto que nos obligan a hacer uso de la imaginación y la decisión. Ésta es la razón por la que el hombre suele pelear mejor cuando está contra la pared y sabe que no puede volverse. Entonces llega a la decisión de luchar en lugar de salir corriendo.

La imaginación nunca es tan activa como cuando uno se afronta a una emergencia que exige una decisión y una acción rápidas y claras. En esos momentos de emergencia, algunos hombres han tomado decisiones, hecho planes y usado su imaginación de una manera tal que se hicieron conocidos como genios. Muchos genios han nacido de la carencia de una estimulación insólita de la imaginación como secuela de alguna experiencia difícil que exigía un pensamiento rápido y una pronta decisión. Es un hecho conocido que la única manera de conseguir que un chico, o una chica, demasiado mimado se vuelva de provecho es obligándolo a valerse por sí mismo. Esto necesita el ejercicio tanto de la imaginación como de la decisión, ninguna de las cuales sería utilizada a no ser por la necesidad.

El doctor Harper, que había sido rector de la Universidad de Chicago, fue uno de los rectores universitarios más eficaces de su época. Tenía predilección por conseguir fondos en grandes cantidades. Fue él quien indujo a John D. Rockefeller a contribuir millones de dólares para apoyar a la Universidad de Chicago.

Podría ser útil para el estudiante de esta filosofía estudiar la técnica del doctor Harper, ya que fue un líder de primer orden. Además, él mismo me dio su palabra de que su liderazgo nunca fue una cuestión de eventualidad o accidente, sino que siempre fue el efecto de un procedimiento cuidadosamente planificado. El siguiente incidente servirá para demostrar cómo hizo uso de la imaginación para obtener grandes sumas de dinero: Harper necesitaba un millón de dólares adicional para la construcción de un nuevo edificio. Haciendo una lista de los hombres ricos de Chicago a los que podía recurrir para conseguir esta gran suma de dinero, se decidió por dos de ellos, que eran millonarios y enemigos implacables. Uno de estos hombres era, en aquella época, director del tranvía de Chicago.

Eligiendo la hora del mediodía, cuando posiblemente el personal de la oficina y la secretaria de este hombre habrían salido a almorzar, el doctor Harper ingresó en las oficinas con aplomo y, viendo que no había nadie que vigilara la puerta exterior, se metió en el despacho de su "víctima" al que sorprendió con su aparición no avisada.

"Mi nombre es Harper, dijo el doctor, y soy rector de la Universidad de Chicago. Perdone mi intromisión, pero no encontré a nadie en las oficinas exteriores -cosa que no era un mero accidente- de modo que me tomé la libertad de ingresar". "He pensado en usted y en su sistema ferroviario de tranvías muchas, muchas veces. Usted ha desplegado un sistema maravilloso y comprendo que ha hecho muchísimo dinero con sus esfuerzos. Sin embargo, nunca pienso en usted sin que se me ocurra que algún día pasará al Gran Desconocido y que, cuando se haya ido, no quedará nada como estatua a su nombre, porque otros tomarán posesión de su dinero, y el dinero suele perder su identidad con mucha prisa, en cuanto cambia de manos. A menudo he pensado en ofrecerle la oportunidad de inmortalizar su memoria permitiéndole construir un nuevo edificio en los terrenos de la Universidad, y poniéndole su nombre. Le habría brindado esta oportunidad hace mucho tiempo, de no haber sido por el hecho de que uno de los miembros de nuestro consejo de administración quiere que el honor sea para el señor X. enemigo del director de los tranvías-. No obstante, personalmente, yo siempre lo he apoyado a usted y todavía lo hago, y si tengo su permiso para hacerlo, trataré de hacer que la balanza se incline a su favor. Sin embargo, no he venido a solicitarle que decida nada hoy, ya que sencillamente pasaba por aquí y me pareció una buena idea entrar y conocerlo. Piense sobre este asunto y, si desea volver a hablar conmigo, llámeme por teléfono cuando quiera. ¡Que tenga un buen día, señor! Me alegro de haber tenido la circunstancia de conocerlo". Dicho esto, se fue sin darle opción al director de la compañía del tranvía de decir sí o no. De hecho, le dio muy pocas oportunidades de hablar, pues Harper ya se encargó de hacerlo. Fue tal como había planeado que pasaría. Entró en la oficina meramente para enterrar la semilla, con la convicción de que germinaría y cobraría vida a su debido tiempo.

Su convicción no carecía de fundamento. Apenas estaba de regreso en su oficina, cuando el teléfono sonó. El director del tranvía estaba al otro lado de la línea. Pidió una cita con el doctor Harper, la cual le fue permitida, y los dos se reunieron en la oficina de Harper a la mañana siguiente. Una hora más tarde, el cheque por valor de un millón de dólares estaba en manos del rector de la Universidad de Chicago. No podemos sembrar espinos y cosechar trébol.

La naturaleza simplemente no funciona así. Se atiene a causa y efecto. A pesar del hecho de que el doctor Harper era un hombre pequeño de aspecto bastante insignificante, se decía que "había algo en su manera de actuar que le permitía lograr todo lo que se proponga".

¿Y qué era ese algo que se decía que tenía? No era otra cosa que su entendimiento del poder de la imaginación. Supón que hubiese ido a la oficina del director del tranvía y hubiese pedido una cita. Entre el momento de la visita y cuando realmente hubiera visto al hombre habría pasado el tiempo suficiente como para que éste pronosticara su motivo y también para que formulara una excusa buena y lógica para decir: "¡No!". Supón, por otro lado, que hubiera empezado su entrevista con el hombre del tranvía diciendo algo así:

"La Universidad precisa fondos desesperadamente y he venido a pedirle ayuda. Usted ha hecho mucho dinero y le debe algo a la comunidad en la que lo ha ganado. (Lo cual, tal vez, sea cierto.) Si está dispuesto a darnos un millón de dólares, nosotros colocaremos su nombre en el nuevo edificio que queremos construir".

¿Cuál habría sido el resultado? En primer lugar, no se habría sugerido ningún motivo suficientemente atrayente como para influir en la mente del director del tranvía. Aunque posiblemente fuese verdad que "le debía algo a la comunidad en la que había hecho una fortuna", seguramente no hubiera admitido este hecho. En segundo lugar, habría gozado de la posición de estar en el lado ofensivo de la propuesta, y no en el defensivo. Pero el doctor Harper, siendo inteligente en el uso de la imaginación, previno esas posibilidades por la forma de presentar sus argumentos. En primer lugar, puso al director del tranvía a la defensiva al avisarlo de que no era seguro que él (el doctor Harper) pudiera obtener el permiso de su consejo de administración para aceptar el dinero y poner su nombre al edificio. En segundo lugar, acrecentó su deseo de conseguir que su nombre estuviera en dicho edificio con el pensamiento de que su enemigo y competidor podría tener ese honor si a él se le escapaba.

Además (y esto tampoco fue ninguna casualidad), el doctor Harper había requerido poderosamente a una de las debilidades humanas más comunes al mostrarle a este hombre cómo inmortalizar su memoria. Todo esto requería una aplicación práctica de la LEY DE LA IMAGINACIÓN. El doctor Harper era un maestro vendedor. Cuando le pedía dinero a alguien siempre arreglaba el camino hacia el éxito sembrando en la mente de aquel al que se lo pedía una razón sólida por la cual debería dárselo, una razón que suponía alguna ventaja o bien como consecuencia de la donación. A menudo, esto tomaba la forma de alguna ventaja comercial. Una vez más, adoptaba la forma que estimula a esa parte de la naturaleza del hombre a querer perpetuar su nombre para que siga vivo después de él. Pero siempre, la petición de dinero se llevaba a cabo de acuerdo con un plan que había sido cuidadosamente premeditado, embellecido y preparado con el uso de la imaginación. La filosofía de las LEYES DEL ÉXITO todavía se hallaba en la etapa embrionaria, y mucho antes de que fuera organizada en un curso sistemático de formación y compendiada en libros de texto, el autor se encontraba dando una conferencia sobre el tema en un pueblo de Illinois.

Uno de los miembros del público era un joven vendedor de seguros de vida que acababa de instruirse en dicha especialidad laboral. Después de escuchar lo dicho sobre el tema de la imaginación, comenzó a aplicarlo a su propio problema en la venta de seguros. Durante la conferencia se dijo algo sobre el valor del esfuerzo conjunto, a través del cual las personas pueden gozar de un mayor éxito mediante el esfuerzo cooperativo, en virtud de un acuerdo de trabajo según el cual cada una de ellas "estimula" los intereses de la otra. Tomando esta sugerencia como conjetura, el joven en cuestión formuló seguidamente un plan según el cual obtenía la cooperación de un grupo de empresarios que no estaban relacionados en modo alguno con el negocio de los seguros. Fue a ver al trascendental comerciante de su pueblo y acordó con él darle una póliza de mil dólares a cada cliente que comprara un equivalente no inferior a 50 dólares mensuales de productos alimenticios.

Luego se encargó de comunicar a la gente de este acuerdo y trajo muchos clientes nuevos. El comerciante tenía una tarjeta pulcramente marcada en la tienda, la cual informaba a los clientes de su oferta de un seguro gratuito, ayudándose a sí mismo al ofrecer a todos sus clientes un incentivo para que hicieran TODAS sus compras de comestibles con él. Este joven agente de seguros fue a ver a continuación al dueño de la gasolinera principal del pueblo y acordó con él asegurar a todos los clientes que le compraran a él toda la gasolina, el aceite y otras provisiones para el motor.

Luego fue al principal restaurante del pueblo y realizó un pacto similar con el dueño. Por cierto, esta alianza resultó ser bastante beneficiosa para el dueño del restaurante, pues inmediatamente comenzó una campaña publicitaria en la que afirmaba que su comida era tan pura, saludable y buena que todo aquel que comiera en su local con regularidad tendría una vida mucho más larga y, por lo tanto, aseguraría su vida por la suma de mil dólares. Charles Chaplin ganaba un millón de dólares al año con una manera de andar graciosa, arrastrando los pies, y un par de pantalones abombachados, porque hacía "algo distinto". Sigue su ejemplo e individualízate con alguna idea propia. El vendedor de seguros de vida convino entonces con un constructor y agente inmobiliario de la zona asegurar la vida de cada persona que le comprara una propiedad por una cantidad bastante para pagar el saldo deudor sobre la propiedad, en caso de que el comprador muriera antes de completar los pagos.

El joven en cuestión es ahora el agente general de una de las compañías aseguradoras más grandes de Estados Unidos, que tiene su oficina central en una de las ciudades más grandes de Ohio, y hoy por hoy sus ingresos están muy por encima de los 25.000 dólares anuales, como media. El momento definitivo en su vida llegó cuando descubrió cómo podía hacer un uso práctico de la LEY DE LA IMAGINACIÓN.

Su plan no tiene ninguna patente, puede ser repetido una y otra vez por otros vendedores de seguros de vida que conozcan el valor de la imaginación. Ahora mismo, si me dedicara a la venta de seguros de vida, creo que debería hacer uso de este plan aliándome con un grupo de distribuidores de automóviles en varias ciudades, haciéndoles así vender más coches y, al mismo tiempo, asegurando la venta de una gran cantidad de seguros de vida a través de sus esfuerzos.

El éxito económico no es difícil de alcanzar cuando uno aprende a hacer un uso práctico de la imaginación creativa. Alguien con la iniciativa y el liderazgo suficientes, y con la precisa imaginación, duplicará las fortunas que hacen cada año los propietarios de las tiendas de "Todo a cinco y diez centavos" mediante el perfeccionamiento de un sistema de venta de ese mismo tipo de productos que en la actualidad se vende en dichas tiendas, con la ayuda de máquinas expendedoras. Esto hará que se ahorre una fortuna en contratación de vendedores y seguros contra robos, y reducirá los gastos generales del ejercicio de la tienda de muchas otras maneras. Tal sistema puede funcionar con el mismo éxito con que se vende comida con la ayuda de máquinas dispensadoras automáticas. La semilla de la idea ha sido esparcida aquí. ¡Es tuya para que la tomes!

Alguien con una mente inventiva hará una fortuna y, al mismo tiempo, salvará miles de vidas cada año, con el perfeccionamiento de un control automático del cruce ferroviario que bajará el número de accidentes automovilísticos en los pasos a nivel. El sistema, cuando sea perfeccionado, marchará de una forma similar a ésta: unos cien metros antes, aproximadamente, de llegar al paso a nivel, el automóvil pasará por una plataforma parecida a las plataformas a gran escala utilizadas para pesar objetos voluminosos, y el peso del coche hará descender una barrera y sonar una campana. Esto obligará al automóvil a bajar la velocidad. Después del lapso de un minuto, la barrera se volverá a levantar y el auto seguirá su camino. Mientras tanto, habrá habido el tiempo bastante para que el conductor mire en ambas direcciones para asegurarse de que no se aproxima ningún tren.

La imaginación, además de alguna técnica mecánica, suministrará al automovilista esta protección tan necesaria y hará que el hombre que perfeccione el sistema gane todo el dinero que precisa, y mucho más. Cualquier inventor que entienda el valor de la imaginación y tenga un conocimiento básico del principio de la radio puede hacer una fortuna perfeccionando un sistema de alarma antirrobos que mande un aviso a la oficina central de la policía y, al mismo tiempo, prenda las luces y haga sonar un gong en el lugar que se tiene intención de robar, con la ayuda de un aparato semejante al que en este momento se utiliza para la radiodifusión.

Cualquier granjero con suficiente imaginación para crear un plan, además del uso de una lista de todos los permisos de conducir emitidos en su estado, puede hacerse cómodamente con una clientela de conductores que acudirán a su granja y comprarán todas las verduras que sea capaz de producir y todas las gallinas que pueda criar, ahorrándose así el gasto de tener que trasladar sus productos a la cuidad. Al contactar con cada automovilista para la estación, el granjero puede calcular con precisión la cantidad de productos que debería suministrar. La ventaja para el conductor, que se favorece de este arreglo, es que tendrá asegurados unos productos originarios "directamente de la granja" a un precio menor que el que tendrían si los comprara a los comerciantes del lugar.

El propietario de la gasolinera que está junto a la carretera puede hacer un uso efectivo de la imaginación poniendo un puesto de venta de comida cerca de su estación de servicio y luego haciendo una publicidad atractiva a lo largo de la carretera en ambas direcciones, cautivando la atención hacia su "barbacoa" sus "panecillos caseros" o cualquier otra cosa en la que se quiera especializar. El puesto de comida hará que los conductores se detengan, y muchos de ellos se proveerán de gasolina antes de reemprender su camino. Éstas son sugerencias espontáneas, que no implican ninguna complicación particular con vistas a usarlas, pero son justamente estos usos de la imaginación los que acarrean el éxito económico.

El plan para las tiendas de autoservicio Piggly-Wiggly, que hicieron ganar millones de dólares a su creador, era una idea muy simple que cualquiera podría haber adoptado. Pero fue precisa una gran imaginación para ponerla en funcionamiento de una forma práctica. Cuanto más sencilla y fácilmente adaptable a una necesidad es la idea, mayor es su valor, ya que nadie busca ideas que sobrelleven muchos detalles o sean complicadas de alguna forma.

La imaginación es el factor más importante en el arte de vender. El maestro vendedor siempre es alguien que hace un uso metódico de la imaginación. El comerciante que recalca se apoya en la imaginación para obtener las ideas que hacen que su negocio sea preponderante.

La imaginación puede usarse enérgicamente en la venta incluso de los artículos más pequeños, como corbatas, camisas, calcetería. Procedamos ahora a analizar exactamente cómo puede formarse. En una ocasión, entré en una de las tiendas de moda masculina más conocidas de la ciudad de Filadelfia con la intención de comprar algunas camisas y corbatas. Al aproximarme al mostrador de las corbatas, un joven vino hacia mí y preguntó: "¿Quiere algo?". Pues bien, si yo hubiera sido el hombre detrás del mostrador, no habría hecho esa pregunta. Él debería haber sabido, por el hecho de que yo me estaba aproximando al mostrador de corbatas, que eso era lo que yo quería ver. Tomé una o dos corbatas del mostrador, las examiné brevemente, luego las dejé todas, excepto una de color azul claro que me gustaba un poco. Finalmente, la dejé y empecé a echar una mirada a las que quedaban. El joven de detrás del mostrador tuvo entonces una idea feliz. Tomando una corbata amarilla de apariencia chillona, la enlazó en torno a sus dedos para mostrarme el aspecto que tendría una vez anudada, y me preguntó: "¿No es linda?". Ahora bien, yo detesto las corbatas amarillas, y el vendedor no tuvo ningún impacto en mí al insinuar que una corbata amarilla chillona es linda.

Si yo hubiese estado en el lugar del vendedor, habría cogido la corbata azul por la que yo había mostrado una predilección, y la habría anudado en torno a mis dedos para mostrar su apariencia una vez hecho el nudo. Habría sabido lo que el cliente deseaba, observando el tipo de corbatas que tomaba y examinaba. Además, habría sabido qué corbata en particular le gustaba más por el tiempo que la tuviera en sus manos. Un hombre no persiste junto a un mostrador y acaricia una pieza de género que no le agrada. Si se le da la oportunidad, cualquier cliente le facilitará al vendedor alerta una pista sobre la mercadería en particular en la que debería poner énfasis en un esfuerzo por hacer la venta.

El hombre que teme reconocer el mérito de aquellos que lo ayudan a hacer un trabajo respetable es tan pequeño que algún día las oportunidades pasarán a su lado y seguirán de largo sin verlo.

A continuación, me introduje en el mostrador de camisas. Ahí se me acercó un caballero mayor, que me preguntó: "¿Puedo hacer algo por usted hoy?". Pues bien, pensé que si alguna vez hacia algo por mí, tendría que ser ese día, porque potencialmente nunca volvería a aquella tienda en particular. Le dije que quería ver las camisas y le describí el estilo y color que quería. El señor mayor casi me da un golpe cuando replicó diciendo: "Lo siento, señor, pero no se lleva ese estilo esta época, de modo que no lo tenemos en exhibición". Le dije que sabía que no "se llevaba" ese estilo que yo pedía y que, justamente por ese motivo, entre otros, yo lo iba a llevar, siempre y cuando pudiera hallarlo.

Si hay algo que irrita a un hombre (especialmente a ese tipo de hombre que sabe puntualmente lo que quiere y lo describe en cuanto entra a la tienda) es que le digan que eso "no se lleva esta temporada". Ese tipo de afirmación es un agravio a la inteligencia del hombre, o a lo que él cree que es su inteligencia, y en la mayoría de los casos es fatal para una venta. Si yo me dedicara a la venta de artículos, podría pensar lo que quisiera acerca del gusto de un cliente, pero, sin duda, no tendría tan poco tacto y talento como para decirle que, en mi opinión, no sabe de lo que está hablando. En lugar de eso, preferiría arreglármelas con tacto para exponerle lo que a mi parecer es un artículo más apropiado, en caso de no tener lo que el cliente quiere. Uno de los escritores más famosos y mejor pagados del mundo ha fundado su fama y su fortuna solamente con el descubrimiento de que es rentable escribir sobre aquello que la gente ya conoce y con lo que está de acuerdo. Esta misma regla se podría emplear a la venta de mercadería.

El señor mayor finalmente sacó unas cajas de camisas y comenzó a desplegar algunas que no se parecían ni de lejos a la que yo había pedido. Le dije que ninguna de ellas era adecuada y, cuando me disponía a marcharme, me preguntó si no quería echar un vistazo a unos bonitos tirantes. ¡Imagínate! Para empezar, yo no USO tirantes y, además, no había nada en mi conducta o en mi actitud que mostrara que me gustaría ver unos tirantes. Es correcto que un vendedor trate de interesar al cliente en productos por los que no pregunta, pero se debería tener criterio y cuidado en ofrecer al cliente algo que, a criterio del vendedor, le podría interesar.

Me fui de la tienda sin haber comprado ni camisas ni corbatas y sintiéndome un tanto resentido por haber sido juzgado de una forma tan desconsiderada sobre mis gustos en cuanto a colores y formas.

Un poco más abajo, en la misma calle, entré en una pequeña tienda, con un único dependiente, la cual tenía camisas y corbatas presentadas en el escaparate. ¡Ahí se me atendió de otra manera! El hombre tras el mostrador no me hizo ninguna pregunta innecesaria o repetida. Me echó una mirada cuando entré, me midió con bastante precisión con la vista y me saludó con un "buenos días, señor", muy agradable.

A continuación, inquirió: "¿Qué le muestro primero, las camisas o las corbatas?". Le dije que quería ver las camisas primero. Entonces echó una mirada al estilo de la camisa que yo llevaba puesta, me preguntó cuál era mi talla y comenzó a desplegar camisas del mismo tipo y color que yo buscaba, sin que yo tuviera que decir ninguna palabra más. Sacó seis estilos diferentes y observó cuál tomaba yo primero. Miré cada camisa, una por una, y las volví a dejar sobre el mostrador, pero el vendedor vio que inspeccionaba una de ellas con mayor esmero que las demás y que la sostenía durante más tiempo. En cuanto solté dicha camisa, el vendedor la tomó y comenzó a explicarme cómo estaba hecha. Luego se dirigió al mostrador de corbatas y regresó con tres, azules y muy bonitas, del tipo que yo había estado buscando. Le hizo un nudo a cada una de ellas y las sostuvo delante de la camisa, haciéndome notar la perfecta armonía entre los colores de una y otra prenda. Cuando llevaba en la tienda menos de cinco minutos, ya había adquirido tres camisas y tres corbatas, salí con un paquete bajo el brazo, sintiendo que ésa era una tienda a la que podía volver cuando necesitara más camisas y corbatas. Después me enteré de que el comerciante dueño de la pequeña tienda en la que realicé estas compras paga un alquiler mensual de 500 dólares por ese pequeño local y que tiene unos buenos ingresos de la venta de nada más que camisas y corbatas. Con un gasto fijo tan alto, de no ser por su conocimiento de la naturaleza humana, el cual le permite efectuar un alto porcentaje de ventas a todos los que entran en su tienda, se vería obligado a cerrar el negocio. A menudo he observado a las mujeres cuando se prueban sombreros y me he preguntado por qué los vendedores no leen la mente del potencial comprador a través de la observación de su forma de manipular esta prenda.

Una mujer entra en una tienda y pide que le enseñen algunos sombreros. El vendedor o vendedora comienza a sacar sombreros y la potencial compradora se los empieza a probar. Si un sombrero le queda bien, incluso ligeramente, se lo dejará puesto unos segundos, o unos minutos, pero si no le gusta se lo quitará en cuanto la vendedora saque sus manos de él. Finalmente, cuando a la clienta le muestran un sombrero que le gusta, ella empezará a informarlo en unos términos que una vendedora bien informada entendería, es decir, arreglándose el pelo bajo el sombrero, o bajándolo hasta el ángulo exacto que más le gusta, y observando el sombrero por detrás con ayuda de un espejo de mano. Los signos de admiración son distintivos. Por último, la clienta se sacará el sombrero de la cabeza y empezará a mirarlo detenidamente, después, es posible que lo deje de lado y permita que le prueben otro, en cuyo caso un vendedor o una vendedora inteligente dejará a un lado el sombrero que se acaba de sacar y, a la menor oportunidad, lo volverá a sacar y le pedirá a la clienta que se lo pruebe otra vez.

Mediante una observación detenida de los gustos y las antipatías de la clienta, a menudo una vendedora lista puede vender hasta tres o cuatro sombreros a una misma persona, de una tirada, solamente fijándose en lo que le gusta y luego concentrándose en vendérselo.

La misma regla se emplea a la venta de otros productos. El cliente, si es observado de cerca, mostrará claramente lo que quiere y, si se sigue esa pista, rara vez se marchará sin comprar. Creo que sería un cálculo moderado decir que el setenta y cinco por ciento de los que se van sin comprar lo hacen porque no se ha tenido tacto al mostrarles el género. El otoño pasado ingresé en una sombrerería para comprar un sombrero de fieltro. Era una furiosa tarde de sábado y se me acercó un joven vendedor "auxiliar" para las horas punta que todavía no había aprendido a medir a la gente con una mirada. Sin una buena razón para hacerlo, el joven sacó un sombrero de hongo marrón y me lo dio, o mejor dicho, trató de dármelo. Pensé que se esforzaba en ser gracioso y me negué a recibir el sombrero en mis manos y, en un ensayo de ser simpático y gracioso yo también, le dije: "¿También cuenta cuentos para hacer dormir?".

Me miró estupefacto, pero no me siguió el juego. Si yo no hubiera observado a este joven con mayor esmero que él a mí, y no hubiera entendido que era un "auxiliar" serio pero sin experiencia, me hubiese sentido muy insultado, ya que, si hay algo que detesto, son los sombreros de hongo de cualquier tipo, sobre todo si son marrones. Eventualmente, uno de los vendedores habituales vio lo que estaba ocurriendo, se acercó, sacó el sombrero de las manos del joven y, con una sonrisa en el rostro que pretendía ser una especie de indemnización para mí, dijo: "¿Qué diablos estás tratando de mostrarle a este caballero?". Esto acabó con mi diversión, y el vendedor que me había reconocido inmediatamente como un caballero, me vendió el primer sombrero que me mostró.

Por lo general, el cliente se siente complacido cuando el vendedor se toma el tiempo para estudiar su personalidad y mostrarle el género adecuado a ella. Hace unos años entré en una de las tiendas de ropa para caballeros más grandes de Nueva York y pedí un traje, narrando exactamente lo que quería, pero sin mencionar el precio. El joven, que se suponía que era un vendedor, dijo que no creía que tuvieran un traje de esas características. Por casualidad, vi exactamente el traje que yo quería puesto en un maniquí, y se lo mostré. Entonces me sorprendió diciendo: "¡Ah! ¿Ése de ahí? Pero ése es un traje muy caro".

Su respuesta me divirtió, pero también me enfadó, de modo que le pregunté al joven qué veía en mí que le mostrara que no había venido a comprar un traje caro. Avergonzado, trató de explicarse, pero sus explicaciones fueron tan torpes como la ofensa inicial, de modo que me dirigí hacia la puerta, susurrando algo para mí mismo sobre los "tarados". Antes de llegar a la puerta, me afrontó otro vendedor que percibió, por mi forma de andar y la expresión en mi rostro, que yo no estaba nada satisfecho. Con un tacto digno de mención, este vendedor entabló una conversación conmigo mientras le contaba mis "penas" y logró que volviera con él a ver el traje. Antes de salir de la tienda, compré el traje por el que había entrado, y dos más que no tenía propósito de comprar. Ésa es la diferencia entre un vendedor y alguien que espanta a los clientes. Además, más adelante presenté a este vendedor a dos amigos míos y él realizó unas ventas importantes con ellos. Los "fanáticos" acaban acobardándose. Quien pierde los nervios suele ser un farolero, y cuando se le "llama" se corta. En una ocasión, me hallaba caminando por el Michigan Boulevard, en Chicago, cuando un bonito traje gris en el escaparate de una tienda de ropa masculina cautivó mi mirada. No tenía pensado comprarme el traje, pero sentí curiosidad de saber su precio, de modo que abrí la puerta y, sin entrar, me limité a asomar la cabeza y preguntarle al primer hombre que vi cuánto costaba el traje de la vidriera. A continuación tuvo lugar una de las maniobras de venta más inteligentes que he visto jamás. El vendedor sabía que no podía venderme el traje a menos que yo ingresara en la tienda, de modo que dijo: "¿No quiere pasar, señor, mientras averiguo el precio del traje?".

Sin duda, el vendedor siempre supo cuál era su precio, pero ésa fue su manera de evitar que yo pensara que estaba intentando venderme el traje. Ciertamente, yo tenía que ser tan amable como el vendedor, de modo que contesté: "Por supuesto", y entré.

El vendedor dijo: "Venga por aquí, señor, y conseguiré la información para usted". En menos de dos minutos me encontraba de pie delante de una vitrina, despojado de mi abrigo y disponiéndome para probarme un traje como el que había visto en la vidriera.

Cuando me hube puesto la chaqueta, que resultó que me quedaba casi a la perfección (lo cual no era ninguna casualidad, gracias a los ojos expertos de un vendedor observador), mi atención se dirigió al tacto agradable y suave de la tela. Acaricié el brazo de la chaqueta con la mano, de arriba a abajo, tal como había visto hacerlo al vendedor mientas detallaba el material y, efectivamente, era una tela muy fina. A estas alturas ya había preguntado el precio otra vez, y cuando me dijo que eran únicamente 50 dólares me sentí agradablemente sorprendido, porque se me había llevado a pensar que el precio era mucho más alto. No obstante, cuando vi el traje en la vidriera por primera vez supuse que costaría unos treinta dólares, aproximadamente, y dudo que hubiera pagado esa cantidad si no hubiera caído en manos de un hombre que sabía exponer un traje haciendo que se luciera.

Si la primera chaqueta que me probé hubiese sido dos tallas más grande, o demasiado pequeña, dudo que se hubiera efectuado alguna venta, a pesar del hecho de que a todos los trajes elaborados a la venta en las mejores tiendas se les hacen arreglos para que le queden bien al cliente.

Compré ese traje en "un impulso del momento", como diría un psicólogo, y no soy el único hombre que adquiere artículos bajo ese tipo de impulsos. Un único desliz por parte del vendedor había hecho perder la venta. Si hubiese indicado: "Cincuenta dólares" cuando le pregunté el precio, yo le habría dicho "Gracias", y me habría ido sin verlo. Más adelante, en esa temporada, le compré dos trajes más a ese mismo vendedor, y si ahora viviera en Chicago seguramente le compraría más, porque siempre me mostraba un vestuario conforme con mi personalidad.

La tienda Marshall Field, en Chicago, recibe más mercadería que cualquier otra tienda de ese tipo en el país. Además, la gente paga más a sabiendas en dicho comercio y se siente más satisfecha que si comprara el género en otra por menos dinero. ¿Por qué?

Pues bien, hay varias razones, entre ellas, el hecho de que cualquier cosa que uno compre en la tienda Field que no sea totalmente satisfactoria puede ser devuelta y cambiada por otro artículo, o a uno le devuelven el dinero, según lo que el cliente desee. Con cada artículo que se vende en la tienda Field viene una garantía incluida.

Otro motivo por el que la gente presta más atención a la tienda Field es porque la mercadería está presentada y se muestra de una manera que es más llamativa que la de la mayoría de tiendas. Los escaparates de Field son verdaderas obras de arte, no menos que si estuvieran hechas sólo por amor al arte, y no solamente para vender el género; lo mismo se aplica a los artículos que se exhiben en la tienda. Hay armonía y una congregación adecuada del género por todo el establecimiento de Field, y esto crea una atmósfera que es más, mucho más, que algo puramente imaginario.

Otra de las razones por las que la tienda Field puede cobrar más por sus artículos que la mayoría de comercios es la cuidadosa selección y control de los vendedores. Rara vez hallamos a una persona empleada en una tienda Field que uno no estaría dispuesto a aceptar como alguien igual a uno socialmente, o como un vecino. No son pocos los hombres que han conocido chicas en la tienda Field que luego se han transformado en sus esposas.

La mercadería que uno compra en Field está empaquetada o envuelta con más arte del que es habitual en otras tiendas, y ésta es otra razón de que la gente se desvíe de su camino y pague precios más altos por comprar allí.

Dicho sea de paso, me gustaría contar la experiencia de un amigo mío que transmitirá muy claramente a aquellos que se consagran al negocio de vender cómo la imaginación puede usarse incluso para envolver el género. Este amigo tenía una cigarrera de lata muy fina que había llevado consigo durante años y de la que se sentía muy orgulloso, ya que era un regalo de su esposa.

El uso constante había hecho que la cigarrera recibiera muchos golpes. Se había combado, hundido, sus bisagras estaban torcidas, de modo que decidió llevarla a la joyería Caldwell, en Filadelfia, para que la repararan. Dejó la petaca y pidió que se la despacharan a su oficina cuando estuviera lista.

Unas dos semanas más tarde, una furgoneta nueva con un aspecto espléndido que llevaba el nombre Caldwell se estacionó frente a su oficina; de ella salió un joven de buena apariencia con un uniforme perfecto que llevaba un paquete envuelto artísticamente y atado con una cinta con lazo. Dio la casualidad que el paquete fue entregado a mi amigo en el día de SU cumpleaños y, habiendo olvidado que había llevado a reparar su cigarrera, y observando la belleza y el tamaño del paquete que le fue traspasado, naturalmente imaginó que alguien le había mandado un regalo.

Su secretaria y otros trabajadores de su oficina se reunieron en torno a su escritorio para verlo abrir su "regalo", el hombre cortó el lazo y retiró el envoltorio exterior. Debajo había una capa de papel de seda, enlazada con un precioso precinto de oro con las iniciales y el sello de Caldwell. Sacó este papel y una bonita caja aterciopelada apareció ante sus ojos. Abrió la caja y, tras retirar el envoltorio de papel de seda, halló una cigarrera que, después de un cuidadoso examen, reconoció como la que había llevado a reparar. Pero, gracias a la imaginación del gerente de Caldwell, no parecía la misma E.M. Statler se convirtió en el hotelero de más éxito en el mundo al brindar un servicio mayor y mejor que aquel por el que sus clientes habían pagado. Cada hundimiento había sido alisado; las bisagras habían sido alineadas y la cigarrera había sido pulida y limpiada de tal manera que brillaba tanto como el día que la había comprado.

Al unísono, quienes la observaban, incluido el propietario de la cigarrera, emitieron un prolongado suspiro de admiración. ¡Y la cuenta! Oh, era una cantidad muy grande y, sin embargo, el precio cobrado por la reparación no parecía demasiado alto. De hecho, todo lo que entraba en la transacción, desde el empaquetado de la cigarrera, con la elegante capa de papel de seda, los sellos de oro, la cinta con el lazo, la entrega del paquete realizada por un muchacho pulcramente uniformado, con una furgoneta de reparto nueva y elegante, se basaba en una psicología cuidadosamente calculada que sentaba las bases para cobrar un precio elevado por la reparación. Por lo general, la gente no se queja de los precios altos si el "servicio" o el arreglo del producto son tales que preparan el camino para ellos. De lo que si se queja la gente, y con razón, es de los precios elevados cuando el servicio es "descuidado". Para mí, había una gran lección en este incidente de la cigarrera, y creo que hay una lección en él para cualquier persona que quiera hacer negocio vendiendo cualquier tipo de mercancía. Los artículos que estás vendiendo pueden valer todo lo que pides por ellos, pero si no estudias contenidamente los temas de una presentación provechosa y un envoltorio artístico, puedes ser acusado de un cobro enorme a tus clientes.

En la calle Broad, en la ciudad de Filadelfia, hay una frutería en la que quienes la visitan son recibidos por un hombre uniformado que les abre la puerta. Tan sólo hace eso, pero lo hace con una sonrisa (aunque ésta sea afinadamente estudiada y ensayada) que logra que el cliente se sienta bienvenido inclusive antes de ingresar en la tienda. Este comerciante se especializa en canastas de frutas preparadas por encargo. Justo a la salida de la tienda hay una gran pizarra en la que se ostenta una lista de las fechas en que los diversos transatlánticos parten de Nueva York. Este comerciante atiende a las personas que quieren que se entreguen canastas de fruta a bordo de los barcos en los que viajan sus amigos. Si la novia de un hombre, o su mujer o una amiga muy querida, viaja en una decretada fecha, él desea, naturalmente, que la canasta de frutas que le ha comprado sea adornada con encajes y "ornatos" Además, no está buscando forzosamente algo "barato" o, incluso, poco caro.

¡Todo esto lo capitaliza un comerciante de frutas! Gana entre diez y veinticinco dólares por una canasta de fruta que uno podría comprar a la vuelta de la esquina, a menos de una manzana de distancia, por entre tres y siete dólares con cincuenta, con la excepción de que la última no estaría acicalada con los adornos de la primera, que valen unos setenta y cinco centavos.

La tienda de este comerciante es de un tamaño pequeño, no más grande que el promedio de fruterías pequeñas, pero paga un alquiler de al menos quince mil dólares anuales por ese lugar y hace más dinero que medio centenar de fruterías normales juntas, meramente porque sabe cómo presentar y entregar sus productos para que apelen a la vanidad de los compradores. Ésta es otra prueba más del valor de la imaginación.

Los norteamericanos -y me refiero a todos ellos,- no solamente a los citados ricos- son los más extravagantes de la tierra a la hora de gastar dinero, pero insisten en la "clase" cuando se trata de aspectos como el envoltorio, la entrega y otros adornos que no añaden ningún valor real a la mercadería que compran. El comerciante que comprende esto y que ha aprendido a mezclar la IMAGINACIÓN con su mercadería, puede recoger el fruto de sus conocimientos. Y hay una gran cantidad de comerciantes que lo está forjando.

El vendedor que entiende la psicología de la adecuada presentación, envoltorio y entrega del producto, y que sabe cómo mostrar sus mercancías para que se ajusten con los caprichos y las características de sus clientes, puede poner precios elevados a productos corrientes y, lo que es más significativo aún, puede hacerlo y conservar a sus clientes con mayor facilidad que si vendiera esos mismos artículos sin el atractivo "estudiado" el paquete artístico y el servicio de entrega. En un restaurante "barato" donde se sirve el café en tazas pesadas y gruesas, y la platería está empañado o sucia, un bocadillo de jamón no es más que un bocadillo de jamón, y si el encargado consigue 15 centavos por él es que las cosas le van bien; pero al otro lado de la calle, donde el café es servido por unas muchachas delicadamente vestidas, en unas tazas elegantes y finas sobre mesas cubiertas con esmero, un bocadillo de jamón mucho más pequeño valdrá 25 centavos, sin mencionar el coste de la propina para la camarera. La única diferencia en los bocadillos está puramente en las apariencias: el jamón proviene del mismo carnicero y el pan del mismo panadero, tanto da que lo compremos en el primer o en el segundo restaurante. La diferencia en el precio es muy enorme, pero la diferencia en la mercadería no es de calidad o de cantidad, sino de "atmósfera" o aspectos. A la gente le encanta comprar aspecto o atmósfera. No es una exageración decir que la psicología de un maestro de las ventas podría ingresar en la tienda del comerciante promedio en la que las existencias de género valieran, digamos, 50.000 dólares, y con un livianísimo gasto adicional hiciera que esas existencias le reportaran entre 60.000 y 70.000 dólares. No tendría que hacer nada más que aconsejar a los vendedores acerca de la forma adecuada de mostrar la mercancía, quizá después de haber comprado una pequeña cantidad de muebles fijos más convenientes, y empaquetar los artículos con envoltorios y cajas más apropiados.

Los grandes logros suelen ser el resultado de un gran sacrificio, y nunca son el efecto del egoísmo.

Una camisa de hombre, colocada en una caja, en el tipo que sea adecuado, con un lazo y una hoja de papel de seda añadidos para su arreglo, puede hacerte ganar un dólar o un dólar y medio más de lo que te haría ganar la misma camisa sin el envoltorio más artístico. Sé que esto es así, y lo he señalado en más ocasiones de las que puedo recordar, para convencer a algún comerciante desconfiado que no había estudiado el efecto de la "presentación adecuada".

Contrariamente, he demostrado muchas veces que la camisa más fina no puede venderse por la mitad de su valor si se la retira de su caja y se la ubica en un mostrador de rebajas junto con unas camisas de aspecto inferior. Ambos ejemplos señalan que la gente no sabe lo que está comprando, que se deja guiar más por las apariencias que por el análisis real del artículo que compra. Esto es apreciablemente cierto en la compra de automóviles. Los norteamericanos quieren, y EXIGEN, estilo en la apariencia de los automóviles.

Lo que hay debajo del capó o en el eje posterior, no lo saben y en realidad no les importa, siempre y cuando el coche "vista" el cargo. Henry Ford precisó casi veinte años de experiencia para saber la verdad de lo que acabo de decir, e incluso entonces, a pesar de su capacidad analítica, sólo registró esta verdad cuando sus competidores lo forzaron a hacerlo. Si no fuese cierto que la gente compra "apariencias", más que realidad, Ford nunca habría creado su nuevo automóvil. Ese auto es el mejor ejemplo de un psicólogo que apela a la tendencia de la gente a comprar "apariencias", aunque, ciertamente, debo admitir que en este ejemplo en específico, el valor real del coche existe de verdad.

Séptima lección
EL ENTUSIASMO

"¡Puedes hacerlo si crees que puedes!"

El entusiasmo es un estado mental que nos inspira y nos induce a poner acción en la tarea que tenemos delante. Pero hace más que eso: es contagioso y afecta vitalmente, no sólo al entusiasta, sino a toda persona con la que entra en contacto.

El entusiasmo tiene la misma relación con el ser humano que la que tiene el vapor con la locomotora: es la potencia motriz vital que impulsa la acción. Los más grandes líderes de la humanidad son aquellos que saben cómo infundir entusiasmo en sus seguidores. El entusiasmo es el factor más significativo en el arte de vender. Es, de lejos, el factor más esencial en la oratoria pública.

Combina el entusiasmo con tu trabajo y no lo hallarás duro o monótono.

El entusiasmo energizará todo tu cuerpo de tal forma que podrás pasar con menos de la mitad de tus horas de sueño usuales y, al mismo tiempo, te permitirá realizar entre dos y tres veces más trabajo del que sueles hacer en un período de tiempo dado, sin cansarte.

Durante muchos años, la mayor parte de lo que he escrito lo he redactado de noche. En una ocasión, mientras estaba trabajando entusiastamente con mi máquina de escribir, vi por la ventana de mi estudio, que está justo al otro lado de la manzana de la torre Metropolitan, en Nueva York, y vi lo que me pareció el reflejo más especial de la luna sobre la torre. Era de un tono gris plateado que nunca antes había visto.

En una observación más detenida, descubrí que era el reflejo del sol de la mañana y no el de la luna. ¡Era de día! Había estado trabajando durante toda la noche, pero estaba tan abstraído en mi trabajo que la noche había pasado como si fuese tan sólo una hora. Trabajé en mi proyecto durante ese día entero y toda la noche, sin parar, menos para comer algo ligero. Dos noches y un día sin dormir, y con apenas un poco de comida, sin la menor señal de extenuación, no habrían sido posibles si no hubiese mantenido mi cuerpo energizado con el entusiasmo por el trabajo que estaba haciendo. El entusiasmo no es solamente un artificio, es una fuerza vital que puedes aprovechar y utilizar con beneficio. Sin él, serías como una batería eléctrica sin electricidad.

El entusiasmo es la fuerza vital con la que recargas el cuerpo y desenvuelves una personalidad dinámica. Algunas personas tienen un entusiasmo natural, mientras que otras han de adquirirlo. El procedimiento a través del cual se puede desarrollar es muy fácil. Se comienza haciendo el trabajo, o prestando el servicio, que a uno más le gusta. Si tu situación es tal que, por el momento, no puedes realizar favorablemente el trabajo de tu preferencia, entonces puedes proceder por otro camino muy enérgicamente adoptando un claro objetivo principal que considere tu implicación en ese trabajo en particular en algún momento del futuro.

La falta de capital y muchas otras circunstancias sobre las que no tienes un control inmediato pueden exigirte a trabajar en algo que no te gusta, pero nadie puede impedirte decidir proyectar maneras y medios para convertir esa meta en realidad, ni tampoco pueden impedirte que mezcles el entusiasmo con tus planes.

La felicidad, el objeto final de todo esfuerzo humano, es un estado mental que puede conservarse únicamente mediante la esperanza de un logro futuro. La felicidad siempre está en el futuro, nunca en el pasado. La persona feliz es aquella que sueña con las cimas del éxito que todavía no ha logrado. La casa que quieres tener, el dinero que quieres ganar y poner en el banco, el viaje que quieres hacer cuando puedas consentírtelo, la posición en la vida que deseas ocupar cuando te hayas preparado, y la preparación en sí misma: éstas son las cosas que causan felicidad. De igual manera, éste es el material del que está formado tu claro objetivo principal; éstas son las cosas por las que te puedes entusiasmar, sin importar cuál sea tu contexto actual en la vida. Hace más de veinte años, me entusiasmé con una idea. Cuando la idea tomó forma por primera vez en mi mente, yo no estaba preparado para dar siquiera el primer paso a fin de convertirla en una realidad.

Pero la albergué en mi mente: me entusiasmé con ella al tiempo que miraba hacia delante, en mi imaginación, y veía el momento en que estaría preparado para hacerla realidad. La idea era la siguiente: quería transformarme en el director de una revista, basada en la REGLA DE ORO, mediante la cual podría inspirar a otras personas a mantener el valor y relacionarse unas con otras íntegramente.

Finalmente, ¡me llegó la oportunidad! Y, en el día de la tregua, en 1918, escribí el primer editorial de lo que había de transformarse en la realización material de una esperanza que había subsistido oculto en mi mente durante casi veinte años. Con entusiasmo, volqué en ese editorial las emociones que había estado desarrollando en mi corazón durante un período de más de veinte años. Mi sueño se había hecho realidad. Mi ambición de ser director de una revista nacional se había convertido en algo perceptible.

Como he dicho, aquel editorial fue escrito con entusiasmo. Se lo llevé a un conocido mío y se lo leí con entusiasmo. El editorial terminaba con estas palabras: "Por fin, mi sueño de veinticinco años se ha hecho realidad. Hace falta dinero, y mucho, para publicar una revista a nivel nacional, y no tengo ni la menor idea de dónde voy a obtener este factor esencial, pero esto no me preocupa, ¡porque sé que lo lograré en alguna parte!. Mientras escribía esas líneas, combiné en ellas el entusiasmo y la fe.

Apenas había terminado de leer este editorial, cuando el hombre al que se lo leí (la primera y única persona a quien se lo había mostrado), dijo: "Yo le puedo decir dónde va a hallar el dinero, porque seré yo quien se lo facilite". ¡Y lo hizo! Sí, el entusiasmo es una fuerza vital; tan vital, de hecho, que ninguna persona que lo tenga muy desenvuelto puede imaginar siquiera su poder para el éxito.

Antes de dar paso al siguiente punto en esta lección, quisiera redundar y subrayar el hecho de que puedes desarrollar el entusiasmo por tu claro objetivo principal en la vida, sin importar si en estos instantes estás en posición de conseguirlo o no. Puedes estar muy lejos de la ejecución de tu claro objetivo principal, pero si avivas el fuego del entusiasmo en tu corazón y lo mantienes encendido, al cabo de poco tiempo los impedimentos que ahora se intercalan en el camino de la realización de dicho objetivo desaparecerán como por arte de magia, y te hallarás en posesión de un poder que ignorabas tener.

Cómo afectará tu entusiasmo a los demás.

Ahora llegamos a la lección sobre uno de los temas más importantes de este curso, es decir, la sugestión. En las lecciones anteriores hemos explicado el tema de la autosugestión, que es la sugestión de uno mismo, y en la tercera lección vimos que tenía un importante papel.

La sugestión es el principio a través del cual tus palabras y tus actos, e incluso tu estado mental, influyen en los demás. Para que puedas entender el gran alcance del poder de la sugestión, permíteme que haga referencia a la lección introductoria, en la que se cuenta el principio de la telepatía. Si ahora comprendes y aceptas el principio de la telepatía (la comunicación del pensamiento de una mente a otra sin la ayuda de signos, símbolos o sonidos) como una realidad, indudablemente comprenderás por qué el entusiasmo es contagioso y por qué influye en todo lo que está dentro de su radio. Cuando tu propia mente está vibrando a una gran velocidad porque ha sido incitada por el entusiasmo, esa vibración se registra en las mentes de todos los que están dentro de su radio, y fundamentalmente en las de aquellos con los que entras en un contacto cercano. Cuando un orador percibe que su público está "en sintonía" con él, sencillamente reconoce el hecho de que su propio entusiasmo ha influido en las mentes de SUS oyentes hasta hacer que éstas vibren en armonía con la suya. Cuando un vendedor "percibe" el hecho de que ha llegado el momento psicológico para cerrar una venta, meramente siente el efecto de su propio entusiasmo mientras éste interviene en la mente de su potencial comprador y la coloca en sintonía (en armonía) con la suya. El tema de la sugestión establece una parte importante de esta lección y de todo el curso, de un forma tan esencial que ahora procederé a narrar los tres medios a través de los cuales suele operar; esto es, lo que dices, lo que haces ¡y lo que piensas!

Cuando eres entusiasta respecto a los artículos que vendes, o los servicios que brindas, o el discurso que estás dando, tu estado de ánimo se hace evidente a todos aquellos que te escuchan, por el tono de tu voz. Tanto si alguna vez has pensado en ello de esta forma, como si no lo has hecho, es el tono en el que haces una afirmación, más que la afirmación en sí misma, lo que convence o deja de convencer. Ninguna sola combinación de palabras puede ocupar jamás el lugar de una creencia profunda en una afirmación que es enunciada con un entusiasmo ardiente. Las palabras no son más que sonidos sin vida, a menos que estén coloreadas con un sentimiento que nace del entusiasmo. Aquí, las palabras impresas me fallan, pues nunca podré formular con una mera tipografía y papel la diferencia entre las palabras que salen de unos labios inalterables, sin el fuego del entusiasmo para respaldarlas, y aquellas que parecen brotar de un corazón que está estallando con el deseo de expresarse. Pero, no obstante, la diferencia está ahí. Por ende, lo que dices, y la forma en que lo dices, transmite un significado que puede ser fielmente el opuesto de lo que se pretende. Esto explica muchos fracasos por parte de vendedores que presentan sus argumentos con palabras que, aunque parecen bastante lógicas, escasean del colorido que sólo puede producir el entusiasmo que nace de la sinceridad y la creencia en el artículo que está tratando de vender. Sus palabras dicen una cosa, pero el tono de su voz insinúa algo enteramente distinto; por lo tanto, no se hace ninguna venta. Aquello que dices es un factor importante en el funcionamiento del principio de la sugestión, pero no es tan trascendental como lo que apoyo. Tus actos contarán más que tus palabras, y ay de ti si las dos cosas no llegan a armonizar. Si un hombre predica la REGLA DE ORO como una regla de conducta cuerda, sus palabras caerán en oídos sordos a no ser que practique lo que predica. El sermón más seguro que puede predicar alguien sobre la solidez de la REGLA DE ORO es aquel que predica, por la sugestión, cuando emplea esta regla en su trato con sus semejantes.

Una de las cosas más apreciables que cualquier persona puede aprender es el arte de usar los conocimientos y la experiencia de los demás. Si un vendedor de automóviles Ford va a ver a su potencial comprador en un Buick, o en otra marca de coche, todos los argumentos que exponga a favor del Ford no tendrán efecto alguno. En una ocasión entré en una de las oficinas de la Dictaphone Company para ver un dictáfono (una máquina para dictar). El vendedor al mando presentó un argumento lógico sobre las cualidades de la máquina, mientas el taquígrafo que estaba a su lado estaba transcribiendo cartas de un cuaderno de taquigrafía. Sus explicaciones a favor de la máquina de dictado, comparadas con el antiguo método de dictar a un taquígrafo, no me impresionaron, puesto que sus actos no estaban en armonía con sus palabras.

Tus pensamientos forman la más importante de las tres maneras en que aplicas el principio de la sugestión, porque ellos controlan el tono de tus palabras y, al menos en cierta medida, tus actos. Si tus pensamientos, tus actos y tus palabras están en armonía, intervendrás en aquellos que entren en contacto contigo, y los llevarás en mayor o menor medida hacia tu manera de pensar. Ahora procederemos a examinar el tema de la sugestión y a enseñarte exactamente cómo emplear el principio mediante el cual opera. Como ya hemos visto, la sugestión difiere de la autosugestión solamente en un sentido: la usamos, consciente o inconscientemente, cuando influimos en otras personas, mientras que utilizamos la autosugestión como un medio para influir en nosotros mismos.

Para que puedas influir en otra persona a través de la sugestión, su mente debe estar en un estado de neutralidad; es decir, que debe estar abierta y receptiva a tu método de sugestión. Aquí es donde falla la mayoría de vendedores: tratan de hacer una venta antes de que la mente del posible comprador se haya vuelto aceptable o se haya neutralizado. Éste es un punto tan importante en esta lección, que me siento impulsado a permanecer en él hasta que no quede ninguna duda de que puedes entender el principio que estoy describiendo.

Cuando digo que el vendedor debe neutralizar la mente del potencial comprador antes de que pueda hacer una venta, quiero decir que la mente de la persona debe ser crédula. Tiene que haberse situado un estado de confianza, y es obvio que no puede haber ninguna regla fundada para crear confianza o neutralizar la mente hasta llevarla a un estado de apertura. Aquí, la inventiva del vendedor debe abastecer aquello que no puede establecer como una regla severa.

Conozco a un vendedor de seguros de vida que sólo vende grandes pólizas, de cien mil dólares y más. Antes de que este hombre se acerque siquiera al tema de los seguros al hallarse frente a un posible cliente, se familiariza con la historia completa de dicha persona, incluida su educación, su estatus económico, sus extravagancias si tiene alguna, sus preferencias religiosas y otros datos demasiado numerosos para ser citados. Provisto de esta información, logra asegurarse una presentación bajo unas condiciones que le permiten conocer al posible cliente de una forma social y comercial. No dice nada acerca de la venta de un seguro de vida durante su primera visita, ni en la segunda, y a veces no toca el tema hasta conocer bien a la persona. Sin embargo, durante todo este tiempo, no está malgastando sus esfuerzos. Está sacando beneficio de estas visitas amistosas con el propósito de neutralizar la mente del potencial cliente; es decir, está construyendo una relación de amistad para que, cuando llegue el momento de hablar del seguro de vida, aquello que diga caiga en oídos preparados para escuchar.

Hace algunos años, escribí un libro titulado "Cómo vender sus servicios". Justo antes de que el manuscrito llegase al editor, se me ocurrió solicitar a algunos de los hombres conocidos del país que me escribieran cartas de aprobación para ser publicadas en el libro. La imprenta estaba esperando el manuscrito, por lo tanto, escribí rápidamente una carta a ocho o diez hombres en la que explicaba brevemente lo que quería, pero no recibí ninguna respuesta. No había visto dos importantes prerrequisitos para el éxito: había escrito la carta con tanta prisa que había olvidado comunicar en ella un espíritu de entusiasmo y no había usado las palabras adecuadas para que tuviera el efecto de neutralizar las mentes de las personas a quienes las mandé. Por lo tanto, no preparé el camino para la aplicación del principio de la sugestión. Un cuidadoso inventario de todas tus experiencias del pasado puede revelar el hecho asombroso de que todo ha ocurrido para tu mayor bien. Después de haber descubierto mi error, escribí una carta que estaba basada en la estricta aplicación del principio de la sugestión. y ésta no sólo produjo contestaciones de todas las personas a las que fue enviada, sino que muchas de ellas eran auténticas obras de arte y sirvieron como valiosos complementos al libro, muy por encima de mis mayores esperanzas. Con el propósito de la comparación, para mostrarte cómo puede usarse el principio de la sugestión al escribir una carta, y el importante papel que simboliza el entusiasmo para dar "vida" a la palabra escrita, reproduzco aquí las dos cartas. No será preciso demostrar cual de ellas falló, porque se hará bastante evidente:

Estimado señor Ford:

Estoy terminando el manuscrito para un nuevo libro titulado Cómo vender sus servicios. Presiento que se venderán varios cientos de miles de ejemplares y creo que a quienes compren el libro les gustaría tener la oportunidad de recibir un mensaje de usted respecto al mejor método para comerciar servicios personales. Por lo tanto, ¿tendría la gentileza de regalarme unos minutos de su tiempo escribiendo un breve mensaje para que sea publicado en mi libro? Éste sería un gran favor para mí personalmente y sé que sería valorado por los lectores del libro.

Agradeciéndole por adelantado por cualquier consideración que esté dispuesto a mostrarme.

Le saluda muy atentamente.

Honorable Thomas R. Marshall,

Vicepresidente de los Estados Unidos,

Washington, D.C.

Estimado señor Marshall:

¿Le gustaría tener la oportunidad de mandar un mensaje de ánimo, y posiblemente algunos consejos, a unos pocos centenares de miles de personas que no han logrado dejar su marca en el mundo como lo ha hecho usted? Estoy a punto de terminar un manuscrito para un libro que será titulado "Cómo vender sus servicios". Lo que se insiste principalmente en el libro es que el servicio prestado es la causa, y el sobre con la retribución es el efecto, y que este último varía en proporción a la eficiencia del primero. El libro estaría inconcluso sin unas pocas palabras de consejos de unos cuantos hombres que, como usted, se han elevado desde lo más bajo hasta llegar a posiciones envidiables en el mundo. Por lo tanto, si usted pudiera escribirme acerca de sus puntos de vista sobre los factores más fundamentales que deben tener en cuenta aquellos que están ofreciendo servicios personales para la venta, transpondré su mensaje a mi libro, que se asegurará de llegar a manos en las que harán un gran bien, a una clase de personas serias que están lidiando por encontrar su lugar en el trabajo en el mundo. Sé que es usted un hombre muy ocupado, señor Marshall, pero por favor, tenga presente que con sólo llamar a su secretaria y dictarle una breve carta, estará mandando un importante mensaje potencialmente a medio millón de personas. En dinero esto no tendrá para usted el valor del sello de dos centavos que pondrá en la carta, pero, calculado desde el punto de vista del bien que podría hacer a otras personas menos afortunadas que usted, podría tener el valor de la diferencia entre el éxito y el fracaso para muchas personas dignas que leerán su mensaje, creerán en él y serán encaminados por él.

Le saluda muy cordialmente.

Ahora estudiemos las dos cartas y averigüemos por qué una fracasó en su misión, mientras que la otra tuvo éxito. Este análisis debería comenzar con uno de los fundamentos más trascendentes del arte de vender, es decir, el motivo. En la primera carta, es evidente que el motivo es enteramente uno de interés propio. La carta dice puntualmente lo que se desea, pero las palabras dejan una duda respecto a porqué se realiza la petición o quién se va a beneficiar de ella. Estudia la frase en el segundo párrafo:

"Este sería un gran favor para mí personalmente…". Ahora bien, ésta podría parecer una característica especial, pero la verdad es que la mayoría de gente no concede favores puramente para complacer a otras personas. Si te pido que me prestes un servicio que me beneficiará, sin ofrecerte alguna ventaja equivalente, no revelarás mucho entusiasmo por concedérmelo; es posible que te niegues del todo si tienes una excusa plausible para hacerlo. Pero si te pido que me prestes un servicio que favorecerá a una tercera persona, aunque sea prestado a través de mí, y si ese servicio es de una naturaleza tal que probablemente te dará un reconocimiento, lo más posible es que me des ese servicio de buena gana.

Vemos esta psicología manifestada por el hombre que le lanza una moneda de diez centavos al mendigo en la calle, o quizás incluso se la niega, pero entrega de buena gana cien o mil dólares a un trabajador de la beneficencia que está pidiendo en nombre de otros. Pero la sugestión más nociva de todas está contenida en el último y más importante párrafo de la carta: "Agradeciéndole por adelantado por cualquier consideración que esté dispuesto a mostrarme". Esta frase sugiere evidentemente que quien escribe la carta espera una negativa a su petición. Muestra claramente una falta de entusiasmo. Prepara el camino para una negativa a la solicitud. No hay ni una sola palabra en toda la carta que instale en la mente del destinatario un motivo satisfactorio por el cual debería acceder a la petición. Por otro lado, puede ver claramente que el objeto de la carta es obtener de él una carta de apoyo que lo ayudará a vender el libro. El argumento de venta más importante –de hecho, el único argumento de venta efectivo en relación con esta petición- se ha perdido porque no ha sido sacado a relucir y determinado como el verdadero motivo para hacer la petición. Este argumento es citado débilmente en la frase: "creo que a quienes entienden el libro les agradaría tener la oportunidad de recibir un mensaje de usted respecto al mejor método para comercializar servicios personales".

El primer párrafo de la carta quebranta un fundamento importante del arte de vender, porque sugiere claramente que el objeto de la carta es obtener alguna ventaja para su escritor, y ni siquiera insinúa alguna ventaja equivalente que pueda favorecer a la persona a la que se le envía.

En lugar de neutralizar la mente del destinatario de la carta, que es lo que debería hacer, tiene exactamente el efecto opuesto: hace que cierre su mente contra todos los argumentos que vienen a continuación, lo pone en un estado de ánimo que hace más fácil que diga que no. Esto me recuerda a un vendedor (o quizá debería decir a un hombre que deseaba serlo) que en una ocasión me abordó con el objetivo de venderme una suscripción al Saturday Evening Post. Mientras sostenía una copia de la revista frente a mí, me insinuó la respuesta que debía darle por la forma en que me planteó la pregunta: "¿Usted no querría inscribirse al Post para ayudarme, verdad?". Por supuesto, ¡dije que no! Me había facilitado el decirlo. No había ningún entusiasmo detrás de sus palabras, y el pesimismo y el desánimo estaban escritos en su rostro. Requería la comisión que habría ganado con mi suscripción, si yo la hubiese comprado; de eso no hay duda, pero no sugirió nada que requiriera mi motivación egoísta y, por lo tanto, perdió una venta. Pero la pérdida de una venta no fue la parte triste de su insomnio; la parte triste fue que esa misma actitud le estaba haciendo perder todas las demás ventas que podría haber logrado si hubiese cambiado su forma de aproximarse. Unas semanas más tarde fui afrontado por otra agente de suscripción. Estaba vendiendo una combinación de seis revistas, una de las cuales era el Saturday Evening Post, pero qué distinto fue su acercamiento. Ella observó mi mesa de la biblioteca, sobre la que vio varias revistas, luego mis anaqueles llenos de libros, y exclamó con entusiasmo: "¡Ah, veo que es usted un amante de los libros y las revistas!». Me declaré orgullosamente culpable de los cargos. Observa la palabra "orgullosamente" ya que tiene mucha importancia en este incidente. Dejé el manuscrito que estaba leyendo cuando esta vendedora ingresó, pues pude ver que era una mujer inteligente. Cómo pude verlo es algo que dejaré a tu imaginación. Lo importante es que dejé el manuscrito y sentí verdaderos deseos de escuchar lo que tenía que decir.

Con la ayuda de once palabras, además de una atrayente sonrisa, además de un tono de genuino entusiasmo, ella había neutralizado mi mente lo suficiente como para lograr que quisiera oírla. Con esas pocas palabras había realizado la tarea más difícil, porque cuando ella fue anunciada yo me había decidido a mantener mi manuscrito en mis manos y, así, transferir a su mente, de la forma más educada posible, el hecho de que estaba ocupado y no deseaba ser interrumpido.

Al ser un estudiante del arte de vender y de la sugestión, me mantuve vigilante para ver cuál sería su siguiente movimiento. Ella tenía un paquete de revistas bajo el brazo y yo esperaba que lo abriera y comenzara a instarme a comprarlas, pero no lo hizo. Recordarás que dije que estaba vendiendo una composición de seis revistas, no solamente intentando venderla.

Ella caminó hasta mis estanterías de libros, sacó un ejemplar de los Ensayos de Emerson y, durante los diez minutos siguientes, habló del ensayo de este autor sobre la indemnización, y lo hizo de una forma tan interesante, que perdí de vista el paquete de revistas que llevaba. (Ella estaba neutralizando mi mente un poco más.)

Dicho sea de paso, me dio el número suficiente de nuevas ideas sobre las obras de Emerson como para tener material para un excelente editorial. A continuación me preguntó qué revistas recibía yo normalmente, y cuando se lo dije sonrió y comenzó a desatar su paquete de revistas y las dejó sobre la mesa, ante mí. Las analizó una a una y me explicó por qué debería tener cada una de ellas. El Saturday Evening Post me suministraría la mejor ficción, el Literary Day me traería las noticias del mundo condensadas, como exigiría un hombre tan ocupado como yo, la American Magazine me facilitaría las últimas biografías de hombres que estaban a la delantera en los negocios y la industria, y así sucesivamente, hasta que hubo abarcado toda la lista. Las primeras impresiones efectivamente cuentan. Vístete para tener el aspecto del papel que quieres interpretar en la vida, pero procura no exagerar. Pero yo no estaba contestando a sus argumentos con tanto entusiasmo como ella esperaba, de modo que dejó caer esta amable sugestión: "Un hombre de SU posición debe estar informado, y si no lo está, ¡eso se ve su propio trabajo! ¡Dijo la verdad! Su comentario era tanto un cumplido como una suave corrección. Ella había hecho que me sintiera un tanto avergonzado, porque había hecho un inventario de mi material de lectura, y seis de las principales revistas no estaban en mi lista; las seis que ella estaba vendiendo. Entonces comencé a caer, preguntándole cuánto costarían las seis revistas. Ella dio los últimos toques a una bien presentada charla de ventas respondiendo con mucho tacto: "¿El valor? Bueno, el valor de todo es menos de lo que usted cobra por una sola página del manuscrito que tenía en sus manos cuando yo entré". Una vez más, había dicho la verdad. ¿Y cómo fue que adivinó tan bien lo que yo cobraba por mi manuscrito? La respuesta es que no lo adivinó, ¡lo supo! Se encargó discretamente de hacerme hablar de la naturaleza de mi trabajo (lo cual no me fastidió en absoluto). Estaba tan interesada en el manuscrito que yo había dejado sobre la mesa cuando entró, que me incitó a hablar de él. (No estoy diciendo, por supuesto, que esto demandara de una gran habilidad o que me lo tuviera que sonsacar, (o acaso no he dicho que era mi manuscrito?) En mis comentarios sobre él, sospecho que reconocí que me estaban pagando 250 dólares por las quince páginas. Sí, estoy seguro de que fui poco cuidadoso al admitir que mi trabajo estaba bien pagado. Quizás ella me incitara a admitirlo. En cualquier caso, la información era valiosa para ella e hizo un uso eficaz en el momento adecuado.

Por lo que yo sé, esto formaba parte de su plan de observar contenidamente todo lo que viera y escuchara, con el objeto de averiguar cuáles eran mis puntos débiles y de qué me interesaba más hablar. Algunos vendedores se toman el tiempo para hacer esto; otros no. Ella era de los que lo hacían. Sí, se fue con mi suscripción a las seis revistas y con mis doce dólares. Pero ése no fue todo el beneficio que logró con sus sugestiones llenas de tacto, sumadas a su mí entusiasmo: también obtuvo mi permiso para sondear a los empleados de mi oficina y antes de irse tenía cinco suscripciones más. Mientras estuvo ahí, en ningún momento me dio la impresión de que yo le estaba haciendo un favor al adquirir sus revistas. Fue justamente lo contrario: me transmitió claramente el sentimiento de que ella me estaba haciendo un favor a mí. Ésta es una sugestión llena de tacto.

Antes de dejar atrás este acontecimiento, me gustaría admitir algo: cuando entabló una conversación conmigo, lo hizo de tal forma que yo hablé con entusiasmo. Hubo dos motivos para esto. Uno de ellos fue la vendedora, y el otro fue que ¡logró hacerme hablar de mi propio trabajo! Por supuesto que no estoy sugiriendo que tú debas ser tan indiscreto como para sonreír ante mi descuido cuando leas esto, ni que deberías quedarte con la impresión de que esta vendedora llena de tacto me hizo hablar de mi propio trabajo con el objetivo de neutralizar mi mente para que yo la escuchara, con la misma paciencia con la que ella me había escuchado a mí, cuando estuviera preparada para hablar de sus revistas. No obstante, si eres lo bastante alerta como para extraer una lección de su método, no haré nada para imposibilitar que lo hagas.

Como ya he dicho, puse entusiasmo en mi conversación. Quizá había captado el espíritu de entusiasmo de esta inteligente vendedora cuando ella hizo su primer comentario al ingresar en mi estudio. Sí, estoy seguro de que fue entonces cuando lo capté, y estoy seguro de que su entusiasmo no fue casual. Ella se había entrenado para buscar en la oficina de su eventual comprador, o en su trabajo, o en su conversación, algo por lo que poder expresar entusiasmo. Recuerda, ¡la sugestión y el entusiasmo van de la mano! Recuerdo como si fuera ayer el sentimiento que me acometió cuando aquel aspirante a vendedor colocó ese Saturday Evening Post delante de mi cara mientras decía: "Usted no querría suscribirse al Post para ayudarme, ¿verdad?".

Sus palabras estaban frías, no tenían vida, carecían de entusiasmo, y dejaron una impresión en mi mente, pero fue una impresión de frialdad. Yo quería ver a ese hombre salir por la puerta por la que había ingresado. Te advierto que naturalmente no soy una persona poco sensible, pero el tono de su voz, la expresión en SU rostro y SU comportamiento en general muestran que estaba ahí para pedir un favor y no para ofrecerlo. La sugestión es uno de los principios más sutiles y eficaces de la psicología. Estás haciendo uso de él en todo lo que haces, dices y piensas, pero, a menos que entiendas la diferencia entre la sugestión negativa y la sugestión positiva, puedes estar utilizándolo de una manera tal que te esté atrayendo derrotas en lugar de éxito. La ciencia ha establecido el hecho de que, a través del uso negativo de la sugestión, la vida puede apagarse. Hace algunos años, en Francia, un criminal fue condenado a muerte, pero antes del momento de su ejecución hicieron un experimento con él que demostró concluyentemente que a través del principio de la sugestión es posible causar la muerte. El criminal fue llevado a la guillotina y su cabeza colocada bajo la cuchilla, después de haberle vendado los ojos. A continuación, se dejó caer una plancha pesada, con un borde afilado, sobre su cuello, causando una conmoción similar a la de una cuchilla afilada. A continuación derramaron suavemente agua tibia sobre la nuca del prisionero y la dejaron derramarse lentamente por su columna vertebral, imitando el manar de la sangre caliente. En siete minutos, los médicos expresaron la muerte del hombre. Su imaginación, a través del principio de la sugestión, había transformado la plancha afilada en una cuchilla de guillotina y había hecho que su corazón dejara de latir.

En el pueblo en el que me crié, vivía una anciana que se quejaba interminablemente de que temía morir de cáncer. Durante su niñez, había visto a una mujer que tenía cáncer y la visión se había quedado grabada en su mente de tal forma que comenzó a buscar síntomas de dicha enfermedad en su propio cuerpo. Estaba segura de que cada pequeño dolor era el principio del tan buscado síntoma de cáncer. La he visto poner su mano sobre su pecho y la he oído proferir: "Estoy segura de que tengo un cáncer creciendo aquí. Puedo sentirlo". Cuando se quejaba de esta enfermedad imaginaria, siempre ubicaba la mano sobre su seno izquierdo, donde creía que el cáncer la estaba atacando. Hizo esto durante más de veinte años. Hace unas semanas, ¡murió de cáncer de la mama izquierda! Si la sugestión realmente transforma el filo de una plancha en una cuchilla de guillotina y transforma las células sanas del cuerpo en parásitos a partir de los cuales se desarrolla un cáncer, ¿acaso no puedes imaginar lo que hará para devastar los gérmenes de la enfermedad, si es dirigida apropiadamente? La sugestión es la ley con la que los sanadores mentales ejecutan eso que parecen ser milagros. Personalmente he visto cómo se eliminaban crecimientos parasíticos con la ayuda de la sugestión, en cuarenta y ocho horas. La mitad de los naufragios que están esparcidos por el océano de la vida, si alguna estrella hubiese sido su guía, ahora podrían estar navegando a salvo, pero se dejaron llevar por la marea.

Tú, lector de esta lección, puedes terminar en la cama con una enfermedad imaginaria del peor tipo en un lapso de dos horas, o menos, a través del uso de la sugestión. Si vas caminando por la calle y tres o cuatro personas en las que confías se encuentran contigo y cada una de ellas expresa que pareces enfermo, estarás listo para ir al médico. Esto me recuerda una experiencia que tuve en una ocasión con un vendedor de seguros. Yo había pedido una póliza, pero no había decidido si sería de diez o de veinte mil dólares. Entretanto, el agente me había mandado al médico de la aseguradora para que me examinara. Al día siguiente, me llamaron para otro examen. La segunda vez, el examen fue más profundo, y el médico tenía una expresión de preocupación en el rostro. Al tercer día, me volvieron a llamar, y esta vez había dos médicos para examinarme. Me hicieron el examen más exhaustivo que había recibido, o del que había oído hablar, jamás.

Al día siguiente, el agente me llamó y se dirigió a mí de la siguiente forma: "¡No quiero inquietarlo, pero los médicos que lo han examinado no se ponen de acuerdo respecto a su análisis! Usted todavía no ha decidido si tomará el seguro de diez mil o de veinte mil dólares, y no me parecería justo darle un informe sobre su examen médico hasta que haya tomado esta decisión, porque si lo hiciera usted podría pensar que le estaba solicitando a elegir la de la suma mayor".

Entonces le dije lo que pensaba: "Bueno ya he decidido tomar la de la suma mayor». Era verdad, había decidido tomar la póliza de veinte mil dólares. Lo había decidido m el momento en que el agente colocó en mi mente la sugestión de que quizá yo tenía alguna debilidad vigente que podía dificultar que obtuviera el seguro que deseaba.

"Muy bien, dijo el agente, ahora que se ha decidido, es mi deber informarle de que dos de los médicos creen que usted tiene un germen tuberculoso en su sistema, mientras que los otros dos están en desacuerdo con ellos". El truco había funcionado. Una inteligente sugestión me había empujado más allá del límite de la indecisión y todos habíamos quedado campantes. ¿Dónde entra el entusiasmo?, te preguntarás. No importa, entró de todas formas, pero si quieres saber quién lo trajo tendrás que preguntárselo al agente de seguros y a sus cuatro médicos implicados, porque estoy seguro de que se deben estar riendo de buena gana a mi costa. Pero el truco estaba bien. De todos modos, requería ese seguro. Ciertamente, si por casualidad eres agente de seguros, no tomarás esta idea y la usarás con el siguiente cliente potencial que tarde en decidir si se queda con la póliza. ¡Claro que no lo harás! Hace unos meses recibí una publicidad de las más seguras que he visto jamás. Se trataba de un maravilloso librito en el que un inteligente vendedor de seguros de coches había reproducido informes de prensa que había reunido de todo el país y en el que se mostraba qué automóviles habían sido robados en un solo día. En la contraportada del libro se podía leer esta afirmación hondamente sugestiva: "Su coche puede ser el siguiente. ¿Está asegurado?".

En la parte inferior de la página estaba el nombre del vendedor y su dirección, además de su número de teléfono. Antes de acabar de leer las dos primeras páginas del libro, lo llamé por teléfono y le pregunté por las tarifas. El hombre vino a verme prontamente, y ya conoces el final de la historia. Volvamos ahora a las dos cartas y estudiemos la segunda, la cual produjo las respuestas deseadas de todas las personas a quienes se envió. Estudia detenidamente el primer párrafo y verás que plantea una pregunta que sólo puede ser respondida de una manera. Compara este párrafo inicial con el de la primera carta, preguntándote cuál de los dos te habría conmovido de una forma más favorable. Este párrafo está redactado como si tuviera un doble objetivo: en primer lugar, pretende servir al propósito de neutralizar la mente del lector para que lea el resto de la carta con una actitud abierta y, en segundo lugar, traza una pregunta que sólo puede responderse de una manera, con el propósito de comprometer al lector con un punto de vista que armonice con la naturaleza del servicio que se le pide que preste en los párrafos siguientes de la carta.

En la segunda lección de este curso viste que Andrew Carnegie se negó a contestar cuando le pregunté a qué atribuía su hito, hasta que yo no hubiera definido la palabra éxito. Hizo esto para evitar malentendidos. El primer párrafo de la carta que estamos analizando está redactado de tal manera que declara el objeto de la misma y, a la vez, prácticamente obliga al lector a aceptar que dicho objeto es cuerdo y razonable. Cualquier persona que respondiera con una negativa a la pregunta planteada en este párrafo de la carta que estamos explicando, se declararía, por la propia respuesta, culpable de la falta de egoísmo, y ningún hombre desea enfrentarse a una conciencia culpable de esa acusación. Del mismo modo que el agricultor primero surca su tierra, luego la fertiliza y potencialmente la prepara para recibir las semillas con la finalidad de asegurarse la cosecha, este párrafo también fertiliza la mente del lector y la prepara para la semilla que será ubicada ahí mediante la sutil sugestión que el párrafo contiene. Observa detenidamente el segundo párrafo de la carta y verás que contiene una afirmación de una realidad que el lector no puede cuestionar o negar. No le provee ninguna razón para una discusión porque está basada, ciertamente, en unos sólidos fundamentos. Lo lleva al segundo paso del viaje psicológico que conduce derechamente a la conformidad con la petición, que está cuidadosamente tapizada y oculta en el tercer párrafo de la carta, pero notarás que dicho párrafo empieza haciendo al lector un pequeño cumplido que no está diseñado para hacerlo enfadar. "Por lo tanto, si usted pudiera escribirme acerca de sus puntos de vista sobre los factores más fundamentales que deben tener en cuenta aquellos que están ofreciendo servicios personales para la venta. Estudia la redacción de esta base, junto con el lugar en que ha sido situada, y observarás que difícilmente parece ser una petición y que evidentemente no hay nada en ella que sugiera que en la carta está pidiendo un favor para su beneficio personal. A lo sumo, podría ser aclarada como la petición de un favor para otras personas. Ahora estudia el párrafo final y fíjate con cuánto tacto se ha encubierto la sugerencia de que si el lector se negara a conceder esta petición se estaría ubicando en la incómoda posición de alguien que no se preocupa lo suficiente por aquellas personas menos afortunadas que él como para gastar dos centavos en un sello postal y unos minutos de su tiempo para mi beneficio."

De principio a fin, la carta transmite sus impresiones más contundentes a través de la mera sugestión, pero esta sugestión está tan cuidadosamente encubre que no es evidente, excepto en un análisis detenido de la totalidad de la carta. Toda la construcción de la carta es tal que si el lector la deja de lado sin acceder a la petitoria, ¡tendrá que verlas con su propia conciencia! Este efecto es desarrollado por la última frase del último párrafo y especialmente por las últimas palabras que la componen: "quienes leerán su mensaje, creerán mi?"

Esta carta llama la atención de la persona con arrebato y convierte a su conciencia en un aliado de quien la escribe; lo acorrala, como un cazador encerraría a un conejo llevándolo a una red cuidadosamente preparada. La mejor prueba de que este análisis es correcto, es el hecho de que la carta produjo respuestas de todas las personas a quienes se mandó, a pesar del hecho de que cada uno de esos hombres era del tipo del que se dice que es un hombre de negocios, que por lo general, se supone que está muy ocupado como para contestar a una carta de esta naturaleza.

La carta no sólo produjo las respuestas anheladas, sino que los destinatarios respondieron personalmente, con excepción de Theodore Roosevelt, quien contestó con la firma de un secretario. La vanidad es una niebla que envuelve el verdadero carácter de un hombre más allá de su propio reconocimiento.

Disminuye sus habilidades naturales y refuerza todas sus incongruencias. John Wanamaker y Frank A. Vanderlip escribieron dos de las mejores cartas que he leído jamás, pues cada una de ellas es una obra de arte que podría haber acicalado las páginas de un volumen más majestuoso que el libro para el que fueron solicitadas. Andrew Carnegie también escribió una carta digna de una gran consideración por parte de quienes venden servicios personales. William Jennings Bryan escribió una excelente carta, al igual que Lord Northcliffe. Ninguno de estos hombres las escribió únicamente para halagarme, pues yo era desconocido para todos ellos, con excepción de cuatro. No las escribieron para complacerme, sino que lo hicieron para complacerse a sí mismos y para ofrecer un valioso servicio. Quizá la redacción de la carta tuvo algo que ver con esto, pero no insistiré en ello; solamente diré que todos estos hombres que he mencionado, y la mayoría de otros de su clase, suelen ser los que están más preparados para brindar un servicio para los demás cuando uno se acerca a ellos de la forma adecuada.

Quiero aprovechar esta oportunidad para aseverar que todos los hombres verdaderamente grandes que he tenido el placer de conocer han sido los que han tenido una mejor disposición y los más amables cuando se ha tratado de ofrecer un servicio para beneficio de otras personas. Quizá ésa fuera una de las razones por las que eran realmente grandes hombres.

¡La mente humana es una máquina maravillosa! Una de sus características destacables se valora en el hecho de que todas las impresiones que llegan a ella, ya sea mediante la sugestión externa o la autosugestión, son registradas juntas en grupos que armonizan en su naturaleza. Las impresiones negativas se acumulan en una parte del cerebro, mientras que las positivas son guardadas en otra zona. Cuando una de estas impresiones (o experiencias pasadas) es llevada a la mente prudente a través del principio de la memoria, hay una tendencia a recordar unidas a ella todas las impresiones de naturaleza similar, del mismo modo que, al levantar un eslabón de una cadena, se levantan con él todos los demás. Por ejemplo, cualquier cosa que haga que brote un sentimiento de duda en la mente de una persona es suficiente para evocar todas las experiencias vividas que le han hecho dudar. Si un extraño le pide a un hombre que cobre un cheque, éste recuerda prontamente las ocasiones en las que quiso cobrar cheques que no tenían fondos, o en que escuchó hablar de otras personas a las que les había pasado algo parecido. A través de la ley de la asociación, todas las emociones, experiencias e impresiones sensoriales similares que llegan a la mente son archivadas juntas, de manera que recordar una tiende a traer a la memoria a todas las demás.

Despertar un sentimiento de desconfianza en la mente de una persona suele traer a la superficie todas las experiencias anteriores que la han hecho sentir así. Por esta razón, los vendedores de éxito se encargan de impedir abordar temas que puedan despertar la cadena de impresiones de dudan del comprador. El vendedor eficaz aprende avivadamente que "derribar" a un competidor o un artículo de la competencia puede traer a la mente del comprador ciertas emociones negativas salidas de experiencias previas, las cuales pueden imposibilitar que el vendedor "neutralice" su mente. Este principio se emplea a todas las impresiones sensoriales que están albergadas en la mente humana, y las controla. Tomemos, por ejemplo, la emoción del miedo: en cuanto dejamos que una sola asociación relacionada con el miedo llegue a la mente consciente, ésta trae consigo todas sus implicaciones desagradables. Un sentimiento de valentía no puede llamar la atención de la mente consciente allí se halle un sentimiento de temor, pues uno de los dos debe dominar. Son malos compañeros porque no armonizan en su naturaleza. En cambio, los iguales se atraen. Cada pensamiento que se halle en la mente consciente tiende a atraer a otros de naturaleza similar. Por lo tanto, podrás observar que esos sentimientos, pensamientos y emociones que proceden de experiencias del pasado, que exigen la atención de la mente consciente, están amparados por un ejército regular de soldados de apoyo de naturaleza semejante que están preparados para ayudarlos en su trabajo.

Ubica de forma deliberada en tu propia mente, mediante el principio de la autosugestión, la codicia de tener éxito con la ayuda de un claro objetivo principal y observa con qué rapidez todas tus habilidades, latentes o no, desenvueltas en la naturaleza de tus experiencias pasadas se estimulan y comienzan a actuar a tu favor. Planta en la mente de un niño, mediante el principio de la sugestión, la ambición de transformarse en un exitoso abogado, médico, ingeniero, empresario o financiero, y si siembras esa sugestión con la profundidad bastante y la mantienes ahí a través de la repetición, empezará a llevarlo hacia la realización del objeto de dicho afán. Si quieres plantar una sugestión profundamente, mézclala espléndidamente con el entusiasmo, pues el entusiasmo es el fertilizador que asegurará su rápido crecimiento y su permanencia.

Cuando un anciano caballero de buen corazón plantó en mi mente la sugestión de que yo era un "chico brillante" y que podía dejar mi rastro en el mundo si me educaba, no fue tanto lo que dijo, sino la manera en que lo hizo lo que dejó una impresión tan profunda y duradera en mi mente. Fue el modo en que me sujetó los hombros y la expresión de confianza en su mirada lo que hizo que su sugestión penetrara tan intensamente en mi mente subconsciente que no tuve sosiego hasta que comencé a dar los pasos que me llevarían a la realización de dicha sugestión. Esto es lo que me gustaría destacar con toda la fuerza de la que dispongo. No es tanto lo que dices como el TONO y la FORMA en que lo dices lo que deja una impresión duradera.

Por lo tanto, resulta naturalmente lógico que la sinceridad de propósito, la honestidad y la seriedad deben estar detrás de todo lo que uno dice, si uno quiere dejar una impresión duradera y favorable. Cualquier cosa que quieras vender eficazmente a los demás, ¡primero debes vendértela a ti mismo! No hace mucho tiempo, me visitó un agente del gobierno de México que quería contratar mis servicios como escritor de propaganda para la administración que gobernaba en aquella época. Su manera de abordar la cuestión fue, aproximadamente, la siguiente:

"Considerando que el Señor tiene la reputación de ser un exponente de la filosofía de la REGLA DE ORO, y en vista de que el Señor es conocido a lo largo y ancho de Estados Unidos como una persona independiente que no está asociada a ninguna facción política, ¿tendría el Señor la gentileza de venir a México, estudiar los asuntos económicos y políticos del país, y luego volver a Estados Unidos y escribir una serie de artículos que aparecerían en los diarios, recomendando al pueblo norteamericano el inmediato reconocimiento de México por parte del gobierno de Estados Unidos?"

Por este servicio se me prometió más dinero del que probablemente poseeré en toda mi vida, pero me negué a hacerlo, y por un motivo que no conmoverá a nadie, excepto a aquellos que entienden el principio que hace necesario que todos los que desean influir en los demás, deban estar en buenos términos con su propia conciencia.

No podía escribir convincentemente sobre la causa de México porque yo no creía en ella; por lo tanto, no podía haber introducido el bastante entusiasmo en mis escritos como para hacerlos efectivos, incluso aunque hubiese estado dispuesto a «prostituir» mi talento y mojar mi pluma en una tinta que yo sabía que estaba turbia. No me empeñaré más en explicar mi filosofía sobre este incidente porque, quienes estén lo suficientemente avanzados en el estudio de la autosugestión no necesitarán más explicaciones, mientras que aquellos que no lo estén no podrían comprenderlo.

Ningún hombre puede permitirse expresar, a través de palabras o actos, aquello que no está en armonía con sus propias creencias y, si lo hace, deberá pagarlo con la pérdida de su capacidad de influir en los demás. Por favor, lee en voz alta el párrafo anterior. Vale la pena subrayarlo a través de la repetición, porque la falta de observación del principio en el que se basa compone las rocas y los arrecifes contra los que el claro objetivo principal de muchas personas se hace pedazos.

No creo que yo pueda permitirme tratar de engañar a nadie acerca de nada, pero sé que no puedo permitirme intentar engañarme a mí mismo. Hacerlo sería destruir el poder de mi pluma y provocar que mis palabras sean inoperantes.

Únicamente cuando escribo con el fuego del entusiasmo ardiendo en mi corazón, mis escritos conmueven a los demás favorablemente; únicamente cuando hablo desde un corazón que está rebosante de mi convicción en el mensaje, puedo hacer que mi público lo acepte. ¿Acaso no da que pensar el hecho de que ningún periódico haya publicado jamás una noticia sobre "fiestas salvajes de alcohol" u otros escándalos parecidos en relación con los nombres de Edison, Rockefeller y la mayoría de personas realmente grandes? También me gustaría que leyeras en voz alta el párrafo del principio de la página. Sí, me gustaría que lo grabaras en tu memoria. Inclusive, más que eso, me gustaría que lo pusieras por escrito y lo pusieras en un lugar donde te recordara a diario un principio, o mejor dicho, una ley tan inalterable como la ley de la gravitación, sin la cual nunca te transformarás en un triunfador en el trabajo que has escogido en la vida. Hubo ocasiones, y muchas, en las que todo parecía indicar que si actuaba de acuerdo con este principio, ¡me moriría de hambre!

Ha habido veces en las que mis amigos más íntimos y mis consejeros comerciales me han instado a cambiar mi filosofía con la finalidad de conseguir una ventaja necesaria aquí y allá, pero, de algún modo, he conseguido agarrarme a ella; supongo que principalmente porque he preferido la paz y la armonía en mi propio corazón a las ganancias materiales que podría haber logrado con una transacción forzada con mi conciencia. Por muy extraño que parezca, mis debates y conclusiones sobre esta faceta de negarme a ahogar mi conciencia rara vez se han basado en lo que se conoce comúnmente como «honestidad». Lo que he hecho al negarme a escribir o decir algo en lo que no creía ha sido solamente una cuestión de honor entre mi conciencia y yo. He intentado expresar lo que me dictaba el corazón porque he pretendido dar "vida" a mis palabras. Podría decir que mi motivo se basaba más en el egoísmo que en el anhelo de ser justo con los demás, aunque, en la medida en que soy capaz de analizarme, nunca he querido ser injusto con nadie.

Ninguna persona puede transformarme en un maestro vendedor si cede a la falsedad. Esto acaba con la voluntad, y aunque nadie la sorprenda nunca infraganti enunciando algo en lo que no cree, sus palabras no conseguirán su propósito, porque, si no provienen de su corazón y no están concertadas con un entusiasmo genuino, no adulterado, la persona no podrá darles "vida". También me gustaría que leyeras en voz alta el párrafo anterior, pues comprende una gran ley que debes entender y aplicar si quieres convertirte en una persona de influencia en cualquier actividad. Al hacer estas peticiones para dar énfasis, no estoy tratando de tomarme unas libertades indebidas contigo. Creo que eres una persona adulta, reflexiva e inteligente, pero también sé que es muy probable que pases por encima de estas leyes de vital importancia sin que te conmuevan lo suficiente como para que las incorpores a tu propia filosofía cotidiana.

Conozco tus puntos débiles porque conozco los míos. Ha hecho falta la mayor parte de veinticinco años de altibajos (mayormente "bajos") para grabar estas verdades básicas en mi propia mente de modo que intervengan en mí. Las he probado, y también he probado lo contrario. Por lo tanto, puedo hablar, no como alguien que solamente cree en su solidez, sino como alguien que sabe. Y, ¿a qué me refiero cuando hablo de "estas verdades?" Para que no malinterpretes lo que quiero decir y para que estas palabras de advertencia no puedan transmitir un significado impreciso, declararé que cuando hablo de "estas verdades" quiero decir lo siguiente: No puedes transmitirle a otra persona, ya sea mediante la sugestión, con tus palabras o con un acto tuyo. Aquello en lo que no crees.

Sin duda, esto está bastante claro. Y éste es el motivo por el que no puedes hacerlo: Si no haces caso de tu propia conciencia, al cabo de poco tiempo ya no tendrás conciencia, puesto que no podrá guiarte, de la misma forma que un reloj despertador no te despertará si no le prestas atención. Sin duda, igualmente esto también está bastante claro. Y te preguntarás: ¿cómo es que soy una autoridad en este tema tan significativo? ¡Lo soy porque he experimentado con el principio hasta saber cómo marcha! Y quizá preguntes: "¿Pero, cómo sé que me estás diciendo la verdad?". La respuesta es que sólo lo sabrás experimentándolo tú mismo y mirando a las personas que aplican fielmente este principio, y a las que no lo hacen.

Si mis pruebas necesitan alguna garantía, consulta con cualquier persona que conozcas y que sepas que ha "intentado reglárselas" sin observar este principio, y si ella no puede o no quiere ofrecerte la verdad, puedes lograrla de todos modos examinándola.

Sólo hay una cosa en el mundo que le otorga a la persona un poder real y duradero, ¡y es el carácter! Ten en cuenta que la popularidad no es el carácter. La reputación es aquello que la gente cree que es una persona, pero el carácter es lo que la persona es. Si quieres ser alguien con una gran autoridad, sé una persona con verdadero carácter.

El carácter es la piedra filosofal del alquimista, todo aquel que la tenga puede transformar los metales básicos de su vida en oro puro. Sin carácter no tienes nada, no eres nada, y no puedes ser nada, excepto un montón de carne, huesos y pelo, que quizá valga unos pocos dólares. El carácter es algo que no se puede solicitar, ni robar, ni comprar. Sólo se puede obtener desplegándolo, y la única forma de desarrollarlo es a través de tus propios pensamientos y actos.

Con ayuda de la autosugestión, cualquier persona puede desarrollar un carácter firme, sin importar cuál haya sido su pasado. Como una conclusión arreglada para esta lección, me gustaría señalar el hecho de que, todo aquel que tiene carácter, posee el entusiasmo y la personalidad suficientes para atraer a otras personas de carácter. Ahora te enseñaré cómo debes proceder para desenvolver el entusiasmo, en el caso de que no tengas ya esta cualidad tan poco frecuente. Las instrucciones serán sencillas, pero serás desafortunado si no reconoces su valor por ese motivo.

1. Termina las lecciones que quedan de este curso, porque en ellas hallarás otras instrucciones importantes que deben ser coordinadas con esta.

2. Si todavía no lo has hecho, apunta por escrito tu claro objetivo personal en un lenguaje directo y simple, y a continuación escribe el plan con el que pretendes hacerlo realidad.

3. Vuelve a leer tu claro objetivo principal cada noche, justo antes de ir a dormir, y cuando lo leas concíbete (en tu imaginación) en plena posesión de tu objetivo. Hazlo con absoluta fe en tu capacidad de transformar tu claro objetivo principal en una realidad.

Léelo en voz alta, con todo el entusiasmo del que tengas, subrayando cada palabra. Repite esta lectura hasta que tu vocecita interior, te diga que tu objetivo se realizará. En algunas ocasiones sentirás los efectos de esta voz proveniente del interior la primera vez que leas tu claro objetivo principal, mientras que en otras es posible que haga falta leerlo doce o quince veces antes de que llegue la seguridad, pero no te contengas hasta sentirla. Si lo prefieres, puedes leer tu claro objetivo principal como si fuese un poema. Lo que queda de esta lección es para la persona que todavía no ha conocido el poder de la fe y que conoce poco o nada del principio de autosugestión. Uno de los más grandes poderes para el bien que existen es el de la fe; a este asombroso poder se le pueden atribuir milagros de la naturaleza más sorprendente. Ofrece paz sobre la tierra a todo aquel que lo use. La fe comprende un principio que es de tan largo alcance en sus efectos que nadie puede expresar cuáles son sus limitaciones, o si las tiene. En tu representación de tu claro propósito principal escribe una afirmación de las cualidades que procuras desarrollar en ti y la posición que quieres alcanzar en la vida y, cuando la leas todas las noches, ten fe en que transformarás este objetivo en realidad. Ciertamente, no puedes dejar pasar la sugerencia contenida en esta lección.

Para tener éxito debes ser una persona de acción. No basta con "saber" Es preciso saber y hacer. El entusiasmo es el resorte principal de la mente, que nos induce a poner ese conocimiento en acción. Si crees que lo que te ha tocado vivir ha sido duro, lee From Slavery, de Booker T. Washington, y es posible que entiendas cuán afortunado has sido.

El entusiasmo es tan fundamental para un vendedor como el agua para un pato. Todos los directores de ventas que tienen éxito entienden la psicología del entusiasmo y hacen uso de ella de diversas maneras, como un medio práctico para ayudar a su gente a vender más.

Prácticamente todas las organizaciones de ventas tienen reuniones en momentos establecidos, con el objetivo de revitalizar las mentes de todos los miembros del personal de ventas e inducirles el espíritu de entusiasmo a través de la psicología grupal, lo cual funciona mejor si esto tiene lugar estando todos juntos.

Las reuniones de ventas bien podrían llamarse reuniones de "reanimación", porque su objetivo es restablecer el interés y despertar el entusiasmo que permitirán a cada vendedor volver a la lucha con una ambición y una energía renovadas.

Durante su ejercicio como director de ventas de la National Cash Register Company, Hugh Chalmers (que luego se hizo famoso en la industria automotriz) se desafió a una situación de lo más embarazosa que amenazó con acabar con su posición y la de miles de vendedores que estaban a sus órdenes. La compañía cruzaba dificultades económicas. Los vendedores de ese campo se enteraron de ello, y el efecto de una notable pérdida de entusiasmo. Las ventas empezaron a bajar hasta que, finalmente, la situación se tornó tan alarmante que fue citada una reunión general de la organización de ventas, la cual debía celebrarse en la planta de la empresa, en Dayton, Ohio. Se convocó a los vendedores de todo el país. El señor Chalmers presidió la reunión. Comenzó llamando a varios de sus mejores vendedores para que se pusieran de pie y dijeran qué estaba pasando en ese campo para que los pedidos hubieran caído en picado. Uno por uno, fueron poniéndose de pie a medida que eran llamados, y cada uno de ellos contaba un panorama más desolador. Las condiciones comerciales eran malas, el dinero escaseaba, la gente evitaba comprar antes de las elecciones presidenciales, etcétera. Cuando el quinto hombre en intervenir empezó a enumerar las dificultades que le habían impedido cumplir con su cuota habitual de ventas, el señor Chalmers se subió a una mesa de un salto, levantó las manos pidiendo silencio y dijo: "¡BASTA! Ordeno que esta convención se cierre durante tres minutos, mientras me abrillantan los zapatos".

A continuación, volviéndose hacia un chico menudo que estaba sentado cerca de él, le mandó sacar su material para frotar calzado y lustrar su zapato ahí mismo, encima de la mesa. ¡Los vendedores que estaban entre el público se quedaron atónitos!

Algunos de ellos creyeron que el señor Chalmers se había vuelto loco de repente y empezaron a murmurar entre ellos. Mientras tanto, el chiquillo lustraba el primer zapato, y luego el otro, tomándose mucho tiempo y realizando un trabajo de primera. Cuando hubo acabado, el señor Chalmers le dio una moneda de diez centavos y luego continuó con su discurso: Quiero que cada uno de ustedes, dijo, observe bien a este chiquillo. Tiene la autorización de la limpieza de calzado en toda nuestra planta y en nuestras oficinas. Su predecesor era un chico blanco bastante mayor que él, y a pesar del hecho de que la empresa lo compensaba con cinco dólares semanales, no conseguía ganarse la vida en esta fábrica en la que están empleadas miles de personas.

Este chiquillo no sólo se gana bien la vida, sin ninguna contribución de la empresa, sino que, de hecho, trabajando en las mismas condiciones, en la misma planta y para la misma gente, está ahorrando dinero de sus ganancias semanales. Ahora quiero hacerles una pregunta: ¿Quién tuvo la culpa de que el chico no lograra trabajar más? ¿Fue culpa suya o de los clientes? Con un poderoso rugido de la multitud, llegó la respuesta: "¡Fue culpa del chico, por supuesto!"

"Exactamente replicó Chalmers, y ahora quiero decirles lo siguiente: que ustedes están vendiendo cajas registradoras en el mismo territorio, a la misma gente, con exactamente las mismas circunstancias comerciales que existían hace un año y, sin embargo, no están haciendo el mismo negocio que entonces. ¿De quién es la culpa? ¿De ustedes o del comprador?"

Y una vez más, la respuesta llegó con un rugido: "¡Es nuestra culpa, por supuesto!" "Me alegro de que tengan la sinceridad de reconocer sus errores, continuó Chalmers, y ahora me gustaría indicarles cuál es su problema: han escuchado hablar de rumores de que esta empresa tiene problemas económicos y eso ha acabado con su entusiasmo, de manera que ya no están haciendo el esfuerzo que solían hacer. Si ustedes vuelven a sus territorios con la clara promesa de mandarnos cinco pedidos, cada uno, durante los próximos treinta días, esta compañía dejará de tener dificultades económicas, ya que esas ganancias adicionales nos sacarán adelante. ¿Lo harán?"

Dijeron que lo harían, ¡y lo hicieron! Este incidente ha pasado a la historia de la National Cash Register Company con el nombre de "El brillo de zapatos de un millón de dólares de Hugh Chalmerson", porque dicen que cambió el nimbo de los asuntos de la compañía y su valor fue de un millón de dólares. (El entusiasmo no conoce la derrota) El director de ventas que sabe cómo enviar a trabajar a un ejército de vendedores entusiastas puede poner su propio precio a sus servicios y, lo que es más importante todavía, puede acrecentar la capacidad de ganancia de cada una de las personas que están bajo su dirección; por lo tanto, su entusiasmo no sólo lo beneficiará a él, sino posiblemente a cientos de individuos. El entusiasmo nunca es una casualidad. Existen ciertos estímulos que producen entusiasmo, siendo los más importantes los siguientes:

1. Trabajar en lo que a uno más le gusta.

2. Un ambiente en el que uno entra en contacto con otras personas entusiastas y optimistas.

3. El éxito económico.

4. El absoluto dominio y la aplicación de las QUINCE LEYES DEL ÉXITO en el trabajo diario.

5. Una buena salud.

6. El conocimiento de que uno ha recurrido a los demás.

7. Un buen vestuario, adecuado a las necesidades de tu ocupación.

Estas siete fuentes de estímulo se manifiestan por sí mismas, excepto la última. La psicología de la vestimenta es entendida por muy poca gente, y por este motivo será explicada aquí en detalle. La ropa compone la parte más importante del adorno con que toda persona debe contar para concebirse segura de sí misma, optimista y entusiasta. La psicología del buen vestir El once de noviembre de 1918, cuando llegó la esperada noticia desde el teatro de la guerra, mi patrimonio terrenal eran poco más que las que tenía el día en que vine al mundo.

La guerra había destruido mi negocio, y me vi obligado a comenzar de nuevo. Mi armario estaba formado por tres trajes gastados y dos uniformes que ya no precisaba. Sabiendo bien que el mundo se forma su primera impresión de un hombre, y la más perdurable, de acuerdo con la ropa que lleva, no tardé en hacer una visita a mi sastre. Afortunadamente, mi sastre me conocía desde hacía años y, por lo tanto, no me juzgaba totalmente por las prendas que llevaba puestas. De haberlo hecho, me habría "hundido". Con menos de un dólar en monedas en el bolsillo, elegí las telas para tres de los trajes más caros que he tenido nunca, y ordené que fuesen fabricados para mí inmediatamente. ¡Los tres trajes sumaban 375 dólares! Lo único que cualquier persona requiere como capital para iniciar una carrera de éxito es una mente sensata, un cuerpo sano y el legítimo deseo de servir a la mayor cantidad de gente posible. Nunca olvidaré la acotación que hizo el sastre mientras me tomaba las medidas. Fijándose primero los tres rollos de tela tan caros que yo había preferido y luego a mí, preguntó: "Un hombre de un dólar al año, ¿eh?". "No", respondí. "Si tuviera la fortuna de estar en una nómina de un dólar al año, ahora tendría el dinero bastante para pagar estos tres trajes." El sastre me miró con sorpresa; creo que no comprendió la broma. Uno de los trajes era de un gris oscuro muy bonito, el otro era azul marino y el tercero azul claro a rayas. Favorablemente, tenía buena reputación con mi sastre, de modo que no me preguntó cuándo iba a pagarle esos trajes tan caros. Yo sabía que podría pagárselos a su debido tiempo y que lo haría, pero, ¿cómo podía persuadirlo a él de que haría efectivo el pago? Ese era el pensamiento que me rondaba, además de la ansiedad de que él no sacase el tema.

A continuación, fui a ver a mi camisero, al cual le compré tres trajes, no tan caros, y un abastecimiento completo de lo mejor que tenía en camisas, cuellos, corbatas, calcetines y ropa interior. Mi cuenta ahí remontó a un poco más de trescientos dólares.

Con un aire de prosperidad, firmé con mesura el talón para pagar a crédito y se lo entregué al vendedor con un gesto veloz, con instrucciones de que debía entregarme lo que había comprado a la mañana siguiente. Los sentimientos de renovada confianza en mí mismo y de éxito comenzaron a invadirme inclusive antes de que me hubiese puesto mi ropa nueva. En menos de veinticuatro horas había salido de la guerra y había adquirido una deuda de 675 dólares.

Al día siguiente me otorgaron el primero de los tres trajes que le había encargado al camisero. Me lo puse inmediatamente, colocando un pañuelo de seda nuevo en el bolsillo exterior de la americana; luego metí en el bolsillo de los pantalones los 50 dólares que había obtenido al empeñar mi anillo y bajé andando por Michigan Boulevard, en Chicago, sintiéndome tan rico como Rockefeller.

Cada una de las piezas de ropa que llevaba puestas, desde la ropa interior, era de primera. Que no las hubiera pagado no le concernía a nadie, excepto a mí, a mi sastre y al camisero.

Cada mañana me vestía con un traje nuevo y bajaba andando por la misma calle, fielmente a la misma hora. Daba la "casualidad" de que ésa era la hora en que determinado editor millonario solía caminar por la misma calle cuando iba a almorzar. Cada día me formulaba hablar con este hombre y, casualmente, me paraba para charlar unos minutos con él. Cuando este encuentro diario había estado teniendo lugar alrededor de una semana, un nuevo día me encontré con este editor, pero decidí ver si me dejaba pasar de largo sin hablar conmigo. Observándolo por el rabillo del ojo, empecé a pasar a su lado mirando hacia delante, cuando él me detuvo, me llevó hasta el borde de la acera, colocó su mano sobre mi hombro, me miró de arriba abajo y dijo: "Tiene usted semblante de ser un hombre endemoniadamente próspero, teniendo en cuenta que recientemente ha dejado de llevar uniforme. ¿Quién le confecciona la ropa?". "Bueno, dije, Wilkie Selleiy me hizo este traje en específico".

Entonces quiso saber a qué tipo de negocios me dedicaba. Aquella atmósfera "etérea", de bienestar que yo había estado propagando junto con un traje nuevo y distinto cada día, habían despertado su curiosidad, tal como yo había esperado que lo hicieran.

Moviendo las cenizas de mi puro Habana, dije: "Bueno estoy preparando el ejemplar para una nueva revista que voy a publicar". "Una nueva revista, ¿eh?", preguntó. "¿Y cómo la va a llamar?"

"Se llamará Hills Golden Rule". "No olvide que yo estoy en el negocio de la edición y la comercialización de revistas, dijo mi amigo editor, quizás también pueda ayudarlo".

Ese era el momento que yo había estado esperando. Mientras compraba esos trajes nuevos había tenido en mente ese preciso momento, y casi el mismo lugar en el que estábamos.

Pero no es preciso que te recuerde que esa conversación nunca habría tenido lugar si ese editor me hubiese visto caminando por aquella calle a diario con una expresión de "perro golpeado" en el rostro, un traje arrugado y una mirada de pobreza en los ojos.

Una apariencia de bienestar siempre atrae la atención, sin ninguna excepción. Además, atrae una "atención favorable", porque uno de los deseos que domina todo corazón humano es el de ser próspero. Mi amigo editor me invitó a almorzar a su club. Antes de que nos hubieran servido los cafés y los puros, ya me había persuadido para que dejara el contrato de impresión y distribución de mi revista. Yo incluso había consentido dejarle poner el capital, sin que me cobrara ningún interés.

Para beneficio de quienes no estén familiarizados con el negocio editorial, brindaré la información de que se requiere de un capital considerable para lanzar una revista nueva de distribución a nivel nacional. A menudo resulta difícil lograr una cantidad tan grande de dinero, incluso con las mejores garantías. El capital preciso para lanzar la revista Hills Golden Rule, como quizás hayas leído, estaba muy por encima de los 30.000 dólares, y cada centavo de él lo produjo un "frentes creados primariamente por una buena vestimenta. Es cierto que podría haber habido cierta destreza detrás de esa ropa, pero hay muchos millones de personas poseen habilidad y nada más, y jamás son conocidos por nadie hiera del limitado vecindario en el que se hallan. ¡Ésta es una verdad bastante triste!

Para algunos podría parecer una extravagancia imperdonable que una persona "arruinada" hubiera adquirido una deuda de 675 dólares en ropa, pero la psicología detrás de aquella inversión la evidenciaba con creces.

La apariencia de prosperidad no sólo causó una impresión favorable en aquellas personas a las que yo tenía que pedir favores, sino que, además, yo sabía que la buena ropa me contribuiría un aire de seguridad en mí mismo, sin el cual no podía esperar rescatar mis fortunas perdidas. Mis primeras lecciones sobre la psicología del buen vestir las recibí de mi amigo Edwin C. Barnes, socio de Thomas A. Edison en los negocios. Barnes divirtió cuantiosamente al personal de éste cuando, a principios de siglo, llegó a West Orange en un tren de mercancías (pues no tenía el dinero bastante para el billete en un tren de pasajeros)

y anunció en las oficinas de Edison que había venido a asociarse con él. Prácticamente todos los que se hallaban en la fábrica se rieron de Barnes, excepto el propio Edison. Él vio algo en la mandíbula cuadrada en la audacia en el rostro del joven Barnes que la mayor parte del personal no vio, a pesar de que tenía más el aspecto de un mendigo que el del futuro socio del más grande inventor sobre la Tierra. ¡Barnes comenzó limpiando los suelos de las oficinas de Edison! Eso era lo único que buscaba: sencillamente tener la oportunidad de poner un pie en la organización de Edison. A partir de ahí, su historia es digna de ser copiada por otros jóvenes que quieren conseguir una buena posición.

Barnes luego se retiró de la actividad comercial, a pesar de ser un hombre relativamente joven, para pasar la mayor parte del tiempo en sus dos preciosas casas en Brandentown, Florida, y en Damariscotta, Maine, poderoso, próspero y feliz.

Conocí a Barnes durante los primeros días de su asociación con Edison, antes de que hubiera "llegado". En aquella época tenía la colección de ropa más cara que he escuchado que un hombre posea. Su guardarropa se componía de 31 trajes, uno para cada día del mes. Jamás se ponía el mismo en dos días sucesivos. Además, todos eran de lo más caro. (Por cierto, su ropa era confeccionada por los mismos sastres que hicieron mis tres trajes.)

Llevaba calcetines que costaban seis dólares el par. Sus camisas y otras prendas de vestir costaban en proporciones similares. Sus corbatas eran fabricadas especialmente para él, a un coste de entre cinco y siete dólares y medio cada una. Hay una distinción adecuada para cada virtud y un castigo apropiado para cada pecado cometido. Tanto la recompensa como el castigo son efectos sobre los que ninguna persona posee control, pues le llegan espontáneamente.

Un día, con ánimo juguetón, le pedí que guardara los viejos trajes que ya no usaba para mí. ¡Me comunicó que no tenía ni un solo traje que no necesitara! A continuación, me dio una lección sobre la psicología del vestir que vale la pena recordar. Yo no llevo treinta y un trajes, dijo, solamente por la impresión que producen en las demás personas, lo hago principalmente por la impresión que causan en mí.

Entonces Barnes me habló del día que se presentó en la fábrica de Edison buscando un puesto. Dijo que tuvo que caminar por la planta una docena de veces a fin de reunir el valor suficiente para anunciarse, porque sabía que antes parecía un mendigo más que un empleado anhelado. Se dice que Barnes es el vendedor más hábil que jamás haya contactado con el gran inventor de West Orange. Toda su fortuna la hizo con su habilidad como vendedor, pero él ha dicho con periodicidad que jamás habría podido lograr los resultados que lo hicieron rico y famoso de no haber sido por su comprensión de la psicología del vestir.

En mis tiempos he conocido a muchos vendedores. Durante los últimos diez años he formado personalmente a más de tres mil vendedores, hombres y mujeres, he dirigido sus esfuerzos y he observado que, sin ninguna excepción, todas las personas que entienden y hacen un buen uso de la psicología del vestir son las que más venden. He visto a unas pocas personas bien vestidas que no lograron un récord de ventas destacable, pero aún me queda por ver a un hombre mal vestido que se transforme en una estrella en este campo. He estudiado la psicología del vestir durante tanto tiempo y he mirado sus efectos en las personas en tantos ámbitos distintos de la vida, que estoy completamente convencido de que hay una estrecha relación entre la ropa y el éxito.

Personalmente, no siento ninguna necesidad de tener 31 trajes pero, si mi personalidad me exigiera un vestuario de esas dimensiones, me las arreglaría para tenerlo, sin importar cuánto pudiera costar. Para ir bien vestido, un hombre debería tener al menos diez trajes. Debería tener un traje distinto para cada uno de los siete días de la semana, un traje perfecto y un esmoquin para las veladas formales, y uno para las ocasiones formales de la tarde. Para el verano debería tener un surtido de al menos cuatro conjuntos ligeros adecuados, con americana azul y pantalones blancos de tela para las tardes informales y los eventos nocturnos. Si juega al golf, debería tener al menos un traje de golf.

Esto, por supuesto, es para el hombre que está uno o dos niveles por encima de los "mediocres". El hombre que está satisfecho con la mediocridad precisa poca ropa. Es posible que sea verdad que, como dijo un poeta muy conocido, "la ropa no hace al hombre", pero nadie puede negar que la buena ropa ayude muchísimo a suministrarle un camino favorable.

Por lo general, el banco de un hombre le prestará todo el dinero que desea cuando no lo requiere, cuando es próspero, pero nunca vayas a pedir un préstamo a tu banco con un traje de aspecto gastado y una expresión de pobreza en la mirada, porque, si lo haces, te darán "puerta". ¡El éxito atrae al éxito! No se puede escapar de esta gran ley universal; por lo tanto, si quieres atraerlo, asegúrate de tener un aspecto de éxito, tanto si tu vocación es de ser asalariado como de ser un príncipe del comercio. En beneficio de los estudiantes más "serios", de esta filosofía que podrían objetar a recurrir a "trucos" al "engaño de la ropa" como medio para conseguir el éxito, podría explicarles con provecho que prácticamente todos los hombres de éxito han descubierto alguna manera de estímulo a través del cual pueden impulsarse hacia un esfuerzo mayor, y así lo hacen.

Quizá sea chocante para los miembros de la liga anti vicio, pero sin embargo, se tiene por cierto que James Whitcomb Riley escribió sus mejores poemas estando bajo los efectos del alcohol. Su incitación era el licor. (El autor desea que se entienda claramente que él no confía en el uso de estímulos alcohólicos o narcóticos con ningún objetivo, pues cualquiera de los dos acabará destruyendo el cuerpo y la mente de todo aquel que lo utilice.) Según sus amigos íntimos, Riley se tornaba imaginativo, entusiasta, y se transformaba en una persona completamente diferente cuando estaba bajo los efectos del alcohol.

Con la ayuda de una buena vestimenta, Edwin Barnes se daba aliento a sí mismo para llevar a cabo la acción precisa a fin de producir resultados excepcionales. Algunos hombres llegan a grandes alturas de éxito como consecuencia de su amor por una mujer. Une esto a la breve sugerencia sobre el tema realizada en la lección introductoria y, si eres una persona que conoce las costumbres de los hombres, podrás terminar el comentario de esta fase particular de estímulos para el entusiasmo sin otro comentario más por parte del autor que pudiera no ser adecuado para las mentes más jóvenes que asimilarán esta filosofía. Los personajes del mundo del vicio que están metidos en asuntos turbios de asaltos en las carreteras, robos a viviendas, etc., suelen "doparse" con cocaína, morfina y otras drogas para efectuar sus operaciones.

Inclusive en esto hay una lección que muestra que prácticamente todos los hombres precisan un estímulo temporal o artificial para impulsarlos hacia un mayor esfuerzo que el empleado habitualmente en las actividades normales de la vida.

Uno de los escritores más exitosos del mundo utiliza una orquesta de mujeres jóvenes muy bien vestidas que tocan para él mientras escribe. Sentado en una habitación que ha sido adornada artísticamente de acuerdo con el propio gusto del escritor, con luces que han sido coloreadas, teñidas y suavizadas, estas hermosas señoritas, vestidas con unos bonitos trajes de noche, tocan su música favorita. Estas son sus propias palabras: "Me emborracho de entusiasmo, bajo la influencia de este ambiente, y me elevo hasta unas alturas que nunca llego a conocer o a sentir en otras ocasiones. Exactamente entonces realizo mi trabajo. Los pensamientos se vierten sobre mí como si fuesen dictados por un poder invisible y desconocido". Las personas de éxito han descubierto las formas y los medios que piensan más adecuados para sus propias necesidades, para causar estímulos que las hagan elevarse hasta niveles de esfuerzo que están por encima de lo normal. Este autor logra una gran parte de su inspiración de la música y el arte.

Una vez por semana, pasa al menos una hora en un museo de arte, observando las obras de los maestros. En esas ocasiones, según sus propias palabras, con una hora de visita a un museo de arte reúno el entusiasmo bastante para que me impulse durante dos días. Edgar Allan Poe escribió El Cuervo cuando, según dicen, estaba bastante borracho. Oscar Wilde escribía sus poemas bajo los efectos de una serie de estímulo que no puede ser mencionada adecuadamente en un curso de esta naturaleza. Henry Ford (según cree este autor, quien admite que se basa tan sólo en su opinión) se puso en marcha realmente como resultado de su amor por la que fuera su encantadora compañera para toda la vida. Fue ella quien lo inspiró, le transfirió la fe en sí mismo y lo mantuvo entusiasmado para seguir adelante ante unas adversidades que habrían terminado con una docena de hombres corrientes.

Estos incidentes se citan como prueba de que las personas que han logrado un éxito destacable han descubierto, por accidente o deliberadamente, maneras y medios para estimularse a fin de conseguir un alto grado de entusiasmo. Relaciona lo que se ha dicho aquí con lo que se dijo acerca de la LEY DE LA "MENTE MAESTRA" en la lección introductoria y obtendrás un concepto totalmente nuevo del modus operandi a través del cual se puede emplear dicha ley. También tendrás una comprensión un tanto distinta del verdadero propósito del "tu esfuerzo conjunto, en un espíritu de perfecta armonía", el cual compone el mejor método conocido para hacer uso de la LEY DE LA "MENTE MAESTRA". Tu jefe no controla el tipo de servicio que ofreces.

Lo controlas tú, y eso es lo que te hace más fuerte o termina contigo. Llegado este punto, me parece conveniente llamar tu atención sobre la manera en que se combinan las lecciones de este curso. Observarás que cada una de ellas trata el tema que se proponía y, además, aplica alguna otra lección o lecciones del curso, para aportar al estudiante una mejor comprensión de ella. A la luz de lo que se ha dicho en esta lección, por ejemplo, el estudiante entenderá mejor el real propósito de la LEY DE LA "MENTE MAESTRA", siendo éste, principalmente, ofrecer un método práctico para incitar las mentes de todos los que participan en el grupo que constituye la "mente maestra". En ocasiones bastante numerosas para ser descritas aquí, este autor se ha reunido con hombres cuyos rostros revelaban signos de preocupación, que manifestaban la intranquilidad en todos sus gestos, y luego los ha visto enderezar los hombros, levantar el mentón hacia un ángulo superior, afinar la expresión de su rostro con sonrisas de confianza e ir derechamente a lo esencial con ese tipo de entusiasmo que no conoce la derrota, el cambio tenía lugar en cuanto se instituía la armonía de propósito. Si un hombre se mueve por los asuntos de su vida, todos los días, con el mismo espíritu material, indiferente, desprovisto de entusiasmo, está condenado al fracaso. Nada lo puede salvar hasta que cambie de actitud y aprenda a estimular su mente y su cuerpo, ¡elevándolos a voluntad a niveles extraordinarios de entusiasmo!

Este autor no está dispuesto a dejar este tema sin haber expresado el principio que aquí se describe de tantas maneras distintas como sea necesario para que sea entendido y respetado por los estudiantes de este curso, que, como todos recordarán, son hombres y mujeres con toda clase de genios, experiencias y grados de inteligencia. Por este motivo, la repetición es esencial. Una vez más, ¡te recuerdo que lo que te incumbe en esta vida es alcanzar el éxito! Con el apremio de tu experiencia del estudio de esta filosofía, y con la ayuda de las ideas que extraigas de ella, además de la colaboración del autor, que te proporcionará un inventario exacto de tus cualidades prominentes, deberías ser capaz de crear un PLAN DEFINIDO que te enaltecerá a grandes alturas de éxito. No obstante, no hay ningún plan que pueda producir este efecto deseable sin la ayuda de alguna influencia que te estimule a realizar, con un espíritu de entusiasmo, un esfuerzo mayor que el que pondrías normalmente en tu faena diaria.

¡Ahora estás preparado para la lección sobre el autocontrol! Cuando la leas, observarás que tiene una relación muy substancial con esta lección, del mismo modo que ésta tiene una relación directa con las lecciones precedentes sobre un CLARO OBJETIVO PRINCIPAL, la SEGURIDAD EN UNO MISMO, la INICIATIVA y el LIDERAZGO, y la IMAGINACION. La siguiente lección cuenta la ley que se conduce como rueda de equilibrio en toda esta filosofía.

LOS SIETE PELIGROSOS JINETES

Una charla con el autor después de la lección Los siete jinetes se describen en el orden que se expone: intolerancia, codicia, venganza, egoísmo, desconfianza, celos y "?".

El peor enemigo de cualquier hombre es aquel que se pasea bajo su propio sombrero. Si pudieras verte como te ven los demás, los enemigos que alojas en tu propia personalidad podrían ser descubiertos y expulsados. Los siete enemigos nombrados en este ensayo son los más comunes, que transportan a millones de hombres y mujeres al fracaso sin ser descubiertos. Examínate contenidamente y averigua a cuántos de estos siete jinetes estás alojando. En esta ilustración puedes ver a siete terribles guerreros. Desde su nacimiento hasta su muerte, todo ser humano debe pelear con tales enemigos. Tu éxito se medirá en gran medida por el modo en que transportas tu batalla contra estos veloces jinetes. Seguramente, al mirar esta imagen dirás que esto es sólo imaginación. Cierto, la ilustración es imaginaria, pero los veloces jinetes de destrucción son verdaderos.

Si estos enemigos cabalgaran abiertamente, en caballos "de verdad", no serían peligrosos, porque podrían ser perseguidos y neutralizados, pero cabalgan sin ser vistos, en las mentes de las personas. Operan de una manera tan silenciosa y sutil que la gente casi nunca registra su presencia. Examínate y averigua a cuántos de estos siete jinetes estás albergando.

En primer término encontrarás al más peligroso y común de los jinetes. Serás afortunado si descubres a este enemigo y te resguardas de él. Este cruel guerrero, la INTOLERANCIA, ha matado a mucha gente, demolido muchas amistades, traído infelicidad y sufrimiento al mundo y estimulado más guerras que los otros seis jinetes de la imagen juntos. Hasta que tengas dominio sobre la intolerancia, no podrás ser un pensador acertado. Este enemigo de la humanidad cierra la mente y empuja hasta un segundo plano a la razón, la lógica y la realidad. Si revelas que estás odiando a quienes tienen un punto de vista religioso distinto al tuyo, puedes estar seguro de que el más difícil de los siete jinetes sigue cabalgando en tu cerebro. A continuación, en la imagen, observarás a la VENGANZA y la CODICIA. Estos jinetes andan juntos. Ahí donde se halla uno, el otro siempre está cerca. La codicia deforma y tuerce el cerebro del hombre, haciendo que quiera erigir una cerca alrededor de la Tierra y mantener a todo el mundo fuera. Éste es el enemigo que lo impulsa a amontonar fortunas que no necesita y que nunca podrá utilizar. Éste es el enemigo que hace que el hombre apriete el tornillo hasta haber exprimido la última gota de sangre de sus iguales.

Y, gracias a la venganza que cabalga junto con la codicia, la persona desafortunada que alberga en su cerebro a estos crueles mellizos no quedará campante meramente con quitarle a su semejante sus pertenencias materiales, sino que además querrá arruinar su reputación. La venganza es una espada descubierta; no tiene empuñadura ni vaina. Si empuñaras este hierro del Señor: ¿Lo aferrarías entonces con firmeza y con fuerza? Pero, cuanto más fuertemente oprimieras la hoja, cuanto más mortal fuera el golpe, más profunda sería la herida en tu mano; sería tu sangre la que tiñera de rojo el hierro. Y cuando dieras el golpe; cuando la espada de tu mano volara en lugar de dar en el corazón del enemigo, quizá la hallarías clavada en el tuyo.

Si quieres saber cuán mortales son la envidia y la codicia, estudia la historia de cada uno de los hombres que ha querido gobernar el mundo. Si no deseas realizar una investigación tan ambiciosa, entonces estudia a las personas de tu ambiente; a aquellas que han intentado, y a las que actualmente están tratando de hacerse ricas a costa de otras. La codicia y la venganza se hallan en los cruces de la vida, donde llevan al fracaso y a la desdicha a todas las personas que querrán tomar el camino que lleva al éxito. Te corresponde a ti no dejarles que interfieran contigo cuando te aproximes a uno de esos cruces. Tanto las personas como las naciones decaen rápidamente cuando la codicia y envidia cabalgan en las mentes de quienes dominan. Si quieres saber lo que le pasa a los envidiosos y a los codiciosos, echa una mirada a México y a España. Y, lo que es más importante: ¡obsérvate a ti mismo y asegúrate de que estos dos peligrosos enemigos no estén cabalgando en tu cabeza!

Ahora pon tu atención en más mellizos de destrucción: el EGOISMO y la DESCONFIANZA. Observa que ellos también cabalgan juntos. No hay ninguna ilusión de éxito para la persona que sufre de demasiado amor propio o de falta de confianza en los demás. Alguien a quien le gusta manipular cifras ha calculado que el club más grande del mundo es el "club de eso no se puede hacer". Se dice que, solamente en los Estados Unidos de América, cuenta aproximadamente con noventa y nueve millones de miembros. Si no tienes fe en otras personas, no tienes la semilla del éxito en ti. La desconfianza es un germen fértil. Si se deja que empiece, se multiplica rápidamente hasta no dejar ningún sitio para la fe. Sin fe, ninguna persona puede disfrutar de un éxito duradero. Como un cordón dorado de iluminación que atraviesa toda la Biblia está la encomienda de tener fe. Antes de que la civilización se perdiera en su loca carrera por el dinero, los hombres comprendían el poder de la fe. Cree en las personas si quieres que ellas crean en ti. Acaba con la desconfianza. Si no lo haces, ella terminará contigo. Si quieres tener poder, ¡cultiva la FE en la humanidad!

El egoísmo florece ahí donde existe la desconfianza. Interésate en los demás y estarás demasiado ocupado para dejarte al amor por ti mismo. Observa a las personas de tu entorno que empiezan cada frase con el pronombre personal «yo» y notarás que desconfían de los demás. La persona capaz de olvidarse de sí misma mientras ejecuta un servicio útil para otros, nunca es víctima de la desconfianza. Estudia a las personas de tu entorno que son desconfiadas y egoístas, y observa cuántas de ellas puedes nombrar que tengan éxito en cualquier trabajo al que se propongan. Y mientras realizas este estudio de los demás, ¡estúdiate también a ti mismo! Asegúrate de no estar atado por el egoísmo y la desconfianza. En la retaguardia de este peligroso grupo de jinetes, vemos a dos hombres sobre sus caballos. Uno de ellos es los CELOS y el nombre del otro ha sido omitido determinadamente. Cada uno de los lectores de este artículo puede analizarse a sí mismo y ponerle al séptimo jinete el nombre que encaje mejor con aquello que halle en su propia mente; algunos le pondrán el nombre de dejadez.

Unos pocos tendrán el valor de llamarlo deseo sexual incontrolado. En cuanto a ti, ponle el nombre que te agrade, pero asegúrate de hacerlo. Es posible que tu propia imaginación te suministre un nombre adecuado para el compañero de viajes de los celos.

¡Estarás mejor preparado para darle un nombre si sabes que los celos son una forma de locura! En ocasiones, resulta duro afrontarse a la realidad. Es un hecho reconocido por la fraternidad médica que los celos pueden degenerar en una locura ¡Oh, celos, el más horrible demonio del infierno! Tu mortal veneno devora mis entrañas, transforma el tono saludable de mis exuberantes mejillas en un amarillento trasnochado, ¡y se bebe mi espíritu! Observarás que los celos cabalgan inmediatamente detrás de la desconfianza. Algunas de las personas que lean esto dirán que los celos y la desconfianza deberían cabalgar lado a lado ya que, con frecuencia, uno lleva al otro en la mente del hombre. Los celos son la manera más corriente de locura. Cabalgan en las mentes de hombres y mujeres; a veces con un motivo real, pero en la mayoría de los casos sin que éste exista. ¡Este peligroso jinete es un gran amigo de los abogados especialistas en divorcios! Y también mantiene ocupadas, día y noche, a las agencias de detectives.

Provoca un número regular de asesinatos. Rompe hogares y deja viudas a madres y huérfanos a niños inocentes. La paz y la felicidad nunca podrán ser tuyas mientras este jinete siga estando desbocado en tu cerebro. Marido y mujer pueden pasar la vida juntos en la pobreza y, aun así, ser muy felices, si ambos están libres de este hijo de la locura conocido como los celos. Examínate contenidamente y, si encuentras algún rastro de celos en tu mente, comienza a dominarlos ahora mismo.

Los celos cabalgan de muchas maneras. Cuando empiezan a entrar silenciosamente en la mente, se manifiestan de una forma parecida a ésta: "Me pregunto dónde estará y qué hará cuando no está conmigo". O "Me pregunto si verá a otra mujer cuando no está conmigo". Cuando estas preguntas comienzan a aparecer en tu mente, no llames a un detective. En lugar de eso, acude a una clínica psiquiátrica y pide que te examinen, porque lo más probable es que estés sufriendo una forma leve de demencia. Pon tu pie sobre el cuello de los celos antes de que éstos pongan sus manos en tu garganta. Cuando hayas terminado de leer este ensayo, déjalo a un lado y piensa en él. Es posible que al principio digas: "Esto no se emplea a mí. Yo no tengo ningún jinete imaginario en mi mente". Y quizá tengas razón, ¡pues una de cada diez millones de personas puede decirlo y estar en lo cierto! Los nueve millones novecientos noventa y nueve restantes estarían equivocados. ¡No te mientas! Podrías estar en el grupo más numeroso. El objetivo de este artículo es conseguir que te veas TAL COMO ERES. Si estás sufriendo a causa del fracaso, la pobreza y la desdicha en cualquiera de sus formas, sin duda revelarás a uno de estos peligrosos jinetes en tu mente, o a más de uno. No te equivoques: aquellas personas que tienen todo lo que desean, incluyendo felicidad y buena salud, han desterrado a esos siete jinetes de SUS mentes.

Vuelve a leer este ensayo dentro de un mes, después de haber tenido tiempo para examinarte detenidamente. Léelo otra vez y es posible que te ayude a afrontarte con una realidad que te independizará de una multitud de crueles enemigos que ahora pasean por tu mente sin que tú lo sepas.

Octava lección
EL AUTOCONTROL

"¡Puedes hacerlo si crees que puedes!"

En la lección preliminar aprendiste el valor del entusiasmo. Además, aprendiste a generarlo y a emitir su influencia a los demás mediante el principio de la sugestión. Ahora has alcanzado el estudio del autocontrol, a través del cual podrás dirigir tu entusiasmo a objetivos constructivos. Sin autocontrol, el entusiasmo es como un rayo descontrolado en una tormenta eléctrica: puede caer en cualquier lugar, y destruir vidas y propiedades.

El entusiasmo es una importante forma que te impulsa a la acción, mientras que el autocontrol es la rueda de equilibrio que dirige tu acción a fin de que ésta sea constructiva, no destructiva.

Para ser una persona bien "equilibrada", el entusiasmo y el autocontrol deben estar equilibrados en ti. Una encuesta que acabo de terminar, realizada a 160.000 reclusos adultos de las cárceles de los Estados Unidos, revela el asombroso hecho de que el 92 % de esos desafortunados hombres y mujeres se halla en prisión por necesitar autocontrol preciso para dirigir sus energías constructivamente. Vuelve a leer el párrafo anterior una vez más. Es auténtico, ¡y sorprendente!

Es una realidad que la mayoría de las desgracias del hombre son provocadas por una falta de autocontrol. Las Sagradas Escrituras están repletas de recomendaciones que invitan al autocontrol. Incluso nos instan a amar a nuestros enemigos y a perdonar a quienes nos hacen daño. La ley de la no resistencia aparece a lo largo de toda la Biblia, como un cordón de oro.

> Nadie que no esté dispuesto a realizar sacrificios personales alcanzará un gran éxito.

Estudia el historial de las personas a las que el mundo llama «grandes» y observa que todas ellas tienen la cualidad del autocontrol. Estudia, por ejemplo, las características de nuestro propio e inmortal Lincoln. En medio de sus horas más complicadas, ejerció la paciencia, la serenidad y el autocontrol.

Ésas son algunas de las cualidades que lo convirtieron en el gran hombre que fue. Halló deslealtad en algunos miembros de su gabinete pero, puesto que dicha deslealtad iba dirigida contra él personalmente, y dado que las personas en quienes la observó tenían cualidades que las hacían valiosas para su país, Lincoln ejercitó el autocontrol y no hizo caso de esas cualidades reprochables. ¿A cuántas personas conoces que tengan un autocontrol equiparable al de Lincoln?

En un lenguaje más potente que pulido, Billy Sunday exclamó, "¡Hay algo villano como el infierno en el hombre que siempre está intentando avergonzar a alguna otra persona!". Me pregunto si el "diablo" no habrá gritado, "¡Amén, hermano!", cuando Billy hizo esta afirmación.

Pero el autocontrol es un significativo factor en este curso sobre las LEYES DEL ÉXITO, no tanto porque la falta de él cree dificultades a quienes se convierten en sus víctimas, sino porque quienes no lo ejercitan sobrellevan la pérdida de un gran poder necesario para su lucha por la ejecución de su claro objetivo principal. Si dejas de ejercer el autocontrol, no sólo es posible que acabes haciendo daño a los demás, sino que, sin duda, ¡te harás daño a ti mismo! Durante la primera parte de mi carrera pública, revelé los estragos que estaba haciendo la falta de autocontrol en mi vida, y este descubrimiento se originó a través de un incidente de lo más insignificante. (Creo que no está fuera de lugar que me derive aquí para afirmar que la mayoría de las grandes verdades de la vida se hallan en los hechos corrientes, comunes, de la vida cotidiana.)

Este descubrimiento me dio una de las lecciones más importantes que he aprendido jamás. Se originó de la siguiente manera, Un día, en el edificio donde tenía mi oficina, el conserje y yo tuvimos un malentendido. Esto nos produjo una hostilidad mutua de lo más violenta.

Para mostrarme su ofensa, este conserje apagaba las luces del edificio cuando sabía que me encontraba trabajando en mi despacho. Esto ocurrió en varias ocasiones, hasta que finalmente decidí restituirle el golpe... Mi oportunidad llegó un domingo, cuando acudí a mi despacho a arreglar un discurso que debía dar la noche siguiente. Apenas acababa de sentarme en mi escritorio, cuando las luces se apagaron.

Me puse de pie de un salto y corrí hasta el sótano del edificio, donde sabía que estaba el conserje. Cuando llegué, lo hallé muy ocupado añadiendo carbón a la caldera con una pala y silbando como si no hubiera pasado nada raro. Sin hacer ceremonias, me lancé al ataque y, durante varios minutos, le dediqué una serie de calificativos que quemaban más que el fuego que él estaba avivando. Finalmente, me quedé sin palabras y tuve que detenerme.

Él se reunió, me miró por encima del hombro y, con un tono de voz suave y calmado, y con una sonrisa de oreja a oreja, dijo: "Vaya, está usted un poco inquieto esta mañana, ¿verdad?".

¡Ese comentario se me clavó como un puñal! Imagina cuáles eran mis sentimientos mientras subsistía ahí, de pie frente a un hombre inculto, que no sabía ni leer ni escribir, pero que, a pesar de esta desventaja, me había vencido en un duelo que había tenido lugar en un terreno que yo había elegido y con el arma que yo había elegido.

Mi conciencia me señaló con un dedo acusador. No sólo sabía que había sido rendido, sino algo todavía peor, que yo era el agresor y que había actuado mal, lo cual no hizo más que acrecentar mi humillación.

Mi conciencia no sólo me señaló con un dedo acusador, sino que además puso unos pensamientos bastante embarazosos en mi mente: se burlaba de mí y me acongojaba. Ahí estaba yo, un engreído estudiante de psicología avanzada, un exponente de la filosofía de la REGLA DE ORO, que conocía regularmente bien las obras de Shakespeare, Sócrates, Platón, Emerson y la Biblia, mientras que ante mí tenía a un hombre que no estaba al tanto nada de filosofía, pero que, a pesar de su falta de conocimientos, me había vencido en una batalla verbal. Me di media vuelta y volví a mi oficina tan rápido como pude; no había nada más que pudiera hacer. Al comenzar a pensar otra vez en el asunto, vi mi error pero, fiel a la naturaleza humana, me negué a hacer lo que sabía que sabía que estaba en mi mano para remediarlo. Sabía que debía disculparme ante ese hombre para poder tener paz en lo más profundo de mi ser y congeniarme con él. Finalmente, me decidí a volver al sótano y someterme a la degradación que sabía que tendría que soportar. La decisión no fue fácil y no la tomé con excesiva rapidez. Comencé a bajar, pero a un paso mucho más lento que en la primera ocasión. Estaba tratando de pensar de qué manera podía hacer la segunda aproximación para sufrir la menor humillación posible.

Cuando llegué al sótano, le dije al conserje que se aproximara a la puerta. En un tono de voz sereno y benigno, preguntó,

-¿Qué quiere esta vez?

Le informé que había venido a excusarme por el mal que había hecho, si él me lo permitía. La sonrisa se amplió una vez más a lo ancho de todo su rostro, al tiempo que contestaba,

-Por el amor de Dios, no tiene que disculparse. Nadie lo escuchó, excepto estas cuatro paredes y yo. No se lo voy a contar a nadie y sé que usted tampoco lo hará, así que olvídese del tema. y ese comentario me dolió más que el primero, porque no sólo había formulado su disposición a perdonarme, sino que además había dejado claro que estaba dispuesto a ayudarme a esconder el incidente para que no se supiera y no me perjudicara.

No obstante, me aproximé a él y le di la mano. Lo hice no sólo con mi mano, sino con todo mi corazón, y mientras caminaba hacia mi oficina me sentí bien por haber reunido el valor suficiente para corregir mi error. Pero ése no es el final de la historia, ¡recién comenzó! Después de aquel incidente, decidí que jamás volvería a ponerme en una posición en la que otro hombre, ya fuera un conserje inculto o un hombre de letras, me pudiera humillar porque yo hubiera perdido mi autocontrol.

Después de haber tomado tal decisión, comenzó a originarse un cambio destacable en mí. Mi pluma empezó a adquirir más poder. Mis palabras habladas comenzaron a tener más peso. Empecé a hacer más amigos y menos enemigos entre mis conocidos. Aquel incidente marcó uno de los puntos concluyentes más importantes de mi vida. Me enseñó que ningún hombre puede controlar a los demás a menos que se controle a sí mismo. Me dio una idea clara de la filosofía que está detrás de las siguientes palabras, "Si los dioses quieren destruir a alguien, primero lo sacan de sus casillas". También me dio una idea clara de la ley de la no resistencia y me ayudó a descifrar muchos pasajes de las Sagradas Escrituras con relación a esta ley, como nunca antes lo había hecho.

> La persona que sabe lo que desea en la vida ya ha recorrido
> un largo camino en dirección a su realización.

Este incidente puso en mis manos la llave de acceso a un depósito de conocimientos que me ilumina y me ayuda en todo lo que hago. Y más adelante en la vida, cuando mis enemigos trataron de destruirme, me suministró una poderosa arma de defensa que nunca me ha fallado. La falta de autocontrol es el punto débil más perjudicial del vendedor medio. Si el potencial cliente le dice al vendedor algo que él no quiere oír y éste no tiene la cualidad del autocontrol, "devolverá el golpe" con un comentario que será fatal para la venta. En uno de los grandes almacenes de Chicago fui testigo de un suceso que ilustra la importancia del autocontrol. Delante del mostrador de "quejas" había una larga cola de mujeres exponiendo sus problemas y los fallos de, la muchacha que las atendía. Algunas de ellas estaban enojadas y eran poco razonables, y otras hacían unos comentarios sumamente desagradables. La muchacha del mostrador recibía a las disgustadas mujeres sin la menor muestra de resentimiento ante sus comentarios. Con una sonrisa en el rostro, les indicaba a qué departamento debían dirigirse con una gracia y una entereza tan encantadoras que quedé maravillado ante su autocontrol.

De pie, detrás de ella, otra jovencita hacía acotaciones en unas hojas de papel y se las pasaba mientras las mujeres de la cola se aliviaban contando sus problemas. Estas hojas contenían lo fundamental de lo que éstas decían, sin los "tintes mordaces" y sin el enfado. La muchacha sonriente del mostrador que "escuchaba" todos laos lamentos, ¡era totalmente, sorda! Su asistenta le proporcionaba todos los datos precisos a través de esas hojas de papel. Este plan me impresionó tanto que busqué al director de la tienda y lo consulté. Él me informó que había elegido a una mujer sorda para uno de los puestos más difíciles e importantes de la tienda porque no había podido hallar a ninguna otra persona con el autocontrol suficiente para ocuparlo.

Mientras observaba esa cola de mujeres irritadas, me fijé en el resultado placentero que ejercía sobre ellas la sonrisa de la joven del mostrador. Llegaban refunfuñando como lobos y se marchaban mansas y tranquilas como ovejas. De hecho, algunas de ellas tenían una expresión "ovejuna" en sus rostros al irse, porque el autocontrol de la muchacha hacía que terminaran sintiendo vergüenza de sí mismas.

Desde que observé aquella escena, cada vez que noto que comienzo a irritarme por comentarios que no me gustan, me acuerdo de la serenidad y el autocontrol de aquella joven del mostrador, y muchas veces he pensado que todo el mundo debería tener a mano "tapones de oídos mentales" para ponerse de vez en cuando. Personalmente, he desplegado el hábito de "cerrar" los oídos ante gran parte del chachareo ocioso que me solía molestar. La vida es demasiado corta y hay demasiado trabajo constructivo que hacer como para tener motivaciones para "devolver el golpe" a todas las personas que dicen algo que no queremos oír. En la práctica de la abogacía, he observado un truco muy inteligente que usan los abogados en los juicios cuando quieren obtener una declaración de un testigo combativo que responde a las preguntas con el proverbial "No me acuerdo" o "No lo sé". Cuando todo lo demás falla, se las arreglan para hacer enojar al testigo y, en ese estado de ánimo, le hacen perder el autocontrol y desarrollar declaraciones que con la "cabeza fría" no habría hecho. La mayoría de nosotros pasa por la vida con un "ojo examinador" en busca de problemas. Normalmente hallamos aquello que buscamos. En mis viajes, he estudiado a los hombres a los que he escuchado en "conversaciones de tren" y he observado que habitualmente nueve de cada diez tienen tan poco autocontrol que se "invitan" a sí mismos a reñir sobre prácticamente cualquier tema que surja. Pero pocos se complacen con sentarse en un compartimento para fumadores y escuchar una conversación sin interponerse y "airean" sus puntos de vista.

En una ocasión viajaba de Albany a Nueva York y, durante el trayecto, el "club del vagón de fumadores" comenzó una conversación sobre Richard Croker, que por aquel entonces era jefe del Tammany Hall. La discusión fue escalando de tono y se tomó agria. Todo el mundo se enojó, excepto un anciano caballero que estaba agitando la discusión e interesándose vivamente en ella. Él se mantenía tranquilo y parecía disfrutar de todas las cosas maliciosas que los demás decían sobre el "Tigre" de Tammany Hall. Por supuesto, sospeché que sería un enemigo del jefe de Tammany, ¡pero no lo era! ¡Era el mismísimo Richard Croker! Éste era uno de los inteligentes trucos que usaba para averiguar lo que la gente pensaba de él y enterarse de los planes de sus enemigos. Richard Croker podía ser muchas cosas, pero sin duda era un hombre con autocontrol. Quizá ésa fuera una de las razones por las que siguió siendo el jefe irrefutable de Tammany Hall durante tanto tiempo. Las personas que se controlan a sí mismas suelen ser jefes, cualquiera sea su trabajo.

Vuelve a leer la última frase del párrafo anterior, pues contiene una sutil sugerencia que podría ser de provecho para ti. Se trata de un incidente insignificante, pero es justamente en ese tipo de incidentes donde están ocultas las grandes verdades de la vida (ocultas porque el contexto es normal y corriente). No hace mucho tiempo, acompañé a mi mujer a buscar saldos. Nos llamó la atención una multitud de mujeres dándose golpes unas a otras para abrirse paso delante de un mostrador de enaguas en el que se ofrecían algunas "gangas". Una señora que parecía tener unos cuarenta y cinco años se abrió paso a gatas entre el gentío y "apareció" delante de una clienta que había absorbido la atención de la vendedora. En un tono de voz alto y chillón, reclamó ser atendida. La vendedora era una persona diplomática que entendía la naturaleza humana y que, además, tenía autocontrol, pues sonrió suavemente a la intrusa y le dijo: "Sí, señorita, ¡estaré con usted en un momento!" ¡Y la intrusa se apaciguó

No sé si fue el "Sí, señorita" o el tono dulce de su respuesta lo que cambió su actitud, pero fue alguna de las dos cosas, o puede que ambas. Lo que sí sé es que la vendedora fue galardonada por su autocontrol con la venta de tres enaguas, y la feliz "señorita" se marchó sintiéndose mucho más joven gracias a ese comentario.

> **Ningún hombre puede conseguir la fama y la fortuna sin llevar consigo a otras personas. Es, simplemente, imposible.**

El pavo rustido es un plato muy popular, pero comer demasiado de él le costó a un amigo mío, que se dedica al negocio de la impresión, un pago de 50.000 dólares. Sucedió el día después de Acción de Gracias, cuando llamé a su oficina con el objetivo de presentarle a un escritor ruso muy importante que había venido a Estados Unidos para publicar un libro. El ruso chapurreaba el inglés y, en consecuencia, le costaba hacerse entender. Durante la entrevista, le hizo una pregunta a mi amigo que éste entendió erradamente como una reflexión sobre su capacidad como impresor. En un momento de descuido, le contestó con este comentario, "El problema con ustedes, los bolcheviques, es que miran al resto del mundo con desconfianza meramente por su cortedad de vista". Mi amigo "bolchevique" me empujó ligeramente en el hombro y me murmuró, "Este caballero parece enfermo. Lo llamaremos otro día, cuando se sienta mejor". Pero nunca más lo volvió a llamar. Hizo su pedido a otro impresor, ¡y más tarde me entere de que las ganancias fueron de más de diez mil dólares! Encuentro que diez mil dólares es un precio muy alto a pagar por un plato de pavo, pero eso fue lo que le costó a mi amigo impresor, ya que me pidió disculpas por su gestión alegando que el pavo le había producido una indigestión y por ello había perdido el autocontrol.

Una de las más grandes empresas de cadenas de tiendas en el mundo ha acogido un método único y efectivo para concertar vendedores que hayan desarrollado esa cualidad esencial del autocontrol que todo vendedor de éxito debe poseer. Esta empresa tiene entre su personal a una mujer muy inteligente que visita las tiendas y otros lugares donde los vendedores están empleados y elige a aquellos que considera que tienen tacto y autocontrol, pero, para estar segura de su buen juicio, se acerca a ellos y les pide que le expongan sus productos. Les hace todo tipo de preguntas delineadas para poner a prueba su paciencia. Si pasan la prueba, les ofrece un puesto mejor, si no es así, simplemente se les da la oportunidad de seguir su camino sin saberlo.

Sin duda, todas las personas que se niegan a instruir el autocontrol, u olvidan hacerlo, están perdiendo una oportunidad tras otra sin dar cuenta de ello. Un día, me hallaba delante del mostrador de guantes en una gran tienda, hablando con un joven que trabajaba allí. Él me estaba diciendo que llevaba cuatro años en esa tienda, pero que, debido a la "cortedad de vista" de los directivos, sus servicios no habían sido valorados y ahora estaba averiguando otro empleo. En medio de esta conversación, un cliente se acercó a él y le pidió que le mostrara unos sombreros. El joven no prestó ninguna atención a esta petitoria hasta que hubo acabado de contarme sus problemas, a pesar de que era indudable que el cliente se estaba impacientando. Finalmente, se volvió hacia el hombre y le dijo, "Ésta no es la sección de sombreros". Cuando el cliente preguntó dónde podría hallar esa sección, el joven replicó,

"Pregúntele al jefe de sección, que está allí. Él le indicará". Durante cuatro años, este joven había estado "sentado" sobre una atractiva oportunidad, pero no lo sabía. Podría haberse hecho amigo de cada persona a la que había atendido y esos amigos podrían haberlo convertido en el hombre más apreciable de la tienda, porque habrían vuelto para comprarle a él. Las respuestas "rápidas" a los clientes curiosos no hace que vuelvan.

En una tarde lluviosa, una anciana ingresó en unos grandes almacenes en Pittsburg y se paseó por ellos sin rumbo fijo, como suele hacerlo la gente que no tiene propósito de comprar. La mayoría de vendedores le "echaba una mirada" y luego se entretenía arreglando los artículos de las estanterías para impedir que la mujer los molestara. Uno de los vendedores jóvenes la vio y preguntó educadamente en qué la podía ayudar. Ella le dijo que sólo estaba esperando a que dejara de llover, que no tenía propósito de comprar nada. El joven le dijo que era bienvenida y, entablando una conversación con ella, le hizo sentir que lo había dicho en serio. Cuando ella estuvo dispuesta a irse, él la acompañó hasta la calle y le abrió el paraguas. La mujer le pidió su tarjeta y siguió su camino. El joven ya había olvidado este suceso cuando, un día, el director de la empresa lo llamó a su despacho y le mostró una carta de una señora que quería que el vendedor viajase a Escocia a fin de tomar un pedido para amoblar su mansión. Aquella dama era la esposa de Andrew Carnegie y era la misma mujer a la que el joven había acompañado tan cortésmente hasta la calle varios meses atrás. En la carta, la señora Carnegie especificaba que quería que ese joven en concreto fuese enviado para tomar su pedido. El pedido en cuestión ascendió a una considerable suma y el incidente le dio a ese joven una oportunidad para prosperar que quizá nunca hubiese tenido, de no ser por su cortesía con una anciana que no parecía ser una «venta rápida». De la misma manera que las grandes leyes fundamentales de la vida están latentes en las experiencias diarias más corrientes, también las verdaderas oportunidades suelen estar escondidas en situaciones que, aparentemente, no tienen ninguna importancia.

Pregúntales a las próximas diez personas con las que entres en contacto por qué no han conseguido más en sus ámbitos profesionales y al menos nueve de ellas te dirán que las oportunidades no se han atravesado en su camino. Ve más allá y analiza a esas nueve personas a fondo, observando sus actos durante un día entero, y lo más posible es que descubras que, a cada hora que pasa, todas ellas le dan la espalda a las mejores oportunidades. Un día fui a visitar a un amigo que estaba asociado a una escuela de comercio en calidad de representante. Cuando le pregunté cómo le iba, replicó, "¡Fatal! Veo a una gran cantidad de gente, pero no estoy haciendo las ventas suficientes para vivir bien. De hecho, mi cuenta con la escuela tiene un saldo atrasado y estoy pensando en cambiar de empleo, ya que aquí no hay oportunidades".

Daba la casualidad de que y o estaba de vacaciones y tenía diez días que podía usar como quisiera, de modo que desafié su comentario de que no había oportunidades diciéndole que yo era capaz de ganar 250 dólares en su puesto en una semana y de mostrarle qué debía hacer él para ganar esa misma cantidad en todas las semanas subsiguientes. Me miró extrañado y me pidió que no bromeara sobre un asunto como ése. Cuando finalmente lo persuadí de que hablaba en serio, se aventuró a preguntar cómo realizaría ese "milagro".

Entonces le pregunté si alguna vez había oído hablar del "esfuerzo organizado", a lo que respondió: "¿Qué quieres decir con "esfuerzo organizado"?". Le dije que me refería a dirigir sus esfuerzos de tal manera que lograra matricular un número de entre cinco y diez estudiantes con el mismo esfuerzo que había estado haciendo por conseguir una sola inscripción, o ninguna. Dijo que estaba dispuesto a que se lo enseñara, de modo que le mostré que hiciera los arreglos necesarios para que yo pudiera hablar ante los empleados de uno de los grandes almacenes de la zona. Él consiguió la cita y yo pude dar mi charla. En ella diseñé un plan a través del cual los empleados no sólo podrían mejorar sus habilidades para ganar más dinero en sus puestos actuales, sino que, además, les brindé la oportunidad de arreglarse para mayores responsabilidades y mejores puestos. Después de la charla, que ciertamente estaba diseñada con ese objetivo, mi amigo consiguió matricular a ocho empleados en los cursos nocturnos de la escuela de comercio que él representaba.

La noche siguiente me apunté para dar una charla parecida ante los empleados de una lavandería. Cuando la hube terminado, mi amigo logró matricular a tres estudiantes más, dos de los cuales eran mujeres jóvenes que, trabajaban manipulando máquinas de, lavar y ejecutando un trabajo de, lo más duro. Dos días más tarde, mi amigo me inscribió para dar una charla ante los empleados de un banco local. Cuando la hube acabado, él matriculó a cuatro alumnos más; así alcanzó un total de quince estudiantes, y el tiempo total invertido en ello no fueron más de seis horas, incluyendo el esgrimido para dar las charlas y matricular a los alumnos.

La comisión que recibió mi amigo por estas transacciones ¡fue de algo más de cuatrocientos dólares! Estos centros de trabajo estaban a menos de quince minutos a pie desde su lugar de trabajo, pero él nunca había pensado en buscar clientes allí. Tampoco se le había ocurrido aliarse con un orador que pudiera ayudarlo en la venta a "grupos".

Hoy por hoy este hombre es dueño de una espléndida escuela de comercio y, según me han informado, el año pasado sus ingresos netos fue de más de diez mil dólares.

No temas a nadie, no odies a nadie, no le desees una desdicha a nadie, y muy probablemente tendrás una gran cantidad de amigos.

¿No se cruza "ninguna oportunidad" en tu camino? Es posible que sí lo haga ¡pero que tú no la veas. Quizá en un futuro seas capaz de verla, ya que con la ayuda de este curso sobre las LEYES DEL ÉXITO te estás disponiendo para poder reconocer una oportunidad cuando se presente. La sexta lección trataba sobre el tema de la imaginación, que es el factor principal que se interpuso en la anécdota que acabo de relatar. Los principales factores que intervinieron fueron la imaginación, además de un PLAN DEFINIDO, la SEGURIDAD EN UNO MISMO Y la ACCIÓN. Ahora ya sabes cómo usarlos, y antes de que hayas acabado de leer esta lección habrás entendido cómo dirigirlos mediante el autocontrol. Ahora vamos a examinar el alcance del significado del término autocontrol tal como se utiliza en relación con este curso, relatando la conducta general de una persona que lo posee. Alguien que tiene un autocontrol muy desarrollado no cae en el odio, la envidia, los celos, el miedo, la venganza, ni en ninguna otra emoción destructora que se parezca. Una persona con un autocontrol muy desarrollado no entra en el "éxtasis" ni se arrebata de una forma incontrolada por nada ni por nadie. La codicia, el egoísmo y la autocomplacencia, más allá del punto de un correcto autoanálisis y una valoración real de los propios méritos, muestran una falta de autocontrol en una de sus formas más peligrosas. La seguridad en uno mismo es uno de los factores fundamentales más importantes para el éxito, pero cuando esta facultad se desarrolla más allá de lo razonable, se torna en algo muy peligroso.

La abnegación es una cualidad plausible, pero llevada al extremo también se convierte en una de las formas más peligrosas de falta de autocontrol. Te debes a ti mismo no dejar que tus emociones pongan tu felicidad en manos de otra persona. El amor es esencial para la felicidad, pero la persona que ama tan vivamente que su felicidad queda enteramente en manos de otra es como aquel corderito que entró sigilosamente en la madriguera del "bueno y amable lobito" y le pidió que le permitiera acostarse, o como el canario que pedía jugar con los bigotes del gato.

Una persona con un autocontrol bien desarrollado no se dejará influir por el cínico, ni por el pesimista, y tampoco dejará que otros piensen por ella; estimulará su imaginación y su entusiasmo hasta que éstos hayan producido una acción pero luego controlará esa acción y no se dejará controlar por ella; jamás, bajo ninguna circunstancia, calumniará a otra, ni buscará venganza, por ningún motivo; no condenará a quienes no estén de acuerdo con ella, antes bien, tratará de entender el motivo de su desacuerdo y saldrá beneficiada. Ahora llegamos a una forma de autocontrol que provoca más pesar que todas las otras formas concertadas, y es la costumbre de formarse opiniones antes de estudiar los hechos. No examinaremos este aspecto en detalle en esta lección, porque lo trataremos largamente en la duodécima lección (sobre el pensamiento correcto), pero no se puede abordar el tema del autocontrol sin hacer al menos referencia a ese mal tan habitual al que todos somos más o menos adictos. Nadie, tiene derecho a formarse una opinión que no esté fundada en lo que considera que son los hechos, O en una hipótesis razonable; sin embargo, si te observas contenidamente, verás que te formas opiniones basándote en algo tan poco fundamental como tu deseo de que algo sea de una forma u otra. Otra forma grave de falta de autocontrol es el hábito de "gastar". Me refiero, por supuesto, a la costumbre de gastar más allá de las propias necesidades. Este hábito se ha desarrollado tanto desde el final de la guerra mundial que se ha vuelto alarmante. Un renombrado economista ha pronosticado que, si no se enseña a los niños el hábito de ahorrar como parte de su educación en las escuelas y en los hogares, dentro de tres generaciones Estados Unidos habrá dejado de ser el país más rico del mundo para convertirse en el más pobre. En los últimos quince años, la "novedad" del automóvil se ha tornado tan popular que, literalmente, decenas de miles de personas están hipotecando su futuro para tener uno, Un destacado científico con un agudo sentido del humor ha profetizado que, de persistir este hábito, no sólo se reducirá el contenido de las cuentas de ahorros, sino que acabarán naciendo bebés cuyas piernas se habrán transformado en ruedas, Vivimos en una época de una velocidad de demencia y de muchos gastos, y el pensamiento principal en las mentes de la mayoría de nosotros es vivir de una forma más acelerada que nuestros semejantes. No hace mucho tiempo, el director general de una empresa que emplea a 600 hombres y mujeres se asustó por el elevado número de empleados que estaban en manos de prestamistas clandestinos y decidió poner fin a ese mal. Cuando terminó su investigación, descubrió que sólo el 9 % de sus empleados tenía cuentas de ahorros, y que del 9 1 % restante (que no tenía buenas perspectivas económicas) un 75 % estaba empobrecido de una forma u otra, y algunos de ellos sin ninguna esperanza de mejorar económicamente.

> "Para pensar con claridad, uno debe arreglárselas para tener períodos regulares de soledad en los que pueda centralizarse y dar rienda suelta a su imaginación sin distracción".
>
> THOMAS A. EDISON

Somos criaturas de imitación. Nos cuesta resistirnos a la tentación de imitar lo que vemos hacer a los demás, Si nuestro vecino se compra un Buick, tenemos que imitarlo y, si no podemos juntar el dinero suficiente para la cuota de entrada, entonces debemos tener, como mínimo, un Ford. Entretanto, no nos preocupamos por el mañana. La anticuada frase de "Hay que ahorrar para el día de mañana" ha quedado en el pasado.

Vivimos al día. Compramos a granel pequeñas cantidades, y acabamos pagando una tercera parte más de lo que debería costar. ¡Por supuesto que esta advertencia no se aplica a ti! Está dirigida solamente a aquellas personas transitoriamente atadas a las cadenas de la pobreza porque gastan más allá de sus posibilidades y que todavía no se han enterado de que hay unas leyes muy claras que deben ser respetadas por todo aquel que quiera alcanzar el éxito. El automóvil es una de las maravillas modernas del mundo, pero a menudo es más un lujo que una necesidad, y decenas de miles de personas que ahora están "pasándose a la gasolina" a un ritmo rápido van a dar algún que otro patinazo cuando lleguen los "días de escasez". Hace falta tener un autocontrol considerable para usar el tranvía como medio de transporte cuando todo el mundo a nuestro alrededor está conduciendo automóviles, pero es casi seguro que quienes instruyen el autocontrol verán el día en el que aquellos que ahora van en coche se desplazarán en tranvía, o caminando. Fue esta propensión moderna a gastar todos los ingresos lo que impulsó a Henry Ford a proteger a sus empleados con ciertas restricciones cuando fundó su famoso escalafón del salario mínimo de cinco dólares al día.

Hace veinte años, si un niño quería un carro, elaboraba unas ruedas con cartón y tenía el placer de construírselo él mismo. Actualmente, si un niño quiere un carro, llora para que se lo compren, ¡y lo consigue! Los padres, que ahora son víctimas del hábito de gastar, están avivando la falta de autocontrol en las nuevas generaciones. Tres generaciones atrás, prácticamente cualquier chico era capaz de zurcir sus propios zapatos con las herramientas de su familia. Actualmente los llevan al zapatero de la esquina y pagan 1,75 dólares por unos tacones y media suela, y esta costumbre no se limita a los ricos, ni a las clases acaudaladas. Repito, ¡El hábito de gastar está convirtiendo a Estados Unidos en una nación de pobres! Doy por sentado que tú te estás esforzando por alcanzar el éxito, pues, si no fuera así, no estarías leyendo este curso. Déjame recordarte, entonces que una pequeña cuenta de ahorros atraerá hacia ti unas oportunidades que de otra forma no tendrías. El tamaño de tu cuenta no es tan importante como el hecho de haber "establecido en ti hábito de ahorrar", pues ello indica que eres alguien que ejercita una trascendental forma de autocontrol.

La tendencia moderna de aquellos que trabajan para ganar un salario es gastarlo íntegramente. Si una persona que gana tres mil dólares al año, y logra arreglárselas bastante bien con esa cantidad, recibe un aumento de mil dólares anuales, (continúa viviendo con los tres mil y pone el resto de sus ingresos en una cuenta de ahorros) No, a menos que sea una de esas pocas que ha desarrollado el hábito de ahorrar. ¿Qué hace, entonces, con esos mil dólares adicionales? Cambia su viejo automóvil por uno más caro, y al final del año es más pobre ganando cuatro mil dólares de lo que era el año anterior, cuando sus ingresos eran de tres mil dólares.

Lo que estoy narrando aquí es un "modelo norteamericano del Siglo XX", y serás afortunado si, tras un cuidadoso análisis, revelas que no formas parte de él. En algún punto entre el avaro que guarda en un calcetín viejo cada moneda que llega a sus manos y el hombre que gasta todo lo que es capaz de ganar o de pedir prestado, hay un "feliz término medio", y si quieres disfrutar de una vida con una precaución razonable de tener una libertad y un contento normales, entonces debes hallar ese punto medio y agregarlo a tu programa de autocontrol. La autodisciplina es el factor más esencial en el desarrollo del poder personal, porque te accede a controlar tu apetito y tu tendencia a gastar más de lo que ganas y tu costumbre de "devolver el golpe" a quienes te insultan y otros hábitos destructivos que hacen que malgastes tus energías en un esfuerzo improductivo y que adquiere tantas formas que sería imposible contarlas en esta lección. Muy al principio de mi carrera pública, me quedé estupefacto al ver cuánta gente dedica la mayor parte de sus energías a echar abajo lo que otros han erigido. En algún extraño giro de la rueda del destino, uno de esos destructores se cruzó en mi camino, dispuesto a tratar de destruir mi reputación. Al principio me incliné a "devolverle el golpe", pero una noche, cuando me hallaba sentado delante de mi máquina de escribir, me vino a la mente un pensamiento que cambió por completo mi actitud hacia aquel hombre. Descartando la hoja de papel que tenía en mi máquina de escribir, inserté otra en la cual formulé mi idea con estas palabras, Cuentas con una enorme ventaja respecto a ese hombre que te está afectando, tú tienes la capacidad de perdonarlo, mientras que él no tiene esa ventaja sobre ti. Al terminar de escribir estas líneas, concluí que había llegado el momento de elegir una forma que me sirviera de guía para la actitud que debía tomar ante quienes criticaban mi trabajo o trataban de destruir mi reputación. Llegué a esta decisión a través del siguiente razonamiento, tenía ante mí dos posibles líneas de acción. Podía perder una gran parte de mi tiempo y energía devolviendo el golpe a quienes trataban de destruirme, o podía dedicar esa energía a avanzar en mi trabajo y dejar que mi obra fuese mi única respuesta a todos los que reprochaban mis esfuerzos o cuestionaban mis motivos. Me decidí por la segunda opción, por ser la mejor manera, y la llevé a cabo.

> **Pregúntale a cualquier sabio qué es lo que más desea y, muy probablemente, te dirá: "Más sabiduría"**

"¡Por sus actos los conoceréis!" Si tus actos son provechosos y estás en paz contigo mismo en lo más profundo de tu corazón!" entonces no tendrás necesidad de contenerte a explicar tus motivaciones, pues éstas se explicarán por sí solas. El mundo pronto olvida a sus exterminadores. Sólo construye monumentos y rinde honores a los constructores. Ten esto en mente y te resultará más fácil admitir la táctica de negarte a gastar tus energías "devolviendo el golpe" a aquellos que te insultan. Tarde o temprano, todas las personas que obtienen algo en este mundo llegan a un punto en el que se ven obligadas a resolver esta cuestión de la táctica para con sus enemigos. Si quieres demostrar que vale la pena adiestrar el suficiente autocontrol para evitar que tus energías vitales se disipen "devolviendo el golpe", estudia los historiales de todas las personas que han llegado lejos en la vida y observa cuánto esmero pusieron en reprimir ese hábito destructivo. Es sabido que nunca nadie ha llegado lejos en la vida sin haberse topado con la oposición violenta de enemigos celosos y envidiosos. El ex presidente Warren G. Harding, el ex presidente Wilson, John H. Patterson de la National Cash Register Company y muchísimas otras personas que podría mencionar fueron víctimas de esta cruel directriz presente en cierto tipo de gente malvada a destruir reputaciones. Pero no perdieron el tiempo dando explicaciones, ni "devolviendo el golpe" a sus enemigos, sino que ejercitaron el autocontrol. Por otra parte, también sé que estos ataques a las personas que forman parte de la vida pública, por muy brutales, injustos e inciertos que sean, sirven a un buen objetivo. En mi propio caso, sé que, como consecuencia de una serie de amargos ataques que un periodista contemporáneo lanzó contra mí, descubrí algo que resultó ser muy ventajoso. Durante cuatro o cinco años no presté atención a esos ataques hasta que llegaron a ser tan osados que decidí cambiar de táctica y "devolver el golpe" a mi contrincante. Me senté ante mi máquina y comencé a escribir. En toda mi experiencia como escritor, creo que nunca había juntado una colección de adjetivos mordaces tan grande como la que utilicé en aquella ocasión. Cuanto más escribía, más me enfadaba, hasta que hube escrito todo cuanto se me ocurría sobre el tema. Mientras terminaba la última frase, me invadió un extraño sentimiento: no era un sentimiento de rencor hacia el hombre que había tratado de perjudicarme, sino un sentimiento compuesto de piedad, comprensión y perdón. Me había psicoanalizado inconscientemente al dejar salir, sobre las teclas de mi máquina de escribir, las emociones constreñidas de odio y resentimiento que había estado acumulando involuntariamente en mi mente subconsciente durante un largo período de tiempo. Ahora, cuando descubro que me estoy poniendo rabioso, me siento delante de mi máquina y "desalojo" mi malestar escribiéndolo y luego tiro el manuscrito a la basura o lo archivo como muestra para un álbum de recortes que podré examinar dentro de unos años, cuando los procesos graduales me hayan llevado todavía más alto en el ámbito de la comprensión. Las emociones reprimidas (especialmente el odio) se parecen a una bomba fabricada con poderosos explosivos y, a menos que sean manipuladas con un discernimiento de su naturaleza igual al que tendría un experto en manipulación de explosivos, presentan la misma peligrosidad. Una bomba puede dejar de ser peligrosa si se la hace estallar en un campo abierto, o si es desintegrada en un contenedor apropiado; asimismo, un sentimiento de ira u odio puede tornarse pacífico si se le da expresión de una forma que armonice con el principio del psicoanálisis.

Para que tú puedas alcanzar el éxito en el sentido más elevado y más amplio del término, primero debes tener un control tan absoluto de ti mismo que te convierta en una persona con mesura.

> Aunque otras personas puedan hacer que te desvíes de tus ambiciones en más de una ocasión, recuerda que, en la mayoría de los casos, el desánimo procede de tu interior.

Eres el producto de, como mínimo, un millón de años de cambio evolutivo. Durante innumerables generaciones pasadas, la naturaleza ha estado templando y refinando los materiales que te forman. Paso a paso, ha ido retirando de las generaciones anteriores los instintos animales y las pasiones más bajas, hasta producir, en ti, al mejor espécimen de animal vivo. A través de este lento proceso evolutivo, se te ha concedido la razón, el aplomo y el "equilibrio" precisos para que puedas controlarte y hacer contigo mismo cualquier cosa que quieras. A ningún otro animal se le ha concedido jamás un autocontrol como el que tú tienes. Has sido dotado con la capacidad de utilizar la forma más valiosamente organizada de energía conocida por el hombre, el pensamiento. No es improbable que el pensamiento sea el punto de enlace más corto que hay entre las cosas materiales y físicas de este mundo.

No sólo tienes la capacidad de pensar, sino que posees también la capacidad de controlar tus pensamientos y dirigirlos para que te indiquen lo cual es mil veces más importante.

Ahora estamos llegando a la parte realmente importante de esta lección. ¡Lee lenta y meditativamente! Me aproximo a este punto casi con miedo y tiritando, porque nos coloca frente a un tema que pocas personas están capacitadas para comentar con una inteligencia razonable. Te lo repito, tienes la capacidad de controlar tus pensamientos y lograr que te obedezcan.

Tu cerebro podría compararse con una dinamo, en el sentido de que forma o pone en movimiento a esa energía misteriosa llamada pensamiento. Los estímulos que ponen en actividad a tu cerebro son de dos tipos, uno es la autosugestión y el otro es la sugestión. Puedes elegir el material con el que se origina tu pensamiento, eso es autosugestión. Puedes dejar que otros elijan el material con el que se produce tu pensamiento, eso es sugestión. Es un hecho humillante que la mayor parte del pensamiento sea derivado por las sugestiones externas de los demás, y es aún más humillante tener que aceptar que la mayoría de nosotros las admite sin examinar o cuestionar su validez. Leemos los diarios como si cada palabra estuviese basada en la realidad. Nos dejamos arrastrar por los chismes y el chachareo ocioso de los demás, como si cada palabra fuese cierta. El pensamiento es la única cosa sobre la que tienes un control absoluto pero, a menos que seas la singular excepción, que suele ser una entre diez mil, permites que otras personas entren en la sagrada mansión de tu mente y coloquen en ella, mediante la sugestión, sus problemas y sus desgracias, sus adversidades y sus falsedades, como si no tuvieras la capacidad de cerrar la puerta y dejarlos fuera. Tienes la capacidad de distinguir el material de que estarán hechos los pensamientos dominantes de tu mente y, con la misma seguridad con que estás leyendo estas líneas, esos pensamientos que someten tu mente te traerán el éxito O el fracaso, según sea su naturaleza. El hecho de que el pensamiento sea la única cosa sobre la que tienes un control absoluto tiene, en sí mismo, un profundo significado.. Este hecho también contiene otra sugerencia sorprendente: esto es, que el pensamiento es tu herramienta más importante, con la cual darás forma a tu destino en el mundo a tu gusto.

¡El autocontrol es, únicamente, una cuestión de control del pensamiento! Lee la frase anterior en voz alta. Léela finamente y medita sobre ella antes de continuar con la lectura, porque es, sin duda, la frase más importante de todo este curso. Estás estudiando este curso, aparentemente, porque estás buscando seriamente una verdad y una comprensión suficientes para poder alcanzar una posición social elevada en la vida.

Estás buscando la llave mágica que abrirá la puerta de la fuente de poder y, sin embargo, la tienes en tus propias manos y podrás hacer uso de ella en cuanto aprendas a controlar tus pensamientos.

Instala en tu propia mente, por el principio de la autosugestión, los pensamientos positivos y constructivos que estén en armonía con tu claro objetivo principal en la vida, y ésta los convertirá en una realidad física y te los restituirá como un producto acabado. ¡Eso es control del pensamiento! Cuando eliges intencionadamente los pensamientos que dominarán tu mente y te niegas firmemente a admitir sugestiones externas, estás ejercitando el autocontrol en su forma más elevada y eficaz. El hombre es el único animal vivo que puede hacer esto. Nadie sabe cuántos años ha precisado la naturaleza para producir este animal, pero todo estudiante inteligente de psicología sabe que los pensamientos dominantes establecen cuáles serán sus actos y su naturaleza. El proceso a través de cual uno puede pensar correctamente es un tema que ha sido reservado para la undécima lección de este curso. Lo que queremos dejar claro aquí, en esta lección, es que el pensamiento, tanto si es exacto como si es inexacto, es el poder más altamente organizado de tu mente, y que tú eres la suma total de tus pensamientos dominantes o más destacados.

Si quieres ser un maestro vendedor, ya sea de artículos y productos o de servicios personales, debes ejercitar el suficiente autocontrol para dejar fuera todos los argumentos y sugestiones adversos. La mayoría de vendedores tienen tan poco autocontrol que oyen al posible comprador decir "No", incluso antes de que lo haya pronunciado. No pocos vendedores escuchan esa palabra fatal antes de estar en presencia de su potencial comprador. Tienen tan poco autocontrol que en realidad se sugestionan pensando que el posible comprador dirá «no» cuando le soliciten que compren sus productos.

¡Qué diferente es la persona que tiene autocontrol, No sólo se sugestiona pensando que su posible comprador dirá que «sí»¡ sino que si esa respuesta apetecida no llega, continúa intentándolo hasta demoler la oposición y acaba forzando un "sí". Si el potencial comprador dice "no", ella no lo oye. Si dice "no" una segunda, una tercera y una cuarta vez, no lo oye, porque es una persona con autocontrol y no permite que las sugestiones alcancen su mente, excepto aquellas que desea que le influyan. El maestro vendedor, tanto si se dedica a vender mercancías, como si vende servicios personales, sermones o charlas en público, sabe cómo vigilar sus propios pensamientos. En lugar de ser una persona que acepta con mansa sumisión las sugestiones de los demás, es alguien que convence a otras personas para que admitan sus sugestiones. Al controlarse y colocar sólo pensamientos positivos en su propia mente, se torna en una personalidad dominante, en un maestro vendedor. ¡Esto también es autocontrol!. Un maestro vendedor es alguien que toma la ofensiva, y nunca la defensiva, cuando brota una discusión. Por favor, ¡vuelve a leer la frase anterior! Si eres un maestro vendedor, sabes que debes conservar a tu posible comprador a la defensiva, y también sabes que sería fatal para tu venta permitir que él te instale y te mantenga ahí. Puedes, y ciertamente lo harás en ocasiones, ser colocado en una posición en la que deberás aceptar estar en el lado defensivo de la conversación durante un rato, pero depende de ti ejercitar una tranquilidad y un autocontrol tan perfectos que te permitan cambiarte de sitio con el posible comprador sin que él lo note, volviendo a instalarlo a la defensiva. ¡Esto requiere de suma habilidad y autocontrol! La mayoría de vendedores dejan de lado este punto tan importante al enojarse e intentar asustar al potencial comprador para colocarlo en una situación de obediencia, pero el maestro vendedor se mantiene tranquilo y sereno, y suele ser el ganador.

> A las personas les gusta usar su exceso de energía discutiendo.
> Wrigley, Jr., capitalizó esta característica humana facilitándoles una barrita de menta para masticar.

La palabra «vendedor» hace referencia a todas las personas que intentan convencer a otras de algo mediante un argumento lógico o requiriendo al propio interés. Todos somos vendedores, o al menos deberíamos serlo, sin importar qué forma de servicio estamos prestando O qué tipo de mercancía estarnos ofreciendo.

La habilidad para negociar con los demás sin roces ni discusiones es una cualidad sobresaliente en todas las personas de éxito. Observa a la gente que tienes cerca y fíjate que muy pocas de ellas entienden este arte de negociar con tacto. Observa, también, cuánto éxito tienen aquellas que comprenden este arte, aunque tengan una menor educación que la gente con la que negocian; esto es algo que se puede sembrar.

El arte de negociar con éxito se desarrolla a partir de un paciente y esmerado autocontrol. Observa con qué facilidad ejercita el autocontrol el vendedor eficiente cuando está ante un cliente impaciente. En su interior, puede estar echando chispas, pero no verás ninguna evidencia de esto en su rostro, o en sus gestos o palabras. ¡Ha vencido el arte de negociar con tacto! A menudo, el mínimo gesto de desaprobación, o una sola palabra que indique impaciencia, echará a perder la venta, y nadie lo sabe mejor que el vendedor exitoso. Sólo se encarga de controlar sus sentimientos y, como recompensa, instituye su propia marca salarial y elige su propia posición.

Observar a una persona que domina el arte de la negociación eficiente es, en sí mismo, una educación liberal. Observa al conferenciante que ha dominado este arte, fíjate en la estabilidad de sus pasos al subir al escenario, la seguridad en su voz cuando comienza a hablar; estudia la expresión de su rostro mientras arrastra al público con el dominio de sus argumentos. Ha aprendido a negociar sin roces. Observa al médico que domina este arte cuando entra en la habitación del enfermo y lo saluda con una sonrisa. Su conducta, el tono de su voz, la expresión de confianza en su rostro, todo esto indica que es alguien que ha dominado el arte de la negociación eficaz, y el paciente comienza a sentirse mejor en cuanto él entra en su habitación.

Observa al capataz de la fábrica que ha dominado este arte y fíjate en cómo su presencia estimula a sus hombres a hacer un mayor esfuerzo y les inspira confianza y entusiasmo.

Observa al abogado que ha dominado este arte, y observa cómo obtiene el respeto y la atención de la corte, el jurado y sus colegas. Hay algo en el tono de su voz, en la compostura de su cuerpo y en la expresión de su rostro que hace que su adversario salga perdiendo con la comparación. No sólo sabe cómo presentar sus argumentos, sino que persuade a la corte y al jurado Y, como recompensa, gana sus casos y exige unos honorarios elevados. ¡Y todo ello se basa en el autocontrol! ¡Y el autocontrol es el resultado del control del pensamiento! Ubica en tu mente, de forma deliberada, el tipo de pensamientos que deseas tener allí y mantén fuera de ella los pensamientos que otras personas le introducen a través de la sugestión, y te convertirás en una persona con autocontrol.

Si llegas a "Perder los nervios", y con ellos, tu caso, o tu discusión, o tu venta, indica que eres alguien que todavía no se ha familiarizado con los fundamentos en los que se basa el autocontrol, y el fundamento principal es el privilegio de elegir los pensamientos que someterán tu mente.

Un alumno de una de mis clases me preguntó en una época cómo hacía uno para controlar sus pensamientos cuando se hallaba en un estado de intensa cólera, y yo repliqué, "exactamente de la misma forma" que cambiarías tu comportamiento y el tono de tu voz si estuvieras discutiendo intensamente con un miembro de tu familia y oyeras que llaman a la puerta indicándote que alguien estaba a punto de hacerte una visita. Te controlarías porque querrías hacerlo. Si alguna vez te has visto en una situación similar, en la que tuvieras que esconder tus verdaderos sentimientos y cambiar la expresión de tu rostro rápidamente, sabes que puede hacerse fácilmente, y también sabes que uno lo puede hacer porque desea hacerlo.

Detrás de todo éxito, detrás de todo autocontrol, detrás de todo control del pensamiento está ese "algo" mágico llamado DESEO.

¡No es erróneo decir que sólo estás limitado de acuerdo con la profundidad de tus deseos! Cuando tus deseos sean lo suficientemente fuertes parecerá que tienes una capacidad de éxito sobrehumano. Nadie ha descrito jamás este extraño fenómeno de la mente, y es posible que nadie llegue a realizarlo jamás, pero si dudas de su existencia sólo tienes que experimentar para convencerte de que existe. Si te encontrases en un edificio en llamas y todas las puertas y ventanas estuviesen cerradas, lo más probable es que desarrollarías la fuerza bastante para echar abajo una puerta corriente, debido al intenso deseo de escapar. Si deseas dominar el arte de la negociación eficiente, como seguramente ocurrirá cuando comprendas su significado con vistas a la realización de tu claro objetivo principal, lo lograrás si tu deseo es lo bastante intenso.

Napoleón deseaba ser emperador de Francia y consiguió gobernar. Lincoln quería liberar a los esclavos, y lo hizo. Al principio de la Primera Guerra Mundial, los franceses deseaban que "ellos no pasaran", ¡y no pasaron! Edison quería producir luz con la electricidad y la produjo, aunque le tomó muchos años conseguirlo. Roosevelt deseaba unir los océanos Atlántico y Pacífico a través del canal de Panamá, y lo hizo.

Demóstenes quería convertirse en un gran orador y, a pesar de la desventaja de un serio impedimento en el habla, convirtió su deseo en realidad. Hellen Keller deseaba hablar y, a pesar de ser muda y sorda, llegó a hacerlo. John H. Patterson deseaba dominar en la producción de cajas registradoras, y lo hizo. Marshall Field deseaba ser el principal comerciante de su época, y lo fue. Shakespeare deseaba convertirse en un gran autor dramático y, a pesar de ser tan solo un actor itinerante y pobre, hizo realidad su deseo. Billy Sunday quería dejar el béisbol y convertirse en un maestro predicador, y lo hizo. James J. Hill deseaba convertirse en un constructor de imperios y, a pesar de ser sólo un pobre operador de telégrafo, convirtió su sueño en una realidad. No digas "Eso no se puede hacer" lo que eres diferente a estas personas y millares más, que han logrado un éxito destacable en todas las cosas valiosas que se propusieron. Si eres "distinto" sólo lo eres en este sentido: ellas desearon el objeto de su proeza con mayor profundidad e intensidad.

Planta en tu mente la semilla de un deseo que sea provechoso haciendo que el siguiente texto sea tu credo y la base de tu código ético:

> Deseo ser útil a mi semejante mientras camino por la vida. Para serlo, he adoptado este credo como una guía de conducta en mi relación con el prójimo: Adiestrarme para no criticar nunca, bajo ninguna ocurrencia, a ninguna persona, sin importar que esté en desacuerdo con ella o lo inferior que pueda ser su trabajo, siempre y cuando sepa que está intentado sinceramente hacer las cosas lo mejor posible. Respetar a mi país, a mi profesión y a mí mismo. Ser honesto y justo conmigo mismo. Ser un ciudadano leal a mi país. Hablar de él en términos ponderados y actuar siempre como un digno custodio de su buen nombre. Ser una persona cuyo nombre tenga peso dondequiera que vaya. Basar mis expectativas de recompensa en la sólida base de los servicios prestados. Estar dispuesto a pagar el precio del éxito con un esfuerzo honrado. Ver mi trabajo como una oportunidad que debo producir con alegría y al máximo, y no como una carga penosa que debo soportar de mala gana. Recordar que el éxito está en mi interior, en mi propia mente. Prever que habrá problemas y abrirme paso entre ellos. Evitar la pereza en todas sus formas y nunca, bajo ninguna circunstancial dejar para mañana ninguna tarea que pueda hacerse hoy.
>
> Por último, aferrar con fuerza las alegrías de la vida para poder ser cortés con las personas, fiel a mis amigos, leal a Dios y una fragancia en el camino por el que transito.

Es una característica peculiar, aunque cierta, de la naturaleza humana que las personas más exitosas están mejor preparadas a trabajar más para ofrecer un servicio útil que a hacerlo únicamente por el dinero.

Si la energía que la mayoría de la gente disipa por una falta de autocontrol se organizara y se utilizara provechosamente, le aportaría todo lo que necesita y todos los lujos deseados. Si el tiempo que muchas personas dedican a "chismorrear", sobre otras fuese controlado y dirigido constructivamente, bastaría para alcanzar el objeto de su claro objetivo principal (en caso de que lo tuvieran).

Todas las personas de éxito sacan buena nota en la asignatura de autocontrol Todos los "fracasados" sacan mala natal por lo general un cero, en el examen sobre esta importante ley de la conducta humana.

Estudia la tabla de análisis comparativo en la lección introductoria y fíjate en las notas que obtienen Jesse James y Napoleón en autocontrol. Estudia a las personas de tu entorno y observa, fructuosamente, que todas las que tienen éxito ejercitan el autocontrol, ¡mientras que las "fracasadas" permiten que sus PENSAMIENTOS, PALABRAS Y ACTOS estén fuera de su control. Una forma muy corriente y sumamente destructiva de falta de autocontrol es el hábito de hablar demasiado. La gente sabia, que sabe lo que quiere y está consagrada a conseguirlo, vigila cuidadosamente su conversación. No se puede obtener ningún beneficio de un montón de palabras gratuitas, incontroladas y dichas a la ligera. Casi siempre, suele ser más provechoso escuchar que hablar. De vez en cuando, es posible que la persona que sepa escuchar oiga algo que luego podrá agregar a su colección de conocimientos. Es preciso tener autocontrol para saber escuchar, pero los beneficios logrados bien valen el esfuerzo.

Robarle la conversación a otra persona es una manera habitual de falta de autocontrol que no sólo es descortés, sino que además priva a quienes lo hacen de muchas ocasiones valiosas de aprender de los demás. Cuando hayas terminado esta lección, deberías regresar a la tabla de autoanálisis de la lección introductoria y volver a ponerte una nota en la LEY DEL AUTOCONTROL. Es posible que quieras bajar un poco tu nota anterior. El autocontrol ha sido una de las características recalcadas de todos los líderes de éxito que he analizado mientras reunía material para este curso. Luther Burbank dijo que, en su opinión, el autocontrol era la más importante de las QUINCE LEYES DEL ÉXITO. Durante todos sus años de paciente estudio y reflexión del proceso evolutivo de la vida vegetal, descubrió que era preciso ejercitar la facultad del autocontrol, a pesar de que estaba tratando con vida inanimada. John Burroughs, el naturalista, dijo prácticamente lo mismo, que el autocontrol estaba entre los primeros en importancia en la lista de las QUINCE LEYES DEL ÉXITO. La persona que adiestra un autocontrol absoluto no puede ser derrotada permanentemente como expresó tan bien Emerson en su ensayo sobre la indemnización, puesto que los obstáculos y la oposición suelen desaparecer cuando se enfrentan a una mente decidida que está orientada hacia un fin claro con total autocontrol. Todos los hombres ricos a los que analicé (me refiero a aquellos que se hicieron ricos a través de su propio esfuerzo) daban muestras tan ciaras de que el autocontrol era uno de sus puntos fuertes, que llegué a la conclusión de que nadie puede ansiar acumular una gran riqueza y conservarla si no ejercita esta cualidad ineludible. Para ahorrar dinero es preciso ejercitar un autocontrol de primera, lo cual, espero, ha quedado bastante claro en la cuarta lección de este curso. Estoy en deuda con Edward W. Bok por la siguiente descripción, bastante colorida, de hasta qué punto tuvo que ejercitar el autocontrol para alcanzar el éxito y ser coronado con la fama como uno de los más grandes periodistas de Estados Unidos.

POR QUÉ CREO QUE LA POBREZA ES LA EXPERIENCIA MÁS RICA QUE PUEDE TENER UN MUCHACHO

Me gano la vida tratando de dirigir el Lady Home Journal. Y, puesto que el público ha sido de lo más generoso en su aceptación de esta revista, una parte de ese éxito, lógicamente, ha recaído en mí. Por ende, algunos de mis buenos lectores abrigan una opinión que, a menudo me he sentido tentado a amonestar, una tentación a la que ahora cedo. Las personas que me escriben enuncian esta convicción de diversas maneras, pero este fragmento de una carta es una buena muestra, Para usted es muy fácil enseñar sobre el ahorro, puesto que usted no conoce la necesidad de ello, nos dice, por ejemplo, que debemos vivir con los ingresos de un marido, de 800 dólares anuales, como es mi caso, cuando usted nunca ha sabido lo que es vivir con menos de mil dólares. ¿Se le ha ocurrido pensar, a usted que ha nacido en buena cuna, que los escritos teóricos son algo frío y fútil comparado con la precaria lucha real que muchos de nosotros vivimos, día a día, año tras año, una experiencia que usted no conoce?

¡"Una experiencia que usted no conoce"! Ahora bien, en qué medida se corresponde esta aseveración con la realidad, No puedo decir si nací de buena cuna. Es cierto que nací en una familia acomodada, pero cuando tenía seis años, mi padre lo perdió todo y con cuarenta y cinco años tuvo que enfrenta a la vida en un país extraño, sin poder cubrir ni siquiera las necesidades básicas. Hay hombres, y sus esposas, que saben lo que significa tratar de "recuperar su posición" a los cuarenta y cinco años, ¡Y en un país desconocido! Yo tenía la desventaja de no conocer ni una palabra de inglés. Iba a una escuela pública y aprendía lo que podía, ¡que era muy poco! Los chicos eran crueles, como suelen serlo, y los maestros se inquietaban, como suele ocurrir cuando están cansados.

Mi padre no conseguía encontrar su lugar en el mundo. Mi madre, que siempre había tenido sirvientes a su disposición, se enfrentó a los problemas de las tareas domésticas, que nunca había aprendido ni le habían enseñado. Y no había dinero.

De modo que, después de la escuela, mi hermano y yo íbamos a casa, pero no a jugar. Las horas posteriores a la escuela estaban dedicadas a ayudar a una madre que cada día estaba más débil por llevar unas cargas que no era capaz de aguantar. No durante días, sino durante años, los dos chicos nos levantamos al alba en el frío y gris invierno, cuando las camas están tan calentitas para alguien en edad de crecimiento, y nos dedicamos a limpiar las cenizas del fuego del día anterior en busca de algún que otro trozo de carbón que no se hubiera quemado, y con lo que teníamos o encontrábamos encendíamos el fuego y calentábamos la habitación. Luego poníamos la mesa para un desayuno sobrio, nos marchábamos al colegio e, inmediatamente después de clases, nos dedicábamos a lavar los platos y a barrer y fregar los suelos. Este último trabajo era el más duro, pues lo realizábamos los sábados, cosa que los niños del barrio no veían con excesiva amabilidad, ¡de modo que lo hacíamos al eco del golpe de la pelota contra el bate en el terreno de al lado!

Al anochecer, cuando los otros niños podían sentarse junto a la lámpara o estudiar sus lecciones, nosotros dos salíamos con una cesta a recoger madera y carbón en los terrenos adyacentes, o íbamos tras la docena de trozos que habían caído de la tonelada de carbón que había transportado esa tarde algún vecino. Habíamos mantenido ese lugar anhelantemente fijado en la mente durante el día, ¡con la esperanza de que el hombre que transportaba el carbón no se hubiera molestado en recoger esos fragmentos perdidos! ¡"Una experiencia que usted no conoce"! ¡Que no conozco! A los diez años obtuve mi primer empleo, lavando las ventanas de una panadería por 50 centavos semanales. Una o dos semanas más tarde me dejaron vender pan y bizcochos detrás del mostrador después de la escuela por un dólar a la semana, despachando bizcochos calentitos, recién horneados, y un pan que desprendía un perfume delicioso, ¡cuando yo apenas me había llevado una migaja a la boca en todo el día! Luego, los sábados por la mañana hacía una ruta como mensajero de un periódico semanal, y lo que me quedaba lo vendía en las calles. Esto significaba ganar entre 60 y 70 centavos por un día de trabajo. Yo vivía en Brooklyn, Nueva York, y el principal medio de transporte para ir a Coney Island en esa época era el carro tirado por caballos. Cerca de donde vivía, los carros se detenían para dar de beber a los caballos, los hombres se bajaban de un salto y bebían un trago de agua, pero las mujeres no tenían forma de calmar su sed. Al ver esta carencia, los sábados por la tarde y los domingos durante todo el día, yo tomaba un cubo, lo llenaba con agua y un poco de hielo, y con un vaso me iba subiendo a todos los carros y vendía mi mercadería a un centavo el vaso. Cuando llegó la competencia, cosa que ocurrió muy pronto porque los otros chicos vieron que trabajar los domingos significaba ganar dos o tres dólares, empecé a exprimir uno o dos limones en mi cubo y a convertir mi líquido en «limonada» a un precio de dos centavos el vaso, y en un domingo me sacaba cinco dólares.

> Nuestras dudas son traidoras y nos hacen perder lo bueno que, a menudo, podríamos ganar, por el miedo a intentarlo.
> WILLIAM SHAKESPEARE

Más adelante me convertí en reportero por las noches, en ordenanza durante el día y en estudiante de mecanografía a medianoche. La mujer que me escribe dice que ella mantiene a su familia, constituida por su marido y un hijo, con 800 dólares al año, y que yo nunca he sabido lo que eso significa. Yo mantenía a una familia de tres miembros con seis dólares y veinticinco centavos semanales: menos de la mitad de sus ingresos anuales. Cuando mi hermano y yo, juntos, comenzamos a ganar ochocientos dólares al año, ¡nos sentíamos ricos! Es la primera vez que entro en estos detalles por escrito para que ustedes puedan saber, de primera mano, que el director del Lady Home Journal no es un teórico cuando escribe o publica artículos que tratan de predicar el ahorro o que reflejan una lucha cuerpo a cuerpo contando con unos ingresos pequeños o invisibles. No hay ni un solo paso, ni un centímetro, del camino de la pobreza absoluta que yo no conozca o que no haya experimentado. Y, habiendo experimentado cada pensamiento, cada sentimiento y cada carencia que afectan a quienes transitan por él, hoy puedo decir que me contento con cada muchacho que pasa por esa misma experiencia. No dejo de lado ni olvido ni una sola punzada de las intensas penurias que conlleva esa lucha. Hoy no cambiaría esos años en los que viví las más terribles adversidades que un muchacho puede conocer o pasar, por ninguna otra experiencia que pudiera tener. Sé lo que significa ganar, no un dólar, sino dos centavos. Conozco el valor del dinero, pues no podría haberlo aprendido o conocido de ninguna otra manera. No podría haberme preparado para mi trabajo en la vida de ninguna manera más segura. No podría haber llegado a una comprensión más real de lo que significa enfrentarse al día sin tener ni un centavo en la mano, ni un pan en la despensa, ni un trozo de madera para el fuego, sin nada que comer, y ser un chico con el hambre de nueve o diez niños, ¡con una madre frágil y desanimada!

¡"Una experiencia que usted no conoce"! ¿Qué no conozco? Y, sin embargo, me regocijo en la experiencia, y repito: Envidio a cada muchacho que está en esa situación y pasando por ella. Pero (y éste es el punto central de mi firme creencia en que la pobreza es una bendición disimulada para un chico) creo en la pobreza como una situación que hay que experimentar, por la que hay que pasar y de la que luego hay que salir, y no como una situación en la que uno deba perdurar.

Algunos dirán, "Eso está muy bien. Es fácil decirlo, pero ¿cómo puede uno salir de ella?". Definitivamente, ninguna persona se lo puede decir a otra. Nadie me lo dijo a mí. No hay dos personas que puedan hallar la misma salida. Cada una debe encontrar la suya. Eso depende del chico. Yo estaba decidido a salir de la pobreza porque mi madre no había nacido en ella, no la podía aguantar y no tenía lugar en ella. Eso me proporcionó el primer elemento fundamental, un objetivo. Entonces respaldé mi propósito con esfuerzo, con la voluntad de trabajar y de hacerlo en cualquier cosa que se presentara, sin importar lo que fuera, siempre y cuando significara "una salida". Yo no elegía ni optaba; tomaba lo que venía y lo hacía lo mejor que sabía.

Y, cuando no me gustaba mi trabajo, seguía haciéndolo bien mientras lo hacía, pero me encargaba de no tener que hacerlo durante más tiempo del preciso. Utilizaba cada peldaño de la escalera para llegar al siguiente peldaño. Ello envolvía un esfuerzo, pero con el esfuerzo y el trabajo llega la experiencia, el crecimiento, el desarrollo, la capacidad de entender y ser comprensivo, que es la mejor herencia que un muchacho puede recibir. Y no hay nada en el mundo que pueda dársela de una manera tan intensa como la pobreza. Por eso creo tan fervorosamente en la pobreza, que es la mayor bendición que puede recibir un muchacho en la manera de una experiencia sumamente profunda y plena. Pero, como dije antes, siempre viéndola como una situación de la que uno debe salir con su trabajo; no persistir en ella.

Para que puedas desarrollar el hábito de un perfecto autocontrol, debes entender la verdadera necesidad de tener esta cualidad. Además, debes entender las ventajas que proporciona a quienes han aprendido a ejercitarlo.

Al desarrollar el autocontrol, también desarrollas otras formas que aumentan tu poder personal. Entre las otras leyes que están al alcance de la persona que ejercita el autocontrol está la LEY DE LA REVANCHA. ¡Ya sabes lo que quiere decir "revancha"! En el sentido que estamos utilizando el término aquí, significa "devolver el equivalente" y no puramente vengarse, que es como suele utilizarse habitualmente. Si yo te hago un daño, tú tomarás tu revancha a la primera oportunidad. Si yo digo cosas indebidas sobre ti, me harás pagar con la misma moneda, ¡incluso en mayor medida! Por otro lado, si te hago un favor, me lo devolverás en mayor medida si es posible.

A través de un uso adecuado de esta ley, puedo conseguir que hagas cualquier cosa que yo quiera. Si quiero que me detestes y utilices tu influencia para perjudicarme, puedo conseguir ese resultado sancionando sobre ti el mismo tipo de trato que quiero que me ocasiones, a través de la revancha. Si quiero obtener tu respeto, tu amistad y tu cooperación, puedo conseguirlos ofreciéndote a mi vez mi amistad y mi cooperación.

Sé que estamos de acuerdo en estas afirmaciones. Puedes compararlas con tu propia experiencia y verás lo bien que concuerdan. Con cuánta frecuencia has oído el comentario, "Qué maravillosa personalidad tiene Fulanito". ¿Con cuánta periodicidad has conocido a gente con una personalidad que te hubiera gustado tener? El hombre que te atrae mediante una personalidad atrayente simplemente está haciendo uso de la LEY DE LA ATRACCIÓN ARMONIOSA, o la LEY DE LA REVANCHA, pues si las analizas, ambas significan que "los iguales se atraen".

> **Vale la pena recordar que el cliente es el agente más importante en cualquier negocio. Si no crees que es así, intenta pasar sin él durante un tiempo.**

Si estudias, entiendes y haces un uso inteligente de la LEY DE LA REVANCHA, serás un vendedor eficaz y exitoso. Cuando hayas dominado esta sencilla ley y hayas aprendido a usarla, habrás aprendido todo lo que se puede aprender sobre el arte de vender.

El primer paso a dar para dominar esta ley, y posiblemente el más importante, es el de cultivar un autocontrol absoluto. Debes aprender a recibir todo tipo de castigos y ofensas sin tomar revancha de la misma manera. Este autocontrol es parte del precio que debes pagar por el dominio de la LEY DE LA REVANCHA. Cuando una persona enfadada comienza a insultarte y a maltratarte justa o injustamente simplemente recuerda que si tomas la revancha de alguna forma estás siendo arrastrado a su mismo nivel mental y, por lo tanto, ¡esa persona te está dominando!

Por otro lado, si te niegas a enfadarte, si guardas la compostura y te mantienes tranquilo y sereno, conservas todas las facultades normales para resolver. Tomas a la otra persona por sorpresa. Tomas tu revancha con un arma con cuyo uso no está familiarizada y, en consecuencia, la dominas. ¡Los iguales se atraen! ¡Esto no se puede negar! Literalmente cada persona con la que entras en contacto es un espejo en el que puedes ver un reflejo perfecto de tu propio estilo mental. Como ejemplo de la aplicación directa de la LEY DE LA REVANCHA, citaremos una experiencia que tuve recientemente con mis dos hijos pequeños, Napoleón y James.

Íbamos de camino al parque, a dar de comer a los pájaros y a las ardillas. Napoleón había comprado una bolsa de maníes y James una caja de galletas. A James se le ocurrió probar los maníes. Sin pedir permiso, alargó la mano e intentó coger la bolsa. Falló, y Napoleón "tomó la revancha" con su puño izquierdo, el cual aterrizó de una forma bastante enérgica en la mandíbula de James. Le dije a James: "Mira, hijo, no trataste de conseguir esos maníes de la forma correcta. Deja que te muestre cómo hacerlo". Todo pasó tan rápidamente que, mientras le hablaba a James, no tenía ni la menor idea de lo que le iba a sugerir, pero estaba tratando de ganar tiempo para analizar lo ocurrido e idear una manera de hacerlo mejor que la suya.

Entonces me acordé de los experimentos que habíamos estado realizando en relación con la LEY DE LA REVANCHA, de modo que le dije a James, "Abre tu caja de galletas, convídale una a tu hermanito y verás lo que ocurre". Después de hacer unos esfuerzos enormes, logré convencerlo de que lo hiciera. Entonces ocurrió algo increíble, ¡un hecho del que aprendí mi mayor lección sobre el arte de vender! Antes de que Napoleón hubiera tocado una galleta, insistió en colocar algunos de sus maníes en el bolsillo del abrigo de James. ¡Le "pagó con la misma moneda"! De este sencillo experimento con dos niños pequeños aprendí más sobre el arte de manejarlos de lo que podría haber aprendido de cualquier otro modo.

Dicho sea de paso, mis hijos están comenzando a aprender a manipular esta LEY DE LA REVANCHA, lo cual les ahorra muchos combates físicos. Ninguno de nosotros ha llegado mucho más lejos que Napoleón, hijo, y James, en lo referente al funcionamiento y la influencia de la LEY DE LA REVANCHA. Sólo somos unos niños crecidos y simplemente influenciables por este principio. El hábito de "pagar con la misma moneda" se practica de una manera tan universal que podríamos llamarlo adecuadamente la LEY DE LA REVANCHA. Si una persona nos ofrece un regalo, nunca nos sentimos satisfechos hasta que hemos "tomado la revancha" con uno igual de bueno, o mejor, que el que hemos recibido. Si alguien habla bien de nosotros, nuestra admiración hacia esa persona crece, ¡Y así tomamos la revancha"!

Por el principio de la revancha podemos convertir a nuestros enemigos en amigos leales. Si tienes un enemigo al que quieres convertir en tu amigo, puedes comprobar la verdad de esta afirmación si eres capaz de olvidar esa peligrosa piedra de molino que cuelga de tu cuello, a la que llamamos "orgullo" (testarudez). Adquiere el hábito de hablarle a tu enemigo con una amabilidad inusual. Desvíate de tu camino para favorecerlo de todas las maneras posibles. Es probable que al principio parezca inconmovible, pero de a poco empezará a dejarse influir ¡y te "pagará con la misma moneda"! El carbón más ardiente que puedes poner sobre la cabeza de alguien que te ha hecho daño es el carbón de la bondad humana. Una mañana de agosto de 1863, en un hotel en Lawrence, Kansas, obligaron a un joven hombre a que se levantara de la cama. El individuo que lo llamaba era un miembro de las guerrillas de Quantrell y quería que bajara velozmente las escaleras para pegarle un tiro. Aquella mañana, estaban matando gente a lo largo de toda la frontera. Una banda de intrusos había llegado muy temprano para perpetrar la masacre.

El guerrillero que llamaba al hombre estaba impaciente. Éste, cuando despertó del todo, se horrorizó al ver por la ventana lo que estaba pasando. Mientras el hombre bajaba por las escaleras, el guerrillero le reclamó que le entregara su reloj y su dinero, y luego quiso saber si era un abolicionista. El hombre estaba temblando, pero decidió que, si iba a morir, no lo haría articulando una mentira. De modo que le dijo que era un sacerdote y, después de haberlo admitido, hizo un comentario que inmediatamente llevó las cosas por otro rumbo. El guerrillero y él se sentaron en el porche mientras la gente era asesinada en todo el pueblo. Tuvieron una larga charla, que se prolongó hasta que los invasores estuvieron listos para irse. Cuando el guerrillero que había estado hablando con el hombre se subió a su caballo para unirse a sus confederados, estaba estrictamente a la defensiva. Le devolvió sus objetos personales, se disculpó por haberlo molestado y le pidió que pensase bien de él.

Aquel hombre vivió muchos años después de la masacre de Lawrence. ¿Qué fue lo que le dijo al guerrillero? ¿Qué había en su personalidad que hizo que éste se sentara a hablar con él? ¿De qué hablaron? "¿Es usted un abolicionista yanqui?", había preguntado el guerrillero. "Sí, lo soy, fue la respuesta, y usted sabe muy bien que debería estar avergonzado de lo que está haciendo".

Esto llevó el asunto derechamente hacia una cuestión moral y paró en seco al guerrillero. El hombre era tan sólo un joven imberbe al lado de aquel aguerrido rufián, pero lanzó al invasor una carga de pruebas morales y, un momento después, éste estaba tratando de demostrar que podía ser una mejor persona de lo que las circunstancias puedan indicar. Después de haber despertado a este habitante de Nueva Inglaterra para matarlo por sus ideas políticas, se pasó veinte minutos en la tribuna tratando de dar una excusa válida. Le relató largamente su historia personal.

Le explicó cosas de cuando era un niño difícil que no quería rezar y se puso sentimental al acordarse de cómo una cosa había llevado a la otra, y luego a algo peor, hasta que, bueno, ahí estaba, y era "un asunto bastante malo para estar metido en él, compañero", Su última petitoria mientras se alejaba en su caballo fue, "Bueno, compañero, no piense mal de mí, ¿eh?". El hombre de Nueva Inglaterra hizo uso de la LEY DE LA REVANCHA, tanto si lo sabía en ese instante como si no. Imagina lo que habría ocurrido si hubiese bajado las escaleras con un revólver en la mano, ¡y se hubiera enfrentado a la fuerza física con la fuerza física!

¡Pero no lo hizo! Dominó al guerrillero porque peleó contra él con una fuerza que le resultó desconocida.

¿Por qué será que cuando un hombre empieza a hacer dinero, el mundo entero parece abrirse camino hasta su puerta? Piensa en cualquier persona que conozcas que disfrute del éxito económico y te dirá que siempre la están buscando, ¡Y que siempre le están ofreciendo insistentemente oportunidades para hacer más dinero!

A veces quizá sea preciso que uno se enfrente a la fuerza con la fuerza hasta subyugar a su enemigo o contendiente, pero cuando lo hemos sometido es un momento espléndido para llevar a cabo la "revancha", tomándolo de la mano y mostrándole una mejor forma de arreglar la disputa.

¡Los iguales se atraen! Alemania trató de bañar su espada en sangre humana, en una despiadada aventura de conquista. Como resultado de ello, ha recibido una "revancha" equivalente a la mayor parte del mundo civilizado. Eres tú quien debe decidir lo que quieres que hagan los demás y eres tú quien debe conseguir que lo hagan, ¡a través del uso de la LEY DE LA REVANCHA! "La economía divina es automática y muy sencilla: recibimos únicamente aquello que damos". ¡Qué real es que "recibimos únicamente aquello que damos"! Lo que regresa a nosotros no es lo que querríamos, sino lo que damos. Te imploro que hagas uso de esta ley, no sólo para lograr beneficios materiales, sino también, y mejor aún, para alcanzar la felicidad y la buena voluntad con los demás. Después de todo, ése es el único éxito real por el que luchamos.

Resumen

En esta lección hemos aprendido un gran principio, ¡Y seguramente el principio más importante de la psicología! Hemos aprendido que nuestros pensamientos y nuestros actos hacia los demás son como un imán que atrae hacia nosotros el mismo tipo de pensamientos y el mismo tipo de actos que ocasionamos. Hemos aprendido que "los iguales se atraen", ya sea en representación de pensamientos o de la expresión del pensamiento a través de acciones físicas. Hemos aprendido que la mente humana responde, de la misma manera, a cualquier impresión de pensamientos que reciba. Hemos aprendido que la mente humana se parece a la Madre Tierra en el sentido de que reproduce una cosecha de acción muscular que se corresponde, de forma equivalente, con las impresiones sensoriales sembradas en ella. Hemos aprendido que la amabilidad genera amabilidad, y que la crueldad y la injusticia generan crueldad e injusticia.

> Una buena risa sana vale lo mismo que diez mil "lamentos" y un millón de "suspiros" en cualquier mercado de la tierra.

Hemos aprendido que nuestros actos hacia los demás, tanto si son de amabilidad o de crueldad, de justicia o de injusticia, vuelven a nosotros, ¡inclusive en mayor medida! Hemos aprendido que la mente humana responde por igual a todas las impresiones sensoriales que recibe y, por lo tanto, sabemos lo que tenemos que hacer para intervenir en cualquier acto que deseemos en la otra persona. Hemos aprendido que el "orgullo" y la "testarudez" deben ser separados para que podamos hacer uso de la LEY DE LA REVANCHA de una forma constructiva. No hemos aprendido lo que es la LEY DE LA REVANCHA, pero hemos aprendido cómo funciona y qué es lo que, realiza. Por lo tanto, depende de nosotros hacer un uso inteligente de este gran principio.

***

Ahora estamos preparados para pasar a la novena lección, en la cual hallarás otras leyes que armonizan a la perfección con las que se describen en esta lección sobre el autocontrol.

El principiante precisará un gran autocontrol que le permita aplicar la ley más importante de la próxima lección, la cual trata sobre el hábito de hacer más que aquello por lo que te pagan. Esta experiencia le demostrará que el desarrollo de dicho control está más que demostrado por los resultados que emanan de esa disciplina.

Si tienes éxito, recuerda que en algún lugar, en algún momento, alguien te echó una mano o te transmitió una idea que te hizo adelantar en la dirección adecuada. Recuerda, también, que estarás en deuda con la vida hasta que ayudes a alguna persona menos afortunada que tú, como te ayudaron a ti.

LA EVOLUCIÓN DEL TRANSPORTE
Una charla con el autor después de la lección.

Nada es indestructible, excepto el cambio. La vida se asemeja a un gran calidoscopio ante el cual el tiempo siempre está transformando, cambiando y reorganizando el espacio y a los actores. Nuevos amigos están consecutivamente reemplazando a los viejos. En cada corazón está la semilla de la malicia y la de la justicia. Todo ser humano es un criminal y un santo, y cuál de los dos se impondrá dependerá de la oportunidad del momento. La honestidad y la deshonestidad dependen, en gran medida, del punto de vista individual. El débil y el fuerte, el rico y el pobre, el ignorante y el bien informado cambian entre sí sus lugares continuamente.

Conócete A TI MISMO Y conocerás a toda la humanidad. Sólo hay un logro verdadero, y ése es la capacidad de PENSAR CORRECTAMENTE. Avanzamos con la procesión, o detrás de ella, pero no podemos quedarnos inmóviles. ¡Nada es permanente, excepto el cambio!

En la historia del transporte se puede ver, paso a paso, cómo el cerebro del hombre se empezaba a expandir. Cuando descubrió cómo enganchar un buey a un carro y, de esa forma, evitar la fatiga de tener que tirar de la carga, eso fue un gran paso hacia adelante. Fue utilidad práctica, pero cuando se empezó a usar la diligencia, eso fue utilidad y estilo. Aún así, el hombre "no estaba satisfecho", y esa insatisfacción produjo la locomotora primaria.

En la actualidad todos esos métodos de transporte han sido descartados, excepto en ciertas regiones poco civilizadas (o poco desarrolladas) del mundo. El hombre que tira del carro, el buey que tira de la carreta, la diligencia y la locomotora primaria, todos corresponden a épocas pasadas.

Desde el primer tipo de locomotora, se ha desarrollado una máquina poderosa capaz de tirar de cien vagones de mercancías, confrontada con el vagón pequeño y ligero que podía arrastrar la original. Los automóviles que viajan a la velocidad de 120 kilómetros por hora ahora son tan normales como lo fueron los carros de dos ruedas en el pasado y, además, están al alcance de todo aquel que los quiera.

Y, aun así, la mente del hombre todavía "no estaba satisfecha". Los viajes por tierra eran demasiado lentos. Al llevar la mirada hacia arriba, miró a los pájaros elevándose sobre los elementos y se "DECIDIÓ" a superarlos. Estudia la palabra "decidió", porque cualquier cosa que el ser humano se decida a hacer, ¡la hace! Dentro del corto período de quince años, el hombre ha dominado los aires y ahora viaja en avión a una velocidad de 240 kilómetros por hora. El hombre no sólo ha logrado que el aire lo transporte a una velocidad asombrosa, sino que ha aprovechado el éter y ha conseguido que transporte sus palabras alrededor del planeta en una fracción de segundo.

¡Hemos estado describiendo el pasado y el presente! el siguiente paso hacia delante que el ser humano dará en relación a los medios de transporte, será una máquina que volará por el aire, circulará sobre el suelo y se deslizará sobre el agua, a discreción del hombre.

El objetivo de este ensayo ¡es hacerte PENSAR! Cualquier influencia que te haga pensar, también te hace más fuerte mentalmente. Los inspiradores de la mente son esenciales para el crecimiento. Desde los tiempos de los carros tirados por el hombre hasta nuestros días de autoridad de los aires, el único progreso realizado por cualquier persona ha sido el resultado de alguna influencia que estimuló su mente y la impulsó a una acción superior a la normal.

Las dos mayores influencias que hacen que la mente humana crezca son el impulso de la necesidad y el impulso del deseo de crear.

Algunas mentes se desarrollan solamente después de haber experimentado el fracaso, la derrota, y otras formas de castigo que la llevan a una mayor acción. Otras mentes se apagan y mueren al ser castigadas, pero crecen hasta unas alturas sorprendentes cuando se les da la oportunidad de usar sus fuerzas imaginativas de una forma creativa.

Todo el período descrito como el "pasado" fue una época en la que el impulso era el de la necesidad. En el período descrito como "presente", el impulso ha sido una mezcla de necesidad y deseo de crear. El período descrito como "futuro" será uno en el que el intenso deseo de crear será el único impulso que hará prosperar a la mente del hombre hasta alturas con las que todavía no ha soñado. Es una larga distancia la que va desde los tiempos del carro tirado por el hombre hasta el presente, y en ella el ser humano ha aprovechado el rayo de las nubes y ha logrado que haga girar las máquinas que realizarán en un minuto el mismo servicio que diez mil hombres harían en un día. Pero si la distancia ha sido larga, el desarrollo de la mente humana ha sido equivalentemente grande y ha bastado para que acabemos haciendo el trabajo del mundo con máquinas que las fuerzas de la naturaleza (no los músculos del hombre) ponen en marcha. Los cambios evolutivos en los medios de transporte han ocasionado otros problemas que la mente humana debe resolver. El automóvil ha llevado al hombre a erigir más y mejores carreteras. El automóvil y la veloz locomotora combinados han creado peligrosos cruces que cada año terminan con miles de vidas. Ahora la mente humana debe responder al impulso de la "necesidad", y hacer frente a esta incidencia.

Guarda este ensayo y recuerda esta profecía:

En un plazo máximo de cinco años, todos los pasos a nivel del país estarán considerablemente protegidos contra los accidentes automovilísticos y el automóvil mismo será el que opere el sistema de protección: un sistema que será seguro y eficaz, y que funcionará tanto si el conductor del automóvil está dormido como si está despierto, borracho o sobrio. Echemos ahora una breve mirada a la maquinaria de la imaginación del hombre, pues funciona bajo el estímulo del deseo de crear.

Alguna persona imaginativa, quizá alguien que nunca ha hecho nada notorio y que potencialmente no volverá a hacer algo que valga la pena, creará un sistema de protección para los pasos a nivel que marchará con el peso del automóvil. Dentro de la distancia requerida del paso a nivel, una plataforma similar a la de una gran balanza de mercancías cubrirá toda una zona de la calzada. En cuanto el automóvil se suba a la plataforma, su peso hará que baje una barrera, que suene un "gong" y que se prenda una luz roja delante del automovilista. La barrera se elevará en un minuto, dejando que el conductor pase por encima de las vías, obligándolo, de ese modo, a "parar, mirar y escuchar".

Si tienes una mente sumamente imaginativa, TÚ puedes ser una de las personas que creen este sistema y recojan los beneficios de esta venta. Para ser práctica, la mente imaginativa debería estar siempre alerta en busca de formas y medios para desviar por canales útiles el movimiento y la fuerza excesivos. La mayoría de automóviles son demasiado pesados en comparación con la carga que llevan. Este peso se podría aprovechar haciendo que le facilite al automovilista una protección en los pasos a nivel.

Recuerda, el objetivo de este ensayo es darte simplemente la semilla de la sugerencia, no el producto acabado de un invento listo para ser montado y brindar un servicio. El valor para ti de esta sugerencia habita en la posibilidad de pensamiento que le puedes dedicar, con lo que desarrollarás y expandirás tu propia mente. Estúdiate y averigua a cuál de estos dos principales impulsos para actuar responde tu mente con más naturalidad, al impulso de la necesidad o al deseo de crear. Si tienes hijos, estúdialos y determina a cuál de estos dos motivos responden más naturalmente. La imaginación de millones de niños ha sido oprimida y retardada por unos padres que eliminaron el impulso de la necesidad tanto como pudieron al "hacer que las cosas sean fáciles" para tus hijos, podrías estar privando al mundo de un genio.

Ten en cuenta que la mayor parte del progreso hecho por el hombre, ¡ha sido consecuencia de una necesidad amarga y penetrante!

***

No precisas ninguna prueba de que los métodos de transporte han experimentado un continuo proceso de evolución. Tan marcado ha sido el cambio, que el modelo de automóvil antiguo ahora induce risas dondequiera que la gente lo encuentre por la calle.

La ley de la evolución siempre está en funcionamiento en todas partes, cambiando, derribando y reconstruyendo cada elemento material en este planeta y en todo el universo. Pueblos, ciudades y vecindarios están advirtiendo cambios constantes. Vuelve al lugar donde vivías hace veinte años y verás que no reconoces el lugar, ni la gente. Nuevas caras habrán hecho su aparición. Las viejas habrán cambiado.

Nuevos edificios estarán ocupando el lugar de los viejos. Todo parecerá diferente, porque todo será distinto. La mente humana también está experimentando un cambio constante. De no ser esto cierto, nunca habríamos crecido más allá de la edad mental infantil. Cada siete años, la mente de una persona normal logra un desarrollo y una expansión perceptibles. Precisamente durante estos cambios periódicos de la mente podemos dejar los malos hábitos y sembrar otros mejores. El ser humano tiene la suerte de que su mente está experimentando un proceso continuo de cambio ordenado.

La mente que es impulsada por la necesidad, o por el afán de crear, se desarrolla más rápidamente que la mente que nunca es incitada a una acción mayor que la precisa para la subsistencia.

La facultad imaginativa de la mente humana es la mejor maquinaria que se ha creado jamás. De ella han salido todas las máquinas y todos los objetos fabricados por el hombre. Detrás de las grandes industrias, de los grandes ferrocarriles, bancos y empresas comerciales, está la todopoderosa fuerza de la IMAGINACIÓN.

¡Obliga a tu mente a PENSAR! Hazlo convirtiendo las viejas ideas en nuevos planes. En un análisis final, todo gran proyecto y todo negocio o éxito industrial destacable que puedas nombrar no es otra cosa que la aplicación de una combinación de planes e ideas que han sido usados con anterioridad de alguna u otra forma.

Detrás del martillo que golpea con el que se forja el acero, detrás del clamor del taller el buscador puede hallar el Pensamiento; el pensamiento que es siempre el Maestro del hierro y el vapor y el acero, que se eleva por encima del desastre y lo pisa con su rueda.

El esclavo del trabajo puede inquietarse y fallar o trabajar con golpes vigorosos, pero detrás de él está el Pensador, el hombre de mirada clara que sabe; porque en cada arado o machete, en cada pieza y parte y totalidad, debe estar el cerebro del trabajo, el que le da un alma a la labor. Detrás del sonido del motor, detrás de las campanas que repican, detrás del golpeteo del martillo, detrás de las grúas que se columpian, está el Ojo que los examina, observando a través de la tensión y el esfuerzo, está la Mente que los proyecta. Detrás de la fuerza muscular, el Cerebro. El poder de la caldera hirviente, la fuerza del empuje del motor, la fortaleza del trabajador sudoroso, en ellos confiamos enormemente; pero detrás de ellos está quien los proyecta, el Pensador que hace avanzar las cosas, detrás del trabajo; el Soñador que hace que el sueño sea una realidad.

Vuelve a leer este ensayo dentro de seis meses o un año y verás que te contribuye mucho más que en la primera lectura. El TIEMPO le da a la ley de la evolución la oportunidad de expandir tu mente para que puedas ver y entender más.

Aún no he encontrado a ningún hombre valioso que no tenga el arrojo de asumir la responsabilidad de sus propios errores sin que lo hayan acusado.

Novena lección
EL HÁBITO DE HACER MÁS DE AQUELLO PARA LO QUE TE PAGAN

"¡Puedes hacerlo si crees que puedes!"

Podría parecer que comenzar con un comentario sobre el amor es alejamos del tema de la lección, pero, si te reservas tu opinión hasta el final, quizá estés de acuerdo en que el tema del amor no podía prescindirse sin afectar al valor de esta lección. La palabra "amor" se usa aquí en un sentido universal. Son muchos los objetos, motivos y personas que despiertan nuestra naturaleza amorosa. Algunos trabajos no nos gustan otros nos agradan reservadamente y, bajo determinadas condiciones, puede haber un trabajo que verdaderamente AMEMOS. Los grandes artistas, por ejemplo, suelen amar su trabajo. Por otro lado, normalmente al peón no sólo no le gusta su trabajo, sino que posiblemente lo odia. Rara vez nos gusta aquello que hacemos solamente para ganarnos la vida. Lo más habitual es que nos desagrade, e incluso que lo odiemos.

Cuando una persona se dedica a algo que le encanta, puede trabajar durante largos períodos sin llegar a fatigarse, mientras que el trabajo que no le gusta o que odia, le produce fatiga con mucha rapidez.

Por lo tanto, la resistencia de una persona depende en primer lugar de la medida en que le gusta, disgusta o bien ama lo que hace.

> Existen diez debilidades de las que la mayoría de nosotros debe cuidarse.
> Una de ellas es el hábito de intentar cosechar antes de haber sembrado,
> y las otras nueve se incluyen todas en la práctica de crear excusas
> para ocultar el error que cometemos.

Como podrás ver, aquí estamos sentando las bases para la declaración de una de las leyes más importantes de esta filosofía, es decir:

Una persona es más eficaz y alcanza el éxito con mayor rapidez y facilidad si realiza un trabajo que ama, o si lo hace por el bien de otra persona a la que ama.

Siempre que el ingrediente del amor entra en cualquier tarea que uno realiza, la calidad del trabajo mejora de inmediato, la cantidad sube, y esto sin el correspondiente incremento de fatiga que éste induce. Hace unos años, un grupo de socialistas (o quizá se llamaran a sí mismos "cooperadores" organizó una colonia en

Lousiana, compró varias hectáreas de tierra para la agricultura y empezó a poner en marcha un ideal que, según creían, haría que sus miembros fuesen más felices y tendrían menos preocupaciones, a través de un sistema en el que a cada persona se le suministraría el tipo de empleo que más le agradaba. La idea era que nadie recibiría un sueldo. Cada persona hacía el trabajo que más le gustaba, o aquel para el que estaba mejor dotada, y los productos de sus labores combinadas serían pertenencia de todos. Tenían sus propios productos lácteos, su propia fábrica de ladrillos, sus propios animales, sus aves de corral, etc. Contaban con sus propias escuelas y una imprenta con la que publicaban un periódico.

Un ciudadano sueco residente en Minnesota se unió a la colonia y, tras pedirlo, empezó a trabajar en la imprenta. Al cabo de poco tiempo se quejó de que no le gustaba su empleo, de modo que lo cambiaron y lo pusieron a trabajar en la granja, manejando un tractor.

Sólo fue capaz de aguantar dos días, así que volvió a solicitar un traslado y se le concedieron los productos lácteos. Puesto que no se llevaba bien con las vacas, volvieron a trasladarlo una vez más, esta vez a la lavandería, donde duró sólo un día. Uno a uno, fue experimentando todos los trabajos, pero no le gustó ninguno. Todo parecía indicar que no encajaba en la idea de vivir en una cooperativa y, cuando estaba a punto de irse, a alguien se le ocurrió un empleo que todavía no había probado, en la fábrica de ladrillos. De modo que le dieron una carretilla y lo pusieron a trabajar sacando ladrillos de los hornos y apilándolos en el patio. Pasó una semana y no formuló ninguna queja. Cuando le preguntaron si le gustaba su trabajo, respondió con su acento extranjero que ése era totalmente el trabajo que le gustaba.

¡Imagínate que alguien pueda preferir transportar ladrillos! Sin embargo, ese empleo se ajustaba con su carácter, trabajaba solo, realizando una tarea para la que no había que pensar y que no envolvía ninguna responsabilidad, y eso era exactamente lo que él quería.

Permaneció en ese empleo hasta que no quedó ningún ladrillo por transportar y apilar, y luego se marchó de la colonia porque ya no había más trabajo que hacer con los ladrillos. En su opinión, el trabajo "bonito y tranquilo" se había terminado y quería volver a Minnesota, y así lo hizo.

Cuando alguien se dedica a algo que le encanta, no le resulta duro trabajar más y mejor de lo que se espera de él por lo que le pagan y, por ese motivo, toda persona se debe a sí misma esforzarse en hallar el tipo de trabajo que más le guste. Estoy en todo mi derecho de brindar este consejo a los estudiantes de esta filosofía, porque yo mismo lo he puesto en práctica y no tengo ninguna razón para arrepentirme.

Éste parece el lugar conveniente para introducir una pequeña historia personal, que tiene que ver con este autor y con la filosofía de las LEYES DEL ÉXITO, cuyo objetivo es mostrarte que el trabajo que se realiza con un espíritu de amor por el trabajo en sí mismo, nunca es un trabajo perdido y nunca se perderá.

Toda esta lección está dedicada a brindar pruebas de que realmente vale la pena prestar un servicio mayor y mejor que aquel para el que te pagan. Éste sería un esfuerzo vacío e inútil si el autor no hubiera ejercido él mismo esta regla durante el tiempo suficiente para poder explicar cómo funciona.

Durante más de un cuarto de siglo, he estado haciendo un trabajo que amo, a partir del cual se ha desarrollado esta filosofía, y soy absolutamente sincero cuando repito aquello que he dicho en otras ocasiones a lo largo de este curso, que he sido pagado con creces por mi trabajo, aunque sólo fuera por el placer que he tenido mientras lo hacía.

Hace varios años, mi trabajo sobre esta filosofía hizo que me viera en la necesidad de elegir entre recibir dinero inmediatamente, lo cual habría ocurrido si hubiese orientado mis esfuerzos por vías puramente lucrativas, y recibir una remuneración que tarda unos años en llegar y que está simbolizada por los valores económicos habituales y por otras formas de pago que únicamente pueden medirse en términos de conocimientos acumulados que nos permiten disfrutar más vivamente.

La persona que trabaja en lo que más le gusta no siempre tiene el apoyo de sus amigos y parientes más cercanos en su elección. Durante los años que he dedicado a la investigación con el objetivo de juntar, organizar, clasificar y probar material para este curso tuve que invertir una alarmante proporción de mis energías en luchar contra las sugestiones negativas provenientes de amigos y familiares.

Estas referencias personales las doy a conocer tan sólo con la finalidad de mostrar a los estudiantes de esta filosofía que rara vez puede uno esperar consagrarse al trabajo que ama sin encontrar algún tipo de dificultad, o quizá nunca. Por lo general, los principales obstáculos que salen en el camino cuando uno se dedica a lo que más le gusta es que es posible que primeramente no sea el trabajo que le dé la mayor remuneración.

No obstante, por lo general, para indemnizar esta desventaja, la persona que se dedica a aquello que más ama es recompensada con dos beneficios muy marcados. En primer lugar, suele hallar en ese trabajo la mayor de todas las recompensas, la FELICIDAD, lo cual no tiene precio, y, en segundo lugar, cuando se hace un promedio de las ganancias monetarias verdaderas de toda una vida de esfuerzo, generalmente son mucho mayores, porque el trabajo que se hace con un espíritu de amor suele ser mayor en cantidad y calidad que aquel que se hace solamente por dinero.

> **No hay persona más peligrosa para sí misma y para los demás que aquella que juzga sin tener propósito de conocer los hechos.**

La oposición más embarazosa a mi elección del trabajo para esta vida, y se podría decir, sin finalidad de ser poco respetuoso, que la más desastrosa, provino de mi mujer. Quizá esto explique por qué he hecho mención, en varias lecciones de este curso, al hecho de que la esposa de un hombre puede ayudarlo a tener éxito o a salir mal, dependiendo de la medida en que coopere con él y lo anime, o deje de hacerlo, en relación con el trabajo que él ha elegido.

La idea de mi esposa era que yo debía aceptar un puesto asalariado que me certificase unos ingresos mensuales constantes, porque, con los pocos empleos asalariados que yo había tenido, había demostrado que poseía una habilidad comercial que debería suministrarme unos ingresos de entre seis mil y diez mil dólares anuales, sin un gran esfuerzo por mi parte.

En cierto modo, yo entendía a mi mujer y comprendía su punto de vista, ya que teníamos niños pequeños que estaban creciendo y necesitaban ropa y una educación, y contar con un sueldo normal, aunque no fuese muy bueno, parecía ser una necesidad.

No obstante, a pesar de este argumento lógico, decidí no hacer caso de los consejos de mi esposa. Entonces concurrieron en su ayuda las fuerzas conjuntas de su familia y la mía, y me ordenaron, directamente, que me enfrentase a la realidad y me implantara con un salario. Estudiar a otras personas podía estar bien en alguien con tiempo para gastarlo de esa forma "productiva", pero para un hombre joven, casado, con niños en edad de crecimiento, esto difícilmente podía ser lo más apropiado, ¡pero yo me mantuve firme! Había hecho una elección y estaba decidido a atenerme a ella.

La oposición no cedió ante mi punto de vista, pero, ciertamente, fue desapareciendo de modo gradual. Mientras, saber que mi elección implicaba, al menos temporalmente, algunas privaciones para mi familia, y el pensamiento de que mis amigos y familiares más queridos no estaban en conformidad conmigo, hicieron que me esforzara mucho más.

Por suerte, no todos mis amigos opinaban que mi decisión había sido imprudente. Algunos de ellos no sólo creyeron que el camino elegido acabaría acercándome a la cima de un éxito práctico, sino que, además de creer en mis planes, me animaron para que no me dejase vencer por la fatalidad o por la oposición de la familia.

De este pequeño grupo de fieles que me dieron ánimos en una época en que realmente los precisaba, quizá haya un hombre al que debería dedicar un mayor reconocimiento, y ése sería Edwin C. Barnes, el socio de Thomas A. Edison. Hace unos veinte años, el señor Barnes se interesó en el trabajo que yo había preferido, y a él le debo el poder decir aquí que, de no haber sido por su fe inquebrantable en la solidez de la filosofía de las LEYES DEL ÉXITO, yo habría cedido a los consejos de mis amigos y habría indagado en el camino de menor resistencia, tomando la ruta del salario. Ello me habría ahorrado muchas penas y una cantidad casi infinita de críticas, pero habría demolido las esperanzas de toda una vida y, finalmente, con toda posibilidad, yo habría perdido la mejor y más deseable de todas las cosas, ¡LA FELICIDAD! Porque he sido enormemente feliz en mi trabajo, incluso en los períodos en los que la retribución que me proporcionaba no era más que un montón de deudas que en ese momento no podía afrontar. Quizá esto explique, en alguna medida, por qué el tema de la esclavitud de las deudas ha sido puesto de relieve tan extensamente en la cuarta lección, sobre el hábito de ahorrar. Queremos que esa lección "cale". Edwin Barnes no sólo creía en la solidez de la filosofía de las LEYES DEL ÉXITO, sino que su propio éxito económico, al igual que su estrecha relación comercial con el mayor inventor de la tierra, había manifestado que tenía autoridad moral para hablar sobre el tema de las leyes con las que se puede alcanzar el éxito.

Comencé mi investigación con la convicción de que cualquier persona con una inteligencia razonable y un deseo genuino de éxito podía alcanzarlo si seguía unas estipuladas reglas de procedimiento que, por entonces, yo aún desconocía. Quería saber cuáles eran y cómo se podían aplicar. El señor Barnes creía lo mismo que yo. Además, estaba en posición de saber que los maravillosos éxitos de su socio, Edison, se habían producido enteramente por la aplicación de algunos de los principios que más adelante fueron experimentados e incluidos como parte de esta filosofía.

Por su manera de pensar, parecía que la acumulación de dinero, disfrutar de una tranquilidad de ánimo y encontrar la felicidad eran cosas que podían conseguirse a través de la aplicación de unas leyes inalterables que cualquier persona podía dominar y aplicar.

Yo también lo creía. Ahora esta creencia se ha convertido no sólo en una realidad demostrable, sino también en una realidad DEMOSTRADA, como espero que cada uno de los estudiantes de este curso pueda entender cuando haya llegado a dominarlo.

Ten en cuenta que, durante todos esos años de investigación, no sólo estuve empleando la ley que se trata en esta lección, haciendo más que aquello para lo que me pagaban, sino que fui mucho más lejos, haciendo un trabajo que en aquel momento no creía que sería remunerado jamás.

Por lo tanto, tras esos años de caos, adversidad y oposición, finalmente esta filosofía fue terminada y reducida a unos manuscritos, lista para ser publicada. Durante un tiempo, ¡no pasó nada! Me dormí sobre mis laureles, por así decirlo, antes de dar el siguiente paso a fin de poner esta filosofía en manos de unas personas que yo tenía razones para creer que la recibirían bien. Durante la primera fase de mi experiencia, creí que estas palabras eran vacías y carentes de significado, pero desde entonces he modificado mi creencia ampliamente. En una ocasión fui invitado a dar una charla en Canton, Ohio. Mi llegada había sido bien publicitada y tenía motivaciones para esperar que el público fuera numeroso pero, por el contrario, la coincidencia con unas reuniones que dos grandes grupos de empresarios estaban celebrando hicieron que el número total de asistentes se sujetara a la afortunada cifra de trece.

Siempre he creído que, al margen de lo que uno reciba a cambio de sus servicios, del número de personas a las que está sirviendo o del tipo de gente a la que sirve, debería hacer su trabajo lo mejor posible. Ingresé en el tema de mi charla como si la sala estuviera llena. Por alguna razón, se despertó en mí una especie de rencor por la forma en que "la rueda de la fortuna" había girado en mi contra y, si alguna vez he dado un discurso convincente, fue esa noche. Sin embargo, en lo más profundo de mi corazón, ¡pensaba que había fracasado!

No supe hasta el día siguiente que la noche anterior había hecho historia y que eso estaba predestinado a dar a la filosofía de las LEYES DEL ÉXITO su primer impulso real. Uno de los hombres que se hallaba entre el público, uno de los "trece», resultó ser Don R. Mellett, por entonces director del Canton Daily News y de quien hablé concisamente en la lección introductoria de este curso. Aquella noche, cuando terminé de hablar, me fui sigilosamente por la puerta trasera y regresé a mi hotel, pues no quería encontrarme con ninguna de mis trece víctimas al salir.

Al día siguiente, fui invitado al despacho del señor Mellett, ya que la iniciativa había sido suya, dejé que fuera él quien hablara. Empezó diciendo algo así: "¿Le importaría contarme toda la historia de su vida, desde los días de su niñez hasta la actualidad?".

Le dije que lo haría si él era capaz de aguantar la carga de oír un relato tan largo. Dijo que sí, pero antes de que yo comenzara me advirtió que no prescindiera de ningún aspecto, aunque fuera poco favorable.

"Lo que quiero que haga, dijo, es que mezcle lo bueno y lo malo y me deje echar una mirada a su alma, pero no desde el punto de vista más favorable, sino desde todos los ángulos".

Hablé durante tres horas, ¡Y Mellet me escuchó! No omití nada. Le hablé de mis luchas, de mis errores, de mis impulsos de ser deshonesto cuando las corrientes de la fortuna iban en mi contra con mucha rapidez y de que, al final, había quedado mi buen juicio, pero sólo después de que mi conciencia y yo hubiésemos librado un largo combate. Le conté cómo había concebido la idea de organizar la filosofía de las LEYES DEL ÉXITO, cómo había ido reuniendo la información que había incorporado a la filosofía, le hablé de las pruebas que había hecho, a partir de las cuales había eliminado algunos datos y conservado otros.

> Entre las cosas que intentas "eliminar" en tus propósitos del Año Nuevo, ¡incluye la palabra "imposible"!

Cuando hube acabado, Mellett dijo, "Quiero hacerle una pregunta muy personal, y espero que me conteste con la misma honestidad con que me ha contado el resto de su historia. ¿Ha logrado algún dinero con sus esfuerzos? Y, si no es así, ¿sabe por qué no lo ha hecho?"

"¡No!", contesté. "No he logrado nada ¡sólo experiencia, conocimientos y algunas deudas, y el motivo, aunque quizá no sea muy razonable, se explica sencillamente. La verdad es que he estado tan ocupado todos estos años tratando de eliminar parte de mi propia ignorancia para poder reunir y organizar inteligentemente los datos que he incorporado en la filosofía de las LEYES DEL ÉXITO, que no he tenido ni la oportunidad ni la inclinación de invertir mis esfuerzos en hacer dinero".

Para mi sorpresa ¡la expresión seria en el rostro de Don Mellett se suavizó y se convirtió en una sonrisa, al tiempo que ponía su mano sobre mi hombro y me decía: "Ya conoce la respuesta antes de que usted me la diera, pero me preguntaba si usted la sabía. Probablemente sabrá que no es el único hombre en el mundo que ha tenido que consagrar las ganancias monetarias inmediatas para poder reunir conocimientos! pues en realidad su experiencia ha sido la de todos los filósofos, desde los tiempos de Sócrates hasta la actualidad".

¡Aquellas palabras fueron música para mis oídos! Había reconocido las cosas más difíciles de mi vida, había desnudado mi alma, admitiendo una derrota temporal en cada encrucijada con la que me había hallado en mi lucha, y había concluido todo esto admitiendo que un exponente de las LEYES DEL ÉXITO era, él mismo, ¡un fracaso temporal!

¡Qué inadecuado parecía! Me sentí estúpido, humillado y avergonzado mientras permanecía sentado delante del par de ojos más penetrantes y del hombre más curioso que había conocido jamás. Lo absurdo de todo esto me llegó como un relámpago, la filosofía del éxito, creada y divulgada por un hombre que, obviamente, ¡era un fracaso! Este pensamiento me llegó con tanta fuerza, que lo expresé en palabras. "¿Qué?, exclamó Mellett, ¿Un fracaso?" "Sin duda, usted sabe la diferencia entre un fracaso y una derrota temporal". Continuó: "Ningún hombre capaz de crear una sola idea es un fracaso, y mucho menos si ha instituido toda una filosofía que sirve para suavizar las desilusiones y minimizar las penas de generaciones que aún no han nacido".

Me pregunté cuál sería el centro de esta entrevista. Mi primera suposición fue que Mellett quería conocer algunos datos para basar en ellos su ataque a la filosofía de las LEYES DEL ÉXITO en su periódico. Quizá este pensamiento fuera producto de mis experiencias anteriores con otros periodistas, algunos de los cuales se habían enfrentado a mí. En cualquier caso, al principio de la entrevista decidí contarle los hechos sin adornos, cualesquiera que fueran las consecuencias. Antes de que me hubiera ido de la oficina de Mellett ya nos habíamos convertido en socios, entendiendo que él desistiría como director del Canton Daily News y se encargaría de la administración de todos mis asuntos en cuanto tal cosa pudiera organizarse.

Entretanto, empecé a escribir una serie de editoriales especiales, basados en la filosofía de las LEYES DEL ÉXITO, que se publicaban los domingos en el Canton Daily News. Uno de ellos titulado "El Fracaso", que aparece al final de una de las lecciones de este curso, llamó la atención del juez Elbert H. Gary, en aquella época presidente del consejo de administración de la United States Steel Corporation. Esto tuvo como consecuencia el inicio de una comunicación entre Mellett y el juez Gary, lo cual, a su vez, llevó a éste a ofrecerse a comprar el curso de las LEYES DEL ÉXITO para sus empleados de la Steel Corporation del modo que se cuenta en la lección introductoria. ¡Las corrientes de la fortuna habían comenzado a soplar a mi favor!

Las semillas del servicio que yo había estado diseminando durante un largo período de años laboriosos, haciendo más que aquello para lo que me pagaban, ¡finalmente estaban empezando a florecer!

A pesar de que mi socio fue asesinado antes de que nuestros planes se hubiesen iniciado, y de que el juez Cary murió antes de que la filosofía de las LEYES DEL ÉXITO pudiera ser reescrita para ajustarse a sus requerimientos, los "trabajos de amor perdidos" aquella horrible noche en la que hablé ante un público de trece personas en Canton, Ohio, pusieron en marcha una cadena de acontecimientos que ahora prosperan rápidamente sin ningún pensamiento o esfuerzo por mi parte.

No es un abuso de confianza enumerar aquí algunos de los hechos que muestran que un trabajo hecho con amor jamás está perdido y que quienes prestan un mayor y mejor servicio que aquel para el que se les paga, tarde o temprano acaban recibiendo una retribución por mucho más de lo que en realidad hacen. Mientras esta lección se prepara para ir al editor, algunas de las siguientes famosas empresas están considerando prósperamente la compra del curso de las LEYES DEL ÉXITO para todos sus empleados, en tanto que otras ya han hecho las gestiones para comprarlo Señor Daniel Willard, director de la Baltimore & Ohio Railroad Co, Indian Refining Company, Standard OH Company, New York Life Insurance Company, La Postal Telegraph Commercial-Cable Company, la empresa automotriz Pierce-Arrow, la empresa automotriz Cadillac, y otras 50 empresas de dimensiones parecidas.

Además, un club juvenil que se ha organizado recientemente, similar al YMCA, ha contratado el curso de las LEYES DEL ÉXITO como base para su bosquejo educativo, y calcula que distribuirá más de cien mil cursos de esta filosofía en los próximos dos años. Bastante al margen de estas fuentes de distribución, la Ralston University Press de Meriden, Conn., ha firmado un contrato para publicar y distribuir el curso de forma individual en toda Norteamérica y posiblemente en algunos otros países. No es posible calcular con exactitud cuántos cursos comerciarán, pero considerando que tienen una lista de envío de aproximadamente ochocientas mil personas que confían en todo lo que ellos ofrecen para la venta, me parece muy razonable suponer que pondrán cientos de miles de cursos en manos de hombres y mujeres que buscan seriamente los conocimientos transmitidos por la filosofía de las LEYES DEL ÉXITO. Quizá sea innecesario, pero me gustaría explicar que mi único objetivo al contar aquí la historia de cómo la filosofía de las LEYES DEL ÉXITO obtuvo el reconocimiento explicado es demostrar que la ley en la que se basa esta lección realmente funciona en los asuntos prácticos de la vida. De haber podido hacer este análisis sin usar el pronombre personal "yo", lo habría hecho.

***

Con el trasfondo de esta historia sobre la filosofía de las LEYES DEL ÉXITO en conjunto, y con esta lección en particular, estarás mejor capacitado para aceptar la sólida ley en la que se basa esta lección.

> Si tenéis una fe como un grano de mostaza, le diréis a la montaña: "Muévete a ese lugar" y se moverá; y nada será inadmisible para vosotros.

Son más de una veintena las razones bien fundadas por las que deberías desarrollar el hábito de prestar un servicio mayor y mejor que aquel para el que te pagan, a pesar de que una gran mayoría de la gente no lo haga. Existen dos razones para ofrecer un servicio así, las cuales superan en importancia a todas las demás. Éstas son:

1º. Al crearte la popularidad de ser una persona que siempre presta un servicio mayor y mejor que aquel para el que se le paga, saldrás favorecido por la comparación con aquellas que no lo hacen, y el contraste será tan patente que habrá una ardua competencia por lograr tus servicios, no importa cuál sea tu trabajo. Sería un insulto a tu inteligencia ofrecer pruebas de la solidez de esta afirmación, porque tal cosa es obvia. Tanto si te consagras a dar sermones, practicar la abogacía, escribir libros, enseñar en una escuela o a excavar zanjas, serás más valioso y podrás exigir una mejor paga en cuanto se te reconozca como una persona que hace más que aquello para lo que se le paga.

2º. Con mucho, la razón más importante por la que deberías prestar un servicio mayor que aquel para el que se te paga, que es básica y esencial en su naturaleza, se podría describir así, supón que quieres desarrollar un brazo derecho fuerte, y supón que tratas de hacerlo amarrándolo a tu costado con una cuerda, inutilizándolo y proporcionándole un largo descanso, la falta de uso lo fortalecería, o produciría en él parálisis y debilidad, con el resultado final de que te lo tendrían que amputar.

Sabes que si quieres tener un brazo derecho fuerte puedes desarrollarlo simplemente, haciéndolo trabajar fuertemente. Si quieres saber cómo se puede fortalecer un brazo, mira el de un herrero. De la resistencia viene la fuerza. El roble más fuerte del bosque no es el que está protegido de la tormenta y que se esconde del sol, sino el que está al raso, donde se ve obligado a pelear por su existencia contra el viento, la lluvia y el sol abrasador. Es a través del funcionamiento de una de las leyes indestructibles de la naturaleza como la lucha y la resistencia desarrollan la fortaleza, y el propósito de esta lección es enseñarte a aprovechar esta ley y usarla para que te ayude en tu afán por el éxito. Al prestar un servicio mayor y mejor que aquel para el que te pagan, no sólo ejercitas tus cualidades para prestar dicho servicio, desarrollando así unas técnicas y habilidades asombrosas, sino que te crearás una reputación muy valiosa. Si logras el hábito de prestar un servicio así, serás tan bueno en tu trabajo que podrás exigir una mayor remuneración que las personas que no lo prestan. A la larga, desarrollarás la fuerza suficiente para irte de cualquier situación indeseable en la vida y nadie podrá, ni deseará, detenerte.

Si eres un empleado, puedes hacerte igualmente valioso a través de este hábito de prestar un servicio mayor que aquel para el que te pagan, de manera que prácticamente podrás fundar tu propio sueldo y ningún jefe sensato intentará impedírtelo. Si tu jefe es tan desafortunado como para tratar de impedir que recibas la compensación que te mereces, esto no será un obstáculo durante mucho tiempo, porque otros empresarios descubrirán esta cualidad poco común y te ofrecerán un empleo.

El hecho mismo de que la mayoría de la gente esté ofreciendo el menor servicio que pueden ofrecer es una ventaja para el que presta un servicio mayor que aquel para el que se le paga, porque ello le permite favorecerse de la comparación. Si prestas el menor servicio posible, puedes "ir tirando", pero eso será lo único que lograrás; y cuando el trabajo escasee y haya disminución de personal, tú serás el primero en ser despedido.

Durante más de veinticinco años he estudiado detenidamente a las personas con el objetivo de averiguar por qué algunas alcanzan un éxito notorio mientras que otras con la misma capacidad no salen adelante, y me parece significativo que todas aquellas a las que he visto aplicar este principio de prestar un servicio mayor que aquel para el que se les paga tenían una mejor posición y recibían una mayor retribución que aquellas que se limitaban a dar el servicio suficiente para "salir del paso".

Estoy reiterando la importancia de hacer de este principio un hábito como un medio que permita al empleado ascender a un puesto mejor, con una mayor remuneración, porque este curso será estudiado por miles de jóvenes, hombres y mujeres, que trabajan para otras personas. No obstante, el principio se aplica tanto al patrón como al hombre y la mujer profesionales, al igual que al empleado. La disciplina de este principio trae una doble recompensa. En primer lugar, la distinción de una mayor ganancia material que la que disfrutan aquellos que no lo observan, y, en segundo lugar, ofrece la recompensa de la felicidad y la satisfacción que sólo llegan a quienes prestan un servicio así. Si la única retribución que recibes es la de tu sueldo, estás mal pagado, sin importar a cuánto dinero ascienda.

***

Un día mi mujer me trajo un libro de la biblioteca titulado Observancia, de Russell H. Conwell. Por casualidad, abrí el libro al principio de un capitulo titulado "La universidad de todo hombre" y, mientras lo leía, mi primer impulso fue invitarte

a ti que acudas a una biblioteca pública y leas el libro completo, pero, pensándolo mejor, no lo haré. En lugar de eso, te sugeriré que lo compres y lo leas, no una, sino cien veces, porque habla del tema de esta lección como si hubiese sido escrito con ese objetivo, lo trata de una forma mucho más impresionante de lo que yo podría hacerlo.

La siguiente cita del capítulo titulado "La universidad de todo hombre" te dará una idea de las pepitas de oro de verdad que se pueden hallar en el libro, es posible conseguir que el entendimiento llegue a ver una extensión mucho mayor de lo que normalmente ven hombres y mujeres, pero no todas las universidades del mundo pueden facilitar este poder, ésa es la recompensa de la auto-cultura. Cada uno debe lograr a por sí mismo, y quizá ése sea el motivo por el que la capacidad de observar profunda y ampliamente se halla con más frecuencia en hombres y mujeres que nunca han cruzado el umbral de ninguna universidad, excepto la universidad de los golpes duros.

Lee este libro como parte de la presente lección, pues te dispondrá para que te beneficies de la filosofía y la psicología en que se basa.

***

Ahora analizaremos la ley en la que se funda toda la lección; a saber:

¡La ley de las ganancias crecientes!

Comencemos nuestro análisis mostrando cómo emplea la naturaleza esta ley en favor de los que labran la tierra. El agricultor prepara cuidadosamente el suelo, luego siembra el trigo y espera mientras la LEY DE LAS GANANCIAS CRECIENTES le devuelve la semilla que ha sembrado.

Si no fuera por esta LEY DE LAS GANANCIAS CRECIENTES, el hombre moriría, puesto que no conseguiría que la tierra produjera alimentos suficientes para su sostenimiento. No habría ninguna ventaja en sembrar un campo de trigo si el producto de la cosecha no le restituyera más que lo sembrado. Con esta "recomendación" sumamente importante de la naturaleza que podemos obtener de los campos de trigo, procedamos a aduañarnos de esta LEY DE LAS GANANCIAS CRECIENTES y a aprender a aplicarla al servicio que prestamos, con el fin de que pueda producir ganancias.

En primer lugar, apuntemos que no hay ninguna astucia o truco relacionado con esta ley, aunque al parecer algunas personas no han aprendido esta gran verdad, a juzgar por el gran número que dedica todos sus esfuerzos a tratar de obtener algo a cambio de nada, o por menos de su valor real. No es con ese fin que recomendamos el uso de la LEY DE LAS GANANCIAS CRECIENTES, pues tal fin no es posible dentro del amplio significado de la palabra éxito.

Otra característica única y notoria de la LEY DE LAS GANANCIAS CRECIENTES es que puede ser usada por aquellos que adquieren un servicio en el que quienes lo prestan reciben la mayor ganancia posible. Para demostrarlo debemos estudiar los efectos del famoso rango del salario mínimo de cinco dólares al día que Henry Ford inauguró hace unos años.

En el fondo, nada importa demasiado. La derrota que hoy parece romperte el corazón, más adelante no será otra cosa que un tirabuzón entre las olas de otras experiencias en el océano de tu vida. Quienes están acostumbrados a los hechos, dicen que Ford no estaba interpretando el papel de filántropo cuando inauguró este rango de salario mínimo, sino que, por el contrario, simplemente estaba aprovechando un sólido principio comercial que seguramente le reportó mayores ganancias, tanto en dólares como en buena voluntad, que cualquier otra política inaugurada jamás en su fábrica. Al pagar unos salarios mayores que la media, ¡obtuvo un servicio mayor y mejor que la media!

De un solo golpe, con la inauguración de esta política del salario mínimo, Ford atrajo a los mejores obreros del mercado e hizo que el valor de tener el privilegio de trabajar en su planta aumentara. No tengo a mano las cifras relacionadas con este tema, pero me asisten buenas razones para sospechar que, con esta política, por cada cinco dólares gastados, Ford recibía al menos el equivalente de 7,50 en servicios.

Además, motivos razonables me permiten creer que esta política le permitió a Ford reducir el coste de la inspección, pues tener un empleo en esta planta se convirtió en algo tan deseado que ningún trabajador querría correr el riesgo de perder su puesto por "desentenderse" en el trabajo o prestar un mal servicio. Mientras otros empresarios se veían obligados a depender de una inspección costosa para obtener el servicio que les concernía, y por el que estaban pagando, Ford recibía el mismo servicio, o mejor, con un método menos caro de hacer que el empleo en su planta fuera muy valorado. Marshall Field fue seguramente el comerciante más importante de su época, y la gran tienda Field en Chicago se erige hoy como un monumento a su habilidad para aplicar la LEY DE LAS GANANCIAS CRECIENTES.

En una ocasión, una clienta adquirió un cinto de encaje en la tienda Field, pero no lo llegó a usar. Dos años más tarde, se lo obsequió a su sobrina como regalo de boda. Ésta llevó discretamente el cinto a la tienda Field y lo cambió por otro artículo, a pesar de que había sido comprado más de dos años atrás y entonces ya estaba pasado de moda. La tienda no sólo aceptó el cinto, sino que, lo que es más importante: ¡lo hizo sin discutir!

Ciertamente, la tienda no tenía ninguna obligación, moral ni legal, de aceptar la devolución del cinto con tanto retraso, lo cual hace que la transacción sea aún más significativa. El cinto había costado inicialmente 50 dólares, y seguramente lo tuvieron que poner en el mostrador de saldos y venderlo por el precio que se pudiera, pero un estudiante agudo de la naturaleza humana entenderá que la tienda Field no sólo no perdió nada, sino que en realidad salió favorecida con la transacción hasta un punto que no puede medirse tan sólo en dólares. La mujer que devolvió el cinto sabía que no tenía tal derecho; por lo tanto, cuando la tienda le dio aquello que ella no tenía derecho a recibir, la transacción hizo que la ganara como una clienta permanente. Pero el efecto de esto no acabó ahí; sólo era el comienzo, pues la mujer popularizó por todas partes la noticia del "trato justo" que había recibido en la tienda Field. Éste fue el tema de conversación de las mujeres de su grupo durante varios días, y la tienda recibió más publicidad de esta gestión que la que podría haber logrado de cualquier otro modo con diez veces el valor de! cinto.

El éxito de las tiendas Field estaba basado en gran medida en la comprensión de Marshall Fie!d de la LEY DE LAS GANANCIAS CRECIENTES, la cual lo indujo a adoptar como parte de su táctica comercial el eslogan "El cliente siempre tiene la razón".

Cuando haces solamente aquello para lo que te pagan, no hay nada fuera de lo común que pueda atraer comentarios favorables sobre tu actuación, pero cuando, de buena gana, haces más que aquello para lo que te pagan, tus actos atraen la atención favorable de todas las personas involucradas y dan un paso más para establecer una reputación que, a la larga, hará que la LEY DE LAS GANANCIAS CRECIENTES funcione a tu favor, pues creará una amplia demanda de tus servicios.

> Amar los elogios, pero no venerarlos, y temer las críticas, pero no permitir que te hundan, demuestra que eres una personalidad equilibrada.

Carol Downes ingresó a trabajar para W. C. Durant, el fabricante de automóviles, en un puesto menor. Ahora es su mano derecha y, además, es director de una de sus empresas de distribución automotriz.

Logró ser ascendido a esta posición ventajosa únicamente con la ayuda de la LEY DE LAS GANANCIAS CRECIENTES, la cual puso en funcionamiento brindando un mayor y mejor servicio que aquel para el que le pagaban. En una visita reciente al señor Downes, le pedí que me dijera cómo había conseguido ser ascendido con tanta rapidez. En unas cortas frases me resumió toda la historia: Cuando empecé a trabajar con el señor Durant, me fijé que siempre estaba en la oficina mucho después de que los demás se hubieran ido a sus casas, de modo que me propuse quedarme yo también. Nadie me pidió que lo hiciera, pero pensé que alguien debería estar ahí para ofrecer al señor Durant la asistencia que pudiera precisar. A menudo buscaba a alguien que le trajera un archivo de cartas o le prestara algún otro servicio trivial y siempre me encontraba allí, listo para atenderle. Así obtuvo la costumbre de llamarme a mí, y ésa es prácticamente toda la historia.

"¡Adquirió la costumbre de llamarme a mí!"

Vuelve a leer esa frase, pues contiene un significado de lo más rico. ¿Por qué adquirió el señor Durant la costumbre de llamar al señor Downes? Porque el señor Downes se propuso estar asequible, en un lugar donde pudiera ser visto. Se puso deliberadamente en el camino del señor Durant para poder prestarle un servicio que haría que la LEY DE LAS GANANCIAS CRECIENTES lo respaldara. ¿Le dijeron que lo hiciera? ¡NO! ¿Se le pagó para que lo hiciera? ¡No! Se le pagó con la oportunidad de llamar la atención del hombre que tenía el poder de ascenderlo. Ahora nos estamos acercando a la parte más trascendental de esta lección, pues éste es el lugar apropiado para proponerte que tú tengas la misma oportunidad de hacer uso de la LEY DE LAS GANANCIAS CRECIENTES que tuvo el señor Downes y puedas aplicar la Ley exactamente de la misma forma que lo hizo él, estando accesible y preparado para ofrecer voluntariamente tus servicios, haciendo un trabajo que otros podrían rechazar porque no se les paga por hacerlo. ¡Alto! Si tienes la menor intención de soltar esa frase manida de "pero mi jefe es diferente", no la digas; ni siquiera la pienses.

Por supuesto que es distinto. Todos los hombres son distintos en diversos aspectos, pero se parecen mucho en esto: en que son un tanto egoístas; de hecho, son lo bastante egoístas como para no querer que un hombre como Carol Downes elija a su competidor, y tú puedes hacer que ese mismo egoísmo sea una ventaja para ti, en lugar de ser una desventaja, si tienes el buen juicio de volverte tan útil que la persona a quien vendes tus servicios no pueda arreglárselas sin ti.

Uno de los ascensos más ventajosos que he recibido jamás se produjo a través de un incidente supuestamente tan insignificante que pareció no tener ninguna importancia. Un sábado por la tarde, un abogado cuya oficina estaba en la misma planta que la de mi jefe, entró en mi oficina y me preguntó si yo sabía dónde podía hallar un taquígrafo que pudiera hacer un trabajo que él estaba obligado a acabar ese mismo día.

Le dije que todos nuestros taquígrafos se habían ido a ver el partido y que, si hubiera llegado cinco minutos más tarde, no me habría hallado, pero que estaría encantado de quedarme y hacer ese trabajo para él, ya que yo podía ir a un partido cualquier día, pero su trabajo debía hacerse en ese momento. En efecto, hice ese trabajo, y cuando me preguntó cuánto me debía, contesté: "Huy, como unos mil dólares, por tratarse de usted. Si fuera cualquier otra persona, no le cobraría nada". Sonrió y me dio las gracias.

Al hacer este comentario, jamás pensé que me pagaría mil dólares por una tarde de trabajo, ¡Pero lo hizo! Seis meses más tarde, cuando ya había olvidado el suceso por completo, me volvió a visitar y me preguntó cuánto estaba ganando.

Cuando se lo dije, me dijo que estaba dispuesto a pagarme esos mil dólares que yo había pedido bromeando por el trabajo hecho, y me los pagó ofreciéndome un puesto con un aumento anual de mil dólares en mi salario.

Inconscientemente, aquella tarde yo había hecho que la LEY DE LAS GANANCIAS CRECIENTES funcionara a mi favor al renunciar al partido y ofrecer un servicio que, obviamente, había hecho por el deseo de ser útil y no por un interés monetario.

No era mi deber renunciar a mi tarde del sábado, pero. . . ¡fue un privilegio para mí! Además, resultó ser un privilegio beneficioso, ya que me proporcionó mil dólares en efectivo y un puesto de mayor responsabilidad que el que había ocupado antes.

Era el deber de Carol Downes estar al alcance durante el horario normal de trabajo, pero era su privilegio quedarse en su puesto cuando los demás trabajadores se habían ido, y ese privilegio, correctamente ejercitado, le aportó mayores responsabilidades y un sueldo que le permitió ganar en un año más de lo que habría ganado en toda una vida en el puesto que ocupaba anteriormente.

He estado pensando durante más de veinticinco años en el privilegio de prestar un mayor y mejor servicio que aquel para el que a uno le pagan, y mis pensamientos me han llevado a la conclusión de que una sola hora al día dedicada a prestar un servicio para el que no se nos paga puede traernos mayores beneficios que los recibidos en todo lo restante de un día en el que solamente cumplimos con nuestro deber.

> Una persona educada es aquella que ha aprendido a conseguir todo lo que precisa sin transgredir los derechos de sus semejantes. La educación viene de dentro y se puede obtener a través de la lucha, el esfuerzo y el pensamiento.

(Todavía seguimos en la parte, más importante, de esta lección, de manera que piensa y asimila mientras vas pasando las páginas.)

La LEY DE LAS GANANCIAS CRECIENTES no es una creación mía, ni me atribuyo el descubrimiento del principio de prestar un servicio mayor y mejor que aquel para el que nos pagan como un medio para usar esta ley. Tan sólo me he apropiado de ellos, después de muchos años de cuidadosa observación de las fuerzas que participan de la consecución del éxito. Podrías comenzar este proceso de apropiación ahora mismo, probando un experimento que te abrirá los ojos fácilmente y respaldará tus esfuerzos con poderes que no sabías que poseías. No obstante, permíteme indicarte que no debes intentar hacerlo con el mismo espíritu con el que cierta mujer experimentó con esa frase que dice algo así como que si tienes una fe como un grano de mostaza, y le dices a la montaña "muévete hacia ese lugar", ésta se moverá. La mujer en cuestión vivía cerca de una montaña muy alta que podía verla desde su puerta. Por lo tanto, una noche, al irse a dormir, le ordenó que se moviera a algún otro lugar.

A la mañana siguiente, salió de la cama de un salto, corrió hasta la puerta y miró hacia fuera, pero la montaña seguía igual. Entonces dijo, "¡Tal como me lo esperaba! Sabía que estaría allí".

Te voy a pedir que te aproximes a este experimento con la fe absoluta de que marcará uno de los puntos decisivos más importantes de toda tu vida. Te voy a solicitar que el objetivo de este experimento sea retirar una montaña que está allí donde debería estar tu santuario del éxito, pero donde nunca podrá estar hasta que hayas retirado la montaña.

Es posible que nunca te hayas fijado en la montaña a la que me refiero, pero de cualquier modo está imposibilitándote el paso, a menos que ya la hayas descubierto y la hayas retirado.

"¿Y qué montaña es ésa?", te preguntarás. Es la sensación de que te han engañado si no recibes una retribución material por todos los servicios que prestas. Este sentimiento puede estar expresándose inconscientemente y destruyendo los principios mismos de tu templo del éxito de muchísimas maneras que tú no has observado.

En la gente de condición muy humilde, este sentimiento suele buscar expresarse en unos términos semejantes a éstos, "no me pagan para hacer eso, ¡Y si lo hago seré un idiota!".

Ya sabes a qué clase de personas me refiero, te las has topado en muchas ocasiones, pero nunca has conocido ni a una sola persona de este tipo que tenga éxito, y nunca lo tendrá. El éxito debe ser atraído a través de la comprensión y la aplicación de unas leyes que son tan inmutables como la ley de la gravitación. No puede ser arrinconado y capturado como si se tratara de un buey salvaje. Por este motivo, se te pide que hagas el siguiente experimento con el objeto de familiarizarte con una de las leyes más importantes; es decir, con la LEY DE LAS GANANCIAS CRECIENTES.

El experimento:

Durante los próximos seis meses, plantéate prestar un servicio útil al menos a una persona al día, y no esperes ni aceptes una remuneración económica. Realiza este experimento con fe en que revelará, para tu uso, una de las leyes más poderosas que intervienen en la obtención de un éxito duradero, y no te decepcionarás.

La realización de este servicio puede adoptar más de una veintena de formas. Por ejemplo, podrías prestarlo personalmente a una o más personas específicas, o podrías prestarlo a tu jefe, en forma de un trabajo que hagas después de tu horario laboral.

Por otro lado, puedes prestarlo a perfectos desconocidos a los que no esperes volver a ver. No importa a quién prestes este servicio, siempre y cuando lo hagas de buena gana y solamente con el objetivo de beneficiar a los demás. Si llevas a cabo este experimento con la actitud mental adecuada, descubrirás que todos los que se han habituado a la ley en la que se basa han descubierto, principalmente, que no puedes prestar un servicio sin recibir una compensación, del mismo modo que no puedes dejar de prestar un servicio sin sufrir la pérdida de una distinción.

"Causa y efecto, medios y fines, semilla y fruto, no pueden ser separados", dice Emerson, "porque el efecto ya florece en la causa, el fin preexiste en el medio, y el fruto en la semilla."

"Si sirves a un maestro ingrato, sírvele más. Cada gesto será remunerado. Cuanto más tiempo se retenga el pago, mejor para ti; porque interés compuesto sobre interés compuesto es la razón y el uso de este tesoro".

La persona que siembra un pensamiento hermoso en la mente de otra, presta al mundo un servicio mayor que el que prestan todos los quisquillosos juntos. "La ley de la naturaleza es, haz lo que tengas que hacer y tendrás el poder; pero quienes no realizan lo que tienen que hacer, no tienen el poder." "Los hombres sufren durante toda su vida por la tonta superstición de que los pueden engañar. Pero es tan imposible que un hombre sea engañado por alguien que no sea él mismo, como lo es que una cosa exista y no exista al mismo tiempo. En todos nuestros tratos hay una tercera persona silenciosa. La naturaleza y el alma de las cosas se comisiona a la garantía de realización de todos los contratos".

Antes de comenzar el experimento que se te ha solicitado que hagas, lee el ensayo de Emerson sobre la compensación, pues te ayudará muchísimo a entender por qué lo estás haciendo.

Es posible que ya hayas leído Compensación, ¡vuélvelo a leer! Uno de los fenómenos extraños que veras en relación con este ensayo es el hecho de que, cada vez que lo leas, descubrirás nuevas verdades que no percibiste en lecturas anteriores.

Hace unos años fui invitado a dar un discurso de graduación ante los alumnos de una universidad del este. Durante mi discurso, insistí ampliamente, y con todo el énfasis del que era capaz, en la importancia de brindar un servicio mayor y mejor que aquel para el que a uno le pagan. Cuando hube acabado, el rector y el secretario de la universidad me invitaron a un almuerzo. Mientras comíamos, el secretario se volvió hacia el director y le dijo, "Acabo de descubrir lo que está haciendo este hombre. Está instalándose a la delantera en el mundo ayudando primero a los demás a adelantan".

En esa corta frase, había resumido la parte más importante de mi filosofía sobre el tema del éxito. Es literalmente verdadero que uno puede tener un éxito mayor y más rápido si ayuda a los demás a tener éxito. Hace unos diez años, cuando me dedicaba a la publicidad, conseguí toda mi clientela empleando los fundamentos en los que se basa esta lección. Hice que mi nombre estuviera en las listas de seguimiento de diferentes casas de venta por correo y recibía su literatura. Cuando recibía una carta de venta, un folleto o una carpeta que me parecía que yo podía mejorar, empezaba a trabajar en ello prontamente. Lo mejoraba y luego lo mandaba de vuelta a la empresa que me la había mandado con una carta en la que decía que ésta no era más que una pequeña muestra de lo que yo era capaz de hacer, que tenía una gran cantidad de buenas ideas y que estaría encantado de prestar un servicio habitual a cambio de una paga mensual. Esto, frecuentemente, hacía que solicitaran mis servicios. En una ocasión, recuerdo que la empresa fue lo bastante deshonesta como para apropiarse de mi idea y usarla sin pagarme por ella, pero esto resultó ser una ventaja para mí, de la siguiente forma, Un miembro de la empresa que estaba familiarizado con la transacción, comenzó un negocio y, como resultado del trabajo que yo había realizado para sus antiguos socios, por el cual no me habían pagado, solicitó mis servicios pagándome más del doble de lo que podría haber ganado con su empresa anterior.

Así pues, la "ley de la compensación" me devolvió, con un interés compuesto añadido, aquello que yo había perdido al ofrecer un servicio a unas personas deshonestas.

Si yo estuviera buscando un campo rentable para trabajar hoy en día, lo hallaría poniendo en acción este plan de reescribir la literatura de ventas como un medio de crear un mercado para mis servicios. Quizá hallaría a otras personas que se apropiarían de mis ideas sin pagarme por ellas pero, por lo general, la gente no suele hacerlo, por la simple razón de que sería más rentable para ellos tratarme con justicia y luego conseguir mis servicios continuados.

Años atrás, fui invitado a dar una charla ante los estudiantes de la Escuela Palmer, en Davenport, Iowa. Mi mánager hizo los arreglos para que aceptara la invitación en los términos usuales vigentes en aquella época, que eran de cien dólares por la charla, más los gastos del viaje. Cuando llegué a Davenport, me encontré con un comité de recepción que me esperaba en la estación, y aquella noche me dieron una de las bienvenidas más cálidas que había recibido en mi carrera pública hasta ese instante. Conocí a muchas personas encantadoras de las que obtuve muchos datos valiosos que fueron provechosos para mí; por lo tanto, cuando me pidieron la cuenta de mis gastos para que la escuela pudiera entregarme un cheque, les dije que ya habían sido pagados, con creces, por todo lo que había aprendido durante mi estancia. Rechacé los honorarios y regresé a mi oficina, en Chicago, sintiéndome muy bien pagado por el viaje.

A la mañana siguiente, el doctor Palmer habló ante los dos mil estudiantes de su escuela y anunció lo que yo había dicho acerca de sentirme pagado con lo que había aprendido, y añadió, "en los veinte años que llevo administrando esta escuela, he conseguido que muchísimos conferenciantes hablaran ante los estudiantes, pero ésta es la primera vez que tengo de conocer a un hombre que rechaza sus honorarios porque se ha sentido pagado por sus servicios de otra manera. Este hombre dirige una revista nacional; les recomiendo que se suscriban a ella, porque un hombre así debe saber muchas cosas que ustedes precisarán tener en cuenta cuando comiencen a trabajar y ofrezcan sus servicios."

A mediados de esa semana, recibí más de seis mil suscripciones a la revista que yo dirigía, y durante los dos años siguientes esos dos mil estudiantes y sus amigos mandaron más de 50.000 dólares para suscripciones. Dime, si puedes, ¿cómo o dónde podría haber invertido cien dólares de una forma tan beneficiosa como ésta, al negarme a aceptar mis honorarios y haciendo así que la LEY DE LAS GANANCIAS CRECIENTES funcionara a mi favor?

En esta vida pasamos por dos períodos importantes: uno es el período durante el cual reunimos, clasificamos y organizamos conocimientos, y el otro es ese período en el que luchamos por ser reconocidos. Primero debemos aprender algo que necesita un esfuerzo mayor que el que estamos dispuestos a poner en la tarea, pero después de haber aprendido muchas cosas que pueden ser útiles para los demás, seguimos afrontándonos al problema de convencerlos de que podemos series útiles. Una de las razones más importantes por las que siempre deberíamos, no sólo estar preparados para brindar un servicio, sino también estar dispuestos a hacerlo, es que cada vez que lo hacemos tenemos una oportunidad más para manifestarle a alguien que somos competentes; avanzamos un paso más hacia la meta de obtener el reconocimiento preciso que todos merecemos. En lugar de decirle al mundo, "enséñame tu dinero y yo te mostraré lo que puedo hacer", dale la vuelta a la regla y di, "déjame que te muestre mis servicios para que pueda ver tu dinero, si es que éstos te gustan". En 1917, cierta mujer que por entonces se aproximaba a los cincuenta años, estaba trabajando como taquígrafa, con un sueldo de quince dólares semanales. A juzgar por su salario, no debe de haber sido muy buena en su trabajo.

Ahora, fíjate en este cambio, El año pasado, esta misma mujer ganó más de cien mil dólares en la tribuna de conferencias. ¿Qué fue lo que salvó aquella poderosa brecha entre una y otra aptitud para ganar dinero?, te preguntarás. Y yo te contesto, el hábito de hacer un mayor y mejor servicio que aquel para e! que le pagaban, aprovechando así la LEY DE LAS GANANCIAS CRECIENTES. Esta mujer es famosa en todo el país, pues ahora es una destacada charlista sobre el tema de la psicología aplicada.

Permíteme que te muestre cómo aprovechó la LEY DE LAS GANANCIAS CRECIENTES. En primer lugar, ella va a una ciudad y da una serie de quince conferencias gratuitas. Todo aquel que quiera concurrir puede hacerlo sin ningún coste. Mientras imparte estas quince conferencias, esta mujer tiene la oportunidad de "venderse" a su público y, al final de la serie, informa que impartirá una clase por la que cobrará 25 dólares por alumno. ¡Y ése es todo su plan!

> Ningún hombre puede elevarse hasta la fama y la fortuna sin llevar consigo a otras personas; sencillamente, no es posible.

Mientras que esta mujer está ganando una pequeña fortuna con un año de trabajo, una gran cantidad de conferenciantes mucho más expertos apenas gana lo suficiente para cubrir sus gastos, puramente porque todavía no se han familiarizado con los fundamentos en los que se basa esta lección, tal como ella ha hecho.

Ahora me gustaría que te detuvieras aquí mismo y contestaras a esta pregunta, si una mujer de cincuenta años, que no tiene ninguna aptitud excepcional puede aprovechar la LEY DE LAS GANANCIAS CRECIENTES y conseguir que la ayude a ascender de un puesto de taquígrafa por el que gana quince dólares semanales al de charlista, en el que gana más de cien mil dólares anuales, ¿por qué no vas a poder aplicar tú esta misma ley para que te proporcione las ventajas que sabes que ahora no posees?

No te preocupes por lo que vendrá en el resto de la lección hasta que hayas respondido a esta pregunta, estás luchando, mansa o seriamente, para hallar un lugar en el mundo, o quizás estés realizando el esfuerzo suficiente para alcanzar un éxito de primer orden, si ese esfuerzo es acompañado y respaldado por la LEY DE LAS GANANCIAS CRECIENTES. Por ese motivo, te debes a ti mismo averiguar cómo puedes aplicar esta ley para sacarle el mayor partido. Ahora, volvamos a esa pregunta, porque estoy decidido a no dejarte que la pases a la ligera, sin otorgarte el beneficio de, como mínimo, intentar responderla. En otras palabras, no hay que pasar por alto el hecho de que estás afrontándote a una pregunta que afecta a tu futuro de una forma crucial, y que harías mal en evadirla. Puedes dejar de lado esta lección después de leerla sin tratar de beneficiarte de ella, pero, si lo haces, nunca más podrás mirarte al espejo sin que te aceche la sensación de que... ¡te has engañado deliberadamente! Quizá esté diciendo la verdad de una manera poco diplomática, pero cuando compraste este curso de las LEYES DEL ÉXITO lo hiciste porque querías conocer la realidad, sin el adorno de las excusas, y la estás obteniendo.

Cuando hayas terminado esta lección, si vas hacia atrás y repasas las lecciones sobre la iniciativa y el liderazgo y sobre el entusiasmo, las comprenderás mejor. Tanto esas lecciones como ésta establecen claramente la necesidad de tomar la iniciativa, seguida de una acción agresiva y de hacer más que aquello para lo que te pagan. Si haces arder los fundamentos de estas tres lecciones en tu conciencia, serás una persona diferente, y afirmo esto sin importar quién seas o a qué te dediques.

Si este lenguaje directo ha hecho que te enfades, me alegro, ¡pues ello muestra que se te puede sacudir! Ahora bien, si quieres beneficiarte del consejo de alguien que ha cometido más errores que los que puedes haber cometido tú y, por esa razón, ha aprendido algunas de las verdades fundamentales de la vida, aprovecha este enojo y concéntralo en ti hasta que te impulse a prestar el servicio que eres capaz de dar. Si lo haces, puedes recoger el rescate de un rey como recompensa. Ahora, dirijamos nuestra atención hacia otra característica importante del hábito de prestar un servicio mayor y mejor que aquel para el que nos pagan, a saber, que podemos desarrollarlo sin tener que pedir permiso para hacerlo. Un servicio así puede prestarse por iniciativa propia, sin la aprobación de nadie. No tienes que consultar a las personas a las que se lo prestas, pues es un privilegio sobre el cual tienes control total.

Hay muchas cosas que podrías hacer que tenderían a favorecer tus intereses, pero la mayoría de ellas requieren la cooperación o el consentimiento de otras personas. Si prestas un servicio menor que aquel para el que se te paga, debes hacerlo con el permiso de quien lo ha pedido o, de lo contrario, tus servicios pronto dejarán de ser requeridos. Quiero que captes todo el significado de este derecho de prerrogativa, el cual es tuyo, para prestar un servicio mayor y mejor que aquel para el que se te paga, pues esto coloca directamente sobre tus hombros la responsabilidad de ofrecerlo, y si no lo haces no tendrás ninguna excusa convincente que ofrecer ni un "pretexto" en el que apoyarte, si no logras realizar tu claro objetivo principal en la vida.

Una de las verdades más esenciales, aunque las más duras, que he tenido que aprender es que cada persona debe ser su propio amo severo. Todos somos buenos creadores de "pretextos" y de "excusas" para proteger nuestras deficiencias.

No estamos buscando los hechos y las verdades tal como son, sino como querríamos que fueran. Preferimos las palabras endulzadas de los elogios a las de la verdad fría e imparcial, que es donde está el punto más débil del hombre-animal. Además, nos levantamos en armas contra aquellos que se atreven a revelar la verdad para nuestro propio bien.

Una de las conmociones más serias que recibí en la etapa inicial de mi carrera pública fue enterarme de que se sigue culpando a la gente por el terrible crimen de decir la verdad. Recuerdo una experiencia que tuve hacia 1920 con un hombre que había escrito un libro en el que hacía publicidad de su escuela de comercio. Me entregó el libro, pidiéndome que lo revisara y le diera mi franca opinión. Lo revisé con sumo cuidado y luego cumplí con mi deber de mostrarle dónde creía que estaban sus puntos débiles. Ahí aprendí una gran lección, pues aquel hombre se enojó tanto que nunca me perdonó que le hiciera ver su libro a través de mi mirada. Cuando me pidió que le dijera con franqueza cuál era mi "crítica", lo que en realidad pretendía era que yo le dijera lo que veía en él que pudiera "elogiar". ¡Eso es la naturaleza humana para ti! Buscamos el halago más que la verdad. Lo sé, porque soy humano.

Todo esto es una preparación para "la cuchillada más cruel" que debo ocasionarte; esto es, sugerirte que las cosas no te han ido tan bien como cabía esperar porque no has aplicado en la medida suficiente la verdad expuesta en la octava lección, sobre el autocontrol, para hacerte responsable de tus propios errores y fallos. Para hacerlo hay que tener autocontrol, y en abundancia. Si le pagaras cien dólares a una persona que tuviera la habilidad y el valor de hacerlo, para que te extirpara la vanidad, el engreimiento y el amor a los elogios a fin de que pudieras ver la parte más débil de tu carácter, el precio sería bastante razonable.

Vamos por la vida tropezando, cayendo y luchando hasta caer de rodillas, y volviendo a tropezar y a caer, evaluándonos, y cayendo, finalmente, en la derrota, esencialmente porque olvidamos o directamente nos negamos a conocer la verdad sobre nosotros mismos. Desde que he descubierto algunos de mis propios puntos débiles a través de mi trabajo ayudando a otras personas a descubrir los suyos, me sonrojo avergonzado cuando veo la vida en retroceso y pienso en lo ridículo que debo de haber parecido a los ojos de aquellos que podían verme como yo no quería hacerlo.

Nos paseamos ante las sombras alargadas de nuestra propia vanidad e imaginamos que son nuestro yo real, mientras que las pocas almas despiertas con las que nos hallamos están en el fondo y nos miran con lástima o con desprecio. ¡Espera un momento! Todavía no he terminado contigo. Me has pagado para que investigue en las profundidades de tu verdadero yo y haga un inventario introspectivo de lo que hay allí, y voy a hacer mi trabajo bien hecho, en la medida de mis posibilidades.

No sólo te has estado mintiendo en cuanto a la verdadera causa de tus fracasos del pasado, sino que has tratado de colgar esas causas en la puerta de otra persona. Cuando las cosas no iban como tú querías, en lugar de aceptar la plena responsabilidad por la causa, decías, "¡Vaya trabajo!" No me gusta como me tratan, ¡de modo que voy a dejarlo!". ¡No lo niegues!

Ahora, deja que te murmure un secreto al oído; un secreto que he tenido que extraer de aflicciones, penas y castigos innecesarios y muy duros, en lugar de "dejar" el trabajo porque había dificultades que dominar y problemas que superar, deberías haberte enfrentado a la realidad, y entonces habrías sabido que la vida misma es sencillamente una larga serie de superaciones de dificultades y obstáculos.

La medida de una persona se puede tomar con gran precisión viendo hasta qué punto se adapta a su entorno y es capaz de adjudicarse la responsabilidad por todas las adversidades con las que se encuentra, tanto si éstas surgen de una causa que está bajo su control, como si no.

> Todos los vendedores se favorecerán recordando que nadie quiere algo de lo que otra persona se está tratando de "deshacer".

Ahora bien, si sientes que te he "dado palos" con excesiva severidad, ten piedad de mí, compañero de viaje, pues seguramente sabrás que he tenido que castigarme a mí mismo más duramente de lo que te he castigado a ti. Tengo pocos enemigos (¡afortunadamente para ellos!), porque han sido lo bastante mediocres y despiadados como para decir algunas cosas sobre mí que me obligaron a desprenderme de algunos de mis defectos más serios; primariamente aquellos que no sabía que poseía. Me he beneficiado de las críticas de esos enemigos sin tener que pagarles por sus servicios con dinero, aunque les he pagado de otras formas. No obstante, no fue hasta hace algunos años cuando percibí algunos de mis defectos más notorios, los cuales atrajeron mi atención mientras estudiaba el ensayo de Emerson sobre la compensación, particularmente el siguiente trozo: "Nuestra fuerza emana de nuestra debilidad. La indignación que

se arma de fuerzas secretas no despierta hasta que nos pinchan, nos pican y nos disparan hiriéndonos gravemente. Un gran hombre siempre quiere ser pequeño. Mientras está sentado en el cojín de la ventaja, se queda dormido. Cuando lo empujan, lo atormentan y lo derrotan, tiene la oportunidad de aprender algo; tiene que hacer uso de su inteligencia, de su hombría; ha conseguido información, ha conocido su ignorancia; se ha curado de la enfermedad de la vanidad; consigue la moderación y verdadera habilidad. El hombre sabio siempre se lanza al lado de sus agresores. Le interesa más a él que a ellos hallar su punto débil. La culpa es más segura que el elogio. Detesto que me defiendan en un periódico. Mientras todo lo que digan lo digan contra mí, siento una cierta seguridad de tener éxito. Pero en cuanto me dicen almibaradas palabras de elogio, me siento como alguien que está indefenso frente a sus enemigos". Estudia esto, la filosofía del inmortal Emerson, pues podría servirte como una fuerza revolucionaria que templará tu metal y te preparará para las batallas de la vida, como el carbón templa al acero. Si eres una persona muy joven, precisas estudiarla más aún, pues a menudo se requieren las duras realidades de muchos años de experiencia para disponerte a fin de asimilar y aplicar esta filosofía.

Es mejor que comprendas estas grandes verdades como consecuencia de la presentación poco diplomática que he hecho de ellas, que verte obligado a conocerlas a través de las no tan tolerantes fuentes de la fría experiencia. La experiencia es una maestra que no tiene favoritos. Cuando yo te permito favorecerte de las verdades que he recogido de las enseñanzas de esa maestra fría y poco comprensiva llamada "experiencia", estoy esforzándome por exponerte mi inclinación a ti, lo cual me hace recordar, en cierta medida, las épocas en que mi padre solía "cumplir con su deber" conmigo, en la leñera, empezando siempre con esta muestra de su alentadora filosofía, "Hijo, esto me duele a mí más que a ti."

* * *

Así, nos acercamos al final de esta lección sin haber agotado las posibilidades del tema; mejor dicho, sin haber hecho más que arañar su superficie.

Me viene a la mente la historia de un libro muy antiguo, a través de la cual puedo traspasar a tu mente el significado principal de esta lección. Esta historia tuvo lugar en la ciudad de Antioquía, en la antigua Roma, hace dos mil años, cuando la gran ciudad de Jerusalén y toda la tierra de Judea estaban bajo los resguardos de Roma.

La figura principal de la historia era un joven judío llamado Ben-Hur, quien fue falsamente acusado de un crimen y sentenciado a trabajos forzados como remero en la galera. Atado a un banco en la nave y obligado a tirar cansadamente de los remos, Ben-Hur desarrolló un cuerpo muy fuerte. Sus torturadores no sabían que de este castigo obtendría la fuerza con la que un día lograría su libertad. Quizá ni siquiera el propio Ben-Hur tuviera esa esperanza. Entonces llegó el día de las carreras de carros romanos, el día que estaba destinado a que Ben-Hur dejara las cadenas que lo ataban a los remos y obtuviera su libertad. Una pareja de caballos no tenía conductor. Desesperado, su dueño buscó la ayuda del joven esclavo por sus fuertes brazos y le rogó que ocupara el lugar del conductor ausente. Cuando Ben-Hur tomó las riendas, un poderoso grito emergió de quienes lo observaban, "¡Mira! ¡Mira! ¡Qué brazos! ¿De dónde los has sacado?", gritaron. A lo que Ben-Hur contestó, "¡De los remos de la galera!".

La carrera había comenzado. Con esos fuertes brazos, Ben-Hur condujo serenamente ese par de enérgicos caballos a la victoria, una victoria que le hizo ganarse su libertad.

La vida misma es una carrera de carros, y la victoria sólo le llega a quienes han desarrollado la fuerza de carácter, la osadía y el poder de voluntad para ganar. Lo que importa es que desarrollemos esta fuerza a través del cruel confinamiento en los remos de la galera, siempre y cuando la usemos para que nos traiga, finalmente, la victoria y la libertad. Es una ley inmutable que la fuerza surge de la resistencia. Si sentimos lástima del pobre herrero que manipula un martillo de más de dos kilos durante todo el día, también debemos admirar el maravilloso brazo que desarrolla al hacerlo.

Debido a la naturaleza dual de todas las cosas, en el trabajo como en la vida, no puede haber ningún engaño -dice Emerson-. El ladrón se roba a sí mismo. El estafador se estafa a sí mismo. Porque el verdadero precio del trabajo es el conocimiento y la virtud, de los que la riqueza y el reconocimiento son señales. Las señales, al igual que el dinero, pueden ser adulteradas o robadas, pero aquello que representan -a saber, el conocimiento y la virtud- no pueden ser adulterados ni robados.

Henry Ford recibía semanalmente quince mil cartas de personas que le rogaban que les entregase una parte de su riqueza, pero qué pocas de estas almas ignorantes entendían que la verdadera riqueza de Ford no se medía por los dólares que tenía en el banco, ni por las fábricas que tenía, sino por la reputación que se había ganado al brindar un servicio útil a un precio razonable. ¿Y cómo obtuvo esa "puntación"? Evidentemente, no fue prestando el menor servicio posible y cobrando por él todo lo que pudiera sacar de sus clientes. La propia maniobra y trama de la filosofía comercial de Ford es la siguiente, "el mejor producto al menor precio posible".

Cuando otros fabricantes de automóviles suben sus precios, Ford los baja. Cuando otros empresarios bajan los sueldos, Ford los sube.

¿Qué ha ocurrido? Esta táctica ha hecho que la LEY DE LAS GANANCIAS CRECIENTES respalde a Ford de una forma tan eficiente que se ha convertido en el hombre más rico y más poderoso del mundo. Ay, buscadores de riqueza necios y cortos de vista, que regresáis de la caza diaria con las manos vacías, ¿por qué no aprendéis la lección de hombres como Ford? ¿Por qué no invertís vuestra filosofía y dais para poder recibir?

> No hay hombres holgazanes.
> Lo que parece ser un hombre holgazán,
> es sólo una persona desafortunada que no ha hallado el trabajo
> que mejor se le acomoda.

La vida, en el mejor de los casos, es sólo un breve período de años. Como una vela, se nos prende, parpadeamos durante unos instantes y luego ¡nos apagamos! Si nos hubiesen traído aquí con el objetivo de acumular tesoros para usarlos en una vida que está más allá de la oscura sombra de la Muerte, ¿no es acaso posible que la mejor forma de reunir esos tesoros sea prestando todos los servicios posibles a todas las personas que podamos, con un espíritu de bondad y perspicacia? Espero que estés de acuerdo con esta filosofía. Esta lección debe terminar aquí, pero no está acabada, en absoluto. Donde yo dejo la cadena del pensamiento, ahora es tu deber recogerla y desarrollarla a tu propia forma y para tu propio beneficio. Por la naturaleza misma del tema de esta lección, nunca puede terminarse, pues nos conduce hacia el corazón de todas las actividades humanas.

Su objetivo es hacer que tomes los fundamentos en los que se basa y los uses como un estímulo que hará que tu mente se expanda, y libere así las fuerzas latentes que son tuyas. Esta lección no fue escrita con el propósito de enseñarte algo, sino que fue pensada como un medio para hacer que te enseñes a ti mismo una de las grandes verdades de la vida. Fue pensada como una fuente de educación, en el verdadero sentido de deducir, extraer, desarrollar desde dentro esas fuerzas de la mente que están disponibles para que las uses. Cuando prestas el mejor servicio del que eres capaz, luchando cada vez por superar todos tus esfuerzos anteriores, estás haciendo uso de la manera más alta de educación. Por lo tanto, cuando prestas un mayor y mejor servicio que aquel para el que te pagan, más que ningún otro, te estás favoreciendo del esfuerzo. La maestría en el campo laboral que has elegido sólo puede ser alcanzada mediante la realización de un servicio así. Por este motivo, debes hacer que esto forme parte de tu claro objetivo principal para procurar superar todas tus marcas anteriores en todo lo que hagas. Deja que sea parte de tus hábitos diarios y síguelo con la misma disciplina con que comes tus comidas.

Plantéate brindar un servicio mayor y mejor que aquel para el que se te paga y hete aquí que, antes de que te des cuenta de lo que ha ocurrido, ¡descubrirás que El MUNDO ESTÁ DISPUESTO A PAGARTE POR MÁS DE LO QUE HACES! Un interés compuesto sobre un interés compuesto es el valor que se te pagará por ese servicio. Tú has de decidir por completo exactamente cómo tendrá lugar este aumento piramidal de ganancias.

Ahora bien, ¿qué vas a hacer con lo que has aprendido de esta lección? ¿Y cuándo? ¿Y cómo? ¿Y por qué? Esta lección no puede ser de ningún valor para ti a menos que te induzca a adoptar y utilizar los conocimientos que te ha ofrecido.

> Siempre hay sitio para la persona de la que se puede confiar que entregará las mercancías cuando expresa que lo hará.

¡El conocimiento se convierte en PODER exclusivamente mediante su organización y su USO! No lo olvides. Nunca podrás llegar a ser un líder si no haces más que aquello para lo que se te pagan, y no puedes llegar a tener éxito si no desarrollas el liderazgo en la ocupación que has preferido.

Con la ayuda de la mente, el hombre ha descubierto muchos datos interesantes acerca de la tierra en la que vive, sobre el aire y el éter que llenan el espacio infinito que lo rodea, y sobre los millones de otros planetas y cuerpos celestes que flotan en el espacio. Con la ayuda de un pequeño invento mecánico (concebido por la MENTE) llamado "espectroscopio", el ser humano ha descubierto, a una distancia de 150 millones de kilómetros, la naturaleza de las sustancias de las que está compuesto el sol.

Hemos pasado por la edad de piedra, la edad de hierro, la edad de cobre, la era del fanatismo religioso, la era de la investigación científica, la era industrial, y ahora entramos en la era del pensamiento. De los restos de las edades bárbaras por las que ha pasado el ser humano, ha guardado una gran cantidad de material que es un buen alimento para el pensamiento. Aunque durante más de diez mil años se libró una lucha entre la ignorancia, la superstición y el miedo en un bando y la inteligencia en el otro, el hombre ha obtenido algunos conocimientos favorables.

Entre los fragmentos de conocimientos útiles que reunió, el hombre descubrió y clasificó los elementos químicos de que se compone la materia. A través del estudio, el análisis y la comparación, ha descubierto la "enormidad" de las cosas materiales en el universo tal como están representadas por los soles y las estrellas, algunos de los cuales son diez millones de veces más grandes que el planeta en que vive. Por otro lado, ha descubierto la "pequeñez" de las cosas al reducir la materia a moléculas, átomos y, posteriormente, a la partícula más pequeña conocida, el electrón. Un átomo es tan sorprendentemente diminuto, que un grano de arena contiene millones de átomos. La molécula está hecha de átomos, los cuales se dice que son partículas de materia que giran unas alrededor de otras en un circuito continuo a la velocidad del rayo, de una forma muy similar a como la Tierra y otros planetas giran alrededor del Sol en un circuito eterno. El átomo, a su vez, está formado por electrones que están en un constante y rápido movimiento; por lo tanto, se dice que en cada gota de agua y en cada grano de arena se reproduce el principio completo según el cual marcha todo el universo. ¡Qué maravilloso! ¡Qué estupendo! ¿Cómo sabemos que estas cosas son verdaderas? Con la ayuda de la mente.

Puedes hacerte una ligera idea de la dimensión de todo ello la próxima vez que comas un bistec, recordando que, en un análisis final, ese bistec que está en tu plato y el plato mismo y la mesa en la que estás comiendo y los cubiertos que estás utilizando, están todos hechos del mismo material en última instancia. En el mundo físico, tanto si uno contempla la estrella más grande que flota en el cielo o el más pequeño grano de arena que se pueda hallar, el objeto observado no es sino una colección organizada de moléculas, átomos y electrones. (Un electrón es una forma de poder indivisible, compuesta por un polo positivo y otro negativo.) ¡El hombre sabe mucho sobre la realidad física del universo! El próximo gran hallazgo científico será el hecho, ya existente, de que cada cerebro humano es una estación emisora y receptora; que cada vibración de pensamiento librada por el cerebro puede ser recogida e interpretada por todos los demás cerebros que están en armonía con ella, o "en sintonía" con la velocidad vibratoria del cerebro emisor.

¿Cómo logró el hombre los conocimientos que posee acerca de las leyes físicas de la tierra? ¿Cómo supo lo que ha pasado antes de su época y durante el período no Civilizado? Congregó estos conocimientos al retroceder en las páginas de la historia de la naturaleza y al ver ahí pruebas irrebatibles de millones de años de lucha entre animales de una inteligencia menor. Al ir hacia atrás en las grandes páginas de piedra, ha descubierto huesos, esqueletos, huellas y otras pruebas indiscutibles que la madre naturaleza ha mantenido a lo largo de unos períodos de tiempo increíblemente dilatados para que él las pudiera inspeccionar. Ahora el hombre está a punto de dirigir su atención a otra parte de la historia de la naturaleza, una en la que se ha escrito una leyenda de grandes esfuerzos mentales que ha tenido lugar en el ámbito del pensamiento. Esta página está representada por el éter ilimitado que ha recogido, y que todavía lleva, cada vibración de pensamiento que la mente del hombre ha liberado jamás.

Ningún ser humano ha podido modificar jamás esta gran página de la historia de la naturaleza. Sus registros son positivos y pronto podrán ser desarrollados con claridad. No se ha permitido ninguna interpolación por parte del hombre. No puede haber ninguna duda de la realidad de la historia que está escrita en esta página. Gracias a la educación (en el sentido de desplegar, deducir, extraer, desarrollar dentro de la mente humana), ahora la historia de la naturaleza está siendo interpretada. La leyenda de la larga y peligrosa lucha ascendente del ser humano está escrita en las páginas de esta historia, que es la más grande de todas. Todo aquel que haya subyugado parcialmente los seis miedos básicos descritos en otra de las "charlas" del autor en esta serie, y que haya conquistado la superstición y la ignorancia, puede leer lo que ha quedado registrado en la historia de la naturaleza. A todos los demás, este privilegio les está negado. Por este motivo, posiblemente, hoy en día sean muy pocas las personas en el mundo entero que se encuentren siquiera en el primer nivel en lo que respecta a la lectura de esta historia. Es posible que todavía sean menos las personas que sepan algo o hayan oído hablar alguna vez acerca de la química de la mente, a través de la cual, dos o más mentes puedan combinarse, en un espíritu de perfecta armonía, de manera tal que nazca una mente que tenga la capacidad sobrehumana de la historia de la vibración del pensamiento tal como ha sido escrita y como existe hoy por hoy en los registros del éter.

El recientemente descubierto principio de la radio ha cerrado las bocas de los incrédulos y ha hecho que los científicos se dirijan a toda prisa hacia nuevos campos de experiencia. Cuando emerjan de este campo de investigación, nos demostrarán que comparar la mente tal como la comprenderemos hoy en día con la mente del mañana es casi como comparar la inteligencia de un renacuajo con la de un profesor de biología que conoce a fondo toda la vida animal, desde la ameba hasta el hombre. Vamos a hacer una corta visita a algunos de los hombres poderosos que en la actualidad viven y que están haciendo uso del poder creador mediante la combinación de dos o más mentes en un espíritu de armonía. Comenzaremos con tres hombres muy conocidos, de los que se sabe que son muy exitosos en sus respectivos campos de trabajo. Sus nombres son **Henry Ford**, **Thomas A. Edison** y **Harvey Firestone**.

De los tres, Henry Ford es el más poderoso, pues tiene relación con el poder económico. El señor Ford es actualmente el hombre vivo más poderoso del mundo, y se cree que es el más poderoso que ha vivido jamás. Tan grande es su poder, que puede tener cualquier cosa física que quiera, o su equivalente. Para él, millones de dólares no son más que juguetes, y no son más difíciles de adquirir que los granos de arena con los que un niño construye túneles. El señor Edison tiene una percepción tan aguda de la historia de la madre naturaleza, que ha aprovechado y combinado, para el bien del hombre, más leyes naturales que cualquier otra persona que haya existido jamás. Fue él quien unió la punta de una aguja y un trozo de cera de manera tal que pudieran registrar y guardar la voz humana. Fue el primero que hizo que el relámpago sirviera para iluminar nuestras casas y calles, con la ayuda de la luz incandescente. Fue él quien logró que la cámara registrara y produjera todo tipo de movimientos, a través del moderno aparato de la imagen en movimiento.

El éxito industrial del señor Firestone es tan conocido que no requiere ningún comentario. Él ha hecho que los dólares se multipliquen tan rápidamente que su nombre se ha vuelto conocidísimo dondequiera que se maneje automóviles. Estos tres hombres comenzaron sus negocios y sus carreras profesionales sin ningún capital y una formación (de ésa que suele llamarse "educación") muy limitada.

Quizá los inicios del señor Ford fuesen, con mucho, los más humildes de los tres. Víctima de la pobreza, atrasado por la falta de la formación más elemental de educación y con la desventaja de ser ignorante en muchos sentidos, ha dominado todas estas cosas en el período, sorprendentemente corto, de veinticinco años. Así se podrían describir brevemente los logros de tres conocidos y exitosos hombres de poder. ¡Pero sólo hemos estado hablando de los efectos! El verdadero filósofo desea saber algo acerca de la causa que produjo tales efectos deseables.

Es de conocimiento público que los señores Ford, Edison y Firestone son amigos íntimos y que se van al bosque una vez al año para tener un período de recuperación y descanso. Pero, por lo general, no se sabe (y es posible que estos tres hombres tampoco lo sepan)

Que entre ellos existe un vínculo de armonía, a partir del cual se ha desarrollado una "mente maestra" que todos ellos utilizan. Una mente de habilidades sobrehumanas que tiene la capacidad de "sintonizar" con fuerzas que la mayoría de personas no conoce en medida alguna. Repitamos la aseveración de que, partir de la combinación y la armonización de dos o más mentes (aparentemente, el número más favorable es el de doce o trece), se puede producir una mente con la capacidad de "sintonizar" con las vibraciones del éter y de recoger de dicha fuente pensamientos relacionados sobre cualquier tema. Por el principio de la armonía de las mentes, Ford, Edison y Firestone han creado una "mente maestra" que ahora perfecciona los esfuerzos de cada uno de ellos, y tanto si son conscientes de ello como si no, esta "mente maestra" es la causa del éxito de cada uno de ellos. No hay ninguna otra respuesta a su adquisición de un gran poder y al éxito de gran alcance que han tenido en sus respectivos ámbitos laborales, y esto es cierto a pesar de que posiblemente ninguno de ellos sea consciente del poder que ha elaborado o de la forma en que lo ha hecho. En la ciudad de Chicago viven seis hombres poderosos conocidos como los "Seis Grandes". Se dice que forman el grupo de hombres más poderoso del medio oeste y que la suma de sus entradas alcanza un total de más de veinticinco millones de dólares anuales. Cada uno de los miembros del grupo comenzó en unas circunstancias de lo más humildes. Sus nombres son:

1. W.M. WRIGLEY, hijo, propietario de la empresa de chicles Wrigley y cuyos ingresos, según dicen, son de más de quince millones de dólares anuales;

2. JOHN R. THOMPSON, propietario de la cadena Thompson de restaurantes de autoservicio desarrollada por todo el país;

3. El señor LASKER, propietario de la agencia de publicidad Lord & Thomas

4. El señor MCCULLOUGH, propietario de la mayor empresa de servicio urgente en el mundo;

5. y los señores RITCHIE y HERTZ, dueños de la empresa nacional de taxis Yellow Taxicab.

Por regla general, no hay nada sorprendente en un hombre que no hace otra cosa que convertirse en un millonario. Sin embargo, hay algo más que extraordinario relacionado con el éxito económico de estos millonarios en particular, pues se sabe que existe un vínculo de amistad entre ellos, a partir del cual se ha desarrollado el estado de armonía que produce una "mente maestra". Estos seis hombres, accidental o premeditadamente, han combinado sus mentes de tal forma que la mente de cada uno de ellos ha sido complementada por un poder sobrehumano conocido como la "mente maestra", y dicha mente le ha contribuido a cada uno de ellos más ganancias mundanas que las que cualquier persona podría usar con provecho.

Muchos millones de personas creen poseer la SABIDURÍA. Muchas de ellas sí la tienen, en ciertos niveles elementales, pero nadie puede tener una verdadera sabiduría sin la ayuda del poder conocido como la "mente maestral", y una mente así no puede ser creada si no es a través del principio de combinar dos o más mentes en armonía.

Sobre este principio, consciente o inconscientemente, se fundan todos los grandes éxitos industriales y comerciales que tanto predominan en estos tiempos. La palabra "fusión" se está convirtiendo en una de las más populares en el vocabulario periodístico, porque difícilmente pasa un día sin que uno lea acerca de alguna gran fusión industrial, comercial, financiera o ferroviaria. Lentamente, el mundo está empezando a aprender (sólo en unas pocas mentes) que a través de la alianza y la colaboración amistosas se puede desarrollar un gran poder. Las iniciativas comerciales, industriales y financieras que tienen éxito son aquellas que están dirigidas por líderes que aplican, sabiéndolo o no, este principio de esfuerzos coordinados que se describe en este artículo. Si quieres ser un gran líder en cualquier diligencia, rodéate de otras mentes que puedan combinarse en un espíritu de cooperación de manera tal que puedan funcionar como una.

Si eres capaz de entender este principio y aplicarlo, puedes tener, con tus esfuerzos, ¡Cualquier cosa que desees en este mundo!

> Me gusta ver a un hombre orgulloso de su país, y me gusta verlo vivir de forma talque su país esté orgulloso de él.
>
> LINCOLN

Décima lección
UNA PERSONALIDAD AGRADABLE

"¡Puedes hacerlo si crees que puedes!"

¿Qué es una personalidad ATRACTIVA? Obviamente, la respuesta es, una personalidad que atrae. Pero, ¿qué es lo que hace que una personalidad atraiga? Procedamos a averiguarlo. Tu personalidad es la suma total de las características y apariencias que te diferencian de todos los demás. La ropa que usas, las arrugas de tu rostro, el tono de tu voz, los pensamientos que alojas, el carácter que has desarrollado mediante esos pensamientos; todo ello forma parte de tu personalidad. El que resulte atractiva o no, es otro tema. Con diferencia, el aspecto más importante de tu personalidad es el que está representado por tu carácter y, por lo tanto, no es visible. El estilo de tu ropa y su provecho constituyen, indudablemente, una parte muy importante de tu personalidad, pues es cierto que la gente se forma una primera impresión de ti a partir de tu apariencia externa. Inclusive tu forma de dar la mano es una parte importante de tu personalidad, y contribuye enormemente a atraer o repeler a las personas a las que saludas, pero ése es un arte que se puede elaborar.

La expresión de tu mirada también forma una parte importante de tu personalidad, porque algunas personas, y son más de lo que uno se imagina, son capaces de ver a través de tus ojos, entrando en tu corazón y viendo aquello que está escrito allí por la naturaleza de tus pensamientos más secretos. La vitalidad de tu cuerpo (a veces denominada "magnetismo personal", también compone una parte importante de tu personalidad.

> Los empresarios siempre están buscando a alguien que haga mejor cualquier tipo de trabajo, ya sea hacer un paquete, escribir una carta o cerrar una venta.

Resultemos ahora a organizar esos medios externos a través de los cuales se expresa nuestra personalidad, de manera tal que atraigan, en lugar de provocar rechazo. Existe una forma de expresar la composición de tu personalidad de manera que, siempre atraiga, aunque carezcas de todo atractivo ¡y es la siguiente: Interesándote, profunda y sinceramente en el "juego" de la otra persona en la vida.

Permíteme que ilustre exactamente lo que quiero decir, contando un incidente que tuvo lugar hace algunos años y del que aprendí una lección sobre la maestría del arte de vender.

Un día, una anciana pasó por mi oficina y me dejó su tarjeta con un mensaje que decía que debía verme personalmente. No hubo manera de que las secretarias le averiguaran la razón de su visita, de modo que concluí que debía de ser alguna pobre alma que quería venderme un libro, y quizá porque me recordó a mi madre, decidí salir al recibidor y comprar su libro, fuese lo que fuese. Sigue cada detalle de este relato atentamente, porque tú también podrás aprender una lección sobre el arte de vender.

Mientras caminaba por el pasillo desde mi despacho privado, esta anciana, que estaba de pie justo fuera de la baranda que llevaba hacia la sala de espera principal, comenzó a sonreír. Había visto a mucha gente sonreír ¡pero nunca antes había visto a nadie sonreír con tanta dulzura como esta señora. Era una de esas sonrisas contagiosas, porque absorbí su espíritu y yo también acabé haciéndolo. Cuando llegué a la baranda, la anciana extendió su mano. Ahora bien, como regla general, no soy demasiado amistoso la primera vez que veo a una persona que pasa por mi oficina, y el motivo es que resulta demasiado difícil decir que "no" si el visitante me pide algo que no quiero hacer.

No obstante, esta querida anciana parecía tan dulcemente inocente e inofensiva que le extendí mi mano y ella me la dio, con lo cual descubrí que no sólo tenía una sonrisa atrayente, sino que también daba la mano de una forma magnética. Sostuvo mi mano con firmeza, pero no demasiada, y la forma misma en que lo hizo transmitió a mi cerebro el pensamiento de que era ella quien me estaba concediendo un honor. Me hizo sentir que la hacía real y verdaderamente feliz darme la mano, y creo que lo estaba. Creo que daba la mano también con el corazón...

He dado la mano a varios miles de personas durante mi carrera pública, pero no recuerdo habérsela dado a nadie que entendiera el arte de hacerlo tan bien como esta anciana. En cuanto me tocó la mano pude sentir que me "deslizaba", y supe que ella conseguiría cualquier cosa que se hubiera propuesto con su visita, y que yo la ayudaría y la apoyaría todo lo que pudiera para ese fin. En otras palabras, aquella sonrisa penetrante y aquel apretón de manos me habían desarticulado y me habían convertido en una "víctima voluntaria". Con un único contacto, esta anciana me había despojado de esa falsa coraza en cuyo interior me introduzco cuando viene alguien a venderme, o a tratar de venderme, aquello que no quiero. Volviendo a una expresión que has encontrado con frecuencia en lecciones anteriores de este curso, esta amable visitante había "neutralizado" mi mente y había conseguido que yo quisiera escuchar.

Ah, pero he aquí el punto de tropiezo en el que la mayoría de vendedores cae y se rompe el cuello, simbólicamente hablando, pues es tan inútil intentar venderle a alguien antes de conseguir que quiera escucharte, como ordenarle a la Tierra que deje de rotar.

Fíjate en lo bien que usó esta anciana una sonrisa y un apretón de manos como herramientas para abrir la ventana que conducía a mi corazón; pero aún no he narrado la parte más importante del encuentro .. . . lenta y conscientemente, como si tuviera todo el tiempo del universo (y, según creo ¡lo tenía en ese momento!) la anciana empezó a cristalizar el primer paso de su victoria en una realidad, diciendo, "Sólo he venido a decirle (aquí hubo lo que a mí me pareció una larga pausa) que creo que está usted haciendo el trabajo más asombroso que cualquier hombre podría hacer hoy en el mundo". Cada una de sus palabras era enfatizada con un suave, pero firme, apretón de mi mano, y ella me miraba directamente a los ojos y al interior de mi corazón mientras hablaba. Cuando recobré la conciencia (porque entre mis ayudantes llegó a ser un chiste que yo me habría desmayado del todo), alargué la mano y abrí el pequeño pestillo secreto que cerraba la baranda y dije, "Pase, querida señora; pase a mi despacho privado" , y con una inclinación galante que habría honrado a los caballeros de otra época, le rogué que entrara y se "sentara un rato" . Mientras la dama entraba a mi despacho privado, le dije que tomara asiento en la gran silla cómoda que estaba detrás de mi escritorio, mientras yo lo hacía en la pequeña silla dura que, en circunstancias normales, habría utilizado como medio para disuadirla de quitarme demasiado tiempo.

Durante tres cuartos de hora, escuché una de las conversaciones más brillantes y encantadoras que he oído jamás, y mi visitante era la que llevaba toda la conversación. Desde el principio, había tomado la iniciativa y, hasta el final de esos primeros tres cuartos de hora, no halló ninguna inclinación por mi parte a desafiar su derecho a hacerlo. Repito, por si no lo has acabado de entender, ¡Yo estaba escuchando de buena gana!.

Ahora viene la parte de la historia que haría que me sonrojase de vergüenza, de no ser por el hecho de que me separan de ti las páginas de este libro, pero debo juntar el valor para narrarla porque, si no lo hiciera, todo el incidente perdería su importancia.

Como he dicho, mi visitante me hipnotizó con una conversación deslumbrante y cautivadora durante tres cuartos de hora. Pero, ¿de qué crees que me habló durante todo ese tiempo? ¡No! Te equivocas. No estaba tratando de venderme un libro, y no utilizó ni una sola vez el pronombre "yo". No obstante, no sólo estaba tratando de venderme algo, sino que realmente me lo estaba vendiendo, y ese algo era yo.

En cuanto se hubo sentado en la gran silla acolchada, abrió un paquete que yo había creído, equivocamente, que contenía el libro que me había venido a vender. Efectivamente, dentro había un libro; de hecho, había varios, pues la anciana tenía el archivo de un año entero de la revista que yo dirigía en aquella época (Hill Golden Rule). Empezó a pasar las páginas y a leer algunas partes que había señalado aquí y allí, asegurándome, mientras lo hacía, que siempre había creído en la filosofía que estaba detrás de lo que estaba leyendo. Entonces, cuando me hallaba en un estado de absoluto trance, y totalmente receptivo, mi visitante llevó tácticamente la conversación hacia el tema que, sospecho, tenía pensado comentar conmigo mucho antes de presentarse en mi oficina. Pero –y éste es otro punto en el que la mayoría de vendedores tropieza- si la anciana hubiese invertido el orden de su conversación y hubiese empezado donde terminó, lo más probable es que nunca habría tenido la oportunidad de sentarse en esa silla grande y cómoda.

Durante los últimos tres minutos de su visita, dejó caer hábilmente los méritos de unos valores que estaba vendiendo. No me pidió que los adquiriera, pero el modo en que me habló de los méritos de esos valores (además de la forma en que me había hablado de un modo impresionante de los méritos de mi propio "juego") tuvo el efecto de hacer que yo quisiera comprarlos y, aunque no se los compré, ella hizo una venta, porque cogí el teléfono y se la presenté a un hombre a quien, más tarde, le vendió más de cinco veces la cantidad que tenía intención de venderme a mí. Si esa misma mujer, u otra, o un hombre, con el mismo tacto y la misma personalidad que ella tenía, me vinieran a visitar, volvería a sentarme y a escuchar durante tres cuartos de hora. Somos humanos, ¡Y quien más quien menos¡ todos somos vanidosos! Todos nos parecemos en esto: estamos preparados para escuchar con intenso interés a quienes tienen el tacto de hablarnos de aquello que está más cerca de nuestro corazón, y luego, por un sentido de correlación, también escuchamos con interés cuando la persona finalmente lleva la conversación hacia un tema que está más cerca del suyo. Y, al final, no sólo "firmamos sobre la línea punteada", sino que además decimos, "¡qué maravillosa personalidad!".

Hace unos años, me hallaba en la ciudad de Chicago dirigiendo una escuela de ventas para una casa de valores que empleaba a más de mil quinientos vendedores. Para mantener llenas las filas de esa gran organización, teníamos que formar y contratar a 600 nuevos vendedores cada semana. De los miles de hombres y mujeres que pasaron por esa escuela, sólo hubo un hombre que entendió la importancia del principio que estoy describiendo aquí la primera vez que escuchó su análisis. Este hombre nunca había intentado vender valores y cuando entró en la clase del arte de vender aceptó sinceramente que no era un vendedor ¡veamos si lo era o no!

Cuando hubo terminado su formación, a uno de los vendedores "estrella" se le ocurrió gastarle una broma, pareciéndole que era una persona crédula que aceptaría todo lo que oyera. De modo que le proporcionó un "dato" interno acerca de dónde podría vender más valores sin grandes esfuerzos. También le dijo que él mismo haría la venta, pero el hombre al que aludió como un probable comprador era un artista corriente con el que no quería perder su tiempo, pues compraría con gran facilidad.

El vendedor novato estuvo encantado de recibir este "dato" y, sin demora, salió a hacer la venta. En cuanto salió de la oficina, la "estrella" reunió a las otras "estrellas" y las puso al corriente de la broma, pues en realidad el artista era un hombre muy rico y la propia "estrella" había pasado casi un mes completo tratando de hacerle una venta, sin éxito. Entonces se supo que todos los demás de ese grupo en particular habían visitado al mismo artista, sin lograr interesarlo. El vendedor novato se había marchado hacía aproximadamente una hora y media, y cuando volvió encontró a las "estrellas" esperándolo con sonrisas en sus rostros.

> Si lo has intentado y te has topado con la derrota, si has hecho planes y has visto cómo se derrumbaban ante tus ojos, simplemente recuerda que los más grandes de la historia fueron producto del valor y, como sabes, el valor nace en la cuna de la desgracia.

Para su sorpresa, el vendedor novato también llevaba una amplia sonrisa en el rostro. Las "estrellas" se miraron curiosamente, pues no esperaban que este hombre inexperto llegara de tan buen humor. "Bueno, ¿le hiciste una venta a tu hombre?", preguntó el creador de la "broma", "por supuesto, contestó el principiante, y descubrí que ese artista era todo lo que me habías dicho, un perfecto caballero y un hombre muy interesante". Buscando en su bolsillo, sacó una solicitud y un cheque por dos mil dólares. Las "estrellas" quisieron saber cómo lo había hecho. "Bueno, no fue difícil", respondió el vendedor novato. "Sencillamente entré y le hablé durante unos minutos, y él mismo sacó el tema de los valores y dijo que quería comprar. Por lo tanto, en realidad yo no le vendí nada: él adquirió voluntariamente".

Cuando oí hablar de esta venta, mandé llamar al vendedor novato y le pedí que me describiera, en detalle, exactamente cómo la había hecho. La narraré tal como me la contó él.

Cuando llegó al estudio del artista, lo encontró trabajando en un cuadro. Tan absorto estaba, que no vio entrar al vendedor, de modo que éste se acercó para poder ver la pintura y se quedó mirando, sin decir ni una palabra. Posteriormente, el artista lo vio. Entonces el vendedor se disculpó por la intrusión y comenzó a hablar.... ¡sobre el cuadro que, el artista estaba pintando!

Sabía lo suficiente de arte como para poder comentar los méritos de la obra con una cierta inteligencia, y realmente estaba interesado en el tema. Le gustó el cuadro y se lo dijo sinceramente al artista, lo cual, por supuesto, hizo que el artista se enojara mucho.

Durante casi una hora estos dos hombres hablaron solamente de arte, particularmente de la pintura que estaba en el caballete. Finalmente, el artista le preguntó al vendedor cuál era su nombre y su trabajo, y el vendedor (sí, el maestro vendedor) respondió, "No importa cuál es mi trabajo o mi nombre; me interesa más usted y su arle". El rostro del artista brilló con una sonrisa de alegría. Esas palabras fueron como dulce música para sus oídos. Pero para no quedar en menos que su educado visitante, insistió en saber cuál era el motivo que lo había llevado a su estudio. Entonces, con una perfecta ironía este maestro vendedor, esta auténtica "estrella" se presentó y narró cuál era su tarea. Brevemente, describió los valores que estaba vendiendo, y el artista escuchó como si disfrutara de cada palabra emitida. Cuando el vendedor hubo acabado, el artista le dijo, ¡Bueno, bueno! He sido muy tonto. Otros vendedores de su empresa han estado aquí tratando de venderme algunos de esos valores, pero no hablaban más que de negocios. De hecho, me irritaban tanto que tuve que pedirle a uno de ellos que se fuera. A ver, ¿cuál era el nombre de ese tipo? "Ah ¡sí, era el señor Perkins". (Perkins era la "estrella" que había preparado esta inteligente broma al vendedor novato.) "Pero usted presenta el tema de una forma tan diferente, que ahora veo lo estúpido que he sido, y quiero que me permita tener dos mil dólares en esos valores."

Piensa en ello, "Usted presenta el tema de una forma tan diferente". Y, ¿por qué presentaba este vendedor novato el tema de una forma tan distinta? Voy a plantear la pregunta de otra forma, ¿Qué es lo que este maestro vendedor le vendió verdaderamente al artista? ¿Le vendió valores? ¡No! Le vendió su propio cuadro, el que estaba pintando en su lienzo.

Los valores no fueron más que un incidente. No pases por alto este punto. Ese maestro vendedor había recordado la historia de la anciana que me entretuvo durante tres cuartos de hora hablando de aquello que estaba más cerca de mi corazón. Le había conmovido tanto, que había decidido estudiar a sus potenciales compradores y averiguar qué era lo que más les interesaba, para poder hablar sobre el tema con ellos.

> Prefiero comenzar desde abajo y ascender hasta la cima que empezar en la cima y tener que permanecer allí.

Este vendedor novato ganó 7.900 dólares en comisiones durante e! primer mes de trabajo en este campo con una diferencia respecto al siguiente de más del doble. La desdicha de ello es que ni una sola persona, en toda una organización de 1.500 vendedores, se tomó la molestia de averiguar cómo y por qué él se había tornado en la verdadera "estrella" de la organización, algo que creo que demuestra plenamente la reprimenda un tanto mordaz apuntada en la novena lección, con la cual es posible que te hayas ofendido.

Un Carnegie, un Rockefeller, un Jame Hill o un Marshall Field han hecho una fortuna a través de la aplicación de los mismos principios que están a disposición de todos nosotros pero envidiamos su riqueza sin que se nos ocurra jamás estudiar su filosofía y adaptárnosla para nuestro propio uso.

Vemos a la persona de éxito en el momento de su triunfo y nos preguntamos cómo lo ha conseguido, pero pasamos por alto la importancia de analizar sus métodos y nos olvidamos del precio que tuvo que pagar en la preparación esmerada y bien organizada que debió realizar para poder recoger los frutos de sus esfuerzos. A lo largo de este curso sobre las LEYES DEL ÉXITO, no verás ni un solo principio nuevo: cada uno de ellos es tan viejo como la propia civilización, pero hallarás a muy pocas personas que comprendan cómo aplicarlo. La persona que vendió esos valores al artista no sólo era un maestro vendedor, sino también un hombre con una personalidad atractiva. Su aspecto no era gran cosa, y quizá ésa fuera la razón por la cual la "estrella" tuvo la idea de hacerle una broma cruel, pero incluso una persona poco atractiva puede tener una personalidad muy atractiva a ojos de aquellos cuya obra ha celebrado.

Ciertamente, hay quienes entienden equivocadamente el principio que estoy tratando de aclarar aquí, pues llegan a la conclusión de que cualquier tipo de halago barato ocupará el lugar de un genuino interés.

Espero que tú no seas uno de ellos. Espero que seas uno de los que entienden la verdadera psicología en que se basa esta lección, y que te plantees estudiar a otras personas con suficiente detenimiento como para encontrar en ellas, o en su trabajo, algo que admires. Sólo así puedes desarrollar una personalidad que será irresistiblemente atractiva.

Los elogios baratos tienen exactamente el efecto contrario a crear una personalidad atractiva. Causan rechazo en lugar de atraer. Son tan frívolos que incluso los ignorantes los detectan fácilmente. Quizá hayas observado -y si no es así, quiero que lo hagas- que esta lección subraya enormemente la importancia de proponerte interesarte intensamente en los demás y en su trabajo, negocio o profesión.

Este, énfasis no es, de ningún modo alguno, una casualidad. Verás rápidamente que los principios en los que se basa esta lección están estrechamente relacionados con aquellos que constituyen las bases de la sexta lección, que trata sobre la imaginación. Además, verás que esta lección se basa en unos principios generales casi idénticos a aquellos que forman la parte más importante de la decimotercera lección, que trata sobre la cooperación. Presentaré aquí algunas sugerencias muy prácticas sobre cómo las LEYES DE LA IMAGINACIÓN, LA COOPERACIÓN Y UNA PERSONALIDAD AGRADABLE pueden concertarse o coordinarse con fines beneficiosos a través de la creación de ideas útiles. Todo pensador sabe que las "ideas" son el principio de cualquier éxito. Sin embargo, la pregunta que se plantea con más frecuencia es, ¿Cómo puedo aprender a crear ideas que me hagan ganar dinero?

Contestaremos a esta pregunta en parte en esta lección sugiriendo algunas ideas nuevas, cualesquiera pueden ser desarrolladas y resultar muy productivas, prácticamente para cualquier persona y en prácticamente cualquier lugar.

Ejemplo número uno.

La guerra mundial dejó Alemania sin su enorme comercio de juguetes. Antes de la guerra, adquiríamos la mayoría de nuestros juguetes a aquel país, pero probablemente no volveremos a comprárselos a los fabricantes alemanes durante esta época, o quizá hasta dentro de mucho tiempo. No sólo en Estados Unidos, sino también en otros países, hay una gran solicitud de juguetes. Nuestro único competidor es el Japón, y sus juguetes son de tan mala calidad que su competencia no es significativa. Pero te preguntarás, ¿qué tipo de juguetes debo fabricar y dónde obtendré el capital para sacar adelante el negocio? En primer lugar, debes ir a ver a algún comerciante de juguetes de tu localidad y averiguar exactamente qué tipo de juguetes son los que se venden con mayor rapidez. Si no te sientes capacitado para ejecutar mejoras en algunos de los juguetes que actualmente están en el mercado, pon un anuncio pidiendo a un inventor que tenga una idea para un juguete "vendible" y pronto hallarás al genio mecánico que te proporcionará el eslabón que falta en tu iniciativa. Pídele que te diseñe un modelo de lo que tú quieres que funcione, luego llévala a un pequeño fabricante, a un carpintero, un taller, o algo por el estilo, y encarga la fabricación de tus juguetes. Ahora que ya sabes exactamente lo que costará tu juguete, estás preparado para ir a ver a algún gran mediador, vendedor al por mayor o distribuidor, y organizar la venta de la totalidad del producto.

Si eres un vendedor hábil, puedes financiar todo tu proyecto con la pequeña cantidad necesaria para poner el anuncio con que conseguir al inventor. Cuando lo encuentres, probablemente podrás estipular con él que diseñe un modelo para ti en su tiempo libre, al anochecer, si le prometes que le darás un trabajo mejor cuando ya estés fabricando tus propios juguetes. Probablemente, él permitirá que te tomes todo el tiempo que necesites para pagarle por su trabajo, o quizá lo haga a cambio de un porcentaje del negocio.

Puedes conseguir que el fabricante de tus juguetes acepte cobrar su dinero cuando la empresa a la que se los vendas te pague y, si es preciso, puedes cederle las facturas por los juguetes vendidos y permitir que reciba el dinero directamente. Positivamente, si tienes una personalidad insólitamente agradable y convincente, y una habilidad organizativa considerable, podrás llevarle el modelo de tu juguete a alguna persona con medios y lograr el capital para realizar tu propia fabricación a cambio de un porcentaje del negocio. Si quieres saber qué es lo que vende, observa a un grupo de niños jugando, estudia lo que les gusta y lo que les disgusta y averigua qué les divierte. Seguramente se te ocurrirá alguna idea de base para crear tu juguete. ¡No hace falta ser un genio para inventar! Lo único que se precisa es sentido común. Simplemente averigua qué es lo que la gente quiere y luego prodúcelo. Hazlo bien, mejor que nadie, y dale un toque de individualidad. Haz que sea distinto.

> Es mejor, y mucho más fácil, ser un gran hombre en una ciudad pequeña que ser un hombre pequeño en una gran ciudad.

Gastamos millones de dólares anualmente en juguetes para entretener a nuestros hijos. Haz que tu nuevo juguete sea útil, al tiempo que interesante. Si es posible, que sea educativo. Si entretiene y al mismo tiempo enseña, se venderá rápidamente y vivirá para siempre. Si tu juguete tiene la forma de un juego, haz que le enseñe al niño algo sobre el mundo en el que vive, sobre geografía, aritmética, inglés, fisiología, o mejor aún, fabrica un juguete que consiga que el niño corra, salte o haga algún tipo de ejercicio. A los niños les encanta moverse y eso es beneficioso para ellos, especialmente cuando están estimulados por un motivo lúdico. Un juego de béisbol para interiores se vendería muy bien, principalmente en las ciudades. Desarrolla un sistema para que la pelota esté sujeta a una cuerda que pueda suspenderse del techo, de manera que el niño pueda lanzarla contra la pared y luego retirarse y golpearla con el bate cuando rebote. En otras palabras, un juego de béisbol unipersonal.

Ejemplo número dos

Este plan interesará solamente al hombre o la mujer seguros de sí mismos y con la ambición de "correr el riesgo" de conseguir grandes ingresos (lo cual, se podría añadir, no le ocurre a la mayoría de la gente).

Ésta es una sugerencia que podrían poner en funcionamiento eficazmente al menos cuarenta o cincuenta personas en todas las grandes ciudades de Estados Unidos, y un número más reducido en las ciudades más pequeñas. Lo que se intenta es que el hombre o la mujer puedan escribir, o aprender a escribir, material para publicidad, literatura de ventas, recordatorios y cosas por el estilo, utilizando la habilidad para redactar que supondremos que tiene.

Para hacer un uso práctico y rentable de esta sugerencia, necesitarás la cooperación de una buena agencia de publicidad y entre una y cinco empresas o personas que encarguen la publicidad suficiente para avalar que sus fondos pasen por la agencia.

En primer lugar, deberías ir a la agencia y acordar con ésta que te emplee y te pague un siete por ciento de las ganancias de todas las cuentas que le traigas. Este porcentaje te compensará por conseguir la cuenta, escribir el material y servir al cliente de otras formas en el manejo de sus gastos de publicidad. Cualquier agencia leal estará encantada de darte este porcentaje por todos los negocios que haga gracias a ti.

Luego puedes ir a visitar una empresa o persona cuya cuenta de publicidad quieras llevar y decirle que en realidad deseas trabajar sin sueldo. Explica lo que eres capaz de hacer y lo que pretendes hacer por esa empresa en específico para ayudarla a vender más. Si la firma tiene contratado a un director de publicidad, te has de convertir prácticamente en su ayudante, con una condición: a saber, que los pagos por la publicidad se realicen a través de la agencia con la que tienes relación. Mediante este arreglo, la empresa o la persona cuya cuenta te asegures de este modo recibirán el beneficio de tus servicios personales sin costo, alguno y no pagará por colocar la publicidad a través de tu agencia más de lo que pagaría por hacerlo a través de cualquier otra. Si tu propuesta es irrefutable y realmente te tomas el tiempo para preparar tu argumento, lograrás la cuenta sin mucho esfuerzo.

Puedes repetir esta transacción hasta que tengas tantas cuentas como puedas manejar ventajosamente, las cuales, en condiciones normales, no serán más de diez o doce, y probablemente menos si uno de tus clientes, o más, superan los 25.000 dólares al año en gastos de publicidad. Si eres un escritor competente de material publicitario y tienes la capacidad de producir ideas nuevas y beneficiosas para tus clientes, podrás mantener su negocio año tras año. Sin duda percibirás que no puedes aceptar más cuentas de las que eres capaz de llevar tú solo. Deberías pasar una parte de tu tiempo en el centro de trabajo de cada uno de tus clientes; de hecho, deberías tener un escritorio y material de trabajo allí, para poder tener información de primera mano sobre los problemas de ventas de tus clientes, así como una información precisa acerca de sus productos y mercancías.

Con un esfuerzo así, conseguirás que la agencia de publicidad tenga la reputación (que no podría obtener de ninguna otra manera) de prestar un servicio efectivo, y tus clientes estarán complacidos porque verán los resultados satisfactorios de tu trabajo. Mientras mantengas satisfechos a la agencia y a los clientes, tu trabajo estará asegurado y ganarás dinero. Una expectativa prudente de ganancias bajo este plan sería de unos ingresos brutos de 250.000 dólares anuales; el siete por ciento de éstos ascendería a 1 7.500 dólares.

Un hombre o una mujer con una capacidad extraordinaria podría elevar enormemente esta cifra, hasta llegar, digamos, a unos ingresos de 25.000 dólares anuales, aunque la tendencia, sin embargo, es a bajar hasta entre 5 .000 y 7.500 dólares, cifra "promedio" que una persona puede esperar ganar razonablemente. Como puedes ver, este plan tiene posibilidades. Te suministra un trabajo independiente y te garantiza tu capacidad íntegra de ganar dinero. Es mejor que un puesto como director de publicidad, incluso si te pagaran lo mismo, porque prácticamente te instala en un negocio propio, en el que tu nombre está desarrollando continuamente un valor de supervivencia.

Ejemplo número tres

Prácticamente cualquier hombre o mujer con una inteligencia media puede poner en marcha este plan con muy poca preparación. Acude a cualquier imprenta de primera categoría y gestiona de modo que se encargue de todo el trabajo que le lleves y te dé una comisión de alrededor del diez por ciento de la cantidad bruta. Luego, ve a ver a los que más usan material impreso y consigue muestras de todas las formas de impresión que usen. Afíliate o llega a un acuerdo de trabajo con un artista que repase todo este material impreso y mejore las ilustraciones ahí donde lo crea conveniente o adecuado, o haga otras allí donde no se han utilizado antes con un esbozo a lápiz que pueda añadirse al material original impreso. Luego, si no eres escritor de material publicitario, llega a un acuerdo con alguien que lo sea y haz que revise el texto del material impreso y lo mejore en todos los aspectos potenciales.

Cuando el trabajo haya sido completado, vuelve a la empresa que te proporcionó el material impreso llevando contigo presupuestos para el trabajo. Enséñales lo que se podría hacer para mejorarlo, pero no hables de tus presupuestos hasta haberles mostrado cuánto podrías mejorar el material. Seguramente conseguirás todo el trabajo de esa empresa si les ofreces ese tipo de servicio en relación con todos los trabajos de impresión que hayan hecho. Si realizas el servicio correctamente, pronto tendrás todo el trabajo que tu artista comercial, tu redactor y tú podéis manejar. Debería ser lo bastante bueno como para hacerlos ganar 5.000 dólares anuales a cada uno. Cualquier bien que obtengas del trabajo de otras personas en relación con cualquiera de estos planes será una ganancia legítima; una ganancia que te pertenece por tu capacidad de organizar y reunir el talento y la habilidad necesarios para prestar un servicio satisfactorio. Si entras en el negocio juguetero, te atañerán unas ganancias sobre el trabajo de quienes fabriquen los juguetes, ya que será gracias a tu habilidad como ellos tendrán ese cargo. Es más que probable que tu cerebro y tu habilidad, cuando se sumen a los de las personas que trabajen contigo o para ti, aumentarán enormemente su capacidad de ganar dinero, incluso hasta el punto de que se podrán permitir verte ganar una pequeña cantidad a partir de sus esfuerzos, porque, aún así, ellos estarán ganando mucho más de lo que conseguirían sin tu orientación. Estás dispuesto a llevar a cabo alguno de estos planes y obtener beneficios de ellos, ¿no es así? No ves nada malo por tu parte, ¿verdad? Si eres un empleado que trabaja para alguna otra persona o empresa, ¿no sería posible que el director de dicha empresa, o esa persona, con su talento para organizar, financiar. . ¿Esté acrecentando sus propios ingresos en estos momentos?

Quieres dejar de ser un empleado y convertirte en un empresario. No te culpamos de ello. Prácticamente todas las personas normales quieren hacer lo mismo. El primer gran paso que es necesario dar es el de servir a la empresa o persona para la que estás trabajando como a ti te gustaría que te sirvieran si fueras esa persona o el director de la empresa. ¿Quiénes son los grandes financieros útiles hoy en día? ¿Son los hijos de los ricos, que han heredado su posición? ¡De ninguna manera!

Son los hombres y las mujeres provenientes de los puestos de trabajo más bajos; hombres y mujeres que no han tenido mejores oportunidades que tú. Están en los puestos que ocupan porque su habilidad superior les ha autorizado dirigir a otras personas con inteligencia. Puedes adquirir esta habilidad si lo quieres. En el pueblo o en la ciudad donde vives hay personas que probablemente se podrían beneficiar del hecho de conocerte y que, sin duda, a su vez te beneficiarían a ti. En una parte de la ciudad vive Juan Pérez, quien quiere vender su tienda de comestibles y abrir un cine. En otra parte de la ciudad un propietario de un cine le gustaría cambiarlo por una tienda de comestibles. ¿Puedes juntarlos? Si es así, los ayudarás a ambos y obtendrás una buena remuneración. En tu pueblo o en tu ciudad hay personas que quieren comprar los productos de las granjas de las poblaciones vecinas. En esas granjas hay agricultores que producen determinados productos que quieren hacer llegar a la gente que vive en el pueblo. Si puedes hallar una forma de llevar esos productos directamente de la granja al consumidor de la ciudad o del pueblo, harás que el granjero gane más dinero con ellos y el consumidor los obtenga a un precio menor. Aun así, habrá un margen para pagarte por tu ingenio al lograr acortar el camino entre el productor y el consumidor.

> La aspiración es más grande que la realización, porque hace que estemos continuamente remontando hacia alguna meta no alcanzada.

En un negocio hay dos tipos de personas, los productores y los consumidores. En estos tiempos hay tendencia a encontrar la manera de poner en contacto a unos y otros sin tantos intermediarios. Halla una manera de acortar el camino entre productor y consumidor, y habrás creado un plan que ayudará a los dos grupos y obtendrás unas agradables ganancias. El trabajador se merece su salario. Si puedes crear un plan así, te pertenece recibir una proporción justa de aquello que le haces ahora y, además, una proporción justa de lo que le haces ganar al productor. Te pido que, en cualquier plan que crees como un medio para hacer dinero, es mejor bajar ligeramente el coste para e! consumidor, en lugar de aumentarlo. El negocio de poner en contacto al productor y al consumidor es rentable si se lleva a cabo de una manera justa para ambos, ¡y sin el codicioso deseo de obtener todo lo que está a la vista! El público norteamericano es maravillosamente paciente con quienes cobran más de lo justo, pero hay un punto decisivo, que incluso los más astutos no se atreven a exceder.

Puede que esté bien acaparar el mercado de los diamantes y subir enormemente el precio de esas rocas blancas que se extraen del suelo en África sin problemas, pero cuando los precios de los alimentos y la ropa y otras necesidades básicas comiencen a subir desorbitadamente, es muy probable que alguien deje de congraciarse con el público norteamericano. Si anhelas la riqueza y eres lo bastante valiente como para llevar las cargas que conlleva, invierte el método habitual para lograrla y ofrece tus productos y mercancías al mundo con la menor ganancia posible que te puedas permitir, en lugar de imponer todo lo que puedes sin peligro.

Ford ha descubierto que es rentable pagar a sus trabajadores, no la menor cantidad posible, sino tanto como sus ganancias le permitan. También ha descubierto que es rentable bajar el precio de sus automóviles para el consumidor, mientras que otros fabricantes (muchos de los cuales han fracasado desde entonces) han continuado subiendo sus precios. Es posible que haya unos planes perfectamente aceptables con los que puedas exprimir al consumidor y aun así conseguir librarte de la cárcel, pero podrás disfrutar de una tranquilidad de ánimo mucho mayor y a la larga, muy posiblemente, de más ingresos, si sigues el ejemplo de Ford.

Has oído decir que John D. Rockefeller era sumamente prepotente, pero la mayor parte de este abuso ha sido sugerido, por mera envidia, por quienes quisieran tener su dinero pero no tienen la facilidad de ganarlo. Al margen de lo que opines de Rockefeller, no olvides que él empezó siendo un humilde contable y que ascendió gradualmente hasta la cima, ganando dinero gracias a su habilidad para organizar y dirigir con inteligencia a otras personas menos capaces. Este autor recuerda cuando tenía que pagar 25 centavos por unos 4,5 litros de aceite para lámparas, tras caminar tres kilómetros bajo el sol abrasador y, además, llevarlo a casa en una lata. Ahora, el camión de Rockefeller te lo entrega en tu puerta, en la ciudad o en la granja, por algo más de la mitad de esa suma. ¿Quién tiene derecho a sentir celos de la riqueza de Rockefeller, cuando ha bajado el precio de un producto tan necesario? Fácilmente, podría haber aumentado el precio del aceite para lámparas a medio dólar, pero dudo seriamente que, de haberlo hecho, se hubiera convertido en multimillonario. Muchos de nosotros queremos dinero, pero el noventa y nueve por ciento de los que comienzan a crear un proyecto, para conseguirlo dedican todos sus pensamientos al plan para hacerse con él y ninguno al servicio que deben dar a cambio. Una personalidad agradable hace uso de la imaginación y la cooperación. Hemos mencionado los ejemplos anteriores de cómo se pueden crear ideas para mostrarte cómo coordinar las leyes de la imaginación, la cooperación y una personalidad agradable. Analiza a cualquier hombre que no tenga una personalidad agradable y verás que carece también de las facultades de la imaginación y la cooperación.

Esto nos trae a un lugar adecuado para presentar una de las más grandes lecciones sobre la personalidad que se han publicado jamás. Es también una de las lecciones más seguras sobre el arte de vender que se han escrito jamás, pues los temas de una personalidad atractiva y el arte de vender siempre han de ir de la mano, son inseparables. Haré referencia a la obra maestra de Shakespeare, el discurso de Marco Antonio en el funeral del César. Puede que lo hayas leído, pero aquí se presenta con comentarios entre paréntesis que te pueden ayudar a absorber un nuevo significado. El escenario para dicho discurso era algo así: César ha muerto, y Bruto, su asesino, es llamado para decirle al pueblo romano, que se ha reunido en la funeraria, por qué se ha deshecho de él visualiza, en tu imaginación, a una multitud chillona que no quería demasiado a César y que ya creía que Bruto había realizado un acto noble al asesinarlo. Bruto sube a la tribuna y hace una corta declaración de sus motivos para matar a César. Seguro de que ha salido victorioso, toma asiento. Todo su porte es arrogante, el de alguien que cree que sus palabras serán aceptadas sin cuestionamiento.

Entonces le llega el turno a Marco Antonio, sabedor de que la multitud se opone a él porque era amigo de César. En un tono de voz bajo, humilde, Antonio empieza a hablar:

ANTONIO: En consideración a Bruto, os estoy agradecido.

CUARTO CIUDADANO, ¿Qué dice de Bruto?

TERCER CIUDADANO: Dice que, en consideración a Bruto, nos está agradecido a todos nosotros.

CUARTO CIUDADANO, Más le valdría no hablar mal de Bruto aquí.

PRIMER CIUDADANO: César era un tirano.

TERCER CIUDADANO: No, pero es una bendición que Roma se haya librado de él.

SEGUNDO CIUDADANO: ¡Paz! Escuchemos lo que Antonio pueda decir. (Verás, en la primera frase de Antonio, su inteligente método para "neutralizar" las mentes de sus oyentes.)

ANTONIO: Amables romanos (Tan amables como un grupo de bolcheviques en una reunión laboral revolucionaria.)

TODOS: ¡Paz! Escuchémosle. (Si Antonio hubiese empezado su discurso censurando a Bruto, la historia de Roma habría sido muy diferente.)

ANTONIO: Amigos, romanos, compatriotas, prestad oídos; Vengo a enterrar a César, no a elogiarlo. (Se identifica con el estado de ánimo de sus espectadores.) El mal que hacen los hombres los sobrevive; el bien, a menudo, es enterrado con sus huesos: Que así sea con César. El noble Bruto os dijo que César era ambicioso si así fue, ésa sería una falta grave, y gravemente la ha pagado el César. Aquí, con permiso de Bruto y del resto –pues Bruto es un hombre honrado, como lo son todos los demás: todos son hombres honrados–, he venido a hablar en el funeral de César. Él era amigo mío, fiel y justo conmigo, pero Bruto dice que era ambicioso, y Bruto es un hombre honrado. Trajo a Roma a muchos cautivos cuyos rescates llenaron las arcas públicas. ¿Pareció en esto César ambicioso? Cuando los pobres han clamado, César ha llorado; la ambición debería estar hecha de una sustancia más dura. Pero Bruto dice que era ambicioso, y Bruto es un hombre honrado. Todos vosotros visteis que tres veces le ofrecí una corona real, y él la rechazó tres veces. ¿Fue eso ambición? Pero Bruto dice que era ambicioso y, sin duda, él es un hombre honrado. No hablo para desmentir lo que Bruto dijo, sino que estoy aquí para decir lo que yo sé. Todos vosotros lo quisisteis antes, no sin motivo. ¿Qué motivo os impide, entonces, llorar su muerte? ¡Ah, juicio! Has huido a las bestias brutas, y los hombres han perdido la razón. Sed pacientes conmigo, mi corazón está ahí en el ataúd con César, y debo hacer una pausa para que vuelva a mí.

(Llegado este punto, Antonio hizo una pausa para dar a su público la oportunidad de que comentara rápidamente sus primeras declaraciones. El objeto de hacer esto era ver qué efecto estaban teniendo sus palabras, del mismo modo que un maestro vendedor siempre anima a su posible comprador a hablar, para así saber qué está pasando por su mente.)

PRIMER CIUDADANO: Yo pienso que hay mucho de cierto en lo que dice.

SEGUNDO CIUDADANO: Si consideras bien el asunto, a César se lo ha agraviado seriamente.

TERCER CIUDADANO: ¿Es así, maestros? Me temo que otro peor ocupará su lugar.

CUARTO CIUDADANO: Os habéis fijado en sus palabras? ¿Que no aceptó la corona? Por lo tanto, es cierto que no era ambicioso.

PRIMER CIUDADANO: Si resulta ser así, alguien tendrá que pagarlo.

SECUNDO CIUDADANO; ¡Pobre hombre! Sus ojos están rojos como el fuego de tanto llorar.

TERCER CIUDADANO, No hay hombre más noble en Roma que Antonio.

CUARTO CIUDADANO: Ahora escuchadlo ¡empieza a hablar otra vez!

ANTONIO: Hasta ayer, la palabra de César podía enfrentarse al mundo; ahora yace ahí, y nadie es tan pobre que le haga reverencia. Ah, maestros (apelando a su vanidad), si yo estuviese dispuesto a mover vuestros corazones y vuestras mentes a la rebelión y la furia, le estaría haciendo un agravio a Bruto y a Casio, que, como todos sabéis, son hombres honrados.

(Observa con cuánta frecuencia ha repetido Antonio el término "honrado". Fíjate, también, con cuánta inteligencia presenta la primera insinuación de que, quizá, Bruto y Casio podrían no ser tan honrados como el pueblo romano cree. Esta sugerencia está contenida en las palabras "rebelión" y "furia", que él usa aquí por primera vez, después de que su pausa le haya dado el tiempo para observar que la multitud se estaba poniendo a su favor.

ANTONIO; No les haré un agravio; prefiero optar por agraviar a los muertos, a mí mismo y a vosotros, antes que a unos hombres tan honrados. (Cristalizando su sugerencia en odio hacia Bruto y Casio, luego invoca a su curiosidad y comienza a sentar las bases para su clímax; un clímax con el que sabe que se ganará a la multitud, porque lo está logrando con tanta inteligencia que ésta cree que ha llegado por sí misma a esa conclusión).

ANTONIO, Pero he aquí un pergamino, con el sello de César. Lo encontré en su cuarto; es su última voluntad. Pero si dejásemos que el pueblo llano oyera su testamento -el cual, perdonadme, no tengo intención de leer- (se muestra duro para apelar a su curiosidad, haciéndoles creer que no tiene intención de leer el testamento.) Irían a besar las prendas del César muerto. Y a mojar sus pañuelos en su sangre sagrada. Sí, suplicarían un cabello de él como recuerdo y, al agonizar, lo insinuarían en sus testamentos, dejándolo como un rico legado a su descendencia.

(La naturaleza humana siempre quiere aquello que es difícil de lograr, o aquello que está a punto de serie: negado. Observa con cuánta habilidad ha despertado Antonio el interés del pueblo y ha hecho que éste quiera oír la lectura del testamento, preparándolo así para que escuche con una mente abierta. Esto señala su segundo paso en el proceso de "neutralizar" sus mentes.)

TODOS: ¡El testamento! ¡El testamento! Queremos oír el testamento de César.

ANTONIO: Tened paciencia, amables amigos. No debo leerlo. No es conveniente que sepáis cuánto os quería César. No sois madera, no sois piedras, sino hombres; y, siendo hombres, oír el testamento de César os inflamará (exactamente lo que él quiere hacer), os hará enfadar. Es mejor que no sepáis que sois sus herederos, pues si lo supierais, ¡qué podría resultar de enojo!

CUARTO CIUDADANO, Lee el testamento; queremos escucharlo, Antonio. Debes leernos el testamento, el testamento de César.

ANTONIO: ¿Queréis ser pacientes? ¿Queréis esperar un rato? Me he excedido al hablaros de ello. Temo hacer un agravio a los hombres honrados cuyas dagas apuñalaron a César. Realmente lo temo.

("Dagas" y "apuñalaron" sugieren un cruel asesinato. Observa con cuánta inteligencia introduce Antonio esta sugerencia en su discurso, y fíjate, también, con qué rapidez el pueblo capta su importancia porque, aunque ellos no lo saben, Antonio ha preparado sus mentes cuidadosamente para que reciban esta sugerencia.)

CUARTO CIUDADANO: Fueron traidores, ¡esos hombres honrados!

TODOS: ¡SU última voluntad! ¡El testamento!

SEGUNDO CIUDADANO: Fueron villanos, asesinos. ¡El testamento!

(Es exactamente lo que Antonio hubiese querido decir al principio, pero sabía que tendría un efecto más deseable si diseminaba ese pensamiento en las mentes de la multitud y permitía que ella misma lo dijera).

ANTONIO; ¿Me obligaréis, entonces, a leer el testamento? Formad, entonces, un círculo en torno al cadáver de César, y dejad que os muestre al que hizo el testamento. ¿Queréis que baje? ¿y me daréis permiso?

(Éste fue el punto en el cual Bruto debería haber comenzado a buscar una puerta trasera para escapar.)

TODOS: Baja.

SEGUNDO CIUDADANO, Desciende.

TERCER CIUDADANO, Dejad sitio a Antonio, el muy noble Antonio.

ANTONIO: Eh, no empujéis tanto, apartaos.

(Sabía que esta orden haría que quisieran acercarse más, que es lo que él pretendía que hicieran.)

TODOS; Retroceded. Dejad sitio.

ANTONIO: Si tenéis lágrimas, preparaos para derramarlas ahora. Todos vosotros conocéis este manto. Recuerdo la primera vez que César se lo puso.

Fue una tarde de verano, en su tienda, el día en que venció a los de Melva. Mirad, en este lugar lo traspasó la daga de Casio ¡ved qué hendidura hizo el envidioso Casca. A través de éste, lo apuñaló el bien amado Bruto; y al retirar su acero maldito, mirad cómo lo siguió la sangre de César, como saliendo precipitadamente por unas puertas para averiguar si Bruto tan cruelmente llamaba, o no ¡pues Bruto, como sabéis, era el ángel de César. Juzgad, oh dioses, cuánto lo quería César! Ése fue el más cruel de todos los cortes, pues, cuando el noble César lo vio apuñalarlo, una ingratitud más fuerte que los brazos de los traidores, lo venció por completo, y entonces su poderoso corazón estalló, y con su manto envolviéndole el rostro, en la base de la estarna de Pompeyo, por la que en todo ese tiempo no dejó de correr la sangre, el gran César cayó. ¡Ay, qué caída hubo, compatriotas míos! Entonces yo, y vosotros, y todos nosotros, caímos mientras la sanguinaria traición caía sobre nosotros. Ah, ahora lloráis, y percibo que sentís el dolor de la pena. Ésas son gotas compasivas. Alma bondadosa, ¿por qué llorar cuando sólo ves herida la vestidura de nuestro César? Mira aquí: Aquí está él, desfigurado, como veis, por los traidores.

(Observa cómo ahora Antonio usa la palabra "traidores" con mucha libertad, porque sabe Que está en armonía con lo que hay en las mentes del pueblo romano.)

PRIMER CIUDADANO: ¡Oh, lastimoso espectáculo!

SEGUNDO CIUDADANO, ¡Oh, día aciago'

TERCER CIUDADANO, ¡Oh, día aciago!

PRIMER CIUDADANO: ¡Oh, qué visión tan sangrienta!

SECUNDO CIUDADANO: Nos vengaremos.

(Si Bruto hubiese sido un hombre sabio, en lugar de glorificarse, a estas alturas ya estaría a varios kilómetros de distancia de la escena.)

Todos: ¡Venganza! ¡Muévete! ¡Busca! ¡Quema! ¡Fuego! ¡Mata! ¡Asesina! ¡No dejes que viva un traidor!

(Aquí, Antonio da el siguiente paso para cristalizar el arrebato de la multitud en acción. Pero, siendo el "Vendedor" inteligente que es, no trata de forzar esta acción.)

ANTONIO: Quedaos, compatriotas.

PRIMER CIUDADANO, ¡Que haya paz! Escuchad al noble Antonio.

SEGUNDO CIUDADANO, lo escucharemos, lo seguiremos, moriremos con él.

(A partir de estas palabras, Antonio sabe que tiene al pueblo de su lado. Fíjate cómo se sirve este momento psicológico: el momento que todo maestro vendedor espera.)

ANTONIO: Buenos amigos, dulces amigos, no deseo agitaros para llevaros a ese desbordamiento repentino de rebelión. Aquellos que han realizado este acto son honrados. Qué pesares particulares tienen, ay, que los han llevado a hacer esto, no lo sé. Eran sabios y honrados, y, sin duda, os responderán con motivos. No he venido, amigos, a robaros el corazón: No soy un orador como Bruto, sino, como todos vosotros sabéis, un hombre sencillo, franco, que quiero a mi amigo; y eso lo saben ellos tan bien que me dieron permiso para hablar de él públicamente; porque no tengo ni la inteligencia, ni las palabras, ni el valor, la acción, ni la elocuencia, ni el poder de palabra, para agitarles la sangre a los hombres. Sólo hablo claramente; os digo aquello que ya sabéis; os muestro las heridas del dulce César, pobres, pobres, bocas mudas. Y les pido que hablen por mí. Pero si yo fuera Bruto, y Bruto fuera Antonio, ese Antonio agitaría vuestros espíritus y pondría una lengua en cada herida de César para que moviera las piedras de Roma al levantamiento y la rebelión.

TODOS: Nos sublevaremos.

PRIMER CIUDADANO: Quemaremos la casa de Bruto.

TERCER CIUDADANO; ¡Marchemos, entonces! Venid, busquemos a los conspiradores.

ANTONIO: Pero escuchadme, compatriotas, ¡escuchadme hablar!

TODOS: ¡Eh, paz! Escuchad a Antonio. ¡El más noble Antonio!

ANTONIO: Pero, amigos, vais a hacer no sabéis qué ¿En qué ha merecido César vuestro amor así? Ay, no lo sabéis. Entonces, os lo tengo que decir: habéis olvidado el testamento del que os hablé.

(Ahora, Antonio está preparado para aprovechar su ventaja; está listo para alcanzar su apogeo. Fíjate en lo bien que ha presentado sus sugerencias, paso a paso, archivándose para el final su afirmación más importante: aquella en la que se ha apoyado para la acción. En el gran campo de las ventas y en la labia pública, muchas personas intentan llegar a este punto con mucha rapidez; intentan "hacer correr" a su público o a su posible comprador y, por lo tanto, pierden interés.)

TODOS: Es cierto, ¡el testamento! Quedémonos y oigamos el testamento.

ANTONIO, Aquí está el testamento, y bajo el sello de César. A cada ciudadano romano le entrega setenta y cinco dracmas por cabeza.

SEGUNDO CIUDADANO: ¡Nobilísimo César! Vengaremos su muerte.

TERCER CIUDADANO, ¡Ah, espléndido César!

ANTONIO: Escuchadme con paciencia.

TODOS, ¡Eh, paz!

ANTONIO: Además, os ha dejado a todos sus paseos, sus glorietas privadas y sus huertos recién plantados a este lado del Tíber. Os los ha dejado a vosotros, y a vuestros herederos, para siempre. Placeres públicos, para pasear y recrearos. ¡Ése fue un César! ¿Cuándo negará otro como él,

PRIMER CIUDADANO: Jamás, jamás. Venid, ¡vamos, vamos! Incineraremos su cuerpo en un lugar sagrado, y con las ascuas incendiaremos las casas de los traidores. Coged el cuerpo.

SEGUNDO CIUDADANO, Id en busca de fuego.

TERCER CIUDADANO, Derribad bancos.

CUARTO CIUDADANO: Derribad bancos, ventanas, todo lo que encontréis.

¡Y ése fue el final de Bruto! Salió perdiendo porque carecía de la personalidad y el buen juicio para presentar sus argumentos desde el punto de vista del pueblo romano, como lo hizo Marco Antonio. Toda su actitud indicaba claramente que se tenía a sí mismo en muy alta estima, que estaba orgulloso de sus actos. Todos hemos visto, en la época actual, gente que se asemeja a Bruto en este sentido pero si observamos detenidamente, veremos que no consigue gran cosa. Supón que Marco Antonio hubiese subido a la tribuna "pavoneándose" y hubiese empezado su discurso de esta forma, "Ahora bien, dejadme que os diga, romanos, algo sobre este hombre, Bruto, En el fondo es un asesino y...". No hubiera podido continuar, pues la multitud lo habría hecho callar a gritos. Al ser un vendedor inteligente y un psicólogo práctico, Marco Antonio presentó sus argumentos de tal forma que sus ideas no parecían ser suyas, en absoluto, sino del propio pueblo romano. Vuelve a la lección sobre la iniciativa y el liderazgo, léela otra vez y, al hacerlo, compara su psicología con la del discurso de Marco Antonio. Fíjate cómo se remarca la actitud de "vosotros" y no de "yo" hacia los demás. Observa cómo ese mismo punto es acentuado a lo largo de este curso y, especialmente, en la séptima lección, que trata sobre el entusiasmo.

> Felicítate cuando alcances un grado de sabiduría que te induzca a ver menos las debilidades de los demás y más las tuyas, pues entonces estarás caminando en compañía de los que son realmente grandes.

Shakespeare ha sido, con mucho, el escritor y psicólogo más hábil que ha conocido la civilización. Por ese motivo, todas sus obras se basan en un conocimiento infalible de la mente humana. Durante todo este discurso, que puso en boca de Marco Antonio, verás con cuánto cuidado adopta la actitud de "vosotros", tanto que el populacho romano estaba totalmente seguro de que ellos mismos habían tomado la decisión. No obstante, debo llevar tu atención al hecho de que la manera en que Marco Antonio apeló al propio interés del pueblo romano fue astuta y se basó en la mesura con que los hombres deshonestos suelen hacer uso de este principio apelando a la codicia y la avaricia de sus víctimas. Aunque Marco Antonio dio muestras de un gran autocontrol al ser capaz de adoptar, al principio de su discurso, una actitud hacia Bruto que no era verdadera, al mismo tiempo es obvio que todo su atractivo estaba basado en su conocimiento de cómo influir en las mentes de los romanos, a través del elogio.

Las dos cartas reproducidas en la séptima lección de este curso ilustran, de una manera muy concreta, el valor del "tú" o el "vosotros" y la fatalidad del "yo". Retrocede y vuelve a leer esas cartas, y fíjate que la que tuvo más éxito se acerca mucho a la apelación de Marco Antonio, mientras que el tipo de apelación utilizado en la otra es exactamente el contrario. Tanto si estás escribiendo una carta para una venta, como si estás dando un sermón, o escribiendo un informe, o un libro, harás bien en seguir los mismos principios empleados por Marco Antonio en su famoso discurso.

> La palabra "educar" tiene su raíz en la palabra latina educo, que significa educar, extraer, desarrollar desde dentro. El hombre mejor educado es aquel cuya mente ha sido la que más se ha desarrollado.

Ahora, llevemos nuestra atención al estudio de las maneras y los medios con los que uno puede desarrollar una personalidad agradable. Comencemos por el primer factor indispensable, que es el carácter, ya que nadie puede tener una personalidad agradable sin la base de un carácter firme y positivo. Mediante el principio de la telepatía, "transmites" la naturaleza de tu carácter a las personas con las que entras en contacto, y esto es responsable de lo que se suele llamar una sensación "intuitiva" de que la persona a la que se acaba de conocer no es de confiar, aunque uno no sepa gran cosa de ella.

Puedes adornarte con la mejor ropa, con lo último en diseño, y comportarte de una manera de lo más agradable en cuanto a las apariencias externas se refiere, pero si hay codicia, envidia, odio, celos, avaricia y egoísmo en tu corazón, jamás atraerás a nadie, excepto a aquellas personas cuyo carácter esté en armonía con el tuyo. Los iguales se atraen y, por lo tanto, puedes estar seguro de que quienes son atraídos hacia ti son aquellos cuya naturaleza interior es similar a la tuya. Puedes adornarte con una sonrisa artificial que esconda tus sentimientos y puedes practicar el arte de dar la mano para poder copiar a la perfección la manera de hacerlo de una persona experta en este arte, pero si estas manifestaciones externas de una personalidad atractiva carecen de ese factor fundamental llamado seriedad de propósito, causarán rechazo en lugar de atracción.

¿Cómo se construye, entonces, el carácter? El primer paso para construirlo es una firme autodisciplina: Tanto en la segunda como en la octava lección de este curso hallarás una fórmula con la que podrás dar forma a tu carácter con el patrón que tú elijas, pero la repetiré aquí, ya que se basa en un principio que precisará ser repetido varias veces. Es el siguiente, 1º Elige a aquellas personas cuyo carácter esté formado por las cualidades que quieras desarrollar en el tuyo y luego procede a apropiarte de esas cualidades con ayuda de la autosugestión, tal como se describe en la segunda lección. Crea, en tu imaginación, una mesa de juntas y reúne a tus personajes en torno a ella cada noche, habiendo escrito primero una declaración clara y concisa de las cualidades en específico que deseas obtener de cada uno de ellos. Luego procede a afirmar, o sugerirte, en voz alta y con palabras audibles, que estás desarrollando en ti mismo las cualidades deseadas. Al hacerlo, cierra los ojos y visualiza, en tu imaginación, a las figuras sentadas en torno a tu mesa imaginaria, tal como se narra en la segunda lección. 2º. Con los principios descritos en la octava lección, sobre el autocontrol, controla tus pensamientos y conserva tu mente vitalizada con pensamientos positivos. Deja que el pensamiento dominante en tu mente sea la imagen de la persona que quieres ser, la persona que estás construyendo intencionadamente mediante este procedimiento. Al menos una docena de veces al día, cuando dispongas de unos minutos a solas, cierra los ojos y dirige tus pensamientos a las figuras que has elegido para sentarse en tu mesa de juntas imaginaria, y siente, con una que no conoce límites, que realmente estás comenzando a parecerte en carácter a ellas.

3º, Encuentra cada día, como mínimo, a una persona (a más de una si es posible) en la que veas alguna buena cualidad que sea digna de admiración, y elógiala. Recuerda, sin embargo, que este elogio no debe ser una adulación torpe e hipócrita, sino que debe ser genuino. Pronuncia tus palabras con tal seriedad que conmuevan a la persona con la que estás hablando; luego observa lo que ocurre. Habrás dado a esa persona un decidido beneficio de gran valor para ella y habrás avanzado un paso más en la dirección de desarrollar el hábito de buscar y hallar buenas cualidades en los demás. Todo énfasis que ponga en los electos de largo alcance de este hábito de elogiar, abierta y entusiastamente, las buenas cualidades de los demás es poco, pues este hábito pronto te recompensará con un sentimiento de respeto por ti mismo y una manifestación de gratitud por parte de los demás que cambiarán toda tu personalidad. Aquí entra, una vez más, la ley de la atracción, y aquellos a los que elogies verán en ti las cualidades que tú veas en ellos. Tu éxito en la aplicación de esta fórmula será exactamente proporcionado a tu fe en su solidez.

> Tengo una gran riqueza, que nunca me podrá ser despojada, que nunca podré derrochar y que no puede perderse por el descenso de unas acciones o por malas inversiones: tengo la riqueza de estar satisfecho con lo que me ha tocado en la vida.

Yo no creo puramente que esta fórmula sea sólida, y la razón por la que sí lo es, es que la he usado con éxito y, además, he enseñado a otros a hacer lo mismo. Por lo tanto, me he ganado el derecho a prometerte que puedes utilizarla con el mismo éxito.

Asimismo, con la ayuda de esta fórmula puedes desarrollar una personalidad atractiva con tanta rapidez que sorprenderás a las personas que te conocen. El desarrollo de una personalidad de este tipo está totalmente bajo tu propio control, y esto es algo que te proporciona una gran ventaja y, al mismo tiempo, coloca en ti la responsabilidad si no consigues, u olvidas, ejercitar tu privilegio.

Ahora quiero dirigir tu atención hacia el motivo para decir en voz alta la afirmación de que estás desarrollando las cualidades deseadas que has elegido como el material a partir del cual desarrollarás una personalidad atractiva. Este procedimiento tiene dos efectos deseables; a saber, 1°. Pone en movimiento la vibración a través de la cual el pensamiento que está detrás de tus palabras llega a tu mente subconsciente y se sitúa en ella, echando raíces y creciendo hasta convertirse en la gran fuerza motriz en tus actividades externas, físicas, avanzando en la dirección de convertir el pensamiento en realidad. 2°. Desarrolla en ti la capacidad de hablar con fuerza y convencimiento, lo cual, a la larga, dará como resultado una gran habilidad como orador. No importa cuál sea tu vocación en la vida, deberías ser capaz de ponerte de pie y hablar con convicción, pues ésta es una de las maneras más seguras de desarrollar una personalidad atractiva.

Al hablar, pon sentimiento y emoción en tus palabras, y desarrolla un tono de voz profundo y rico. Si tu voz tiende a ser aguda, baja el tono hasta que sea suave y agradable. Jamás podrás expresar una personalidad atractiva, de la manera más favorable, con una voz áspera o chillona. Debes cultivar tu voz hasta que se torne rítmica y agradable al oído.

Recuerda que el habla es el principal método para expresar tu personalidad; por ello, te conviene utilizar un estilo que sea, al mismo tiempo, enérgico y agradable. No recuerdo ni una sola personalidad atractiva destacable que no haya estado hecha, en parte, de la habilidad para hablar con fuerza y convicción. Estudia a los hombres y mujeres sobresalientes que hay actualmente, dondequiera que los halles, y observarás el hecho significativo de que, cuanto más sobresaliente es la persona, más eficaces son hablando con energía. Estudia a las figuras destacables del pasado en la política y el gobierno y observarás que las más exitosas fueron aquellas que sobresalieron por su habilidad para hablar con fuerza y convicción.

En el campo de los negocios, la industria y las finanzas, parece significativo también que los líderes más destacados son los hombres y mujeres que son oradores hábiles.

De hecho, nadie puede esperar convertirse en un líder destacado en una empresa digna de notarse sin antes desarrollar la habilidad de hablar con un vigor lleno de convicción. Aunque es posible que un vendedor nunca tenga que hablar en público, no obstante saldrá favorecido si desarrolla la habilidad para hacerlo, porque esta habilidad aumenta su capacidad de hablar de modo convincente en una conversación normal.

Ahora, resumamos los principales factores que se interponen en el desarrollo de una personalidad atractiva, como sigue,

1. Obtén el hábito de interesarte en los demás, y proponte encontrar sus buenas cualidades y expresarlas en términos elogiosos.
2. Desarrolla tu habilidad para hablar con fuerza y convicción, tanto en tonos normales de conversación como en reuniones públicas, donde deberás usar un volumen más alto.
3. Vístete con un estilo que sea favorecedor para tu complexión física y para el trabajo al que te dedicas.
4. Desarrolla un carácter positivo, con la ayuda de la fórmula explicada en esta lección.
5. Aprende a dar la mano de manera que, por medio de este saludo, formules calidez de sentimiento y entusiasmo.
6. Atrae a otras personas "atrayéndotelas" primero.
7. Recuerda que tu única limitación, dentro de lo razonable, es aquella que tú pones en tu propia mente.

Estos siete puntos cubren los factores más importantes que intervienen en el desarrollo de una personalidad atractiva, pero no creo que sea preciso sugerir que una personalidad así no se desarrollará por sí sola. Eso ocurrirá si te sometes a la disciplina aquí explicada, con la firme determinación de transformarte en la persona que te gustaría ser.

Al estudiar esta lista de los siete factores importantes que intervienen en el desarrollo de una personalidad atractiva me siento impulsado a mostrarte que el segundo y el cuarto son los más importantes.

Si cultivas esos buenos pensamientos, sentimientos y actos, con los cuales se construye un carácter positivo, y luego aprendes a expresarte con fuerza y convicción, habrás desarrollado una personalidad atractiva, pues se verá que con este éxito llegarán las otras cualidades aquí detalladas.

El entusiasmo es la motivación principal del alma. Mantenlo vivo y nunca dejarás de tener la capacidad de conseguir aquello que realmente requieres.

Detrás de la persona con un carácter positivo hay un gran poder de atracción y este poder se expresa a través de fuerzas invisibles, así como de las visibles. En cuanto uno se halla a una distancia como para entablar una conversación con una persona así, aunque no se diga ni una sola palabra, la influencia del "poder interior invisible" se deja sentir.

Cada transacción "turbia" que realizas, cada pensamiento negativo que albergas y cada acto destructivo que te permites destruye justamente ese "algo sutil" en tu interior que se conoce como el carácter.

"Hay una confesión absoluta en la mirada de nuestros ojos, en nuestras sonrisas, en los saludos, en los apretones de manos. Su pecado lo ensucia, echa a perder cualquier buena impresión que pueda dar. Los hombres no saben por qué no confían en él, pero no confían en él.

Su vicio hace que sus ojos sean vidriosos, degrada sus mejillas, aplasta su nariz, deja la marca de la bestia en la parte posterior de su cabeza y escribe, "¡Ay, necio! ¡Ay, necio!" en la frente de un rey". (Emerson)

Ahora quiero llevar tu atención al primero de los siete factores que intervienen en el desarrollo de una personalidad atractiva. Has visto que, a lo largo de toda la lección, he entrado en muchos detalles para mostrar las ventajas materiales de multar agradablemente, a otras personas.

No obstante, la principal ventaja no está en la posibilidad de ganancias monetarias o materiales que ofrece este hábito, sino en el efecto decorativo que tiene en el carácter de todos aquellos que lo practican. Adquiere el hábito de resultar agradable y te beneficiarás tanto material como mentalmente, pues nunca serás tan feliz, en modo alguno, como cuando sepas que estás haciendo felices a los demás.

¡Elimina tus rencores y deja de desafiar a los demás a entrar en discusiones inútiles contigo! Retira los vidrios ahumados a través de los que ves lo que tú crees que es la "tristeza" de la vida y, en su lugar, contempla la luz del sol de la amabilidad. Tora tu martillo a la basura y deja de golpear, pues seguramente sabrás que los grandes premios de la vida los ganan los constructores y no los destructores.

El hombre que construye una casa es un artista; el que la destruye es un chatarrero. Si eres una persona que siempre se queja, el mundo oirá tus "desvaríos" irónicos, siempre y cuando no "te vea venir", pero si eres una persona con un mensaje de simpatía y optimismo, te oirá porque desea hacerlo. ¡Nadie, que esté siempre quejándose puede ser, alguien con una personalidad atractiva!

El arte de ser agradable --ese simple rasgo- es la base misma del arte de vender con éxito. Yo manejo mi automóvil ocho kilómetros, hasta las afueras de la ciudad, para comprar gasolina, cuando podría obtenerla a dos manzanas de mi propio garaje... porque el hombre que lleva la estación de servicio es un artista, se encarga de ser agradable. Voy allí, no porque su gasolina sea más barata, ¡sino porque disfruto del efecto estimulante de su atractiva personalidad! Yo compro mi calzado en la zapatería Regal Shoe Store, en Calle Cincuenta con Broadway, en Nueva York, no porque no pueda hallar otros buenos zapatos al mismo precio, sino porque el señor Cobb, el director de esa tienda, tiene una personalidad atractiva.

Mientras me prueba los zapatos, se encarga de hablar conmigo de temas que sabe que me interesan. Hago mis transacciones bancarias en el Animan National Bank, en la Calle Cuarenta y Cuatro con la Quinta Avenida, no porque no haya varios buenos bancos mucho más cerca de mi lugar de trabajo, sino porque los administrativos, los cajeros, el vigilante de la entrada, el señor Animan y todos los demás con los que entro en contacto se encargan de ser agradables. Mi cuenta es pequeña, pero ellos me reciben como si fuera muy grande. Admiro considerablemente a John D. Rockefeller, hijo, no porque sea el hijo de uno de los hombres más ricos del mundo, sino por un motivo mejor, porque él también ha adquirido el hábito de ser agradable.

En la pequeña ciudad de Lancaster, Pensilvania, vive M. T. Garvin, un comerciante de éxito, y para hacerle una visita estoy dispuesto a viajar cientos de kilómetros, no porque sea rico, sino porque él se encarga de ser agradable. No obstante, no tengo ninguna duda de que su éxito material está estrictamente relacionado con ese noble arte de la cordialidad que ha adquirido. En el bolsillo de mi chaleco tengo una pluma Parker, y mi mujer y mis hijos tienen plumas de la misma marca, no porque no haya otras plumas buenas, sino porque el George S. Parker me ha atraído debido a su hábito de ser agradable.

¡Ay, peregrinos luchadores, que buscáis el final del arco iris, que extraéis agua y cortáis leña, quedaos en el borde del camino durante un rato y aprended la lección de los hombres y mujeres que han tenido éxito porque han adquirido el arte de ser agradables!

Durante un tiempo, podéis ganar actuando de modo implacable y a escondidas, podéis acumular más bienes de este mundo de los que necesitaréis jamás, por la mera fuerza y con astutas estrategias, sin tomaros el tiempo ni preocuparos por ser agradables, pero tarde o temprano llegará ese punto en la vida en el que sentiréis las punzadas de remordimiento y el vacío de vuestro rebosante monedero.

No hay vez que piense en el poder, la posición y la riqueza que han sido adquiridos por la fuerza, en que no experimente, muy profundamente, el sentimiento expresado por un hombre, cuyo nombre no intentaré mencionar, ante la tumba de Napoleón,

> Nadie tiene derecho a crear tensiones en una relación amistosa llevándola hasta el punto de la ruptura por pedirle a un amigo, o esperar de él, algo que le suponga una carga.

"Hace poco tiempo, estuve ante la tumba del viejo Napoleón (una tumba pomposa, con dorados y oro, casi apropiada para una deidad muerta) y miré el sarcófago de un mármol poco común, sin nombre, donde descansan las últimas cenizas de aquel hombre inquieto. Me incliné sobre la barandilla en la carrera del más grande de todos los soldados del mundo moderno. Lo vi en Toulon. Lo vi caminando por las orillas del Siena contemplando el suicidio. Lo vi dominando a la muchedumbre en las calles de París. Lo vi a la cabeza del ejército en Italia. Lo vi atravesando el puente en Lodi con la bandera tricolor en la mano. Lo vi en Egipto, bajo la sombra de las pirámides, lo vi tomar los Alpes y mezclar las águilas de Francia con las águilas de los riscos. Lo vi en Marengo y en Austerlitz. Lo vi en Rusia, cuando la infantería de la nieve y la caballería de las salvajes ráfagas de viento esparcieron sus turbas cual hojas secas invernales. Lo vi en Leipsic, en la derrota y el hundimiento, obligado a regresar a París por un millón de bayonetas, sujetado como una bestia salvaje, desterrado a Elba. Lo vi escapar y retomar un imperio con la fuerza de su genio. Lo vi en el espantoso campo de Waterloo, donde el azar y el destino se combinaron para demoler las fortunas de su anterior rey. Y lo vi en Santa Helena, con las manos cruzadas a la espalda, contemplando el triste y solemne mar.

"Pensé en las viudas y los huérfanos que había provocado, en las lágrimas que se habían derramado por su gloria y en la única mujer que lo amó, alejados de su corazón por la fría mano de la ambición. Y dije que yo habría preferido ser un campesino francés y llevar zapatos de madera; habría preferido vivir en una choza con una viña creciendo sobre la puerta y con las uvas tornándose moradas bajo el beso amoroso del sol otoñal; habría preferido ser un campesino pobre, con una esposa tejiendo a mi lado mientras el día desaparecía en el cielo, con unos hijos en mis rodillas, envolviéndome con sus brazos; habría preferido ser ese hombre y descender al silencio sin lengua del polvo sin sueños, antes que haber sido esa personificación imperial de la fuerza y el asesinato conocida como Napoleón el Grande".

Dejo contigo, como el apogeo apropiado para esta lección, el pensamiento de esta disertación inmortal sobre un hombre que vivió por la espada de la fuerza y tuvo una muerte deshonrosa, siendo un relegado a ojos de sus semejantes, una llaga en la memoria de la civilización, un fracaso, porque. . ¡No adquirió el arte de ser agradable! Porque no pudo, o no quiso, subordinar el "yo" por el bien de sus seguidores.

Undécima lección
EL PENSAMIENTO CORRECTO

"¡Puedes hacerlo si crees que puedes!"

Esta lección es, al mismo tiempo, la más importante la más y la más difícil de presentar de todo el curso de las LEYES DEL ÉXITO. Es importante porque trata sobre un principio que está presente en todo el curso; es interesante por la misma razón; es difícil de presentar porque llevará al estudiante medio mucho más allá de la línea fronteriza de sus experiencias normales, introduciéndolo en un ámbito de pensamiento en el que no está habituado a permanecer. Si no estudias esta lección con una mente abierta, se te escapará la piedra clave del arco de este curso. Esta lección te ofrecerá un concepto del pensamiento que puede llevarte muy por encima del nivel que has alcanzado a través de los procesos evolutivos que has experimentado en el pasado. Por este motivo, no deberás decepcionarte si, en la primera lectura, no la entiendes del todo. Te recomiendo que no te cierres si en la primera lectura no comprendes lo que la lección guarda. Durante miles de años, el hombre sólo construyó barcos de madera. Utilizaba la madera porque creía que era el único material capaz de flotar, pero esto se debía a que todavía no había avanzado lo suficiente en su proceso de pensamiento para entender que el acero puede flotar y que es muy superior a la madera para la construcción de barcos.

No sabía que cualquier cosa puede flotar si es más liviana que la cantidad de agua desplazada, y siguió construyendo barcos de madera hasta conocer esta gran verdad.

> Es comprensible que les hables a tus amigos de tus necesidades, insinuándolas con tacto, pero si quieres guardar su amistad cuídate de no pedirles ayuda directamente.

Hasta hace unos veinticinco años, la mayoría de la gente creía que sólo las aves podían volar, pero ahora sabemos que el hombre no sólo puede imitar el vuelo de los pájaros, sino que puede prevalecerlo. Hasta hace muy poco, el ser humano no sabía que el gran vacío abierto conocido como "aire" está más vivo y es más sensible que cualquier cosa que haya sobre la tierra. No sabía que la palabra hablada viajaría a través del éter a la velocidad del rayo, sin la ayuda de cables. ¿Cómo podía saber esto, cuando su mente todavía no se había desarrollado lo suficiente para comprenderlo? El objetivo de esta lección es ayudarte a desarrollar

y expandir tu mente de manera que puedas ser capaz de pensar con exactitud, pues este desarrollo te abrirá una puerta que conduce a todo el poder que necesitarás para completar tu TEMPLO DEL ÉXITO.

A lo largo de las lecciones anteriores de este curso, hemos tratado unos principios que cualquiera podría entender y aplicar fácilmente. También verás que estos principios han sido presentados de manera que puedan conducir al éxito que se mide por la riqueza material. Consideré preciso hacerlo así porque, para la mayoría de la gente, los términos éxito y dinero son sinónimos. Obviamente, las lecciones anteriores de este curso estaban dirigidas a aquellas personas que piensan que las cosas frívolas y la riqueza material son lo único que se incluye en el éxito.

Dicho de otro modo: yo era consciente de que la mayoría de los estudiantes de este curso se sentirían desencantados si les indicara un camino hacia el éxito que pasara por otras puertas que no fueran los negocios, las finanzas y la industria, pues es de conocimiento público que la mayoría de la gente quiere un éxito que se traduzca en dinero.

Muy bien, que aquellos que están satisfechos con ese nivel se queden con él, pero hay quienes querrán escalar unos peldaños más en esta escalera, buscando un éxito que se mida con otros criterios que no son materiales; para su beneficio particular están pensadas esta lección y las subsiguientes.

El pensamiento correcto incluye dos elementos fundamentales que deben ser observados por cualquiera que lo practique. En primer lugar, para pensar correctamente hay que separar los datos de la mera información. Tienes mucha "información" aprovechable que no está basada en datos. En segundo lugar, debes dividir los datos en dos tipos, esto es, los importantes y los poco importantes, o los relevantes y los irrelevantes. Únicamente haciendo esto podrás pensar con claridad.

Todos los datos que puedas usar para alcanzar tu claro objetivo principal son importantes y relevantes; todos los que no puedas usar son poco importantes e irrelevantes. Es principalmente el descuido de algunos al hacer esta distinción lo que produce la brecha que separa tanto a las personas que parecen tener la misma habilidad y que han tenido las mismas oportunidades. Sin salir de tu propio círculo de conocidos, podrías señalar a una o más personas que no han tenido mejores oportunidades que tú y que supuestamente tienen la misma capacidad que tú, o incluso menor, y que están alcanzando un éxito mucho mayor. ¡Y te preguntas por qué! Busca diligentemente, y revelarás que todas esas personas han adquirido el hábito de combinar y utilizar los datos importantes que afectan a su línea de trabajo. Lejos de trabajar más que tú, quizá incluso estén trabajando menos y con mayor comodidad. En virtud de haber aprendido el secreto de separar los datos importantes de los poco importantes, han logrado una especie de apoyo y de palanca con los que pueden mover, tan sólo con sus dedos, unas cargas que tú eres incapaz de mover con todo el peso de tu cuerpo.

La persona que adquiere el hábito de dirigir su atención a los datos importantes con los que está construyendo su templo, se hace así con un poder que sería como un martillo mecánico capaz de dar un golpe de diez toneladas, comparado con un martillo corriente capaz de dar un golpe de unos pocos gramos. Si estos símiles te parecen básicos, deberías tener en cuenta que algunos de los estudiantes de este curso todavía no han desplegado la capacidad de pensar en términos más complejos, e intentar obligarlos a hacerlo equivaldría a dejarlos atrás sin esperanza.

Para que puedas comprender la importancia de distinguir los datos de la mera información, estudia el tipo de persona que se guía absolutamente por aquello que oye, que es influida por todos los "susurros de los vientos de la habladuría", que acepta, sin un análisis, todo lo que lee en los diarios y que juzga a los demás por lo que sus enemigos, sus competidores y sus contemporáneos dicen de ellos.

Busca en tu círculo de conocidos y elige a alguien que sea este tipo de persona como un ejemplo para tener presente mientras tratamos este tema. Observa que suele empezar su conversación con frases como éstas, "Por lo que he leído en los diarios" o "dicen que". El pensador correcto sabe que los diarios no siempre son exactos en sus informes y que lo que "dicen" suele contener más mentira que verdad. Si no te has elevado por encima del grupo del "por lo que he leído en los diarios" y el "dicen que", todavía tienes que circular por un largo camino para llegar a ser un pensador correcto. Ciertamente, muchas verdades y muchos datos viajan disfrazados de chismorreo ocioso y de artículos periodísticos, pero el que piensa correctamente no aceptará como datos todo lo que escucha y ve.

Éste es un punto que me siento impulsado a remarcar, porque constituye las rocas y los obstáculos con los que se topan tantas personas que se hunden en la derrota en un océano sin fondo de falsas conclusiones. En el ámbito del procedimiento legal, existe un principio cuyo objeto de esta ley es llegar a los hechos. Cualquier juez puede proceder con justicia hacia todos los implicados si tiene datos en los que basar su juicio ¡pero puede crear trastornos en la gente inocente si evita la ley y llega a una conclusión o un juicio que parte de una información basada en chismes.

La LEY DE LA EVIDENCIA varía según el tema y las circunstancias con los que se usa, pero no estarás muy equivocado si, en ausencia de aquello que conoces como datos, te afrontas a tus juicios sobre la hipótesis de que sólo una parte de la evidencia que tienes delante, que favorece a tus propios intereses sin perjudicar a otras personas, se basa en datos.

El gran Edison falló diez mil veces antes de conseguir que la luz eléctrica incandescente funcionase. No te desanimes ni "abandones" si fallas una o dos veces antes de conseguir que tus planes funcionen.

Este es un punto crucial e importante en esta lección; por lo tanto, quiero asegurarme de que no te lo tomas a la ligera. Muchas personas confunden, a sabiendas o no, la conveniencia con los datos, haciendo o dejando de hacer algo por la mera razón de que esta acción favorece sus propios intereses, sin tener en cuenta si esto interfiere con los derechos de otras personas.

Lo cierto es que, actualmente, la mayor parte del pensamiento, no importa cuán deplorable sea, lejos de ser cometo, se basa solamente en la conveniencia. Para el estudiante más avanzado del pensamiento correcto, resulta asombroso ver cuántas personas son "honradas" cuando eso las beneficia, pero hallan una multitud de datos para justificarse por haber tomado un rumbo deshonesto cuando dicho rumbo parece ser más beneficioso o ventajoso. Sin duda, conoces gente así.

El que piensa correctamente, adopta un criterio con el que guiarse y lo sigue en todo momento, tanto si funciona para su propio beneficio inmediato como si lo lleva, de vez en cuando, por los caminos de la desventaja (como, innegablemente, ocurrirá).

El pensador cuando se enfrenta a los datos, independientemente de cómo afectan a sus propios intereses, pues sabe que finalmente su proceder le llevará a la cima, en plena posesión del que representa su claro objetivo principal en la vida. Entiende la solidez de la filosofía que el antiguo filósofo Croeso tenía en mente cuando dijo, "Hay una rueda en la que giran los asuntos de los hombres, y su mecanismo es tal que impide que cualquier hombre sea siempre afortunado".

Quien piensa correctamente, sólo tiene un criterio según el cual se transporta en el trato con sus semejantes, y observa dicho criterio fielmente tanto cuando le suministra una desventaja temporal como cuando le ofrece una ventaja destacable; pues, siendo un pensador correcto, sabe que, por la ley de los promedios, en algún tiempo futuro habrá recuperado con creces lo que perdió al aplicar su criterio en su propia desventaja temporal.

Más vale que te empieces a preparar para entender que es preciso tener un carácter de lo más firme e inalterable para llegar a ser un pensador correcto, pues, como puedes ver, es allí a donde nos conduce el razonamiento de esta lección. Hay una cierta penalización temporal adherida al pensamiento correcto, eso es incuestionable, pero, aunque esto es cierto, también es verdad que la recompensa o compensación en conjunto es tan dolorosamente mayor, que pagarás de buena gana dicha penalización.

Al buscar datos, a menudo debemos reunirlos a través de una única fuente: el conocimiento y la experiencia de otras personas. Entonces se hace ineludible examinar detenidamente tanto las pruebas presentadas como el individuo que las presenta, y cuando las pruebas son de una

naturaleza tal que afectan a los intereses del testigo que las está proporcionando, tendremos un motivo para explorarlas con mayor cuidado, pues, a menudo, dicho testigo cae en la tentación de colorear y tergiversarlas para proteger sus intereses.

Si un hombre denigra a otro, sus comentarios deberían ser aceptados, si es que tienen algún peso, con al menos un gramo de la singular cautela, pues es una tendencia humana corriente que la persona no encuentre más que el mal en aquellos que no le agradan. El hombre que ha alcanzado un grado de pensamiento correcto que le permite hablar de su enemigo sin exagerar sus faltas ni minimizar sus virtudes es la excepción, y no la regla.

Algunas personas muy capaces todavía no se han alzado por encima de este hábito vulgar y autodestructivo de despreciar a sus enemigos, a sus contendientes y a sus contemporáneos. Deseo llevar esta tendencia corriente a tu atención con todo el énfasis posible, porque es imperioso para un pensamiento correcto.

Para que puedas convertirte en un pensador correcto, debes comprender y aceptar el hecho de que en cuanto un hombre o una mujer asume el liderazgo en cualquier ámbito de la vida, los difamadores empiezan a hacer circular "rumores" y chismes tenues acerca de su carácter.

No importa lo bueno que sea su carácter o el servicio que pueda estar prestando al mundo, no puede escapar a la atención de esas personas equivocadas que se entusiasman destruyendo en lugar de construir. Los enemigos políticos de Lincoln hicieron circular la noticia de que vivía con una mujer negra. Los enemigos políticos de Washington hicieron circular un rumor parecido acerca de él. Puesto que Lincoln y Washington procedían del sur, sin duda quienes hicieron circular esta noticia la pensaban al mismo tiempo la más conveniente y degradante que podían imaginar.

Pero no tenemos que remontarnos hasta nuestro primer presidente para encontrar pruebas de esta naturaleza impostora con que están dotados los seres humanos, pues fueron más allá en su elogio del presidente Harding, e hicieron circular el rumor de que tenía sangre negra en sus venas.

Cuando Woodrow Wilson llegó de París con lo que él consideraba un plan sólido para terminar con la guerra y arreglar las disputas internacionales, es posible que todos, excepto el pensador correcto, creyeran ¡por los informes del coro del "dicen que", que era una mezcla de Nerón y Judas. Los políticos de poca monta, los políticos chabacanos, los políticos "pagados con intereses" y los meros ignorantes carentes de un pensamiento propio, todos se unieron en un poderoso coro con el objetivo de destruir al único hombre en la historia del mundo que ha dado un plan para erradicar la guerra.

Los difamadores mataron a Harding y a Wilson, los asesinaron con mentiras viciosas. Hicieron lo mismo con Lincoln, aunque de una forma más espectacular, incitando a un fanático a acelerar su muerte con una bala.

El arte de gobernar y la política no son los únicos campos en los que el pensador correcto debe estar en guardia contra el coro del "dicen que…"

En el momento en que una persona comienza a hacerse notar en el campo de la industria o los negocios, este coro se torna activo. Si un hombre hace una trampa para ratones mejor que la de su vecino, el mundo construirá un camino hasta su puerta, no te quepa duda de ello, y en el grupo de los que lo sigan estarán aquellos que vienen, no a ponderar, sino a condenar y a destruir su reputación. John H. Patterson, que fue director de la National Cash Register Company, es un ejemplo notable de lo que le puede pasar a un hombre que fabrica una caja registradora mejor que la de su prójimo; sin embargo, en la mente del pensador correcto no hay ni una chispa de evidencia que apoye las feroces historias que los competidores del señor Patterson hicieron circular sobre él. En cuanto a Wilson y Harding, sólo podemos juzgar cómo los verá la posteridad observando cómo ha honrado los nombres de Lincoln y Washington. Sólo la verdad perdura; todo lo demás morirá con el tiempo.

Estás bien adentrado en el camino hacia el éxito si tienes un concepto tan perspicaz de la vida que nunca crearás un plan que incluya pedirle a otra persona que haga algo que no le dé en distinción alguna ventaja correspondiente por haber accedido a tu petición.

El objeto de estas referencias no es elogiar a aquellos que no precisan ningún elogio, sino dirigir tu atención al hecho de que las pruebas del ""dicen que…" siempre son sometidas al examen más detenido, y más aún cuando son de naturaleza negativa o destructiva. No puede producirse ningún daño al aceptar como un hecho unos testimonios constructivos, aunque estén fundados en rumores ¡pero lo opuesto, si es aceptado, debería ser sometido a una inspección de lo más detenida con todos los medios posibles para emplear la ley de la evidencia.

Como pensador correcto, tienes el privilegio y el deber de valerte de datos, aunque tengas que esforzarte para lograrlos. Si te permites ser arrastrado de aquí para allá por toda la información que llame tu atención, nunca serás un pensador correcto, y si no piensas correctamente no podrás estar seguro de conseguir el que es tu claro objetivo principal en la vida. Más de un hombre ha caído en la derrota porque, a causa de sus prejuicios y de su odio, minimizó las virtudes de sus enemigos o competidores. Los ojos del pensador correcto ven hechos, y no las ilusiones del prejuicio, el odio y la envidia. Un pensador correcto debe ser honorable, en el sentido de ser lo bastante justo (al menos consigo mismo) como para buscar virtudes, así como fallos, en las demás personas, pues no es absurdo suponer que todas las personas tienen un poco de estos dos aspectos. "No creo que pueda dejarme engañar a los demás, ¡y sé que no puedo permitirme engañarme a mí mismo!" Éste debe ser el lema del pensador correcto. Suponiendo que estas "pistas" sean suficientes para grabar en tu mente la importancia de buscar datos hasta que estés sensatamente seguro de que los has hallado, trataremos el asunto de organizar, clasificar y utilizar estos datos. Busca, una vez más en tu círculo de conocidos y encuentra a alguna persona que supuestamente consiga más con un menor esfuerzo que cualquiera de sus colegas. Estúdiala y observarás que es una estratega, porque ha aprendido a organizar los datos de tal manera que utiliza a su favor la LEY DE LAS GANANCIAS CRECIENTES que describimos en una lección anterior. La persona que sabe que está trabajando con datos hace su tarea con un sentimiento de seguridad en sí misma que le permite evitar condescender, vacilar o esperar para asegurarse de qué terreno pisa. Sabe de antemano cuál será el resultado de sus esfuerzos y, por lo tanto progresa con mayor rapidez y consigue más que la persona que debe "guiarse por lo que siente" porque no está segura de estar trabajando con datos.

La persona que sabe las ventajas de buscar datos como base de su pensamiento ha recorrido un largo camino hacia el desarrollo de un pensamiento correcto, pero aquella que ha aprendido a separar los datos en "importante" y poco "importante" ha ido más lejos todavía. Esta última puede confrontarse con el hombre que utiliza un martillo mecánico, consiguiendo en un solo golpe más de lo que puede conseguir el otro con diez mil golpes con un martillo casero.

Examinemos brevemente a algunos hombres que se han propuesto tratar con los datos importantes relacionados con su trabajo en la vida. Si no fuera por el hecho de que este curso está adaptado a las insuficiencias prácticas de los hombres y mujeres del mundo laboral actual, nos remontaríamos a grandes hombres del pasado (Platón, Aristóteles, Epíteto, Sócrates, Salomón y Moisés) y dirigiríamos la atención a su hábito de tratar con datos. No obstante, podemos hallar ejemplos más cercanos a nuestra generación que servirán a nuestro objetivo de una forma más ventajosa en este punto en particular.

Puesto que ésta es una era en la que el dinero se considera la prueba más concreta del éxito estudiemos a un hombre que ha acumulado más que ningún otro hombre en la historia del mundo, John D. Rockefeller. El señor Rockefeller tiene una cualidad que destaca como una estrella resplandeciente por encima de todas las demás, su costumbre de ocuparse solamente de los datos relativos a su trabajo. Siendo un hombre muy joven (y muy pobre, en aquella época), Rockefeller adoptó, como su claro objetivo principal, la acumulación de una gran riqueza. No tengo intención de entrar en el método que usó para acumular su fortuna, ni tendría ninguna ventaja particular hacerlo, excepto para observar que su cualidad más pronunciada era la de insistir en los datos como la base de su filosofía en los negocios. Hay quien dice que Rockefeller no siempre fue justo con sus competidores. Eso puede ser o no ser cierto (como pensadores correctos, dejaremos este punto tranquilo), pero nadie, ni siquiera sus rivales, ha acusado jamás al señor Rockefeller de formarse "juicios rápidos" o de minimizar la fuerza de sus competidores.

No sólo reconocía los datos que afectaban a su negocio, donde y cuando los hallara, sino que además se encargaba de buscarlos hasta asegurarse de que los había hallado.

Thomas A. Edison es otro ejemplo de un hombre que ha llegado a la grandeza a través de la organización, la clasificación y el uso de datos. El señor Edison trabaja con las leyes naturales como su principal ayuda; por lo tanto, debe estar seguro de sus datos para poder usar esas leyes. Cada vez que tocas un interruptor y enciendes una luz eléctrica, recuerda que fue la capacidad de Edison de organizar datos lo que ha hecho que eso sea posible. Cada vez que escuches un gramófono, recuerda que Edison fue el hombre que lo hizo realidad mediante su persistente hábito de tratar con datos relevantes. Cada vez que veas una película, recuerda que surgió del hábito de Edison de tratar con datos importantes.

En el campo de la ciencia, los datos relevantes son las herramientas con las que trabajan hombres y mujeres. La mera información, o los testimonios basados en lo que han dicho otras personas, no tienen ningún valor para Edison, aunque podría haber derrochado su vida trabajando con ellos, como están haciendo millones de personas.

Los testimonios basados en lo que han dicho otras personas nunca podrían haber producido la luz eléctrica, el fonógrafo o las películas, y si lo hubieran hecho, el fenómeno habría sido un "accidente". En esta lección estamos tratando de preparar al estudiante para evitar los "accidentes".

Ahora surge la pregunta de qué constituye un dato importante, y relevante. La respuesta depende completamente de lo que constituya tu claro objetivo principal en la vida, pues cualquier dato que puedas usar, sin interferir con los derechos de otras personas, para la realización de dicho propósito, es un dato importante y relevante. Todos los demás datos, en lo que a ti respecta, son redundantes y, en el mejor de los casos, de una importancia menor.

Sin embargo, organizar, clasificar y utilizar datos poco importantes e irrelevantes puede suponer el mismo esfuerzo que hacerlo con sus opuestos, pero no conseguirás tanto. Hasta el momento hemos estado comentando solamente un factor del pensamiento correcto, el que se basa en el razonamiento deductivo. Quizá éste sea el punto en que algunos estudiantes de este curso tendrán que pensar en términos con los que no están acostumbrados, pues ahora llegamos al comentario del pensamiento que hace mucho más que reunir, organizar y combinar datos: llamémoslo pensamiento creativo.

Para que puedas entender por qué se le llama pensamiento creativo, es preciso que estudiemos brevemente el proceso de evolución a través del cual se creó el hombre pensante.

El hombre pensante lleva mucho tiempo en el camino de la evolución y ha recorrido un largo trecho. En palabras del juez T. Troward en Bible Mystery and Bible Meaning (Misterio y significado de la Biblia) "El hombre perfeccionado es la cumbre de la pirámide evolutiva, y por una secuencia ineludible".

> El arte de vender consiste, en gran medida, en conocer los méritos de los productos o el servicio que uno está tratando de vender y en mostrárselos al posible comprador.

Sigamos la pista del hombre pensante a través de los cinco pasos evolutivos por los que se cree que ha pasado ¡comenzando por el inferior! es decir:

1. Período mineral. Aquí hallamos vida en su forma inferior, inmóvil e inerte; una masa de sustancias minerales, sin la capacidad de moverse.

2. Período vegetal. Aquí hallamos vida en una forma más activa, con la inteligencia suficiente para conseguir alimentos, crecer y reproducirse, pero todavía incapaz de moverse de sus pilares fijos.

3. Período animal. Aquí hallamos vida en una forma superior y más inteligente, con la capacidad de moverse de un lugar a otro.

4. Período humano o del hombre pensante, donde hallamos vida en la forma más elevada que se conoce, porque el hombre es capaz de pensar y porque el pensamiento es la forma de energía más alta que conocemos. En el ámbito del pensamiento, el ser humano no conoce limitaciones. Puede mandar sus pensamientos a las estrellas con la rapidez de un rayo. Puede reunir datos y organizarlos en nuevas y variadas combinaciones. Puede crear hipótesis y traducirlas en una realidad física, a través del pensamiento. Puede razonar tanto inductiva como deductivamente.

5. Período espiritual. En este plano, las formas inferiores de vida descritas en los cuatro períodos antes mencionados, confluyen y se vuelven infinitas en la naturaleza. En este punto el hombre se ha desarrollado, se ha expandido y ha crecido hasta proyectar su capacidad de pensar en la inteligencia infinita. Todavía, en este quinto período, el hombre pensante, es sólo un niño, pues todavía no ha aprendido a apropiarse, para su propio uso, de esa inteligencia eterna llamada Espíritu. Además, con algunas raras excepciones, el ser humano todavía no ha reconocido el pensamiento como el punto de conexión que le deja acceder al poder de la inteligencia infinita. Estas excepciones han sido hombres como Moisés, Salomón, Platón, Aristóteles, Sócrates, Confucio y un número comparativamente pequeño de otros como ellos. Desde su época, hemos tenido a muchas personas que han revelado en parte esta gran verdad, pero la verdad, en si misma, es tan accesible ahora como lo era entonces. Para hacer uso del pensamiento creativo, uno debe trabajar extensamente con la fe, y ésta es la razón primordial de no haya más personas que practiquen este tipo de pensamiento. Los más ignorantes

de la raza humana pueden pensar en términos de razonamiento deductivo en relación con asuntos de una naturaleza puramente física y material, pero ir un paso más arriba y pensar en términos de inteligencia infinita es otra cosa. El hombre medio se siente completamente perdido cuando va más allá de aquello que puede entender con la ayuda de sus cinco sentidos físicos (vista, oído, tacto, olfato y gusto). La inteligencia infinita no funciona por mediación de ninguno de ellos y no podemos implorar su ayuda a través de ellos.

"¿Cómo, entonces, puede apropiarse uno del poder de la inteligencia infinita?" es una pregunta natural. Y la respuesta es, ¡a través del pensamiento creativo! Para dejar clara la manera exacta en que se hace esto, ahora llevaré tu atención a algunas de las lecciones anteriores de este curso, a través de las cuales te has preparado para entender el significado del término pensamiento creativo. En la segunda lección y, hasta cierto punto, en prácticamente todas las demás lecciones que la siguieron hasta llegar a ésta, has visto la utilización frecuente del término "autosugestión" (una sugestión que uno se hace a sí mismo). Ahora volvemos una vez más a ese término, porque la autosugestión es la línea telegráfica, por así decirlo, con la que puedes registrar en tu mente subconsciente una descripción O un plan de aquello que quieres crear o adquirir en forma física. Se trata de un proceso que puedes aprender a utilizar fácilmente. La mente subconsciente es el intermediario entre el pensamiento consciente y la inteligencia eterna, y tú puedes invocar la ayuda de la inteligencia eterna únicamente a través de la mente subconsciente, dándole instrucciones claras de lo que quieres. Aquí te familiarizas con la razón psicológica para tener un claro objetivo principal. Si todavía no has entendido la importancia de crear un claro objetivo principal como el objeto de tu trabajo en la vida, seguramente lo harás antes de haber dominado esta lección.

Sabiendo, desde mi propia experiencia como aprendiz en el estudio de este y otros temas relacionados, qué poco comprendía términos como "mente subconsciente", "autosugestión" y "pensamiento", a lo largo de este curso me he tomado la libertad de describir estos términos mediante todos los símiles e ilustraciones posibles, con el objeto de dejar tan claro su significado y el método para su diligencia que ningún estudiante pueda dejar de entenderlos. Esto explica la repetición de términos que observarás a lo largo de todo el curso y, al mismo tiempo, se dirige como una disculpa a aquellas personas que ya han avanzado lo suficiente para entender el significado de muchas cosas que el principiante no comprenderá en la primera lectura.

La mente subconsciente tiene una característica destacable hacia la que ahora dirigiré tu atención, esto es, que registra las sugestiones que le mandas a través de la autosugestión e invoca la ayuda de la inteligencia infinita para trasladar estas sugestiones a su forma física natural con medios naturales que no son, en absoluto, nada extraordinario. Es importante que comprendas la frase anterior, ya que, si no es así, es probable que no llegues a comprender tampoco la importancia de los cimientos mismos sobre los que está construido este curso, siendo esos cimientos el principio de la inteligencia infinita, la cual puedes alcanzar y apropiarte de ella a voluntad a través de la ayuda de la LEY DE LA "MENTE MAESTRA" descrita en la lección introductoria. Estudia detenida, seria y contemplativamente, todo el párrafo anterior. La mente subconsciente tiene otra característica destacable: acepta todas las sugestiones que le llegan y las lleva a la acción, tanto si son constructivas como si son destructivas, y tanto si provienen del exterior como si lo hacen de tu propia mente consciente. Por lo tanto, como puedes ver, es esencial que veas la LEY DE LA EVIDENCIA Y sigas cuidadosamente los principios expuestos al principio de esta lección al elegir lo que transportarás a tu mente subconsciente mediante la autosugestión. Puedes comprender por qué uno debe buscar datos diligentemente y por qué uno no se puede permitir prestar un oído receptivo al difamador y al chismoso, pues hacerlo equivaldría a dar a la mente subconsciente un alimento dañino y ruinoso para el pensamiento creativo.

La mente subconsciente se puede comparar con la placa sensible de una cámara fotográfica en la que quedará registrada la imagen de cualquier objeto puesto delante de ella. La placa no elige el tipo de imagen que se grabará en ella, sino que registra cualquier cosa que le llegue a través del lente. La mente consciente puede confrontarse al obturador que se cierra para impedir el paso de la luz hacia la placa sensible, impidiendo que sólo llegue a ella aquello que el fotógrafo quiere registrar.

La lente de la cámara se podría comparar a la autosugestión, pues es el medio que transporta la imagen del objeto que debe ser registrado hasta la placa sensible. Y la inteligencia infinita se podría comparar a la persona que revela la placa después de que una imagen haya quedado registrada en ella, transportándola así a la realidad física.

La cámara corriente es un instrumento espléndido con el que comparar todo el proceso del pensamiento creativo. Primero viene la elección del objeto que se expondrá ante la cámara, éste representa nuestro claro objetivo principal en la vida. Luego está la operación de registrar un claro bosquejo de ese objetivo a través de la lente de la autosugestión en la placa sensible de la mente subconsciente. Aquí entra la inteligencia eterna y desarrolla dicho bosquejo en una forma física que sea apropiada para la naturaleza del propósito. ¡Está claro cuál es el papel que tú debes representar! Eliges la imagen que va a ser registrado (claro objetivo principal). Luego fijas tu mente subconsciente en ese objetivo con una intensidad tal que se comunique con la mente subconsciente, a través de la autosugestión, y ésta registre la imagen, Entonces comienzas a estar vigilante y esperar manifestaciones de la realización física del tema de la imagen.

> Cualquier persona puede llegar a ser grande haciendo las cosas normales de la vida con un gran espíritu, con un deseo genuino de ser útil a los demás, sea cual sea su actividad.

Ten en cuenta el hecho de que uno no se sienta a esperar, ni se va a la cama a dormir con la expectativa de despertar y hallar que la inteligencia eterna le ha mandado el objeto de su claro objetivo principal. Uno sigue adelante, de la manera habitual, realizando su trabajo diario de acuerdo con las instrucciones dadas en la novena lección de este curso, con absoluta fe y confianza en que los caminos y los medios naturales para la realización del objeto claro se abrirán ante uno en el momento adecuado y de una manera conveniente.

Es posible que el camino no se abra de repente, desde el primer paso hasta el último, pero puede ir haciéndolo paso a paso. Por lo tanto, cuando seas consciente de una oportunidad para dar el primer paso, dalo sin vacilar, y haz lo mismo cuando se manifiesten el segundo, el tercero y todos los pasos subsiguientes esenciales para la realización de tu claro objetivo principal.

La inteligencia eterna no te va a construir una casa y a entregártela, lista para entrar a vivir, pero te abrirá el camino y te suministrará los medios necesarios para que tú puedas construir tu propia casa. No le ordenará al cajero de tu banco que coloque una suma definida de dinero en tu cuenta, simplemente porque tú se lo hayas sugerido a tu mente subconsciente, pero te abrirá el camino para que puedas ganar, o pedir prestado, ese dinero y lo pongas en tu propia cuenta. No echará al actual ocupante de la Casa Blanca para ponerte a ti como presidente en su lugar, pero muy probablemente, en las circunstancias adecuadas, influirá en ti para que te prepares para ocupar dicho cargo con honor y luego te ayudará a conseguirlo mediante el método habitual.

No te apoyes en la realización de milagros para la consecución del que compone tu claro objetivo principal, apóyate en el poder de la inteligencia infinita para guiarte, a través de canales naturales y con la ayuda de leyes naturales, a su realización. No esperes que la inteligencia eterna te traiga el objeto de tu claro objetivo principal; en lugar de eso, espera que te dirija hacia él.

Siendo un principiante, no esperes que la inteligencia eterna se mueva rápidamente por ti, pero cuando seas más experto en el uso del principio de la autosugestión y desarrolles la fe y la comprensión necesarias para su rápida realización, podrás crear un claro objetivo principal y ver cómo se traslada inminentemente a la realidad física. La primera vez que intentaste andar no lo conseguiste, pero ahora que eres adulto (experto en el arte de andar), puedes caminar sin ningún esfuerzo. Tú también observas al niño pequeño que se tambalea, intentando caminar, y te ríes de sus esfuerzos. Como principiante en el uso del pensamiento creativo, puedes confrontarte al niño pequeño que está aprendiendo a dar los primeros pasos. Tengo buenas razones para saber que esta comparación es acertada, pero no te las diré. Dejaré que las descubras con tu propia reflexión, a tu manera.

Ten siempre presente el principio de la evolución, por cuyo funcionamiento todo lo que es físico está continuamente tratando de llegar más alto y completar el ciclo entre inteligencias finitas e infinitas. El propio ser humano es el ejemplo más elevado y más digno de notarse del funcionamiento del principio de la evolución. Primero lo hallamos en los minerales de la tierra, donde hay vida pero no hay inteligencia.

Luego lo encontramos, por el crecimiento de la vegetación (evolución), elevado a una forma de vida muy superior, donde disfruta de la inteligencia suficiente para alimentarse. A continuación lo hallamos funcionando en el período animal, donde tiene un grado de inteligencia comparativamente elevado, con la capacidad de moverse de un lugar a otro. Por último, hallamos que se ha elevado por encima de las especies inferiores del reino animal hasta un punto en el que funciona como una forma pensante con capacidad de apropiarse de la inteligencia infinita y hacer uso de ella.

Observa que no alcanza este estado superior de golpe. Asciende, paso a paso, y quizá pasando por muchas reencarnaciones. Ten presente esto y entenderás por qué no puedes esperar razonablemente que la inteligencia eterna evite las leyes naturales y convierta al ser humano en el almacén de todo el conocimiento y todo el poder hasta que esté preparado para usar ese conocimiento y poder con una inteligencia superior a la finita.

Si quieres un buen ejemplo de lo que puede pasarle a una persona que repentinamente tiene el control del poder, estudia a algunos nuevos ricos o a alguien que haya heredado una fortuna. El poder monetario que ostenta John D. Rockefeller no sólo está a salvo, sino que está en unas manos en las que está sirviendo a la humanidad en el mundo entero, terminando con la ignorancia, eliminando enfermedades infecciosas y sirviendo de otras mil maneras que la persona media desconoce. Pero coloca la fortuna de John D. Rockefeller en manos de algún muchacho que todavía no ha terminado la escuela secundaria y posiblemente la historia será muy diferente, y los detalles te serán proporcionados por tu propia imaginación y conocimiento de la naturaleza humana. Tendré más que decir sobre este tema en la decimocuarta lección.

Si alguna vez has practicado la agricultura, entenderás que para que la tierra produzca una cosecha es ineludible cierta preparación. Seguramente sabes que el cereal no crece en el bosque y que necesita sol y lluvia para hacerlo. Asimismo, entiendes que el agricultor debe arar la tierra y sembrar correctamente el cereal. Cuando ha hecho todo esto, entonces espera a que la naturaleza haga su parte del trabajo, y ella lo hace a su debido tiempo, sin ayuda externa. Éste es un paralelo perfecto que ilustra el método a través del cual uno puede alcanzar el objeto de su claro objetivo principal. Primero viene la preparación de la tierra para que pueda recibir a la semilla, la cual está simbolizada por la fe, la inteligencia infinita y la comprensión del principio de la autosugestión y la mente subconsciente, a través de la cual se puede plantar la semilla de un claro propósito. Luego viene un ciclo de espera y de trabajar para la realización del objeto de dicho propósito. Durante ese período, debe haber una fe constante, intensificada, que sirve de sol y de lluvia, sin la cual la semilla se avejentaría y moriría en el suelo. A continuación llega la realización, la época de recolección. Y es posible producir una maravillosa cosecha. Soy completamente consciente de que una gran parte de lo que estoy diciendo no será comprendido por el principiante en una primera lectura, pues tengo en cuenta mis propias experiencias del comienzo. No obstante, cuando el proceso evolutivo lleve a cabo su trabajo (y lo hará; no lo dudes), todos los principios explicados en esta lección y en todas las demás, cuando los hayas dominado, te resultarán tan sencillos como la tabla de multiplicar. Y lo que es aún más importante, estos principios funcionarán con la misma certeza inalterable con que lo hace el principio de la multiplicación.

Cada una de las lecciones de este curso te ha suministrado unas instrucciones muy claras a seguir. Éstas han sido simplificadas en la medida de lo posible, para que cualquier persona las pueda comprender. No se ha dejado nada al estudiante, excepto seguir las instrucciones y aportar la fe en su sólida fundación, sin la cual serían inútiles. En esta lección estás conociendo cuatro importantes factores hacia los que dirigiré tu atención, con la petitoria de que te familiarices con ellos.

Éstos son,

    1. la autosugestión,

    2. la mente subconsciente,

    3. el pensamiento creativo

    4. la inteligencia eterna.

Éstos son los cuatro caminos por los que debes viajar en tu ascenso en busca del conocimiento. Observa que eres tú quien vigila a tres de ellos. Observa, también (y esto es especialmente importante) que de la manera en que recorras estos tres caminos dependerá el momento y el lugar en que convergerán entrando en el cuarto, o inteligencia eterna.

Ahora que ya entiendes lo que significan los términos "autosugestión" y "mente subconsciente", debemos aseguramos de que entiendes también lo que significa el término "pensamiento creativo", que quiere decir pensamiento de una naturaleza positiva, creativa; no destructiva. El objeto de la octava lección era prepararte para que entiendas y apliques eficazmente el principio del pensamiento creativo. Si no has dominado esa lección, entonces no estás preparado para hacer uso de ese tipo de pensamiento a fin de alcanzar tu claro objetivo principal. Déjame repetir un símil que ya he utilizado, diciendo que tu mente subconsciente es el campo o tierra en que siembras la semilla de tu claro objetivo principal. El pensamiento creativo es el instrumento con el que conservas la tierra fertilizada y acondicionada para que esa semilla despierte al crecimiento y la madurez. Tu mente subconsciente no germinará la semilla de tu claro objetivo principal y la inteligencia infinita no convertirá tu propósito en una realidad física si llenas tu mente de odio, envidia, celos, egoísmo y codicia. Estos pensamientos negativos o destructivos son las malas hierbas que ahogarán la semilla de tu claro objetivo. El pensamiento creativo presupone que mantendrás tu mente en un estado de expectativa de lograr el objeto de tu claro objetivo principal, que tendrás una fe y una confianza absolutas en su realización a su debido tiempo y en su debido orden. Si esta lección consigue lo que pretende, te aportará una comprensión más plena y más intensa de la tercera lección de este curso, que trata sobre la seguridad en uno mismo. Cuando comiences a leer acerca de cómo plantar la semilla de tus deseos en la tierra fértil de tu mente subconsciente, y cómo fertilizarla hasta que nazca a la vida y la acción, entonces ciertamente tendrás motivos para creer en ti mismo o en ti misma. y cuando hayas logrado ese punto en tu proceso de evolución, tendrás un conocimiento suficiente de la verdadera fuente de la que estás extrayendo tu poder, como para hacer plenamente responsable a la inteligencia eterna de todo aquello que antes atribuías a tu seguridad en ti mismo.

Recuerda que tu verdadera riqueza no se puede medir por lo que tienes, sino por lo que eres.

La autosugestión es un arma poderosa con la que uno puede alcanzar alturas de gran éxito si la usa de una forma constructiva. Sin embargo, si se utiliza de una manera negativa, puede destruir toda posibilidad de éxito, y si esto se hace continuamente puede llegar a acabar con tu salud. La minuciosa comparación de las experiencias de médicos y psiquiatras reveló la impresionante información de que el setenta y cinco por ciento de las personas que están enfermas sufren de hipocondría, lo cual es un estado mental patológico que provoca una ansiedad inútil respecto a la propia salud. Dicho en términos más fáciles, el hipocondríaco es alguien que cree que está padeciendo algún tipo de enfermedad imaginaria; y, a menudo, estas desdichadas personas creen tener todas las enfermedades de las que han oído hablar.

Por lo general, los estados hipocondríacos son inducidos por complemento por la autointoxicación o el envenenamiento producidos porque el sistema intestinal no elimina sus desechos. La persona que sufre este estado tan tóxico no sólo es incapaz de pensar correctamente, sino que tiene todo tipo de pensamientos desnaturalizados, destructivos y ficticios. A muchas personas enfermas se les quita las amígdalas, o se les extrae una muela, o el apéndice, cuando su problema podría haberse eliminado con un lavado interno y una botella de citrato de magnesio (con el debido respeto a mis amigos los médicos, uno de los cuales me proporcionó esta información). La hipocondría es el principio de la mayoría de los casos de demencia. El doctor Henry R. Rose es autor del siguiente ejemplo típico del poder de la autosugestión, "Si mi mujer fallece, no creeré que Dios existe". Su esposa estaba enferma, con neumonía, y así fue como me recibió el marido cuando llegué a su casa. Ella me había mandado llamar porque el médico le había dicho que no se mejoraría. (La mayoría de los médicos procura no hacer ese tipo de declaraciones en presencia del paciente.) La mujer había llamado a su marido y a sus hijos para que se acercaran a su lecho y se había despedido de ellos. Hallé al marido en el salón, llorando, y a los hijos haciendo lo posible por animar a su madre. Cuando entré en su dormitorio, respiraba con dificultad y la enfermera me dijo que estaba muy abatida. Pronto descubrí que la señora me había mandado llamar para que yo cuidara de sus hijos cuando ella hubiera muerto. Entonces le dije, "¡USTED NO VA A MORIR!" Siempre ha sido una mujer fuerte y saludable, y no creo que Dios quiera que muera y deje a sus niños a mi cuidado, o al de cualquier otra persona".

Le hablé en esos términos y luego le dije que pusiera su fe en Dios y arrojara su mente y su voluntad contra cualquier pensamiento sobre la muerte. Luego la dejé, diciéndole, "Volveré después, y entonces la hallaré muy recuperada". Esto fue el domingo por la mañana. La visité esa misma tarde. Su marido me recibió con una sonrisa. Me dijo que en cuanto me hube marchado, su esposa los había llamado a sus hijos y a él y les había dicho, "El doctor Rose dice que no voy a morir, que me voy a poner bien, y así será".

Y se puso bien. Pero, ¿qué logró que esto ocurriera? Dos cosas, la autosugestión, inducida por la sugestión que yo le había dado, y su propia fe. Llegué justo en el momento crítico, y tan grande era su fe en mí, que pude inspirar fe en ella. Fue esa fe la que ladeó la balanza y la hizo salir de la neumonía. Ninguna medicina puede curar la neumonía. Los médicos aceptan esto. Hay casos de neumonía que no se pueden curar con nada.

Todos estamos tristemente de acuerdo en ello, pero hay ocasiones, como en este caso, en las que la mente, si se la hace funcionar de la forma adecuada, hace que la suerte cambie. Mientras haya vida, hay esperanza, pero la esperanza debe tener supremacía y hacer el bien que debe hacer. He aquí otro caso destacable que demuestra el poder de la mente humana cuando se usa constructivamente. Un médico me pidió que fuese a ver a la señora H. Me dijo que no le pasaba nada a nivel orgánico, pero que sencillamente se negaba a comer. Al estar convencida de que no podía retener nada en el estómago, había dejado de comer y estaba muriendo paulatinamente de inanición. Fui a verla y me enteré de que, en primer lugar, no tenía ninguna creencia religiosa. Había perdido su fe en Dios. También descubrí que no tenía ninguna confianza en su capacidad de retener alimentos. Mi primer esfuerzo fue e de devolverle la fe en y conseguir que creyera que Dios estaba con ella y le daría poder. Entonces le dije que podía comer cualquier cosa que deseara. La verdad es que su fe en mí era enorme, y mi afirmación la impresionó. A partir de ese día, ¡comenzó a comer! Tres días más tarde se levantó de la cama por primera vez en semanas. Ahora es una mujer normal, sana y feliz. ¿Cuál fue la causa de que esto pasara? Las mismas fuerzas descritas en el caso anterior, la sugestión externa (que ella aceptó con fe y aplicó a través de la autosugestión) y la confianza interior. Hay ocasiones en que la mente está enferma y hace que el cuerpo enferme. En tales ocasiones, precisa de una mente más fuerte Este libro fue escrito antes de 1928, año en que se descubrió la penicilina para sanar, que la dirija y, especialmente, le dé confianza y fe en sí misma. Esto se llama sugestión. Es transferir tu confianza y tu poder a otra persona con tanta fuerza que consigas que crea y haga lo que tú quieres. No hace falta que sea hipnosis. Puedes lograr unos resultados maravillosos con el paciente totalmente despierto y razonando lógicamente. El paciente debe creer en ti, y tú debes entender el funcionamiento de la mente humana para hacer frente a sus argumentos y sus preguntas. Cada uno de nosotros puede ser un sanador de este tipo y, así, ayudar a sus semejantes. Es el deber de toda persona leer algunos de los mejores libros que hay sobre los poderes de la mente humana y conocer las cosas extraordinarias que puede hacer ésta para que la gente esté bien y feliz. Vemos las cosas terribles que el pensamiento erróneo hace a las personas, incluso hasta el punto de llevarlas a la locura. Ya es hora de que descubramos las cosas buenas que puede hacer la mente, no sólo para curar trastornos mentales, sino también enfermedades físicas.

> Ascendemos al cielo especialmente sobre las ruinas de nuestros planes más queridos, descubriendo que nuestros fracasos no fueron más que unos mástiles indicadores amistosos que nos hicieron avanzar y ascender hacia el éxito.

Deberías profundizar en este tema. No estoy diciendo que la mente pueda curarlo todo. No hay pruebas fieles de que ciertas formas de cáncer hayan sido curadas por el pensamiento, o la fe, o cualquier otro proceso mental. Si quieres curarte de un cáncer, debes atajarlo en su inicio y tratarlo quirúrgicamente. No hay otra manera, y sería criminal insinuar que la hay. Pero la mente puede hacer mucho con tantos tipos de dolencias y enfermedades que deberíamos apoyarnos en ella con más frecuencia de lo que lo hacemos.

Durante su campaña en Egipto, Napoleón caminó entre los soldados de su ejército que estaban muriendo a centenares debido a la peste negra. Tocó a uno de ellos y levantó a otro, para infundir a los demás que no tuvieran miedo, pues la terrible enfermedad parecía extenderse tanto por la ayuda de la imaginación como por cualquier otra vía. Goethe nos dice que él mismo fue a un lugar donde había una fiebre maligna y nunca la contrajo porque aplicó su voluntad. Esos gigantes entre los hombres conocían algo que estamos empezando a descubrir lentamente, ¡el poder de la autosugestión! Esto quiere decir, la influencia que tenemos sobre nosotros mismos al creer que no vamos a contraer una enfermedad. Hay algo en la operación de la mente automática o subconsciente que hace que se eleve por encima de los gérmenes de la enfermedad y los afronte cuando decidimos que no permitiremos que el pensar en ellos nos asuste, o cuando nos movemos entre los enfermos, incluso los contagiosos, sin pensar nada al respecto.

"La imaginación puede matar a un gato", dice el viejo refrán. Lo cierto es que puede matar a un hombre o, por el contrario, ayudarlo a remontar hasta las más asombrosas alturas del éxito, siempre y cuando la utilice como la base de su seguridad en sí mismo. Se han registrado casos verdaderos de hombres que han llegado a morir al imaginar que les habían cortado la yugular con un cuchillo, cuando en realidad lo que se había usado era un trozo de hielo, dejando que el agua goteara para que pudieran escucharla e imaginaran que se trataba de su propia sangre. Antes de iniciar el experimento, se les había vendado los ojos. No importa lo bien que estés al salir a trabajar por la mañana, si todas las personas con las que te encuentras te dicen: "Pareces enfermo; deberías ir al médico", antes de que haya pasado mucho tiempo te empezarás a sentir enfermo, y si esto se mantiene durante unas horas llegarás a casa por la noche totalmente disminuido y dispuesto a ver a un médico. Tal es el poder de la imaginación, o la autosugestión.

La facultad imaginativa de la mente humana es una asombrosa pieza de maquinaria mental, pero puede jugamos malas pasadas, y suele hacerlo, si no la vigilamos y la controlamos continuamente. Si dejas que tu imaginación "espere lo peor" hará estragos contigo.

Los jóvenes estudiantes de medicina rellenan su calendario médico con toda clase de síntomas, como consecuencia de las conferencias médicas y las discusiones en clase sobre las distintas enfermedades.

Como ya hemos dicho, a menudo la hipocondría puede ser inducida además por la intoxicación debida a una inadecuada eliminación de los residuos del cuerpo; por último, puede producirse por una falsa alarma, a través del uso inapropiado de la imaginación. En otras palabras, el estado hipocondríaco puede tener como causa una base física real, o puede surgir totalmente por permitir que la imaginación se desboque. ¡La mayoría de médicos estuvieron de acuerdo sobre este punto! El doctor Schofield describe el caso de una mujer que tenía un tumor. La ubicaron sobre la mesa de operaciones y le pusieron la anestesia cuando, ¡hete aquí que el tumor desapareció inmediatamente y no fue precisa ninguna operación! Pero cuando recuperó la conciencia, el tumor regresó. Entonces el médico averiguó que ella había estado viviendo con un pariente que tenía un tumor verdadero ¡y la imaginación de esta mujer era tan real que había llegado a creer que ella también tenía uno. La volvieron a colocar en la mesa de operaciones, la anestesiaron y la vendaron alrededor de la mitad del cuerpo, para que el tumor no pudiera volver artificialmente. Cuando despertó, le dijeron que la operación había sido un éxito, pero que era preciso que llevara el vendaje durante varios días. Ella creyó al médico y, cuando finalmente le retiraron las vendas, el tumor no había vuelto. No se le practicó ninguna operación. Simplemente, la mujer había librado a su mente subconsciente del pensamiento de que tenía un tumor y su imaginación ya no tenía con qué trabajar, excepto con la idea de salud y, puesto que nunca había estado realmente enferma, siguió estando bien. La mente puede ser curada de enfermedades imaginarias, exactamente de la misma forma que puede ser presa de dichas enfermedades por la autosugestión. El mejor momento para trabajar con una imaginación defectuosa es durante la noche, justo antes de ir a dormir, ya que en ese momento la mente automática o subconsciente está en control y durante la noche atraerá y trabajará con los pensamientos o las sugestiones que le des justo cuando tu mente consciente o "diurna" está a punto de dejar de funcionar.

Esto puede parecer imposible, pero se puede evidenciar fácilmente este principio mediante el siguiente procedimiento: Si mañana quieres despertarte a las siete, o a alguna hora distinta a tu hora habitual, dite a ti mismo justo antes de dormir: "Mañana debo levantarme a las siete, sin error". Repíte10 varias veces mientras, al mismo tiempo, grabas en tu mente el hecho de que realmente debes levantarte a la hora precisa aludida. Entrega este pensamiento a tu mente subconsciente con la absoluta confianza de que te despertará a las siete en punto y, cuando llegue esa hora, tu subconsciente lo hará. Esta prueba se ha realizado con éxito cientos de veces. La mente subconsciente te despertará a cualquier hora que le pidas, como si alguien se acercara a tu cama y te diera unos golpecitos en el hombro. Pero no debes dar la orden en términos inseguros o indefinidos. Asimismo, a la mente subconsciente se le puede dar cualquier tipo de orden y ella la llevará a cabo con la misma urgencia con que te despertará a una hora establecida. Por ejemplo, antes de dormirte cada noche, dale la orden de que desarrolle la seguridad en ti mismo, la valentía, la iniciativa o cualquier otra cualidad, y hará lo que le ordenes.

Si la imaginación del ser humano puede erigir enfermedades imaginarias y postrarlo en la cama con dichas dolencias, con la misma facilidad puede, también, eliminarlas.

El hombre es una combinación de equivalentes químicos cuyo valor, según dicen, es de alrededor de veintiséis dólares, con excepción, por supuesto, de ese estupendo poder llamado la mente humana. En conjunto, la mente parece ser una máquina complicada, pero en realidad, en lo que respecta a la forma en que puede ser usada, es lo más parecido que se conoce al movimiento perpetuo. Funciona automáticamente mientras dormimos, y funciona tanto automáticamente como en conjunción con la voluntad, o con el sector voluntario, cuando estamos despiertos. La mente necesita un análisis de lo más minucioso en esta lección, porque es la energía con que se realiza todo pensamiento. Para aprender a pensar correctamente, cuya enseñanza es el único objeto de esta lección, uno debe entender absolutamente:

1º. Que la mente puede ser controlada, guiada y dirigida con objetivos creativos y constructivos.

2º. Que la mente puede ser dirigida hacia fines destructivos y que puede derribar y destruir voluntariamente si no se la controla y se la rige constructivamente con deliberación y con un plan.

3º. Que la mente tiene poder sobre todas las células del cuerpo y puede hacer que cada una de ellas haga su trabajo a la perfección o, por el contrario, por negligencia o por tomar la dirección errónea, puede destruir los objetivos funcionales normales de cualquier célula, o de todas ellas.

4º. Que todos los éxitos del hombre son el resultado del pensamiento, al cual su cuerpo físico le da una importancia secundaria, y en muchos casos ninguna, excepto como un lugar de alojamiento para la mente.

5º. Que los mayores éxitos, ya sean en la literatura, el arte, las finanzas, la industria, el comercio, el transporte, la religión, la política o los descubrimientos científicos ¡suelen ser el resultado de ideas imaginadas en el cerebro de una persona, pero convertidas en realidad por otras personas a través del uso combinado de sus mentes y sus cuerpos. (Esto significa que la concepción de una idea tiene más importancia que la transformación de dicha idea en una manera más material, ya que relativamente pocas personas pueden concebir ideas útiles, mientras que hay cientos de millones de ellas capaces de desarrollar una idea y darle una forma material después de que ha sido concebida.)

6º. La mayoría de los pensamientos concebidos en las mentes de la gente no son CORRECTOS, pues son más bien "opiniones" o "juicios rápidos". Cuando Alejandro Magno suspiraba porque no tenía más mundos que conquistar (eso creía), su cuadro mental era similar al de los "Alejandros" actuales de la ciencia, la industria, la invención..., cuyos "pensamientos correctos" han ocupado el aire y el mar, han explorado prácticamente cada metro cuadrado de la pequeña tierra en que vivimos y han extraído de la naturaleza miles de "secretos" que, unas pocas generaciones atrás, se habrían calificado como "milagros" asombrosos e imponderables.

Durante todo este descubrimiento y dominio de sustancias meramente físicas, ciertamente no es raro que prácticamente hayamos desatendido y olvidado a uno de los más maravillosos de todos los poderes, ¡la mente humana! Todos los científicos que han estudiado la mente humana están de acuerdo en que todavía no se ha llegado hasta el fondo en el estudio del maravilloso poder que permanece inactivo en la mente del hombre, como el roble que está dormido en la bellota, esperando a ser despertado y puesto en marcha. Quienes se han manifestado sobre el tema son de la opinión de que el próximo gran ciclo de descubrimiento se halla en el ámbito de la mente humana.

La posible naturaleza de estos descubrimientos ha sido sugerida de muchas maneras distintas en prácticamente todas las lecciones de este curso, exclusivamente en ésta y en las siguientes. Si estas sugerencias parecen llevar al estudiante de esta filosofía a unas aguas más profundas que a las que está acostumbrado, debe tener en cuenta que él, o ella, tienen el privilegio de detenerse en cualquier nivel de profundidad que desee, hasta que se haya preparado, con el pensamiento y los estudios, para avanzar.

Cuando una persona se halla realmente en la cima de la escalera del éxito, nunca está sola, porque nadie puede remontar hasta el verdadero éxito si no va acompañado de otras personas.

El autor de este curso ha considerado necesario tomar la delantera y mantener la suficiente distancia, por así decirlo, para convencer al estudiante a ir, al menos, unos cuantos pasos por delante del alcance medio normal del pensamiento humano. No se espera que ningún principiante trate de asimilar y poner en práctica desde un principio todo lo que ha sido incluido en esta filosofía. Pero si el resultado neto del curso no es más que haber sembrado en la mente del estudiante la semilla del pensamiento constructivo, el trabajo del autor habrá sido consumado. El tiempo, sumado al propio deseo de conocimiento del estudiante, hará el resto. Éste es un momento conveniente para decir con franqueza que muchas de las sugerencias transferidas por este curso, si se siguen literalmente, llevarán al estudiante mucho más allá de las necesarias fronteras y las necesidades actuales de lo que normalmente se denomina "la filosofía de los negocios". Dicho de otro modo, este curso profundiza en el funcionamiento de los procesos de la mente humana mucho más de lo que es preciso para el uso de esta filosofía como medio para lograr el éxito comercial o financiero. No obstante suponemos que muchos de los estudiantes de este curso querrán profundizar en el estudio del poder de la mente más de lo que se solicita para tener un éxito puramente material, y el autor ha tenido en cuenta a estas personas durante el trabajo de organización y redacción del curso.

Resumen de los principios envueltos en el pensamiento correcto:

Hemos descubierto que el cuerpo del hombre no es singular, sino plural; que está formado por billones y billones de células vivas, inteligentes, individuales, que llevan a cabo la tarea, muy especificada y bien organizada, de construir, desarrollar y mantener al cuerpo humano. Hemos descubierto que todas esas células son dirigidas, en sus respectivas tareas, por la acción subconsciente o automática de la mente; que la parte subconsciente de la mente puede ser, en gran medida, controlada y dirigida por la parte consciente o voluntaria. Hemos descubierto que cualquier idea o pensamiento que se ampare en la mente a través de la repetición tiende a dirigir al cuerpo físico para que convierta dicha idea o pensamiento en su equivalente material. Hemos descubierto que cualquier orden que se dé CORRECTAMENTE a la mente subconsciente (a través de la ley de la autosugestión), será llevada a cabo, a menos que sea desviada o anulada por otra orden que tenga más fuerza. Hemos descubierto que la mente subconsciente no cuestiona la fuente de la que recibe las órdenes, ni la sensatez de las mismas, sino que procede a regir al sistema muscular del cuerpo para que lleve a cabo cualquier orden recibida.

Esto explica la necesidad de vigilar de cerca el entorno del que recibimos las sugestiones y por el que somos incluidos sutil y silenciosamente en instantes y de maneras que no percibimos con la mente consciente. Hemos descubierto que cada movimiento del cuerpo humano es controlado por la parte consciente o subconsciente de la mente humana; que ningún músculo puede ser movido hasta que uno de esos dos sectores de la mente haya mandado una orden de movimiento.

Cuando este principio se entiende a fondo, entendemos también el poderoso efecto que tiene cualquier idea o pensamiento que uno crea con la facultad de la IMAGINACIÓN, conservándola en la mente consciente hasta que la parte subconsciente tenga tiempo de tomar posesión de dicho pensamiento y empezar a transformarlo en su equivalente material. Cuando entendemos el principio por el que cualquier idea es puesta en la mente consciente y mantenida allí hasta que la parte subconsciente la recoge y se apropie de ella, tenemos un conocimiento práctico de la LEY DE LA CONCENTRACIÓN, que será tratada en la lección siguiente (y podríamos agregar que también tenemos una amplia comprensión de la razón por la cual la LEY DE LA CONCENTRACIÓN forma parte, necesariamente, de esta filosofía).

Cuando comprendemos esta relación operativa entre la imaginación, la mente consciente y la parte subconsciente, podemos ver que el primer paso para la realización de cualquier claro objetivo principal es fundar una imagen clara de lo que deseamos. A continuación, se debe colocar esta imagen en la mente consciente, mediante la LEY DE LA CONCENTRACIÓN, Y mantenerla ahí (con las fórmulas que se narran en la próxima lección) hasta que la parte subconsciente la recoja y la convierta en su forma última y requerida.

Sin duda, este principio ha quedado claro. Ha sido afirmado y vuelto a afirmar, una y otra vez, no sólo con el objetivo de describirlo extensamente, sino por algo más importante: para grabar en la mente del estudiante con qué papel apoya a todo éxito humano.

El valor de tener claro un objetivo.

Esta lección sobre el pensamiento correcto no sólo narra el verdadero propósito de tener un claro objetivo principal, sino que explica, en términos sencillos, los principios por los cuales se puede llevar a cabo dicho objetivo o propósito. Primero creamos el objetivo por el que luchamos con la facultad imaginativa de la mente y luego trasladamos un esbozo de este objetivo al papel, escribiendo una afirmación clara en la forma de un claro objetivo principal. Al leer a diario esta declaración escrita, la idea o la cosa a la que aspiramos es recibida por la mente consciente y entregada a la mente subconsciente, la cual, a su vez, rige las energías del cuerpo para transformar el deseo en una forma material.

El deseo

Un deseo intenso, profundamente prendido, es el punto de partida de todo éxito. Del mismo modo que el electrón es la última unidad de materia discernible para el científico, el deseo es la semilla de todo éxito, el lugar de inicio detrás del cual no hay nada, o al menos nada de lo que tengamos conocimiento. Un claro objetivo principal, que es otra manera de llamar al deseo, no tendría sentido si no estuviera basado en un deseo intenso, hondamente arraigado, de conseguir el objeto del claro objetivo principal.

Muchas personas dicen que "ojalá tuvieran" muchas cosas, pero eso no equivale a tener un intenso deseo y, por lo tanto, tiene poco valor, o ninguno, a menos que se cristalice en una manera más clara de deseo. Muchas personas que han dedicado años de investigación al tema consideran que toda la energía y toda la materia que hay en el universo responden a la LEY DE LA ATRACCIÓN y son controladas por ella. Esta ley hace que los elementos y las fuerzas de una naturaleza equivalente se reúnan en torno a determinados centros de atracción. A través del funcionamiento de esta misma LEY UNIVERSAL DE LA ATRACCIÓN, el deseo intenso, profundamente arraigado, atrae al equivalente físico de la cosa requerida, o atrae los medios para conseguirla.

> William Wrigley hijo ha amasado una enorme fortuna concentrando todos sus esfuerzos en la fabricación y la distribución del "mejor" paquete de chicles, manifestando, una vez más, que la semilla del éxito está escondida en las pequeñas cosas de la vida.

Si esta hipótesis es correcta, entonces hemos aprendido que todos los ciclos del éxito humano funcionan, más o menos, de este modo, en primer lugar, imaginamos algún objetivo en nuestra mente consciente, a través de un claro objetivo principal; luego hacemos que la mente consciente se concentre en dicho objetivo, mediante un pensamiento constante en él y la creencia en su consecución, hasta que la parte subconsciente de la mente tome posesión de la imagen o bosquejo del objetivo y nos impulse a realizar la acción física necesaria para convertirlo en realidad.

Sugestión y autosugestión

En ésta y otras lecciones del curso de las LEYES DEL ÉXITO, el estudiante ha aprendido que las impresiones de los sentidos que salen de nuestro propio ambiente o de lo que dicen o hacen otras personas se denominan sugestiones, mientras que las que tienen lugar en nuestra propia mente son instaladas allí por una sugestión que viene de uno mismo, o autosugestión. Todas las sugestiones naturales de otras personas o del medio ambiente nos influyen solamente cuando las aceptamos y las trasladamos a la mente subconsciente por el principio de la autosugestión.

Así pues, vemos que la sugestión se convierte, o debe convertirse, en autosugestión para poder influir en la mente de quien la recibe. Dicho de otro modo, nadie puede influir en otra persona sin su aprobación, ya que la influencia se realiza a través de su propio poder de autosugestión.

Durante las horas en que uno está despierto, la mente consciente actúa como un vigilante, vigilando a la mente subconsciente y manteniendo apartadas a todas las sugestiones que intentan llegar a ella desde el exterior hasta que éstas han sido examinadas, transmitidas y aceptadas. De este modo la naturaleza protege al ser humano de unos intrusos que, de lo contrario, tomarían a voluntad el control de cualquier mente que quisieran. Es un sabio equilibrio.

El valor de la autosugestión en la realización de tu claro objetivo principal.

Uno de los más grandes usos a tos que uno puede dirigir el poder de la autosugestión es para que nos ayude a realizar nuestro claro objetivo principal en la vida. El procedimiento a través del cual se puede lograr esto es muy sencillo. Aunque la fórmula exacta ha sido explicada en la segunda lección y se ha hecho referencia a ella en muchas otras lecciones del curso, narraré una vez más el principio en que se basa,

Escribe una declaración clara y breve de aquello que deseas conseguir como tu claro objetivo principal dentro de un período de, por ejemplo, cinco años. Haz, como mínimo, dos copias de tu declaración: una para ponerla en un lugar donde la puedas leer varias veces al día mientras estás en e! trabajo y otra para ponerla en tu dormitorio, donde puedas leerla varias veces cada noche antes de irte a dormir y justo después de despertar por la mañana.

La influencia sugestiva de este procedimiento (por poco práctico que parezca) pronto grabará el objeto de tu claro objetivo principal en tu mente subconsciente y, como por arte de magia, comenzarás a ver que ocurren cosas que le acercan cada vez más a su realización.

A partir del día en que tomes una clara decisión en tu propia mente respecto a la cosa, situación o posición concreta que quieras intensamente en tu vida, cuando leas libros, periódicos y revistas verás que las noticias y otro tipo de información acerca del objeto de tu claro objetivo principal comenzarán a atraer tu atención; observarás, también, que se te empiezan a presentar oportunidades que, si tas aprovechas, te acercarán cada vez más al ambicionado objeto de tu deseo. Nadie sabe mejor que el autor de este curso lo imposible y poco práctico que puede parecer esto a la persona que no está informada sobre el tema del funcionamiento de la mente. Sin embargo, ésta no es una época favorable para el que duda o el desconfiado, y lo mejor que puede hacer cualquier persona es experimentar con este principio hasta que su factibilidad haya quedado constatada. A la generación actual le puede parecer que ya no quedan mundos por conquistar en el campo de la invención mecánica, pero todo pensador (incluso aunque no sea un pensador correcto) estará de acuerdo en que apenas estamos ingresando en una nueva era de evolución, de experimentación y de análisis en lo que respecta a los poderes de la mente humana.

La palabra "imposible" significa ahora menos de lo que había significado jamás en la historia de la humanidad. Algunos realmente han eliminado esa palabra de sus vocabularios, convencidos de que el ser humano puede hacer cualquier cosa que imagine y que crea que puede hacer.

Ciertamente, hemos aprendido que el universo está hecho de dos sustancias: materia y energía. A través de una paciente investigación científica, hemos descubierto lo que consideramos una buena prueba de que todo lo que existe, o ha existido alguna vez, en forma de materia, cuando es analizado hasta su partícula más ínfima, nos lleva hasta algo que no es más que una forma de energía. Por otro lado, todas las cosas materiales que el hombre ha creado comenzaron siendo una forma de energía, a través de la semilla de una idea que fue liberada a través de la facultad de la imaginación de la mente humana. En otras palabras, el principio de toda cosa material es energía, y su final también es energía.

Toda la materia obedece las órdenes de una u otra forma de energía. La forma de energía más alta que se conoce es aquella que funciona como la mente humana. Por lo tanto, la mente humana es la única fuerza directiva de todo lo que funda el hombre, y lo que pueda crear en el futuro, comparado con aquello que creó con ella en el pasado, hará que sus éxitos anteriores parezcan insignificantes y pequeños.

No tenemos que esperar a los descubrimientos futuros en relación con los poderes de la mente humana para evidenciar que la mente es el mayor poder conocido por la humanidad. Actualmente sabemos que cualquier idea, meta o propósito que sea establecido en la mente y mantenido ahí con la voluntad de alcanzar o conseguir su equivalente físico, pone en movimiento unos poderes que no pueden ser conquistados. Buxton dijo, "Cuanto más tiempo vivo, más seguro estoy de que la gran diferencia entre los hombres, entre los débiles y los poderosos, los grandes y los insignificantes, es la energía -la determinación invencible-, un propósito fijado, y luego la muerte o la victoria. Esa cualidad hará todo lo que pueda hacerse en este mundo, y sin ella, ningún talento, ninguna circunstancia, ninguna oportunidad, convertirá a una criatura de dos piernas en un hombre".

Donald C. Mitchell ha dicho muy adecuadamente, "La determinación es lo que hace que el hombre se manifieste. No una determinación débil, no unas decisiones precipitadas, no unos objetivos errantes, sino esa voluntad fuerte e incansable que se abre paso entre las dificultades y el peligro, como un niño que se abre paso por las escabrosas tierras heladas del invierno, que enciende su mirada y su cerebro con un orgulloso latido del pulso en dirección a lo inalcanzable. ¡La voluntad convierte al hombre en un gigante!". El gran Disraeli dijo, "Tras una larga meditación, he llegado a la convicción de que un ser humano con un objetivo establecido debe realizarlo, y que nada puede resistirse a una voluntad capaz de arriesgar incluso la existencia en su ejecución". Sir John Simpson dijo, "Un DESEO apasionado y una voluntad incansable ejecutarán cosas imposibles, o eso que los fríos, los tímidos y los débiles consideran imposible". Y John Foster agrega su testimonio cuando dice, "Es maravillosa la manera en que incluso las víctimas de la vida parecen ceder ante un espíritu que no cederá ante ellas, y someterse para ayudar a un objetivo que, en su primera tendencia aparente, amenazan con frustrar. Cuando un espíritu firme, imperioso, es reconocido, resulta curioso ver cómo se despeja el espacio alrededor de un hombre y le deja sitio y libertad".

Abraham Lincoln dijo del general Crant, "Lo magnífico de Crant es su calmada persistencia de propósito. No se altera fácilmente y se aferra como un bulldog. Una vez ha clavado sus dientes, no hay nada que pueda hacerlo soltar".

Los médicos de más éxito son aquellos que conciertan esperanza y fe con las medicinas que recetan.

Me parece apropiado afirmar aquí que, para que un fuerte deseo se convierta en realidad, debe ser respaldado por la persistencia hasta que la mente subconsciente asuma su control. No basta con sentir muy intensamente el deseo de ejecutar un claro objetivo principal durante unas cuantas horas o unos cuantos días y luego olvidarse del tema. El deseo debe instalarse en la mente y mantenerse allí, con una perseverancia que no conozca la derrota, hasta que la mente automática o subconsciente se haga cargo de él. Hasta ese momento, debes proteger el deseo e impulsarlo; después, el deseo te respaldará a ti y te impulsará a su consecución.

La persistencia podría compararse al goteo del agua que al final acaba desgastando la piedra más dura. Cuando el último capítulo de tu vida se haya terminado, se verá que tu perseverancia, o la falta de esta excelente cualidad, tuvieron un papel importante en tu éxito o bien en tu fracaso. Este autor presenció la pelea de Tunney contra Dempsey, en Chicago (1926). Además, estudió la psicología que antecedió y rodeó a su combate anterior. En ambas ocasiones, hubo dos factores que ayudaron a Tunney a derrotar a Dempsey, a pesar de que este último era más fuerte y, según muchos, un boxeador mejor. Y esos dos factores que sancionaron a Dempsey fueron, en primer lugar, su propia falta de seguridad en sí mismo (el temor de que Tunney lo derrotara) y, en segundo, la absoluta seguridad en sí mismo de Tunney y su persuasión de que vencería a Dempsey.

Tunney subió al cuadrilátero con la barbilla levantada, con un aire de seguridad y certeza en cada uno de sus movimientos. Dempsey entró con una especie de paso indeciso, mirando a Tunney de una manera que expresaba claramente: "Me pregunto qué me vas a hacer".

Dempsey fue derrotado en su propia mente antes de haber ingresado en el cuadrilátero. Los agentes de prensa y los propagandistas habían minado el terreno, gracias a la superior capacidad de pensar de su contrincante, Tunney y así son las cosas, desde la más humilde y más feroz de las ocupaciones, el boxeo profesional, hasta las profesiones más elevadas y recomendables. El éxito es logrado por la persona que sabe cómo usar el poder del pensamiento. A lo largo de este curso se ha recalcado enormemente la importancia del entorno y el hábito, a partir de los cuales surgen los estímulos que ponen en funcionamiento las "ruedas" de la mente humana.

Afortunada es la persona que ha descubierto cómo excitar o estimular su mente para que sus capacidades funcionen de una manera constructiva, lo cual se puede conseguir si se instalan detrás de cualquier deseo intenso y profundamente arraigado.

El pensamiento correcto es un pensamiento que hace un uso inteligente de todos los poderes de la mente humana y no se ataja en el mero examen, clasificación y organización de ideas. El pensamiento correcto produce ideas y puede hacer que adopten su forma más provechosa y constructiva.

Es posible que el estudiante esté mejor preparado para analizar sin un sentimiento de desconfianza y duda los principios expresados en esta lección si tiene en cuenta que las conclusiones y las hipótesis aquí enumeradas no son únicamente del autor. He tenido el beneficio de contar con la estrecha cooperación de algunos de los principales investigadores en el campo de los fenómenos mentales, y las conclusiones logradas, tal como se expresan en todo el curso, son las de muchas mentes distintas.

En la lección sobre la concentración, recibirás una mayor instrucción sobre el método para aplicar el principio de la autosugestión. De hecho, a lo largo del curso se ha seguido el principio del desarrollo gradual, recogiendo el mayor paralelismo posible con el principio de la evolución. La primera lección sentó las bases para la segunda lección; la segunda preparó el camino para la tercera, y así sucesivamente. He tratado de construir este curso de la misma forma en que la naturaleza construye a un ser humano: a través de una serie de pasos, cada uno de los cuales eleva al estudiante un peldaño más arriba y lo acerca más a la cima de la pirámide que representa el curso en su totalidad. El objetivo de construir este curso de ese modo no se puede describir con palabras, pero será indudable y te quedará claro en cuanto lo hayas dominado, porque su dominio te abrirá a una fuente de conocimientos que no pueden ser ofrecidos de una persona a otra, sino que se pueden obtener únicamente educando, estirando y expandiendo nuestra propia mente. Estos conocimientos no pueden ser impartidos de una persona a otra por el mismo motivo que hace imposible que alguien le describa los colores a un ciego que nunca los vio.

Los conocimientos sobre los que escribo fueron indudables para mí únicamente después de que hubiera seguido presto y fielmente las instrucciones que he dado en este curso para tu orientación e información; por lo tanto, cuando digo que no hay ejemplos, símiles o palabras que los describan apropiadamente, estoy hablando desde la experiencia. Sólo pueden ser impartidos desde el interior. Con este vago indicio sobre la recompensa que le espera a todo aquel que busque inteligentemente el pasadizo oculto que lleva a los conocimientos a los que me refiero, ahora comentaremos la fase del pensamiento correcto que te guiará tan alto como puedas llegar, a no ser que descubras y uses el pasadizo secreto al que he hecho alusión.

¡Los pensamientos son cosas! Es la creencia de muchas personas de que todo pensamiento completo se inicia como una vibración interminable a la que se tendrá que enfrentar más adelante la persona que lo libera, y que el propio ser humano no es más que el reflejo físico de un pensamiento que fue puesto en marcha por la inteligencia eterna.

En el inicio de cada lección de este curso, habrás leído el lema, "¡Puedes hacerlo si CREES que puedes!". Esta frase se basa en una gran verdad que es prácticamente la premisa más importante de toda la enseñanza. Observa el énfasis que se pone en la palabra "CREES". Detrás de esta palabra se halla el poder con el que puedes energizar y dar vida a las sugestiones Que pases a tu mente subconsciente mediante el principio de la autosugestión, con la ayuda de la "mente maestra". No pases esto por alto. No te puedes permitir hacerlo, pues es el principio, el medio y el final de todo el poder que puedas llegar a obtener. ¡Todo pensamiento es constructivo! Sin embargo, no todos los pensamientos son constructivos o positivos. Si tienes pensamientos de desdicha y pobreza y no ves la manera de evitar esos estados, entonces tus pensamientos crearán esos mismos estados y los padecerás. Pero si inviertes el orden y tienes pensamientos de una naturaleza positiva, atento, entonces tus pensamientos crearán esos estados.

El pensamiento magnetiza toda tu personalidad y atrae hacia ti las cosas externas, físicas, que armonizan con su naturaleza. Esto lo hemos dejado claro en prácticamente todas las lecciones anteriores, pero lo repetimos aquí, y lo haremos muchas veces más en las próximas lecciones. La razón de esta constante repetición es que casi todos los principiantes en el estudio del ejercicio de la mente pasan por alto la importancia de esta "verdad fundamental y eterna".

Cuando siembras un claro objetivo principal en tu mente subconsciente, debes fertilizarlo con la convicción absoluta de que la inteligencia infinita intervendrá y hará madurar ese objetivo convirtiéndolo en realidad, exactamente según su naturaleza. Si esa convicción no está presente, sólo habrá decepción.

> Primero adquiere paciencia y perseverancia, luego decide qué otra cosa quieres, y tendrás prácticamente la certeza de lograrla.

Cuando instales en tu mente subconsciente un claro objetivo principal que encame algún claro deseo, debes acompañarlo de una elección en la realización de dicho propósito tan grandes que realmente puedas verte en posesión del objetivo. Desde el momento en que sugieras tu claro propósito a tu mente subconsciente, compórtate debidamente como lo harías si ya estuvieras en posesión de él.

No te cuestiones ni te preguntes si los principios de la autosugestión funcionarán; no dudes: en lugar de eso, ¡Cree! Ciertamente, este punto ha sido recalcado lo suficiente para que su importancia se grabe en tu mente. La visión positiva en la realización de tu claro propósito es el germen mismo con el que fertilizarás el "huevo de tu pensamiento", y si no lo fertilizas, puedes esperar tanto que un huevo de gallina no fertilizado produzca un polluelo, como la realización del objeto de tu claro objetivo principal No se puede decir nunca lo que hará un pensamiento para traerte odio o amor; pues los pensamientos son cosas, y sus alas diáfanas son más veloces que una paloma mensajera. Siguen las leyes del universo, Cada pensamiento crea su semejante, y avanza a toda prisa sobre el camino para devolverte cualquier cosa que haya salido de tu mente.

¡Los pensamientos son cosas! Cuando entiendas esta gran verdad, te acercarás a la puerta del pasadizo secreto que lleva a los conocimientos antes mencionados tanto como podría acercarte otra persona. Cuando entiendas esta verdad fundamental, pronto encontrarás esa puerta y la abrirás. El pensar como tú quieres pensar es el único poder sobre el que tienes un control total. Lee y estudia la frase anterior hasta que hayas captado su significado. Si tienes la capacidad de controlar tus pensamientos, entonces tienes la responsabilidad de decidir si éstos serán positivos o negativos, lo cual trae a mi mente uno de los poemas más famosos del mundo:

Desde la noche que me cubre,
negra como el abismo de polo a polo,
doy gracias a los dioses, cualesquiera puedan ser,
por mi alma inconquistable.

En las crueles garras de las circunstancias
no he retrocedido, ni he gritado.
Bajo los golpes de la suerte
mi cabeza está ensangrentada, pero erguida.

Más allá de este lugar de ira y lágrimas
sólo se asoma el horror de las tinieblas,
y sin embargo, la amenaza de los años
me encuentra, y me encontrará, impertérrito.

No importa cuán estrecha sea la puerta,
cuán cargado de castigos esté el pergamino.
Yo soy el amo de mi destino,
yo soy el capitán de mi alma.

HENLEY

Henley no escribió este poema hasta después de haber descubierto la puerta de ese pasadizo secreto que he mencionado. Tú eres el "cambio de tu destino" y el "capitán de tu alma", porque controlas tus propios pensamientos, y con la ayuda de tus pensamientos puedes crear cualquier cosa que quieras.

* * *

Al acercarnos al final de esta lección, corramos la cortina que cuelga sobre la puerta, echemos una mirada al más allá. Contempla ese mundo habitado por seres que funcionan sin la ayuda de cuerpos físicos. Observa contenidamente y, para bien o para mal, fíjate que estás viendo un mundo habitado por seres de tu propia creación, que se corresponden puntualmente con la naturaleza de tus propios pensamientos tal como los expresaste antes de morir. Ahí están los hijos de tu propio corazón y de tu propia mente, hechos a imagen de tus propios pensamientos.

Aquellos que nacieron de tu odio, tu envidia, tus celos, tu egoísmo y tu injusticia hacia tus semejantes no serán unos vecinos muy deseables, pero debes vivir con ellos de todos modos, pues son tus hijos y no los puedes echar. Ciertamente, serás desafortunado si no hallas a ningún hijo que haya nacido del amor, la justicia, la verdad y la consideración hacia los demás.

A la luz de esta idea simbólica, el tema del pensamiento cometo adquiere un aspecto nuevo y mucho más importante, ¿no es así? Si existe la posibilidad de que cada pensamiento que liberes durante esta vida adopte la manera de un ser vivo para darte la bienvenida después de tu muerte, entonces no precisas que te dé más motivos para vigilar todos tus pensamientos mejor de lo que vigilarías la comida que alimenta a tu cuerpo físico.

He llamado "simbólica" a esta idea por una razón que comprenderás únicamente cuando hayas atravesado la puerta de ese pasadizo secreto que lleva al conocimiento del que vengo hablando. Pregúntame cómo sé estas cosas, antes de haber atravesado dicha puerta, será tan inútil como que alguien que nunca ha visto con sus ojos físicos me preguntara cómo es el color rojo.

No intento que aceptes este punto de vista, ni siquiera estoy argumentando acerca de su solidez. Al sugerirte esta idea, sencillamente estoy cumpliendo con mi deber y con mi responsabilidad. Ahora tú debes llevarla hasta un punto en el que la aceptes o la rechaces, a tu propio modo, y según tu propia voluntad.

El término "pensamiento correcto", tal como se usa en esta lección, se refiere al pensamiento que es de tu propia creación. El pensamiento que llega a ti de otras personas, a través de la sugestión o la declaración directa, no es un pensamiento dentro del significado y el objetivo de esta lección, aunque pueda ser un pensamiento que esté basado en datos.

Ya te he traído hasta la cumbre de la pirámide de esta lección sobre el pensamiento. No puedo llevarte más lejos. No obstante, no has recorrido todo el trecho; solamente has comenzado a hacerlo. A partir de aquí, debes ser tu propio guía y, si has entendido en lo que se basa esta lección, no tendrás ninguna dificultad para encontrar tu propio camino.

Permíteme, sin embargo, que te aconseje que no te desanimes si en la primera lectura no entiendes la idea fundamental de esta lección. Quizá hagan falta semanas, o incluso meses, de reflexión para que la entiendas, pero vale la pena esforzarse por conseguirlo.

Los principios presentados al principio de esta lección pueden ser fácilmente comprendidos y aceptados, ya que su naturaleza es de lo más elemental. No obstante, es posible que, al comenzar a seguir la cadena del pensamiento hasta el final de la lección, encuentres que, "las aguas son demasiado profundas para investigarlas".

Quizá yo pueda arrojar un último rayo de luz sobre el tema, recordándote que, mientras lees estas líneas, los sonidos de todas las voces, de todas las notas musicales y de cualquier otra naturaleza están siendo liberados y están flotando por el éter dondequiera que te halles. Para oírlos sólo necesitas la ayuda de un aparato moderno de radio. Sin ese equipo como suplemento para tu propio sentido del oído, eres incapaz de oírlos. Si esta afirmación se hubiera hecho hace veinte años, habrías creído que quien las hacía estaba loco o era un tonto. Pero ahora la aceptas sin cuestionarla, porque sabes que es cierta.

El pensamiento es una forma de energía muy superior y mejor organizada que el sonido. Por lo tanto, no es absurdo suponer que todos los pensamientos que están siendo liberados en estos momentos y todos los que han sido liberados alguna vez están también en el éter (o en algún otro lugar) y pueden ser descifrados por quienes tengan el "equipo" para hacerlo y tú te preguntarás, "¿Qué tipo de equipo se precisa?". Encontrarás la respuesta cuando hayas atravesado la puerta que lleva al pasadizo secreto que a su vez conduce al conocimiento. No puedes tenerla antes, y sólo podrás llegar a ese pasadizo a través de tus propios pensamientos. Ésta es una de las razones por las que todos los grandes filósofos del pasado aconsejaban al hombre que se conociera a sí mismo. "Conócete a ti mismo" es, y ha sido, el grito de los siglos.

Uno de los misterios indescifrables del trabajo de Dios es el hecho de que este gran hallazgo sea siempre un autodescubrimiento. La verdad que el hombre está buscando eternamente está oculta en su propio ser; por lo tanto, resulta infructuoso buscar muy lejos, en el desierto de la vida o en los corazones de otras personas, para encontrarla. Hacerlo no te acercará a aquello que buscas, sino que te alejará aún más. y es posible que (¿quién los sabe, sino tú?) incluso ahora, al terminar esta lección, estés más cerca que nunca de la puerta que lleva al pasadizo secreto que alguna vez conduce al conocimiento.

Con tu dominio de esta lección llegará una comprensión más plena del principio al que llamé la "mente maestra" en la lección introductoria. Sin duda, ahora comprendes la razón para establecer una alianza amistosa de cooperación entre dos o más personas. Esta alianza "eleva" las mentes de quienes participan en ella y les deja entrar en contacto con su poder de pensamiento con la inteligencia infinita.

Con esta afirmación, toda la lección introductoria debería adquirir un nuevo significado para ti. Esta lección te ha familiarizado con el principal motivo por el que deberías usar la LEY DE LA "MENTE MAESTRA", pues te muestra la cumbre a la que esta ley puede llevar a quienes la comprenden y utilizan.

> Algunas personas mueren por comer demasiado; otras por excederse en la bebida, mientras que otras sencillamente se marchitan y mueren porque no tienen nada más que hacer.

A estas alturas, deberías entender por qué unas cuantas personas han alcanzado grandes cumbres de poder y de fortuna, mientras que otras personas de su entorno han permanecido en la pobreza y en la necesidad. Si ahora no entiendes qué causa esto, lo harás cuando hayas dominado las siguientes lecciones del curso.

No te desanimes si a la primera lectura de esta lección no le sigue una comprensión total de estos principios. Ésta es la única lección de todo el curso que no puede ser plenamente asimilada por el principiante con una sola lectura. Te entregará sus ricos tesoros de conocimiento únicamente a través del pensamiento, la reflexión y la meditación. Por esto, debes leerla al menos cuatro veces, con pausas de una semana entre cada lectura.

Además, deberías volver a leer la lección introductoria para entender de una forma más precisa y clara la LEY DE LA "MENTE MAESTRA", y la relación entre ella y los temas tratados en esta lección sobre el pensamiento correcto. ¡La "mente maestra" es el inicio con el que puedes convertirte en un pensador correcto! ¿Acaso esta afirmación no es, al mismo tiempo, clara y reveladora?

EL FRACASO

Actualmente, cientos de millones de personas que viven en este mundo tienen la necesidad de luchar bajo la carga de la pobreza para poder disfrutar de las tres necesidades indispensables de la vida, un lugar donde dormir, algo que comer y ropa para vestir.

¡Llevar la carga de la pobreza no es ninguna broma! Encuentro que es significativo que los hombres y las mujeres más grandes y de mayor éxito que han vivido jamás tuvieran la necesidad de llevar esta carga antes de "llegar". Por lo general, el fracaso se acepta como una calamidad, pero pocas personas llegan a comprender que el fracaso es una calamidad únicamente cuando se lo acepta como tal, y pocas llegan a saber que el fracaso rara vez es permanente.

Repasa tus propias experiencias de unos cuantos años y verás que, por lo general, tus fracasos resultaron ser bendiciones disfrazadas. El fracaso le enseña al hombre lecciones que, sin él, jamás aprenderían y, además, las imparte en un lenguaje que es universal. Entre las grandes lecciones que nos enseña está la de la humildad.

Nadie puede llegar a ser grande sin sentirse humilde e insignificante comparado con el mundo que lo rodea, las estrellas que están ahí arriba y la armonía con que la naturaleza hace su trabajo. Por cada hijo de un rico que se convierte en un trabajador ventajoso y constructivo por el bien de la humanidad, hay otros noventa y nueve prestando un servicio útil que salieron de la pobreza y la miseria. ¡Me parece que esto es algo más que una coincidencia! La mayor parte de la gente que se considera un fracaso no lo es en absoluto. La mayoría de los acontecimientos que las personas consideran un fracaso no son más que derrotas temporales.

Si tienes lástima de ti y te sientes un fracaso, piensa que estarías mucho peor si tuvieras que ponerte en el lugar de otras personas que tienen verdaderos motivos para quejarse.

En la ciudad de Chicago vive una mujer joven muy bella. Sus ojos son de color azul claro. Su cutis es sumamente hermoso. "Tiene una voz dulce y encantadora. Es educada y culta. Tres días después de graduarse en una de las universidades del Este descubrió que tiene sangre negra en sus venas. El hombre al que estaba prometida se negó a casarse con ella. Los negros no la quieren y los blancos se niegan a relacionarse con ella: Durante el resto de su vida, deberá llevar la marca del FRACASO permanente. Recuerda, ¡eso es un fracaso PERMANENTE!

Mientras escribo este ensayo, me llegan noticias de un bebé, una hermosa niña, hija de una chica soltera, que ha sido llevada a un albergue, para ser criada mecánicamente, sin conocer jamás la influencia del amor de una madre. Durante toda su vida, este infeliz bebé deberá llevar el peso del error de otra persona, que nunca podrá ser corregido.

Qué suerte tienes TÚ de no ser esa niña, sean cuales sean tus fracasos imaginarios. Si tienes un cuerpo fuerte y una mente sólida, tienes mucho por lo que estar agradecido. Son millones de personas a tu alrededor las que no han tenido esa buena suerte.

Hay que tener en cuenta que las circunstancias que se describen tenían lugar en Estados Unidos antes de 1928, año en que se publicó este libro. El cuidadoso análisis de cien hombres y mujeres a los que el mundo ha reconocido como "grandes", muestra que se vieron obligados a vivir dificultades, derrotas temporales y fracasos que probablemente TÚ no has conocido, ni conocerás jamás.

Woodrow Wilson se fue a la tumba demasiado pronto, víctima de crueles falsedades y decepciones, creyendo, sin duda, que era un fracaso. El tiempo, que hace milagros, corrigiendo las injusticias y convirtiendo el fracaso en éxito, colocará el nombre de Woodrow Wilson en la cabecera de la página de los que fueron verdaderamente grandes. Muy pocos de los que viven hoy por hoy tienen la visión para ver que, del "fracaso" de Wilson, al final acabará surgiendo una exigencia de paz universal tan poderosa que la guerra será una dificultad. Lincoln murió sin saber que su "fracaso" proporcionó unos sólidos principios para la nación norteamericana.

Colón murió prisionero, encadenado, sin llegar a saber que su "fracaso" significó el descubrimiento de la gran nación que Lincoln y Wilson ayudaron a resguardar con sus "fracasos".

No uses la palabra fracaso a la ligera. Recuerda, llevar temporalmente una pesada carga no es un fracaso. Si la verdadera semilla del éxito está en tu interior, unas cuantas adversidades y derrotas temporales sólo ayudarán a alimentarla y hacer que brote a la madurez.

Si estás experimentando lo que tú crees que es un fracaso, ten paciencia; es posible que estés pasando por tu época de prueba. Ningún ejecutivo capaz elegiría como sus subordinados a aquellos hombres a los que no ha puesto a prueba para conocer su formalidad, su lealtad, su perseverancia y otras cualidades esenciales.

La responsabilidad, y todo lo que la acompaña en forma de remuneración, siempre tiende a ir hacia la persona que no acepta una derrota temporal como un fracaso permanente.

* * *

La prueba de un hombre es la lucha que libra,
el valor que muestra a diario,
la manera en que se mantiene en pie y recibe
los numerosos golpes del destino.
Un cobarde puede sonreír cuando no hay nada que temer,
cuando nada detiene su progreso,
pero hace falta ser un hombre para ponerse de pie y aplaudir
cuando es otro el que destaca.

Después de todo, no es la victoria,
sino la batalla que un hermano libra.
El hombre que, encontrándose contra la pared,
se mantiene de pie, erguido, y recibe
los golpes del destino con la cabeza muy alta,
sangrando, magullado y pálido,
es el hombre que más tarde ganará,
pues no teme fracasar.

Son los golpes que recibes, y las sacudidas que recibes,
y las conmociones que tu valentía aguanta,
las horas de tristeza y vano pesar,
el premio que se escapa de tus manos.
los que ponen a prueba tu disposición y demuestran tu valor.
No son los golpes que das,

sino los golpes que recibes en esta vieja tierra,
los que muestran si aquello de lo que estás hecho es real.

A menudo, el fracaso te instala en una posición en la que debes hacer un esfuerzo inusual. Más de un hombre ha sacado una victoria de una derrota, luchando con la espalda contra la pared, sin poder replegarse. César había albergado el deseo de conquistar a los británicos durante mucho tiempo. Navegó reservadamente con sus naves repletas de soldados hasta la isla británica, descargó sus tropas y sus provisiones, y luego dio la orden de quemar las naves. Llamando a sus soldados para que se reunieran en torno a él, les dijo: "Ahora es ganar o morir. No tenemos elección" ¡y ganaron! La gente suele ganar cuando se decide a hacerlo. Quema los puentes que están detrás de ti, y mira lo bien que funcionas cuando sabes que no hay marcha atrás.

Un conductor de tranvía obtuvo una disponibilidad mientras probaba un puesto en un gran negocio mercantil. "Si no consigo mantener mi nuevo puesto, le comentó a un amigo, siempre puedo retornar a mi antiguo trabajo".

A final de mes estaba de vuelta, completamente curado de la ambición de hacer algo que no fuera trabajar en un tranvía. Si en lugar de pedir una excedencia hubiese renunciado, seguramente le habría ido bien en el nuevo empleo.

* * *

El movimiento del Club Trece, que terminó extendiéndose por todo el país, surgió como resultado de una profunda decepción que experimentó su fundador. Aquella conmoción bastó para abrir su mente a una visión más amplia y tolerante de las necesidades de la época, y este descubrimiento produjo la creación de una de las influencias más destacables de esta generación.

Las QUINCE LEYES DEL ÉXITO en las que se basa este curso son el resultado de veinte años de un infortunio, una pobreza y un fracaso tales que rara vez le llegan a una persona en toda su vida.

Sin duda, aquellos de vosotros que habéis seguido esta serie de lecciones desde el principio habréis leído entre líneas, y detrás de ellas, una historia de batalla que ha involucrado una autodisciplina y un autodescubrimiento que, de no haber sufrido esas penalidades, no habría conocido.

Estudia el camino de la vida en la ilustración que está al principio de este texto, y observa que todos los que transitan por él llevan una carga. Al hacer inventario de tus propias cargas, recuerda que los dones más ricos de la naturaleza van a parar a aquellas personas que se enfreno tan al FRACASO sin acobardarse ni quejarse.

La forma de actuar de la naturaleza no es fácil de entender. Si lo fuera, nadie podría ser puesto a prueba con un FRACASO, para ver si es capaz de asumir una gran responsabilidad.

> Cuando la Naturaleza quiere tomar a un hombre,
> y agitar a un hombre,
> y despertar a un hombre;
> cuando la Naturaleza quiere crear a un hombre
> para que haga la voluntad del Futuro;
> cuando trata con toda su capacidad
> y desea con toda su alma
> crearlo grande y entero...
> ¡con cuánta astucia lo prepara!
> Cómo lo provoca, ¡y jamás se compadece de él!
> Cómo lo incita y lo molesta,
> y en la pobreza lo engendra...
> Con cuánta frecuencia lo decepciona,
> con cuánta frecuencia lo unge,
> con qué sabiduría lo esconde,
> sin importarle cuanto le acontezca,
> como si despreciara su sollozo,
> ¡y su orgullo no pudiera olvidar!
> Lo obliga a esforzarse más todavía.
> Hace que se sienta solo,
> para que solamente
> los elevados mensajes de Dios lo alcancen,
> para que ella pueda enseñarle
> lo que la Jerarquía planeó.
> Aunque él no lo pueda entender,
> le da pasiones que dominar.
> Con cuánta ferocidad lo espolea,
> con tremenda vehemencia lo provoca,
> cuando, conmovedoramente, ¡lo prefiere!

* * *

> ¡Surge la crisis! Brota el grito que hará que aparezca el líder.
> Cuando las personas necesiten ser salvadas,
> él vendrá a dirigir la nación...

Entonces la Naturaleza expondrá su plan
cuando el mundo haya encontrado ¡a un hombre!

El FRACASO no existe. Normalmente, lo que parece ser un fracaso no es más que una derrota temporal. ¡Asegúrate de no admitirla como algo PERMANENTE!

Duodécima lección
LA CONCENTRACIÓN

"¡Puedes hacerlo si crees que puedes!"

Esta lección ocupa una posición clave en este curso, ya que la ley psicológica en la que se basa es de una importancia fundamental para todas las demás lecciones. Definiremos la palabra concentración, en el sentido que se utilizará aquí de la siguiente forma:

La concentración es el acto de enfocar la mente en un determinado deseo hasta que los caminos y los medios para su realización han sido fabricados y puestos en funcionamiento con éxito. En el acto de concentrar la mente en un momento dado, entran dos leyes importantes, una es la ley de la autosugestión y la otra es la ley del hábito. Puesto que la primera ha sido descrita ampliamente en una de las lecciones anteriores de este curso, ahora describiremos concisamente la ley del hábito. El hábito surge del entorno, de hacer continuamente lo mismo de la misma manera, de la repetición, de alojar los mismos pensamientos una y otra vez, y una vez que se ha formado es como un bloque de cemento que se ha endurecido en el molde, en el sentido de que es difícil de romper.

El hábito es la base de todo entrenamiento de la memoria, y esto es algo que se puede demostrar fácilmente cuando uno trata de recordar el nombre de una persona que acaba de conocer, repitiéndolo una y otra vez hasta fijarlo de una forma permanente y clara en su mente. "La fuerza de la educación es tan grande, que podemos moldear las mentes y los modales de los jóvenes dándoles cualquier forma que queramos e imprimir unos hábitos que permanecerán para siempre".

(Atterbury)

Excepto las en TaTas ocasiones en las que se eleva por encima del entorno, la mente humana extirpa del ambiente que la rodea el material con el que crea el pensamiento, y el hábito cristaliza ese pensamiento en una forma fija, lo guarda en la mente subconsciente, donde se convierte en una parte fundamental de nuestra personalidad que influye silenciosamente en nuestros actos, forma nuestros prejuicios y tendencias, y controla nuestras opiniones. Un gran filósofo tenía en mente el poder del hábito cuando dijo, " Primero toleramos, luego sentimos lástima y al final terminamos haciéndolo", al hablar de la forma en que los hombres honestos caen en la delincuencia.

El hábito podría compararse a los surcos en el disco de un fonógrafo, mientras que la mente podría compararse a la punta de la aguja que se ajusta a ellos. Cuando un hábito se ha formado correctamente (a través de la repetición de un pensamiento o un acto), la mente se adhiere a él y lo sigue tan de cerca como la aguja del fonógrafo sigue al surco del disco, independientemente de cuál sea su naturaleza.

Así pues, comenzamos a ver la importancia de elegir nuestro entorno con sumo cuidado, pues de él extraemos el alimento que llega a nuestra mente. El entorno nos suministra, en gran medida, del alimento y los materiales con los que creamos el pensamiento, y el hábito los cristaliza en la permanencia. Indudablemente, comprenderás que el "entorno" es la suma total de las fuentes a través de las cuales eres influido con la ayuda de los cinco sentidos, la vista, el oído, el olfato, el gusto y el tacto.

"El hábito es una fuerza que, por lo general, es reconocida por la persona media pensante, pero que suele verse en su aspecto hostil, con la exclusión de su fase favorable". Se ha dicho que todos los hombres son "criaturas de hábito" y que "el hábito es un cable, y nosotros trenzamos un hilo de él cada día, haciéndolo tan fuerte que somos incapaces de romperlo".

> Existe una manera segura de evitar las críticas: no ser nada y no hacer nada. Consigue un trabajo de barrendero y acaba con la ambición. Este remedio nunca falla.

"Si es verdad que el hábito se torna en un cruel tirano que gobierna y obliga a las personas a hacer cosas en contra de su voluntad, su deseo y su inclinación (como pasa en muchos casos), entonces, naturalmente, en la mente pensante surge la pregunta de si no podríamos aprovechar y controlar esta fuerza poderosa para que esté al servicio del hombre, como lo están otras fuerzas de la naturaleza. Si se puede lograr este resultado, entonces el ser humano puede dominar el hábito y ponerlo a trabajar, en lugar de ser su esclavo y servirlo verdaderamente, aunque se queje. Y los psicólogos modernos nos dicen con certeza que, indudablemente, el hábito puede ser dominado, aprovechado y puesto a trabajar, en lugar de dejar que domine nuestros actos y nuestro carácter. y miles de personas han aplicado estos nuevos conocimientos y han llevado la fuerza del hábito por otros canales, forzándola a hacer funcionar su maquinaria de acción, en lugar de permitir que se desperdicie, o que elimine las estructuras que la gente ha levantado con cuidado y esfuerzo, o que arruine fértiles campos mentales. Un hábito es un "camino mental" por el que nuestros actos han viajado durante algún tiempo, haciéndolo un poco más profundo y más ancho con cada paso. Si tienes que caminar por un campo o a través de un bosque, sabes que lo más natural para ti es adoptar el sendero más despejado antes que uno menos marcado y, sobre todo, antes que caminar a campo través o a través del bosque, creando un nuevo camino. Y la línea de acción mental es precisamente la misma. Es movimiento por las vías de menor firmeza, pasando por un sendero que está muy marcado.

Los hábitos se crean por la repetición y se forman de acuerdo con una ley natural observable en todas las cosas animadas y, según algunos, también en las lánguidas. Como ejemplo de lo último, señalan que una hoja de papel, una vez plegada de cierta forma, se plegará por las mismas líneas la próxima vez. Y todos los que usan máquinas de coser y otras máquinas delicadas saben que, según cómo se "domine" a una máquina o un instrumento, así tenderá a funcionar en adelante. Esta misma ley es observable también en el caso de los instrumentos musicales. La ropa o los guantes forman arrugas según la persona que los utiliza y, una vez formadas, esas arrugas siempre surgirán, por mucho que se los planche. Los ríos y los arroyos se abren paso por la tierra y, a partir de entonces, fluyen por el cauce habitual. Esta ley está en funcionamiento en todas partes. "Estos ejemplos te ayudarán a formarte la idea de la naturaleza del hábito y a crear nuevos senderos, nuevos pliegues mentales. Y recuerda esto siempre, la mejor forma (y se podría decir que la única) de eliminar viejos hábitos es formando nuevos hábitos para compensar y reemplazar los no deseados. Forma nuevos caminos mentales por los que recorrer y, en breve, los viejos serán cada vez menos marcados y, con el tiempo, prácticamente se habrán rellenado por la falta de uso.

Cada vez que transitas por el sendero de un hábito mental requerido, haces que sea más profundo y más ancho, y entonces es mucho más fácil pasar por allí. Esta construcción mental de senderos es muy importante y te insto encarecidamente a que comiences a trabajar creando los senderos mentales deseables por los que te gustaría transitar. Practica, practica y practica, sé un buen creador de "senderos". Las siguientes son las reglas de procedimiento con las que puedes formarte los hábitos que quieres:

1°. En el comienzo de la formación de un nuevo hábito, añade fuerza y entusiasmo a tu expresión. Siente lo que piensas. Recuerda que estás dando los primeros pasos para crear un nuevo sendero mental y que al principio es mucho más complicado de lo que lo será después. Inicialmente, crea un sendero tan despejado y profundo como te sea posible, para que puedas verlo rápidamente la próxima vez que lo quieras seguir.

2°, Mantén la atención firmemente concentrada en la construcción de un nuevo sendero y conserva la mente lejos de los viejos caminos para que no te vayas a inclinar hacia ellos. Olvídate de los antiguos y preocúpate solamente por los nuevos que estás construyendo.

3º, Viaja por tus senderos recién construidos con la mayor frecuencia posible. Crea oportunidades para hacerlo, sin esperar a que salgan por suerte o por casualidad. Cuando más frecuentemente pases por los nuevos senderos, antes se marcarán y podrás circular por ellos fácilmente. Crea planes para pasar por esos nuevos senderos de hábitos, desde el principio.

4º. Resiste a la tentación de transitar por los viejos senderos que has usado en el pasado (y que son más fáciles). Cada vez que te resistes a una tentación te vuelves más fuerte, y cada vez te resultará más fácil hacerlo. Pero, cada vez que cedes a la tentación, más fácil será que vuelvas a caer y más complicado te resultará resistirte la siguiente vez. Al principio será una lucha continua, y ése es un momento crítico. Demuestra tu determinación, tu constancia y tu fuerza de voluntad desde el principio.

5º. Asegúrate de haber proyectado el sendero correcto como tu claro objetivo principal y luego avanza sin miedo y no te permitas dudar. "Pon tu mano sobre el arado y no mires atrás".

Elige tu meta, luego construye unos senderos mentales buenos, profundos y anchos que te lleven derechamente a ella. Como ya has observado, existe una estrecha relación entre el hábito y la autosugestión. A través del hábito, un acto realizado periódicamente de la misma manera tiende a hacerse permanente y, tarde o temprano, acabamos realizándolo de una manera automática o inconsciente. Al tocar el piano, por ejemplo, el artista puede interpretar una pieza conocida mientras su mente consciente está en algún otro lugar.

La autosugestión es la herramienta con la que cavamos un sendero mental, la concentración es la mano que soporta la herramienta, el hábito es el mapa o el anteproyecto que sigue el sendero mental. Una idea o un deseo, para convertirse en una acción o una realidad física, debe conservarse en la mente fiel y persistentemente hasta que el hábito comience a darle una forma permanente. Ahora, pongamos nuestra atención en el entorno. Como hemos visto, absorbemos el material para el pensamiento del ambiente que nos rodea. El término "entorno" abarca un campo muy extenso. Está formado por los libros que leemos, las personas con las que nos relacionamos, la población en la que vivimos, la naturaleza del trabajo al que nos consagramos, el país o la nación en que residimos, la ropa que vestimos, las canciones que cantamos y, lo más importante, la formación intelectual que hemos recibido antes de los catorce años.

El objetivo de analizar el tema del entorno es mostrar su relación directa con la personalidad que estamos desarrollando y la importancia de vigilarlo de tal forma que su influencia nos proporcione un material con el que podamos alcanzar nuestro claro objetivo principal en la vida.

La mente se alimenta de lo que le damos, o de lo que nos es impuesto, a través del entorno. Por lo tanto, vamos a elegir nuestro entorno, en la medida de lo posible, con el propósito de darle a la mente el material adecuado para que realice su trabajo de alcanzar nuestro claro objetivo principal. Si tu entorno no es de tu agrado, ¡cámbialo! El primer paso es crear en tu propia mente una imagen definida, clara y transparente del entorno que crees que te ayudaría más a alcanzar tu claro objetivo principal, y luego concentra tu mente en ella hasta que se convierta en realidad.

En la segunda lección de este curso aprendiste que el primer paso que tienes que dar para la realización de cualquier deseo es establecer en tu mente una imagen bien definida de aquello que intentas realizar. Éste es el primer principio que debes observar en tus planes para alcanzar el éxito, y si no lo observas, u olvidas hacerlo, no puedes tener éxito, a no ser por contingencia. Las personas con las que te relacionas a diario constituyen una de las partes más importantes e influyentes de tu entorno, y pueden ayudar a tu progreso o a tu retroceso, según sea su naturaleza. En la medida de lo posible, deberías elegir como tus compañeros cotidianos a personas que capten tus metas e ideales (especialmente los representados por tu claro objetivo principal) y cuya actitud mental te inspire entusiasmo, seguridad en ti mismo, determinación y ambición. Recuerda que cada palabra que escuchas pronunciar, cada visión que llega a tus ojos y cada impresión que recibes a través de cualquiera de los cinco sentidos influye en tus pensamientos con la misma seguridad con que el sol sale por el este y se pone en el oeste.

Al ser esto cierto, ¿es que no ves la importancia de vigilar, tanto como te sea posible, el entorno en el que vives y trabajas? ¿Acaso no ves la importancia de leer libros que traten sobre temas que estén derechamente relacionados con tu claro objetivo principal? ¿No te das cuenta de la importancia de hablar con gente que armonice con tus metas y que te anime e incite a su ejecución?

Estamos viviendo en lo que llamamos una "civilización del siglo veinte". Los principales científicos del mundo están de acuerdo en que la naturaleza ha tardado millones de años en crear nuestro actual entorno civilizado, a través del proceso de la evolución.

Cuántos cientos de siglos han vivido los llamados indios en el continente norteamericano, sin ningún avance apreciable hacia la civilización moderna tal como nosotros la comprendemos, pues no tenemos manera de averiguarlo. Su entorno era el desierto, y no han hecho ningún intento de cambiar o mejorar dicho entorno. El cambio tuvo lugar solamente cuando llegaron nuevas razas, que venían de lejos, y les impusieron el entorno de progresiva civilización en el que vivimos hoy por hoy.

Fíjate en lo que ha ocurrido en el breve período de los últimos siglos. Los terrenos de caza se han convertido en grandes ciudades y actualmente el indio tiene una educación y una cultura que, en muchos casos, es comparable a los éxitos de sus hermanos blancos.

La ropa que usas te influye; por lo tanto, una parte de tu entorno. Una ropa sucia o raída te deprime y mengua tu seguridad en ti mismo, mientras que una vestimenta limpia, de un estilo apropiado, causa puntualmente el efecto contrario. Se sabe que una persona observadora puede analizar a un hombre con sólo ver su taller, su escritorio u otro lugar de trabajo. Un escritorio bien organizado muestra un cerebro bien organizado. Ábreme el depósito de mercancías de un comerciante y te diré si tiene un cerebro organizado o desorganizado, pues hay una estrecha relación entre la actitud mental y el entorno físico de la persona. Los efectos del entorno influyen tanto en quienes trabajan en fábricas, tiendas y oficinas, que los empresarios se están comenzando a dar cuenta de la importancia de crear un ambiente que inspire y anime a los trabajadores.

El propietario de una lavandería, un hombre inusualmente progresista, ha superado totalmente a sus competidores poniendo una pianista en su sala de trabajo: una mujer joven, bien vestida, que toca el piano durante el horario laboral. Las empleadas llevan un uniforme blanco y no hay nada en ese lugar que indique que el trabajo es penoso. Con la ayuda de este entorno atrayente, el propietario ha aumentado el ritmo de trabajo, gana más dinero y paga mejores sueldos que los que pueden pagar sus competidores. Esto nos trae a un lugar adecuado para describir el método con el que tú puedes aplicar los principios que están directa o indirectamente relacionados con el tema de la concentración. Vamos a llamarlo. . . ¡LA LLAVE MÁGICA DEL ÉXITO!

Al presentarte esta "LLAVE MÁGICA" permíteme que te explique primero que ésta no es una invención o un descubrimiento mío. Es la misma llave que usan, de una forma u otra, los seguidores del NUEVO PENSAMIENTO y todos los otros grupos que se basan en la filosofía positiva del optimismo. Esta LLAVE MÁGICA compone un poder irresistible que puede ser utilizado por cualquier persona que desee hacerlo. ¡Te abrirá las puertas de la riqueza! ¡Te abrirá las puertas de la fama! Y, en muchos casos, te abrirá las puertas de la salud física. Te abrirá las puertas de la educación y te dejará ingresar en el almacén de todas tus habilidades latentes. Funcionará como llave maestra para ingresar a cualquier puesto o posición en la vida para la que seas apto. La persona que no recibe ninguna remuneración por sus servicios, excepto aquella que le llega en su salario, está mal pagada, independientemente de cuánto dinero le paguen.

Con la ayuda de esta LLAVE MÁGICA hemos abierto las puertas secretas de todos los grandes inventos del mundo. Con sus poderes mágicos se han desarrollado todos nuestros grandes genios del pasado. Supón que eres un trabajador con un puesto de baja categoría y quieres tener una mejor situación en la vida. ¡La LLAVE MÁGICA te ayudará a alcanzarla!

A través de su uso, Carnegie, Rockefeller, Hill, Arriman, Morgan y muchos otros de su tipo han acumulado grandes fortunas de riqueza material. Abrirá las puertas de la prisión y convertirá a las personas apartadas en individuos útiles y dignos de confianza. Convertirá el fracaso en éxito y la infelicidad en felicidad.

"¿Qué es esta LLAVE MÁGICA?", te preguntarás. Y yo te responderé con una palabra: ¡concentración!

Ahora, déjame que defina la palabra concentración en el sentido en que se usa aquí. En primer lugar, me gustaría que quedara claro que no tengo ninguna relación con el espiritismo, aunque debo admitir que todos los científicos del mundo no han conseguido explicar el extraño fenómeno que se produce con la ayuda de la concentración.

Concentración, tal como se utiliza en este texto, significa la capacidad de mantener la mente en un tema, a través de un hábito fijo y la práctica, hasta que uno se ha familiarizado plenamente con él y lo ha dominado. Significa la capacidad de controlar tu atención y orientarla a un problema dado hasta resolverlo. Significa la capacidad de despedir los efectos de unos hábitos que deseas desechar y la capacidad de crear nuevos hábitos que sean más de tu agrado. Significa el absoluto dominio de uno mismo. Dicho de otro modo, la concentración es la capacidad de pensar como uno quiere pensar; la capacidad de controlar tus pensamientos y regirlos hacia un fin claro, y la capacidad de organizar tus conocimientos incorporándolos a un plan de acción que sea sólido y factible.

Es fácil ver que al concentrar tu mente en un claro objetivo principal en tu vida, debes abarcar muchos temas estrechamente relacionados con él que se entremezclan y completan el tema principal en el que te estás concentrando. La ambición y el deseo son los principales factores que se interponen en el acto de la concentración eficaz. Sin estos factores, la LLAVE MÁGICA no sirve de nada, y la razón primordial por l a que tan pocas personas hacen uso de ella es que la mayoría carece de ambición y no quiere nada en particular. Desea cualquier cosa que tú quieras Y, si tu deseo está dentro de lo razonable y es lo bastante fuerte, la LLAVE MÁGICA de la concentración te ayudará a lograrla. A algunos científicos sabios les gustaría que creyéramos que el maravilloso poder de la oración funciona por el principio de la concentración en la realización de un deseo profundamente adaptado. El ser humano no ha creado nada que no haya sido creado primero en su imaginación, a través del deseo, y luego convertido en realidad mediante la concentración.

Ahora, pongamos a prueba la LLAVE MÁGICA con la ayuda de una fórmula definida. En primer lugar, ¡debes terminar con el escepticismo y la duda! Ningún desconfiado ha disfrutado jamás de los beneficios de esta LLAVE MÁGICA. Debes creer en la prueba que vas a realizar. Daremos por sentado que has pensado en convertirte en una escritora de éxito, o en un gran orador, o en una buena financiera, o en un buen economista. Tomaremos la oratoria como el tema de esta prueba, pero recuerda que debes seguir las instrucciones al pie de la letra. Toma una simple hoja de papel, de un tamaño normal, y escribe en ella lo siguiente: Voy a convertirme en un gran orador porque ello me dejará brindarle al mundo un servicio útil que es necesario y porque recibiré una retribución económica que me proporcionará las cosas materiales necesarias en la vida. Concentraré mi mente en este deseo durante diez minutos diariamente, justo antes de irme a dormir por las noches y justo después de levantarme por las mañanas, con el objetivo de determinar exactamente cómo debo proceder para transformarlo en una realidad. Sé que puedo convertirme en un orador convincente y magnético. Por lo tanto, no permitiré que nada interfiera con su realización.

Firmado _____

Firma esta declaración y luego haz aquello que has prometido hacer. Sigue hasta que los resultados deseados se hayan manifestado.

Ahora bien ¡cuando se trata de concentrarse, ésta es la forma de hacerlo: Imagina el futuro, dentro de uno, tres, cinco o incluso diez años, y imagínate como el orador (o la oradora) más poderoso de tu época. Visualiza, en tu imaginación unos ingresos adecuados. Visualízate en la casa que has adquirido con tus ganancias en pago por tus esfuerzos como orador o conferenciante. Imagínate en posesión de una gran cuenta bancaria como reserva para la vejez. Visualízate como una persona de influencia gracias a tus grandes habilidades como orador. Concíbete dedicándote a una vocación en tu vida en la que no temerás perder tu posición. Pinta este cuadro con claridad, utilizando los poderes de tu imaginación, y al poco tiempo se convertirá en una hermosa imagen de un deseo profundamente arraigado.

Usa ese deseo como el principal objeto de tu concentración y mira qué ocurre. ¡Ahora ya tienes el secreto de la LLAVE MÁGICA! No subestimes el poder de esta llave por el hecho de que no ha llegado a ti envuelta en arrebato, o porque está descrita en un lenguaje que cualquiera puede entender. En un análisis final, todas las grandes verdades son sencillas y fáciles de entender; cuando no es así ¡es porque no son grandes verdades!

Usa esta LLAVE MÁGICA con inteligencia y únicamente para fines que valgan la pena, y te traerá una felicidad y un éxito duraderos. Olvida los errores que has cometido y también los fracasos. Deja de vivir en el pasado, ¿o es que no sabes que el ayer nunca retorna? Si tus esfuerzos anteriores no han dado resultado ¡vuelve a comenzar, y haz que los próximos cinco o diez años cuenten una historia de éxito que satisfaga tus ambiciones más elevadas.

Hazte un nombre y presta un gran servicio al mundo, a través de la ambición, el deseo ¡Y el esfuerzo concentrado! ¡Puedes hacerlo si CREES que puedes! Así acaba la LLAVE MÁGICA.

La presencia de cualquier idea o pensamiento en tu conciencia tiende a producir un sentimiento "asociado" y a impulsarte a ejecutar una acción apropiada o correspondiente. Conserva un deseo profundamente arraigado en tu conciencia a través de la concentración Y, si lo haces con una fe absoluta en su realización, atraerá hacia ti, para ayudarte, unos poderes que el mundo científico no ha logrado entender, ni explicar, con una hipótesis razonable. Cuando te familiarices con los poderes de la concentración, entonces entenderás la razón de elegir un claro objetivo principal como el primer paso para conseguir un éxito duradero. Concentra tu mente en la realización del objeto de un deseo profundamente arraigado y muy pronto te convertirás en un imán que atraerá, con la ayuda de fuerzas que ningún hombre puede manifestar, los equivalentes materiales precisos de dicho deseo. Ésta afirmación prepara el terreno para la descripción de un principio que constituye la parte más importante de esta lección y, quizá, de todo el curso, a saber: Cuando dos o más personas se comprometen en un espíritu de perfecta armonía con el objetivo de alcanzar un fin definido, si dicha alianza es fielmente observada por todos los que la componen, concederá a cada uno de sus miembros un poder que es sobrehumano y, aparentemente, irresistible. Detrás de la afirmación anterior hay una ley, cuya naturaleza la ciencia todavía no ha determinado, y ésa es la ley que tengo presente en mis repetidas afirmaciones sobre el poder del ESFUERZO ORGANIZADO que verás a lo largo de este curso. En química aprendemos que dos o más elementos pueden combinarse dando como resultado algo que tiene una naturaleza totalmente distinta a la de cualquiera de esos elementos individuales. Por ejemplo, el agua corriente, conocida en la química bajo la fórmula de H2O, es un compuesto que está formado por dos átomos de hidrógeno y un átomo de oxígeno, pero el agua no es ni hidrógeno ni oxígeno.

Este "matrimonio" de elementos crea una sustancia totalmente distinta de cualquiera de las partes que la compone. Esta misma ley que hace que tenga lugar esta transformación de los elementos químicos puede ser responsable de los poderes supuestamente sobrehumanos que resultan de la alianza de dos o más personas en un estado perfecto de armonía y entendimiento para alcanzar un establecido fin.

Este mundo, y toda la materia de la que están hechos los demás planetas, está compuesto de electrones (siendo el electrón la unidad de materia más pequeña analizable y pareciéndose, en su naturaleza, a eso que llamamos electricidad, o a una forma de energía). Por otro lado, el pensamiento, y lo que llamamos "mente", es también otra manera de energía, de hecho, es la forma de energía más elevada que se conoce. En otras palabras, el pensamiento es energía organizada y no es imposible que el pensamiento sea exactamente el mismo tipo de energía que la que generamos con una dinamo eléctrica, aunque de una manera muchísimo más organizada.

> Tienes una enorme ventaja sobre la persona que te calumnia o es intencionadamente injusta contigo: tienes la capacidad de perdonarla.

Ahora bien, si en un análisis final toda la materia está formada por grupos de electrones que no son más que una forma de energía a la que llamamos electricidad, y si la mente no es más que una forma de electricidad valiosamente organizada, entonces ¿no ves que es posible que las leyes que afectan a la materia rijan también a la mente? y si, combinando dos o más elementos de la materia en las proporciones adecuadas y bajo las condiciones apropiadas podemos producir algo enteramente distinto a esos elementos originales (como en el caso del H2O), ¿acaso no ves que es posible concertar la energía de dos o más mentes de tal manera que el resultado sea una especie de mente compuesta totalmente diferente a las mentes individuales que la componen? Sin duda, habrás notado el modo en que eres influido en presencia de otras personas; algunas te inspiran optimismo y entusiasmo. Su sola presencia parece estimular tu propia mente a una mayor acción, y esto no sólo "parece" ser verdad, sino que es verdad. Has descubierto que la presencia de otras personas tendía a disminuir tu vitalidad y a deprimirte, y te puedo asegurar que esa tendencia ¡era muy real!

¿Cuál imaginas que podría ser la causa de esos cambios que experimentamos cuando nos encontrar a una cierta distancia de otras personas, si no es el cambio que se produce con la mezcla o combinación de sus mentes con la nuestra por el funcionamiento de una ley que no se entiende muy bien, pero que recuerda (en el caso que, de hecho, no sea la misma) a la ley por la cual la combinación de dos átomos de hidrógeno y uno de oxígeno produce agua?

No tengo ninguna base científica para esta hipótesis, pero he pensado prudentemente en ella durante muchos años y siempre he llegado a la conclusión de que, como mínimo, es una hipótesis razonable ¡aunque todavía no he hallado la manera de convertirla en una hipótesis demostrable!

Sin embargo, no precisas ninguna prueba de que la presencia de algunas personas te resulta inspiradora, mientras que la presencia de otras te deprime, pues sabes que esto es un hecho. Ahora bien, es indudable que la persona que te inspira y estimula tu mente llevándola a un estado de mayor actividad te da más poder para conseguir cosas, mientras que la persona cuya presencia te deprime y disminuye tu vitalidad, o hace que la desperdicies en pensamientos inútiles y desorganizados, tiene exactamente el efecto contrario en ti. Puedes entender esto sin la ayuda de una hipótesis y sin más pruebas que aquellas que has experimentado una y otra vez. Pero volvamos, ahora a la declaración original: Cuando dos o más personas se pactan en un espíritu de perfecta armonía con el objetivo de alcanzar un fin definido, si dicha alianza es fielmente observada por todos los que la componen, concederá a cada uno de sus miembros un poder que es sobrehumano y, aparentemente, irresistible.

Estudia contenidamente la parte en cursiva de la declaración anterior, pues allí hallarás la "fórmula mental" que, si no es aplicada al pie de la letra, destruye el efecto del conjunto. Un átomo de hidrógeno mezclado con un átomo de oxígeno no producirá agua, igual que una alianza sólo de nombre, si no va acompañada de "un espíritu de perfecta armonía" (entre las personas que forman la alianza) no causará un poder que es sobrehumano y. aparentemente, irresistible.

Me viene a la mente una familia de montañeses que vivió en la zona montañosa de Kentucky durante más de seis generaciones. Generación tras generación, esta familia no experimentó ninguna mejora mental visible, y cada generación siguió los pasos de sus antepasados. Se ganaban la vida viviendo de la tierra y, por lo que ellos sabían o querían saber, el universo residía en una pequeña zona de territorio llamada Letcher County. Se casaban estrictamente con los de su propia "clase" y dentro de su propia población.

Posteriormente, uno de los miembros de esta familia se alejó de la "manada" por así decirlo y se casó con una mujer del estado vecino de Virginia, que tenía una buena educación y una gran cultura. Esta mujer era una de esas personas con ambición que había aprendido que el universo se desarrollaba más allá de la frontera de Letcher County y contenía, al menos, la totalidad de los estados de! sur. Había escuchado hablar de química, de botánica, de biología, de patología, de psicología y de muchos otros temas relevantes en el campo de la educación. Cuando sus hijos comenzaban a llegar a una edad en la que podían entender las cosas, les hablaba de estos temas y ellos, a su vez, comenzaron a mostrar un gran interés al respecto.

Actualmente, uno de sus hijos es rector de una gran institución educativa en la que se enseña la mayoría de esos temas y muchos otros de igual importancia. Otro hijo suyo es un importante abogado y el tercero es un físico de éxito. Su marido (gracias a la influencia de la mente de esta mujer) es un conocido dentista y el primer miembro en seis generaciones, en apartarse de las tradiciones que habían atado a la familia.

Durante muchos años, he estado estudiando las biografías de aquellas personas a las que el mundo llama grandes, y me parece más que una simple coincidencia que en todos los casos en los que había información disponible, la persona que era realmente responsable de esa grandeza se hallaba en el fondo, detrás de la escena, y el público que adoraba al héroe rara vez escuchaba hablar de ella. Con no poca frecuencia, este "poder oculto" es una esposa paciente que ha inspirado a su marido y lo ha incitado hacia un gran éxito, como pasó en el caso que acabo de describir.

Henry Ford es uno de los milagros modernos de esta era y dudo que este país, o cualquier otro, hayan producido jamás a un genio industrial como él. Si se conocieran los hechos, (y acaso se conozcan), éstos nos mostrarían que la causa de los fenomenales éxitos del señor Ford está en una mujer de la que el público ha escuchado hablar muy poco, ¡SU esposa!

Leemos acerca de los éxitos de Ford y de sus enormes ingresos e imaginamos que está bendecido con una capacidad excepcional, y es así una capacidad de la que el mundo nunca habría oído hablar de no haber sido por la influencia de su esposa, que ha cooperado con él durante todos sus años de pelea, "en un espíritu de perfecta armonía, con el propio deseo de alcanzar un fin dirigido".

La derrota, como un dolor de cabeza, nos advierte de que algo ha ido mal. Si somos inteligentes, buscamos la causa y nos beneficiamos de la experiencia.

Tengo en mente a otro genio que es muy conocido en todo el mundo civilizado, Thomas A. Edison. Sus inventos son tan famosos que no precisan ser nombrados. Cada vez que presionas un interruptor y prendes una luz eléctrica, o escuchas un tocadiscos, deberías pensar en Edison, pues fue él quien perfeccionó tanto la luz incandescente como el moderno fonógrafo. Cada vez que veas una imagen en movimiento, deberías pensar en Edison, pues fue su genio, más que el de cualquier otra persona, el que hizo que esta gran empresa fuera posible.

Pero, como en el caso de Henry Ford, detrás de Edison está una de las mujeres más asombrosas de Estados Unidos, ¡SU esposa! Nadie fuera de la familia Edison, y quizá unos pocos amigos íntimos suyos, sabe hasta qué punto la influencia de esta mujer ha hecho posibles sus éxitos. En una ocasión, ella me dijo que la condición más destacada de su marido y que, por encima de todas las demás, era la más valiosa, era la de ¡la concentración!

Cuando Edison inicia una línea de experimentación o investigación, nunca "abandona" hasta que encuentra lo que buscaba o hasta que ha consumido todos los recursos posibles para hacerlo. Detrás de Edison hay dos grandes poderes, uno es el de la concentración.

¡Y el otro es la señora Edison! Noche tras noche, Edison ha trabajado con tanto entusiasmo que sólo ha requerido tres o cuatro horas de sueño. (Recuerda lo que dijimos sobre de los efectos sustentadores del entusiasmo en la séptima lección de este curso.)

Si siembras una pequeña semilla de manzana en el tipo de tierra adecuado, en el momento adecuado del año, gradualmente brotará para convertirse en una diminuta ramita que luego se expandirá y se convertirá en un manzano. Ese árbol no proviene de la tierra, ni de los elementos del aire, y todavía no ha aparecido la persona capaz de explicar la ley que atrae del aire y la tierra la combinación de células de las que está compuesto el árbol.

El árbol no sale de la diminuta semilla de manzana, sino que esa, semilla es el principio del árbol.

Cuando dos o más personas se pactan "en un espíritu de perfecta armonía" con el objetivo de conseguir "fin definido", el fin, en sí mismo, o el deseo que está detrás de dicho fin, se podría comparar con la semilla de la manzana, y la combinación de las fuerzas de energía de las dos (o más) mentes podría confrontarse con el aire y la tierra de los que surgen los elementos que forman los objetos materiales de dicho deseo. El poder que está detrás de la atracción y la combinación de estas fuerzas de la mente no puede explicarse más de lo que se puede explicar el poder que está detrás de la mezcla de elementos a partir de la cual "crece" el árbol del manzano.

Pero lo que es sumamente importante es que un manzano "crecerá" de una semilla que es plantada fielmente, y un gran éxito seguirá a la combinación sistemática de dos o más mentes con un claro objetivo en vista.

En la decimotercera lección verás este principio del esfuerzo conjunto llevado a unas proporciones que casi sacuden la imaginación de aquellos que no se han entrenado para pensar en términos de pensamiento organizado.

Omite una sola lección de este libro y esa omisión afectará a la totalidad, del mismo modo que, si retiramos un eslabón, eso afectará a la totalidad de una cadena. Ya he dicho esto de muchas maneras distintas y ahora lo repito con el objetivo de enfatizarlo, existe una hipótesis, bien fundada, de que cuando uno concentra su mente en un determinado tema, comienza a recibir información estrechamente relacionada con él y que se "vierte" sobre uno, procedente de todos los tipos de fuentes concebibles. La teoría es que, una vez que un deseo profundamente adaptado es sembrado en el tipo de "tierra mental", adecuado, actúa como un centro de atracción o un imán que atrae todo aquello en armonía con la naturaleza de dicho deseo.

El doctor Elmer Gates, de Washington, es, probablemente, uno de los psicólogos más competentes del mundo. Es reconocido en el mundo entero, tanto en el campo de la psicología como en otros ámbitos de la ciencia interconectados directa e indirectamente, como un hombre de primerísimo nivel científico. Acompáñame durante un rato y estudia sus métodos. El doctor Gates, una vez que ha llevado una línea de investigación lo más lejos posible por los canales usuales y se ha hecho con todos los datos registrados que tiene a su disposición sobre un determinado tema, coge un lápiz y un bloc y se "sienta" a la espera de recibir más información, concentrando su mente hasta que empieza a fluir hacia el pensamientos relacionados. Entonces pone por escrito esos pensamientos tal como llegan (de no se sabe dónde). El doctor Gates me dijo que muchos de sus descubrimientos más importantes llegaron con este procedimiento. La primera vez que hablé con él sobre este tema fue hacia 1910; desde entonces, con el descubrimiento del principio de la radio, se nos ha suministrado una hipótesis razonable con la que explicar los resultados de esas "sentadas"; a saber,

Como hemos descubierto a través del reciente aparato de radio, el éter está en un continuo estado de agitación. Las ondas de sonido están flotando por el éter en todo momento, pero no podemos detectarlas más allá de una corta distancia desde su fuente, si no es con la ayuda de unos instrumentos convenientemente sintonizados.

Ahora bien, parece razonable suponer que el pensamiento, al ser la forma de energía más organizada que conocemos, está continuamente mandando ondas por el éter, pero estas ondas, al igual que las del sonido, sólo pueden ser detectadas e interpretadas cabalmente con una mente adecuadamente sintonizada.

No cabe duda de que, cuando el doctor Gates se sentaba en una habitación y entraba en un estado mental pasivo y sereno, los pensamientos dominantes de su mente le servían como una fuerza magnética que atraía ondas de pensamiento de otras personas, relacionadas o equivalentes, cuando éstas pasaban por el éter que lo rodeaba.

Llevando esta hipótesis un poco más allá, se me ha ocurrido en muchas ocasiones, desde el descubrimiento del moderno principio de la radio, que todo pensamiento que, había librado alguna vez de una manera organizada, desde la mente de cualquier ser humano, continúa existiendo en la manera de una onda en el éter y está dando vueltas continuamente en grandes círculos sin fin, y que el acto de concentrar nuestra mente con intensidad en un establecido tema emite ondas de pensamiento que alcanzan a otras ondas de naturaleza similar o relacionada y se combinan con ellas, estableciendo así una línea directa de comunicación entre la persona que se está concentrando y pensamientos de una naturaleza parecida que se han puesto en movimiento previamente. Si vamos todavía más lejos, ¿no sería posible que uno sintonice su mente y armonice la velocidad de vibración del pensamiento con la velocidad de vibración del éter de manera que pueda asentir a todos los conocimientos que se han acumulado a través del pensamiento organizado en el pasado?

Teniendo presentes estas hipótesis, vuelve a la segunda lección de este curso y estudia la descripción que hace Carnegie de la "mente maestra" con la que acumuló su gran fortuna.

Cuando Carnegie constituyó una alianza de más de una veintena de mentes cuidadosamente seleccionadas, creó, con este modo de combinar el poder mental, una de las fuerzas industriales más poderosas que ha visto el mundo. Con unas cuantas irregularidades notables (y sumamente desastrosas), los hombres que formaban la "mente maestra" que Carnegie creó ¡pensaban y actuaban como si fueran uno!

Y esa "mente maestra" (compuesta de varias mentes individuales) se concentró en un único objetivo, cuya naturaleza es clara para todo aquel que conoció al señor Carnegie, especialmente aquellos que competían con él en el negocio siderúrgico. Si has seguido la historia de Henry Ford, aunque fuera sutilmente, sin duda habrás visto que el esfumo concentrado ha sido una de las características más destacadas de su carrera. A principios del siglo XX adoptó una política de estandarización con respecto al tipo de automóvil que fabricaría, y mantuvo esta política rígidamente hasta que el cambio que se produjo en las exigencias de! público, en 1927, lo obligó a modificarla.

Hace unos años conocí al antiguo ingeniero jefe de la planta Ford y me habló de un incidente que pasó durante las etapas iniciales de la experiencia automotriz del señor Ford y que señala claramente que el "la concentración es uno de los fundamentos destacados de su filosofía económica". En aquella ocasión, los ingenieros de la fábrica se habían reunido en la oficina de ingeniería con el objetivo de discutir un cambio propuesto en el diseño de la construcción del eje posterior del automóvil Ford. El señor Ford estuvo presente y escuchó la discusión hasta que cada hombre hubo expresado su parecer. A continuación, se acercó a la mesa, dio unos golpes con el dedo al diseño del eje propuesto y dijo, "¡Ahora escuchen!" El eje que estamos usando cumple la función que debe desempeñar y lo hace bien, ¡y no vamos a hacer ningún cambio más en ese eje!".

Se dio media vuelta y se fue, y hasta el día de hoy el eje posterior del automóvil Ford sigue siendo, fundamentalmente, el mismo.

No es improbable que el éxito del señor Ford en la fabricación y la comercialización de automóviles se haya debido, en gran medida, a su política de concentrar sus esfuerzos rígidamente en un plan, pero teniendo un claro propósito en mente en ese momento.

¿No es raro que la palabra "bumerán" haya estado en el diccionario todos estos años sin que, por lo general, se haya sabido que un "bumerán" es un instrumento que vuelve y que puede herir la mano de quien lo lanza?

Hace unos años leí el libro de Edward Bok, The Man From Maine, (Un hombre de Maine) una biografía de su suegro, Cyrus H. K. Curtis, propietario del Saturday Evening Post, del Ladies Home Joumal y de muchas otras publicaciones. A lo largo de todo el libro, observé que la característica más destacada de la filosofía del señor Curtis era la de la concentración de esfuerzos en un claro objetivo. Durante los primeros años como propietario de la revista Saturday Evening Post, cuando estaba poniendo cientos de miles dólares en una empresa con pérdidas, fue preciso un esfuerzo concentrado, resguardado por una valentía que pocos hombres conocen, para poder "seguir adelante". Deberías leer este libro. Es una gran lección sobre el tema de la concentración y sustenta, hasta el más mínimo detalle, todos los fundamentos en los que se basa esta lección. Saturday Evening Post es hoy por hoy una de las publicaciones más lucrativas del mundo, pero su nombre habría sido olvidado hace mucho tiempo si el señor Curtis no hubiese concentrado su atención y su fortuna en el claro objetivo de convertirla en una gran revista.

Hemos visto el importante papel que desempeñan el entorno y el hábito en relación con el tema de la concentración. Ahora ilustraremos brevemente un tercer tema que está tan relacionado con la concentración como los otros dos; esto es, la memoria.

Los principios con los que se puede ejercitar una memoria precisa y firme son pocos y comparativamente fáciles:

1. Retención: Recibir una impresión a través de uno de los cinco sentidos, o de más de uno, y registrarla en la mente de una manera ordenada. Este proceso po-

dría compararse con el de registrar una imagen en la placa sensible de una cámara fotográfica.

2. Recuerdo: Revivir o recordar en la mente consciente esas impresiones de los sentidos que han quedado grabadas en la mente subconsciente. Este proceso se podría comparar al acto de repasar un fichero y extraer una ficha en la que la información ha sido registrada anticipadamente.

3. Reconocimiento: La capacidad de reconocer una impresión de los sentidos cuando ingresa en la mente consciente y de identificarla como un duplicado de la impresión original y asociarla con la fuente original de la que procedió cuando fue registrada por primera vez. Este proceso nos deja distinguir entre "memoria" e "imaginación".

Éstos son los tres principios que intervienen en el acto de recordar. Ahora, hagamos aplicación de ellos y establezcamos cómo utilizarlos eficazmente, lo cual puede hacerse de la siguiente manera: Cuando quieras afirmar tu capacidad de recordar una impresión de los sentidos, como un nombre, una fecha o un lugar, asegúrate de que la impresión sea vívida, concentrando la atención en ella hasta el más pequeño detalle. Una manera efectiva de hacer esto es repetir varias veces lo que quieres recordar. Del mismo modo que un fotógrafo debe darle a la "exposición" el tiempo apropiado para que quede registrada en la placa sensible de la cámara, también nosotros debemos darle tiempo a la mente subconsciente para que registre correcta y claramente cualquier impresión de los sentidos que queremos ser capaces de recordar con rapidez.

Asocia aquello que quieres recordar con algún otro objeto, nombre, lugar o fecha con el que estés familiarizado y que puedas recordar fácilmente a voluntad, como, por ejemplo, el nombre de tu ciudad natal, tu amigo inseparable, la fecha de tu nacimiento. . ., pues así tu mente archivará la impresión que deseas poder recordar junto con una que sí puedes recordar fácilmente, de manera que cuando una entre en la mente consciente, traiga consigo a la otra. Repite unas cuantas veces aquello que quieras recordar, al tiempo que concentras tu mente en ello, de la misma manera en que fijarías tu mente en la hora en que quisieras despertarte a la mañana siguiente (lo cual, como sabes, te afirma que despertarás a esa hora precisa). El fallo común de no ser capaces de recordar los nombres de las personas que tenemos la mayoría de nosotros se debe por completo a que de partida no registramos correctamente el nombre. Cuando te presentan a alguien cuyo nombre quieres poder recordar a voluntad, repítelo cuatro o cinco veces, asegurándote primero de haberlo entendido correctamente. Si el nombre se parece al de alguna persona a la que conoces bien, asocia los dos nombres, pensando en ambas mientras repites el nombre que deseas recordar. Si alguien te entrega una carta para enviar, mira la carta, luego aumenta su tamaño en tu imaginación y visualízala suspendida encima de un buzón. Fija en tu mente una carta de alrededor del tamaño de una puerta y asóciala con un buzón, y verás que el primer buzón junto al que pases por la calle hará que te acuerdes de esa gran carta de apariencia extraña que tienes en el bolsillo. Supón que te presentan a una señora cuyo nombre es Isabel Shearer y te gustaría recordar su nombre a voluntad. Mientras repites su nombre, relaciónalo a unas grandes tijeras, de unos tres metros de largo, y a la reina Isabel, y verás que recordar ambas cosas te ayudará a recordar también el nombre de Isabel Shearer.

Si quisieras ser capaz de recordar el nombre de Lloyd Keith, sencillamente repítelo varias veces y asócialo al nombre de Lloyd George y al Teatro Keith, que son dos cosas que puedes recordar a voluntad. La ley de la asociación es la característica más importante de una memoria bien adiestrada y, sin embargo, es una ley sumamente simple.

Lo único que tienes que hacer para usarla es grabar el nombre de aquello que quieras recordar con el nombre de algo que puedes recordar fácilmente, y el recuerdo de uno traerá al otro. ¿Ves a ese tipo "afortunado" que ha conseguido un puesto "fácil" por "enchufe"?

Déjame que te murmure un secreto al oído: El destino lo está esperando a la vuelta de la esquina, con una porra rellena, y no precisamente de algodón.

Hace casi diez años, un amigo me dio su número de teléfono en Milwaukee, Wisconsin, y a pesar de que no lo apunté, hoy lo recuerdo tan bien como aquel día. Así fue como lo grabé, El número y la central telefónica eran Lakeview 2651. En el instante en que me dio su número nos encontrábamos en la estación de ferrocarriles, con vistas al lago Michigan. Por lo tanto, usé el lago como el objeto asociado con el que archivar el nombre de la central telefónica. Resultó que el número de teléfono estaba formado por la edad de mi hermano, que tenía veintiséis años, y la de mi padre, que tenía cincuenta y uno, de modo que asocié sus nombres a ese número, cerciorándome de que lo recordaría. Así pues, para recordar la central telefónica y el número sólo tenía que pensar en el lago Michigan, en mi hermano y en mi padre. En inglés, lake significa "lago" y view, "vista".

Un conocido mío descubrió que sufría de lo que se llama normalmente una "mente divagante". Cada vez estaba más "ausente" y era incapaz de recordar las cosas. Dejemos que sea él quien te narre a continuación, con sus propias palabras, cómo superó esta desventaja:

"Tengo cincuenta años. Durante una década, he sido director de sección en una gran fábrica. Al principio mis tareas eran fáciles, luego la empresa tuvo una rápida expansión del negocio, con lo cual tuve más responsabilidades. Varios hombres jóvenes de mi sección comenzaron a desarrollar una energía y una habilidad inhabituales, y al menos uno de ellos tenía los ojos puestos en mi empleo. Alcancé esa edad de la vida en la que a un hombre le gusta estar cómodo y, puesto que llevaba mucho tiempo en la empresa, sentía que podía dormirme en mis laureles. El efecto de esta actitud mental fue bastante funesto para mi trabajo. Hace unos dos años, noté que mi capacidad de concentración se estaba debilitando y que mis deberes me comenzaban a resultar molestos. Me olvidaba de la correspondencia hasta que veía con pavor la enorme pila de cartas; los informes se amontonaban y mis subordinados se veían perjudicados por el retraso. Y yo me pasaba el rato sentado en mi escritorio con la mente divagando hacia otra parte. Se dieron otras circunstancias que dejaron ver claramente que mi mente no estaba en el trabajo. Olvidé concurrir a una importante reunión de los directores de la compañía. Además, uno de los administrativos que estaban a mis órdenes descubrió un grave error en un cálculo sobre una carga de mercancías y, por supuesto, se encargó de que el gerente se enterara del suceso. Esta situación me inquietó sobremanera, de modo que pedí una semana de vacaciones para reflexionar sobre todo ello. Estaba decidido a renunciar, o a descubrir cuál era el problema y ponerle remedio. Unos pocos días de seria introspección en un lugar de vacaciones en las montañas, apartado de todo, me convencieron de que estaba sufriendo un simple caso de mente divagante. Me faltaba concentración; mis actividades físicas y mentales en la oficina se habían vuelto poco metódicas. Era descuidado, vago y perezoso, y todo porque mi mente no estaba alerta en el trabajo. Cuando hube diagnosticado mi caso, con satisfacción para mí mismo, pensé en la manera de ponerle remedio. Necesitaba unos nuevos hábitos de trabajo, y decidí adquirirlos. Con un lápiz y un papel, diseñé un plan para cubrir la jornada laboral, primero, la correspondencia de la mañana; luego, pedidos, dictados, reunión con los subordinados y tareas variadas, terminando con un escritorio limpio antes de irme".

"¿Cómo se forma un hábito?", me pregunté mentalmente. "A través de la repetición", fue la respuesta que obtuve. "Pero he estado haciendo estas cosas una y otra vez, miles de veces", rezongó el otro tipo dentro de mí. "Cierto, pero no de una forma ordenada y concentrada", respondió el eco.

"Volví a la oficina con la mente bajo control, pero intranquilo, y empecé a aplicar mi nuevo plan de trabajo inmediatamente. Realizaba las mismas tareas todos los días con el mismo entusiasmo y, a ser posible, a la misma hora. Cuando mi mente empezaba a divagar, la hacía volver rápidamente.

"A partir de un estímulo mental, creado por la fuerza de voluntad, progresé en el desarrollo de hábitos. Día tras día, practicaba la concentración del pensamiento. Cuando comencé a sentirme cómodo con la respuesta, entonces supe que había ganado".

Tu capacidad de entrenar a tu memoria, o de desarrollar cualquier hábito requerido, es sólo una cuestión de ser capaz de fijar tu atención en un determinado tema hasta que la idea general haya quedado bien grabada en la "placa sensible" de tu mente.

¡La concentración no es más que una cuestión de control de la atención! Verás que, si lees una línea impresa con la que no estás familiarizado y que nunca, habías visto antes y luego cierras los ojos, puedes ver esa línea tan notoriamente como si la estuvieras viendo en la página impresa. En realidad estás "viéndola", no en el papel impreso, sino en la placa sensible de tu propia mente. Si ensayas este experimento y la primera vez no funciona, es porque no has concentrado tu atención suficiente en la línea. Repítelo unas cuantas veces y al final obtendrás éxito. Si deseas memorizar un poema, por ejemplo, puedes hacerlo con mucha rapidez si te entrenas para fijar tu atención en las líneas tanto como para poder cerrar los ojos y verlas en tu mente con la misma claridad con que las ves sobre la página impresa.

Tan importante es este tema del control de la atención, que me siento obligado a recalcarlo de manera que no pases por él a la ligera. He reservado la referencia a este importante tema para el final, como un auge para esta lección, porque considero que es, con diferencia, la parte más importante. Los asombrosos resultados ejercitados por quienes practican la adivinación con una bola de cristal se deben, enteramente, a su capacidad de fijar la atención en un determinado tema durante un período continuo mucho mayor al normal. ¡La adivinación con una bola de cristal no es más que atención concentrada!

Ya he hecho alusión a lo que ahora expondré que creo, a saber, que con la ayuda de la atención concentrada es posible que uno capte su mente con la vibración del éter de manera tal que todos los secretos que hay en el mundo de los fenómenos mentales inexplorados y desconocidos sean como libros abiertos que se pueden leer a voluntad. ¡Este es un pensamiento sobre el que meditar!

Soy de la resolución, y hay pruebas sustanciales que me respaldan, de que es posible desarrollar la capacidad de fijar la atención de una manera tan absoluta que nos permita "sintonizar" con lo que hay en la mente de cualquier persona y entenderlo. Pero eso no es todo, ni es la parte más importante de la hipótesis a la que he llegado después de muchos años de cuidadosa investigación, pues se puede ir un paso más allá con la misma facilidad y "sintonizar" con la mente universal, en la cual se recopilan todos los conocimientos, de los cuales se puede apropiar cualquier persona que domine el arte de buscarlos. Posiblemente, a una mente sumamente ortodoxa estas aseveraciones le parecerán muy irracionales, pero para el estudiante (y, de momento, son contadas las personas en el mundo que son más que meros estudiantes de este tema, en un nivel básico) que ha estudiado este tema sin un nivel de comprensión apreciable, estas hipótesis no sólo le parecen posibles, sino totalmente probables.

Pero ¡pon a prueba esta hipótesis tú mismo! No hay mejor tema que puedas usar para probar un experimento que el que has elegido como tu claro objetivo principal en la vida. Memoriza tu claro objetivo principal para que puedas repetirlo sin tener que leerlo, y luego practica fijar tu atención en él al menos dos veces al día, actuando de la siguiente manera: Busca un lugar tranquilo donde nadie te moleste; siéntate y relaja tu mente y tu cuerpo totalmente; luego, cierra los ojos y tápate los oídos con los dedos, excluyendo así las ondas de sonido corrientes y todas las ondas de luz. En esa posición, repite tu claro objetivo principal en la vida y, mientras lo haces, imagínate, en tu imaginación, en plena posesión del objeto de esa meta. Si una parte de tu objetivo es la acumulación de dinero, como innegablemente lo es, entonces visualízate en posesión de él.

Si una parte de tu claro objetivo es ser propietario de una casa, entonces imagina una imagen de ella, en tu imaginación, tal como esperas que sea en realidad. Si una parte de tu claro objetivo es convertirte en un orador, u oradora, poderoso e influyente, entonces visualízate delante de una gran cantidad de público y pretende que juegas con las emociones de la audiencia como un gran violinista tocaría las cuerdas del violín.

Al acercarte al final de esta lección, hay dos cosas que podrías hacer,

1º. Comenzar a cultivar, ahora, la capacidad de fijar la atención a voluntad en un determinado tema, sintiendo que esa habilidad, cuando esté completamente desarrollada, te traerá el objeto de tu claro objetivo principal en la vida.

2º, Ladear la nariz y ¡con una sonrisa cínica, decirte: ¡Tonterías! y de esa manera, ¡convertirte en un tonto! ¡Tú eliges!

Esta lección no fue escrita para ser una discusión, ni un tema de debate. Tienes el indulto de aceptarla, en su totalidad o en parte, o de rechazarla; como tú quieras. No obstante, quiero declarar aquí que ésta no es una época para el cinismo o la duda. Una era que ha conquistado el aire que está encima de nosotros y el mar que está debajo, y que nos ha permitido usar el aire y convertirlo en un mensajero capaz de transportar el sonido de nuestra voz a la otra mitad del planeta en una fracción de segundo, ciertamente no es una era que anime a los escépticos o a los incrédulos. La familia humana ha pasado por la "edad de piedra", por la edad de hierro" y por la "edad de acero" y, a menos que no hayamos entendido en absoluto la tendencia de los tiempos, ahora está entrando en la "era del poder mental" , que oscurecerá con sus magníficos éxitos a todas las otras juntas.

Aprende a fijar tu atención a voluntad en un determinado tema durante el lapso de tiempo que tú elijas, ¡Y habrás hallado el pasadizo secreto que conduce al poder y la abundancia! ¡Eso es concentración!

> Los peces no muerden sólo porque tú lo quieras, ¡sigue remando! Cambia tu carnada y sigue pescando; ¡sigue remando! La suerte no está fijada a ningún lugar. Los hombres a los que envidias, te envidian a ti, ¡y envidian tu trabajo y tu suerte! ¡Sigue remando!

A partir de esta lección, comprenderás que el objeto de formar una alianza entre dos o más personas para crear una "mente maestra" es aplicar la LEY DE LA CONCENTRACIÓN con una energía mucho mayor de la que podría conseguirse con los esfuerzos de una sola persona.

El principio llamado "mente maestra" no es ni más ni menos que la concentración del poder mental de un grupo para la ejecución de un claro objetivo o fin. Con la concentración mental en grupo se obtiene un mayor poder debido al proceso de "incremento" que se produce a través del efecto de una mente sobre otra u otras.

Persuasión versus fuerza

El éxito, tal como se ha dicho de docenas de maneras distintas a lo largo de este curso, es, en gran medida, una cuestión de negociar con tacto y armoniosamente con otras personas. En términos generales, la persona que comprende cómo "conseguir que la gente haga las cosas" que ella quiere que hagan puede tener éxito en cualquier profesión. Como conclusión adecuada para esta lección sobre la LEY DE LA CONCENTRACIÓN, narraremos los principios con los que se puede influir en las personas, con los que se consigue la colaboración, se elimina el antagonismo y se desarrolla la sencillez.

A veces se pueden conseguir por la fuerza unos resultados aparentemente agradables, pero la fuerza, por sí sola, nunca ha producido, ni lo hará, un éxito duradero. La Primera Guerra Mundial ha contribuido más que cualquier otro acontecimiento en la historia del mundo a mostrarnos la insignificancia de la fuerza como medio para intuir en la mente humana. Sin entrar en detalles ni contar casos que podrían mencionarse, todos sabemos que la fuerza es la base sobre la que se ha construido la filosofía alemana en los últimos cuarenta años.

El cuerpo humano puede ser encarcelado o controlado a través de la fuerza física, pero no ocurre lo mismo con la mente humana. Ningún hombre o mujer sobre la tierra puede vigilar la mente de una persona sana y normal, si dicha persona decide ejercer su derecho divino a controlar su propia mente; la mayoría de la gente no lo ejerce.

A causa de nuestro defectuoso sistema educativo, las personas van por el mundo sin haber descubierto la fuerza que está dormida en sus propias mentes. De vez en cuando ocurre algo, casi siempre por accidente, que despierta a la persona y hace que descubra dónde está su verdadera fuerza y cómo usarla en el desarrollo de la industria o de alguna profesión. Consecuencia, ¡nace un genio! Llega un determinado punto en el que la mente humana deja de elevarse o de explorar, a menos que algo fuera de la rutina diaria la "empuje" y la haga saltar por encima de ese obstáculo. En algunas mentes, este punto es muy bajo y en otras es muy alto; en otras varía entre uno y otro. La persona que encuentra la manera de estimular su mente ficticiamente, de despertarla y hacer que vaya con frecuencia más allá de este punto de parada, sin duda será distinguida con la fama y la fortuna si sus esfuerzos son de una naturaleza constructiva.

El educador que descubre la manera de estimular cualquier mente y hacer que se eleve por encima de este punto de parada sin ninguna reacción negativa, será una consagración para la raza humana que no se podrá comparar con ninguna otra en la historia del mundo. No nos estamos refiriendo, por supuesto, a estimulantes físicos o narcóticos. Estos siempre incitarán a la mente durante un tiempo, pero a la larga la acabarán estropeando. Nos estamos refiriendo únicamente a un estimulante meramente mental, como el que llega con el interés intenso, el deseo, el entusiasmo, el amor... que son factores a partir de los cuales se puede desarrollar una "mente maestra".

La persona que haga este descubrimiento contribuirá extraordinariamente a la resolución del problema de la delincuencia. Puedes hacer prácticamente cualquier cosa con un individuo cuando aprendes a influir en su mente. La mente podría confrontarse a un gran campo: es un campo sumamente fértil que siempre produce una cosecha de acuerdo con el tipo de semilla que se ha sembrado en él. El problema, entonces, está en aprender a elegir el tipo de semilla correcto y a sembrarla para que eche raíces y crezca con rapidez. Estamos sembrando semillas en nuestras mentes a diario, a cada hora, no, a cada segundo, pero lo estamos haciendo atrevidamente y de una manera más o menos inconsciente. Tenemos que aprender a hacerlo de acuerdo con un plan preparado cuidadosamente, ¡siguiendo un diseño bien delineado! ¡Las semillas plantadas al azar en la mente humana producen una cosecha accidental! No se puede escapar a este resultado.

> Hay doce buenas razones para el fracaso: La primera es la intención, confesada, de no hacer más que aquello para lo que a uno le pagan, y a quien haga esta confesión le bastará con instalarse ante un espejo para conocer las otras once razones.

La historia está llena de casos notables de hombres que han pasado de ciudadanos decentes, pacíficos y provechosos a ser unos criminales errantes y corrompidos. También tenemos miles de casos en los que criminales bajos y depravados se han transformado en ciudadanos constructivos y decentes. En cada uno de estos casos, la metamorfosis del ser humano tuvo lugar en su mente. Él creó en su propia mente, por una razón u otra, una imagen de lo que quería y luego procedió a convertirla en realidad. De hecho, si una imagen de cualquier ambiente, condición o cosa puede ser imaginada en la mente humana y si la mente puede enfocarse o concentrarse en esa imagen durante el tiempo preciso y con la perseverancia precisa, y con el respaldo de un intenso deseo de la cosa imaginada, el trecho que va de la imagen a la realización de ella en la forma física o mental.

La Primera Guerra Mundial sacó a relucir muchas tendencias extraordinarias de la mente humana que corroboran el trabajo que el psicólogo ha llevado a cabo en su investigación del funcionamiento de la mente. El siguiente relato de un joven montañero rudo, inculto, sin educación y desobediente es un excelente ejemplo que hace al caso:

LUCHÓ POR SU RELIGIÓN:
AHORA ES UN GRAN HÉROE DE GUERRA.

Los rotarios planean obsequiar una granja a Alvin York, un cazador de ardillas indocto de Tennessee.

Por *George W. Dixon*

Cómo Alvin Cullom York, un cazador de ardillas indocto de Tennessee, se convirtió en el principal héroe de las Fuerzas Expedicionarias Norteamericanas en Francia forma parte de un capítulo romántico en la historia de la Primera Guerra Mundial.

York es natural de Fentress County. Nació y fue criado entre rudos montañeros de los bosques de Tennessee. En Fentress County ni siquiera hay ferrocarril. En sus años de juventud, Alvin tenía fama de tener un carácter terrible. Era lo que se conoce como un pistolero, un tirador mortal con el revólver y sus hazañas con el rifle se conocían a lo largo y ancho entre los simples pobladores de las montañas de Tennessee.

Un día, una organización religiosa montó su tienda en la población en la que vivían York y sus padres. Era una secta rara que había venido a las montañas en busca de conversos, pero los métodos de los predicadores del nuevo culto estaban llenos de fuego y emocionalidad. Denunciaban al pecador, al carácter villano y al hombre que se aprovechaba de su prójimo. Mostraban la religión del Maestro como un ejemplo que todos debían seguir.

La conversión de Alvin

Alvin Cullom York sorprendió a sus vecinos una noche al lanzarse al banco de los dolientes. Los ancianos se sacudieron en sus asientos y las mujeres estiraron sus cuellos mientras York luchaba contra sus pecados en las sombras de las montañas de Tennessee. York se convirtió en un ardiente predicador de la nueva religión, un exhortador, un líder en la vida religiosa de la comunidad y, aunque su puntería seguía siendo tan mortal como siempre, nadie que circulara por el camino de la rectitud le temía.

Cuando las noticias de la guerra llegaron a esa remota región de Tennessee y se informó a los montañeros que iban a ser "reclutados", York se tomó malhumorado y desagradable. No creía en matar a seres humanos, ni siquiera en la guerra. Su Biblia le había enseñado "No matarás" y, en su mente, esto era exacto y definitivo. Fue calificado como "objetor de conciencia". Los oficiales de reclutamiento presintieron los problemas. Sabían que York había tomado una decisión y que tendrían que llegar a él de alguna forma que no fuera mediante amenazas de castigo.

Guerra en la causa santa

Fueron a ver a York con una Biblia y le enseñaron que la guerra era una causa santa, la causa de la libertad y la liberación humana. Le hicieron ver que hombres como él estaban siendo citados por los poderes superiores a liberar al mundo, a proteger a mujeres y niños inocentes de la violación, a hacer que la vida valiera la pena para los pobres y los oprimidos, a vencer a la "bestia" descrita en los libros y a hacer que el mundo fuera libre para poder desarrollar sus ideales. Era una lucha entre las multitudes de la virtud y las hordas de Satanás. El demonio estaba tratando de conquistar al mundo con los agentes que él había elegido, el Káiser y sus generales.

Los ojos de York resplandecieron con una luz feroz. Apretó sus grandes manos como un tomo de banco. Sus fuertes mandíbulas se cerraron bruscamente. "El Káiser", dijo entre dientes, ¡la bestia! ¡Le mostraré cual es su lugar si alguna vez consigo acercarme lo suficiente como para pegarle un tiro! Acarició su rifle, se despidió de su madre con un beso y le dijo que la volvería a ver cuando el Káiser estuviera "fuera de circulación".

Se fue a un campo de entrenamiento y se entrenó con escrupuloso cuidado y estricta obediencia a las órdenes. Sus habilidades para la práctica del tiro al blanco llamaron la atención. Sus compañeros estaban atónitos ante su alto puntaje. No se habían dado cuenta de que un cazador de ardillas de una región apartada era buen material para hacer de él un francotirador en primera línea de las trincheras.

El papel de York en la guerra ya forma parte de la historia. El general Pershing lo ha dispuesto como el principal héroe individual de la guerra. York ha conseguido todas las condecoraciones, incluidas la Medalla del Congreso, la Croix de Guerre y la Legión de Honor. Se enfrentó a los alemanes sin miedo a la muerte, pues estaba luchando para vindicar su religión, por la santidad del hogar, por amor a las mujeres y los niños, por la preservación de sus ideales y la libertad de los pobres y los oprimidos.

El miedo no estaba en su código, ni en su vocabulario. Su fría audacia electrizó a más de un millón de hombres e hizo que el mundo entero hablara de este extraño héroe indocto de las montañas de Tennessee. Aquí tenemos un caso de un joven montañero al que, en caso de habérsele acercado desde un ángulo tenuemente distinto, seguramente se habría resistido al alistamiento y, muy probablemente, habría albergado un resentimiento tan grande hacia su país que habría acabado convirtiéndose en un exiliado, buscando la oportunidad para volver a atacar a la primera ocasión.

Quienes se dirigieron a él sabían algo acerca de los principios del trabajo de la mente humana. Sabían cómo manejar al joven York, venciendo primero la resistencia que éste había creado en su propia mente. Éste es esencialmente el punto en que miles de hombres, por una comprensión inadecuada de estos principios ¡son clasificados caprichosamente como delincuentes y tratados como personas peligrosas y degeneradas. A través de la sugestión, se podría manejar a esas personas con la misma eficacia con que se ha tratado a York, convirtiéndolas en seres humanos útiles y lucrativos.

En tu búsqueda de maneras y medios para entender y manipular tu propia mente con el objetivo de persuadirla de que cree aquello que tú deseas en la vida, debo recordarte que, sin ninguna excepción, cualquier cosa que te irrite y te provoque ira, odio, rechazo o descaro es destructiva y sumamente perjudicial para ti. Jamás podrás conseguir el máximo de acción constructiva de tu mente, o siquiera un buen promedio, ¡hasta que aprendas a controlarla y a impedir que sea estimulada por la ira o el miedo!

Estos dos factores negativos, la ira y el miedo, son totalmente destructivos para tu mente, y mientras sigas dejando que estén ahí, puedes estar seguro de que los resultados serán insatisfactorios y muy por debajo de lo que eres capaz de producir.

En nuestro comentario sobre el entorno y el hábito, aprendimos que la mente individual se deja persuadir por la sugestiones del entorno; que las mentes de las personas de una multitud se combinan unas con otras conformando la sugestión de la influencia predominante del líder o la figura dominante. El señor J.A. Fisk nos brinda un interesante relato de la influencia de las sugestiones mentales en las reuniones de "avivamiento", el cual confirma la afirmación de que la mente de una multitud se fusiona convirtiéndose en una, como sigue:

LA SUGESTIÓN MENTAL
EN EL AVIVAMIENTO RELIGIOSO

La psicología moderna ha demostrado firmemente el hecho de que la mayor parte de los fenómenos de "avivamiento" religioso son de naturaleza psíquica ¡más que espiritual, y que además son anormalmente psíquicos.

Las principales autoridades dicen que la excitación mental que acompaña al llamamiento emocional del "avivado" debe ser archivada junto con el fenómeno de la sugestión hipnótica, más que con el de una auténtica experiencia religiosa. Y quienes han llevado a cabo un estudio íntegro del tema consideran que, en lugar de que esa excitación tienda a elevar la mente y ensalzar el espíritu de la persona, lo que hace es debilitar y degradar la mente y prostituir el espíritu arrastrándolo por el barro de un arrebato psíquico anormal y un exceso emocional. De hecho, algunos observadores adecuados, conocedores de los respectivos fenómenos, clasifican las reuniones religiosas de "avivamiento" junto con el "entretenimiento" hipnótico público, como un típico ejemplo de borrachera psíquica y excesos histéricos.

David Starr Jordan, rector merecedor de la Universidad Leland Stanford, dice, "El whisky, la cocaína y el alcohol causan una demencia temporal, y también lo hace el avivamiento religioso". El eminente psicólogo William James, ex profesor de la Universidad de Harvard, dice: "El avivamiento religioso es más peligroso para la vida de la sociedad que la borrachera".

No debería ser preciso afirmar que en esta lección el término "avivamiento" se usa en su significado menos amplio que indica la típica excitación emocional religiosa conocida por el término en cuestión, y no se pretende aplicarlo a la experiencia religiosa más antigua y respetada investida por el mismo término, que tan reverenciada era por los puritanos, los luteranos y otros en el pasado. Una obra de referencia estándar habla del tema general del "avivamiento" de la siguiente forma:

Los avivamientos pasan en todas las religiones. Cuando tiene lugar un avivamiento, un gran número de personas que han estado comparativamente muertas o indiferentes a las razones espirituales despierta a su importancia, se transforma espiritual y moralmente, y actúa con un entusiasmo excesivo al tratar de convertir a otras personas a sus puntos de vista. Un avivamiento musulmán adopta la forma de un regreso a las estrictas doctrinas del Corán y un deseo de irradiarlas con la espada. La minoría cristiana que viva en ese lugar correrá peligro de ser masacrada por los renacidos. El derrame de Pentecostés del Espíritu Santo produjo un avivamiento dentro de la iglesia en sus principios, seguido de numerosas conversiones en el exterior. Desde la época apostólica hasta la Reforma, tuvieron lugar varios avivamientos en intervalos, aunque antes no se los conocía por ese nombre. En ocasiones, quienes los percibían eran tratados con tan poca comprensión que dejaban la iglesia y formaban sectas, mientras que en otros casos (y señaladamente en el de los fundadores de las órdenes monásticas) eran retenidos e influían en su totalidad.

No obstante, el término «avivamiento» ha quedado confinado principalmente al súbito aumento de la actividad espiritual dentro de los templos protestantes.

La iniciativa de los Wesley y Whitefield en este país y en Inglaterra a partir de 1738 fue sumamente avivamentista . . . Desde entonces, diferentes avivamientos han tenido lugar cada cierto tiempo y prácticamente todas las confesiones aspiran a que se produzcan.

Los medios usados son las reuniones que continúan noche tras noche, a menudo hasta altas horas, discursos agitadores, principalmente por parte de los laicos, y reuniones ulteriores para tratar a quienes han sido impresionados. Finalmente, se ha descubierto que algunos de aquellos que supuestamente se han convertido han sido constantes, otros se han echado atrás, mientras predomina temporalmente una inercia proporcional a la emoción previa. A veces, en las reuniones de avivamiento, algunas personas excitables emiten gritos agudos, o incluso caen postradas. Hoy por hoy, estas manifestaciones enfermizas no son alentadas y, en consecuencia, son poco frecuentes.

Para comprender el principio del funcionamiento de la sugestión mental en una reunión de avivamiento, primero debemos comprender algo de lo que se conoce psicología de las masas. Los psicólogos son conscientes de que la psicología de una masa, considerada como un todo, difiere sustancialmente de la de los individuos que la forman.

Existen muchos individuos independientes y una multitud compuesta en la que los temperamentos emocionales de las unidades parecen combinarse y fundirse. El cambio del tipo de multitud mencionado primero al citado, en segundo lugar se produce por la influencia de una atención seria, o de profundas implicaciones emocionales, o un interés común. Cuando este cambio tiene lugar, la multitud se convierte en un individuo compuesto cuyo grado de inteligencia y control emocional es ligeramente mayor al de su miembro más frágil. Este hecho, por muy sorprendente que pueda parecerle al lector medio, es conocido y admitido por los principales psicólogos de la actualidad, y se han escrito muchos ensayos y libros importantes sobre el tema. Las características sobresalientes de esta "mente compuesta" de una masa son las evidencias de que es extremadamente sugestionable, responde a las llamadas de la emoción, tiene una imaginación vívida y su acción surge de la emulación (todas éstas son características que manifiesta universalmente el hombre primitivo).

> En pocas palabras, la multitud manifiesta semejanza, o reversión de los primeros rasgos de la raza. Nada es tan contagioso como el entusiasmo. Ésa es la verdadera característica de la historia de Orfeo. Mueve piedras, encanta a los necios. El entusiasmo es el genio de la sinceridad, y la verdad no obtiene ninguna victoria sin él.
>
> BULWER

El libro "Psicología de la mente colectiva de una audiencia", sostiene que la mente de una multitud que está reunida escuchando a un orador hábil experimenta un curioso proceso llamado "fusión", por el cual los individuos del público desaprovechan sus características personales momentáneamente, en menor o mayor grado, y son reducidos, por así decirlo, a un solo individuo cuyas características son las de un joven impetuoso de veinte años, generalmente impregnado de elevados ideales, pero carente de capacidad de, razonamiento y de voluntad. El psicólogo francés Tarde formula unos puntos de vista similares.

El profesor Joseph Jastrow, en Fact and Fable, in Psicology (Realidad y Fabulación en Psicología) Dice:

En la producción de este estado mental hay un factor no citado aún, que tiene un papel predominante, el poder del contagio mental. El error, al igual que la verdad, florece en las multitudes. En el corazón de la comprensión, ambos hallan un hogar... Ninguna forma de contagio es tan insidiosa en sus inicios, tan difícil de descubrir en su avance, tan segura de dejar gérmenes que en cualquier momento pueden revelar su poder perjudicial, como el contagio mental, el contagio del miedo, del pánico, del fanatismo, de la anarquía, de la superstición, del error (...) En pocas palabras, debemos agregar a los muchos factores que contribuyen al engaño, la reconocida disminución de la capacidad crítica, de la capacidad de observación correcta y, positivamente, de racionalidad, a los que induce el mero hecho de formar parte de una multitud. Al conjurador le resulta fácil actuar frente un público cuantioso, entre otras razones, porque es más fácil despertar su admiración y su simpatía, hacer que los asistentes se olviden de sí mismos y entren en el espíritu crítico de un mundo asombroso.

Parecería que, en ciertos aspectos, el tono crítico de la multitud, como la fuerza de una cadena, fuera el de su miembro más débil. El profesor Le Bon dice en The, Crowd (La masa):

"Los sentimientos y las ideas de todas las personas reunidas toman una única dirección, y su personalidad consciente desaparece. Se construye una mente colectiva, indudablemente transitoria, que presenta unas características claramente marcadas. La concurrencia se torna en lo que, en ausencia de una expresión mejor, yo llamaría una masa organizada o, si prefieren, una masa psicológica. Se forma un único ser, y éste se somete a la ley de la unidad mental de las masas... La singularidad más sorprendente que presenta una multitud psicológica es la siguiente, cualesquiera que sean los individuos que la forman, sea cual sea su modo de vida, igual o distinto, su ocupación, su carácter o su inteligencia, el hecho de que se hayan transformado en una masa los hace dueños de una especie de mente colectiva que les hace sentir, pensar y actuar de una manera muy distinta a como sentiría, pensaría y actuaría cada uno de ellos en un estado de incomunicación. Hay ciertas ideas y sentimientos que no surgen, o no se convierten en actos, si no es en el caso de los individuos que forman un colectivo (...) En las masas lo que se amontona es la estupidez, y no el sentido común. En la mente colectiva, las aptitudes intelectuales de las personas y, en consecuencia, su individualidad, se debilitan (...) Las observaciones más ágiles parecen demostrar que un individuo inmerso durante algún tiempo en una masa en acción no tarda en hallarse en un estado especial muy semejante al estado de fascinación en el que se halla una persona hipnotizada (...) La personalidad consciente desaparece por completo; la voluntad y el discernimiento se pierden. Todos los sentimientos y los pensamientos se inclinan en la dirección establecida por el hipnotizador (...) Bajo la influencia de una sugestión, hará determinados actos con una impetuosidad irresistible. Esta impetuosidad es más irresistible en el caso de la masa por el hecho de que la sugestión, al ser la misma para todos los individuos que la conforman, gana fuerza por la correlación.

Además, por el mero hecho de formar parte de una multitud organizada, el hombre desciende varios peldaños en la escalera de la civilización. Incomunicado, puede ser una persona cultivada; en una multitud, es un bárbaro, es decir, una criatura que actúa por instinto. Tiene la espontaneidad, la violencia, la ferocidad y también el entusiasmo y el heroísmo de los seres primitivos, a los que tiende a parecerse más por la facilidad con que se deja ser inducido a cometer actos contrarios a sus más obvios intereses y sus hábitos más conocidos. Un individuo en una masa es un grano de arena entre otros granos de arena, que el viento agita a voluntad".

El profesor Davenport, en su "Rasgos Primitivos en los Renacimientos Religiosos", expresa:

"La mente de una multitud es extrañamente semejante a la de un hombre primitivo. La mayoría de las personas que forma parte de ella pueden estar muy lejos de ser primitivas en emoción, pensamiento y carácter, pero, sin embargo, el resultado tiende a ser el mismo. La estimulación fecunda inmediatamente la acción. La razón queda en suspenso. El orador sereno y racional, tiene pocas posibilidades de igualar al hábil orador emocional. La multitud piensa en imágenes, y el discurso debe adquirir esa forma para ser asequible a ella. Las imágenes no están conectadas por ningún vínculo natural y unas toman el lugar de otras como diapositivas de una linterna mágica. De esto sigue, por supuesto, que las apelaciones a la imaginación tienen una influencia fundamental (…) La multitud está acoplada y gobernada por la emoción, y no por la razón. La emoción es el vínculo natural, pues las personas difieren mucho menos en este aspecto que en el intelecto.

También es verdad que en una multitud de mil personas, la cantidad de emoción generada y existente es mucho mayor que la suma que cabría podría obtener sumando las emociones de las personas tomadas individualmente. La explicación de esto es que la atención de la multitud siempre es gobernada por las circunstancias de la ocasión, o por el orador, hacia ciertas ideas comunes (como la "salvación", en las reuniones religiosas) (…) y cada individuo de la multitud es agitado por la emoción, no sólo porque la idea o la doctrina lo agita, sino porque es consciente de que cada una de las personas presentes también cree en l a misma idea o doctrina y es agitada por ella. Y esto acrecienta enormemente la magnitud de su propia emoción y, en consecuencia, la magnitud total de emoción de la multitud. Como en el caso de la mente primitiva, la imaginación abre las compuertas de la emoción, que, según la articulación, pueden convertirse en un entusiasmo salvaje o en un ímpetu demoníaco.

El estudiante de la sugestión verá que hay miembros emocionales del público del avivamiento que no son sólo víctimas del efecto de la "mente colectiva" que es producto de la "psicología de la masa" y, por ende, su capacidad de resistencia se ve disminuida, sino que también son influidos por otras dos maneras de sugestión mental sumamente poderosas. Además de la poderosa sugestión de autoridad usada por el "avivador" que es ejercida con toda su fuerza de una manera muy parecida a como la utiliza el hipnotizador profesional, está la sugestión de la imitación, que es empleada sobre cada individuo por la fuerza concertada del equilibrio de la masa.

> Algunas personas tienen éxito siempre que haya alguien que las respalde y anime, otras tienen éxito ¡a pesar del infierno! Tú eliges.

Como observaba Durkheim en sus investigaciones psicológicas, la persona media es "intimidada por las masas" que la rodean, o que están ante ella, y advierte esa peculiar influencia psicológica ejercida por el mero número de personas frente a su ser individual. A la persona sugestionable no sólo le resulta fácil contestar a las sugestiones autoritarias del predicador y a las exhortaciones de sus ayudantes, sino que también es víctima del fuego directo de las sugestiones imitativas de las personas de todas partes que están experimentando actividades emocionales y las están mostrando exteriormente. La voz del pastor no sólo las insta a avanzar, sino que también se oye el tilín de la campana del carnero castrado, y la tendencia a la imitación, que hace que una oveja salte porque la que va delante de ella lo ha hecho (y así repetidamente, hasta que la última oveja ha saltado); sólo necesita la fuerza del ejemplo de un líder para poner en movimiento a la totalidad del rebaño.

Esto no es una exageración: los seres humanos, en momentos de pánico, miedo o de una emoción intensa de cualquier tipo, manifiestan la misma tendencia a la imitación que las ovejas, y la tendencia de las vacas y los caballos a la "estampida".

Para el estudiante con costumbre en el trabajo experimental del laboratorio psicológico hay una semejanza cercana en los fenómenos respectivos de la sugestión del avivamiento y la sugestión hipnótica. En ambos casos, la atención y el interés son atraídos por un procedimiento llamativo, el elemento de misterio y asombro es inducido por palabras my actos calculados para inspirarlos, la charla monótona en un tono extraordinario y autoritario provoca el cansancio de los sentidos. Por último, las sugestiones son proyectadas de esa manera imperativa, sugestiva, que todos los estudiantes de sugestión hipnótica conocen. En ambos casos, se prepara a las personas para las sugestiones y órdenes finales a través de unas sugestiones previas menores, como "Ponte de pie", o "Mira aquí". En el caso del hipnotizador, y "Los que piensen tal y tal cosa, que se pongan de pie" y "Quienes estén dispuestos a ser mejores, pónganse de pie"..., en el caso de los "avivadores". De esta manera, se acostumbra a los individuos impresionables a obedecer las sugestiones por etapas fáciles. Y, finalmente, las sugestiones imperativas ("Venid aquí, aquí mismo, por aquí, aquí mismo, venid, os digo, ¡venid, venid, venid!", etc.) que hacen que las personas impresionadas se pongan de pie y corran hacia la parte delantera, son fácilmente las mismas en el experimento hipnótico o en la sesión de espiritismo, por un lado, y en el avivamiento espectacular por el otro. Todo buen "avivador" sería un buen hipnotizador, y todo buen hipnotizador sería un buen "avivador", si su mente se orientase en esa dirección.

En el avivamiento, la persona que da las sugestiones tiene la ventaja de romper la obstinación de su público despertando sus sentimientos y emociones. Historias que cuentan la influencia de la madre, el hogar y el cielo, canciones como "Dile a mamá que allí estaré" y apelaciones personales a relaciones veneradas del pasado y de los primeros años de vida de una persona tienden a reducirla a un estado de respuesta emocional y la hacen sumamente sensibles a otras sugerencias poderosas y repetidas en esa misma línea. Las personas jóvenes y las mujeres histéricas son especialmente sensibles a esta forma de sugestión emocional. Sus sentimientos se agitan y la voluntad es mediada por el discurso. Los recuerdos sentimentales más sagrados se despiertan transitoriamente y se vuelven a inducir las antiguas condiciones mentales. "¿Dónde está mi hijo errante esta noche?" hace que surjan lágrimas en los ojos de muchas personas para las que el recuerdo de la madre es sagrado, y la prédica de que la madre vive en un estado de dicha más allá de los cielos, de los cuales el hijo no convertido está desconectado a menos que ejerza la fe, sirve para mover a muchos momentáneamente a la acción. El elemento del miedo también es solicitado en el avivamiento: ya no tanto como antes, es cierto, pero en una medida considerable y de una manera más sutil.

Como dice Davenport:

Se sabe que el empleo de imágenes simbólicas aumenta enormemente la emoción del público. Éstas abundan en el vocabulario de los avivamientos. Ahora bien, la imaginación vívida, los sentimientos fuertes y las creencias son estados favorables para la sugestión, así como para la acción impulsiva. También es verdad que la influencia de una multitud que se entiende con las ideas sugeridas resulta sumamente apremiante o intimidatoria para el pecador individual. Hay un número enorme de conversiones declaradas que inicialmente son el resultado de poco más que esta manera de presión social y que nunca pueden desarrollarse más allá de ella. Por último, en las reuniones de avivamiento se aviva la inhibición de todas las ideas extrañas, tanto con la invocación como con los discursos. Hay, por lo tanto, una extrema sensibilidad a la sugestión. Si a estas condiciones de conciencia negativa por parte del público se agrega un conductor de las reuniones con un elevado potencial hipnótico, como Wesley O Finney, o que sólo tiene una personalidad sumamente persuasiva y magnética, como es el caso de Whitefield, se puede practicar fácilmente, sobre ciertos individuos de la multitud, una influencia que raya en lo anormal o lo profundamente hipnótico. Cuando no se logra este punto, sigue habiendo un gran poder de sugestión, sumamente agudo aunque normal, que se debe tener en cuenta.

Las personas que muestran señales de estar siendo influidas son, entonces, "trabajadas" por el "avivador" o por sus colaboradores. Se les solicita a someter su voluntad.

En The Psicology of Religion (Psicología de la Religión), Starbuck cuenta una serie de casos de experiencias de personas que se han convertido en las reuniones de avivamiento. Una persona escribió lo siguiente:

"Mi voluntad parecía estar totalmente a merced de los demás. No había absolutamente ningún elemento intelectual. Era puro sentimiento. A continuación, hubo un ciclo de éxtasis. Estaba decidido a hacer el bien y era elocuente en mi llamamiento a otras personas. El estado de arrebato moral no continuó."

Davenport ha dicho lo siguiente en respuesta a la declaración de que los antiguos métodos para mediar en los conversos en un avivamiento han muerto con la cruda teología del pasado: Pongo un énfasis especial en este asunto, porque, aunque el empleo del miedo irracional en los avivamientos ha desaparecido en gran medida, no pasa lo mismo con el recurso del método hipnótico. Antes bien, ha habido un incremento y un reforzamiento consciente de él, porque el antiguo soporte del terror ha desaparecido. Y no puedo subrayar con el vigor suficiente que ese tipo de fuerza no es una fuerza "espiritual" en ningún sentido claro y elevado, sino que es bastante extraña, psíquica y oscura. Y el método en sí mismo debe ser refinado enormemente para poder tener algún beneficio espiritual, ya que es profundamente primitivo y pertenece a una manera de fascinación animal e instintiva. En su aspecto directo y crudo, el felino lo utiliza con el ave indefensa y el hechicero indio con el creyente en su danza fantasma. Cuando se usa con niños pequeños (como ocurre a menudo), los cuales son naturalmente muy sugestionables, no tiene ninguna apología y es mental y moralmente nocivo en el grado más alto.

No veo cómo pueden ser útiles las angustias emocionales violentas y el uso de la sugestión en sus maneras más crudas, incluso en el caso de los pecadores endurecidos; y, ciertamente, con grandes grupos de la población, este medio no es más que un abuso de autoridad psicológico. Nos resguardamos con inteligente cautela del curanderismo en la "obstetricia" psicológica, y estaría bien que una formación y una prohibición más rígida rodearan al "obstetra" espiritual, cuya función es guiar el proceso del nuevo nacimiento, que es mucho más delicado.

No debes temer a la competencia de la persona que dice: "No me pagan para hacer eso y no lo haré", pues nunca será una competidora peligrosa para tu empleo. Pero ten cuidado con aquél que se queda en el trabajo hasta terminarlo y hace un poco más que lo que se espera de él, ya que puede afrontarte en tu puesto y pasarte delante de la tribuna.

Algunas personas seguidoras de los métodos del avivamiento, pero que también reconocen que la sugestión mental tiene un papel muy importante en el fenómeno, sostienen que las objeciones similares a las expuestas aquí contra los métodos del avivamiento no son válidas, puesto que la sugestión mental, como es sabido, puede usarse para buenos objetivos, así como para malos propósitos, para el beneficio y la edificación de las personas, y también en la dirección opuesta. Admitiendo esto, estas buenas personas refutan que la sugestión mental en el avivamiento es un método legítimo o un "arma de ataque contra la fortaleza del diablo". Pero este argumento resulta incorrecto cuando analizamos sus efectos y sus consecuencias. En primer lugar, parece identificar los estados mentales emocional, neurótico e histérico inducidos por los métodos del avivamiento con la edificación espiritual y la regeneración moral que escoltan a la verdadera experiencia religiosa. Pretende poner a la falsificación al mismo nivel que lo genuino; el funesto brillo de los rayos de la luna psíquica con los rayos vigorizantes y vivificantes del sol espiritual. Pretende enaltecer la fase hipnótica a la de la "inclinación espiritual" del hombre. Para quienes están familiarizados con los dos tipos de fenómeno, hay una diferencia tan extensa entre ellos como la que existe entre los polos.

Como la paja que muestra cómo está soplando el viento del mejor pensamiento religioso moderno ¡presentamos el siguiente texto, del volumen titulado Religión y Milagro, de la pluma del doctor George A. Cordon, pastor de la iglesia New Old South Church de Boston: Para este fin, el avivamiento profesional con sus organizaciones, su personal de reporteros que hacen que las cifras encajen con las esperanzas de los hombres buenos, el sistema de publicidad y la eliminación o supresión de cualquier comentario crítico reflexivo, los llamamientos a la emoción y el uso de unos medios que no tienen ninguna relación visible con la gracia y que no tienen ninguna posibilidad de llevar a la gloria, es totalmente inadecuado. Aunque, indisputablemente, ha habido muchos casos de personas que originalmente se sintieron atraídas por la excitación emocional del avivamiento y luego llevaron unas vidas religiosas valiosas, acordes con la naturaleza espiritual superior, también, en demasiados casos ¡el avivamiento ha tenido solamente un efecto temporal positivo en las personas que se han rendido a la emoción y, cuando la tensión ha pasado, el resultado ha sido la indiferencia e incluso la antipatía hacia el auténtico sentimiento religioso. La reacción suele ser equivalente a la acción original.

Las consecuencias de la "reincidencia" después de un avivamiento animoso son conocidas en todas las iglesias. En otras personas sencillamente se despierta una susceptibilidad a la excitación emocional, la cual hace que el individuo experimente repetidas etapas de "conversión" en cada celebración de avivamiento, y la subsiguiente "reincidencia" cuando la influencia de la reunión ha terminado.

Además, es un hecho conocido por los psicólogos que las personas que se han dejado llevar por la excitación emocional y los excesos del típico avivamiento, luego se tornan mucho más sugestionables y abiertas que antes a los "mismos", las modas pasajeras y las falsas religiones.

Los "Mesías" y "Profetas del Amanecer" que han aparecido en gran número en Estados Unidos y en Inglaterra entre finales del XIX y principios del XX han sido enganchados casi exclusivamente entre aquellos que antes "experimentaron" el fervor del avivamiento en los templos ortodoxos. Es la vieja historia de la formación del sujeto que será hipnotizado. Esta forma de borrachera emocional es especialmente nociva entre los jóvenes y las mujeres. Debemos recordar que el período de la adolescencia es uno en el que la naturaleza mental del individuo experimenta grandes cambios. Es un período marcado por un característico desarrollo del modo de ser emocional, sexual y religioso. Las condiciones efectivas durante este período hacen que la corrupción psíquica del avivamiento, la sesión de espiritismo o la exhibición hipnótica sea particularmente dañina. Durante esta época de la vida, la excesiva excitación emocional, unida al misterio, el miedo y el temor reverencial suelen tener como resultado la aparición de condiciones enfermizas y anormales después. Corno bien dice Davenport: "No es una época para la revuelta del miedo o la agonía del remordimiento. Seguramente, el único resultado de ese ardor emocional mal encaminado será, en muchos casos, un reforzamiento de esas tendencias al pesimismo y a la histeria, a la oscuridad y la duda, principalmente en las mujeres".

Existen otros factores conectados con la estrecha relación existente entre la excitación religiosa anormal y la excesiva estimulación de la naturaleza sexual, que bien conocen todos los estudiantes del tema, pero de las que no podemos hablar aquí. No obstante, como indicio, el siguiente extracto de Davenport cumplirá su objetivo: En la época de la pubertad tiene lugar un proceso orgánico que impulsa, casi al mismo tiempo, a la actividad sexual y espiritual. Sin embargo, no hay ninguna prueba de la causalidad de la segunda por la primera, pero sí parece ser cierto que las dos están rígidamente relacionadas en el punto del proceso físico en el que se separan en diferentes direcciones, ya que en ese período crítico cualquier excitación radical de una de ellas influye en la otra. Una consideración cuidadosa de esta importante declaración servirá para explicar muchas cosas que han dejado seriamente dudosas a muchas buenas personas en el pasado, en relación con la excitación del avivamiento en pueblos, reuniones de acampada...Se piensa que esta aparente influencia del diablo, que tanto preocupaba a nuestros padres, no es más que el funcionamiento de las leyes naturales psicológicas y fisiológicas. Entenderlo es tener el remedio a mano. Pero, ¿qué dicen las autoridades del avivamiento del futuro, el nuevo avivamiento, el verdadero avivamiento? Dejemos que el profesor Davenport hable por los críticos, pues está bien preparado para la tarea. Dice, Creo que habrá un uso mucho menor de las reuniones de avivamiento corno instrumento apremiante para suprimir la voluntad y aplastar la razón del hombre individual. La influencia de las reuniones públicas religiosas será más indirecta, menos intrusa. Se reconocerá que la hipnotización y las opciones forzadas atenúan el alma, y no se tratará de presionar a alguien hacia una decisión sobre un asunto tan importante bajo el hechizo de la excitación, el contagio y la sugestión (...) Los conversos podrán ser pocos, o podrán ser muchos. Esto no se medirá por la capacidad del orador para el hipnotismo administrativo, sino por la capacidad de amistad desinteresada de cada hombre y mujer. Pero creo que podemos confiar en una cosa, los días de efervescencia religiosa y desenfreno pasional están llegando a su fin. Los días de devoción inteligente, reservada y sacrificada están llegando. Actuar con justicia, amar la piedad, hablar humildemente con Dios, ésas siguen siendo las pruebas esenciales de lo divino en el hombre.

La LEY DE LA CONCENTRACIÓN es una de los principios fundamentales que debe entender y aplicar con inteligencia todo aquel que desee experimentar eficazmente el principio que se describe como la "mente maestra" en este curso. Los comentarios anteriores de importantes autoridades del mundo te ayudarán a entender mejor la LEY DE LA CONCENTRACIÓN, tal como la usan a menudo quienes quieren "combinar" o "fundir" las mentes de una multitud para que funcionen como una sola.

Ahora estás preparado para la lección sobre la COOPERACIÓN, la cual te internará más profundamente en los procedimientos de aplicación de las leyes psicológicas en las que se basa esta filosofía del éxito.

Hasta que hayas aprendido a ser tolerante con las personas que no siempre están de acuerdo contigo, hasta que hayas cultivado el hábito de decir alguna palabra cordial a aquellos a los que no admiras, hasta que te hayas formado el hábito de buscar lo bueno en los demás en lugar de lo malo, no podrás tener éxito, ni ser feliz.

Decimotercera lección
LA COOPERACIÓN

"¡Puedes hacerlo si crees que puedes!"

La COOPERACIÓN es el principio de todo esfuerzo organizado. Como dijimos en la segunda lección de este curso, Andrew Carnegie acumuló una gigantesca fortuna a través de los esfuerzos cooperativos de un pequeño grupo de hombres que no superaban la veintena. Tú también puedes aprender a usar este principio. Hay dos tipos de COOPERACIÓN hacia las que dirigiremos tu atención en esta lección; a saber:

1°. La COOPERACIÓN entre las personas que se congregan o forman alianzas con el objetivo de alcanzar un determinado fin, utilizando los principios conocidos como la LEY DE LA "MENTE MAESTRA".

2°. La COOPERACIÓN entre las mentes consciente y subconsciente, la cual forma una hipótesis prudente de la capacidad del ser humano para contactar con la inteligencia infinita, comunicarse con ella y utilizarla.

A quien no ha pensado seriamente en este tema, la anterior hipótesis puede parecerle poco razonable, pero primero debería conocer las pruebas de su solidez, estudiar los datos en los que se basa y luego sacar sus propias conclusiones.

Empecemos con un breve repaso de la construcción física del cuerpo. Sabemos que todo el cuerpo es atravesado por una red de nervios que actúan como canales de comunicación entre el ego espiritual interior, al que llamamos mente, y las funciones del organismo externo. Este sistema nervioso es dual. Un sistema conocido como el sistema simpático es el canal para todas aquellas actividades que no son regidas conscientemente por nuestra voluntad, como el funcionamiento de los órganos digestivos, la reparación del desgaste diario, la rotura de tejidos y cosas por el estilo. El otro sistema, conocido como voluntario o cerebroespinal, es el canal a través del cual recibimos la percepción consciente de los sentidos físicos y ejercemos el control de los movimientos del cuerpo.

Este sistema tiene su centro en el cerebro, mientras que el otro lo tiene en la masa ganglionar, en la parte posterior del estómago conocida como el plexo solar, a veces conocida como cerebro abdominal. El sistema cerebroespinal es el canal de nuestra acción mental voluntaria o consciente, y el sistema simpático es el canal de esa acción mental que apoya inconscientemente las funciones vitales del cuerpo.

Así, el sistema cerebroespinal es el órgano de la mente consciente y el simpático, el de la mente subconsciente. Pero la interacción de las mentes consciente y subconsciente requiere de una interacción similar entre los correspondientes sistemas nerviosos. Una conexión importante con la que se asegura esto es el nervio vago. Este nervio sale de la región cerebral como parte del sistema voluntario, y a través de él controlamos a los órganos vocales. Luego avanza hasta el tórax, enviando ramificaciones al corazón y a los pulmones y, por último, pasando por el diafragma, pierde el revestimiento exterior que distingue a los nervios del sistema voluntario y comienza a identificarse con los del sistema simpático, formando así un vínculo de conexión entre los dos y haciendo que el ser humano sea físicamente, una sola entidad. De forma similar, diferentes áreas del cerebro indican su conexión con las actividades objetivas y subjetivas de la mente respectivamente.

En términos generales, podemos asignar la parte frontal del cerebro a las primeras y la parte posterior a las segundas, mientras que la parte intermedia comparte el carácter de ambas. La facultad instintiva tiene su correspondencia en la zona superior del cerebro, situada entre la parte frontal y la posterior, y fisiológicamente hablando, allí es donde las ideas intuitivas encuentran la entrada. Éstas, al principio, están más o menos sin forma y son de carácter generalizado pero, no obstante, son percibidas por la mente consciente; de lo contrario, no seríamos conscientes de ellas en absoluto. El esfuerzo de la naturaleza reside en dar a estas ideas una forma más definida y práctica, para que la mente consciente se apodere de ellas e induzca una corriente vibratoria correspondiente en el sistema nervioso voluntario y éste, a su vez, incite una corriente similar en el sistema involuntario, pasándole la idea a la mente subjetiva. La corriente vibratoria que primero había descendido desde la parte superior del cerebro hasta la parte frontal, pasando por el sistema voluntario hasta llegar al plexo solar, ahora da marcha atrás y asciende desde el plexo solar, pasando por el sistema simpático, hasta llegar a la parte posterior del cerebro. Esta corriente de retorno muestra la acción de la mente subjetiva.

Si aislásemos la superficie de la parte superior del cerebro, inmediatamente encontraríamos debajo del reluciente cinturón de sustancia cerebral el llamado "hábeas callos". Éste es el punto de coalición entre lo subjetivo y lo objetivo y, cuando la corriente regresa desde el plexo solar hasta allí, es devuelto a la parte objetiva del cerebro con una forma nueva que ha adquirido a través de la silenciosa alquimia de la mente subjetiva. Así, el concepto que al principio sólo fue vagamente examinado es devuelto a la mente objetiva en una manera clara y práctica. Entonces, la mente objetiva, actuando a través del cerebro frontal (la zona de la comparación y el análisis) pasa a trabajar en una idea claramente percibida y a sacar a relucir las potencialidades que están latentes en ella. ¿Has fracasado muchas veces? ¡Qué bienaventurado eres! A estas alturas, deberías conocer algunas de las cosas que no debes hacer. El término "mente subjetiva" es equivalente al término "mente subconsciente" y el término "mente objetiva" es equivalente al término "mente consciente".

Trata de entender los diferentes términos. Al estudiar este sistema dual mediante el cual el cuerpo transmite energía, descubrimos los puntos exactos en los que se conectan los dos sistemas y cómo podemos transmitir un pensamiento de la mente consciente a la mente subconsciente.

Este sistema nervioso dual cooperativo es la forma de cooperación más importante conocida por el hombre, pues es con la ayuda de este sistema como el principio de evolución lleva a cabo su labor de desarrollar el pensamiento correcto, tal como se describe en la undécima lección.

Cuando grabas cualquier idea en tu mente subconsciente con el principio de la autosugestión, lo haces con la ayuda de este sistema nervioso dual, y cuando tu mente subconsciente elabora un plan claro de cualquier cosa que quieres grabar en ella, dicho plan es entregado de vuelta a tu mente consciente a través de este sistema nervioso dual.

Este sistema cooperativo de los nervios constituye, literalmente, una línea directa de comunicación entre tu mente consciente normal y la inteligencia infinita. Puesto que sé, por mi propia experiencia previa como estudiante de este tema, lo difícil que resulta aceptar las hipótesis aquí explicadas, ilustraré su solidez de una forma muy sencilla que podrás entender y comprobar por ti mismo. Antes de dormirte por la noche, graba en tu mente el deseo de despertarte a la mañana siguiente a una determinada hora (por ejemplo, a las cuatro de la madrugada). Si esta impresión va acompañada de la audacia positiva de despertar a esa hora, tu mente subconsciente registrará lo que has grabado y te despertará exactamente a esa hora.

Ahora bien, podrías preguntar "Si puedo grabar en mi mente el deseo de levantarme a una hora definida y ella me despierta a dicha hora, ¿por qué no adquiero el hábito de grabar en ella otros deseos más importantes?".

Si te haces esta pregunta, e insistes en recibir una respuesta, te encontrarás muy cerca de la puerta secreta del conocimiento que se describe en la lección undécima, o estarás en el camino que lleva a ella.

Ahora trataremos el tema de la COOPERACIÓN entre personas que se unen, o se agrupan, con el objetivo de alcanzar un determinado fin. En la segunda lección de este curso nos referimos a este tipo de cooperación como ESFUERZO ORGANIZADO. No puedes asustar a un hombre que está en paz con Dios, con sus semejantes y consigo mismo. No hay espacio para el miedo en el corazón de alguien así. Cuando el miedo es bienvenido, es porque hay algo que precisa despertar.

Este curso toca alguna fase de la cooperación en prácticamente todas las lecciones. Este resultado era inevitable porque el objeto de este curso es ayudar al estudiante a desarrollar el poder, y el poder se desarrolla solamente mediante el ESFUERZO ORGANIZADO.

Estamos viviendo en una era de esfuerzo cooperativo. Prácticamente todos los negocios de éxito se hacen bajo alguna forma de cooperación. Lo mismo se aplica al campo de la industria y las finanzas, así como en el campo profesional. Los médicos y los abogados tienen sus asociaciones para ayudarse y protegerse mutuamente en forma de colegios de abogados y colegios médicos. Los banqueros tienen asociaciones locales y nacionales para la ayuda mutua y el desarrollo. Los comerciantes al por menor tienen sus asociaciones con el mismo objetivo. Los propietarios de automóviles se han agrupado en clubes y asociaciones. Los impresores tienen sus asociaciones, al igual que los fontaneros y los comerciantes del carbón tienen las suyas. La COOPERACIÓN es el objeto de todas ellas. Los trabajadores tienen sus sindicatos y quienes suministran el capital de trabajo y supervisan los esfuerzos de los trabajadores tienen sus alianzas, bajo diversos nombres.

Las naciones tienen sus alianzas de cooperación, aunque todavía parecen no haber descubierto el significado total de esta palabra. El intento del ex presidente Wilson de perfeccionar la Sociedad de las Naciones, seguido de los esfuerzos del ex presidente Harding de perfeccionar la misma idea bajo el nombre de World Court indica la tendencia de los tiempos hacia la cooperación.

Lentamente, se está haciendo indudable para el hombre que quienes aplican más eficazmente el principio del esfuerzo cooperativo sobreviven más tiempo y que este principio se aplica desde la forma de vida animal más baja hasta la forma más elevada de esfuerzo humano. El señor Carnegie, el señor Rockefeller y el señor Ford han enseñado al empresario el valor del esfuerzo cooperativo; esto es, le han enseñado el principio con el que atesoraron grandes fortunas a todo aquel que ha querido conocerlo.

La cooperación es la base misma de todo liderazgo eficaz. El factor positivo más tangible de Henry Ford es la fuerza de agencia organizada que ha determinado. Esta organización no sólo le proporciona una salida para todos los automóviles que puede fabricar, sino, lo que es todavía más importante, le facilita el poder económico suficiente para enfrentarse a cualquier emergencia que pueda surgir (algo que ya ha demostrado en más de una ocasión). Como consecuencia de su comprensión del valor del principio cooperativo, Ford se ha alejado de la usual situación de dependencia de las instituciones financieras y, al mismo tiempo ¡se ha hecho con un poder comercial mayor del que puede llegar a usar.

El Sistema Bancario de la Reserva Federal es otro ejemplo de esfuerzo cooperativo que prácticamente asegura que Estados Unidos esté protegido del pánico monetario. Los sistemas de cadenas de tiendas constituyen otra manera de cooperación comercial que ofrece ventajas tanto a través del sector comprador como del sector distribuidor del negocio. Los grandes almacenes modernos, que son el equivalente de un grupo de tiendas pequeñas que funcionan bajo un mismo techo, una administración y unos gastos generales, son otro ejemplo de las superioridades del esfuerzo cooperativo en el campo comercial.

En la decimoquinta lección verás las posibilidades del esfuerzo cooperativo en su manera más elevada y, al mismo tiempo, el importante papel que desempeña en el desarrollo del poder. Como ya sabes, el poder es esfuerzo organizado. Los tres factores más importantes que se interponen en el proceso de organizar esfuerzos son: CONCENTRACION, COOPERACION y COORDINACION.

Cómo se desarrolla el poder a través de la cooperación

Como ya hemos visto, el poder es esfuerzo o energía organizados. El poder personal se desarrolla a través del desarrollo, la organización y la coordinación de las facultades de la mente. Esto se puede lograr con el dominio y la aplicación de los quince principios fundamentales en los que se basa este curso. El procedimiento necesario por el que se pueden dominar estos principios se describe a fondo en la lección decimosexta. El desarrollo del poder personal no es más que el primer paso propuesto en el desarrollo del poder potencial al que podemos acceder a través del esfuerzo conjunto, o la cooperación, que podría denominarse "poder grupal".

Es un hecho conocido que todas las personas que han amasado grandes fortunas han tenido fama de ser unas "organizadoras" hábiles. Con esto quiero decir que poseían la capacidad de reclutar los esfuerzos cooperativos de otras personas que les suministraban el talento y las habilidades que ellas no poseían.

El principal objeto de este curso es desplegar los principios del esfuerzo organizado y cooperativo o conjunto para que el estudiante puedan entender su importancia y convertirlos en la base de su filosofía.

Toma como ejemplo cualquier negocio o profesión que elijas y, a través del análisis, verás que está limitado únicamente por la falta de aplicación del esfuerzo organizado y cooperativo. Como ejemplo, piensa en la profesión del derecho.

Si un bufete de abogados está formado sólo por un tipo de mentes, estará en seria desventaja, aunque se trate de una docena de personas capaces que tenga ese tipo de mente en particular. El complicado sistema legal exige una variedad de talentos mayor que la que cualquier persona puede llegar a ofrecer.

Por lo tanto, es indudable que el mero esfuerzo organizado no es suficiente para asegurar un éxito sobresaliente; la organización debe estar formada por un grupo de personas en el que cada una de ellas aporte algún talento especializado que las demás no tengan.

Un bufete de abogados bien organizado incluiría un talento especializado en la preparación de casos y personas con visión e imaginación que entiendan cómo armonizar las leyes y las pruebas de un caso con un plan formal. Quienes poseen esas habilidades no siempre tienen la habilidad para presentar un caso en los tribunales; por lo tanto, se debe contar también con personas expertas en procedimientos judiciales. Si vamos más lejos en este análisis, veremos que existen muchos tipos de casos distintos que requieren diferentes tipos de habilidades especializadas tanto en la preparación como en el procesamiento de los mismos. Un abogado que se ha preparado como especialista en leyes corporativas podría no estar preparado para llevar un caso de procedimiento criminal.

Al formar un bufete, la persona que entiende los principios del esfuerzo organizado y cooperativo, se rodearía de talentos especializados en cada rama del derecho y del procedimiento legal en los que quisiera practicar la abogacía. La persona que desconociera del todo el poder potencial de estos principios, probablemente elegiría a sus socios mediante el método usual de "acierta o equivócate", basando sus elecciones más en la personalidad o en el carácter de su relación que en la consideración del tipo de talento legal que cada uno de ellos tiene.

Una buena dosis de seguridad en ti mismo y un traje nuevo te ayudarán a obtener un puesto sin "enchufe" pero nada te ayudará tanto a mantenerlo como el empuje, el entusiasmo y la determinación de hacer más que aquello para lo que se te paga.

En prácticamente todas las iniciativas comerciales se necesitan, como mínimo, tres tipos de talento: es decir, compradores, vendedores y personas familiarizadas con las finanzas.

Se verá fácilmente que cuando estos tres tipos de personas coordinan sus esfuerzos a través de esta forma de cooperación, consiguen un poder que ningún individuo del grupo puede tener.

Muchos negocios fracasan porque todas las personas que están detrás o son vendedoras, o economistas, o compradoras. Por naturaleza, los vendedores más hábiles son optimistas, entusiastas y emocionales, mientras que los economistas hábiles, por lo general, son fríos, prudentes y conservadores. Ambos tipos de persona son fundamentales para el éxito de una iniciativa comercial, pero cualquiera de los dos sería un peso demasiado grande para cualquier negocio si no contara con la influencia innovadora del otro.

La mayoría de la gente está de acuerdo en que James J. Hill fue el constructor de ferrocarriles más eficiente que Estados Unidos ha producido jamás, pero también sabemos que no era ingeniero civil, ni constructor de puentes, ni ingeniero de locomotoras, ni ingeniero mecánico, ni químico, a pesar de que esos tipos de talentos altamente especializados son fundamentales para la construcción de ferrocarriles. El señor Hill entendía los principios del esfuerzo organizado y la cooperación y, por ello, se rodeó de personas que poseían todas estas habilidades precisas con las que él no contaba.

Los grandes almacenes modernos son un ejemplo magnífico del esfuerzo organizado y cooperativo. Cada departamento comercial está dirigido por alguien que entiende de la compra y la comercialización de los artículos que lleva dicha sección. Detrás de todos esos directores de sección hay un personal general formado por especialistas en compra, en venta, en financiación y en dirección de unidades o grupos de personas.

Esta forma de esfuerzo organizado ampara cada departamento con una capacidad de vida y de compra que no se podría permitir si estuviese separado del grupo y tuviese que funcionar por sí solo, en otro lugar. Los Estados Unidos de América son una de las naciones más ricas y poderosa, del mundo. En el análisis, se verá que este enorme poder ha brotado de los esfuerzos cooperativos, de los estados de la Unión.

Con el objetivo de salvar este poder, el inmortal Lincoln decidió borrar la línea Mason-Dixon. Salvar a la Unión tenía para él una importancia mucho mayor que la libertad de los esclavos. De no haber sido así, la actual situación de este país como un poder entre las naciones del mundo habría sido muy distinta. Woodrow Wilson tenía en mente este mismo principio de esfuerzo cooperativo cuando creó su plan para la Sociedad de las Naciones. Predijo la necesidad de un plan de este tipo como un medio para prevenir la guerra entre las naciones, del mismo modo que Lincoln la vio como un medio para concordar los esfuerzos de su pueblo, conservando así la Unión. Así pues, se puede ver que el principio del esfuerzo organizado y cooperativo, con cuya ayuda la persona puede desarrollar el poder personal, es el mismo principio que se debe utilizar para desarrollar un poder grupal.

Andrew Camegie dominó fácilmente el negocio siderúrgico durante su activa relación con dicha industrial porque aprovechó el principio del esfuerzo organizado y cooperativo rodeándose de economistas, químicos, directores de ventas, compradores de materias primas, expertos en transportes altamente especializados y de otras personas cuyos servicios eran fundamentales para esa industria. Organizó a este grupo de "cooperadores" en lo que él llamó una "mente maestra".

Cualquier gran universidad ofrece un excelente ejemplo de la necesidad de un esfuerzo organizado y cooperativo. El profesorado está conformado por hombres y mujeres con habilidades altamente especializadas, aunque muy diferentes. Un departamento está presidido por expertos en literatura, otro por expertos matemáticos, otro por expertos en química, otro por expertos en filosofía económica, otro por expertos en medicina, otro por expertos en derecho… La universidad, en su totalidad, corresponde a un grupo de facultades, cada una de las cuales es dirigida por expertos de su propia rama, cuya eficiencia aumenta enormemente con el esfuerzo conjunto o cooperativo que es encaminado por una sola persona.

Analiza el poder dondequiera que se halle, o en cualquier forma en que se encuentre, y verás que la organización y la cooperación son los principales factores que están detrás de él. Descubrirás que esos dos principios son evidentes tanto en la manera más primitiva de vegetación como en la forma más elevada de vida animal, que es el hombre.

Frente a las costas de Noruega se halla el océano más famoso e irresistible del mundo. Por lo que se sabe, este gran remolino de movimiento permanente jamás ha devuelto a ninguna víctima que haya sido atrapada por su abrazo circular de aguas espumosas.

También son víctimas de la destrucción las almas desafortunadas que están atrapadas en ese gran remolino de la vida hacia el que se dirigen todos aquellos que no entienden el principio del esfuerzo organizado y cooperativo. Vivimos en un mundo en el que la ley de la supervivencia del más fuerte es evidente en todas partes. Quienes son "fuertes" son los que tienen el poder, y el poder es esfuerzo organizado.

Desafortunada es la persona que, ya sea por ignorancia o por egocentrismo, imagina que puede navegar por el mar de la vida en la débil barca de la independencia. Una persona así acabará descubriendo que hay remolinos más peligrosos que el mero remolino de aguas poco amistosas. Todas las leyes naturales y todos los planes de la naturaleza se basan en un esfuerzo cooperativo armonioso, como han descubierto las personas que han llegado alto en el mundo.

Dondequiera que la gente esté librando un combate difícil, no importa cuál sea su naturaleza o su causa, uno puede ver la cercanía de uno de esos torbellinos que espera a los batalladores.

El éxito en la vida no puede alcanzarse si no es mediante el esfuerzo cooperativo pacífico y armonioso, y tampoco se puede lograr sin ayuda o de modo independiente. Aunque un hombre viva como un ermitaño en el desierto, alejado de toda señal de civilización, depende, no obstante, de fuerzas externas a él para su existencia. Cuanto más forme parte de la civilización, más dependiente será del esfuerzo cooperativo.

Tanto si un hombre se gana la vida con sus días de trabajo como si vive de los intereses de la fortuna que ha amasado, logrará ese dinero con menos oposición a través de una cooperación amistosa con los demás. Además, la persona cuya filosofía se basa en la cooperación, en lugar de hacerlo en la competencia, no sólo obtendrá las cosas básicas y los lujos de la vida con menos esfuerzo, sino que disfrutará de una recompensa adicional de felicidad que otros no sentirán jamás. Las fortunas que se adquieren a través del esfuerzo cooperativo no infligen heridas en los corazones de sus dueños, lo cual es más de lo que se puede decir de las fortunas que son adquiridas a través del contacto y los métodos competitivos que bordean la pérdida.

La acumulación de riqueza material, tanto si el objeto es la subsistencia como si es el lujo, consume la mayor parte del tiempo que invertimos en esta lucha mundana. Si no podemos cambiar esta propensión materialista de la naturaleza humana, al menos podemos cambiar el método para realizarla, adoptando la cooperación como su base.

La cooperación ofrece la doble recompensa de proporcionamos las cosas precisas y los lujos de la vida, y la serenidad de ánimo que los codiciosos nunca llegan a conocer. La persona avara y codiciosa puede amasar una gran fortuna en riquezas materiales, eso es innegable, pero es un mal negocio pues habrá vendido su alma por unas comodidades materiales. Tengamos presente el hecho de que todo éxito se basa en el poder, y que el poder brota del conocimiento que ha sido organizado y expresado en términos de ACCIÓN.

El mundo paga solamente por un tipo de conocimiento, y es el tipo de conocimiento que se expresa en términos de servicio constructivo. Al dirigirse a la clase que se graduaba en una escuela de comercio, uno de los banqueros más conocidos de los Estados Unidos dijo: Deberíais estar orgullosos de vuestros títulos, porque son la prueba de que habéis estado preparándoos para la acción en el gran campo de los negocios.

Una de las ventajas de la formación de una escuela de comercio es que te prepara para la acción. No para despreciar los métodos educativos, sino para enaltecer el moderno método de las escuelas de comercio, debo decir que hay algunas escuelas en las que la mayoría de alumnos se está preparando para prácticamente cualquier cosa, excepto para la acción.

Llegasteis a esta escuela de comercio con un solo objetivo a la vista, y ese objetivo era el de aprender a prestar un servicio y a ganaros la vida. La última moda en ropa os ha interesado poco porque os habéis estado preparando para un trabajo en el que la ropa de última moda no tendrá un papel significativo. No vinisteis aquí a aprender a servir el té en una merienda ¡ni a convertiros en maestras de la cortesía afectada mientras interiormente sentís envidia de quienes visten ropas más finas y conducen coches más costosos, ¡vinisteis a aprender a trabajar!

En la clase de graduados para los que habló este hombre había trece muchachos, todos ellos tan pobres que apenas tenían dinero para sus gastos. Algunos de ellos los pagaban trabajando antes y después de ir a la escuela. Ser "quisquilloso" respecto al sueldo "para comenzar" ha hecho que más de una persona pierda la gran oportunidad de su vida. Si lo darías todo por el puesto que persigues, acéptalo, inclusive si tienes que trabajar sin ganar nada hasta que hayas demostrado lo que eres capaz de hacer. A partir de entonces, se te pagará en proporción a la calidad y la cantidad del trabajo que hagas. Eso ocurría a principios del s. XX. El verano pasado, me encontré con el director de la escuela de comercio a la que asistían esos muchachos y me contó la historia de cada uno de ellos, desde el momento de su graduación hasta el instante en que estábamos hablando. Uno de ellos es ahora director de una de las grandes empresas farmacéuticas y es un hombre rico, otro es un abogado de éxito, dos de ellos son dueños de grandes escuelas de negocios, uno es profesor en el departamento de economía en una de las grandes universidades norteamericanas, uno es director de una de las grandes fábricas de coches, dos son directores de bancos y hombres ricos, uno es propietario de unos grandes almacenes, otro es subdirector de una de las grandes empresas ferroviarias del país, otro es un contable público certificado con una buena posición, otro está muerto y el decimotercero está compilando este curso sobre las LEYES DEL ÉXITO.

Once éxitos en una clase de trece muchachos no es un mal historial, gracias al espíritu de acción desarrollado por la formación de esa escuela de comercio. Lo que cuenta no es la educación que recibes, es la medida en que expresas aquello que has aprendido de tu formación a través de una acción bien organizada y dirigida inteligentemente. Yo no despreciaría la educación superior, en absoluto, pero quisiera dar esperanzas y ánimos a aquellas personas que no la han recibido, siempre y cuando expresen lo que saben, por poco que sea, con una

acción intensa, de una forma constructiva. Uno de los más grandes presidentes que han ocupado la Casa Blanca había recibido una educación escasa, pero expresó tan bien los conocimientos que había adquirido con ella, con una acción dirigida apropiadamente, que su nombre ha quedado entretejido inseparablemente en la historia de Estados Unidos.

Cada ciudad, pueblo y caserío tiene su población de esos famosos personajes llamados "perdidos", y si analizas a esas desdichadas personas verás que una de sus características más destacadas es la prórroga. La falta de acción las ha hecho ir hacia atrás hasta caer en una "rutina" en la cual subsistirán a menos que, accidentalmente, se vean obligadas a entrar en el camino del esfuerzo, donde la acción inusual se hará ineludible. No te permitas caer en esa situación. Cada oficina, cada tienda, cada banco, cada gran almacén y todos los demás lugares de trabajo tienen sus víctimas destacadas de la prórroga, que marchan a paso de ganso por la polvorienta carretera del fracaso, porque no han desarrollado el hábito de expresarse en la acción.

Podrás hallar a estos desafortunados a tu alrededor si empiezas a analizar a las personas con las que entras en contacto cada día. Si hablas con ellos, observarás que se han creado una falsa filosofía, que es algo así: "Estoy haciendo aquello para lo que me pagan, y me las arreglo". Sí, "se las arreglan", pero eso es lo único que están consiguiendo.

Hace algunos años, en una época en la que el trabajo escaseaba y los sueldos eran inusitadamente elevados, vi a decenas de hombres sanos tumbados en los parques de Chicago sin hacer nada. Sentí curiosidad por saber qué tipo de excusa ofrecerían por su conducta, de modo que, una tarde, me dediqué a entrevistar a siete de chicos.

Con la ayuda de un generoso abastecimiento de puros, cigarrillos y algunas monedas, compré su confianza y, de ese modo, obtuve una visión bastante íntima de su filosofía. Todos me dieron puntualmente el mismo motivo para estar allí, sin empleo. Me dijeron: ¡¡El mundo no me quiere dar una oportunidad!!", (Los signos de exclamación son míos) Piensa en ello: el mundo no quería "darles una oportunidad". Ciertamente, el mundo no les iba a dar una oportunidad, pues jamás le da una oportunidad a nadie. El hombre que quiere una oportunidad puede crearla a través de la acción, pero si espera a que alguien se la dé en una bandeja de plata, tendrá una decepción.

Me temo que esa excusa de que el mundo no le da a una persona una oportunidad está bastante generalizada, y tengo serias sospechas de que es una de las causas más usuales de la pobreza y el fracaso. El séptimo hombre al que entrevisté en aquella tarde bien aprovechada era un individuo especialmente guapo. Estaba acostado en el suelo, dormido, con un periódico sobre su rostro. Cuando levanté el papel que le tapaba la cara, él me lo arrebató de las manos, se lo volvió a poner sobre el rostro y siguió durmiendo. Así que usé una pequeña estrategia, retirándole el periódico del rostro y colocándolo detrás de mí, donde no podía alcanzarlo. Entonces se incorporó, sentado en el suelo, y lo entrevisté. Aquel tipo se había graduado de dos de las grandes universidades del este, obteniendo una maestría en una y un doctorado en la otra. Su historia era patética. Había tenido un empleo tras otro, pero su jefe o sus compañeros siempre "le tenían manía". No había sido capaz de hacerles ver el valor de su educación universitaria. Ellos no le habían querido "dar una oportunidad". Éste era un hombre que podría haber sido el director de alguna gran empresa, o la figura recalcada en alguna profesión si no hubiera construido su casa sobre las arenas de la "prórroga" y si no hubiera sucumbido a la falsa creencia de que el mundo debía pagarle por lo que era.

Favorablemente, la mayoría de universitarios no se construyen sobre unos cimientos tan endebles, porque ninguna universidad en el mundo puede coronar con el éxito a una persona que trata de ganar dinero por lo que sabe, en lugar de hacerlo por lo que puede hacer o sabe hacer.

El hombre al que he hecho referencia pertenecía a una de las familias más conocidas de Virginia. Sus antepasados se remontaban a la llegada del Mayflower. Echó los hombros hacia atrás, se dio unos golpes en el pecho con el puño y dijo, "¡Piense en ello, señor! ¡Soy hijo de una de las primeras familias que llegaron a la vieja Virginia!".

Mis observaciones me llevaron a creer que ser hijo de una de las "primeras familias" no siempre es una suerte para el hijo, ni para la familia. Con mucha frecuencia, estos hijos de las "primeras familias" tratan de apoyarse en sus apellidos para obtener lo que quieren.

Ésta podría ser una idea peculiar mía, pero he observado que los hombres y mujeres que están haciendo el trabajo del mundo tienen poco tiempo para alardear de sus ancestros y ningún interés en hacerlo. No hace mucho tiempo, hice un viaje al sudoeste de Virginia, al lugar donde nací. Era la primera vez que volvía allí después de más de veinte años. Era una triste visión confrontar a los hijos de quienes eran conocidos como miembros de las "primeras familias" con los hijos de hombres sencillos que se habían ocupado de expresarse a través de una acción muy intensa. ¡La comparación no dejaba nada bien a los chicos de las "primeras familias!" Sin ningún sentimiento de exaltación, expreso mi gratitud por no haber sido traído al mundo por unos padres pertenecientes a dicha clase. Eso, por supuesto, no es algo que yo pudiera elegir y, de haber podido hacerlo, puede que yo también hubiese elegido unos padres pertenecientes a las "primeras familias".

> He aquí una buena broma para gastarle a tu jefe: Llega a tu trabajo un poco más temprano y márchate un poco más tarde de tu hora. Maneja sus herramientas como si te pertenecieran. Tómate la molestia de decir algunas palabras cordiales sobre tu jefe a tus compañeros de trabajo. Cuando haya exceso de trabajo, ofrécete voluntario para hacerlo. No te muestres sorprendido cuando él hable contigo y te ofrezca ser el jefe de tu sección o ser socio en el negocio, porque ésa es la mejor parte de esta "broma".

No hace mucho tiempo fui invitado a dar una charla e n Boston, Massachussets. Cuando hube acabado mi trabajo, un comité de recepción se ofreció a enseñarme la ciudad, incluyendo un viaje a Cambridge, donde visité la Universidad de Harvard. Mientras estaba allí, observé a muchos hijos de "primeras familias", algunos de los cuales tenían automóviles de la marca Packard. Veinte años atrás, yo habría estado orgulloso de ser un estudiante de Harvard con un Packard, pero el efecto iluminador de mis años más maduros me ha llevado a la conclusión de que, de haber tenido el privilegio de ir a Harvard, me habría ido igualmente bien sin la ayuda de ese automóvil.

Me fijé en algunos de los chicos de Harvard que no tenían un Packard. Trabajaban de camareros en un restaurante en el que comí y, por lo que pude ver, no se estaban perdiendo nada valioso por no tener un Packard, ni parecieran estar mal por la comparación con quienes podrían alardear de tener unos padres pertenecientes a las "primeras familias".

Todo esto no es una reflexión sobre la Universidad de Harvard (una de las grandes universidades del mundo), ni sobre las "primeras familias" que mandan a sus hijos a Harvard. Por el contrario, lo que pretendo es dar ánimos a los desafortunados que, como yo, tienen poco y saben poco, pero expresan lo poco que saben en términos de una acción constructiva y útil.

La psicología de la inacción es una de las razones principales por las que algunos pueblos y ciudades están muriendo de pobreza. Tomemos el ejemplo de la ciudad X. La reconocerás por la descripción, si estás familiarizado con esa parte de Estados Unidos. Las leyes conservadoras han cerrado todos los restaurantes los domingos. Los trenes deben disminuir la velocidad a veinte kilómetros por hora al pasar por esta ciudad.

Los carteles de "Prohibido pisar el césped" se exhiben sobresalientemente en los parques. Las ordenanzas desfavorables de uno u otro tipo han hecho que las mejores industrias se reubiquen a otras ciudades. Por ambos lados, uno puede ver evidencias de restricción. La gente de la calle muestra signos de restricción en sus rostros, en sus gestos y en su manera de andar. La psicología de masas de la ciudad es negativa. En cuanto uno se baja del tren en la estación, esta atmósfera negativa se hace evidente de un modo triste y logra que uno quiera subirse al siguiente tren. El lugar recuerda a un cementerio y las personas parecen fantasmas andantes. ¡No dan ninguna señal de acción!

Los extractos bancarios de las instituciones bancarias reflejan este estado de ánimo negativo, inactivo. Las tiendas lo irradian en sus escaparates y en los rostros de los vendedores. Entré en una de ellas para comprar un par de medias. Una mujer joven con el pelo a la antigua que, si no hubiese sido tan perezosa habría sido muy moderna, lanzó una caja de medias sobre el mostrador. Cuando recogí la caja, revisé las medias y mostré una expresión de reproche, ella dijo bostezando perezosamente, "¡Es lo mejor que puede hallar en este vertedero!"

"¡Vertedero!" Debía de saber leer el pensamiento, pues "vertedero" era la palabra que tenía en la mente antes de que ella hablara. La tienda me recordaba a un vertedero de basura, y la ciudad también. Sentía que aquello se estaba introduciendo en mi propia sangre. La actitud negativa de la gente realmente me estaba alcanzando y agarrando.

Maine no es el único estado que tiene una ciudad como la que acabo de describir. Podría nombrar otras, pero quizá algún día quiera dedicarme a la política y, por lo tanto, dejaré que seas tú quien analice y compare las ciudades que están vivas, llenas de acción, y las que están muriendo lentamente de pobreza por la inacción. Conozco empresas que se hallan en ese mismo estado de inacción, pero omitiré sus nombres. Seguramente tú también conoces algunas. Hace muchos años, Frank A. Vanderlip, uno de los banqueros más conocidos y capaces de Estados Unidos, entró a trabajar para el National City Bank de Nueva York. Su sueldo estuvo por encima de la media desde el principio, puesto que se trataba de alguien eficaz, que tenía un historial de éxitos que lo convertía en un hombre valioso. Se le asignó un despacho privado que estaba equipado con un fino escritorio de caoba y una silla cómoda. Encima de la mesa había un pulsador eléctrico que enlazaba con el escritorio de la secretaria, que se encontraba fuera. El primer día pasó sin que llegara nada de trabajo a su escritorio. El segundo, el tercero y el cuarto pasaron sin que se le diera nada que hacer. Nadie vino a verlo ni le dijo nada. Al final de la semana, empezó a sentirse intranquilo. (Los hombres de acción siempre se sienten intranquilos cuando no hay trabajo a la vista.). La semana siguiente, el señor Vanderlip entró al despacho del director y dijo, "Usted me está pagando un gran sueldo y no me está dando nada que hacer, ¡y eso me está desgarrando los nervios!"

El director levantó la mirada con un deslumbramiento alegre en los ojos. "Pues bien, siguió el señor Vanderlip, mientras estaba allí sentado sin nada que hacer, he estado pensando en un plan para acrecentar el negocio de este banco. El director le aseguró que tanto los "pensamientos" como los "planes" eran valiosos y le pidió que siguiera con su entrevista. "He ideado un plan, siguió diciendo el señor Vanderlip, que reportará al banco el beneficio de mi experiencia en el negocio los bonos. Propongo crear un departamento de bonos para este banco y publicitar o como una característica de nuestro negocio".

"¿Qué? ¿Hacer publicidad para este banco?", preguntó el director. "Nosotros nunca hemos hecho publicidad, desde que comenzamos en el negocio. Nos las hemos arreglado sin ella".

"Bueno, ahora es cuando van a comenzar a hacer publicidad, dijo el señor Vanderlip, y lo primero que va a anunciar es este nuevo departamento de bonos que he diseñado". ¡El señor Vanderlip ganó! Los hombres de acción suelen ganar, ésa es una de sus características distintivas. El National City Bank también ha salido ganando, porque esa entrevista fue el principio de una de las campañas publicitarias más avanzadas y rentables que jamás ha realizado un banco, con el resultado de que el National City Bank se convirtió en una de las instituciones financieras más poderosas de Estados Unidos. Hubo otros resultados también, que vale la pena mencionar. Entre ellos, el que el señor Vanderlip creciera con el banco, ya que los hombres de acción suelen crecer en aquello que ayudan a construir, hasta que, finalmente, se convirtió en el director de aquella gran casa de banca.

En la lección sobre la imaginación aprendiste a recombinar viejas ideas con nuevos planes, pero por muy prácticos que sean tus planes, serán inútiles si no se expresan en la acción. Tener sueños y visiones de la persona que te gustaría ser o de la posición que te gustaría obtener en la vida es admirable, siempre y cuando conviertas tus sueños y tus visiones en realidad mediante una acción intensiva. Hay personas que sueñan, pero no hacen mucho más que eso. Hay otras que toman las visiones de los soñadores y las trasladan a la piedra, el mármol, la música, los buenos libros, los ferrocarriles y los barcos de vapor. Y hay otras convierten esos sueños en realidad, son del tipo soñador-hacedor. Existe un motivo psicológico, así como económico, por el cual deberías obtener el hábito de la acción intensiva. Tu cuerpo está hecho de billones de células diminutas que son altamente sensibles y susceptibles a la imaginación de tu mente.

Si tu mente es letárgica e inactiva, las células de tu cuerpo también se tomarán perezosas e inactivas. Del mismo modo que el agua retenida de una charca inactiva se vuelve impura y poco saludable, también las células de un cuerpo inactivo acaban enfermando.

La flojera no es más que la influencia de una mente inactiva sobre las células del cuerpo. Si dudas de esto, la próxima vez que sientas flojera, toma un baño turco y haz que te froten bien, incitando así las células de tu cuerpo por medios artificiales, y verás con cuánta rapidez desaparece tu pereza. Otro sistema mejor es llevar tu mente a algún juego que te guste y observar con cuánta rapidez responden las células de tu cuerpo a tu entusiasmo y cómo se esfuma tu sentimiento de pereza.

> Todo fracaso te dará una lección si mantienes los ojos y los oídos abiertos y estás dispuesto a que te enseñen. Toda desgracia suele ser una bendición disfrazada. Si no hubiera reveses y derrotas temporales, jamás sabrías de qué estás hecho.

Las células del cuerpo responden al estado de ánimo, exactamente del mismo modo que las personas de una ciudad reaccionan a la psicología de masas que la domina. Si un grupo de líderes lleva a cabo la acción suficiente para darle a ésta la reputación de ser una ciudad "llena de vida", esa acción influirá en todos los que la habitan. El mismo principio se emplea en la relación entre la mente y el cuerpo. Una mente activa y dinámica mantiene a las células que forman las partes físicas del cuerpo en una constante actividad.

Las condiciones artificiales en las que vive la mayoría de habitantes de nuestras ciudades han producido un estado físico que se conoce como autointoxicación, es decir, auto-envenenamiento por el estado de inactividad de los intestinos. La mayoría de dolores de cabeza se pueden curar en una hora sencillamente limpiando los intestinos con un enema. Ocho vasos de agua al día y una cantidad razonable de la acción física que se conoce popularmente como "ejercicio" reemplazará al enema. Pruébalo durante una semana y luego no tendrán que recomendarte insistentemente que lo mantengas, pues te sentirás como nuevo, a menos que la naturaleza de tu empleo sea tal que hagas mucho ejercicio físico y bebas mucha agua durante la realización normal de tus tareas. En dos páginas de este libro se podrían registrar unos buenos consejos para mantener a la persona media sana y lista para la acción durante dieciséis de las veinticuatro horas del día, pero serían tan sencillos que la mayoría de la gente no los seguiría. La cantidad de trabajo que yo realizo cada día, conservándome en buenas condiciones físicas, es una fuente de asombro y misterio para quienes me conocen íntimamente, pero, sin embargo, no hay ningún secreto en ello, y el sistema que sigo no cuesta nada.

Aquí lo tienes, para tu uso, si así lo quieres:

1º. En cuanto me levanto por la mañana bebo una taza de agua caliente, antes de desayunar.

2º. Mi desayuno radica en unos panecillos de harina integral y fibra, cereales, fruta, huevos pasados por agua de vez en cuando, y café. Para comer tomo verduras (prácticamente de cualquier tipo), pan integral y un vaso de suero de leche. Para cenar tomo un bistec muy hecho una o dos veces por semana, verduras (especialmente lechuga) y café.

3º. Camino un promedio de dieciséis kilómetros al día, ocho en dirección al campo y ocho de regreso, usando ese período para recapacitar y pensar. Quizá pensar sea tan valioso para la salud como caminar.

4º. Me acuesto sobre una silla de base recta, tendido sobre mi espalda, con la mayor parte de mi peso descansando sobre la parte más estrecha de la espalda y la cabeza y los brazos totalmente relajados hasta prácticamente tocar el suelo. Esto le da a la energía nerviosa de mi cuerpo la oportunidad de equilibrarse y distribuirse correctamente. Diez minutos en esta posición alivian del todo cualquier signo de agotamiento, por muy cansado que pueda llegar a estar.

5º. Me hago un enema al menos una vez cada diez días, y con más frecuencia si siento que lo preciso, utilizando agua a una temperatura ligeramente inferior a la de la sangre, mezclada con una cucharadita de sal, en la posición de rodillas tocando el pecho.

6º. Todos los días, normalmente por la mañana, al levantarme, me doy una ducha caliente seguida de una ducha fría. Estas cosas simples las hago por mí. La madre naturaleza se ocupa de todas las demás cosas necesarias para mi salud. Todo el énfasis que ponga en la importancia de mantener los intestinos limpios será poco, pues se sabe que los habitantes de las ciudades de hoy en día están, literalmente, envenenándose hasta la muerte al no limpiar sus intestinos con agua. No deberías esperar a estar constipado para hacerte un enema. Cuando llegas a la etapa del estreñimiento ya estás prácticamente enfermo y un alivio inmediato es totalmente esencial, pero si te prestas la atención adecuada regularmente, de la misma manera en que mantienes limpio el exterior de tu cuerpo, nunca sufrirás las diversas molestias que sobrelleva el estreñimiento.

Durante más de quince años, no hubo ni una sola semana en la que yo no tuviera un dolor de cabeza. Normalmente tomaba una dosis de aspirina y conseguía un alivio temporal. Estaba sufriendo una autointoxicación y no lo sabía, puesto que no estaba estreñido.

Cuando descubrí cuál era mi problema, hice dos cosas que te recomiendo: es decir, dejé de tomar aspirinas y reduje mi consumo de alimentos prácticamente a la mitad.

Sólo diré unas palabras sobre la aspirina (que no gustarán a quienes se lucran con su venta), No ofrece una cura permanente para el dolor de cabeza. Lo único que hace se podría comparar a un técnico que corta el cable del telégrafo mientras la operadora usa ese cable en una llamada de ayuda al departamento de bomberos para apagar un incendio en el edificio en que se halla. La aspirina corta o "alivia" la línea de comunicación nerviosa que va del estómago, o la región intestinal donde la autointoxicación está derramando veneno en la sangre, hasta el cerebro, donde el efecto de dicho veneno está registrando su llamada en forma de un dolor intenso.

Cortar la línea de telégrafo por la que se está haciendo una llamada al departamento de bomberos no apaga el fuego, ni tampoco elimina la causa aliviar, con una dosis de aspirina, la línea nerviosa por la que el dolor de cabeza está reconociendo una llamada pidiendo ayuda.

1. No puedes ser una persona de acción si te dejas no prestarte una atención física apropiada hasta que la intoxicación convierte a tu cerebro en una masa inoperante semejante a una bola de masilla. Tampoco puedes ser una persona de acción si comes la habitual mezcla desvitalizada llamada "pan blanco" (al cual le han extraído todo el valor alimenticio real) y el doble de carne del que tu sistema es capaz de digerir y eliminar correctamente.

2º. No puedes ser una persona de acción si corres hacia el frasco de pastillas cada vez que tienes, o crees que tienes, un dolor o una molestia, o si tomas una aspirina cada ves que tus intestinos le piden a tu cerebro ser limpiados con un enema de agua con una cucharadita de sal.

3º. No puedes ser una persona de acción si comes en exceso y haces poco ejercicio.

4º. No puedes ser una persona de acción si lees los prospectos de las medicinas e imaginas que tienes los síntomas descritos por un publicista inteligente que ha llegado a tu bolsillo a través del poder de la "sugestión".

No he tomado ninguna medicina desde hace más de cinco años y, durante ese ciclo, no he estado enfermo ni indispuesto, a pesar de que cada día trabajo más que la mayoría de los hombres de mi profesión. Tengo entusiasmo, resistencia y acción, porque como alimentos simples que contienen los elementos que necesito para el desarrollo del cuerpo y me preocupo de los procesos de eliminación con el mismo cuidado con que baño mi cuerpo.

Si estas cosas simples y francas que he reconocido te interesan porque se basan en el sentido común, tómalas y ponlas a prueba, y si te marchan tan bien como me sirven a mí, los dos nos habremos beneficiado del valor que tuve que reunir para mencionarlas como parte de esta lección.

Habitualmente, cuando alguien que no es un médico ofrece sugerencias sobre el cuidado del cuerpo, se le clasifica inmediatamente como un "intruso", y reconozco que ese análisis suele ser correcto. En este caso, no hago ninguna recomendación más encarecida que ésta.

La próxima vez que tengas un dolor de cabeza, prueba hacerte un enema, y si alguna de las otras sugerencias te parezcan atractivas, ponlas a prueba hasta que resuelvas si son razonables o no.

Antes de dejar este tema, quizá debería explicar que para el enema se debería usar agua que apenas esté levemente tibia, ya que esto hace que los músculos del intestino se contraigan, lo cual, a su vez, obliga a la materia venenosa a salir de los poros de los revestimientos mucosos. Esto adiestra a esos músculos y, a la larga, también los desarrollará para que hagan su trabajo de una manera natural, sin ayuda del enema. Un enema de agua caliente es muy nociva porque relaja los músculos de los intestinos, lo cual, con el tiempo, hace que dejen de marchar del todo, produciendo lo que se conoce comúnmente como el "hábito del enema".

Con las debidas disculpas a mis amigos los médicos, los osteópatas, los quiroprácticos y otros profesionales de la salud, ahora te invitaré a volver a esa parte del tema de esta lección sobre la cual no puede haber problema de opiniones en cuanto a la solidez de mis consejos.

Hay otro enemigo al que debes vencer para poder convertirte en una persona de acción, y es el hábito de la preocupación.

La preocupación, la envidia, los celos, el odio, la duda y el miedo son, todos, estados mentales que son fatales para la acción. Cualquiera de esos estados mentales interceptará en el proceso digestivo por el que los alimentos son asimilados y preparados para su distribución por el cuerpo, y en algunos lo destruirá del todo. Esta interferencia es física, pero el daño no termina aquí, pues esos estados mentales negativos arruinan el factor más esencial para alcanzar el éxito, a saber, el deseo de obtenerlo.

En la segunda lección de este curso aprendiste que tu claro objetivo principal en la vida debería estar apoyado por un ardiente deseo de su realización. No puedes tener un ardiente deseo de éxito cuando estás en un estado mental negativo, autónomamente de cuál sea la causa de dicho estado.

> Una desgracia ocasional es una buena cosa. Nos recuerda que nadie tiene una independencia total.

Para mantenerse en un marco mental positivo, he descubierto un eficaz "atrapa-penas". Puede que ésta no sea una manera muy elegante de expresar lo que quiero decir, pero puesto que el tema de esta lección es la acción y no la elegancia, la usaré. Este "atrapa-penas" al que me refiero es una risa sana. Cuando me siento "molesto" o inclinado a pelear con alguien por algo que no vale la pena, sé que preciso a mi "atrapa-penas" y me voy a un lugar donde no moleste a nadie y me río de buena gana. Si no consigo hallar nada realmente gracioso de lo que reírme, simplemente tengo una risa forzada. El electo es el mismo en ambos casos. Cinco minutos de este tipo de ejercicio mental y físico (pues es ambas cosas) incitará una acción libre de tendencias negativas. No me tomes la palabra, ¡pruébalo!

No hace mucho tiempo, escuché un disco titulado, según recuerdo, "El loco que ríe", que debería estar al alcance de todos aquellos cuya seriedad les impide reír de buena gana por el bien de su salud. Este disco es todo lo que su nombre implica. Está compuesto por un hombre y una mujer, el hombre intenta tocar una trompeta y la mujer se ríe de él. Se ríe de una forma tan fuerte que finalmente hace reír al hombre, y la sugestión es tan fuerte que todo aquel que lo oye suele reír también de buena gana, tanto si tiene ganas de hacerlo como si no.

"Como una persona piensa en su corazón, así es"

No puedes pensar en el miedo y actuar con valentía. No puedes pensar con odio y actuar con gentileza con las personas con las que te relacionas. Los pensamientos dominantes de tu mente (con esto quiero decir los más fuertes, más intensos y más frecuentes) intervienen en la acción física de tu cuerpo. Cada pensamiento llevado a la acción por tu cerebro llega a cada célula de tu cuerpo e influye en ella. Cuando piensas con miedo, tu mente telegrafía ese pensamiento hasta las células que forman los músculos de tus piernas y les dice que actúen y te lleven lejos lo más rápidamente que puedan. Un hombre que está aterrado huye corriendo porque sus piernas lo llevan, y lo llevan porque el pensamiento de miedo en su mente les ha dicho que lo hagan, aunque esas instrucciones hayan sido dadas inconscientemente.

En la primera lección de este curso aprendiste cómo viaja el pensamiento de una mente a otra por el principio de la telepatía. En esta lección deberías ir un paso más allá y aprender que tus pensamientos no sólo se registran en las mentes de otras personas, por el principio de la telepatía, sino que, lo que es un millón de veces más trascendental, se registran en las células de tu propio cuerpo y afectan a esas células de una forma que armoniza con la naturaleza de los pensamientos. Comprender este principio es entender la solidez de la afirmación, "Como una persona piensa en su corazón, así es", la acción, en el sentido del término que se usa en esta lección, es de dos formas, una es física y la otra es mental. Puedes ser muy activo con tu mente, mientras tu cuerpo es totalmente inactivo, a excepción de la acción involuntaria de los órganos vitales. O puedes ser muy activo tanto con el cuerpo como con la mente.

Al hablar de personas de acción, nos podemos referir a los dos tipos o a uno de ellos. Uno es el tipo "cuidadora" y el otro es el tipo "promotora o vendedora". Ambos tipos son fundamentales en los negocios, la industria y las finanzas modernos. A uno se le conoce como una "dinamo", mientras que al otro se le suele llamar "rueda de equilibrio".

Muy de vez en cuando es posible hallar a una persona que es, a la vez, una dinamo y una rueda de equilibrio, pero esas personalidades equilibradas son pocas las organizaciones empresariales más exitosas que manejan un gran volumen están hechas de ambos tipos.

La "rueda de equilibrio" que no hace más que juntar datos, cifras y estadísticas es una persona de acción en la misma medida que lo es alguien que se sube a una tribuna y vende una idea a mil personas por el solo poder de su personalidad activa. Para determinar si alguien es, o no, una persona de acción, es preciso analizar sus hábitos mentales y físicos.

En la primera parte de esta lección dije que "el mundo te paga por lo que haces y no por lo que sabes". Esta afirmación podría ser descifrada erróneamente con mucha facilidad. Porque en realidad el mundo te paga por lo que hace o por lo que consigue que realicen otras personas.

Alguien capaz de incitar a otras personas a cooperar y a realizar un trabajo en equipo eficaz, o de inspirarlas a ser más activas, es una persona de acción en la misma medida en que lo es la que presta un servicio eficaz de una manera más directa. En el campo de la industria y los negocios, hay personas que tienen la habilidad de infundir y dirigir de tal forma los esfuerzos de otros, que quienes están bajo su dirección hacen más de lo que harían sin su influencia directiva. Se sabe que Carnegie dirigía con tanta habilidad los esfuerzos de quienes formaban parte de su personal, que hizo ricas a personas que jamás habrían llegado a serlo sin el genio directivo de su cerebro. Lo mismo puede decirse de casi todos los grandes líderes en el campo de la industria y los negocios, las ganancias no lo son todo para los líderes. Quienes están bajo su dirección suelen favorecerse más de su liderazgo.

Para cierto tipo de hombres es una práctica normal censurar a sus jefes por tener una situación económica opuesta a la suya. Usualmente, ese tipo de hombres estarían infinitamente peor si no tuvieran esos jefes. En la primera lección de este curso se puso un énfasis especial en el valor del esfuerzo conjunto porque algunas personas tienen la visión de proyectar, mientras que otras tienen la habilidad para llevar los planes a la acción, aunque no tienen la imaginación o la visión para crear los planes que ejecutan.

Fue esta comprensión del principio del esfuerzo conjunto lo que permitió a Andrew Carnegie rodearse de un grupo de personas compuesto por unos hombres capaces de planificar y otros capaces de ejecutar. En este grupo de asistentes, Carnegie tenía a algunos de los vendedores más eficaces del mundo, pero si la totalidad de su personal hubiese estado formado por personas que sólo sabían vender, jamás hubiera podido almacenar la fortuna que acumuló. Si todo su personal hubiese estado constituido solamente de vendedores, habría tenido acción en abundancia, pero la acción, en el sentido en que se utiliza en esta lección, debe estar guiada con inteligencia. Una de las empresas más conocidas de Estados Unidos está formada por dos abogados, uno de los cuales nunca sale en los tribunales.

Él prepara los casos de la empresa para los juicios, mientras que el otro acude a los tribunales y los defiende. Los dos son hombres de intensa acción, pero se expresan de maneras diferentes. En la mayoría de tareas puede haber tanta acción en la preparación como en la ejecución.

> Miles de personas caminaron sobre la mina de cobre de Calumet sin verla. Sólo un hombre solitario se puso a trabajar con un pico y la halló. Podrías estar sobre tu "mina de Calumet" ahora mismo, sin saberlo, en cualquier puesto que estés ocupando. Cava y observa lo que hay bajo la superficie de tu puesto.

Para encontrar tu propio lugar en el mundo, deberías analizarte y averiguar si eres una "dinamo" o una "rueda de equilibrio" y adoptar un claro objetivo principal para ti que armonice con tus habilidades innatas. Si estás en un negocio con otras personas, deberías examinarlas a ellas también y encargarte de ver que cada una de ellas tenga el papel que encaja mejor con su naturaleza y sus habilidades innatas.

Dicho de otro modo, las personas pueden clasificarse bajo dos categorías: unas son las promotoras y otras son las cuidadoras. Las que son del tipo promotor son buenas vendedoras y reformadoras; las del tipo cuidador son excelentes conservadoras de los activos, una vez que éstos han sido acumulados. Pon a alguien del tipo cuidador a cargo de una colección de libros y estará feliz, pero ponlo en el exterior, vendiendo, y será infeliz y un fiasco en su trabajo. Pon a un promotor a cargo de una colección de libros y será desgraciado. Su naturaleza le pide una acción más intensa. La acción de tipo pasiva no satisface sus ambiciones, y si se le mantiene en un empleo que no le facilita la acción que su naturaleza exige, será un fracaso. Con mucha frecuencia, resulta ser que las personas que falsean fondos que están a su cargo son del tipo promotor y no habrían caído en esa tentación si sus esfuerzos se hubiesen puesto en un trabajo más adecuado para ellas.

Dale a un hombre el tipo de trabajo que armoniza con su naturaleza y sacará lo mejor de él. Una de las desdichas más notorias del mundo es que la mayoría de la gente no se dedica al trabajo que encaja mejor con su temperamento. Con mucha frecuencia, al elegir el trabajo para esta vida, se comete el error de elegir el que parece ser más lucrativo desde el punto de vista monetario, sin tener en cuenta nuestras habilidades inherentes. Si el dinero por sí solo trajera el éxito, este procedimiento sería el adecuado, pero el éxito, en sus formas más elevadas y nobles, requiere una serenidad de ánimo, un disfrute y una felicidad que sólo experimenta la persona que ha encontrado el trabajo que más le gusta.

El objetivo principal de este curso es ayudarte a analizarte a ti mismo y a determinar para qué estás más capacitado según tus habilidades innatas.

Deberías realizar este análisis estudiando detenidamente la tabla que acompaña a la lección introductoria antes de elegir tu claro objetivo principal. Ahora llegamos al comentario sobre el principio por el cual se puede desarrollar la acción. Para comprender cómo llegar a ser activo es necesario para entender cómo hacer para no andarse con dilaciones.

Estas sugerencias te darán las instrucciones necesarias:

1. Adquiere el hábito de hacer primero las tareas menos agradables, todos los días. Este modo te resultará difícil al principio, pero cuando te hayas formado el hábito te enorgullecerás de ponerte a trabajar enérgicamente primero en la parte más dura y desagradable de tu trabajo.

2º. Ubica este cartel delante de ti, donde puedas verlo en tu trabajo diario, y pon una copia en tu dormitorio, donde te lo encuentres al irte a dormir y al despertar, "No digas lo que eres capaz de hacer. ¡Demuéstralo!".

3º. Repite las siguientes palabras, en voz alta, doce veces cada noche, justo antes de irte a dormir: "Mañana haré todo lo que tenga que hacer, cuando haya que hacerlo, y como debo hacerlo. Ejecutaré las tareas más difíciles primero, porque eso acabará con el hábito de la dilación y, en su lugar, desarrollará el hábito de la acción".

4º. Sigue estas instrucciones con fe en su solidez y con la evidencia de que desarrollarán, en el cuerpo y en la mente, la acción suficiente para permitirte realizar tu claro objetivo principal.

La característica destacada de este curso es la simplicidad de estilo con que está escrito. En un análisis final, todas las grandes verdades fundamentales son sencillas y, tanto si uno está dando una charla como si está escribiendo un curso de formación, el objetivo debería ser transmitir impresiones y una exposición de datos de la manera más clara y concisa posible. Antes de finalizar esta lección, permíteme volver a lo que se dijo sobre el valor de una risa sana como apremiante saludable para la acción y agregar la afirmación de que cantar produce el mismo efecto y, en algunos casos, es muy preferible a la risa. De Billy Sunday, uno de los predicadores más emprendedores y activos del mundo, se ha dicho que sus sermones perderían gran parte de su efectividad si no fuera por el efecto psicológico de sus oficios cantados.

Es un hecho conocido que el ejército alemán era un ejército ganador, al principio y mucho después del inicio de la Primera Guerra Mundial, y se ha dicho que esto se debía, en gran medida, a que era un ejército que cantaba. Luego llegaron los soldados norteamericanos vestidos de caqui, y ellos también cantaban. Detrás de sus cantos había una fe inmortal en la causa por la que luchaban. Al poco tiempo, los alemanes comenzaron a dejar de cantar, y al hacerlo, la marea de la guerra empezó a volverse en su contra.

Durante la Primera Guerra Mundial ayudé a idear nuevas maneras y medios para acelerar la producción en las plantas industriales que se dedicaban a fabricar material armamentístico. A través de una prueba real, en una fábrica en la que trabajaban 3.000 hombres y mujeres, la producción se acrecentó en un cuarenta y cinco por ciento en menos de treinta días después de que hubiéramos organizado a los trabajadores en grupos de canto e instalado orquestas y bandas que tocaban en intervalos de diez minutos canciones tan emocionantes como "Over there" y "Dixie". Los trabajadores cogían el ritmo de la música y aceleraban su trabajo de acuerdo con él.

Una música elegida apropiadamente estimularía a cualquier tipo de trabajador a aumentar la acción, y esto es algo que no parece entender quienes dirigen los esfuerzos de un gran número de personas.

En todos mis viajes, sólo he encontrado una empresa comercial cuyos directivos utilizasen la música como un vivificante para sus trabajadores. Se trata de la Filene Department Store, en Boston, Massachussets. Durante los meses de verano, esta tienda les facilita una orquesta que interpreta lo último en música bailable durante una media hora antes de la hora de entrada, por la mañana. Los vendedores usan los pasillos de la tienda para bailar y, cuando finalmente se abren las puertas, se hallan en un estado mental y corporal activo, que los acompaña durante todo el día.

Por cierto, jamás he visto unos vendedores tan cordiales o eficientes como los empleados de la tienda Filene. Uno de los directores de departamento me dijo que, como consecuencia del programa musical de las mañanas, todas las personas de su equipo ofrecían un mejor servicio y con menos esfuerzo. Un ejercito que canta, un ejército ganador, tanto en el campo de batalla, en la guerra, o detrás del mostrador en unos grandes almacenes. Hay un libro titulado Singing Through Life With God (Cantar a lo largo de la vida con Dios) de George Wharton James, que recomiendo a todas las personas interesadas en la psicología del canto.

Si yo fuera director de una planta industrial en la que el trabajo fuera pesado y monótono, efectuaría algún tipo de programa musical para que todo trabajador tuviera música. En la parte baja de Broadway, en la ciudad de Nueva York, un ciudadano ingenioso de origen griego ha descubierto cómo entretener a sus clientes y, al mismo tiempo, apresurar el ritmo de trabajo de sus ayudantes con el uso de un fonógrafo.

Allí, todos los muchachos siguen el ritmo de la música mientras pasan el trapo por los zapatos y, al parecer, se divierten mucho más con su trabajo al hacerlo. Lo único que tiene que hacer el dueño para acelerar el trabajo es incrementar la velocidad del fonógrafo. Cualquier esfuerzo grupal en el que dos o más personas forman una alianza cooperativa con el objetivo de realizar un claro objetivo, se torna más poderoso que el mero esfuerzo individual.

No lo sé a ciencia cierta, pero tengo la gran sospecha de que a la persona que presta un servicio mayor en cantidad y en calidad que el servicio para el que se le paga, le terminarán pagando más por lo que hace.

Un equipo de fútbol puede ganar inagotablemente si está bien coordinado, aunque sus miembros puedan ser poco amigables y no estar en armonía en muchos aspectos fuera de su trabajo en el campo de fútbol. Puede haber desacuerdo entre las personas que forman una junta directiva, pueden ser poco amistosas y no compenetrarse unas con otras en absoluto, y aun así llevar un negocio que aparentemente es sumamente exitoso. Un hombre y su esposa pueden vivir juntos, acumular una fortuna mediana o incluso grande, y criar y educar a unos hijos sin el vínculo de armonía que es esencial para el desarrollo de una "mente maestra".

El puro esfuerzo cooperativo produce poder, de ello no cabe duda, pero el esfuerzo cooperativo que se basa en una armonía de objetivo desarrolla un súper-poder.

Si logras que cada uno de los miembros de cualquier grupo cooperativo ponga su corazón en la realización de un mismo objetivo claro, en un espíritu de perfecta armonía, habrás preparado el terreno para el desarrollo de una "mente maestra", siempre y cuando todos ellos sometan de buena gana sus propios intereses personales a dicho objetivo.

Los Estados Unidos de América se han convertido en una de las naciones más poderosas de la Tierra, esencialmente debido al esfuerzo cooperativo altamente organizado de sus estados. Será útil recordar que nacieron como consecuencia de una de las mentes maestras más poderosas que se han creado jamás. Los miembros de esta "mente maestra" fueron los que firmaron la Declaración de Independencia.

Los hombres que firmaron dicho documento pusieron en marcha, consciente o inconscientemente, el poder conocido como "mente maestra", y ese poder bastó para dejarles derrotar a todos los soldados que fueron enviados a combatir contra ellos. Los hombres que lucharon por hacer que la Declaración de Independencia permaneciese no lo hicieron por dinero; lucharon por el principio de libertad, que es la fuerza motivadora más elevada.

Un gran líder, ya sea en los negocios, en las finanzas, en la industria o en el gobierno, es alguien que comprende cómo se crea un objetivo motivador que será aceptado con entusiasmo por cada uno de los miembros de su grupo de seguidores.

En política, ¡un "tema vivo" lo es todo! Con "tema vivo" me refiero a cualquier objetivo popular para cuya consecución se podría juntar a la mayoría de votantes. Estos "temas", por lo general, son lanzados en forma de lemas concisos, como "Quédate tranquilo con Coolidge", el cual sugería a las mentes de los votantes que quedarse con Coolidge equivalía a conservar la prosperidad. ¡Y funcionó! Durante la campaña electoral de Lincoln, el grito era: "Respalda a Lincoln y conserva la Unión". Y funcionó. Los directores de la campaña de Woodrow Wilson, durante su segunda campaña, recalcaron el eslogan "Nos mantuvo fuera de la guerra" y funcionó.

El grado de poder creado por el esfuerzo cooperativo de cualquier grupo de personas siempre se mide por la naturaleza del tema que el grupo está intentando crear. Este tema pueden tenerlo presente beneficiosamente todos aquellos que organicen el esfuerzo grupal con cualquier objetivo. Encuentra un tema en torno al cual se podría inducir a la gente a reunirse en un espíritu altamente emocional y entusiasta de perfecta armonía, y habrás hallado el punto de partida para la creación de una "mente maestra".

Se sabe que las personas están dispuestas a trabajar más duro para la ejecución de un ideal de lo que lo harían por el mero dinero. Al buscar un "tema" como base para desarrollar un esfuerzo grupal cooperativo, habría que tener en cuenta esto. En el momento en que escribo esta lección, hay una gran agitación hostil y una crítica general dirigidas contra los ferrocarriles del país. Este autor ignora quién está detrás de esta agitación, pero lo que sí sabe es que el hecho de que exista podría, y debería, convertirse en la fuerza motivadora en torno a la cual los directivos ferroviarios podrían juntar a cientos de miles de empleados ferroviarios que se ganan la vida en los ferrocarriles, creando así un poder que podría eliminar enérgicamente estas críticas adversas.

Los ferrocarriles son la espina dorsal del país. Si se paralizara todo el servicio, la gente de las grandes ciudades moriría de hambre antes de que los alimentos llegasen. En este hecho se podría hallar un punto de encuentro para reunir a una gran mayoría del público a fin de apoyar cualquier plan de auto protección que los directivos del ferrocarril quisieran llevar a cabo.

El poder que constituyen todos los empleados ferroviarios y una mayoría del público que usa los trenes es suficiente para proteger a los ferrocarriles de todo tipo de legislaciones adversas y de otros intentos de despreciar sus propiedades, pero el poder sólo es potencial hasta que es organizado y ubicado definitivamente detrás de un motivo específico.

El ser humano es un animal extraño. Con un motivo energizado, un hombre de capacidad normal, en circunstancias normales, desarrollará repentinamente un súper-poder. Lo que el hombre puede hacer, y hará, para agradar a la mujer que ha preferido (siempre y cuando ella sepa cómo incitarlo a la acción) ha sido siempre motivo de asombro para quienes estudian la mente humana.

Hay tres fuerzas motivadoras trascendentales a las que el hombre responde en prácticamente todos sus esfuerzos. Son las siguientes:

1°. El motivo de su propia conservación.
2°. El motivo del contacto sexual.
3°. El motivo del poder económico y social.

Dicho de una manera más breve, los motivos principales que impelen al hombre a la acción son el dinero, el sexo y la auto-conservación. Los líderes que buscan una fuerza motivadora con la que asegurarse la acción de sus seguidores podrían hallarla bajo una, o más, de estas clasificaciones. Como has observado, esta lección está estrechamente correspondida con la lección introductoria y con la segunda lección, que trata sobre la LEY DE LA "MENTE MAESTRA". Es posible que los grupos funcionen cooperativamente sin crear una "mente maestra", como pasa, por ejemplo, cuando las personas cooperan solamente por necesidad, sin un espíritu de armonía como base de sus esfuerzos. Este tipo de cooperación puede producir un poder considerable, pero nada comparado con lo que es posible cuando cada una de las personas que crean una alianza subordina sus propios intereses individuales y coordina todos sus esfuerzos con los de los demás miembros, en perfecta armonía.

La medida en que las personas pueden ser persuadidas para que cooperen en armonía depende de la fuerza motivadora que las induzca a la acción. La perfecta armonía como la que es esencial para crear una "mente maestra" puede conseguirse solamente cuando la fuerza motivadora de un grupo es suficiente para hacer que cada uno de sus miembros olvide totalmente sus propios intereses personales y trabaje para el bien del grupo, o para alcanzar algún objetivo idealista, caritativo o filantrópico.

Las tres principales fuerzas motivadoras de la humanidad han sido indicadas aquí para orientar al líder que desee crear planes a fin de asegurarse la cooperación de los seguidores que estén dispuestos a lanzarse a la ejecución de sus planes con un espíritu desinteresado y de perfecta armonía.

La gente no se reunirá para apoyar a un líder con ese espíritu de armonía a menos que el motivo que l a impulse a hacerlo las incite a dejar de pensar en sí misma. Hacemos bien aquello que nos encanta hacer, y afortunado es el líder que tiene el buen juicio de tener esto presente y hacer sus planes de manera que a todos sus seguidores se les determine un papel que esté en armonía con esta ley.

El líder que obtiene de sus seguidores todo lo que puede obtenerse lo hace porque ha puesto en la mente de cada uno de ellos un motivo lo bastante fuerte como para lograr que someta sus propios intereses y trabaje en un perfecto espíritu de armonía con todos los demás miembros del grupo.

Seas quién seas, o sin importar cuál pueda ser tu claro objetivo principal, si planeas lograr el objeto de tu objetivo principal a través del esfuerzo cooperativo de otras personas, debes colocar en sus mentes un motivo lo suficientemente importante para asegurarte su cooperación plena, íntegra y generosa, porque entonces estarás respaldando tus planes con el poder de la LEY DE LA "MENTE MAESTRA".

> Tu puesto no es más que una oportunidad para mostrar el tipo de habilidad que tienes. Obtendrás de él exactamente lo que pongas en él: ni más ni menos. Un "gran" puesto no es más que la suma total de numerosos puestos "pequeños", bien ocupados.

Ahora estás apto para asimilar la lección decimocuarta, que te enseñará a capitalizar todos los fallos, errores y fracasos que has experimentado, y también a favorecerte de los errores y fracasos de los demás. El director de uno de los grandes sistemas ferroviarios de Estados Unidos, después de leer la siguiente lección, dijo que "contiene una sugerencia que, si es tenida en cuenta y entendida, permitirá que cualquier persona se convierta en un maestro en el trabajo que ha elegido en la vida". Por motivos que quedarán claros cuando hayas terminado de leerla, la próxima lección es la favorita del autor en este curso.

TU EJÉRCITO PERMANENTE

Una charla con el autor después de la lección. Estos quince soldados son: CLARO OBJETIVO PRINCIPAL, SEGURIDAD EN UNO MISMO, HABITO DE AHORRAR, IMAGINACIÓN, INICIATIVA Y LIDERAZGO, ENTUSIASMO, AUTOCNTROL, HACER MÁS QUE AQUELLO PARA LO QUE TE PAGAN, PERSONALIDAD AGRADABLE, PENSAMIENTO CORRECTO, CONCENTRACIÓN, COOPERACIÓN, FRACASO, TOLERANCIA Y LA REGLA DE ORO.

El poder proviene del esfuerzo organizado. Domina estas quince fuerzas y podrás tener cualquier cosa que quieras en la vida, y los demás no podrán destruir tus planes. Es tu ejército, si te haces cargo de él. Te dará el poder suficiente para terminar con cualquier oposición con la que te encuentres. Estudia la lista anterior detenidamente, haz inventario de ti mismo y averigua a cuántos de estos soldados precisas.

* * *

Si eres una persona normal, ambicionas el éxito material. El éxito y el PODER siempre van unidos. No puedes asegurarte el éxito a menos que tengas poder, y no puedes tener poder a menos que lo desarrolles a través de estas quince cualidades esenciales.

Cada una de estas quince cualidades podrían compararse con el comandante de un regimiento de soldados. Desarróllalas en tu propia mente y tendrás poder. El más importante de los comandantes de este ejército es el claro objetivo. Sin la ayuda de un claro objetivo, el resto del ejército no te serviría. Averigua lo antes posible cuál será tu objetivo principal en la vida. Hasta que lo hayas hecho no serás más que un vagabundo, dispuesto a ser controlado por cada viento de las circunstancias que sople en dirección a ti.

Millones de personas van por la vida sin saber lo que quieren. Todos tenemos un objetivo, pero sólo dos de cada cien tienen un objetivo claro. Antes de decidir si tu objetivo es claro, o si no lo es, busca el significado de la palabra en el diccionario. ¡Nada es imposible para la persona que sabe lo que desea y está decidida a conseguirlo!

Colón tenía un claro objetivo y éste se hizo realidad. El principal claro objetivo de Lincoln era liberar a los esclavos negros del sur y lo convirtió en una realidad. El principal objetivo de Roosevelt, durante su primer mandato, era construir el canal de Panamá, y vivió para verlo hecho realidad. El claro objetivo de Henry Ford era fabricar el automóvil con el precio más popular del mundo. Dicho objetivo, protegido persistentemente, lo convirtió en el hombre más poderoso sobre del mundo.

El claro objetivo de Burbank era mejorar la vida de las plantas, y ya ha hecho posible que en dieciséis kilómetros cuadrados de tierra se produzca lo suficiente para alimentar al mundo entero. Hace veinte años, Edwin C. Barnes formó un claro objetivo en su mente, que era convertirse en socio de Thomas A. Edison en los negocios.

Cuando adoptó este objetivo, el señor Barnes no tenía ninguna cualificación que le diera derecho a asociarse con el inventor más grande del mundo. A pesar de esta desventaja, se convirtió en socio del gran Edison. En 1923 se fue de la actividad empresarial con más dinero del que requiere o puede gastar: una riqueza que acumuló en su asociación con Edison. ¡Nada es imposible para la persona que posee un claro objetivo!

Las oportunidades, el capital, la cooperación de otras personas y todos los demás factores esenciales para el éxito, ¡gravitan hacia la persona que sabe lo que quiere! Robustece tu mente con un claro objetivo, y ésta se convertirá inmediatamente en un imán que atraerá todo aquello que armonice con ese objetivo.

James. Hill, el gran constructor de ferrocarriles, era un operador de telégrafo mal pagado. Además, ya había llegado a la edad de cuarenta años y seguía dándole a la tecla del telégrafo sin ninguna figura exterior de éxito. ¡Entonces pasó algo importante! Importante para Hill y para el pueblo de Estados Unidos. Hill creó el claro objetivo de construir un ferrocarril que cruzara el inmenso desierto del Oeste. Sin tener una reputación, un capital o el apoyo de otras personas, James J. Hill consiguió el dinero y construyó el mayor sistema ferroviario del país. Woolworth era un dependiente mal pagado en una tienda. En el ojo de su mente, vio una cadena de tiendas de novedades especialistas en artículos de cinco y diez centavos. Esa cadena de tiendas se convirtió en su claro objetivo. Lo hizo realidad y le hizo ganar más millones de los que podía llegar a gastar. Cyrus H.K. Curtis eligió como su claro objetivo la publicación de la mejor revista del mundo. Comenzando sin tener nada, excepto el nombre de Saturday Evening Post, y con la oposición de amigos y consejeros que le decían que "eso no se podía hacer", convirtió su objetivo en una realidad.

Martín W. Uttleton llegó a ser el abogado mejor pagado del mundo y no admitía ningún anticipo menor de 50.000 dólares. Con doce años, jamás había entrado en una escuela. Fue a ver a un abogado defender a un asesino. Aquel discurso le impresionó de tal manera que tiró enérgicamente de la mano de su padre y le dijo, "Algún día seré el mejor abogado de Estados Unidos y haré discursos como los de ese hombre".

"Qué suerte para un joven ignorante de las montañas, haberse convertido en un gran abogado", dirían algunos, pero recuerda que nada es imposible para la persona que sabe lo que desea y está decidida a conseguirlo.

* * *

Estudia a cada uno de los quince soldados que aparecen anteriormente. Recuerda que ninguno de ellos tiene el poder suficiente para aseverar el éxito. Elimina a cualquiera de ellos y todo el ejército se verá disminuido. La persona poderosa es aquella que ha desarrollado, en su propia mente las quince cualidades representadas por los quince comandantes. Para lograr tener poder, debes tener un claro objetivo, debes tener una seguridad en ti mismo que lo respalde, debes tener iniciativa y liderazgo para instruir tu seguridad en ti mismo, debes tener imaginación para crear tu claro objetivo y para delinear los planes con los que lo convertirás en realidad y los llevarás a la acción. Debes mezclar entusiasmo con la acción, pues de lo contrario ésta será inexpresiva y carente de "emoción". Debes ejercitar el autocontrol. Debes adquirir el hábito de hacer más que aquello para lo que te pagan. Debes cultivar una personalidad agradable. Debes adquirir el hábito de ahorrar. Debes convertirte en un pensador correcto recordando que, al desarrollar esta cualidad, ese pensamiento correcto se basará en hechos y no en lo que ha "concentración", poniendo atención exclusivamente en una tarea a la vez. Debes adquirir el hábito de la cooperación y practicarla en todo tus planes. Debes cultivar el hábito de la tolerancia. Y por último (y no por ello menos importante), debes hacer que la regla de oro sea la base de todo lo que hagas que afecte a otras personas.

¡Todos los ejércitos eficientes son muy disciplinados! El ejército que estás estableciendo en tu propia mente también debe serlo. Tiene que obedecer tus órdenes a cada paso. Cuando llames fuera de fila al soldado decimotercero, el FRACASO, recuerda que nada hará tanto por desarrollar la disciplina como el fracaso y la derrota pasajera. Mientras estás comparándote con este soldado, establece si te has estado beneficiando de tus propios fracasos y derrotas temporales.

En un momento u otro, el fracaso nos llega a todos. Cuando te llegue, asegúrate de aprender algo valioso de su visita. Ten por seguro, además, que no te visitaría si no hubiera lugar para él en tu forma de ser. Para empezar a progresar en este mundo debes apoyarte solamente en las fuerzas que están dentro de tu propia mente. Una vez que has comenzado, debes recurrir a otras personas en busca de asistencial pero el primer paso debes darlo sin ayuda exterior.

Cuando hayas hecho este "inicio, te sorprenderás al ver cuántas personas hallas que se ofrecen a ayudarte de buena gana.

El éxito está formado por muchos hechos y factores, esencialmente por las quince cualidades representadas por estos quince soldados. Para disfrutar de un éxito bien equilibrado y completo, uno debe apropiarse de tanto o de tan poco de esas quince cualidades como le falte en sus propias habilidades heredadas. Cuando llegaste a este mundo estabas dotado de ciertas características innatas, resultado de millones de años de cambios evolutivos, a través de miles de generaciones de antepasados. Además de estas características innatas, obtuviste muchas otras cualidades de acuerdo con la naturaleza de tu entorno y las enseñanzas que recibiste durante los primeros años de tu infancia. Eres la suma total de lo que nació en ti y lo que conseguiste de tus experiencias, de lo que has pensado y de lo que te han enseñado desde tu nacimiento. Por la ley de las oportunidades, una persona en un millón recibirá, por herencia innata y por los conocimientos adquiridos después de nacer, las quince cualidades. Las que no han tenido la suerte de haber adquirido los factores esenciales para el éxito deben desarrollarlos en su interior.

El primer paso en este proceso de "desarrollo" es darte cuenta de qué cualidades faltan en el equipamiento que has adquirido de una manera natural. El segundo paso es tener un deseo profundamente arraigado de desarrollar el aspecto en que ahora eres incompleto.

La oración funciona en algunas ocasiones, pero en otras no. Siempre funciona cuando está respaldada por una FE total. Ésta es una verdad que nadie puede negar pero, sin embargo, también es una verdad que nadie puede explicar. Lo único que sabemos es que la oración funciona cuando creemos que funcionará. La oración sin FE no es nada más que una serie de palabras vacías. Un claro objetivo puede convertirse en realidad solamente si uno cree que eso puede pasar. Quizá la misma ley que convierte en realidad a la oración basada en la fe convierte también en realidad el claro objetivo que está fundado en la convicción. No te hará ningún daño hacer que tu claro objetivo sea el objeto de tu oración diaria. Y cuando pidas, recuerda que la oración que se basa en la fe siempre funciona.

Desarrolla en tu propia mente estas quince cualidades, desde el claro objetivo hasta la regla de oro, y descubrirás que la aplicación de la fe no es difícil. Haz inventario de ti mismo. Averigua cuántas de esas quince cualidades posees hoy por hoy. Añade a este inventarío las cualidades que te faltan, hasta que las tengas todas en tu mente. Entonces estarás preparado para medir tu éxito en los términos que tú quieras.

"Todos los mundos existen para ser conquistados y gobernados por el hombre. Ésa es la gloria de su vida. Mas ésta es su ley de acero: primero se ha de instruir. Aquí comienza y acaba toda lucha".

Las cualidades representadas por los quince soldados son los ladrillos, el mortero y el material de construcción con los que construirás tu TEMPLO DEL ÉXITO. Domina esas quince cualidades y podrás tocar una perfecta sinfonía del éxito en cualquier cosa que hagas, del mismo modo que alguien que ha dominado los fundamentos de la música puede tocar cualquier pieza que tenga a la vista. Haz tuyas esas quince cualidades y serás una persona cultivada, porque tendrás la capacidad de conseguir cualquier cosa que quieras en la vida sin vulnerar los derechos de los demás.

Decimocuarta lección
EL FRACASO

"¡Puedes hacerlo si crees que puedes!"

En circunstancias normales, el término "fracaso" es un término maligno. En esta lección se le dará un nuevo significado a esta palabra, porque ha sido muy mal usada y, por ese motivo, ha supuesto un pesar y un desamparo innecesarios para millones de personas.

Para empezar, diferenciemos el "fracaso" de la "derrota temporal". Veamos si aquello que a menudo se considera un "fracaso" no es, en realidad, una "derrota temporal". Veamos, también, si esa derrota temporal no es, con periodicidad, una bendición disfrazada, pues nos sacude y redirige nuestras energías por unas vías diferentes y más deseables.

En la novena lección de este curso aprendimos que la fuerza surge de la resistencia y en esta lección aprenderemos que un carácter sólido suele ser obra de los reveses, los reveses y las derrotas personales a los que la parte desinformada del mundo llama "fracasos".

Ninguna derrota temporal o adversidad equivale a un fracaso en la mente de la persona que la cree una maestra que le impartirá alguna lección necesaria. De hecho, en todo revés y en toda derrota hay una gran lección perdurable, y suele ser una lección que no podría aprenderse de ninguna otra forma. La derrota suele hablarnos en un "lenguaje mudo" que no entendemos. Si esto no fuera así, no cometeríamos los mismos errores una y otra vez, sin beneficiarnos de las lecciones que podrían enseñarnos. S i esto no fuera cierto, veríamos más de cerca los errores que cometen otras personas y nos favoreceríamos de ellos. El principal objeto de esta lección es ayudar al estudiante a entender este "lenguaje mudo" con el que nos habla la derrota y a beneficiarnos de él.

> El ayer es sólo un sueño, el mañana es sólo una visión. Pero el presente bien vivido hace que cada ayer sea un sueño de felicidad y cada mañana una visión de esperanza. Por lo tanto, ocúpate bien de este día.
> DEL SÁNSCRITO

Quizá la mejor forma de ayudarte a interpretar el significado de la derrota sea contándote algunas de mis propias experiencias durante un período de aproximadamente treinta años. Dentro de ese período me he visto, en siete ocasiones, en esa coyuntura crítica que los que no están informados llaman "fracaso". En cada una de esas coyunturas críticas pensé que había tenido un fracaso desastroso, pero ahora sé que lo que parecía ser un fracaso no era más que una mano amable, invisible, que me detenía en el rumbo que yo había elegido y, con gran sabiduría, me obligaba a redirigir mis esfuerzos por caminos más favorables.

Sin embargo, llegué a esta conclusión sólo después de haber visto mis experiencias en retrospectiva y de haberlas analizado bajo la luz de muchos años de pensamiento juicioso y meditativo.

La primera coyuntura crítica

Tras terminar un curso en una escuela de comercio, me aseguré un puesto como taquígrafo y contable que conservé durante los cinco años siguientes. Como consecuencia de haber practicado el hábito de realizar un trabajo mayor y mejor que aquel para el que me pagaban, como se describe en la novena lección de este curso, prosperé rápidamente hasta asumir responsabilidades y recibir un salario que estaba totalmente fuera de proporción con mi edad. Ahorré dinero y mi cuenta bancaria ascendía a varios miles de dólares. Mi reputación se extendió y me encontré conque personas competitivas pujaban por mis servicios. Para hacer frente a estas ofertas de la competencia, mi jefe me ascendió al puesto de director general de las minas para las que trabajaba. Ágilmente, estaba llegando a la cima del mundo ¡y lo sabía! ¡Ay!

Pero ésa era la parte triste de mi suerte, ¡lo sabía. Entonces, la bondadosa mano del destino me tocó y me dio un ligero codazo. Mi jefe perdió su fortuna y yo perdí mi puesto. Esa fue mi primera verdadera derrota y, aunque me llegó como consecuencia de unas causas que estaban fuera de mi control, debí de haber aprendido una lección, lo cual, por supuesto, hice, pero muchos años más tarde.

La segunda coyuntura crítica

Mi siguiente puesto fue el de director de ventas para una gran empresa maderera en el sur. Yo no tenía ningún discernimiento sobre la madera y entendía poco de la dirección de ventas, pero había aprendido que era provechoso prestar un servicio mayor que aquel para el que te pagan, y también que valía la pena tomar la iniciativa y averiguar qué debía hacerse sin que alguien te lo tuviera que decir. Una cuenta bancaria de unas buenas extensiones, además de un historial de progreso continúo en mi puesto anterior, me facilitaron toda la seguridad en mí mismo que necesitaba, quizá un poco en exceso.

Mi progreso fue vertiginoso y me aumentaron el sueldo en dos ocasiones durante el primer año. Me fue tan bien en la dirección de ventas que mi jefe me hizo socio. Comenzamos a hacer dinero ¡y yo empecé a verme otra vez en la cima del mundo!

Estar "en la cima del mundo" te da una sensación maravillosa, pero es un lugar muy peligroso para estar, a menos que uno se conserve en pie muy firmemente, porque la caída es muy larga y dura si uno da un traspié. ¡Yo estaba teniendo éxito a grandes saltos! Hasta ese momento, nunca se me había ocurrido que el éxito pudiera calcularse en otros términos que no fueran el dinero y la autoridad. Quizá esto se debiera al hecho de que yo tenía más dinero del que precisaba y más autoridad de la que podía manejar sin peligro a esa edad. No sólo estaba teniendo "éxito", desde mi punto de vista, sino que sabía que me estaba dedicando al único negocio que se ajustaba con mi temperamento. Nada podría haberme persuadido de cambiar de ocupación. Es decir, nada, excepto lo que ocurrió, lo cual me obligó a cambiar. La mano invisible del destino me permitió ostentarme bajo la influencia de mi propia vanidad hasta que empecé a sentir mi importancia. A la luz de mis años más juiciosos, ahora me pregunto si esa mano invisible no permite adrede que nosotros, necios seres humanos, nos paseemos delante de nuestros propios espejos de vanidad hasta que lleguemos a ver la manera tan vulgar en que estamos actuando y nos avergoncemos. En cualquier caso, yo parecía tener el camino despejado ante mí, había abundancia de carbón en la carbonera, había agua en el tanque, mi mano estaba en el regulador, lo abrí totalmente y avancé a toda velocidad.

¡Ay de mí¡ El destino me esperaba a la vuelta de la esquina, con una porra rellena, pero no precisamente de algodón. Indudablemente, no vi la ruina inminente hasta que llegó. Mi historia fue triste, pero no muy distinta a la que podrían contar muchas otras personas si fueran sinceras consigo mismas. Como un rayo procedente de un cielo despejado, el pánico de 1907 cayó sobre mí. Y, de la noche a la mañana, me hizo un favor permanente destruyendo mi negocio y quitándome cada dólar que poseía. Ésa fue mi primera derrota seria. En ese instante la confundí, erróneamente, con un fracaso, pero no lo fue, y antes de terminar esta lección te diré por qué.

La tercera coyuntura crítica

Hicieron falta el pánico de 1907 y la derrota que trajo consigo para mí, para que yo desviara y redirigiera mis esfuerzos del negocio de la madera hacia los estudios de derecho. Nada en este mundo, excepto la derrota, podía haber elaborado ese resultado. Por lo tanto, la tercera coyuntura crítica de mi vida llegó sobre las alas de lo que la mayoría de la gente llamaría "fracaso", lo cual me recuerda que debo decir, una vez más, que toda derrota enseña una lección ineludible a quienes están preparados y dispuestos a aprender.

> Uno de los más grandes líderes que ha existido jamás formuló el secreto de su liderazgo con las siguientes palabras: "La amabilidad es más poderosa que la coacción".

Cuando ingresé en la facultad de derecho, lo hice con la firme convicción de que saldría doblemente preparado para llegar al final del arco iris y reclamar mi recipiente lleno de oro, pues mi único concepto del éxito seguía siendo el de dinero y poder. Concurría a la facultad de derecho por las noches y trabajaba como vendedor de automóviles durante el día. Saqué buen provecho de mi experiencia en el negocio maderero. Progresé rápidamente y me fue tan bien (seguía presentando el hábito de prestar un servicio mejor y mayor que aquel para el que me pagaban) que me llegó la oportunidad de ingresar en el negocio de fabricación de automóviles. Vi la necesidad de mecánicos de coches con una formación y, por lo tanto, abrí un departamento educativo en la fábrica y empecé a instruir a mecánicos corrientes en el montaje y reparación de automóviles. La escuela prosperó y me hizo ganar más de mil dólares mensuales en beneficios netos. Una vez más, estaba comenzando a acercarme al final del arco iris. Una vez más, sabía que por fin había hallado mi sitio en el mundo laboral, que nada podía desviarme de mi camino o desviar mi atención del negocio automovilístico. Mi banquero sabía que yo estaba prosperando, de modo que me prestó dinero para ampliar el negocio. Una característica inconfundible de los banqueros, que puede estar más o menos desarrollada en el resto de los mortales, es que te prestan dinero sin vacilar ¡cuando saben que eres próspero! Mi banquero me prestó dinero hasta que llegué a estar enormemente endeudado. Entonces él se hizo cargo de mi negocio con la misma tranquilidad que hubiera tenido si fuera suyo, ¡y lo era!

Desde la situación de un hombre de negocios que disfruta de unos ingresos de más de mil dólares mensuales, repentinamente me vi reducido a la pobreza. Ahora, veinte años más tarde, doy gracias a la mano del destino por haber forzado este cambio, pero en ese momento no lo veía más que como un fracaso. El final del arco iris había oscurecido, y con él el proverbial recipiente lleno de oro que se supone que se halla allí Esta actitud temporal de cuestionamiento no llegó a ser una rebelión abierta, ni seguí manteniéndola hasta obtener una respuesta. Llegó simplemente como un pensamiento breve, como lo hacen muchos otros pensamientos a los que no prestamos atención, y salió de mi mente. Si hubiese sabido entonces lo que sé ahora sobre la LEY DE LA COMPENSACIÓN Y si hubiese sido más capaz de descifrar las experiencias como puedo hacerlo ahora, habría reconocido ese acontecimiento como un suave toque de la mano del destino.

Después de librar la pelea más dura de mi vida hasta ese momento acepté mi derrota temporal como un fracaso, y así se inició mi cuarta coyuntura crítica, la cual me dio la oportunidad de poner en práctica el conocimiento de la ley que había adquirido.

La cuarta coyuntura crítica

Puesto que la familia de mi mujer era influyente, obtuve un puesto como ayudante del abogado principal de una de las empresas más grandes del mundo de la industria del carbón. Mi sueldo estaba absolutamente fuera de proporción con lo que se suele pagar a los principiantes y todavía más fuera de proporción con lo que yo valía, pero el "enchufe" es el "enchufe", y yo seguía estando allí a pesar de todo.

Sucedía que lo que me faltaba en cuanto a habilidades legales lo como pensaba con creces con la aplicación del principio de hacer más que aquello para lo que me pagaban, y tomando la iniciativa y haciendo lo que debía hacerse sin que me lo tuvieran que decir.

Mantenía mi puesto sin ninguna dificultad. Fácilmente habría conseguido un lugar agradable en la vida, si me hubiera preocupado de mantenerlo. Sin consultar con mis amigos y sin previo aviso, ¡renuncié! Ésta fue la primera coyuntura crítica elegida por mí. Nadie me obligó. Vi al viejo destino llegar y lo eché a patadas. Cuando me forzaron a que dijera el motivo de mi renuncia, di uno que me pareció muy razonable, pero me costó convencer al círculo familiar de que había actuado sabiamente.

Dejé aquel puesto porque el trabajo era demasiado fácil y lo estaba haciendo con demasiado poco esfuerzo. Me vi siendo arrastrado hacia el hábito de la apatía. Sentía que me estaba acostumbrando a tomarme la vida con facilidad y sabía que el siguiente paso sería el retroceso. Tenía tantos amigos en los tribunales que no tenía ninguna necesidad de seguir haciendo progresos. Me hallaba entre amigos y parientes y tenía un puesto que podía consolidar siempre que lo quisiera, sin esforzarme. Recibía unos ingresos que cubrían todas mis necesidades básicas y me suministraban algunos lujos, incluyendo un coche y la gasolina suficiente para mantenerlo en funcionamiento. ¿Qué más podía precisar? "Nada".

Ésta era la actitud en la que sentía que estaba cayendo. Era una actitud que, por alguna razón que todavía desconozco, me asustaba tanto que renuncié, algo que muchos creyeron irracional. Por muy ignorante que yo pudiera ser en otras materias en aquella época, desde entonces me he sentido muy agradecido por haber tenido el suficiente juicio para darme cuenta de que la fortaleza y el crecimiento sólo llegan con el esfuerzo y la lucha continuos, y que el desuso produce parálisis y decadencia.

Este paso resultó ser la siguiente coyuntura crítica más importante de mi vida, aunque fue seguida de diez años de esfuerzo que trajeron hábilmente todos los pesares concebibles que un ser humano puede experimentar. Dejé mi empleo en el campo legal, en el que me iba bien, codeándome con amigos y parientes, y en el que tenía lo que ellos pensaban un futuro especialmente brillante y prometedor por delante.

Debo admitir, francamente, que no deja de asombrarme por qué y cómo junté el valor para dar ese paso. Por lo que puedo interpretar de ese hecho, lo que me hizo tomar la decisión de renunciar fue más un "pálpito" o una especie de "impulso", que entonces no entendí, como un razonamiento lógico. Elegí Chicago como mi nuevo campo de acción. Lo hice porque creía que era un lugar donde uno podía averiguar si tenía esas importantes cualidades que son tan esenciales para la supervivencia en un mundo tan competitivo. Decidí que, si podía obtener reconocimiento en un trabajo honorable en Chicago, me expondría que estaba hecho del tipo de material que puede convertirse en una verdadera habilidad. Era un proceso de razonamiento un tanto extraño; al menos, era un proceso insólito para mí en aquella época, lo cual me recuerda que debo decir que a menudo, los seres humanos nos atribuimos un mérito de inteligencia al que no tenemos derecho. Me temo que, con mucha frecuencia, nos enorgullecemos de una sabiduría y unos resultados que provienen de unas causas sobre las que no tenemos absolutamente ningún control.

Aunque no quiero dar la impresión de que creo que todos nuestros actos están controlados por unas causas que no podemos dirigir, te encargo encarecidamente que estudies e interpretes correctamente las causas que marcaron las coyunturas críticas más importantes de tu vida; los momentos en los que tus esfuerzos se extraviaron (de los viejos canales a unos nuevos) a pesar de todo lo que pudieras hacer. Al menos, abstente de admitir cualquier derrota como un fracaso hasta que hayas tenido tiempo para analizar el resultado final. Mi primer puesto en Chicago fue el de director de publicidad de una gran escuela por correspondencia. Sabía muy poco de publicidad, pero mi experiencia previa como vendedor, además de la ventaja obtenida al brindar un servicio mayor que aquel por el que me pagaban, me permitió tener una actuación notable. El primer año, gané 5.200 dólares. Estaba "volviendo" a grandes saltos. Paulatinamente, el final del arco iris empezó a rondarme y, una vez más, vi el recipiente brillante lleno de oro casi a mi alcance. La historia está llena de evidencias de que usualmente una fiesta precede a una hambruna. Yo estaba disfrutando de una fiesta, pero no esperaba la hambruna que había de venir. Las cosas me iban tan bien, que estaba totalmente satisfecho de mí mismo.

Cuando las cosas se vuelvan en tu contra, recuerda esto: de todas las expresiones que llevas en tu rostro, la luz de la alegría es la que más brilla, llegando hasta el mar. La satisfacción con uno mismo es un estado mental muy peligroso.

Ésta es una gran verdad que muchas personas no conocen hasta que la reblandecedora mano del tiempo ha descansado sobre sus hombros durante la mayor parte sus vidas. Algunas no lo aprenden nunca y las que lo hacen son las que finalmente empiezan a entender el "lenguaje mudo" de la derrota. Estoy convencido de que uno tiene pocos enemigos peligrosos contra quienes luchar (si es que tiene alguno), excepto el de la satisfacción con uno mismo. Personalmente, le temo más que a la derrota. Esto me lleva a mi quinta coyuntura crítica, la cual también fue preferida por mí.

La quinta coyuntura crítica

Tenía un historial tan bueno como director de ventas de la escuela por correspondencia, que el director me convenció de que renunciara a mi puesto y entrara en el negocio de fabricación de dulces con él. Organizamos la Betsy Ross Candy Company y me convertí en su primer director, comenzando así la siguiente coyuntura crítica más importante de mi vida. El negocio crecía rápidamente, hasta que llegamos a tener una cadena de tiendas en dieciocho ciudades distintas. Una vez más, vi que el final del arco iris estaba fácilmente a mi alcance. Sabía que finalmente había hallado el negocio al que quería dedicarme durante el resto de mi vida. El negocio de los dulces era lucrativo y, puesto que para mí el dinero era la única prueba del éxito, ciertamente creía que estaba a punto de conseguirlo. Todo iba de maravilla, hasta que mi socio y un tercer hombre al que habíamos incorporado al negocio tuvieron la idea de obtener el control de mis acciones en el negocio sin pagar por ellas.

Su plan tuvo éxito, en cierto modo, pero yo brindé más resistencia de la que ellos se esperaban. Por lo tanto, con el objetivo de "persuadirme amablemente", me hicieron arrestar con una acusación falsa y luego se ofrecieron a retirar los cargos con la condición de que yo les cediera mi participación en el negocio. Por primera vez, había empezado a aprender que hay mucha crueldad, injusticia y deshonestidad en los corazones de los hombres. Cuando llegó el minuto de la vista preliminar, los demandantes no aparecían por ninguna parte. Pero los mandé buscar y los obligué a subir a la tribuna de los testigos y contar su historia, lo cual tuvo como resultado mi reivindicación y un pleito por daños y perjuicios contra los autores de esta injusticia. Este incidente abrió una brecha irremediable entre mis socios y yo, la cual terminó costándome mi participación en el negocio, pero eso era mínimo comparado con lo que les costó a ellos, pues todavía están pagando y, sin duda, continuarán haciéndolo mientras vivan. Mi pelea por daños y perjuicios se presentó como una acción "por agravios", en la cual se entabló una demanda por daños intencionados a la persona. La sentencia por una acción por agravios le otorga al demandante el derecho a hacer que el acusado sea enviado a prisión hasta que la suma de dinero se haya acabado de pagar. En su debido tiempo, conseguí una dura sentencia contra mis antiguos socios. Entonces podría haberlos puesto tras las rejas. Por primera vez en mi vida, tuve frente a mí la oportunidad de devolverles el golpe a mis enemigos de una forma que les dolería. Tenía un arma con "dientes"; un arma que ellos mismos habían puesto allí. El sentimiento que me irrumpió fue muy extraño.

¿Haría encarcelar a mis enemigos, o aprovecharía esta oportunidad para ser sensible con ellos, demostrándome así, a mí mismo que estaba hecho de un material diferente?

En ese momento se establecieron, en mi corazón, los cimientos sobre los que está edificada la decimosexta lección de este curso, pues decidí dejar que mis enemigos fuesen libres, tan libres como podían ser gracias a mi compasión y mi perdón.

Pero mucho antes de llegar a esta decisión, la mano del destino había empezado a tratar duramente a estos hombres que habían intentado, en vano, destruirme. El tiempo, el maestro trabajador, al que tarde o temprano debemos rendirnos todos, ya había estado ocupándose de mis antiguos socios, y los había tratado con menos piedad que yo. Uno de ellos fue sentenciado, más adelante, a una larga condena en prisión por otro delito que había cometido contra otra persona y el otro, mientras tanto, había caído en la pobreza.

Podemos burlar las leyes que los hombres colocan en los códigos de leyes, pero a la LEY DE LA COMPENSACIÓN, ¡jamás! La sentencia que conseguí contra estos hombres se halla en los registros del Tribunal Superior de Chicago como una prueba silenciosa de mi carácter, pero también me sirve de otra manera que es aún más importante: me sirve como recordatorio de que fui capaz de perdonar a unos enemigos que habían tratado de destruirme. Y por ese motivo sospecho que aquel incidente, en lugar de destruir mi carácter, lo fortaleció. En aquella época, ser arrestado me parecía una terrible desgracia, aunque la acusación fuese falsa. No disfruté de la situación y no me gustaría tener que volver a pasar por una experiencia similar, pero debo admitir que bien valió todo el dolor que me causó, porque me dio la oportunidad de descubrir que la venganza no formaba parte de mi naturaleza.

Aquí quisiera destinar tu atención hacia un análisis detenido de los hechos descritos en esta lección pues, si lees cuidadosamente, verás que todo este curso se ha desarrollado a partir de ellos. Cada derrota temporal dejó su marca en mi corazón y me suministró parte del material con el que he construido este curso.

Si observásemos, en las biografías de personas importantes, que prácticamente todas ellas fueron juzgadas duramente y pasaron por unas experiencias crueles antes de "llegar", dejaríamos de temer las experiencias dificultosas, o de huir de ellas. Esto hace que me pregunte si la mano del destino no pone a prueba, "el metal del que estamos hechos" de varias y diversas maneras antes de poner grandes responsabilidades sobre nuestros hombros.

Antes de pasar a la siguiente coyuntura critica de mi vida, ahora quisiera te fijaras en el hecho significativo de que cada una de ellas me acercaba más y más al final del arco iris y me aportaba algunos conocimientos útiles que más tarde se convirtieron en una parte permanente de mi filosofía de vida.

La sexta coyuntura crítica

Ahora llegamos a la coyuntura crítica que probablemente me acercó más al final del arco iris que cualquiera de las otras, porque me instaló en una posición en la que me vi en la necesidad de hacer uso de todos los conocimientos que había adquirido hasta entonces en relación con prácticamente todos los temas con los que estaba familiarizado, y me dio una oportunidad de expresarme y desarrollarme que rara vez tiene un hombre tan pronto en su vida. Esta coyuntura llegó poco después de que mis sueños de éxito en el negocio de los dulces se hubieran destrozado, cuando dirigí mis esfuerzos a enseñar publicidad y el arte de vender en un departamento de una de las escuelas superiores del medio oeste.

Algún sabio filósofo dijo que nunca aprendemos tanto sobre un determinado tema como cuando empezamos a enseñarlo a los demás. Mi primera experiencia como profesor me demostró que esto era cierto. La escuela prosperó desde el principio. Yo tenía una clase como profesor interno y también enseñaba en una escuela por correspondencia a estudiantes de prácticamente todos los países de habla inglesa.

A pesar de los estragos de la guerra, la escuela estaba creciendo rápidamente y, una vez más, empecé a ver el final del arco iris. Entonces llegó la segunda llamada a filas del ejército, lo cual prácticamente acabó con mi escuela, pues se llevó a la mayoría de los que se inscribieron como estudiantes. De un solo golpe, perdí más de 75.000 dólares en cuotas de inscripción y, al mismo tiempo, presté mi propio servicio a mi país. Una vez más, ¡estaba sin un centavo!

> Es mucho mejor estar asociado a unas pocas personas que están en lo cierto, que con una multitud que está equivocada porque, al final, la verdad siempre triunfa.

Desafortunada es la persona que nunca ha experimentado la emoción de estar sin un centavo alguna vez, porque, como dijo Edward Bok con razón, la pobreza es la experiencia más rica que puede tener un hombre (una experiencia que, no obstante, nos encarga que dejemos atrás lo antes posible).

Una vez más, me vi obligado a redirigir mis esfuerzos, pero antes de proceder a describir la siguiente, y más importante, coyuntura crítica, me gustaría que te fijaras en el hecho de que ninguno de los acontecimientos narrados hasta el momento tiene, en sí mismo, una importancia práctica. Las seis coyunturas críticas que he descrito brevemente no significaron nada para mí individualmente y no significarán nada para ti si las analizas individualmente. Pero toma estos hechos colectivamente y entonces formarán una base sumamente importante para la siguiente coyuntura crítica y constituirán una prueba fiable de que los seres humanos estamos experimentando continuamente cambios evolutivos como resultado de las experiencias de vida que tenemos, aunque aparentemente ninguna experiencia por sí sola contiene una lección clara y útil.

Me siento impulsado a extenderme en lo que estoy intentando dejar claro aquí, porque ahora he llegado a ese punto en mi carrera en que uno cae en una derrota permanente o se eleva, con energías renovadas, hacia unas alturas de éxito de magníficas proporciones, dependiendo de cómo interprete sus experiencias del pasado y las utilice como base para desarrollar planes. Si mi historia acabara aquí, no te serviría de nada, pero hay otro capítulo, mucho más significativo, que todavía está por escribirse, que habla de la séptima coyuntura crítica de mi vida, y la más importante.

A lo largo de toda mi descripción de las seis coyunturas ya contadas, te debe de haber resultado evidente que yo todavía no había encontrado mi lugar en el mundo. Debe de ser obvio para ti que la mayoría, o todas, mis derrotas temporales se debieron principalmente al hecho de que todavía no había encontrado el trabajo en el que podía poner el corazón y el alma. Encontrar el trabajo que encaja mejor con uno y que a uno le gusta más se asemeja mucho a encontrar a la persona que uno ama más, no hay ninguna regla para realizar la búsqueda, pero cuando uno encuentra el puesto adecuado, lo reconoce inmediatamente.

La séptima coyuntura crítica

Antes de acabar, describiré las lecciones colectivas que aprendí de cada una de las coyunturas críticas de mi vida, pero primero permíteme que describa la séptima, y la última. Para hacerlo, debo remontarme a aquel día lleno de acontecimientos: ¡El once de noviembre de mil novecientos dieciocho! Como todo el mundo sabe, ése fue el día del armisticio. Ya he explicado que la guerra me había dejado sin un centavo, pero yo estaba feliz de saber que la matanza había cesado y que, una vez más, la razón estaba a punto de rescatar a la civilización. De pie junto a la ventana de mi oficina, mientras miraba a la muchedumbre clamorosa que celebraba el final de la guerra, mi mente regresó a mi pasado, especialmente a ese importante día en que aquel amable anciano había puesto su mano sobre mi hombro y me había dicho que si yo adquiría una educación, podía dejar mi marca en el mundo, había estado adquiriéndola sin saberlo. Durante un período demás de veinte años, había estado asistiendo a la universidad de los golpes duros, como habrás podido observar por mi descripción de las diversas coyunturas críticas de mi vida. Mientras estaba de pie junto a la ventana, todo mi pasado desfiló delante de mí, con sus partes amargas y sus partes dulces, sus subidas y bajadas.

¡Había llegado el momento de dar otro giro! Me senté delante de mi máquina de escribir y, para mi asombro, mis manos comenzaron a interpretar una melodía regular en el teclado. Nunca antes había escrito con tanta rapidez, o con tanta facilidad. No había planeado, ni pensado, lo que estaba escribiendo, ¡simplemente escribía lo que me venía a la mente!

Inconscientemente, estaba poniendo los cimientos de la coyuntura más importante de mi vida porque, cuando hube terminado, tenía un documento con el cual financié una revista nacional que me puso en contacto con personas de todo el mundo de habla inglesa. Tan enormemente influyó dicho documento en mi propia carrera y en las vidas de decenas de miles de personas, que creo que interesará a los estudiantes de este curso. Por lo tanto, voy a transcribirlo, tal como apareció en la revista Hills Golden Rule donde fue publicado por primera vez, tal como sigue:

UNA CHARLA PERSONAL CON EL DIRECTOR

Estoy escribiendo esto el lunes once de noviembre de 1918. Este día pasará a la historia como el día festivo más maravilloso. En la calle, junto a la ventana de mi oficina, una agitada multitud está celebrando la caída de una influencia que ha sido una amenaza para la civilización durante los últimos cuatro años. ¡La guerra ha terminado! Pronto, nuestros muchachos estarán regresando a casa desde los campos de batalla de Francia. ¡El amo y señor de la Fuerza Bruta no es más que un oscuro fantasma del pasado!

Hace dos mil años, el Hijo del hombre era un paria, sin una morada. Ahora, la situación se ha invertido y el diablo ya no tiene dónde descansar la cabeza. Que cada uno de nosotros aprenda esta gran lección que la Guerra Mundial nos ha enseñado, a saber, que únicamente aquello que se basa en la justicia y en la piedad para todos (débiles y fuertes, ricos y pobres por igual) puede sobrevivir. Todo lo demás debe morir.

De esta guerra surgirá un nuevo idealismo, un idealismo que estará basado en la filosofía de la REGLA DE ORO, un idealismo que nos regirá, no para ver cuánto podemos "sacar" de nuestro prójimo, sino cuánto podemos hacer para aliviar sus penas y hacerlo más feliz mientras permanece al borde del camino de la vida. Emerson expresó este idealismo en su gran ensayo sobre la LEY DE LA COMPENSACIÓN. Otro gran filósofo lo expresó en estas palabras, "Cualquier cosa que un hombre siembre, eso también será lo que recoja".

El momento para practicar la filosofía de REGLA DE ORO ha llegado. En los negocios, así como en las relaciones sociales, aquel que olvide usar, o se niegue a usar, esta filosofía como base de sus transacciones, sólo conseguirá acelerar la llegada de su fracaso. Y, aunque estoy borracho con la gloriosa noticia del fin de la guerra, ¿acaso no es justo que intente hacer algo para ayudar a conservar para las generaciones venideras? La mejor forma de hacerlo es remontándome veintidós años atrás, a mis inicios. ¿Por qué no me acompañas? Era una triste mañana de noviembre, probablemente no muy distante del día once del mes, cuando conseguí mi primer trabajo en la región de las minas de carbón de Virginia, ganando un dólar al día.

Un dólar diario era una gran suma en aquella época, especialmente para un chico de mi edad. Con ese dinero, pagaba 50 centavos al día por mi comida y mi alojamiento. Poco después de empezar a trabajar, los mineros empezaron a sentirse insatisfechos y a hablar de huelga. Yo escuchaba con ansia todo lo que decían. Estaba especialmente interesado en el hombre que había organizado el sindicato. Era uno de los mejores oradores que había oído jamás y sus palabras me fascinaban. Dijo algo en particular que no he olvidado jamás, y si supiera dónde encontrarle, hoy lo miraría con admiración y le daría las gracias cálidamente por haberlo dicho. La filosofía que obtuve de sus palabras ha tenido una influencia de lo más profunda y duradera en mí. Quizá dirás que la mayoría de agitadores no son unos filósofos muy sensatos, y estaría de acuerdo contigo si lo dijeras. Es posible que este hombre no fuera un filósofo sensato, pero sin duda la filosofía que expresó en aquella ocasión sí lo fue. De pie sobre una caja de mercancía seca, en un rincón de una vieja tienda donde se estaba celebrando la reunión, dijo, "Compañeros, estamos hablando de una huelga. Antes de que votéis, quisiera llamar vuestra atención acerca de algo que os beneficiará si hacéis caso de lo que os digo. Vosotros queréis que os paguen más dinero por vuestro trabajo, y yo quisiera que lo consiguierais, porque creo que os lo merecéis. ¿Acaso no puedo deciros cómo conseguir más dinero y, aun así, conservar la buena voluntad del propietario de esta mina? Podemos hacer una huelga y probablemente obligarlo a pagamos más dinero, pero no podemos obligarlo a que lo haga y que le guste. Antes de convocar una huelga, seamos justos con el propietario de la mina y con nosotros mismos: vayamos a verlo y preguntémosle si estaría dispuesto a compartir los beneficios de su mina con nosotros justamente. Si dice que sí. Como probablemente hará, entonces preguntémosle cuánto ganó el mes pasado y si estaría dispuesto a compartir con nosotros una proporción justa de cualquier beneficio adicional que pueda obtener si todos nosotros lo ayudamos a ganar más dinero el mes que viene. Puesto que es un ser humano como cada uno de nosotros, sin duda dirá, "Por supuesto, muchachos. Poneos en ello y compartiré los beneficios con vosotros", Lo normal es que diga eso, chicos. Cuando haya aceptado este plan, como creo que lo hará si lo convencemos de que hablamos en serio, quiero que todos vosotros vengáis a trabajar con una sonrisa en el rostro durante los próximos treinta días. Quiero oíros silbando una melodía al entrar en las minas. Quiero que hagáis vuestro trabajo sintiendo que sois uno de los socios en este negocio.

Podéis hacer casi el doble del trabajo que estáis haciendo, sin haceros daño, y si trabajáis más, seguramente ayudaréis al propietario de esta mina a ganar más dinero. Y si él gana más dinero, estará encantado de compartir una parte con vosotros. Lo hará por unos buenos motivos económicos, si es que no lo hace por un espíritu de juego limpio. Con la misma seguridad de que hay un Dios allí arriba, él os corresponderá. Si no lo hace, yo seré responsable de ello, ¡y si me lo pedís, haré volar esta mina hasta hacerla polvo! Eso es lo que pienso del plan, chicos. ¿Estáis conmigo? ¡Estaban con él!

Aquellas palabras me llegaron a lo más hondo del corazón, como si hubiesen sido grabadas en él con un hierro al rojo vivo.

Al mes siguiente, cada uno de los trabajadores de la mina recibió una prima de un veinte por ciento de su sueldo mensual. A partir de entonces, cada uno de ellos comenzó a recibir un sobre de color rojo intenso que contenía las ganancias adicionales. En el sobre estaban impresas estas palabras, Tu PARTE DE LOS BENEFICIOS DEL TRABAJO REALIZADO POR EL QUE NO SE TE PAGÓ. Desde aquella época, veinte años atrás, he pasado por algunas experiencias bastante duras, pero siempre he salido ganando, un poco más sabio, un poco más feliz y un poco mejor preparado para ser útil a mis semejantes, gracias a haber aplicado el principio de hacer un trabajo mayor que aquel para el que me pagaban.

Quizá te interese saber que el último empleo que tuve en el negocio del carbón fue de ayudante del abogado principal de una de las empresas más grandes, un salto que no podría haber dado jamás sin ayuda de este principio de hacer más que aquello para lo que me pagaban.

Ojalá tuviera el espacio para hablarte de la cantidad de veces que esta idea de realizar un trabajo mayor que aquel para el que me pagaban me ha ayudado a superar momentos difíciles. Ha habido muchas ocasiones en las que, con ayuda de este principio, he hecho que un jefe mío estuviera tan en deuda conmigo, que me concedía cualquier cosa que yo le pedía sin vacilar o buscar evasivas, sin quejas ni resentimientos Y, lo que es aún más importante: sin que yo sintiera que me estaba aprovechando injustamente de él. Creo seriamente que cualquier cosa que uno consiga de otra persona, sin su pleno consentimiento, terminará haciendo un agujero en su bolsillo, o una ampolla en las palmas de sus manos, por no hablar de los problemas de conciencia que harán que el corazón le duela de arrepentimiento. Como dije al principio, estoy escribiendo esto en la mañana del once de noviembre, ¡mientras la muchedumbre celebra la gran victoria del bien sobre el mal!

Por lo tanto, es natural que deba recurrir al silencio de mi corazón para hallar algún pensamiento que transmitir al mundo hoy; algún pensamiento que ayude a mantener vivo en las mentes de los norteamericanos el espíritu de idealismo por el que han luchado y con el que fueron a la guerra.

No encuentro nada más apropiado que la filosofía que he descrito, porque realmente creo que fue el arrogante desprecio de ella lo que llevó a Alemania (al Káiser y su pueblo) al fracaso. Para que esta filosofía entre en los corazones de quienes la necesitan, publicaré una revista que se llamará Hills Golden Rule.

Para publicar una revista nacional hace falta dinero y, en el momento de escribir esto, yo no tengo mucho, pero con la ayuda de la filosofía que he intentado exponer aquí, antes de que haya transcurrido un mes encontraré a alguien que me proporcione el dinero necesario y que haga posible que yo transmita al mundo la sencilla filosofía que me sacó de las sucias minas de carbón y me colocó en un lugar en el que puedo ser útil a la humanidad. Una filosofía que hará que asciendas, querido lector, quienquiera que seas y cualquiera que sea tu ocupación, hacia la posición en la vida que decidas alcanzar. Toda persona tiene, o debería tener, el deseo innato de tener algo de valor monetario. Al menos de una forma vaga, toda persona que trabaja para otros (y esto nos incluye prácticamente a todos) espera con ilusión el momento en que tenga algún negocio o profesión propios.

La mejor forma de realizar esta ambición es realizar un trabajo mayor que aquel para el que te pagan. Puedes arreglártelas con una formación escasa, puede arreglártelas con poco capital, puedes superar prácticamente cualquier obstáculo con el que te enfrentes, si estás dispuesto, sincera y seriamente, a realiza el mejor trabajo del que eres capaz, independientemente de cuánto dinero recibas a cambio. (Nota, Hoy es el veintiuno de noviembre por la tarde, exactamente diez días después de haber escrito el editorial anterior. Acabo de leérselo a George B. Williams, de Chicago, un hombre que comenzó desde abajo con ayuda de la filosofía que acabo de describir y que ha hecho posible la publicación de Hills, Golden Rule).

Nadie vive bien, a menos que viva de tal manera que todo aquel que se encuentre con él se vaya más seguro de sí mismo y más alegre gracias a ese contacto.
LILIAN WHITING

Fue de esta manera un tanto espectacular como un deseo que había estado dormido en mi mente durante prácticamente veinte años se convirtió en realidad. Durante todo ese tiempo, yo había querido ser director de un diario. Cuando era un niño muy pequeño, solía "comentar" en la prensa para mi padre cuando él publicaba un pequeño periódico semanal y llegué a amar el olor de la tinta de impresión.

Quizá este deseo estuviera cobrando impulso subconscientemente durante todos esos años de preparación, mientras yo tenía las experiencias descritas en las coyunturas críticas de mi vida, hasta que finalmente tuvo que brotar en forma de acción, o acaso fuera que había otro plan, sobre el que yo no tenía ningún control, que me instaba a seguir adelante, sin darme jamás ningún descanso en ninguna otra profesión, hasta que empecé a publicar mi primera revista. De momento, podemos dejar este punto. El hecho importante al que quiero dirigir tu atención ahora es que encontré el lugar adecuado para mí en el mundo laboral y eso me hizo muy feliz.

Extrañamente, entré en este trabajo sin pensar jamás en buscar el final del arco iris o el proverbial recipiente lleno de oro que se supone que se encuentra ahí. Por primera vez en mi vida, al parecer me estaba dando cuenta, más allá de la duda, de que hay otra cosa en la vida que vale más que el oro. Por ende, realizaba mi trabajo editorial con un pensamiento principal en la mente (y haré una pausa mientras tú piensas en él), Ese pensamiento era brindar al mundo el mejor servicio del que yo fuera capaz, ¡tanto si mis esfuerzos me hacían ganar dinero como si no!

La publicación de la revista Hills, Golden Rule, me puso en contacto con el tipo de gente pensante del país entero. Me proporcionó la gran oportunidad de ser escuchado. El mensaje de optimismo y buena voluntad entre las personas que transmitía se hizo tan popular que fui invitado a hacer una gira por todo el país dando charlas a principios de 1920, durante la cual tuve el privilegio de conocer a algunos de los pensadores más progresistas de esta generación y de hablar con ellos. El contacto con estas personas contribuyó enormemente a darme el valor para seguir realizando el trabajo que había empezado. Esta gira fue una educación liberal en sí misma, porque me puso en contacto, de una forma sumamente cercana, con gente de prácticamente toda condición y me dio la oportunidad de ver que los Estados Unidos de América es un país bastante grande.

> Dar placer a un solo corazón con un único acto amable es mejor que mil inclinaciones de cabeza durante la plegaria.
>
> SAADI

A continuación, ofrezco una descripción del punto culminante de la séptima coyuntura crítica de mi vida. Durante mi gira para dar charlas, me encontraba en un restaurante en Dalias, Texas, contemplando la lluvia más torrencial que he visto en mi vida. El agua caía sobre la ventana de vidrio cilindrado en dos grandes chorros y, moviéndose de atrás a delante, de uno de estos chorros al otro, había unos pequeños hilos de agua que parecían formar una gran escalera. Mientras contemplaba esta poco común escena, me vino a la mente como un rayo que daría una charla magnífica si organizaba todo lo que había aprendido de las siete coyunturas críticas de mi vida y del estudio de las vidas de hombres de éxito, y la ofrecí bajo el título de "La escalera mágica hacia el éxito".

En la parte posterior de un sobre esbocé los quince puntos en los que se basaría la conferencia, y más adelante los convertí en una charla que estaba hecha, literalmente, de las derrotas temporales descritas en las siete coyunturas críticas de mi vida.

Todo lo que afirmo saber que es de valor está representado por estos quince puntos, y el material del cual fueron obtenidos estos conocimientos no es ni más ni menos que los conocimientos Que me fueron impuestos, a través de las experiencias que, sin duda, han sido clasificadas por algunos como fracasos.

El curso del que esta lección forma parte no es más que la suma total de aquello que yo aprendí de esos "fracasos". Si este curso resulta ser de valor para ti, como espero que lo sea, puedes atribuir los méritos a los "fracasos" que describo en esta lección.

Quizá quieras saber qué beneficios materiales, económicos, he obtenido de esas coyunturas críticas, porque probablemente te das cuenta de que estamos viviendo en una época en la que la vida es una pesada lucha por la supervivencia y no muy agradable para quienes son víctima de la pobreza. ¡Muy bien! Seré franco contigo. Para comenzar, lo único que necesito son los ingresos estimados de la venta de este curso, y eso a pesar de haber insistido en que mis editores apliquen la filosofía de Ford y lo vendan a un precio popular que esté al alcance de todo aquel que lo requiera.

Además de los ingresos de la venta del curso (espero que tengas en cuenta que sólo es la venta de unos conocimientos que he adquirido a través del "fracaso"), ahora estoy escribiendo una serie de editoriales ilustrados que se han de vender y publicar en periódicos del país. Estos editoriales se basan en los mismos quince puntos, tal como se describen en este curso.

Los ingresos estimados netos de la venta de los editoriales son más que suficientes para cubrir mis necesidades. Además, ahora estoy colaborando con un grupo de científicos, psicólogos y comerciantes en la redacción de un curso de posgrado que pronto estará disponible para todos los estudiantes que hayan dominado este curso más elemental, el cual no trata sólo sobre las quince leyes descritas aquí desde un punto de vista más avanzado, sino también acerca de otras leyes que se han descubierto en fecha reciente. Menciono esto únicamente porque sé que es muy corriente Que todos nosotros midamos el éxito en términos de dinero y rechacemos, por considerarlas poco fiables, todas las filosofías que no produzcan una buena cuenta bancaria.

Habitualmente todos los años anteriores de mi vida han sido pobres, sumamente pobres, en lo que a cuentas bancarias se refiere. Esta situación ha sido, en buena medida ¡una elección mía, porque he estado invirtiendo la mejor parte de mi tiempo en la ardua tarea de liberarme de parte de mi ignorancia y adquirir algunos conocimientos de la vida que sentía que necesitaba.

De las experiencias descritas en estas siete coyunturas criticas de mi vida, he reunido algunos hilos de oro de conocimiento que sólo podía obtener a través del fracaso.

Mis propias experiencias me han llevado a creer que el "lenguaje mudo" de la derrota es el lenguaje más simple y eficaz del mundo cuando uno lo empieza a comprender. Casi me siento tentado a decir que creo que es el lenguaje universal con el que la naturaleza nos grita cuando no queremos escuchar ningún otro lenguaje. ¡Me alegro de haber experimentado muchas derrotas! Esto ha tenido el efecto de templarme con el valor para realizar tareas que, de haber estado rodeado de influencias protectoras, jamás habría acometido. La derrota es una fuerza destructiva ¡únicamente cuando la aceptamos como un fracaso! Cuando la aceptamos como algo que nos imparte una lección necesaria, siempre es una bendición.

¡Yo solía odiar a mis enemigos! Eso era antes de haber aprendido que me estaban ayudando a mantenerme siempre alerta, no fuera a ser que algún punto débil de mi carácter les ofreciera una abertura por la que pudieran dañarme. En vista de lo que he aprendido sobre el valor de los enemigos, si no tuviera ninguno me sentiría obligado a crear unos pocos. Descubrirían mis defectos y me los señalarían, mientras que mis amigos, si llegaran a ver alguna de mis debilidades, no dirían nada al respecto.

De todos los poemas de Joaquín Miller, ninguno expresa un pensamiento tan noble como éste, "Todo el honor para aquel que gane un premio"

> Ha exclamado el mundo durante mil años;
> pero aquel que lo intenta y falla y muere,
> me merece un gran respeto y gloria y lágrimas.
>
> Dadle gloria y honor y lágrimas lastimosas
> a todos aquellos que fracasan en sus actos sublimes.
> Sus fantasmas son muchos en la vanguardia de los años;
> nacieron con el tiempo, por delante del tiempo.
>
> Ay, grande es el héroe que se gana un nombre,
> pero muchas, muchas veces, es más grande
> algún hombre de rostro pálido que muere en la deshonra
> y deja que Dios acabe el pensamiento sublime.
>
> Y grande es el hombre con una espada sin desenfundar,
> y bueno es aquel que se abstiene de beber vino,
> pero el hombre que falla y sigue luchando,
> ése es mi hermano gemelo.

> Si pudiéramos leer la historia secreta de nuestros enemigos, descubriríamos en la vida de cada hombre la tristeza y el sufrimiento suficientes para desactivar cualquier hostilidad.
> LONGFELLOW

No puede haber fracaso para el hombre que "sigue luchando". Una persona jamás puede fracasar si no acepta la derrota temporal como un fracaso. Hay una gran diferencia entre la derrota temporal y el fracaso, una diferencia que he tratado de describir a lo largo de esta lección.

En su poema titulado "Cuando la Naturaleza quiere a un hombre", Ángela Morgan expresó una gran verdad en apoyo de la teoría explicada en esta lección de que, por lo general, la adversidad y la derrota son bendiciones disfrazadas.

> Cuando la Naturaleza quiere instruir a un hombre
> y emocionar a un hombre
> y perfeccionar a un hombre.

Cuando la Naturaleza quiere moldear a un hombre
para que interprete el papel más noble;
cuando anhela con todo su corazón
crear a un hombre tan grande y tan audaz
que el mundo entero lo adorará,
¡observa su método, observa su proceder!
Cómo perfecciona implacablemente
al que elige magníficamente,
cómo lo martillea y le hace daño,
y con unos golpes poderosos lo convierte
en formas de prueba en barro que sólo la Naturaleza
comprende mientras su torturado corazón llora y él levanta unas
manos suplicantes
Cómo ella se curva, pero jamás se rompe,
cuando realiza su bien . .
Cómo usa a quien ella elige
y con cada propósito lo funde,
con todas las artes lo induce
a probar su esplendor;
la Naturaleza sabe lo que pretende.

Cuando la Naturaleza quiere tomar a un hombre,
y agitar a un hombre,
y despertar a un hombre;

Cuando la Naturaleza quiere crear a un hombre
para que haga la voluntad del Futuro;
cuando intenta con toda su capacidad
y desea con toda su alma
crearlo grande y entero",
¡con cuánta astucia lo prepara!
Cómo lo provoca, ¡Y jamás se apiada de él!
Cómo lo estimula y lo molesta,
y en la pobreza lo engendra…,
Con cuánta frecuencia lo decepciona,
cuán sagradamente lo unge,
con qué sabiduría lo oculta,
sin importarle cuanto le acontezca,

como si despreciara su sollozo,
¡y su orgullo no pudiera olvidar!
Lo obliga a esforzarse más todavía.
Hace que se sienta solo,
para que únicamente
los elevados mensajes de Dios lo alcancen,
para que ella pueda enseñarle
lo que la Jerarquía planeó,
Aunque él no lo pueda comprender,
ella le da pasiones que dominar,
Con cuánta implacabilidad ella lo espolea,
con tremenda vehemencia lo provoca,
cuando, conmovedoramente, ¡lo prefiere!
Cuando la Naturaleza quiere dar nombre a un hombre
y dar fama a un hombre
y domesticar a un hombre;
cuando la Naturaleza quiere avergonzar a un hombre
para que haga las cosas lo mejor posible…,
Cuando realiza la prueba más elevada
que considera que puede hacer;
¡cuando quiere a un dios o un rey!
Cómo lo refrena y lo constriñe
para que su cuerpo escaso lo contenga
¡mientras ella lo exalta y lo inspira!
Lo mantiene anhelante, siempre ardiendo por una meta
seductora; atrae y lastima su alma.
Plantea un desafío para su espíritu
y lo aleja cuando él ya está cerca,
crea una jungla para que él la despeje;
crea un desierto para que él lo tema
y lo domine, si es que puede,
así hace la Naturaleza al hombre.
Luego, para poner a prueba la cólera de su espíritu
coloca una montaña en su camino;
lo enfrenta a una decisión amarga
y permanece implacablemente por encima de él.
"Asciende o perecer", dice ella…
Observa su propósito, observa su proceder.

El plan de la Naturaleza nos resultaría asombroso
si pudiéramos comprender su mente ...
Necios son los que la llaman ciega.
Cuando los pies del hombre están rotos y sangrantes,
su espíritu asciende sin prestar atención,
con sus poderes superiores acelerándose,
abriendo nuevos y hermosos caminos;
cuando la fuerza que es divina
da un salto para desafiar cada fracaso y su ardor sigue
siendo dulce y el amor y la esperanza arden en presencia de la derrota...
¡Surge la crisis! Surge el grito
que hará que aparezca el líder.
Cuando las personas necesiten ser salvadas,
él vendrá a dirigir la nación...
Entonces la Naturaleza mostrará su plan
cuando el mundo haya encontrado ¡A UN HOMBRE!

Estoy convencido de que el fracaso es el plan de la naturaleza con el que salta por encima de los obstáculos del destino de las personas y las prepara para hacer su trabajo. El fracaso es el gran crisol de la naturaleza, en el cual quema la escoria del corazón humano y, de ese modo, purifica el metal de la persona para que pueda resistir la prueba del trato duro. He descubierto pruebas que apoyan esta teoría en el estudio de las biografías de decenas de grandes hombres, continuando por los siglos hasta llegar a los conocidos hombres de éxito de nuestros tiempos modernos. El éxito de cada uno de ellos parecía estar en una proporción casi exacta con el grado de los obstáculos y las dificultades que tuvo que superar.

Ninguna persona se ha levantado jamás del fuerte golpe de la derrota sin haber adquirido una fuerza y una sabiduría mayores con la experiencia. La derrota nos habla en su propio lenguaje, un lenguaje que debemos escuchar, nos guste o no. Ciertamente, hay que tener una valentía considerable para ver la derrota como una bendición disfrazada, pero para alcanzar cualquier posición en la vida que valga la pena es necesario disponer de mucha "arena", lo cual me trae a la memoria un poema que armoniza con la filosofía de esta lección:

Un día, una locomotora en las cocheras vi,
que en la rotonda esperaba.
Ya provista de carbón, con toda su tripulación,
iniciar el viaje anhelaba,
mientras el bombero una caja de arena llenaba.

Las locomotoras,
al delgado camino de hierro no siempre se agarran,
pues en ocasiones las ruedas resbalan.
Al llegar a una zona resbaladiza, sus maniobras ordenan,
y para que a los rieles se agarren esparcen arena.

Esto es como viajar por el camino resbaladizo de la vida;
si tu carga es demasiado pesada, siempre resbalarás.

De modo que, si entiendes completamente
a la locomotora corriente,
desde el principio bien abastecido de arena estarás.
Si la pendiente es pronunciada
y el camino montañoso y escarpado;
si quienes te han precedido,
unos rieles resbaladizos han dejado;
si alcanzas la cima de la meseta superior,
descubrirás que para hacerlo,
generosamente, la arena has usado.

Si te encuentras con un clima glacial y descubres a tus expensas
que sobre una gruesa capa de hielo puedes resbalar,
entonces, una acción rápida y decidida debes ejecutar,
y si no llevas arena, hasta la base vas a deslizar.

Puedes ir a cualquier estación en el itinerario de la vida,
si hay fuego bajo la caldera de la fuerte máquina de la ambición,
y a gran velocidad llegarás a un lugar llamado Ciudad Nivelada,
pues para los puntos resbaladizos llevas una buena cantidad de arena.

No te hará ningún daño memorizar los poemas citados en esta lección y hacer tuya la filosofía en la que se basan.

Es el contacto humano lo que cuenta en este mundo, el contacto de tu mano y la mía, que significa mucho más para el corazón débil, que el cobijo y el pan y el vino; pues el cobijo se acaba cuando la noche llega a su fin, y el pan sólo dura un día, pero el contacto de la mano y el sonido de la voz cantan eternamente en el alma.

SPENCER M. TREE

Al aproximarme al final de esta lección sobre el fracaso, me viene a la mente una filosofía extraída de las obras del gran Shakespeare, a la cual deseo desafiar, porque la considero errónea. Se halla en la siguiente cita:

Hay una marea en los asuntos de los hombres
que, si se toma en la subida, conduce a la fortuna;
Si es ignorada, toda la travesía de sus vidas
estará encallada en bajíos y desdichas.
En un mar tan rebosante estamos ahora a flote,
y debemos aprovechar la corriente cuando nos sirve,
o perder nuestras aventuras.

El miedo y la aceptación del fracaso son los lazos que hacen que este más "encallados en bajíos y desdichas". Podemos romper esos lazos y lanzarlos lejos. Mejor aún, si observamos las lecciones que nos enseñan y nos favorecemos de ellas, podemos aprovecharlos y hacer que nos sirvan como sirgas para que nos lleven hasta la costa.

Quien nunca ha sufrido, sólo ha vivido a medias.
Quien nunca ha fallado, nunca ha luchado o buscado.
Quien nunca ha llorado desconoce la risa,
y quien nunca ha dudado, nunca ha pensado.

Al llegar al final de esta, mi lección favorita de este curso, cierro los ojos durante unos instantes y veo ante mí un gran ejército de hombres y mujeres cuyos rostros exponen gestos de preocupación y desesperación.

Algunos van en harapos, habiendo llegado a la última etapa de ese larguísimo camino al que la gente llama fracaso. Otros se encuentran en una mejor situación, pero el miedo al hambre se ve claramente en sus rostros; la sonrisa valiente ha abandonado sus labios, y ellos, también, parecen haber renunciado a la batalla. ¡La escena cambia! Vuelvo a mirar y soy llevado hacia atrás, hacia la historia de la lucha de un hombre por un lugar en el mundo y veo, también, los "fracasos" del pasado, fracasos que han significado más para la humanidad que todos los llamados éxitos registrados en la historia del mundo. Veo el rostro poco atractivo de Sócrates cuando se hallaba al final de ese camino llamado fracaso, esperando, con los ojos vueltos hacia arriba, en esos instantes que debieron parecerle una eternidad, justo antes de beber la copa de cicuta que le obligaron a tomar sus atormentadores.

Veo, también, a Cristóbal Colón como un prisionero encadenado, ése fue el tributo que le pagaron por sacrificarse navegado por un mar desconocido e inexplorado para descubrir un continente extraño. Veo, también, el rostro de Thomas

Paine, el hombre al que los ingleses quisieron capturar y ejecutar por considerarlo el verdadero instigador de la revolución norteamericana. Lo veo tendido en una prisión inmunda en Francia, mientras aguarda serenamente, bajo la sombra de la guillotina, la muerte que él esperaba que le impusieran por lo que había hecho en beneficio de la humanidad.

¡Todos "fracasos"! Ojalá yo fuera un fracaso así. Ojalá pasara a la historia, como hicieron estos hombres, como alguien que fue lo bastante valiente como para poner a la humanidad por encima del individuo y los principios por encima de las ganancias. Sobre estos "fracasos" descansan las esperanzas del mundo.

Oh, hombres que sois calificados como "fracasos";
¡Levantaos! ¡Volved a levantaros y actuad!
En algún lugar, en el mundo de la acción, hay sitio;
hay sitio para vosotros.

Ningún fracaso ha quedado registrado jamás en los anales de los hombres veraces, excepto el del cobarde que falla y no lo vuelve a probar. La gloria está en el hacer y no en el trofeo que se gana.

Las paredes construidas en la oscuridad
pueden reír con el beso del sol.
Ay, fatigado y acabado y golpeado,
lay, hijo de los crueles vientos del destino
Canto para animarlo con alegría;
le canto al hombre que fracasa.

Agradece esa derrota que los hombres llaman fracaso porque, si puedes sobrevivir a ella y seguir intentándolo, tendrás la oportunidad de demostrar tu habilidad para alcanzar el éxito en la profesión que has elegido. Nadie tiene derecho a calificarte como un fracaso, excepto tú mismo. Si en un momento de desesperación te sientes inclinado a calificarte como un fracaso, recuerda las palabras del rico filósofo Creso, que fue consejero de Oro, rey de los persas, Recuerdo, oh rey, y tomaos esta lección en serio, que hay una rueda en la que pueden girar los asuntos de los hombres, y su mecanismo es tal que impide que cualquier hombre sea siempre afortunado. Qué maravillosa lección esconden estas palabras, una lección de esperanza, valentía y promesas. ¿Quién no ha visto días "negros", en los que todo parece ir mal? Ésos son los días en los que vemos sólo el lado plano de la gran rueda de la vida. Debemos recordar que la rueda está siempre girando. Si hoy nos trae pesar, mañana nos traerá alegría. La vida es un ciclo de acontecimientos cambiantes: de suerte e infortunios. No podemos hacer que la rueda del destino deje de girar, pero podemos cambiar el infortunio que trae, recordando que si mantenemos la fe y hacemos las cosas lo mejor posible, seria y honestamente, tras él llegará la buena suerte con la misma seguridad con que la noche sigue al día. En sus momentos más difíciles, con frecuencia se oyó al inmortal Lincoln decir, "y esto, también, pronto pasará".

Si estás sufriendo por los efectos de alguna derrota temporal que te cuesta olvidar, permíteme que te recomiende este pequeño poema estimulante de Walter Malone:

LA OPORTUNIDAD

Me hace daño quien dice que ya no vengo,
cuando llamo y no te encuentro dentro;
pues cada día espero fuera, junto a tu puerta,
y te ordeno que despiertes y te levantes para luchar y ganar.
No te lamentes por las valiosas oportunidades que pasaron de largo,
no llores por los años dorados que están menguando.
Cada noche, quemo los registros del día.
Con la salida del sol, todas las almas vuelven a nacer.
Ríe como un niño ante los esplendores que se han ido,
y sé ciego, sordo y mudo a las alegrías que han desaparecido.
Mis juicios cierran el pasado muerto con sus muertos,
pero jamás atan un momento que todavía ha de llegar.

Aunque estés profundamente hundido en el lodo,
no aprietes los puños, ¡no llores!
pues yo tiendo la mano a todo aquel que dice "¡Yo puedo!".
Jamás un paria avergonzado se ha hundido tanto
que no pueda levantarse y volver a ser un hombre!
¿Contemplas tu juventud perdida horrorizado?
¿Te tambaleas por el golpe del justo castigo?
Entonces aléjate de los archivos emborronados del pasado
y encuentra las páginas del futuro, blancas como la nieve.
¿Eres un doliente? Elévate y sal de tu hechizo.
¿Eres un pecador? Los pecados pueden ser perdonados,
Cada mañana te da alas para escapar volando del infierno
y cada noche una estrella para guiar tus pasos hacia el Cielo.

Decimoquinta lección
LA TOLERANCIA

"¡Puedes hacerlo si crees que puedes!"

Son dos las características significativas de la intolerancia, y al empezar esta lección dirigiremos tu atención hacia ellas. Estas características son:

1º La intolerancia es una forma de ignorancia que debe ser dominada para poder alcanzar cualquier forma de éxito duradero. Es la primera causa de todas las guerras. Hace enemigos en los negocios y en las profesiones. Desintegra fuerzas organizadas de la sociedad de mil maneras y se erige, cual poderoso gigante, como una barrera contra la erradicación de la guerra. Destrona la razón y la sustituye con la psicología de las masas.

La intolerancia es la principal fuerza desintegradora en las religiones organizadas del mundo, donde hace estragos en el mayor poder para el bien que hay sobre la Tierra, dividiéndolo en pequeños grupos y denominaciones que ponen tanto empeño en enfrentarse unos a otros como el que ponen en eliminar los males del mundo.

Pero esta acusación contra la intolerancia es general. Ahora veamos cómo te afecta a ti en tanto que persona. Ciertamente, es obvio que cualquier cosa que impida el progreso de la civilización es también una barrera para el individuo. Dicho de otro modo, cualquier cosa que nuble la mente de una persona y retrase su desarrollo mental, moral y espiritual, retrasa asimismo el progreso de la civilización.

Ésta es una aseveración abstracta de una gran verdad, pero puesto que las afirmaciones abstractas no son interesantes, ni muy informativas, procedamos a ilustrar más concretamente los efectos perniciosos de la intolerancia.

> No te esfuerces por desterrar el dolor y la duda en el ruidoso estruendo del placer. La paz que buscas en el exterior, sólo se encuentra dentro de ti.
>
> CARY

Comenzaré esta ejemplificación describiendo un incidente que he mencionado de una forma bastante extensa en prácticamente todas las conferencias públicas que he impartido en los últimos cinco años. Puesto que la fría página impresa tiene un efecto modificador susceptible de una interpretación errónea del incidente que describiré, creo necesario advertirte que no leas entre líneas un significado que yo no tengo ninguna intención de poner allí. Serías injusto contigo mismo si olvidaras o te negaras intencionadamente a estudiar este ejemplo en sus palabras exactas y con el significado exacto que he pretendido que transmitan, un significado tan claro como el que soy capaz de transmitir en mi idioma. Al leer sobre este incidente, ponte en mi lugar y piensa si no has tenido tú también alguna experiencia similar y, si es así, ¿qué lección aprendiste de ella? Un día me presentaron a un joven con un buen aspecto poco habitual. Su mirada limpia, su cálido apretón de manos, el tono de su voz y el espléndido gusto con el que se había arreglado lo señalaban como un hombre sumamente intelectual. Era el típico estudiante universitario norteamericano y, al recorrerlo con la mirada estudiando rápidamente su personalidad como lo haría uno naturalmente en esas circunstancias, vi que llevaba un pin de los caballeros de Colón en el chaleco. Instantáneamente, ¡le solté la mano como si se tratara de un trozo de hielo! Lo hice con tanta rapidez que nos sorprendió tanto a mí como a él. Mientras me excusaba y comenzaba a alejarme, eché una mirada al pin masón que yo llevaba en mi propio chaleco, luego volví a mirar el suyo de los caballeros de Colón y me pregunté por qué un par de baratijas como ésas podían crear una brecha tan profunda entre dos hombres que no sabían nada el uno sobre el otro.

> Hay almas en este mundo que tienen el don de hallar alegría en todas partes y de dejarla dondequiera que vayan.
>
> FABER

Durante el resto del día, seguí pensando en aquel incidente, ya que me inquietaba. Siempre me había enorgullecido notablemente al considerarme tolerante con todas las personas, pero aquí había ocurrido una explosión espontánea de intolerancia que demostraba que en mi mente subconsciente existía un complejo que me estaba influyendo y me llevaba a una estrechez de miras. Este descubrimiento me resultó tan chocante que inicié un proceso sistemático de análisis psicológico a través del cual busqué en las profundidades de mi alma la causa de mi descortesía.

Me pregunté una y otra vez, "¿Por qué soltaste abruptamente la mano de aquel joven y te alejaste, si no sabías nada acerca de él?".

Por supuesto, la respuesta me conducía siempre de vuelta al pin de los caballeros de Colón que él llevaba, pero ésa no era una verdadera respuesta y, por lo tanto, no me satisfacía. Entonces inicié una investigación en el campo de la religión.

Además, mis investigaciones me llevaron necesariamente en muchas direcciones y me obligaron a entrar en el campo de la biología, donde aprendí muchas cosas que necesitaba saber acerca de la vida en general y do! ser humano en particular. Mis investigaciones me condujeron, también, al estudio de la teoría de la evolución de Darwin, tal como la describe en "El origen, de las especies" y ello, a su vez, me llevó a un análisis de la dimensión psicológica mucho más extenso que el que había realizado anteriormente.

Cuando empecé a buscar conocimientos en una y otra dirección, mi mente empezó a desarrollarse y a ampliarse a una velocidad tan alarmante que prácticamente tuve la necesidad de limpiar la "pizarra" de lo que yo consideraba que eran mis conocimientos adquiridos anteriormente y desaprender gran parte de lo que antes había creído que era la verdad.

¡Intenta comprender el significado de lo que acabo de expresar!

Imagínate que súbitamente descubres que la mayor parte de tu filosofía de vida está hecha de tendencias y prejuicios, y te ves obligado a reconocer que, lejos de ser un erudito, la duras penas estás cualificado para convertirte en un estudiante inteligente.

Ésa era exactamente la posición en la que me encontraba con respecto a muchos de los que yo había considerado los sólidos fundamentos de la vida. Pero de todos los descubrimientos a los que me condujo esta investigación, ninguno fue tan importante como el de la relativa importancia de la herencia física y social, pues ese descubrimiento fue el que me reveló la causa de mi actuación cuando, en la ocasión que he descrito, me alejé de un hombre al que no conocía.

Este descubrimiento me reveló cuándo y dónde había adquirido yo mis puntos de vista sobre religión, política, economía y muchos otros temas igualmente significativos, y me entristece y al mismo tiempo me alegra decir que descubrí que mis puntos de vista sobre estos tema, no estaban respaldados siquiera por una hipótesis razonable, y mucho menos por dato, sólidos O por la razón. Entonces recordé una conversación que había mantenido con el ex senador Robert L. Taylor, en la que hablamos de política. Fue una discusión amistosa, pues teníamos las mismas ideas políticas, pero el senador me hizo una pregunta que nunca le perdoné, hasta que inicié la investigación a la que he hecho referencia.

"Veo que es usted un demócrata sumamente leal" me dijo, "y me pregunto si sabe por qué lo es"

Medité unos segundos sobre su pregunta y luego dejé escapar impulsivamente esta respuesta:

"¡Soy un demócrata porque mi padre también lo era, por supuesto!".

Con una amplia sonrisa en el rostro, el senador demostró la poca solidez de mi argumento con esta réplica: "¡Ya me parecía! Ahora bien, no cree que usted estaría en un aprieto si su padre hubiese sido un ladrón de caballos?"

> Los corazones, como las puertas, pueden abrirse fácilmente con unas llaves muy, muy pequeñas. No olvides que son éstas: "Gracias" y "Por favor".

Muchos años más tarde, después de iniciar el trabajo de investigación aquí descrito, comprendí el verdadero significado de la broma del senador Taylor. Con demasiada frecuencia tenemos opiniones que se basan en unos cimientos tan poco sólidos como las creencias de otra persona. Para que puedas tener un ejemplo detallado de los efectos de largo alcance de uno de los importantes principios que me reveló el incidente al que me he referido, y para que puedas saber cómo y dónde adquiriste tu filosofía de vida en general, para que puedas conocer la fuerza original de tus prejuicios y tus predisposiciones, para que puedas descubrir, como descubrí yo, que en gran medida eres ti resultado de la formación que recibiste antes de llegar a los quince años ...

... ahora citaré el texto completo de un plan que presenté al comité del señor Edward Bok, el American Peace Award, para la erradicación de la guerra. Este plan no sólo trata sobre el más importante de los principios a los que me refiero, sino que además, como podrás ver, muestra cómo se puede aplicar el principio del esfumo organizado (descrito en la segunda lección de este curso) para solucionar uno de los principales problemas del mundo y, al mismo tiempo, te ofrece una idea más comprensiva de cómo aplicarlo para la realización de tu claro objetivo principal.

COMO ERRADICAR LA GUERRA

Antecedentes

Antes de ofrecer este plan para la prevención de la guerra, creo que es preciso esbozar brevemente unos antecedentes que describirán claramente el principio que constituye la urdimbre y la trama del mismo. Las causas de la guerra se pueden omitir por tener muy poca, o ninguna, relación con el principio por el que la guerra se puede evitar. El inicio de este esbozo trata sobre dos factores importantes que constituyen las principales fuerzas de control de la civilización, uno es la herencia física y otro la herencia social. El tamaño y la forma del cuerpo, la textura de la piel, el color de los ojos y la capacidad de funcionamiento de los órganos vitales son el resultado de la herencia física, son estáticos y fijos y no pueden cambiarse, pues son el resultado de un millón de años de evolución. Pero, con mucho, la parte más importante de lo que somos es resultado de la herencia social y llegó a nosotros a través de los efectos de nuestro entorno y nuestra formación inicial.

Nuestra idea de religión, política, economía, filosofía y otros temas de una naturaleza similar, incluyendo la guerra, es enteramente el resultado de esas fuerzas dominantes de nuestro entorno y nuestra formación.

Con pocas excepciones, la religión del adulto es el resultado de la formación religiosa que recibió entre los cuatro y los catorce años, cuando la religión le fue impuesta por sus padres o por quienes tenían el control de su educación.

Un importante hombre mostró lo bien que comprendía el principio de la herencia social cuando dijo: "Deme el control del niño hasta los doce años y, después de eso, usted le podrá enseñar cualquier religión que le plazca, pues yo le habré imbuido mi propia religión tan profundamente en su mente que ningún poder sobre la tierra podrá deshacer mi trabajo".

Las creencias más sobresalientes y prominentes del hombre son aquellas que se le imponen o que él ha absorbido espontáneamente en unas condiciones altamente "emocional", cuando su mente estaba receptiva. En esas condiciones, en una hora de oficio de avivamiento, un hombre puede sembrar la idea de la religión de una forma más profunda y permanente de lo que podría hacerlo durante años de formación en condiciones normales en las que la mente no se encuentra en un estado de alteración emocional.

El pueblo de Estados Unidos ha inmortalizado a Washington y a Lincoln porque ellos fueron líderes de la nación durante unas épocas en que las mentes de las personas arrastraban una gran carga emotiva como consecuencia de las calamidades que sacudieron los cimientos mismos de nuestro país y afectaron a los intereses de todas las personas. Por el principio de la herencia social, que opera a través de las escuelas (historia norteamericana) y otras maneras de enseñanza impresionante, la inmortalidad de Washington y Lincoln fue inculcada en las mentes de los jóvenes y, de ese modo, se mantuvo viva.

Las tres grandes fuerzas organizadas, a través de las cuales opera la herencia social son:

1. Las escuelas

2. Los templos

3. La prensa pública

Cualquier ideal que cuente con la cooperación activa de estas tres fuerzas puede ser impuesto, en el breve período de una generación, en las mentes de los jóvenes con tanta eficacia que no podrán resistirse.

En 1914, el mundo despertó una mañana para descubrir que estaba en llamas, con una guerra a una escala nunca antes conocida. El rasgo distintivo de una importancia destacable en esta calamidad mundial fue la gran organización de los ejércitos alemanes. Durante más de tres años, estos ejércitos ganaron terreno con tanta rapidez que la dominación mundial por parte de Alemania parecía segura. La maquinaria militar alemana funcionaba con una eficacia que nunca antes se había visto en una guerra, Con la cultura como su ideal confesado, ese moderno país derrotó a los ejércitos enemigos que tenía delante como si éstos no tuvieran líderes, a pesar de que las fuerzas aliadas superaban en número a las suyas en todos los frentes,

La capacidad de sacrificio de los soldados alemanes, en apoyo de un ideal, fue la sorpresa destacada de la guerra, y esa capacidad era, en gran medida, el resultado del trabajo de dos hombres, Estos hombres eran Adalbert Falk, ministro de educación prusiano hasta 1879, y el emperador alemán Guillermo, Estos hombres consiguieron esos resultados a través de la herencia social, la imposición de un ideal en las mentes de los jóvenes en unas condiciones de alta emocionalidad.

La cultura como un ideal nacional, fue fijada en las mentes de los jóvenes alemanes, empezando primero en las escuelas primarias y extendiéndose hasta las escuelas secundarias y las universidades, maestros y profesores fueron obligados a implantar el ideal de la cultura en las mentes de los estudiantes y, en una sola generación, de estas enseñanzas emanó esa capacidad de sacrificio del individuo en interés de la nación que tanto asombró al mundo,

Como tan bien argumentó Benjamin Kid: "La meta del estado de Alemania estaba en todas partes para orientar a la opinión pública a través de los directores de sus departamentos espirituales y laicos, a través de la burocracia, a través de los oficiales del ejército, a través de la dirección estatal de la prensa y, por último, a través de la dirección estatal de todo el comercio y la industria del país, para llevar el idealismo de todo el pueblo a una idea, la política nacional de la Alemania moderna, y a su respaldo".

Alemania controlaba a la prensa, el clero y las escuelas; por lo tanto, ¿es de extrañar que produjera, en una sola generación, un ejército de soldados que representaban para la persona su ideal de cultura?

¿Es de extrañar que los soldados alemanes se enfrentaran a una muerte segura con una imperturbabilidad audaz, si tenemos en cuenta que les habían enseñado desde niños que el sacrificio es un raro privilegio? Pasemos ahora de esta breve descripción del modus operandi con el que Alemania preparó a su pueblo para la guerra a otro fenómeno extraño, Japón. Ninguna nación occidental, con excepción de Alemania, ha manifestado tan claramente su comprensión de la influencia de largo alcance que tiene la herencia social como lo ha hecho ese país. En una sola generación, Japón ha avanzado desde su situación como una nación de cuarta categoría hasta los niveles de las naciones que son las potencias reconocidas del mundo. Estudia a Japón y verás que impone en las mentes de sus jóvenes, exactamente con los mismos métodos empleados por Alemania, el ideal de subordinación de los derechos individuales por el bien de la acumulación de poder por parte del país.

Sólo hace falta un segundo para dar una reprimenda, pero quien la recibe puede necesitar toda una vida para olvidarla.

En todas sus controversias con China, los observadores competentes han visto que detrás de las causas aparentes estaba el intento sigiloso de Japón de dominar las mentes de los jóvenes a través del control de las escuelas. Si Japón pudiera controlar las mentes de los jóvenes chinos. Podría dominar a esa gigantesca nación.

Si quieren estudiar los efectos de la herencia social tal como se utiliza para el desarrollo de un ideal nacional por parte de otra nación de occidente, observen lo que ha estado ocurriendo en Rusia desde la llegada al poder del gobierno soviético que ahora está moldeando las mentes de los jóvenes para que se ajusten a un ideal nacional. Ese ideal, cuando se desarrolle plenamente durante la madurez de la actual generación, representará exactamente aquello que el gobierno soviético quiere que represente. De toda la inundación de propaganda acerca del gobierno soviético de Rusia que ha entrado a este país a través de las decenas de miles de columnas de espacios periodísticos dedicados a ella desde el final de la guerra, el siguiente breve informe es, con mucho, el más significativo, Los rusos encargan libros. Se están haciendo contratos en Alemania por 20.000.000 de ejemplares.

Propaganda educativa dirigida principalmente a niños.

Por George Witts

Cablegrama especial al Servicio Exterior del Chicago Daily News, Berlín, Alemania, 9 de noviembre de 1920.

Contratos para imprimir 20.000.000 de libros en el idioma ruso, principalmente para niños, se están firmando en Alemania en nombre del gobierno soviético por Grschebin, un conocido editor de Petrogrado y amigo de Máximo Gorky. Grschebin fue primero a Inglaterra, pero allí fue recibido con indiferencia cuando planteó el tema al gobierno británico. Lo, alemán sin embargo, no sólo le preparando una entusiasta bienvenida, sino que le propusieron unos precio, tan bajo, que ningún otro país, podría competir con ellos. Los Ullstein, editores de diarios y libros en Berlín, han acordado imprimir varios millones de libros a un precio menor que el coste. Esto es sólo una muestra de lo allí ocurrido. Lejos de quedar pasmados ante este significativo informe de prensa, la mayoría de periódicos de Estados Unidos no lo publicaron, y los que sí lo hicieron lo colocaron en un lugar poco llamativo del diario, en una tipografía pequeña. Su verdadera importancia será más evidente dentro de unos veinte años, cuando el gobierno soviético de Rusia haya desarrollado un ejército de soldados que respalden, para el hombre, cualquier ideal nacional que el gobierno soviético establezca.

La posibilidad de que la guerra exista actualmente como una dura realidad únicamente por el principio de la herencia social no sólo ha sido utilizada como una fuerza sancionadora en apoyo de la guerra, sino que, de hecho, ha sido utilizada como el principal medio por el cual las mentes de los hombres han sido preparadas deliberadamente para la guerra. Para hallar pruebas que apoyen esta afirmación, examinen cualquier historia nacional o del mundo y vean con cuánto tacto y con cuánta eficacia se ha glorificado la guerra, describiéndola de una manera que no conmocionara la mente, del estudiante sino que en realidad, estableciera una justificación plausible para ésta.

Acudan a las plazas públicas de nuestras ciudades y observen los monumentos erigidos a los líderes de la guerra. Fíjense en la postura de estas estatuas, levantadas como símbolos vivos para glorificar a unos hombres que no hicieron más que conducir a sus ejércitos a unas aventuras de destrucción. Observen lo bien que sirven estas estatuas de guerreros montados sobre corceles a la carga como un medio para estimular las mentes de los jóvenes y prepararlos para la aceptación de la guerra, no sólo como un acto perdonable, sino como una forma claramente deseable de alcanzar la gloria, la fama y el honor. En el momento en que escribo esto, algunas damas bienintencionadas están mandando esculpir la imagen de los soldados confederados en el granito inmortal de Stone Mountain en Georgia, en figuras de 30 metros de altura, buscando así perpetuar el recuerdo de una "causa perdida" que jamás fue una "causa" y, por lo tanto, cuanto antes se olvide, mejor.

Si estas referencias a los países como Rusia, Japón y Alemania parecen poco convincentes y abstractas, estudiemos entonces el principio de la herencia social tal como está funcionando, a una escala sumamente desarrollada, en Estados Unidos, pues quizá sería esperar demasiado del ser humano medio suponer que le interesará lo que está ocurriendo fuera de la parcela de terreno que limita en el norte con Canadá, en el este con el Atlántico, en el oeste con el Pacífico y en el sur con México.

Nosotros, también, estamos instalando en las mentes de nuestros jóvenes un ideal nacional, a través del principio de la herencia social, que ya se ha convertido en el ideal dominante de la nación. ¡El ideal del deseo de riqueza! Lo primero que preguntamos acerca de alguien que acabamos de conocer no es "¿Quién eres?", sino "¿Qué tienes?". Y la siguiente pregunta es: "¿Cómo puedo obtener eso que tú tienes?".

Nuestro ideal no se mide en términos de guerra, sino en términos de finanzas, industria y negocios. Nuestros Patrick Henry, nuestros George Washington y nuestros Abraham Lincoln de unas pocas generaciones atrás están ahora caracterizados por los líderes capaces que dirigen nuestras fábricas de acero, nuestras minas de carbón, nuestras tierras maderables, nuestras instituciones bancarias y nuestros ferrocarriles. Podemos negar esta acusación si queremos, pero los datos no respaldan tal negación. El problema más destacado del pueblo norteamericano en la actualidad es el espíritu de inquietud por parte de las masas que encuentran que su lucha por la subsistencia se está haciendo cada vez más dura porque los cerebros más competentes del país están dedicados al intento, sumamente competitivo, de acumular riqueza y controlar la maquinaria de producción de riqueza de la nación.

No es preciso extenderse mucho en esta descripción de nuestro ideal dominante, ni ofrecer pruebas que respalden su existencia, puesto que su existencia es evidente y la entienden tan bien los más ignorantes como los que se jactan de pensar correctamente.

Tan profundamente se ha instalado este loco deseo de dinero, que estamos absolutamente dispuestos a que las otras naciones del mundo se hagan añicos en la guerra, siempre y cuando no interfieran con nuestro afán de riqueza. Y ésta no es la parte más triste de la crítica que podríamos hacernos a nosotros mismos, pues no sólo estamos dispuestos a que otros países entren en guerra, sino que hay abundantes motivos para pensar que aquellos que se benefician de la venta de material armamentístico las fomentan.

Plan

La guerra surge del deseo de la persona de obtener una ventaja a expensas de sus semejantes, y los rescoldos de este deseo, que arden lentamente, son avivados hasta convertirse en una llama mediante la agrupación de esas personas que colocan los intereses de su grupo por encima de los de otros.

¡LA guerra HOY se puede detener súbitamente! Sólo puede ser eliminada a través de la educación, con la ayuda del principio de subordinación de los intereses individuales a los intereses de la humanidad en su totalidad. Las tendencias y las actividades del hombre, como ya hemos dicho, emanan de dos grandes fuerzas, una es la herencia física y la otra es la herencia social. A través de la herencia física, el hombre hereda esas tendencias tempranas a destruir a sus semejantes por autoprotección.

Esta práctica proviene del pasado, de la época en que la lucha por la supervivencia era tan grande que sólo sobrevivían los que eran físicamente fuertes.

Gradualmente, el ser humano empezó a darse cuenta de que una persona podía sobrevivir en circunstancias más favorables si se aliaba con otras. A partir de este descubrimiento, se desarrolló nuestra sociedad moderna, en la que grupos de personas han formado estados y éstos, a su vez, han creado naciones. La tendencia a la guerra entre las personas de un determinado grupo o nación es sumamente escasa, ya que a través del principio de la herencia social han aprendido que pueden sobrevivir mejor si subordinan el interés del individuo al interés del grupo.

> Desafortunado, ciertamente, es el hombre que se habitúa tanto al mal que ya no le parece abominable.

Ahora bien, el problema es extender este principio de agrupamiento, para que las naciones del mundo subordinen sus intereses individuales a los de la humanidad en su totalidad.

Esto sólo puede hacerse por el principio de la herencia social. Imponiendo en las mentes de los jóvenes de todas las razas que la guerra es abominable y "no sirve ni a los intereses de la persona que participa en ella, ni al grupo al que pertenece". Entonces surge la pregunta, "¿Cómo se puede conseguir esto?". Antes de responder a la pregunta, definamos una vez más el término "herencia social" y averigüemos cuáles son sus posibilidades.

La herencia social es el principio por el cual los jóvenes de la raza absorben de su entorno y, particularmente, de la formación inicial recibida de sus padres, sus maestros y sus líderes religiosos, las creencias y tendencias de los adultos que los dominan.

Cualquier plan para eliminar la guerra, para tener éxito, depende de la coordinación eficaz de esfuerzos de todas las iglesias y escuelas del mundo con el admitido propósito de fertilizar las mentes de los jóvenes con la idea de erradicar la guerra de manera tal que su mera mención produzca terror en sus corazones.

¡No hay ninguna otra forma de erradicar la guerra! La siguiente pregunta que surge es, "¿Cómo pueden organizarse las escuelas del mundo con este elevado ideal como objetivo?"

La respuesta es que no se puede persuadir a todas ellas para que entren simultáneamente en una alianza de este tipo, pero se puede convencer al número suficiente de las más influyentes y esto, con el tiempo, llevará u obligará a las restantes a entrar en la alianza en cuanto la opinión pública comience a dirigirla.

Luego viene la pregunta, ¿Quién tiene la influencia suficiente para convocar una asamblea de los líderes educativos más poderosos?

La respuesta es, el presidente y el Congreso de Estados Unidos. Esta iniciativa exigirá el apoyo de la prensa a una escala hasta ahora desconocida y, sólo por esta fuente, la propaganda comenzaría a llegar a las mentes de las personas de todos los países civilizados del mundo y a fertilizarlas, preparándolas para la adopción de un plan en escuelas del mundo entero. El plan para la erradicación de la guerra podría compararse a una gran obra teatral, con estos factores principales,

Montaje del escenario: Capitolio de los Estados Unidos.

Actores protagonistas: Presidente y miembros del Congreso.

Actores secundarios: Los principales educadores, todos en el escenario por invitación del gobierno de Estados Unidos, el cual asumirá todos los gastos.

Sala de prensa: Representantes de las agencias de noticias de todo el mundo.

Equipo para el escenario: Una emisora de radio que transmita todos los actos por medio mundo.

Título de la obra, "¡No matarás!"

Objetivo de la obra, La creación de un tribunal mundial, formado por representantes de todas las razas, cuya tarea consista en escuchar testimonios y juzgar las casos que surjan de los desacuerdos entre naciones.

Otros factores entrarían en esta gran obra teatral mundial, pero serían de menor importancia. Los temas principales y los factores esenciales están enumerados aquí.

Pero queda una pregunta, "¿Quién pondrá en marcha la maquinaria del gobierno de Estados Unidos para que cite esta asamblea?" La opinión pública, con la ayuda de un organizador y líder capaz, que organizará y dirigirá los esfuerzos de la Sociedad de la Regla de Oro, cuyo objetivo será hacer que el presidente y el Congreso actúen. Ninguna Sociedad de las Naciones y ningún mero acuerdo entre naciones puede erradicar la guerra mientras haya la mínima evidencia de aprobación de la guerra en los corazones de la gente. La paz universal entre naciones emergerá de un movimiento que comenzará y continuará, inicialmente, un número de pensadores relativamente reducido. Gradualmente, este número crecerá hasta que esté formado por los principales educadores y publicistas del mundo, y éstos, a su vez, establecerán la paz de una manera tan profunda y permanente como un ideal mundial que se acabará convirtiendo en realidad. Con el tipo de liderazgo adecuado, este fin deseable puede unirse en una sola generación, pero lo más probable es que sean necesarias muchas generaciones futuras para alcanzarlo puesto que, quienes tienen la capacidad de asumir este liderazgo, están demasiado ocupados persiguiendo la riqueza mundana como para hacer el sacrificio necesario para el bien de las generaciones que todavía no han nacido.

La guerra puede ser eliminada, pero no apelando a la razón, sino apelando al lado emocional de la humanidad. Esto debe hacerse organizando y suscitando las emociones de las personas de las diferentes naciones del mundo en apoyo de un plan universal para la paz, y éste debe ser impuesto en las mentes de las generaciones venideras con el mismo cuidado diligente con que ahora imponemos en las mentes de nuestros jóvenes el ideal de nuestras respectivas religiones. No es exagerado decir que las instituciones religiosas del mundo podrían establecer la paz universal como un ideal internacional en una generación si dirigieran a ese fin la mitad de los esfuerzos que dedican actualmente a enfrentarse unas a otras.

Lo que las principales escuelas y la prensa pública del mundo podrían conseguir para imponer el ideal de la paz universal en las mentes de los adultos y de los niños del mundo en una sola generación, asombraría a la imaginación. Si las religiones organizadas del mundo, tal como existen actualmente, no subordinan sus intereses y propósitos individuales al de establecer la paz universal, entonces la solución se encuentra en crear una institución religiosa universal que funcione con todas las razas y cuyo credo se base enteramente en el único propósito de implantar en las mentes de los jóvenes el ideal de una paz mundial.

Una institución así atraería gradualmente a seguidores de las filas de todas partes. Y si las instituciones educativas del mundo no cooperan en la promoción de este elevado ideal de paz universal, entonces la solución estará en la creación de un sistema educativo enteramente nuevo que implante en las mentes de los jóvenes el ideal de la paz universal. Y si la prensa pública del mundo no coopera en el establecimiento del ideal de la paz universal, entonces la solución será la creación de una prensa independiente que utilice tanto el papel impreso como las fuerzas del aire con el propósito de crear un apoyo masivo a este elevado ideal. En pocas palabras, si las actuales fuerzas organizadas del mundo no prestan su apoyo al establecimiento de la paz universal como un ideal internacional, entonces deben crearse nuevas organizaciones que lo hagan. La mayoría de la gente del mundo desea la paz, ¡Y allí reside la posibilidad de alcanzarla!

Inicialmente, pareciera como si fuera esperar demasiado que se pueda convencer a las instituciones religiosas organizadas del mundo de aunar su poder y subordinar sus intereses individuales a los de la civilización en su totalidad. Pero este obstáculo aparentemente insuperable en realidad no es ningún obstáculo, puesto que cualquier apoyo que este plan con· siga de las iglesias se lo devolverá multiplicado por mil mediante el aumento de poder que éstas experimentarán. Veamos qué ventajas obtendría una institución de su participación en este plan para establecer la paz universal como un ideal mundial. En primer lugar, se verá claramente que ninguna institución religiosa individual pierde ninguna de sus ventajas por aliarse con otras confesiones para establecer un ideal mundial. La alianza no cambia ni interfiere en modo alguno con el credo de ninguna institución. Todas las que entren en la alianza saldrán de ella con todo el poder y todas las ventajas que tenían antes, además de la ventaja adicional de la mayor influencia de que disfrutará la institución en su totalidad por haber servido como el factor fundamental en la implantación en la civilización del mayor beneficio del que ha disfrutado en la historia del mundo.

¡Empieza grandemente!
Aunque sólo tengas tiempo para una frase, que sea sublime. ...
Ningún fracaso es un crimen; solamente el aspirar a poco.

Si la institución no obtuviera ninguna otra ventaja de esta alianza, esta sería suficiente para compensarla. Pero la importante ventaja que habrá conseguido la institución religiosa con esta alianza será descubrir que tiene el poder suficiente para imponer sus ideales en el mundo cuando respalda en conjunto una iniciativa.

Con esta alianza, habrá captado la importancia de largo alcance del principio del esfuerzo organizado, con ayuda del cual podría dominar fácilmente el mundo e imponer sus ideales en la civilización.

Actualmente, las instituciones son, con mucho, el mayor poder potencial en el mundo, pero su poder es meramente potencial y seguirá siéndolo hasta que hagan uso del principio del esfuerzo conjunto u organizado; es decir, hasta que todas las confesiones formulen un acuerdo de trabajo en el que la fuerza combinada de las religiones organizadas se utilice como un medio para imponer un ideal superior en las mentes de los jóvenes.

La razón por la cual es el mayor poder potencial en el mundo es porque su poder surge de las emociones del hombre. Las emociones gobiernan el mundo y la institución religiosa es la única organización que se apoya únicamente en el poder de la emoción. Es el único factor organizado de la sociedad que tiene la capacidad de aprovechar y dirigir las fuerzas emocionales de la civilización, puesto que las emociones son controladas por la FE, ¡Y no por la razón! Y es la única gran corporación organizada en la que se centra la fe del mundo. La institución religiosa, actualmente, es una de las diversas unidades de poder que están desconectadas, y no estaríamos exagerando las posibilidades si dijéramos que cuando estas unidades se conecten mediante el esfuerzo conjunto, el poder combinado de dicha alianza gobernará el mundo ¡Y no habrá ningún poder opuesto sobre la tierra que pueda derrotarla!

Esta afirmación va seguida de otra que puede parecer más radical, pero sin ánimo de desalentar. A saber, la tarea de crear esta alianza de las instituciones en apoyo del ideal mundial de la paz universal debe descansar en los miembros femeninos de ésta, puesto que la erradicación de la guerra promete unas ventajas que podrían prolongarse en el futuro y que sólo pueden corresponder a las generaciones que todavía no han nacido.

En la amarga acusación de Schopenhauer a la mujer, inconscientemente dijo una verdad en la que descansa la esperanza de la civilización cuando declaró que, para ella, la raza humana siempre es más que la persona. Schopenhauer acusa a la mujer de ser la enemiga natural del hombre por esta característica innata de poner los intereses de la humanidad por delante de los de la persona. Me parece una profecía razonable sugerir que la civilización ha entrado en una nueva era, empezando con la Guerra Mundial, en la que la mujer debe hacerse cargo de elevar los valores éticos del mundo. Esta es una señal esperanzadora, puesto que está en la naturaleza de la mujer subordinar los intereses del presente a los del futuro. Está en su naturaleza implantar en la mente de los jóvenes ideales que beneficien a las generaciones que todavía no han nacido, mientras que, por lo general, el hombre suele estar motivado por las oportunidades del presente. En el cruel ataque de Schopenhauer a la mujer, ha declarado una gran verdad respecto a su naturaleza, una verdad que bien podría ser utilizada por todos aquellos que se dedican a la valiosa labor de establecer la paz universal como un ideal mundial.

Las asociaciones de mujeres del mundo están destinadas a tener un papel en los asuntos mundiales, aparte de conseguir el sufragio universal. ¡Que la civilización recuerde esto!

Quienes no desean la paz son aquellos que se benefician de la guerra. En número, este grupo solo constituye un fragmento del poder mundial, y podría ser eliminado como si no existiera, si la multitud que no desea la guerra se organizara con el elevado ideal de la paz universal como objetivo.

Para terminar, me parece apropiado disculparme por el estado inacabado de este ensayo, pero podría ser perdonable sugerir que los ladrillos y el mortero, y las primeras piedras y todos los otros materiales necesarios para la construcción del templo de la paz universal han sido reunidos aquí, donde podrían ser reorganizados y convertidos en este elevado ideal como una realidad mundial. Procedamos ahora a aplicar el principio de la herencia social al tema de la economía comercial y a determinar si puede o no tener beneficios prácticos en la adquisición de riqueza material.

Si yo fuera banquero, conseguiría una lista de todos los nacimientos en las familias dentro de una determinada distancia a mi lugar de trabajo y haría que cada uno de los bebés recibiera una carta apropiada, felicitándolo por su llegada al mundo en un momento tan oportuno, en un vecindario tan favorable, y a partir de ese momento recibiría de su banco una tarjeta de cumpleaños adecuada. Cuando llegara a la edad de los cuentos, recibiría de su banco un interesante libro de cuentos en el que, en forma de una historia, se le hablaría de las ventajas de ahorrar. Si se tratara de una niña, recibiría como regalo de cumpleaños libros con muñecas recortables con el nombre del banco en la parte posterior de cada muñeca. Si se tratara de un niño, recibiría bates de béisbol. Se separaría uno de los pisos más importantes de su banco (o incluso un edificio entero, cercano) como sala de juegos para los niños, la cual estaría equipada con tiovivos, toboganes, columpios, patinetes, juegos y montoncitos de arena, con un supervisor competente encargado de hacer que los niños se divirtieran. Dejaría que esa sala de juegos se convirtiera en un hábitat popular de los niños del vecindario, donde las madres pudieran dejar a sus retoños en un entorno seguro mientras hacen sus compras o están de visita.

Entretendría a estos jovencitos de una forma tan espléndida, que cuando crecieran y abrieran cuentas que valieran la penal estarían inseparablemente ligados a mi banco. Entretanto, no desperdiciaría, en modo alguno, mis oportunidades de hacer que sus padres y madres depositaran su dinero.

Si yo fuera propietario de una escuela de comercio, empezaría cultivando a los niños y las niñas de mi vecindario desde el momento en que llegaran a la educación primaria, y continuando en el instituto, de manera que cuando acabaran la enseñanza secundaria y estuvieran preparados para elegir una vocación, el nombre de mi escuela de comercio estaría bien fijado en sus mentes.

Si fuera comerciante, o propietario de unos grandes almacenes, o farmacéutico cultivaría a los niños, para de ese modo, atraerlos a ellos y a sus padres a mi negocio, pues es sabido que no hay camino más corto para llegar al corazón de un padre o una madre que aquel que pasa por el interés manifiesto en sus hijos. Si fuese propietario de unos grandes almacenes y me anunciara en páginas enteras en los periódicos, como hace la mayoría, tendría una tira cómica en la parte inferior de cada página y la ilustraría con escenas de mi sala de juegos y, de ese modo, induciría a los niños a leer mis anuncios.

Si fuera predicador, equiparía el sótano de mi institución religiosa con una sala de juegos que atrajera a los niños del vecindario todos los días de la semana. y si mi estudio estuviera cerca de allí, pasaría por la sala de juegos y disfrutaría de la diversión con los pequeños, obteniendo así la inspiración para representar mejores sermones mientras, al mismo tiempo, conseguía asistentes para el futuro.

Si fuera publicista a nivel nacional, o el propietario de una empresa de ventas por correo, encontraría maneras y medios apropiados para establecer un punto de contacto con los niños del país, pues, permíteme repetirlo, no hay mejor forma de influir en un padre que "capturando" al niño.

Si fuera barbero, tendría una habitación equipada exclusivamente para los niños, pues ello me traería el favor tanto de los padres como de los hijos.

La resolución es uno de los factores esenciales para el éxito en la vida, sea cual sea tu meta.

JOHN D. ROCKEFELLER, JR.

En los alrededores de cada ciudad hay una oportunidad para tener un negocio floreciente para alguien que lleve un restaurante y sirva platos de "comida casera" de la mejor calidad, o atender a familias que quieran llevar a sus hijos a comer fuera ocasionalmente. Si yo lo gestionara, tendría el lugar equipado con unas charcas bien provistas de peces, y tendría ponis y todo tipo de animales y aves en los que los niños están interesados, y convencería a los pequeños para que vinieran habitualmente a pasar todo el día allí. ¿Por qué hablar de minas de oro cuando oportunidades como éstas abundan?

Éstas son algunas de las formas como se puede usar provechosamente el principio de la herencia social en los negocios. ¡Atrae a los Hijos y atraerás a sus padres!

Si las naciones pueden crear soldados de guerra a la orden, inclinando las mentes de los jóvenes en dirección a la guerra, los hombres de negocios pueden crear clientes a la orden con el mismo principio. Ahora llegamos a otro rasgo distintivo importante de esta lección, a través de la cual veremos, desde otro ángulo, cómo se puede acumular poder a través del ESFUERZO ORGANIZADO Y cooperativo. En el plan para la erradicación de la guerra, observaste cómo la coordinación de esfuerzos entre tres de los grandes poderes organizados del mundo (escuelas, instituciones religiosas y prensa pública) pueden servir para imponer la paz universal.

Aprendimos muchas lecciones valiosas de la Primera Guerra Mundial, terrible y destructiva como fue, pero ninguna tan importante como la del efecto del ESFUERZO ORGANIZADO. Recordarás que la corriente de la guerra empezó a ir a favor de los ejércitos aliados justo después de que todas las fuerzas armadas pasaran a ser dirigidas por el general Foch, lo cual produjo una absoluta coordinación de esfuerzos en las filas aliadas. Nunca antes en la historia del mundo se había concentrado tanto poder en un grupo de hombres como el que se creó a través del esfuerzo organizado de los ejércitos aliados. Ahora llegamos a uno de los hechos más destacables y significativos que se pueden encontrar en el análisis de estos ejércitos aliados, a saber, que estaban constituidos por el grupo de soldados más cosmopolita que se ha reunido jamás en el mundo.

Católicos y protestantes, judíos y gentiles, negros y blancos, asiáticos y morenos, y todas las razas del mundo estaban representadas en esos ejércitos. Si tenían alguna diferencia por motivo de la raza o el credo, la dejaban de lado y la subordinaban a la causa por la que estaban luchando. Bajo la tensión de la guerra, la gran masa de la humanidad se vio reducida a un nivel común en el que luchaba hombro a hombro, lado a lado, sin hacerse preguntas acerca de las tendencias raciales o las creencias religiosas.

Si ellos fueron capaces de dejar de lado la intolerancia durante el tiempo suficiente para luchar por sus vidas allí, ¿por qué no hacemos nosotros lo mismo aquí mientras luchamos por unos valores éticos más elevados en los negocios, las finanzas y la industria? ¿Únicamente cuando las personas civilizadas luchan por sus vidas pueden tener la visión de dejar de lado la intolerancia y cooperar para promover una meta común?

Si era ventajoso para los ejércitos aliados pensar y actuar como un cuerpo perfectamente coordinado, ¿sería menos ventajoso para las personas de una ciudad o un vecindario o una industria hacer lo mismo?

¿Es que no ves que si todas las instituciones religiosas, escuelas, diarios, asociaciones y organizaciones cívicas de tu ciudad se aliaran para promover una causa común crearían el poder suficiente para asegurar el éxito de dicha causa? Acerca un poco más esta ejemplificación a tus propios intereses individuales mediante una alianza imaginaria entre todos los jefes y todos los empleados de tu ciudad con el propósito de reducir las fricciones y los malentendidos, permitiéndoles así prestar un mejor servicio a menor costo para el público y mayores beneficios para ellos. De la Guerra Mundial aprendimos que no podemos destruir una parte sin debilitar a la totalidad; que cuando una nación o un grupo de personas se ven reducidas a la pobreza y la necesidad, el resto del mundo sufre también. Dicho inversamente, aprendimos de la Guerra Mundial que la cooperación y la tolerancia son los cimientos mismos de un éxito duradero. Sin duda, las personas más serias y observadoras no dejarán de beneficiarse (como personas) de estas grandes lecciones que aprendimos de la guerra.

Soy consciente del hecho de que probablemente tú estás estudiando este curso con el propósito de beneficiarte, de todas las maneras posibles, desde un punto de vista puramente personal, de los principios en los que se funda. Precisamente por este motivo, he procurado explicar la aplicación de los mismos en la gama más amplia posible de temas. En esta lección, has tenido la oportunidad de observar la aplicación de los principios que subyacen a los temas del esfuerzo organizado, la tolerancia y la herencia social en la medida en que pueda darte que pensar y en que pueda aportar a tu imaginación mucho espacio para ejercitarse.

He procurado mostrarte cómo se pueden emplear estos principios para promover tus propios intereses individuales en cualquiera que sea tu profesión y para beneficiar a la civilización en su totalidad.

Tanto si tu vocación es pronunciar sermones, vender artículos o servicios personales, practicar el derecho, dirigir los esfuerzos de otros o trabajar como jornalero, no me parece exagerado esperar que encontrarás en esta lección un estímulo para el pensamiento que podría llevarte a conseguir mayores éxitos. Si, por casualidad, eres escritor de anuncios publicitarios, seguramente encontrarás en esta lección el suficiente alimento para el pensamiento como para añadir más poder a tu pluma. Si vendes servicios personales, no es poco razonable esperar que esta lección te sugiera maneras y medios para comercializarlos sacándoles un mayor partido.

Al revelarte la fuente a partir de la cual suele desarrollarse la intolerancia, esta lección también te ha llevado al estudio de otros temas que dan que pensar y que podrían marcar, fácilmente, la coyuntura más beneficiosa de tu vida. Los libros y las lecciones, en sí mismos, tienen poco valor; su valor real, si lo tienen, no se encuentra en sus páginas impresas, sino "la posible acción que podría motivar al lector a realizar".

Por ejemplo, cuando mi correctora de pruebas acabó de leer el manuscrito para esta lección, me informó de que les había impresionado tanto a su marido y a ella, que tenía la intención de entrar en el negocio publicitario y ofrecer a los bancos un servicio de publicidad que llegara a los padres a través de los hijos. Ella está convencida de que podría ganar diez mil dólares anuales con este plan. Francamente, su plan me pareció tan atractivo que yo calcularía su valor, como mínimo, en más del triple de la cifra mencionada por ella, y no dudo que se podría ganar cinco veces más que esa cantidad si fuese organizado y comercializado por un vendedor capaz. y esto no es todo lo que esta lección ha conseguido antes de abandonar la etapa de manuscrito. Un importante propietario de una escuela superior, al cual te mostré el manuscrito, ya ha comenzado a aplicar la sugerencia referente al uso de la herencia social como un medio para "cultivar" a los estudiantes, y es lo bastante optimista como para creer que se podría vender un plan, similar al que pretende usar, a la mayoría de las 1.500 escuelas de comercio de Estados Unidos y Canadá, sobre una base que produciría, para el promotor del plan, unos ingresos anuales mayores que el salario del presidente de Estados Unidos.

Y, mientras acabo esta lección, he recibido una carta del doctor Charles F. Crouch, de Atlanta, Georgia, en la que me informa de que un grupo de importantes hombres de negocios de Atlanta acaban de organizar el CLUB DE LA REGLA

DE ORO, cuyo principal objetivo es poner en funcionamiento, a escala nacional, el plan para la erradicación de la guerra tal como se explica en esta lección. (Varias semanas antes de acabar esta lección, le envié al doctor Crouch una copia de la parte de la lección que trata sobre la erradicación de la guerra). Estos tres hechos, que ocurrieron uno detrás del otro en un período de pocas semanas, han reforzado mi creencia de que, de las dieciséis lecciones, ésta es la más importante, pero el valor que tenga para ti dependerá enteramente de la medida en que te incite a pensar y a actuar de una forma en que no lo habrías hecho sin su influencia.

El principal objetivo de este curso y, particularmente, de esta lección es educar, más que informar: "educar" en el sentido de deducir: sacar, desarrollar desde el interior, para hacer que uses el poder que está dormido dentro de ti, esperando", despertado por la mano de algún estímulo apropiado para incitarle a la acción.

Para terminar, permíteme que te deje con mis sentimientos personales de tolerancia en el siguiente ensayo que escribí al pasar por mi experiencia más difícil, cuando un enemigo estaba intentando arruinar mi reputación y destruir los resultados de toda una vida de esfuerzos honestos por hacer algún bien en el mundo.

TOLERANCIA

Cuando el amanecer de la inteligencia haya extendido sus alas sobre el horizonte oriental del progreso, y la ignorancia y la superstición hayan dejado sus últimas huellas en las arenas del tiempo, quedará registrado en el libro de los crímenes y errores del hombre que su pecado más grave fue el de la intolerancia. La intolerancia más implacable surge de las diferencias de opiniones raciales y religiosas, como resultado de una formación en la más temprana infancia. ¿Cuánto tiempo ha de pasar, ay, Señor de los destinos humanos, hasta que nosotros, pobres mortales, comprendamos la locura de intentar destruirnos unos a otros por causa de dogmas, credos y otros asuntos superficiales en los que no estamos de acuerdo? El tiempo del que disponemos en esta tierra es, en el mejor de los casos, ¡un breve instante! Como una vela, se nos enciende, brillamos durante unos momentos, ¡Y luego nos apagamos! ¿Por qué no podemos vivir durante esta breve estadía en la tierra de manera tal que cuando la gran caravana llamada muerte se acerque y anuncie que la visita está a punto de acabar, estemos preparados para plegar nuestras tiendas y, como los árabes del desierto, seguirla silenciosamente hasta las tinieblas de lo desconocido sin miedo y sin temblar?

Cuando haya cruzado al otro lado, espero no hallar ni judíos ni gentiles, ni católicos ni protestantes, ni alemanes ni ingleses, ni franceses ni rusos, ni blancos ni negros, ni rojos ni amarillos...

Espero encontrar únicamente almas humanas, todos hermanos y hermanas que no estén marcados por la raza, el credo o el color, pues quiero haber acabado con la intolerancia, para poder tenderme y descansar durante uno o dos períodos, sin ser molestado por la lucha, la ignorancia, la superstición y los pequeños malentendidos que manchan esta existencia terrenal con caos y dolor.

> Si un hombre ha desarrollado un carácter sólido, poco importa lo que la gente diga de él, porque, al final, él acabará ganando.
> NAPOLEON HILL, PADRE

Decimosexta lección
LA REGLA DE ORO

"¡Puedes hacerlo si crees que puedes!"

Con esta lección nos aproximamos a la cima de la pirámide de este curso sobre las LEYES DEL ÉXITO. Esta lección es la estrella guía que te permitirá utilizar provechosa y constructivamente los conocimientos recogidos en las lecciones anteriores. Hay más poder contenido en las lecciones anteriores de este curso del que la mayoría de las personas se permitirían usar; por lo tanto, esta lección es un regulador que, si es observado y aplicado, te dejará conducir tu nave de conocimientos por encima de las rocas y los arrecifes del fracaso que suelen dificultar el camino de todos aquellos que repentinamente se encuentran en posesión del poder.

Durante más de veinticinco años he estado observando la manera en que se comportan las personas cuando tienen poder y me he visto obligado a concluir que quien lo obtiene mediante un proceso que no sea lento, paso a paso, está continuamente en peligro de destruirse y de destruir a todos aquellos en los que influye. Ya debe ser evidente para ti que este curso, en su totalidad, conduce a la adquisición de un poder de unas proporciones tales que puede conseguir lo aparentemente "imposible". Afortunadamente, queda claro que este poder sólo puede obtenerse mediante la observancia de varios principios fundamentales que convergen en esta lección, la cual se basa en una ley que iguala y trasciende en importancia a todas las demás leyes explicadas en las lecciones precedentes. Asimismo, queda claro para el estudiante serio que este poder puede perdurar únicamente mediante la observancia fiel de la ley en la que se basa esta lección, en la cual se encuentra la "válvula de seguridad" que protege al alumno descuidado de los peligros de sus propias necedades y además protege a aquellas personas a las que podría poner en peligro si tratara de pasar por alto lo que se indica en esta lección.

"Bromear" con el poder que se puede obtener de los conocimientos incluidos en las lecciones anteriores de este curso, sin una plena comprensión y una estricta observancia de la ley expresada en esta lección, equivale a "bromear" con un poder que podría destruir tanto como es capaz de crear.

> No hay nadie que pueda leer la filosofía de las LEYES DEL ÉXITO, aunque fuera una sola vez, sin estar en consecuencia mejor preparado para tener éxito en cualquier actividad a la que se dedique.
>
> ELBERT H. GARY

Ahora no estoy hablando de algo que sospecho que es cierto, sino de algo ¡que sé que es verdad! La verdad en la que se basa todo este curso, y esta lección en particular, no es una invención mía. No hago ninguna reivindicación de ella, excepto la de haber observado su aplicación invariable en los ámbitos cotidianos de la vida durante un período de más de veinticinco años de lucha y de haber hecho todo el uso de ella que pude, a la luz de mis fragilidades y debilidades humanas. Si exiges una prueba concluyente, de la solidez de las leyes en las que se basa este curso en general y esta lección en particular, debo declarar mi incapacidad de ofrecértela, excepto a través de un único testigo, y ése eres tú. Puedes obtener una prueba concluyente, únicamente si pruebas y aplicas estas leyes tú mismo.

Si exiges unas pruebas más sustanciales y autoritarias que las mías, entonces tendré el privilegia de remitirte a las enseñanzas y la filosofía de Platón, Sócrates, Epíteto, Confucio, Emerson y dos filósofos más modernos, James y Münsterberg, de cuyas obras he extraído los fundamentos más importantes de esta lección, con excepción de lo que he obtenido de mi propia y limitada experiencia. Durante más de cuatro mil años, el hombre ha venido predicando la REGLA DE ORO como una regla adecuada para la conducta del ser humano, pero desgraciadamente el mundo ha aceptado las palabras escritas aunque sin captar, en absoluto, el espíritu de este mandato universal.

Hemos aceptado la filosofía de la REGLA DE ORO solamente como una regla sensata para la conducta ética, pero no hemos llegado a comprender la ley en la que se basa. He oído citar la REGLA DE ORO decenas de veces, pero no recuerdo haber oído jamás una explicación de la ley en la que se basa y empecé a comprender esta ley sólo hace pocos años, por lo que me inclino a pensar que quienes la citaban no la entendían. La REGLA DE ORO consiste, sustancialmente, en tratar a los demás como te gustaría que te trataran a ti si las posiciones estuvieran invertidas. Pero, ¿por qué? ¿Cuál es la verdadera razón de esta amable consideración hacia los demás?

La verdadera razón es ésta, hay una ley eterna por cuyo funcionamiento uno recoge lo que siembra. Cuando eliges la regla de conducta con la que te guiarás en tus relaciones con los demás, muy probablemente serás justo y equitativo si sabes que, por esa elección, estás poniendo en movimiento un poder que seguirá su curso, para bien o para mal, en las vidas de otras personas y que al final regresará para ayudarte o para perjudicarte, según sea su naturaleza.

"Aquello que un hombre siembre, ¡también lo recogerá! Tienes el privilegio de tratar injustamente a los demás, pero si comprendes la ley en que se basa la REGLA DE ORO, debes saber que tu trato injusto "producirá su fruto amargo".

Si comprendes plenamente los principios descritos en la undécima lección, que trata sobre el pensamiento, te resultará bastante fácil entender la ley en que se basa la REGLA DE ORO. No puedes forzar o cambiar el rumbo de esta ley, pero puedes adaptarte a su naturaleza y, de ese modo, usarla como un poder irresistible, que te llevará a unas alturas de algo que no podrías alcanzar sin su ayuda.

> Todo hombre se cuida de que su prójimo no lo engañe, pero llega un día en que empieza a preocuparse de no engañar a su prójimo. Entonces todo va bien: ha convertido su carrito de supermercado en un carro del sol.

Esta ley no se detiene en la mera devolución de tus actos de injusticia y falta de amabilidad hacia los demás, sino que va más allá (mucho más allá) y te devuelve los resultados de cada pensamiento que emites. Por lo tanto, no sólo es aconsejable que "trates a los demás como te gustaría que te trataran" sino que, para recibir plenamente los beneficios de esta gran ley universal, debes "pensar de los demás como te gustaría que piensen de ti".

La ley en que se basa la REGLA DE ORO empieza a afectarte, para bien o para mal, en el momento en que liberas un pronunciamiento. El hecho de que generalmente la gente no comprenda esta ley, prácticamente ha producido una tragedia a escala mundial. A pesar de su simplicidad, es casi todo lo que hay que aprender que tenga un valor duradero para el hombre, pues es el medio por el cual nos convertimos en maestros de nuestro propio destino.

Durante épocas de menor ilustración y tolerancia que la actual, algunos de los más grandes pensadores que el mundo ha producido han pagado con sus vidas la osadía de revelar esta ley universal para que pudiera ser comprendida por todos. A la luz de la historia del mundo, es alentador constatar, en apoyo del hecho de que el ser humano está retirando gradualmente el velo de ignorancia e intolerancia, que no corro riesgo de sufrir un daño físico por estar escribiendo algo que, hace unos siglos, me habría costado la vida. Aunque este curso trata sobre las leyes más elevadas del universo que el hombre es capaz de interpretar, su propósito es mostrar cómo se pueden utilizar en los asuntos prácticos de la vida. Con este objeto de aplicación práctica en mente, procedamos ahora a analizar el efecto de la REGLA DE ORO a través del siguiente incidente:

El poder de la oración

-No --dijo el abogado-- no insistiré en su demanda contra ese hombre. Puede buscar a otra persona para que lleve su caso, o puede retirar la demanda. Como usted quiera.

-¿Cree que no se puede ganar dinero con ella?

-Probablemente se pueda ganar dinero con ella, ¡pero provendría de la subasta de esa casita que el hombre ocupa y llama su hogar! De todos modos, no quiero mezclarme en ese asunto.

-Lo asusta, ¿eh?

-En absoluto.

-Supongo que probablemente el tipo le ha rogado insistentemente para que lo deje, ¿verdad?

-Bueno, sí, lo hizo.

-y probablemente, usted cedió.

-Sí.

-¿Qué hizo usted?

-Supongo que derramé algunas lágrimas.

-¿Y dice usted que el tipo le rogó insistentemente?

-No, yo no he dicho eso. Él no me dijo ninguna palabra.

-Bueno, ¿podría preguntarle, con todo respeto, a quién se dirigió en su vista?

-A Dios

-Ah, ¿se puso a rezar?

-No que yo sepa, al menos. Verá, encontré la pequeña casa fácilmente y llamé a la puerta, que estaba entreabierta, pero nadie me oyó, de modo que entré en el pequeño recibidor y vi, por la rendija de una puerta, una acogedora salita y allí, sobre la cama, con su cabeza plateada sobre las almohadas, se hallaba una anciana exactamente con el mismo aspecto que tenía mi madre la última vez que la vi en este mundo. Pues bien, estaba a punto de llamar a la puerta, cuando ella dijo, "Vamos, papá, empieza ya. Estoy preparada". Y, de rodillas, a su lado, había un hombre anciano, de cabello blanco, todavía más viejo que su esposa, diría yo, y no fui capaz de llamar a la puerta, lo juro por mi vida. Pues bien, él empezó. Primero le recordó a Dios que ellos seguían siendo Sus hijos sumisos, mamá y él, y que no importaba lo que Él considerara adecuado que les sobreviniera, ellos no se rebelarían ante Su voluntad. Sin duda, sería difícil para ellos quedarse sin casa a su avanzada edad, especialmente con la pobre mamá tan enferma y desvalida, y qué distinto habría sido si alguno de los chicos viviera todavía. Entonces su voz se quebró y una mano blanca emergió sigilosamente de debajo de la colcha y acarició suavemente su pelo níveo. Él siguió repitiendo que nada podía ser tan duro como haber tenido que despedirse de sus tres hijos, excepto que mamá y él fuesen separados.

"Pero, finalmente, el anciano se consoló con el hecho de que Dios sabía que no era debido a ninguna falta suya que mamá y él se vieran amenazados con la pérdida de su querida casita, lo cual significaría mendigar y vivir en el refugio para pobres, rezaban para no tener que ir allí, si eso era consecuente con la voluntad de Dios. Y entonces él citó una multitud de promesas de seguridad para quienes depositan su confianza en Él. De hecho, ése ha sido el ruego más emocionante que he oído jamás. Y finalmente rezó para que Dios bendijera a todos aquellos que están a punto de pedir justicia".

Entonces, el abogado continuó, más humilde que nunca,

-y creo que prefiero tener que ir yo mismo al asilo para pobres, antes que manchar mi corazón y mis manos con la sangre de un juicio como ése.

-Tiene un poco de miedo de derrotar a la oración del anciano-

-Por Dios, hombre, ¡no es posible derrotarla!-dijo el abogado-.

Le digo que dejó todo en manos de Dios, pero afirmó que se nos ha dicho que debemos darle a conocer nuestros deseos. De todos los alegatos que he oído en mi vida, ése los supera con creces. Verá, en mi infancia me enseñaron ese tipo de cosas. De cualquier modo, ¿por qué fui enviado a oír esa invocación? Estoy seguro de que no lo sé, pero no le paso este caso a otra persona.

-Ojalá -dijo el cliente moviéndose intranquilo- usted no me hubiera hablado de la oración del anciano...

-¿Por qué motivo?

-Bueno, porque quiero el dinero que me daría esa casa, pero me enseñaron de una forma bastante directa cuando era niño y odiaría oponerme a lo que usted me cuenta. Ojalá no hubiera escuchado ni una palabra al respecto, y en otra época no habría escuchado peticiones que estaban dirigidas a mis oídos.

El abogado sonrió.

-Mi querido amigo -dijo- vuelve a equivocarse otra vez.

Estaba dirigido a mis oídos y a los suyos también, y Dios quiso que así fuera. Si mal no recuerdo, mi anciana madre solía cantar que Dios se movía de maneras misteriosas.

-Bueno, mi madre solía cantar eso también -dijo el demandante, mientras retorcía los papeles de la demanda entre sus dedos.

-Si quiere, puede llamar por la mañana y decirles a "mamá" y a Él, que la demanda ha sido retirada.

Ni esta lección, ni el curso del que forma parte, se basan en un llamamiento a la sensiblería, pero no se puede escapar a la verdad de que el éxito, en su forma más elevada y noble, finalmente lo lleva a uno a ver todas las relaciones humanas con un sentimiento de profunda emoción como el que este abogado tuvo al escuchar la oración del anciano.

Quizá ésta sea una idea anticuada, pero, de algún modo, no puedo evitar creer ¡que nadie puede alcanzar el éxito en su forma más elevada sin la ayuda de la oración sincera! La oración es la llave con la que uno puede abrir la puerta secreta a la que me referí en la undécima lección.

En estos tiempos de asuntos mundanos, cuando el pensamiento predominante de la mayoría de gente está centrado en la acumulación de riqueza o en la lucha por la mera subsistencia, es fácil y natural que subestimemos el poder de la oración sincera.

No estoy diciendo que debas recurrir a la oración como un medio para resolver tus problemas cotidianos que exigen una atención inmediata, no voy a ir tan lejos en un curso de formación que será estudiado principalmente por quienes buscan en él el camino hacia un éxito que se mide en dinero pero, ¿te puedo sugerir modestamente que al menos le des una oportunidad a la oración cuando todo lo demás no consiga proporcionarte un éxito satisfactorio?

Treinta hombres despeinados y con los ojos enrojecidos formaban una fila delante del juez del tribunal correccional de San Francisco. Era el grupo habitual de borrachos y revoltosos. Algunos eran viejos y se habían endurecido; otros inclinaban la cabeza avergonzados. Justo cuando el desorden momentáneo de la entrada de los prisioneros se tranquilizó, ocurrió algo extraño. Una voz fuerte y clara, proveniente de la parte inferior, comenzó a cantar:

> "Anoche mientras dormía,
> tuve un sueño muy bonito".

"¡Anoche!" Para todos ellos había sido una pesadilla o el estupor de una borrachera. La canción fue un contraste tan grande con la terrible realidad que nadie pudo evitar conmocionarse repentinamente ante el pensamiento que la canción sugería.

"Estaba en la vieja Jerusalén,
junto al Templo que hay allí"…

Continuaba la canción. El juez hizo una pausa. Hizo sus averiguaciones tranquilamente. Un antiguo miembro de una famosa compañía de ópera conocida en el país entero estaba esperando un juicio por falsificación. Era él quien cantaba en su celda. Entretanto, la canción continuaba y todos los hombres de la fila dejaban ver su emoción. Uno o dos de ellos cayeron de rodillas; un chico que estaba al final de la cola, tras un desesperado esfuerzo por controlarse, se apoyó contra la pared, escondió su rostro entre sus brazas cruzados y sollozó: "Ay, mamá, mamá", Los sollozos, que penetraban en el corazón mismo de los hombres que los escuchaban, y la canción, que todavía se abría paso por la sala, se fundieron con el silencio. Finalmente, un hombre protestó, "Señor juez, dijo, ¿tenemos que soportar esto? Estamos aquí para recibir nuestro castigo, pero esto…" Y él, también, empezó a sollozar.

Era imposible continuar con los asuntos del juzgado, pero no se dio la orden de detener la canción. El sargento de policía, tras un esfuerzo por mantener a los hombres en fila, dio un paso atrás y esperó con el resto. La canción llegó a su clímax,

¡Jerusalén, Jerusalén!
¡Canta, pues la noche ha terminado!
¡Exclamación, en lo más alto!
¡Exclamación, por siempre jamás!"

Las últimas palabras sonaron en un éxtasis de melodía y luego se hizo el silencio. El juez observó los rostros de los hombres que estaban delante de él. No había ninguno que no se hubiera conmovido con la canción; ninguno en el que no se hubiera despertado algún impulso mejor. No llamó a los casos individualmente, con algunos consejos amables, los dejó marchar a todos. Ningún hombre fue multado, ni sentenciado a vivir en el asilo de pobres aquella mañana. La canción había hecho un mayor bien del que e! castigo hubiera podido llegar a hacer. Has leído la historia de un abogado de la REGLA DE ORO y la de un juez de la REGLA DE ORO. En estos dos incidentes triviales de la vida cotidiana, has observado cómo funciona la REGLA DE ORO cuando se la aplica.

> Un gesto bondadoso de poca importancia aquí y allí, es apenas un episodio sencillo y pequeño; pero si en tu vida los has sembrado generosamente, tu cosecha de felicidad será abundante.

Una actitud pasiva hacia la REGLA DE ORO no producirá resultados; no hasta con creer en esta filosofía si, al mismo tiempo, uno no la aplica en sus relaciones con los demás. Si quieres resultados, debes tener una actitud activa hacia la REGLA

DE ORO. Una mera actitud pasiva, representada por la creencia en su solidez, será inútil.

También será inútil proclamar al mundo tu creencia en la REGLA DE ORO, si tus actos no están en armonía con tu proclamación. Dicho inversamente, no te servirá de nada aparentar que practicas la REGLA DE ORO si, en el fondo, estás deseando usar esta ley universal de conducta correcta como un manto para cubrir tu naturaleza codiciosa y egoísta. Todo acaba por saberse. Incluso la persona más ignorante te "percibirá" tal como eres.

El carácter humano se está publicando continuamente. No puede ocultarse. Detesta la oscuridad; corre hacia la luz... Oí a un abogado experimentado decir que jamás temía el efecto que pudiera tener sobre el jurado un abogado que no está convencido en lo más profundo de su ser de que su cliente se merece un veredicto favorable. Si él no lo cree, su incredulidad será patente a pesar de todas sus protestas, y se convertirá en la incredulidad del jurado. Ésta es la ley según la cual una obra de arte, de cualquier tipo, nos coloca en el mismo estado de ánimo en que se encontraba el artista cuando la realizó. Aquello que no creemos, no lo podemos expresar adecuadamente, aunque repitamos las palabras con mucha frecuencia. Ésta fue la convicción que expresó Swedenborg cuando describió a un grupo de personas en el mundo espiritual que trataban en vano expresar una propuesta en la que no creían: no lo conseguían, por mucho que movieran y arrugaran los labios, incluso hasta la indignación.

"Un hombre deja ver lo que vale. Lo que él es se graba en su rostro, en su forma, en sus fortunas, en letras de luz que todos pueden leer, excepto él mismo... Si quieres que se te conozca por haber hecho algo, no lo hagas jamás. Un hombre puede hacerse el tonto en los terrenos de acarreo del desierto, pero parecerá que cada grano de arena lo ve."

EMERSON

En esta cita, Emerson hace referencia a la ley en que se basa la filosofía de la REGLA DE ORO, y tenía en mente esa misma ley cuando escribió lo siguiente:

"Cada violación de la verdad no sólo es una especie de suicidio para el mentiroso, sino que es también una puñalada a la salud de la sociedad humana. En la mentira más provechosa, la marcha de los acontecimientos pondrá luego una carga destructiva, mientras que la franqueza resulta ser la mejor de las tácticas, pues invita a la franqueza, coloca a ambas partes en una relación conveniente y convierte el intercambio en una amistad. Confía en los hombres y ellos te serán fieles; trátalos con grandeza y se mostrarán grandes, aunque hagan una excepción a tu favor en todas sus reglas de comercio".

La filosofía de la REGLA DE ORO se basa en una ley que ninguna persona puede evadir. Esta ley es la misma que se describe en la undécima lección, que trata sobre el pensamiento correcto, con cuyo funcionamiento los pensamientos que tenemos se convierten en realidad, correspondiéndose exactamente con su naturaleza.

"Una vez que reconocemos el poder creativo de nuestros pensamientos, se acaba al esforzarnos para obtener lo que queremos y se acaba al conseguirlo, ya que, según la hipótesis de que podemos crear lo que deseamos, la forma más sencilla de obtenerla no es arrebatárselo a alguien, sino crearlo para nosotros. Y puesto que no hay límite al pensamiento, no puede haber necesidad de esforzarse para conseguirlo. Que todo el mundo pueda obtener lo que quiera de esta manera significa erradicar la lucha, la necesidad, la enfermedad y la tristeza de la guerra".

"Ahora bien, la Biblia descansa, precisamente, sobre este supuesto del poder creativo de nuestros pensamientos. Si no fuera así, ¿cuál sería el significado de ser salvados por la fe? La fe es, esencialmente, pensamiento y, por lo tanto, cada llamada a tener fe en Dios es una llamada a confiar en el poder de tus propios pensamientos acerca de Dios. "Según tu fe, te será dado", dice el Antiguo Testamento. Todo el libro no es más que una declaración continua del poder creativo del pensamiento.

La ley de la individualidad del hombre es, por lo tanto, la ley de la libertad y es, igualmente, el evangelio de la paz, pues cuando comprendemos verdaderamente la ley de nuestra propia individualidad, vemos que esa misma ley encuentra su expresión en todos los demás y, en consecuencia, honraremos la ley en los demás exactamente en la misma medida en que la valoramos en nosotros mismos. Hacer esto es seguir la REGLA DE ORO de tratar a los demás como nos gustaría que nos trataran y, puesto que sabemos que la ley de la libertad en nosotros mismos debe incluir el libre uso de nuestro poder creativo, ya no hay ningún incentivo para infringir los derechos de los demás, ya que podemos satisfacer nuestros propios deseos mediante el ejercicio de nuestro conocimiento de la ley.

Cuando esto se llega a entender, la cooperación ocupa el lugar de la competencia, con el resultado de que se elimina toda base para la enemistad, ya sea entre personas, clases o naciones...

Si deseas saber qué le ocurre a una persona cuando hace caso omiso de la ley en que se basa la REGLA DE ORO, elige a cualquier individuo de tu vecindario que sepas que vive con el único propósito dominante de acumular riqueza y que no tenga ningún escrúpulo respecto a cómo obtenerla. Estúdialo y verás que no hay calidez en su alma, que no hay amabilidad en sus palabras y que no hay cordialidad en su rostro.

Se ha convertido en un esclavo de su deseo de riqueza; está demasiado ocupado para disfrutar de la vida y es demasiado egoísta para desear ayudar a los demás a disfrutarla. Camina, habla y respira, pero no es más que un autómata humano. Sin embargo, hay muchas personas que envidian a una persona así y les gustaría ocupar su lugar, creyendo neciamente que ella es un Éxito.

Nunca puede haber Éxito sin felicidad, y ningún hombre puede ser feliz sin dispensar felicidad a los demás. Asimismo, la dispensación debe ser voluntaria y sin otro objeto que llevar alegría a los corazones de quienes tienen un corazón lleno de cargas. George D. Herron pensaba en la ley en que se basa la filosofía de la REGLA DE ORO cuando dijo:

Hemos hablado mucho de la hermandad futura, pero la hermandad siempre ha sido la realidad de nuestra vida, mucho antes de convertirse en un sentimiento moderno e inspirado. Sólo que hemos sido hermanos en la esclavitud y el tormento, hermanos en la ignorancia y en su perdición, hermanos en la enfermedad, en la guerra y en la necesidad, hermanos en la prostitución y en la hipocresía.

Lo que le ocurre a uno de nosotros, tarde o temprano le ocurrirá a todos; siempre hemos estado inevitablemente envueltos en un destino común. El mundo tiende constantemente a ir hacia el nivel del hombre que está más abajo, y ese hombre es el verdadero gobernador del mundo, apretándolo contra su pecho, arrastrándolo a su muerte. Tú no crees que es así, pero es cierto, y debería serlo. Porque si hubiera alguna forma en que algunos de nosotros pudiésemos liberarnos, apartarnos de los demás, si hubiera alguna forma en la que algunos de nosotros pudiésemos tener el cielo mientras otros tienen el infierno, si hubiera alguna forma en que parte del mundo pudiese escapar del infortunio, el peligro y la miseria del trabajo desheredado, entonces, ciertamente, nuestro mundo estaría perdido y condenado; pero, puesto que los hombres nunca han sido capaces de separarse de los infortunios y los agravios de los demás, puesto que la historia nos ha enseñado la lección de que no podemos escapar a algún tipo de hermandad, puesto que toda la vida nos enseña que estamos eligiendo a cada momento entre la hermandad en el sufrimiento y la hermandad en el bien, somos nosotros los que debemos elegir la hermandad de un mundo cooperativo, con todos los frutos que conlleva: los frutos del amor y la libertad.

La Primera Guerra Mundial nos implantó en una era de esfuerzo cooperativo en la cual la ley de "vive y deja vivir" destaca como una estrella brillante que nos guía en nuestras relaciones. Esta gran llamada universal al esfuerzo cooperativo está adquiriendo muchas formas, algunas de las cuales, no menos importantes, son los clubes de rotarios, los clubes de leones y muchos otras asociaciones en las que los hombres se reúnen en un espíritu de intercambio amistoso, pues éstas marcan el inicio de una era de competencia amistosa en los negocios. El siguiente paso será una alianza más estrecha de este tipo de asociaciones con un espíritu de cooperación amistosa.

> Ninguna persona ociosa está segura jamás, independientemente de si es rica o pobre, blanca o negra, culta o analfabeta.
> BOOKER T. WASHINGTON

El intento de Woodrow Wilson y sus contemporáneos de establecer la Sociedad de las Naciones, seguido de los esfuerzos de Warren G. Harding de sentar las bases para la misma causa bajo el nombre de Tribunal Mundial, señaló el primer intento en la historia mundial de hacer que la REGLA DE ORO fuera eficaz como un punto de encuentro para las naciones del mundo.

No se puede escapar al hecho de que el mundo ha despertado a la verdad que hay en la declaración de George D. Herron de que "estamos eligiendo a cada momento entre la hermandad en el sufrimiento y la hermandad en el bien". La Primera Guerra Mundial nos ha enseñado (o mejor dicho, ha impuesto en nosotros) la verdad de que una parte del mundo no puede sufrir sin que ello dañe al mundo entero. Estos hechos son llevados a tu atención, no con la intención de moralizar, sino con el objetivo de dirigir tu atención hacia la ley subyacente por la cual se están produciendo estos cambios. Durante más de cuatro mil años el mundo ha estado pensando en la filosofía de la REGLA DE ORO y ese pensamiento se está transformando ahora en la conciencia de los beneficios que reciben quienes la aplican.

Aunque soy consciente de que el estudiante de este curso está interesado en un éxito material que puede medirse en estados de cuenta bancarios, me parece apropiado sugerir aquí que quien lo quiera puede beneficiarse moldeando su filosofía de los negocios para que se ajuste a este cambio drástico hacia la cooperación que se está produciendo en el mundo entero.

Si puedes comprender el significado del enorme cambio que ha experimentado el mundo desde el final de la Guerra Mundial y si eres capaz de interpretar el significado de todos los clubes gastronómicos y otras asociaciones similares que reúnen a hombres y mujeres en un espíritu de cooperación amistosa, seguramente tu imaginación te sugerirá que éste es un momento oportuno para aprovecharlo adoptando ese espíritu como la base de tu propia filosofía comercial o profesional. Dicho inversamente, debería ser evidente para todos los que pretenden pensar correctamente, que se acerca una época en la que dejar de adoptar la REGLA DE ORO como base de tu filosofía comercial o profesional equivaldría a un suicidio económico.

Quizá te hayas preguntado por qué no se ha abordado el tema de la honradez como prerrequisito para el éxito en este curso y, si es así, encontrarás la respuesta en esta lección. La filosofía de la REGLA DE ORO, si se entiende y aplica correctamente, hace que la falta de honradez sea imposible. Más que eso, imposibilita todas las demás cualidades destructivas, como el egoísmo, la codicia, la envidia, la intolerancia, el odio y la malicia.

Cuando aplicas la RECLA DE ORO, te conviertes, al mismo tiempo, en el juez y el juzgado, en el acusado y el acusador. Esto lo coloca a uno en una posición en la que la honradez comienza en su propio corazón, con uno mismo, y se extiende a todos los demás con igual electo. La honradez que se basa en la REGLA DE ORO no es el tipo de honradez que sólo reconoce la conveniencia. No es ningún mérito ser honrado ya que, obviamente, la honradez es la táctica más provechosa si uno no quiere perder a un buen parroquiano, o a un cliente valioso, o ser enviado a la cárcel por estafa. Pero cuando la honradez significa una pérdida material, temporal o permanente, entonces se convierte en un honor del grado más alto para todo aquel que la practica. Una honradez de ese tipo tiene su recompensa apropiada en el poder de carácter y la buena reputación de que disfrutan todos los que se lo merecen.

Quienes comprenden y aplican la filosofía de la REGLA DE ORO son siempre escrupulosamente honrados, no sólo por su deseo de ser justos con los demás, sino también por su deseo de ser justos consigo mismos. Entienden la ley eterna en que se basa la REGLA DE ORO y saben que a través del funcionamiento de dicha ley todos los pensamientos que liberan y todos los actos que realizan en su equivalente en algún hecho o circunstancia con el que más adelante, se enfrentarán.

Los filósofos de la REGLA DE ORO son honrados porque comprenden la verdad de que la honradez añade a su propio carácter ese "algo esencial" le aporta vida y poder. Quienes entienden la ley por la que opera la REGLA DE ORO envenenarían su propia agua de beber tan pronto como cometieran un acto de injusticia hacia otra persona, pues saben que una injusticia inicia una cadena de causalidad que no sólo les traerá sufrimiento físico, sino que además destruirá su carácter, manchará su reputación e imposibilitará la consecución de un éxito duradero.

La ley por la cual funciona la filosofía de la REGLA DE ORO no es otra que la ley por la cual funciona el principio de la autosugestión. Esta afirmación te sugiere algo a partir de lo cual deberías ser capaz de hacer una deducción de largo alcance e inestimable valor. Haz una prueba para ver tu progreso en el dominio de este curso analizando la afirmación anterior para determinar, antes de seguir leyendo, qué sugerencia te ofrece.

¿En qué te podría beneficiar saber que cuando tratas a los demás como si fueran tú mismo (lo cual es la suma y la sustancia de la REGLA DE ORO) estás poniendo en marcha una cadena de causalidad, con ayuda de una ley que afecta a los demás según la naturaleza de tu acto, y que, al mismo tiempo, estás reuniendo a tu carácter, a través de la mente subconsciente en el efecto de dicho acto?

Esta pregunta prácticamente sugiere su propia respuesta, pero puesto que estoy decidido a hacerte pensar sobre este tema crucial, te plantearé la pregunta de otra manera: si todos tus actos hacia los demás, e incluso tus pensamientos sobre ellos, son registrados en tu mente subconsciente por el principio de la autosugestión, construyendo así tu propio carácter como un duplicado exacto de tus pensamientos y tus actos, ¿acaso no ves cuán importante es vigilar tales actos y pensamientos?

Ahora estamos en el centro del verdadero motivo para tratar a los demás como nos gustaría que nos trataran, pues es evidente que cualquier cosa que hagamos a los demás nos la hacemos a nosotros mismos. Dicho de otro modo: cada acto y cada pensamiento que liberas modifica tu propio carácter en exacta conformidad con la naturaleza del acto o el pensamiento, y tu carácter es una especie de imán que atrae hacia ti a personas y situaciones que armonizan con él. No puedes realizar un acto hacia otra persona sin haber creado antes la naturaleza de dicho acto en tu propio pensamiento y no puedes liberar un pensamiento sin colocar la suma y la sustancia de él en tu propia mente subconsciente, donde se convertirá en parte y parcela de tu propio carácter. Si entiendes este sencillo principio, comprenderás por qué no te puedes permitir odiar o envidiar a otra persona. Entenderás, también, por qué no te puedes permitir devolver el golpe, con su equivalente, a quienes cometen una injusticia contigo. Asimismo, comprenderás el mandato de "devolver bien por mal".

Si entiendes la ley en que se basa el mandato de la REGLA DE ORO entenderás también la ley que une a toda la humanidad con un mismo lazo de compañerismo y hace imposible que le hagas daño a otra persona, mediante pensamientos o actos, sin hacerte daño a ti mismo y, así mismo, añade a tu propio carácter los resultados de todos los pensamientos y actos, amables que salen de ti.

Parece casi un acto del Destino que el mayor agravio y la más grave injusticia que me ha hecho jamás un semejante me los hicieran justamente cuando empezaba a escribir esta lección. (Algunos estudiantes de este curso sabrán a qué me refiero.) Esta injusticia ha supuesto un infortunio temporal para mí, pero tiene poca importancia comparada con la ventaja que me ha dado al proporcionarme una ocasión oportuna para poner a prueba la solidez de la totalidad de la premisa en que se basa esta lección.

> No existe ninguna derrota, excepto la que proviene de tu interior. Realmente, no hay ningún obstáculo insuperable, excepto tu propia e inherente debilidad de propósito.
>
> EMERSON

La injusticia a la que me refiero dejó abiertas dos líneas de acción para mí. Podía buscar alivio "devolviendo el golpe" a mi enemigo, a través de una demanda civil y de medidas penales por difamación, o podrá ejercer mi derecho a perdonarlo. Una línea de acción me habría aportado una suma de dinero sustancial y la alegría y satisfacción que podría haber en el hecho de derrotar y castigar al enemigo. La otra línea de acción me habría aportado el respeto a uno mismo del que disfrutan todas aquellas personas que se han enfrentado con éxito a una prueba y han descubierto que han evolucionado.

Yo elegí la segunda línea. Lo hice a pesar de las recomendaciones de amigos personales cercanos de "devolver el golpe" y a pesar de la oferta de un importante abogado de hacerlo por mí sin ningún costo.

Pero dicho abogado se ofrecía a hacer lo imposible, ya que ningún hombre puede "devolver el golpe" a una persona si» ningún coste. El coste no es siempre monetario, pues hay otras cosas con las que uno puede pagar que son más queridas que el dinero.

Intentar que alguien que no conoce la ley en que se basa la REGLA DE ORO entienda por qué me negué a devolverle el golpe a ese enemigo seria tan inútil como tratar de explicarle a un simio la ley de la gravedad. Si comprendes esta ley comprenderás, también, por qué decidí perdonar a mi enemigo. En el padre nuestro se nos dice que debemos perdonar a nuestros enemigos, pero este mandato caerá en oídos sordos si quien lo escucha no comprende la ley en que está basado. Esa ley no es otra que aquella en que se basa la REGLA DE ORO, es la ley que constituye los cimientos de toda esta lección y por la cual debemos cosechar, inevitablemente, aquello que sembramos. No se puede escapar al funcionamiento de esta ley, ni tenemos ningún motivo para intentar evitar sus consecuencias sin poner en movimiento pensamientos y actos destructivos. Para que podamos describir de una forma más concreta la ley en que se basa esta lección, vamos a representarla en un código ético que podría adoptar la persona que quisiera seguir literalmente el mandato de la REGLA DE ORO, de la siguiente manera,

Mi código de ética

1. Creo en la REGLA DE ORO como la base de toda conducta humana, por lo tanto, jamás le haré a otra persona aquello que no me gustaría que ella me hiciera a mí si nuestros lugares fuesen intercambiados.

2. Seré honrado, incluso hasta el mínimo detalle, en mi trato con los demás, no sólo por mi deseo de ser justo con ellos, sino también por mi deseo de imprimir la idea de honradez en mi propia mente subconsciente, incorporando así esta cualidad esencial a mi propio carácter.

3. Perdonaré a quienes sean injustos conmigo, sin pensar si se lo merecen o no, porque entiendo la ley por la cual el perdonar a los demás fortalece mi propio carácter y borra los efectos de las propias transgresiones de mi mente subconsciente.

4. Siempre seré justo, generoso e imparcial con los demás, aunque sepa que estos actos no serán percibidos o recompensados en los términos habituales de recompensa, porque entiendo y pretendo aplicar la ley con cuya ayuda el carácter de una persona es la suma total de sus actos.

5. El tiempo que pueda tener para dedicar al descubrimiento y la exposición de las debilidades y faltas de otras personas lo dedicaré, de una forma más provechosa, al descubrimiento y corrección de las mías.

6. No calumniaré a nadie, por mucho que crea que la persona se lo merezca, porque no deseo sembrar sugestiones destructivas en mi propia mente subconsciente.

7. Reconozco el poder del pensamiento como una entrada que conduce al interior de mi cerebro desde el océano universal de la vida; por lo tanto, no dejaré pensamientos destructivos flotando en dicho océano, para que no contaminen las mentes de los demás.

8. Dominaré la habitual tendencia humana hacia el odio, la envidia, el egoísmo, los celos, la malicia, el pesimismo, la duda y el miedo, porque creo que son la semilla a partir de la cual el mundo recoge la mayoría de sus problemas.

9. Cuando mi mente no esté ocupada con pensamientos que tiendan a la consecución de mi claro objetivo principal en la vida, la mantendré llena, voluntariamente, de pensamientos de valentía, seguridad en mí mismo, buena voluntad hacia los demás, fe, bondad, lealtad, amor por la verdad y justicia, pues creo que ésas son las semillas de las que el mundo recoge su cosecha de crecimiento progresivo.

10. Comprendo que una mera creencia pasiva en la solidez de la filosofía de la REGLA DE ORO no sirve absolutamente de nada, ni para mí ni para los demás.

Por lo tanto, pondré activamente en funcionamiento esta regla universal para bien en todos mis intercambios con los demás.

11. Comprendo la ley por cuyo funcionamiento se desarrolla mi propio carácter a partir de mis propios actos y pensamientos; por lo tanto, vigilaré de cerca todo lo que interviene en su desarrollo.

12. Puesto que me doy cuenta de que la felicidad duradera proviene únicamente de ayudar a los demás a encontrarla y que ningún acto de bondad queda sin recompensa, aunque es posible que nunca se pague de una forma directa, me esforzaré por ayudar a otras personas cuando y donde se presente la oportunidad.

A lo largo de todo este curso, habrás notado que se hace una referencia frecuente a Emerson. Todos los estudiantes del curso deberían tener un ejemplar de los Ensayos de Emerson, y el ensayo sobre la compensación debería leerse y estudiarse al menos cada tres meses. Cuando lo leas, fíjate que trata acerca de la misma ley en que se basa la REGLA DE ORO. Algunas personas creen que la filosofía de la REGLA DE ORO no es más que una teoría y que no está relacionada, en modo alguno con una ley inmutable. Estas personas han llegado a esa conclusión por experiencias personales en las que prestaron un servicio a otros sin disfrutar de los beneficios de una reciprocidad directa.

> No has cumplido con todas tus obligaciones a menos que hayas cumplido con la de ser agradable. CHARLES BUXTON

¿Cuántas personas hay que no hayan prestado un servicio a los demás que no fuera correspondido o apreciado? Estoy seguro de que yo he tenido esa experiencia, no una, sino muchas veces pero también estoy seguro de que tendré experiencias similares en el futuro y que no dejaré de ayudar a los demás solamente porque ellos no me correspondan y no aprecien mis esfuerzos. Y éste es el motivo:

Cuando presto un servicio a otra persona o realizo un acto de bondad, almaceno en mi mente subconsciente el efecto de mis esfuerzos, lo cual se podría comparar con "cargar" una batería eléctrica. Luego, si hago un número suficiente de actos de ese tipo habré desarrollado un carácter positivo, dinámico, que atraerá hacia mí a personas que armonicen con mi propio carácter o se asemejen a él. Las personas a las que atraiga me corresponderán con los actos de bondad y de servicio que yo he prestado a otras, y así la ley de la compensación habrá equilibrado la balanza de la justicia para mí, devolviéndome a través de una fuente completamente distinta los resultados del servicio que yo presté.

Has oído decir con frecuencia que la primera venta de un vendedor debería ser a sí mismo, lo cual significa que, a menos que se convenza primero de los méritos de sus productos, no será capaz de convencer a los demás. Aquí, una vez más, entra en juego la ley de la atracción, pues es sabido que el entusiasmo es contagioso, y cuando un vendedor muestra un gran entusiasmo por sus productos, despierta el correspondiente interés en las mentes de otras personas. Podrás entender esta ley con bastante facilidad si imaginas que eres una especie de imán humano que atrae a aquellas personas cuyo carácter armoniza con el tuyo. Al verte como un imán que atrae hacia ti a quienes armonizan con tus características dominantes y repele a los que no lo hacen, deberías tener en cuenta también que tú eres el creador de ese imán y que puedes cambiar su naturaleza para que encaje con cualquier ideal que desees establecer y seguir. Y el hecho más importante que deberías tener presente es que todo este proceso de cambio tiene lugar a través del pensamiento.

¡Tu carácter es la suma total de tus pensamientos y tus actos! Esta verdad se ha dicho de muchas maneras distintas a lo largo de este curso. Debido a esta gran verdad, es imposible que prestes cualquier servicio útil o realices cualquier acto de bondad hacia otras personas sin que ello te favorezca. Igualmente, es imposible que realices un acto destructivo o tengas un pensamiento destructivo sin ser penalizado con la pérdida de una cantidad correspondiente de tu propio poder. El pensamiento positivo desarrolla una personalidad dinámica. El pensamiento negativo desarrolla una personalidad de la naturaleza opuesta. En muchas de las lecciones anteriores de este curso, así como en ésta, se dan instrucciones claras en cuanto al método exacto para desarrollar la personalidad mediante el pensamiento positivo. Estas instrucciones están particularmente detalladas en la tercera lección, que trata sobre la seguridad en uno mismo. En ella, encontrarás una fórmula muy clara de ejemplo. Todas las fórmulas ofrecidas en este curso tienen el objetivo de ayudarte a dirigir el poder del pensamiento para desarrollar una personalidad que atraiga a la gente que pueda ayudarte a alcanzar tu claro objetivo personal.

No precisas ninguna prueba de que tus actos hostiles o crueles hacia otras personas producen el efecto de la revancha. Además, la revancha suele ser clara e inmediata. Asimismo, no necesitas ninguna prueba de que puedes conseguir más si tratas a los demás de manera tal que quieran cooperar contigo. Si has dominado la octava lección, que trataba sobre el autocontrol, sabrás cómo persuadir a otras personas para que actúen contigo como a ti te gustaría que lo hagan, a través de tu propia actitud hacia ellas.

La ley del "ojo por ojo y diente por diente" se basa en la misma ley según la cual funciona la REGLA DE ORO. No es nada más que la regla de la compensación con la que todos estamos familiarizados. Si hablo mal de ti, aunque diga la verdad, tú no pensarás bien de mí. Además, lo más probable es que me pagues con la misma moneda. Pero si hablo de tus virtudes, pensarás bien de mí y, por lo general, cuando se presente la oportunidad me corresponderás de una forma equivalente.

A través del funcionamiento de esta ley de la atracción, las personas desinformadas están atrayendo continuamente problemas, tristeza, odio y la oposición de los demás mediante sus palabras no vigiladas y sus actos destructivos. ¡Trata a los demás como te gustaría que te trataran! Hemos oído este mandato miles de veces y, sin embargo, ¿cuántos de nosotros comprendemos la ley en la que se basa? Para que este mandato quede un poco más claro, me gustaría expresarlo en mayor detalle, aproximadamente de la siguiente manera:

Trata a los demás como te gustaría que te trataran, teniendo presente que la naturaleza humana tiende a pagar con la misma moneda.

Confucio debe de haber tenido en mente la ley de la compensación cuando expresó la filosofía de la REGLA DE ORO aproximadamente de esta manera, No hagas a los demás lo que no te gustaría que te hicieran. y bien podría haber añadido la explicación de que la razón de ser de este mandato se basa en la tendencia habitual del ser humano a pagar con la misma moneda.

Quienes no entienden la ley en que se basa la REGLA DE ORO se inclinan a argumentar que no funcionará porque el hombre tiende al principio de exigir "ojo por ojo y diente por diente", lo cual no es, ni más ni menos, que la ley de la compensación. Si fuesen un paso más allá en su razonamiento, comprenderían que están viendo los efectos negativos de esta ley y que esa misma ley es capaz de producir también efectos positivos.

En otras palabras, si no quieres que te arranquen tu propio ojo, entonces guárdate de esa desgracia negándote a arrancarle el ojo a otra persona. Ve un paso más allá y realiza un acto de servicio benévolo y útil hacia ella y, por el funcionamiento de esta misma ley de la compensación, ella te prestará un servicio similar. ¿Y si no correspondiera a tu bondad? ¿Entonces qué? De cualquier modo, te habrás beneficiado gracias al efecto que tendrá tu acto sobre tu propia mente subconsciente.

Así pues, al realizar actos de bondad y aplicar siempre la filosofía de la REGLA. DE ORO, seguramente recibirás beneficios de una fuente y. al mismo tiempo, muy probablemente, tendrás la oportunidad de recibirlos de otra fuente también. Puede pasar que bases todos tus actos hacia los demás en la REGLA DE ORO sin disfrutar directamente de ninguna compensación durante un largo período de tiempo y es posible que las personas para las que has realizado esos actos de bondad jamás te correspondan, pero entretanto, habrás estado añadiendo vitalidad a tu propio carácter y. tarde o temprano, ese carácter positivo que has estado construyendo comenzará a imponerse y descubrirás que has estado recibiendo interés compuesto sobre interés compuesto a cambio de esos actos que aparentemente se habían desperdiciado en personas que ni los apreciaron ni los correspondieron.

Recuerda que tu reputación la crean los demás, ¡pero tu carácter lo creas tú! Te interesa que tu reputación sea buena, pero no puedes estar seguro de que lo será, puesto que es algo que existe fuera de tu propio control, en las mentes de los demás, ya que es lo que los demás creen que eres. Pero cuando se trata de tu carácter es distinto. Tu carácter es lo que tú tengas como resultado de tus pensamientos y tus actos. Tú lo controlas. Puedes conseguir que sea débil, bueno o malo. Cuando estás satisfecho y sabes que tu carácter está por encima de toda critica, no tienes que preocuparte por tu reputación, porque que tu carácter sea destruido o dañado por cualquiera que no seas tú es tan imposible como destruir la materia o la energía.

Ésa es la verdad que Emerson tenía en mente cuando dijo: "Una victoria política, una subida de las rentas, la recuperación de un enfermo o el regreso de un amigo ausente, o algún otro hecho externo te levanta el ánimo y crees que tus días están arreglados para ti. No lo creas. Eso nunca puede ser así. Nada puede darte paz, excepto el triunfo de los principios".

Un motivo para ser justos con los demás es que dicha acción puede hacer que te paguen con la misma moneda, pero un motivo mejor es el hecho de que la bondad y la justicia con los demás desarrolla un carácter positivo en todo aquel que realiza esos actos. Puedes dejar de darme la recompensa que me merezco por haberte prestado un servicio útil, pero nadie puede privarme de los beneficios que se derivan de ella en tanto que se añaden a mi propio carácter. Estamos viviendo en una gran era industrial. Por todas partes vemos las fuerzas de la evolución realizando grandes cambios en el método y la forma de vivir, y reorganizando las relaciones entre las personas en la búsqueda corriente de vida, libertad y un sustento.

Ésta es una era de esfuerzo organizado. En todas partes vemos evidencias de que la organización es la base de todo éxito financiero y, aunque en la consecución del éxito entran otros factores distintos al de la organización, este factor sigue siendo e! más importante. Esta era industrial ha creado dos términos relativamente nuevos: uno es "capital" y el otro es "trabajadores". El capital y los trabajadores constituyen las principales ruedas en la maquinaria del esfuerzo organizado. Estas dos grandes fuerzas disfrutan de! éxito en proporción exacta con la medida en que ambas comprenden y aplican la filosofía de la REGLA DE ORO. No obstante, a pesar de esto, la armonía entre estas dos fuerzas no siempre prevalece, gracias a los destructores de confianza que se ganan la vida sembrando la semilla de la discordia y agitando la lucha entre patronos y empleados.

Durante los últimos quince años he dedicado una cantidad de tiempo considerable al estudio de las causas de desacuerdo entre patrones y empleados. Además, he recibido mucha información sobre este tema de otros hombres que también lo han estado estudiando.

Sólo hay una solución que, si es comprendida por todos los implicados, llevará armonía al caos y establecerá una perfecta relación de trabajo entre el capital y los trabajadores. Esta solución no es una invención mía. Se basa en la gran ley universal de la naturaleza y ha sido expresada por uno de los grandes hombres de esta generación, en las siguientes palabras:

"La cuestión que nos proponemos considerar está despertando un gran interés en la actualidad, pero no más del que exige su importancia. Es uno de los signos esperanzadores de esta época el que estos temas de gran interés para la felicidad humana estén apareciendo continuamente para poder ser explicados, que estén llamando la atención de los hombres más sabios y despertando las mentes de todo tipo de personas. El amplio predominio de este movimiento demuestra que una nueva vida está latiendo en el corazón de la humanidad, influyendo en sus facultades como un cálido y suave viento de primavera que sopla sobre el suelo congelado y los gérmenes inactivos de la planta. Provocará una gran agitación, romperá muchas formas congeladas y muertas, producirá grandes cambios que, en algunos casos, podrían ser destructivos, pero anuncia el florecer de nuevas esperanzas y la llegada de nuevas cosechas para la provisión de las necesidades humanas y los medios para una mayor felicidad. Hay una gran necesidad de sabiduría para guiar a las nuevas fuerzas que entrarán en acción. Cada hombre tiene la más solemne obligación de cumplir con su parte para formar una correcta opinión pública y dar una dirección sabia a la voluntad popular".

La única solución a los problemas de los trabajadores, de necesidad, de abundancia, de sufrimiento y de pesar sólo se puede hallar si se los considera desde un punto de vista moral y espiritual. Se los debe ver y examinar bajo una luz que no es suya. Las verdaderas relaciones de los trabajadores y el capital nunca pueden ser manifiestas por el egoísmo humano. Deben verse desde un propósito superior al de los sueldos o la acumulación de riqueza. Deben ser consideradas desde su relevancia en los objetivos para los que el hombre fue creado. Éste es el punto de vista desde el que propongo considerar el tema abordado.

El capital y los trabajadores se necesitan mutuamente. Sus intereses están tan ligados que no pueden separarse. En las poblaciones civilizadas e ilustradas, son mutuamente dependientes. Si hay alguna diferencia, sería que el capital depende más de los trabajadores que éstos del capital. Los animales, con unas pocas excepciones, no tienen propiedades y no se angustian pensando en el mañana.

Los salvajes viven sin capital. De hecho, la gran masa de seres humanos vive de su trabajo, día a día, de la mano a la boca. Pero ningún hombre puede vivir de su riqueza. No puede comer su oro y su plata, no puede vestirse con escrituras y certificados de acciones. El capital no puede hacer nada sin los trabajadores y su único valor está en su capacidad de comprar la mano de obra o sus resultados. Es, en sí mismo, el producto de los trabajadores. Por lo tanto, no puede asumir una importancia que no le pertenece. No obstante, a pesar de ser absolutamente dependiente de los trabajadores para adquirir su valor, es un factor esencial en el progreso humano…En cuanto el hombre empieza a pasar de un estado salvaje y relativamente independiente a un estado civilizado y dependiente, el capital se hace necesario. Las personas tienen relaciones más estrechas unas con otras. En lugar de que cada una de ellas lo haga todo, empiezan a dedicarse a empleos particulares y a depender de otras para proveerse de muchas cosas mientras se dedican a alguna ocupación particular. De esta forma, el trabajo se diversifica. Una persona trabaja el hierro, otra la madera; una fabrica telas, otra las convierte en vestidos; algunas cultivan alimentos para los que construyen casas y fabrican instrumentos de labranza. Esto requiere de un sistema de intercambios y, para facilitarlos, deben construirse carreteras y se debe contratar gente para que las hagan. A medida que la población va aumentando y las necesidades se multiplican, el intercambio comercial crece, hasta que tenemos fábricas enormes, ferrocarriles que forman redes en la tierra con sus tiras de hierro, buques de vapor que surcan todos los mares y una multitud de personas que no pueden hacer pan o fabricar ropa, ni hacer ninguna cosa directamente para cubrir sus propias necesidades.

Ahora bien, podemos ver cómo nos hacemos más dependientes unos de otros a medida que nuestras necesidades se van multiplicando y la civilización avanza. Cada uno, en su empleo especial, realiza un mejor trabajo, porque puede dedicar todos sus pensamientos y todo su tiempo a una forma de empleo para el que está especialmente capacitado y contribuye en mayor medida al bien público. Mientras está trabajando para los demás, todos los demás están trabajando para él. Cada miembro de la comunidad trabaja para la totalidad, y la totalidad lo hace para cada miembro. Ésta es la ley de la vida perfecta, una ley que gobierna en todas partes en el cuerpo material. Cada persona que se dedica a cualquier empleo útil para el cuerpo o la mente es un filántropo, un benefactor público, tanto si cultiva maíz en las llanuras o algodón en Texas o en la India, como si extrae carbón de las minas en las cavidades de la tierra o lo introduce a los motores en las bodegas de un buque de vapor. Si el egoísmo no arruinara y destruyera los motivos humanos, todos los hombres y las mujeres cumplirían con la ley de la caridad mientras se dedican a sus quehaceres diarios.

Para seguir con este inmenso sistema de intercambios, para colocar lado a lado al bosque y la granja, la fábrica y la mina, y entregar a cada puerta los productos de todas las regiones, hace falta un enorme capital. Un hombre no puede hacer trabajar su granja o su fábrica y construir un ferrocarril o una línea de buques a vapor. Del mismo modo que unas gotas de lluvia que actúan individualmente no pueden impulsar un molino o suministrar vapor para un motor pero, si son recogidas en un recipiente amplio, se convierten en el poder irresistible del Niágara o en la fuerza que impulsa a la locomotora y al buque de vapor como poderosas lanzaderas de la montaña a la costa y de una orilla a otra, tampoco unos cuantos dólares en una multitud de bolsillos pueden proporcionar los medios para estas grandes operaciones, pero unidos pueden mover el mundo.

El capital es amigo de los trabajadores y es esencial para su ejercicio económico y para una remuneración justa. Puede ser, y a menudo es, un terrible enemigo cuando se emplea únicamente con propósitos egoístas, pero la gran masa de él es más amigo de la felicidad humana que lo que se suele suponer. No puede ser empleado sin ayudar de alguna manera, directa o indirectamente, al trabajador. Pensamos en los males que padecemos, pero dejamos que el bien del que disfrutamos pase inadvertido. Pensamos en los males que podrían ser aliviados con unos medios mayores y en las comodidades que éstos nos proporcionarían, pero pasamos por alto las bendiciones de las que disfrutamos que habrían sido imposibles sin grandes acumulaciones de capital. El papel de la sabiduría es valorar el bien que recibimos, así como los males que sufrimos.

Actualmente se suele decir que los ricos son cada vez más ricos y los pobres cada vez más pobres, pero cuando todas las posesiones del hombre son tenidas en cuenta tenemos buenos motivos para dudar de esta afirmación. Es cierto que los ricos son cada vez más ricos. También es cierto que la situación del trabajador está mejorando continuamente.

El trabajador normal tiene ventajas y comodidades que los príncipes no podían exigir hace un siglo. Viste mejor, tiene una mayor abundancia y una variedad de alimentos, vive en una vivienda más confortable y tiene muchas más comodidades para gestionar los asuntos domésticos y cumplir con su trabajo que las que el dinero podía comprar hace unos pocos años. Un emperador no podía viajar con la facilidad, la comodidad y la rapidez con las que viaja actualmente el trabajador corriente. Es posible que el trabajador crea que está solo, sin nadie que lo ayude, pero en realidad tiene un enorme séquito de sirvientes que lo atienden continuamente, listos y ansiosos por hacer lo que él ordene. Se requiere un vasto ejército de personas y una inmensa inversión de capital para proporcionar una comida corriente como aquella de la que todo hombre y toda mujer han disfrutado hoy, sin excepciones.

Piensa en la gran combinación de medios y personas y fuerzas que se necesitan para suministrarte incluso una comida frugal. El chino produce tu té, el brasileño tu café, el habitante de las Indias Orientales tus especias, el cubano tu azúcar, el granjero de las llanuras del oeste tu pan y posiblemente tu carne, el agricultor tus vegetales y el lechero tu mantequilla y tu leche; el minero ha extraído de las montañas el carbón con el que has cocinado tu comida y has calentado tu casa, el carpintero te ha proporcionado sillas y mesas, el cuchillero cuchillos y tenedores, el ceramista platos, el irlandés el mantel para tu mesa, el carnicero tu carne y el molinero tu harina.

Pero estos diferentes artículos alimenticios, y los medios para prepararlos y servirlos, fueron producidos a enormes distancias de ti, y unos de otros. Fue preciso atravesar océanos, nivelar montañas, rellenar valles, construir túneles, fabricar barcos, construir ferrocarriles y formar a un gran ejército de hombres en todas las artes y emplearlos para que los productos para tu cena pudieran prepararse y servirse. También ha de haber hombres para recolectar, comprar, vender y distribuir esos productos.

Todo el mundo está en su propio lugar y hace su propio trabajo, y luego recibe su sueldo. Pero, con todo, está trabajando para ti y sirviéndote con la misma fidelidad y efectividad con que lo estaría haciendo si estuviera contratado especialmente por ti y recibiera su sueldo de tu mano. A la luz de estos hechos, que todo el mundo debe reconocer, podemos ver más claramente la verdad de que todo hombre y toda mujer que ejecuta un trabajo útil es un benefactor público, y ese pensamiento y ese propósito ennoblecerá el trabajo y al trabajador. Estamos unidos por lazos comunes.

Los ricos y los pobres, los cultos y los ignorantes, los fuertes y los débiles estamos entretejidos en una red social y cívica. El daño que se le hace a uno se le hace a todos; ayudar a uno es ayudarlos a todos.

Puedes ver el gran ejército de sirvientes requeridos para proporcionarte tu comida. ¿Acaso no ves que es necesaria una cantidad correspondiente de capital para crear esta complicada maquinaria y mantenerla en marcha? ¿Y no ves que cada hombre, cada mujer y cada niño están disfrutando de sus beneficios? ¿Cómo podríamos obtener nuestro carbón, nuestra carne, nuestra harina, nuestro té y nuestro café, nuestra azúcar y nuestro arroz? El trabajador no puede construir barcos y navegar en ellos y mantenerse mientras lo hace. El granjero no puede dejar su granja y llevar sus productos al mercado. El minero no puede trabajar en la mina y transportar el carbón. El granjero de Kansas puede estar quemando maíz hoy para preparar su comida y calentar su vivienda, y el minero puede anhelar el pan que el maíz produciría, porque no pueden intercambiar los frutos de su trabajo.

Cada área de tierra, cada bosque y cada mina han aumentado su valor con los ferrocarriles y los barcos de vapor, y las comodidades de la vida y los medios de cultura social e intelectual han llegado a los lugares más inaccesibles.

Pero los beneficios del capital no se limitan a proporcionar las necesidades y las comodidades actuales. El capital abre nuevos caminos para el trabajo. Lo varía y ofrece un campo más amplio a todas las personas hagan el trabajo para el que son más aptas por su gusto natural y su genio. El número de empleos creados por los ferrocarriles, los buques de vapor, el telégrafo y las fábricas con maquinaria es difícil de calcular. El capital también se invierte en gran medida en proporcionar los medios de la cultura intelectual y espiritual. Los libros se multiplican a unos precios cada vez más bajos y el mejor pensamiento del mundo es accesible para el trabajador más humilde por medio de nuestras grandes editoriales. No hay mejor ejemplo de los beneficios que el trabajador corriente obtiene del capital que los periódicos. Por dos o tres centavos, la historia del mundo durante veinticuatro horas es llevada a cada puerta. Mientras el trabajador va o viene del trabajo en un vehículo cómodo, puede visitar todas las partes del mundo conocido y tener una idea más fiel de los acontecimientos del día que la que podría tener si estuviera físicamente presente. Una batalla en China o en África, un terremoto en España, una explosión de dinamita en Londres, un debate en el congreso, los movimientos de la gente en su vida pública y privada para la represión de las actividades delictivas, para ilustrar a los ignorantes, ayudar a los necesitados y mejorar a la gente en general, se extienden ante él en un pequeño abanico y lo ponen en contacto y en igualdad, con respecto a la historia del mundo, con reyes y reinas, con santos y sabios, y con personas de todas las extracciones. Cuando lees el diario por la mañana, ¿alguna vez piensas en cuántas personas han estado haciendo recados para ti, recolectando información para ti de todas partes del mundo y dándole una forma conveniente para tu consumo? Ha sido precisa la inversión de millones de dinero y el empleo de miles de personas para producir ese diario y dejarlo en tu puerta. ¿Y cuánto te ha costado todo ese servicio? Unas cuantas monedas.

Éstos son ejemplos de los beneficios que todo el mundo recibe del capital, beneficios que no podrían obtenerse sin grandes desembolsos de dinero, beneficios que llegan a nosotros sin que nos tengamos que preocupar y dejan sus regalos a nuestros pies. No se puede invertir capital en cualquier producción útil sin la aprobación de una multitud de personas. El capital pone en marcha la maquinaria de la vida, multiplica el empleo, lleva la producción de todas las regiones a todos los hogares, une a personas de todas las naciones, pone a las mentes en contacto y les da a cada hombre y cada mujer una parte grande y valiosa del producto. Estos son hechos que todas las personas, por muy pobres que sean, harían bien en considerar.

Si el capital es una bendición para los trabajadores, si sólo puede ser puesto en servicio por los trabajadores y deriva todo su valor de ellos, ¿cómo puede estar en conflicto con ellos? No podría haber ningún conflicto si tanto el capitalista como el trabajador actuaran de acuerdo con principios humanos. Pero no lo hacen. Están gobernados por principios inhumanos. Cada grupo intenta conseguir las mayores ganancias por un menor servicio. El capital desea mayores beneficios y los trabajadores unos sueldos más altos. Los intereses del capitalista y el trabajador entran en colisión directa. En esta guerra, el capital tiene grandes ventajas y ha sido rápido para hacerse con ellas. Ha exigido y se ha llevado la mayor parte de los beneficios. Ha despreciado al sirviente que los enriqueció. Ha considerado al trabajador como un criado, un esclavo cuyos derechos y cuya felicidad no debía respetar. Influye en los legisladores para que redacten las leyes a su favor, subvenciona al gobierno y ejerce el poder para su propia ventaja. El capital ha sido el amo y el trabajador el sirviente. Mientras el sirviente era dócil y obediente, satisfecho con la compensación que el amo decidía darle, no había ningún conflicto.

Pero los trabajadores se están levantando, dejando atrás una situación servil, sumisa y desesperada. Han adquirido fuerza e inteligencia; han asumido la noción de que tienen derechos y deben ser respetados, y ahora comienzan a hacerse valer y a unirse para respaldarlos.

Cada una de las partes en esta guerra ve el tema desde sus propios intereses egoístas. El capitalista supone que las ganancias para los trabajadores son pérdidas para él y que debe ver por sus propios intereses primero; que, cuanto más barata sea la mano de obra, mayores serán sus ganancias. En consecuencia, le interesa mantener el precio lo más bajo posible. Por el contrario, el trabajador piensa que pierde lo que el capitalista gana y, en consecuencia, que le interesa recibir el salario más alto posible. Desde estos puntos de vista opuestos, sus intereses parecen ser directamente hostiles. Lo que un grupo gana, el otro lo pierde, de ahí el conflicto. Ambos están actuando desde unos motivos egoístas y, por ende, deben estar equivocados. Los dos grupos sólo ven la mitad de la verdad y, al confundirla con la totalidad, caen en un error que es ruinoso para ambos. Cada uno de ellos defiende su postura y considera el tema enteramente desde su punto de vista y bajo la luz engañosa de su propio egoísmo. La pasión insana la mente e impide el entendimiento, y cuando se despierta la pasión, el hombre es capaz de sacrificar sus propios intereses para dañar a otros, y ambos salen perdiendo. Se harán la guerra continuamente, recurrirán a todos los mecanismos y aprovecharán cada necesidad para conseguir una victoria. El capital intenta hacer que el trabajador pase hambre para llevarlo a la sumisión, cual ciudad sitiada, y el hambre y la necesidad son las armas más poderosas. Los trabajadores resisten con resentimiento e intentan destruir el valor del capital haciéndolo improductivo. Si la necesidad o el interés exigen que haya un paro, será un paro hostil, y se mantendrá con el propósito de renovar las hostilidades en cuanto haya alguna posibilidad de éxito. Así, los trabajadores y los capitalistas se enfrentan como dos ejércitos armados, preparados para reanudar el conflicto en cualquier momento. Seguramente se reanudará y continuará con un éxito variable hasta que ambas partes descubran que están en un error, que sus intereses son mutuos y que sólo pueden tener una total estabilidad si cooperan y se dan unos a otros la recompensa que merecen. El capitalista y el trabajador deben agarrarse de la mano por encima del foso sin fondo en el que ha caído tanta riqueza y tanto trabajo.

Cómo se debe llevar a cabo esta reconciliación es una pregunta que actualmente está ocupando las mentes de muchos hombres sabios y buenos de ambas partes. Sin duda, una legislación sabia e imparcial será un agente importante para poner límite a la pasión ciega y proteger a todas las clases de la codicia insaciable, y es el deber de cada persona esforzarse por asegurar que haya una legislación de ese tipo en los gobiernos estatales y nacionales. Las organizaciones de trabajadores dedicadas a proteger sus propios derechos y asegurarse una mejor remuneración por su trabajo tendrán una gran influencia. Esa influencia continuará creciendo a medida que su estado de ánimo se vuelva firme y sus exigencias se basen en la justicia y la humanidad. La violencia y las amenazas no producirán ningún bien. La dinamita, en forma de explosivos o como la fuerza más destructiva de la pasión salvaje y temeraria, no curará las heridas ni controlará los sentimientos de hostilidad. El arbitraje es, sin duda, el medio más sabio y más practicable del que ahora se dispone para crear relaciones amistosas entre estas partes hostiles y asegurar que haya justicia para ambas. Darle al trabajador una participación de los beneficios del negocio ha funcionado bien en algunos casos, pero comporta grandes dificultades prácticas que requieren de una sabiduría, un autocontrol y una consideración mayores hacia los intereses comunes de ambas partes que, a menudo, se pueden hallar. Muchos recursos tienen un efecto parcial y temporal, pero no es posible conseguir ningún progreso permanente en la resolución de este conflicto sin restringir y, finalmente, eliminar, su causa, SU verdadera causa central es un amor desmesurado por uno mismo y por el mundo, y continuará funcionando mientras siga existiendo.

Puede ser restringida y moderada, pero se impondrá cuando la ocasión lo permita. Toda persona sabia debe, por lo tanto, intentar eliminar la causa, y en la medida de lo posible, controlará los efectos. Purifica la fuente y conseguirás que todo el torrente sea puro y saludable.

Hay un principio de influencia universal que debe subyacer y guiar a todo esfuerzo eficaz por crear armonía entre estos dos grandes factores del bien humano que ahora se enfrentan el uno al otro con objetivos hostiles. Éste no es un invento o descubrimiento mío. Representa una sabiduría superior a la humana. No es difícil de comprender o de aplicar. Hasta un niño lo puede entender y actuar en consecuencia. Es universal en su aplicación y absolutamente útil en sus efectos. Aligerará las cargas del trabajo y aumentará sus recompensas. Dará seguridad al capital y conseguirá que sea más productivo. Se trata, simplemente, de la REGLA DE ORO, representada en estas palabras:

"Por lo tanto, todo lo que queráis que hagan con vosotros los hombres, hacedlo vosotros también con ellos, pues ésa es la ley y los profetas".

Antes de proceder a aplicar este principio al asunto que nos ocupa, déjame que te pida que le prestes especial atención. Se trata de una ley sumamente destacable de la vida humana que, aparentemente, por lo general, han pasado por alto los estadistas, filósofos y maestros religiosos. Esta ley representa a la totalidad de la religión, comprende todos los preceptos, mandamientos y medios de los futuros triunfos del bien sobre el mal, de la verdad sobre el error y de la paz y la felicidad de los hombres anunciados en las gloriosas visiones de los profetas.

Si queremos Que nuestro prójimo nos ame como se ama a sí mismo, debemos amarlo como nosotros nos amamos a nosotros mismos. Por tanto, aquí tenemos a la ley universal y divina del servicio y el compañerismo humanos. No es un precepto de sabiduría humana, tiene su origen en la naturaleza divina y su encarnación en la naturaleza humana. Ahora la aplicaremos al conflicto entre los trabajadores y el capital.

Supongamos que eres un capitalista. Tu dinero se invierte en fábricas, tierras, minas, mercancías y ferrocarriles y se lo prestas a otros con intereses. Empleas a personas, directa o indirectamente, para el uso de tu capital. No puedes llegar a una conclusión justa respecto a tus derechos, obligaciones y privilegios si contemplas únicamente tus propias ganancias. El resplandor de la plata y el oro ejercerán un hechizo tan potente sobre tu mente que te cegará a todas las demás cosas. No puedes ver otros intereses que los tuyos. No conoces al trabajador ni lo ves como un hombre que tiene unos intereses que tú debas tener en cuenta. Lo ves únicamente como un esclavo, como tu herramienta, tu medio para aumentar tu riqueza. Bajo esta luz, es un amigo mientras te sirve y un enemigo cuando no te sirve. Pero, ahora cambia tu punto de vista. Ponte en su lugar y ponlo a él en tu lugar. ¿Cómo te gustaría que te trataran si estuvieras en su lugar? Quizá hayas estado ahí. Es muy probable que así sea, pues el capitalista de hoy fue el trabajador de ayer, y el que es trabajador hoy será el patrón mañana. Sabes, a partir de experiencias vívidas y dolorosas, cómo te gustaría que te trataran. t. Te gustarla que te consideraran un mero instrumento? ¿Un medio para enriquecer a otros? ¿Te gustaría que tu sueldo se mantuviera en los mínimos, alcanzando apenas para cubrir tus necesidades básicas? ¿Te gustaría que te vieran con indiferencia y te trataran con brutalidad? ¿Te gustaría que tu sangre, tu fuerza y tu alma fueran convertidas en dólares para el beneficio de otros? Estas preguntas son fáciles de responder. Todo el mundo sabe que se alegraría de ser tratado con amabilidad, de que sus intereses fuesen tenidos en cuenta, de que sus derechos fuesen reconocidos y protegidos. Todo el mundo sabe que esta consideración despierta una respuesta en su propio corazón.

La bondad engendra bondad; el respeto despierta respeto. Ponte en su lugar. Imagina que estás tratando contigo mismo y no tendrás ninguna dificultad para decidir si deberías darle otro giro a la tuerca, para obtener un centavo más de los músculos del trabajador, o relajar su presión y, a ser posible, aumentar un poco su salario y ofrecerle un respeto por sus servicios. Trátalo como te gustaría que te trataran si estuvieras en su situación.

Supongamos que eres un trabajador. Recibes una determinada suma de dinero por un día de trabajo. Ponte en el lugar del patrón. ¿Cómo te gustaría que trabajaran las personas que has contratado? ¿Te parecería bien que te vieran como su enemigo? ¿Considerarías honrado que redujeran su trabajo para hacer el mínimo y ganar el máximo posible? Si tuvieras un gran contrato que debiera ser completado en una fecha límite, o de lo contrario sufrirías una gran pérdida, ¿te gustaría que tus trabajadores se aprovecharan de tu situación para obligarte a aumentarles el sueldo?¿Te parecería correcto e inteligente que interfirieran contigo en la administración de tu negocio?¿Que te dijeran a quien deberías contratar y en qué términos? ¿No preferirías que hicieran un trabajo honrado con un espíritu amable y bueno? ¿Acaso no estarías mucho más dispuesto a velar por sus intereses, a aligerar su trabajo, a aumentar sus sueldos cuando te lo pudieras permitir y a preocuparte por el bienestar de sus familias, si supieras que ellos respetan la ruya? Sé que sería así. Es cierto que los hombres son egoístas y que algunos son tan malvados y tan mezquinos de espíritu que no son capaces de ver ningún interés excepto el suyo, y cuyos corazones, que no están hechos más que de plata y oro, son tan duros que ningún sentimiento humano los conmueve y no les importa cuánto sufran los demás si ellos pueden ganar un centavo con ello. Pero son la excepción, no la regla.

Somos influidos por el respeto y la devoción de los demás a nuestros intereses. El trabajador que sabe que su patrón tiene sentimientos benévolos hacia él, que desea tratarlo justamente y tener en cuenta su bien, trabajará más y mejor y estará dispuesto a velar por los intereses de su patrón tanto como por los suyos.

Soy consciente de que muchos pensarán que esta ley divina y humana de tratar a los demás como te gustaría que te trataran es impracticable en esta época egoísta y frívola. Si ambas partes estuvieran gobernadas por esta ley, cualquiera puede ver lo positivos que serían los resultados.

Pero dirán que eso no ocurrirá. Que el trabajador no trabajará a menos que la necesidad lo obligue. Que se aprovechará de todas las necesidades. Que en cuanto obtenga una cierta independencia de su patrón, se volverá orgulloso, altanero y hostil. Que el patrón utilizará todos los medios para que los trabajadores sigan dependiendo de él y para sacar el máximo posible de ellos. Que cada centímetro de terreno que los trabajadores cedan, el capital lo ocupará y se atrincherará allí, y desde esa posición de ventaja llevará al trabajador a una mayor dependencia y a una sumisión más servil. Pero están en un error. La historia del mundo atestigua que cuando las mentes de los hombres no están amargadas por una intensa hostilidad y sus sentimientos no son ultrajados por crueles agravios, están dispuestos a oír unos consejos serenos, desinteresados y juiciosos. Un hombre que tenía empleada a una gran cantidad de trabajadores en una mina de carbón me dijo que jamás había conocido ningún caso en el que no consiguiera una respuesta serena y franca cuando había apelado a motivos honorables, de hombre a hombre, pues los dos reconocen una humanidad común. En esta ciudad hay un ejemplo reciente y sumamente notable del efecto positivo de los consejos serenos, desinteresados y juiciosos para resolver unas dificultades entre patrones y trabajadores que eran desastrosas para ambos.

Cuando la mente está influenciada por la pasión, los hombres no entran en razón. Se ciegan a sus propios intereses y desprecian los intereses de los demás. Las dificultades jamás se resuelven mientras la pasión sigue viva. Jamás se resuelven mediante el contacto. Una de las partes puede ser subyugada por el poder, pero la sensación de injusticia permanecerá y el fuego de la pasión estará preparado para volver a estallar a la primera ocasión. Pero deja que el trabajador o el capitalista se sientan seguros de que la otra parte no tiene intención de aprovecharse, de que hay un deseo y una determinación sinceros por ambas partes de ser justos y tener en consideración los intereses comunes, y todo el conflicto entre ellos cesará, igual que se calman las olas salvajes en el océano cuando los vientos están en reposo. El trabajador y el capitalista tienen un interés mutuo y común. Ninguno de los dos puede prosperar permanentemente sin la bienestar del otro. Son parte de un mismo cuerpo.

Si los trabajadores son el brazo, el capital es la sangre. Si desvitaliza o desperdicia la sangre, el brazo perderá su poder. Si destruye el brazo, la sangre no servirá de nada. Pero si deja que se cuiden mutuamente, ambos se verán beneficiados. Si cada uno de ellos toma la REGLA DE ORO como su guía, todos los motivos de hostilidad serán eliminados, todos los contactos cesarán y ellos irán de la mano a hacer su trabajo y recoger una recompensa justa.

Si has dominado los fundamentos en los que se basa esta lección, comprenderás por qué ningún orador puede conmover a su audiencia o convencer a la gente de sus argumentos, a menos que él también crea en lo que está diciendo. Comprenderás, también, por qué ningún vendedor puede convencer a su potencial comprador a menos que él se convenza primero de los méritos de sus mercancías.

A lo largo de todo este curso, se ha enfatizado un principio en particular con el propósito de ilustrar la verdad de que cada personalidad es la suma total de los pensamientos y los actos del individuo, y de que acabamos pareciéndonos a nuestros pensamientos dominantes.

El pensamiento es el único poder que puede, sistemáticamente, organizar, acumular y reunir datos y materiales según un plan definido. Un río que fluye puede arrastrar barro y crear tierra firme, y una tormenta puede reunir y juntar ramitas formando una masa gigante de desechos, pero ni la tormenta ni el río pueden pensar; por lo tanto, los materiales no son reunidos de una forma clara y organizada.

El ser humano, por sí solo, tiene la capacidad de transformar sus pensamientos en realidad física; el ser humano, por sí solo, puede soñar y hacer realidad sus sueños. El ser humano tiene la capacidad de crear ideales y llegar a hacerlos realidad. ¿Cómo es que el hombre es la única criatura sobre la tierra que sabe cómo usar el poder del pensamiento? Ocurre que el hombre es el ápice de la pirámide de la evolución, producto de millones de años de lucha durante los cuales se ha elevado por encima de las demás criaturas de la tierra como resultado de sus propios pensamientos y de sus actos.

Exactamente cuándo, dónde y cómo empezaron a fluir los primeros rayos de pensamiento hacia el cerebro del ser humano, nadie lo sabe, pero todos sabemos que el pensamiento es el poder que distingue al hombre de todas las demás criaturas y, asimismo, que el pensamiento es el poder que le ha permitido elevarse por encima de todas ellas. Nadie conoce los límites del poder del pensamiento o si los tiene. Cualquier cosa que el hombre crea que puede hacer, acabará haciéndolo.

Unas pocas generaciones atrás, los escritores más imaginativos se atrevieron a escribir acerca de un "carro sin caballos", y hete aquí que se hizo realidad y ahora éste es un vehículo normal, Por el poder evolutivo del pensamiento, las esperanzas y las ambiciones de una generación se hicieron realidad en la siguiente.

A lo largo de este curso, se le ha dado al poder del pensamiento un lugar dominante porque ése es el lugar que le corresponde, La posición dominante del hombre en el mundo es el resultado directo del pensamiento y ese debe ser el poder que tú, como persona, utilices para alcanzar el éxito, con independencia de cuál sea tu idea de lo que el éxito representa,

Ahora has llegado al punto en el que deberías hacer inventario de ti mismo con el propósito de determinar qué cualidades necesitas para tener una personalidad equilibrada e integrada.

En la construcción de este curso intervinieron quince factores principales. Analízate detenidamente, con ayuda una o más personas si lo consideras necesario, con el propósito de determinar en cuáles de los quince factores de este curso eres más débil. A continuación, concentra tus esfuerzos en esas lecciones en particular hasta que hayas desarrollado completamente los factores que representan,

LA INDECISIÓN
Una charla con el autor después de la lección

¡EL TIEMPO!

La demora hace que pierdas oportunidades. Es un hecho significativo que nunca se ha sabido de ningún gran líder que se haya andado con dilaciones. Eres afortunado si la AMBICIÓN te mueve a la acción, sin permitirte jamás vacilar o echarte atrás una vez que has tomado la DECISION de ir hacia adelante. Segundo a segundo, mientras el reloj va haciendo tic tac, el TIEMPO de distancia está corriendo una carrera CONTIGO. El retraso significa derrota, porque ningún hombre puede recuperar jamás ni un segundo de TIEMPO perdido. El TIEMPO es un maestro trabajador que sana las heridas del fracaso y la decepción, y corrige todos los males y capitaliza todos los errores, pero favorece únicamente a aquellos que acaban con la demora y se mantienen en la ACCIÓN cuando hay que tomar decisiones. La vida es un gran tablero de damas. El jugador que está delante de ti es el TIEMPO.

Si dudas serás eliminado del tablero. Si te mantienes en movimiento, puedes ganar. El único capital real es el TIEMPO, pero sólo es capital cuando se lo utiliza. Quizá te sorprendas si llevas un registro preciso del TIEMPO que desperdicias en un solo día. Sí quieres, puedes echar una mirada a la ilustración de la página anterior para conocer el destino de todos los que juegan despreocupadamente con el TIEMPO.

La historia verdadera de una de las principales causas del FRACASO cuenta que uno de los jugadores es el TIEMPO y el otro es el señor Hombre Medio (llamémoslo TÚ). Jugada a jugada, el tiempo ha ido eliminando a todos los hombres del señor Hombre Medio hasta que finalmente ha quedado arrinconado en un lugar donde el tiempo lo atrapará, independientemente de hacia dónde se mueva. La INDECISIÓN lo ha llevado a ese rincón. Pregúntale a cualquier vendedor bien informado y te dirá que la indecisión es la debilidad predominante de la mayoría de la gente. Todo vendedor conoce la gastada excusa de "Me lo voy a pensar", que es la última línea de defensa de quienes no tienen el valor de decir "SI" o "No". Como el jugador de la ilustración, no son capaces de decidir en qué dirección moverse. Mientras tanto, el tiempo los va arrinconando hacia un lugar del que ya no se podrán mover.

Los grandes líderes del mundo fueron hombres y mujeres de decisión rápida. Se podrían decir pocas cosas a favor del general Crant, excepto que tenia la cualidad de la decisión rápida, y esto bastaba para contrarrestar todos sus puntos débiles. Toda la historia de su éxito militar puede reunirse en su respuesta a sus críticos cuando dijo: "Lucharemos de esta manera, aunque nos tome todo el verano". Cuando Napoleón llegaba a la decisión de mover a su ejército en una determinada dirección, no permitía que nada le hiciera cambiar de parecer. Si su línea de marcha llevaba a sus soldados a una zanja cavada por SUS enemigos para detenerlo, él daba la orden de cargar hasta que la zanja se llenaba con los hombres y caballos muertos suficientes para poder atravesarla. El suspenso de la indecisión lleva a millones de personas al fracaso. Un hombre condenado dijo en una ocasión que el pensamiento de su ejecución inminente no era tan aterrador una vez que había tomado la decisión de aceptar lo inevitable. La falta de decisión es el principal obstáculo para todos los trabajadores de las reuniones de avivamiento religioso. Todo su trabajo consiste en conseguir que hombres y mujeres se decidan, en sus propias mentes, a aceptar un determinado dogma religioso. Billy Sunday dijo en una ocasión: "La indecisión es la herramienta favorita del diablo".

Andrew Carnegie visualizó una gran industria siderúrgica, pero dicha industria no sería lo que es actualmente si él no hubiera tomado la decisión de convertir su visión en una realidad. James J. Hill vio, en su mente, un gran sistema ferroviario transcontinental, pero éste nunca habría sido una realidad si él no se hubiese decidido a poner en marcha el proyecto. La imaginación, por sí sola, no basta para asegurar el éxito. Millones de personas tienen imaginación y hacen planes que podrían aportarles fácilmente fama y fortuna, pero esos planes jamás llegan a la etapa de la DECISIÓN.

Samuel Insul era un taquígrafo corriente, empleado de Thomas A. Edison. Con la ayuda de su imaginación, vio las grandes posibilidades comerciales de la electricidad. Pero hizo algo más que ver eso, tomó la decisión de transformarlas en realidades y hoy por hoy es millonario y director de una planta de luz eléctrica. Demóstenes era un muchacho griego pobre que tenía el firme deseo de ser un gran orador. No hay nada extraño en ello, pues otros han "deseado" tener esa habilidad, u otras similares, sin ver sus deseos cumplidos. Pero Demóstenes añadió DECISIÓN a su DESEO y, a pesar de ser tartamudo, dominó su problema y se convirtió en uno de los más grandes oradores de su tiempo. Martin W. Littleton era un muchacho pobre que no traspasó el umbral de una escuela hasta que tuvo más de doce años. Su padre lo llevó a ver a un gran abogado defender a un asesino en una de las ciudades sureñas. El discurso del letrado impresionó al chico de tal manera, que cogió la mano de su padre y le dijo, "Padre, un día de éstos voy a convertirme en el mejor abogado de Estados Unidos". ¡Ésa fue una CLARA DECISIÓN! Con el tiempo, Martin W. Littleton llegó a no aceptar unos honorarios inferiores a 50.000 dólares y, según dicen, siempre tuvo trabajo. Se convirtió en un buen abogado porque tomo la DECISIÓN de hacerlo. Edwin C. Banes tomó la DECISIÓN, en su propia mente, de llegar a ser socio de Thomas A. Edison. Con la desventaja de carecer de una educación, sin dinero para pagarse el billete de tren y sin ningún amigo influyente que le presentara al señor Edison, el joven Banes llegó a East Orange en un vagón de mercancías y se vendió tan bien al señor Edison que logró la oportunidad que lo llevó a asociarse con él. Sólo veinte años más tarde de haber tomado esa decisión, el señor Banes vivía en Brandenton, Florida, jubilado, y con todo el dinero que necesitaba. ¡Los hombres decididos suelen conseguir lo que se proponen!

Muy dentro de la memoria de este escritor, un pequeño grupo de hombres se reunió en Westerville, Ohio, y organizó lo que ellos llamaron la "Asociación Antibares". El público que frecuentaba los bares se lo tomó a broma. La gente, en general, se reía de ellos, pero ellos habían tomado una decisión. Esa decisión fue tan firme que al final terminó arrinconando a los poderosos propietarios de los bares.

William Wrigley, hijo, tomó la decisión de dedicar toda su carrera comercial a la fabricación y venta de paquetes de chicles de cinco centavos y logró que esa decisión le aportase unos beneficios económicos de millones de dólares anuales. Henry Ford tomó la decisión de fabricar y vender un automóvil de un precio popular, que estuviera al alcance de todo aquel que quisiera comprarlo. Esa decisión convirtió a Ford en el hombre más poderoso del mundo y ha ofrecido a millones de personas la oportunidad de viajar. Todos estos hombres tenían dos cualidades destacables, Un CLARO PROPÓSITO y la firme DECISIÓN de convertirlo en realidad.

El hombre DECIDIDO consigue lo que se propone, sin importar cuánto tiempo le lleve la tarea, o cuán difícil sea. Un vendedor muy hábil deseaba conocer a un banquero de Cleveland, pero el banquero en cuestión no quería recibirlo. Una mañana, el vendedor esperó cerca de la casa del banquero hasta que lo vio entrar en su coche y empezar a conducir por la ciudad. Intuyendo su oportunidad, el vendedor chocó suavemente con su propio automóvil contra el del banquero y le provocó unos ligeros desperfectos. El vendedor se bajó de su coche y le entregó su tarjeta al banquero, diciendo que lamentaba muchísimo los daños que había causado y prometiéndole que le entregaría un automóvil nuevo idéntico al dañado. Aquella tarde, el banquero recibió un automóvil nuevo y de esa transacción surgió una amistad que acabó, finalmente, en una asociación comercial que todavía existe. ¡Nada puede detener a una persona DECIDIDA!

¡Nada puede poner en marcha a una persona INDECISA! Tú eliges.

Detrás de él se extendían las grises Azores,

detrás de las puertas de Hércules;
Delante de él, los fantasmas de las costas se habían esfumado;
ante él sólo mares sin costa.
El buen compañero dijo; "Ahora debemos rezar, p
orque, ¡ay!, hasta las estrellas han desaparecido".
Valeroso almirante, hablad; "¿Qué debo decir?".
"Pues diga: ¡Sigan navegando!".

Cuando Colón inició su famoso viaje, tomó una de las DECISIONES más importantes en la historia de la humanidad. De no haberse mantenido firme en aquella decisión, la libertad de América, tal como se conoce en la actualidad, jamás se hubiera dado.

Fíjate en las personas que te rodean y observa este hecho significativo; Los hombres y mujeres de éxito son aquellos que toman decisiones rápidamente y después de tomarlas se mantienen firmes en lo que han decidido. Si eres una de esas personas que toman una decisión hoy y cambian de opinión mañana, estás condenado al fracaso. Si no estás seguro de hacia dónde ir, lo mejor es que cierres los ojos y avances en la oscuridad, en lugar de quedarte quieto y no hacer ningún movimiento.

El mundo te perdonará si cometes errores, pero nunca te perdonará si no tomas ninguna decisión, porque jamás oirá hablar de ti fuera del vecindario en el que vives. No importa quién seas o cuál sea tu trabajo en esta vida, le estás jugando a las damas con el tiempo. Siempre es tu próxima jugada. Muévete con una rápida decisión y el tiempo te favorecerá. Quédate quieto y el tiempo te eliminará del tablero.

No siempre puedes hacer la jugada correcta pero, si haces las jugadas suficientes, puedes aprovechar la ley de los promedios y lograr un puntaje respetable antes de que el gran juego de la vida haya llegado a su fin.

LIBROS RECOMENDADOS

- Todo Sobre La Bolsa: Acerca de los Toros y los Osos, Jose Meli

- Piense y Hágase Rico, Napoleon Hill

- El Sistema Para Alcanzar El Exito Que Nunca Falla, W. Clement Stone

- La Ciencia de Hacerse Rico, Wallace D. Wattles

- El Hombre Mas Rico de Babilonia, George S. Clason

- El Secreto Mas Raro, Earl Nightingale

- El Arte de la Guerra, Sun Tzu

- Cómo Gané $2,000,000 en la Bolsa, Nicolas Darvas

- Como un Hombre Piensa Asi es Su Vida, James Allen

- El Poder De La Mente Subconsciente, Dr. Joseph Murphy

- La Llave Maestra, Charles F. Haanel

- Analisis Tecnico de la Tendencia de los Valores, Robert D. Edwards - John Magee

Disponible en www.bnpublishing.net

www.ingramcontent.com/pod-product-compliance
Lightning Source LLC
Chambersburg PA
CBHW081142290426
44108CB00018B/2413